지난 십년간 독자들이 남겨준 리뷰 중에서
가장 많이 언급한 단어순으로 강조해서 표현했습니다.

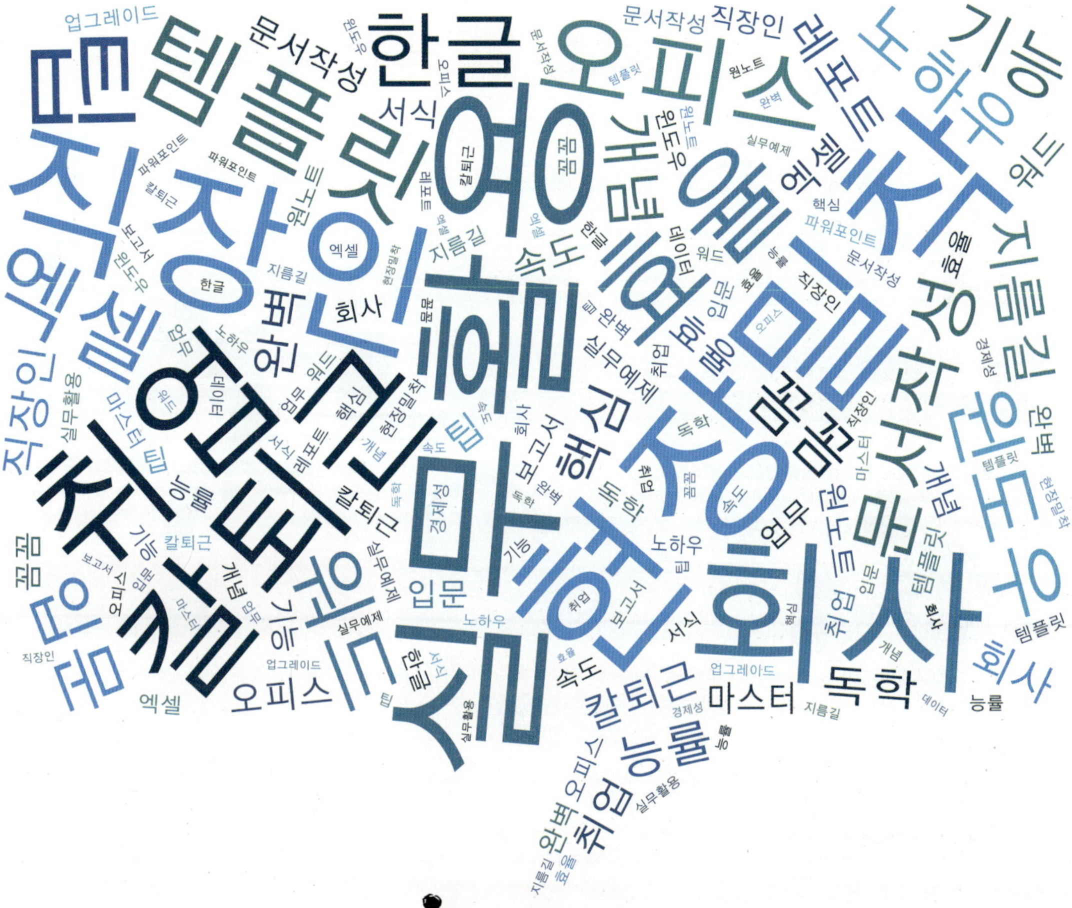

과연 회사에서 바로 통하더라!

회사통 시리즈는
직장인을 위한 '현장밀착형 입문(활용)서'이며
한빛미디어(주)의 대표 브랜드입니다.

회사에서 바로 통하는 단 하나의 해결책

1 단계별 학습 전략으로 쉽게, 빠르게, 바로 실무에 써먹는다

1단계

개념은 쉽게

 한눈에 보기

핵심기능 실습 전 반드시
알아두어야 할 개념 및 이론을
친절하게 설명해드립니다.

2단계

기능은 빠르게

 핵심기능실습

친절한 설명,
꼼꼼한 따라 하기 화면,
적재적소에 비치한 팁이
준비되어 있습니다.
핵심기능을 막힘없이
속 시원히 실습할 수 있도록
안내해드립니다.

3단계

실무는 바로

 혼자해보기

실무에서 자주 부딪히는
문제를 빠르고 쉽게
해결할 수 있도록 돕습니다.
완성 파일 미리 보기와 힌트를
참고하면서 실무 활용 능력을
업그레이드해보세요.

2 10년간 쌓아온 현장밀착형 절대 비급을 확보하라!

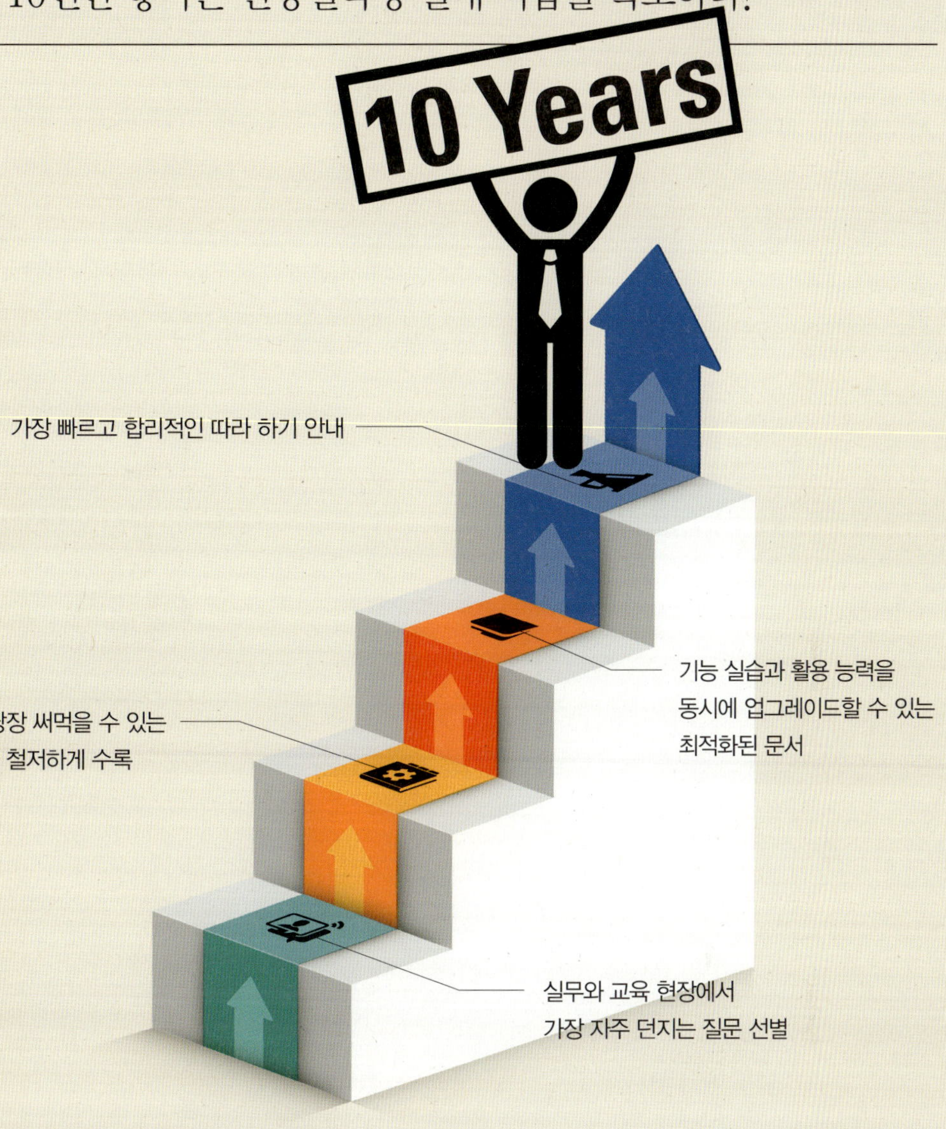

10 Years

가장 빠르고 합리적인 따라 하기 안내

기능 실습과 활용 능력을
동시에 업그레이드할 수 있는
최적화된 문서

실무에 당장 써먹을 수 있는
예제만을 철저하게 수록

실무와 교육 현장에서
가장 자주 던지는 질문 선별

3 일과 삶의 균형을 잡으세요!

■ 칼퇴근　　　　　■ 오피스의 신　　　　　■ 연봉 레벨 업

회사에서 바로 **통**하는

엑셀 파워포인트 2016 한글 NEO

엑셀편

전미진 · 이화진 · 신면철 지음

ⓑ한빛미디어
Hanbit Media, Inc.

지은이 전미진 (smileimp@naver.com)

삼성전자, 삼성항공, 삼성코닝, 삼성멀티캠퍼스, 삼성석유화학, 대우건설, 서울통신, 지역난방공사, 농협대학, 한양대학, 유니텔캠퍼스, 효성그룹, 대우기술원, 국민건강보험공단 등에서 업무 개선을 위한 엑셀과 파워포인트, 프로그래밍 관련 강의를 진행했습니다. 현재 한화토탈, 인키움, 경기중소기업센터 등에서 강의하고 있으며, 저서로는 《회사에서 바로 통하는 엑셀 2016 FOR STARTERS》(한빛미디어, 2017), 《회사에서 바로 통하는 엑셀 실무 강의》(한빛미디어, 2016), 《회사에서 바로 통하는 엑셀+파워포인트+워드 2016&한글 NEO》(한빛미디어, 2016) 등이 있습니다.

지은이 이화진 (hwajin@kkummolda.com)

삼성물산, 삼성증권, 삼성생명, KT, 포스코, 농협, 마이크로소프트, 아모레퍼시픽, 유한킴벌리, LG인화원, 한국MSD, 해양경찰청, 국회사무처, 경희대학교, 인하대학교 등에서 프레젠테이션 제작 및 강의를 진행했습니다. 현재 꿈몰다 대표, 나다운스타일연구소 대표, 오피스튜터 프레젠테이션 강사, 한국워킹맘연구소 이사, 극동대학교 외래 교수로 활동하고 있습니다. 저서로는 《회사에서 바로 통하는 파워포인트 2016 FOR STARTERS》(한빛미디어, 2017), 《회사에서 바로 통하는 엑셀+파워포인트+워드 2016&한글 NEO》(한빛미디어, 2016) 등이 있습니다.

지은이 신면철 (bavo@paran.com)

(주)익스터디 대표이사, 두목넷 사무자동화 부분 대표 강사로 IT 자격증 분야에서 '왕두목'이라는 애칭으로 활발히 활동하고 있습니다. 경기공업대학 외래 교수, 철도대학 특강 교수로 강의했습니다. 저서로는 《회사에서 바로 통하는 한글 NEO FOR STARTERS》(한빛미디어, 2017), 《회사에서 바로 통하는 엑셀+파워포인트+워드 2016&한글 NEO》(한빛미디어, 2016) 등이 있습니다.

회사에서 바로 통하는
엑셀+파워포인트 2016&한글 NEO – 엑셀편

초판발행 2017년 7월 12일

지은이 전미진, 이화진, 신면철 / **펴낸이** 김태헌
펴낸곳 한빛미디어(주) / **주소** 서울시 마포구 양화로 7길 83 한빛미디어(주) 실용출판부
전화 02-336-7129 / **팩스** 02-336-7124
등록 1999년 6월 24일 제10-1779호 / **ISBN** 978-89-6848-336-3 14000

총괄 임규근 / **책임편집** 전정아 / **기획** 배윤미 / **편집** 박지수
디자인 내지 천승훈, 표지 오필민 / **전산편집** 오정화
영업 김형진, 김진불, 조유미 / **마케팅** 박상용, 송경석, 조승모, 변지영

이 책에 대한 의견이나 오탈자 및 잘못된 내용에 대한 수정 정보는 한빛미디어(주)의 홈페이지나 아래 이메일로 알려주십시오.
잘못된 책은 구입하신 서점에서 교환해 드립니다. 책값은 뒤표지에 표시되어 있습니다.
한빛미디어 홈페이지 www.hanbit.co.kr / 이메일 ask@hanbit.co.kr

지금 하지 않으면 할 수 없는 일이 있습니다.
책으로 펴내고 싶은 아이디어나 원고를 메일(writer@hanbit.co.kr)로 보내주세요.
한빛미디어(주)는 여러분의 소중한 경험과 지식을 기다리고 있습니다.

엑셀의 기초부터 충실히 다져야 실력이 쌓인다!

회사에서 가장 많이 사용하는 소프트웨어인 '엑셀'은 이름부터 매우 익숙할 것입니다. 회사에서 엑셀을 잘 다루기만 해도 업무 효율이 높아져서 유능하다는 소리를 듣는 경우가 많습니다. 하지만 엑셀은 어렵다는 수식어도 항상 같이 따라다니는 프로그램으로 잘 다루고 싶어도 생각만큼 쉽게 실력이 쌓이지 않습니다.

자신의 실력에 맞는 엑셀 책을 선택하자!

엑셀을 익힐 때는 처음부터 기초를 탄탄하게 다지는 것이 매우 중요합니다. 엑셀의 기초 기능을 충실하게 익혀두어야 실력을 쌓은 후에 여러 가지 기능을 복합적으로 연계해서 사용할 수 있습니다. 엑셀을 공부할 때는 자신에게 맞는 책을 찾는 것이 중요합니다. 아무리 좋은 책이라도 처음부터 어려운 내용을 접하거나 분량이 너무 방대하면 중간에 포기하는 경우가 많기 때문입니다.

96개의 '핵심기능실습'과 11개의 '혼자해보기'로 익힌다!

이 책은 엑셀의 기초 기능을 빠르고 쉽게 익히고 싶어하는 독자들을 위해서 집필되었습니다. 꼭 알아두어야 할 기본적인 핵심기능 96가지와 실무 예제로 구성되어 있으므로 하루에 1~2가지 핵심기능만 익혀도 두 달 안에 엑셀의 기본기를 다질 수 있습니다. 또한 각 핵심기능과 연계해서 스스로 배운 내용을 실습해볼 수 있도록 11가지 혼자해보기 예제를 수록했습니다. 이 책에서 소개하는 엑셀의 핵심기능을 여러 번 반복해서 학습하다 보면 어느새 엑셀의 기초가 다져져 있을 것입니다.

엑셀 사용자의 기본서가 되기를 바라며

마지막으로 이 책을 기획하고 완성할 때까지 격려와 노력을 아끼지 않은 배윤미 기획자와 한빛미디어 관계자 분들에게 감사의 말씀을 드립니다. 이 책이 엑셀을 처음 사용하는 모든 분들의 기초를 탄탄하게 다지는 기본서가 되기를 바라며, 엑셀에 대해 관심을 갖는 계기가 되기를 바랍니다.

2017년 7월
전미진

핵심기능실습으로 업무에 바로 써먹는
엑셀 기능만 빠르게 익힌다!

🔆 회사에서 바로 통하는 현장밀착형 3단계 학습 전략

STEP 03

STEP 02

STEP 01

한눈에 보기

핵심기능실습을 시작하기 전에 꼭 알아두어야 할 엑셀 개념 설명이나 이론 학습이 필요한 부분을 소개합니다.

핵심기능실습

실무에서 꼭 필요한 96가지 엑셀의 핵심기능을 빠르게 익혀 업무에 효율적으로 활용하는 방법을 배웁니다.

혼자해보기

완성 파일 미리 보기와 힌트를 살펴보면서 핵심기능실습에서 배운 내용을 다시 한 번 복습합니다.

바로 통하는 TIP

따라 하기 과정에서 헷갈리기 쉬운 내용을 팁으로 수록했습니다.

쉽고 빠른 엑셀 NOTE

학습에 유용한 정보, 알고 넘어가면 좋을 참고 사항을 상세히 소개합니다.

최적화된 실무 예제로
엑셀을 단숨에 마스터한다!

☀ **일 잘하는 직장인이 꼭 알아야 할 엑셀 핵심기능 96**

회사에서 바로 통하는 키워드

셀 병합, 이름 정의, 너비를 유지하여 붙여넣기, 선택하여 붙여넣기, 서식 복사, 그림으로 연결하여 붙여넣기, 시트 보호, 빠른 채우기, 사용자 지정 목록, 데이터 유효성 검사, 표, 셀 스타일, 표시 형식, 사용자 지정 표시 형식, 셀 강조, 조건부 서식, 빠른 분석 도구, 인쇄 영역 설정, 인쇄 미리 보기, 페이지 나누기, 머리글/바닥글 설정, 배경 그림 삽입, 정의된 이름으로 수식 만들기, 자동 합계, 구조적 참조, 요약 행, 수식 자동 완성, 오류 처리, 차트 작성, 텍스트 나누기, 중복 데이터 삭제, 통합, 정렬, 자동 필터, 부분합, 피벗 테이블, 피벗 테이블 슬라이서, 시간 표시 막대, 매크로, 매크로 보안 설정, 양식 컨트롤

회사에서 바로 통하는 함수

MAX, LARGE, COUNTBLANK, COUNTA, INT, ROUND, MOD, QUOTIENT, ROW, SUMPRODUCT, RANK.EQ, RANK.AVG, IF, AND, OR, COUNTIF, COUNTIFS, SUMIF, SUMIFS, FREQUENCY, CHOOSE, MID, DATE, LEFT, FIND, SUBSTITUTE, DATEDIF, EOMONTH, HLOOKUP, VLOOKUP, IFERROR, INDEX, MATCH, SUBTOTAL

회사에서 바로 통하는 실무 예제

견적서, 경력(재직)증명서, 출장경비보고서, 당직(숙직)비 청구서, 인사평가표, 거래명세서, 연간 제품 생산 현황표, 여비·교통비 지불증, 세금계산서, 임율표, 영업 실적 현황표, 개인별 판매 실적표, 예산 집계표, 영업사원별 매출월보, 판매일보, 주간일정표, 업무 추진비 사용 내역서, 상품 판매 내역서, 상품 입출고 현황표, 인사고과 집계표, 주간 입금 대장, 사원명부, 회원명단, 퇴직금 정산서

핵심기능실습

엑셀을 다룰 때 반드시 알아야 할 기본 기능과 활용 방법을 소개합니다. 핵심기능을 따라하면서 기본 기능을 충실히 익힐 수 있습니다.

실습 파일 & 완성 파일

엑셀 기능을 익히는 데 최적화된 예제만 선별해 수록했습니다. 예제를 따라 한 후 결과를 비교해볼 수 있습니다.

실행 결과 보기

단계별 따라 하기 완료 후 확인할 수 있는 실행 결과 및 주요 변화 내용을 한 번 더 설명해줍니다.

핵심기능실습 017

빠른 채우기로 신속하게 데이터 열 채우기

빠른 채우기는 한 셀에 있는 데이터를 여러 개의 열로 분할해야 할 때 편리하게 사용할 수 있습니다. 엑셀에서 사용자가 입력하는 패턴을 인식해 작동하고, 그에 따라 나머지 데이터를 채울 수 있습니다.

실습 파일 | 엑셀 \ 1장 \ 채우기_제품목록.xlsx   완성 파일 | 엑셀 \ 1장 \ 채우기_제품목록_완성.xlsx

01 빠른 채우기로 같은 패턴의 분할 데이터 입력하고 채우기

❶ [B4] 셀을 클릭하고 LEDTV를 입력합니다. ❷ [B4:B44] 셀 범위를 드래그하고 ❸ [홈] 탭-[편집] 그룹-[채우기]를 클릭하고 ❹ [빠른 채우기]를 선택합니다.

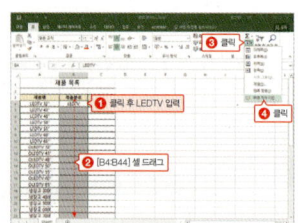

바로 통하는 TIP 빠른 채우기 기능이 항상 데이터를 채우는 것은 아닙니다. 데이터에 일관성이 있는 경우에 가장 적합합니다. 여기에서는 제품명에 입력된 데이터의 패턴을 분석하여 '제품 공백 사양'으로 입력된 항목에서 제품 이름만 빠른 채우기로 채운 것입니다.

02 ❶ [C4] 셀을 클릭한 후 32를 입력합니다. ❷ [C5] 셀을 클릭하고 4를 입력합니다. 빠른 데이터 채우기가 제안한 목록이 나타나면 ❸ Enter 를 눌러 빠르게 데이터를 채웁니다.

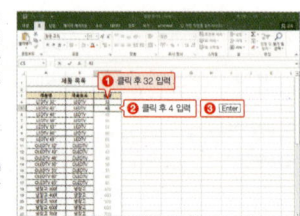

제품 사양이 반복해서 채워집니다.

바로 통하는 TIP 빠른 채우기에서 제안한 목록으로 채우지 않으려면 끝까지 데이터 값을 입력하거나 ESC 를

---

06 이름 열의 서식만 복사하기

❶ [B4:B26] 셀 범위를 드래그합니다.
❷ [홈] 탭-[클립보드] 그룹-[서식 복사]를 클릭합니다.

07 마우스 포인터가 모양으로 변경됩니다. [C4] 셀을 클릭하면 이름 열의 서식이 사용한도 열로 복사됩니다.

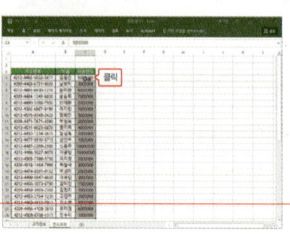

바로 통하는 TIP [서식 복사]를 더블클릭하면 동일한 서식을 여러 군데에 반복해서 복사할 수 있습니다. 서식 복사를 중단하고 싶을 때는 ESC 를 누릅니다.

쉽고 빠른 엑셀 NOTE 실행 취소와 다시 실행

[실행 취소]와 [다시 실행] 기능을 이용하면 잘못 실행한 작업이나 명령을 100단계까지 취소하거나 다시 실행할 수 있습니다. 단, [메뉴] 탭을 선택하거나 [시트 보호], [통합 문서 저장], [매크로 실행] 등의 일부 작업은 취소할 수 없습니다. [실행 취소]와 [다시 실행] 명령은 [빠른 실행 도구 모음]에 있으며 단축키는 Ctrl + Z 와 Ctrl + Y 입니다.

실행 취소(Ctrl + Z)
최근 작업이나 그 이전 작업을 취소하고 싶을 때는 [빠른 실행 도구 모음]에서 [실행 취소]를 클릭합니다.

다시 실행(Ctrl + Y)
실행 취소한 최근 작업을 다시 실행하려면 [빠른 실행 도구 모음]에서 [다시 실행]을 클릭합니다.

바로 통하는 TIP

예제 실습 중 헷갈리기 쉬운 부분을 정리해줍니다.

쉽고 빠른 엑셀 NOTE

엑셀을 다루는 데 필요한 유용한 정보, 알고 넘어가면 좋을 참고 사항을 상세히 소개합니다.

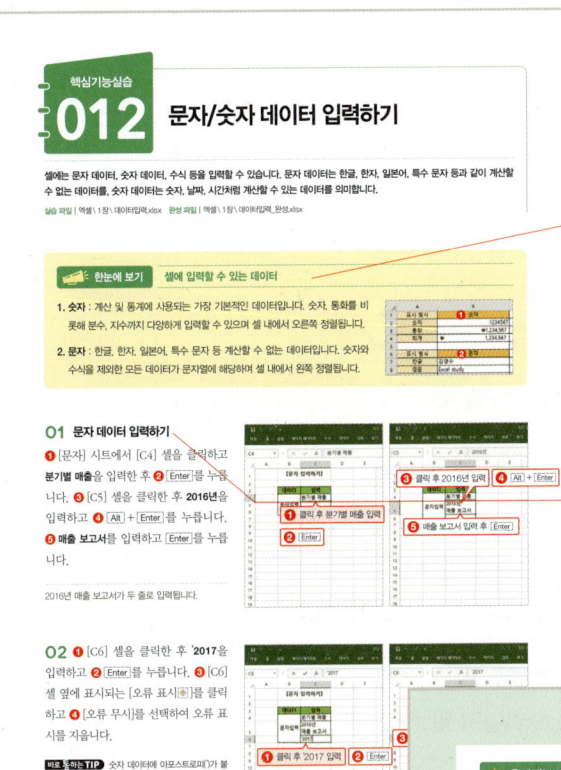

한눈에 보기

엑셀의 개념 및 이론 학습이 필요한 부분을 핵심기능실습 전에 미리 확인할 수 있습니다.

따라 하기 단계별 제목

핵심기능실습의 각 과정을 단계별 제목으로 표시하여 작업 순서를 한눈에 파악할 수 있습니다.

혼자해보기

핵심기능실습에서 배운 내용을 복습할 수 있습니다.

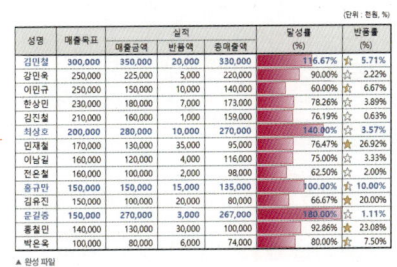

CHAPTER 01
문서 작성하기

문서 편집 및 인쇄하기

CHAPTER 03
수식 작성 및 함수 활용하기

─ CHAPTER 04 ─
차트 만들기

─ CHAPTER 05 ─
데이터베이스 관리/분석 및 자동화하기

PART

01

엑셀

CHAPTER 01

문서 작성하기

엑셀과 빨리 친숙해지려면 구성 요소를 잘 다뤄야 합니다. 그런
후에 문서 작성의 기본인 데이터를 효율적으로 입력하는 방법
을 익히면 전체 작업 시간을 줄일 수 있습니다.
엑셀의 기본 화면을 살펴보고 각 구성 요소를 익숙하게 다루는
방법과 데이터를 입력하여 통합 문서를 작성하는 방법을 알아
보겠습니다.

들어가기전에

000

엑셀 2016의 기본 화면 구성 살펴보기

엑셀 2016의 인터페이스는 2013 버전에 비해 좀 더 업그레이드되었습니다. 메뉴가 아이콘 형식으로 구성되어 쉽게 명령을 실행할 수 있으며, 메뉴가 탭 형식으로 배치되어 빠르게 필요한 명령을 찾아 사용할 수 있습니다.

기본 화면 구성

엑셀을 실행하면 나타나는 기본 화면입니다. 크게 ❶ 리본 메뉴, ❷ 워크시트, ❸ 상태 표시줄로 구성됩니다.

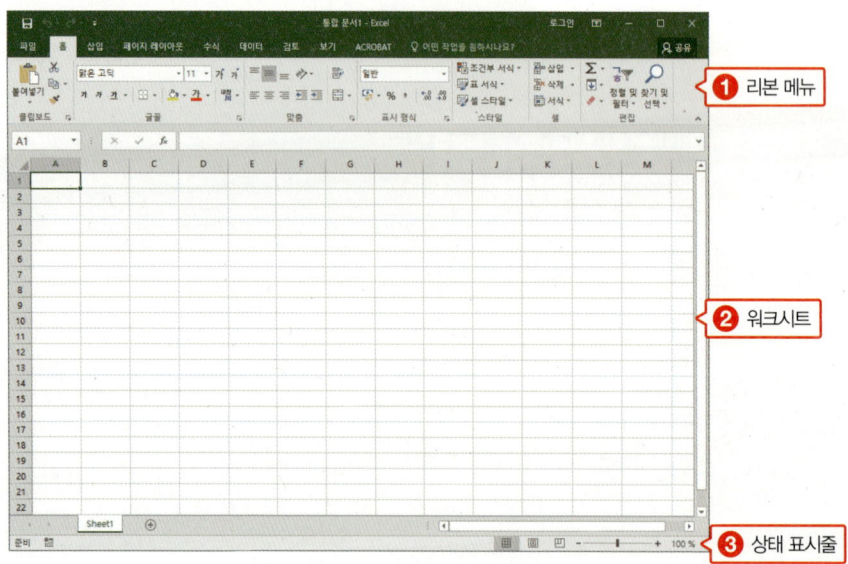

― 리본 메뉴

리본 메뉴는 화면 상단에 텍스트 형태의 메뉴와 아이콘 형태의 명령을 모아 놓은 부분입니다.

❶ **파일 탭** : 파일을 관리하는 메뉴가 모여 있으며 개인 정보를 설정하고 저장, 공유, 인쇄 및 옵션 관련 설정을 수행할 수 있습니다.

❷ **빠른 실행 도구 모음** : 자주 사용하는 기능을 추가하여 빠르게 실행할 수 있습니다.

❸ **탭** : 비슷한 종류의 명령을 그룹별로 모아놓은 메뉴 부분입니다. 기본적으로 파일, 홈, 삽입, 페이지 레이아웃, 수식, 데이터, 검토, 보기로 구성되어 있습니다.

❹ **제목 표시줄** : 프로그램 이름과 현재 작업 중인 파일 이름이 표시되며 작업 상태에 따라 [읽기 전용], [호환 모드], [공유], [그룹]이 표시됩니다.

❺ **그룹** : 각각의 탭에서 관련 있는 기능을 세부적으로 구분해놓았습니다.

❻ **텔미** 🔍 어떤 작업을 원하시나요? : 작업에 필요한 키워드나 설명을 입력하면 관련 엑셀 기능, 도움말, 스마트 조회 창을 엽니다.

❼ **오피스 로그인** 로그인 : 마이크로소프트 계정으로 로그인하여 웹 클라우드인 원드라이브(OneDrive)에 오피스 문서를 온라인으로 [업로드], [열기], [공유]할 수 있습니다.

❽ **프로그램 창 조절 버튼** : 엑셀 창을 최소화/최대화하거나 닫을 때 사용합니다.

❾ **리본 메뉴 표시 옵션** 🔼 : 리본 메뉴를 [자동 숨기기], [탭 표시], [탭 및 명령 표시]로 선택해 작업 영역의 넓이를 조절할 수 있습니다.

❿ **공유** : 온라인(웹 클라우드)에 저장한 오피스 문서를 다른 사용자와 공유합니다. 공유할 사용자를 추가하거나 보기, 편집 링크를 활용해 공동으로 작업할 수 있습니다.

⓫ **리본 메뉴 축소 버튼** 🔼 : 리본 메뉴를 축소하여 리본 메뉴 탭만 표시합니다.

━ 워크시트(작업 영역)

워크시트는 격자 형태의 모눈종이처럼 보이는 공간입니다.

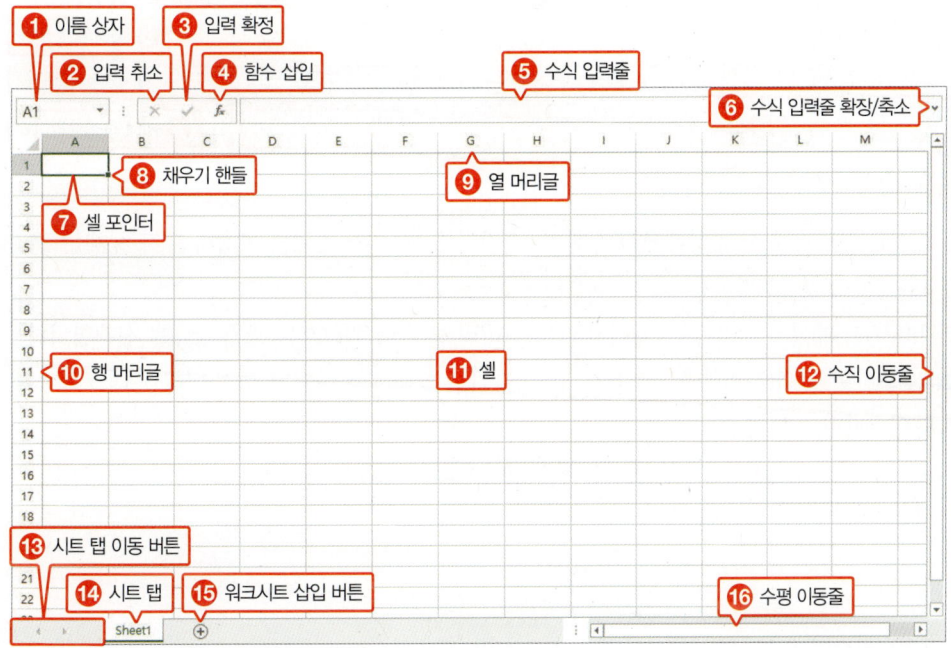

❶ **이름 상자** : 셀 주소와 정보 또는 수식이나 함수 목록이 나타납니다.

② **입력 취소** : 셀에 입력한 내용을 취소합니다. ESC를 누르는 것과 같습니다.

③ **입력 확정** : 셀에 입력한 내용을 확정합니다. Enter를 누르는 것과 같습니다.

④ **함수 삽입** : 함수 마법사를 실행하여 함수를 삽입합니다.

⑤ **수식 입력줄** : 선택한 셀에 입력한 내용이나 수식이 나타나며 셀 내용을 직접 입력하거나 수정할 수 있습니다.

⑥ **수식 입력줄 확장/축소** : 수식 입력줄을 확장/축소합니다.

⑦ **셀 포인터** : 셀이 선택되었다는 표시로 굵은 테두리가 셀 주위에 표시됩니다.

⑧ **채우기 핸들** : 셀 포인터 오른쪽 아래의 검은 점입니다. 채우기 핸들을 드래그하면 셀 내용을 연속적으로 채울 수 있습니다.

⑨ **열 머리글** : 열 이름이 표시되는 곳으로 A열부터 XFD열까지 16,384개의 열이 있습니다.

⑩ **행 머리글** : 행 번호가 표시되는 곳으로 1행부터 1,048,576행까지 있습니다.

⑪ **셀** : 행과 열이 만나는 격자 형태의 사각형 영역으로 데이터나 수식 등을 입력할 수 있습니다.

⑫ **수직 이동줄** : 화면을 위/아래로 옮기면서 볼 수 있습니다.

⑬ **시트 탭 이동 버튼** : 시트 개수가 많아 가려진 시트 탭이 있을 경우 원하는 시트 탭으로 이동할 수 있습니다.

⑭ **시트 탭** : 현재 통합 문서에 있는 시트의 이름이 표시됩니다.

⑮ **워크시트 삽입 버튼** : 새 워크시트를 삽입할 수 있습니다.

⑯ **수평 이동줄** : 화면을 왼쪽/오른쪽으로 옮기면서 볼 수 있습니다.

● 상태 표시줄

상태 표시줄에서는 현재의 작업 상태를 확인할 수 있습니다.

① **셀 모드** : 준비, 입력, 편집 등의 셀 작업 상태를 표시합니다.

② **표시 영역** : 키보드 기능키의 선택 상태를 표시하며, 숫자가 입력된 셀 범위를 지정하면 자동 계산 결과를 표시합니다.

③ **보기 바로 가기** : 기본, 페이지 레이아웃, 페이지 나누기 미리 보기 등 워크시트 보기 상태를 선택합니다.

④ **확대/축소 슬라이드** : 확대/축소 버튼을 클릭하여 10% 단위로 확대/축소하거나 조절 바를 드래그하여 확대/축소할 수 있습니다.

⑤ **확대/축소 비율** : [확대/축소]를 지정하는 대화상자를 열어 원하는 배율을 지정합니다.

작업 영역의 기본 구조

엑셀은 통합 문서, 워크시트(Worksheet), 셀(Cell)로 이루어져 있습니다. 기본 구조를 살펴보면 엑셀의 동작 원리와 용도를 명확하게 알 수 있습니다. 회계 장부와 비교하면 간편합니다.

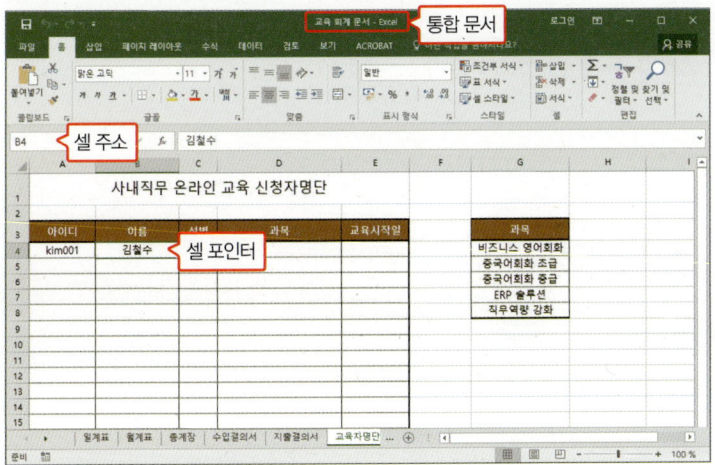

모든 작업의 시작, 셀과 셀 주소

엑셀의 작업 영역은 가로 행과 세로 열이 교차하여 격자 모양의 모눈종이처럼 직사각형을 이루고 있습니다. 이 직사각형 하나를 셀(Cell)이라 부릅니다. 데이터를 입력(저장)하는 공간으로 각 셀에는 고유한 주소(셀 주소)가 부여됩니다. 열 머리글과 행 머리글을 조합해서 만듭니다.

데이터를 편집하는 공간, 워크시트

워크시트는 1,048,576행과 16,384열의 셀이 모여 문서를 만들고 편집하는 공간입니다. 처음 실행하면 기본으로 [Sheet1] 워크시트 하나가 생성되며 총 255개까지 삽입할 수 있습니다. 장부에 견출지를 붙이는 것처럼 각 워크시트 또한 이름이나 색으로 구분할 수 있습니다.

워크시트를 한꺼번에 관리하는 통합 문서

통합 문서는 한 권의 책에 해당합니다. 개별 문서에 해당하는 워크시트를 묶어서 관리하는 셈입니다. 엑셀에서는 통합 문서 단위로 저장하므로 관련 있는 내용을 하나로 묶어서 관리하면 편리합니다. 예를 들어 교육 회계 문서라면 일계표, 월계표, 총계장, 수입결의서, 지출결의서, 교육자 명단 등의 문서를 한 통합 문서 안에서 작업하는 것입니다.

엑셀 빠르게 시작하기

엑셀 2016을 시작하면 [엑셀 빠르게 시작하기] 화면이 나타납니다. [최근 항목], [다른 통합 문서 열기], [새 통합 문서], [둘러보기], [서식 통합 문서] 중에서 사용자가 선택하여 엑셀을 시작할 수 있습니다.

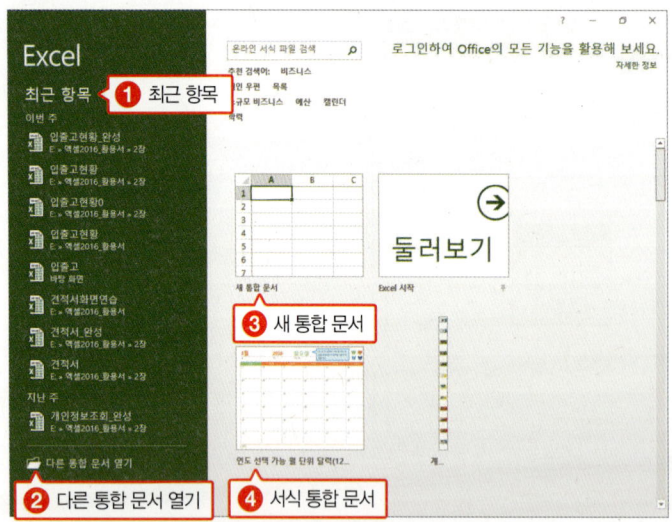

① 최근 항목 : 최근에 작업한 통합 문서 목록에서 통합 문서를 불러옵니다.

② 다른 통합 문서 열기 : 기존에 작업했던 통합 문서를 온/오프 저장 공간(원드라이브/컴퓨터 등)에서 찾아옵니다.

③ 새 통합 문서 : 새로운 통합 문서를 열어 데이터 입력, 편집, 서식 적용 등을 할 수 있습니다.

④ 서식 통합 문서 : 자주 사용하는 엑셀 문서의 서식 파일을 열어 빠르게 문서 작업을 할 수 있습니다.

엑셀 저장하기

작업한 엑셀 문서를 컴퓨터 또는 클라우드에 저장합니다.

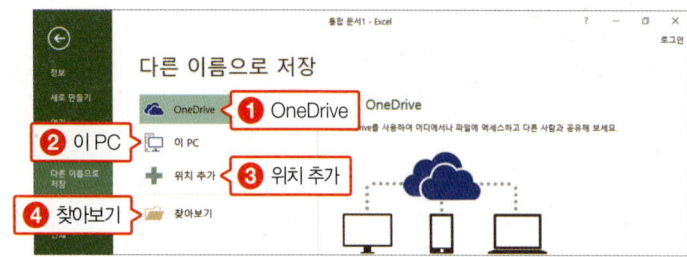

① OneDrive : 원드라이브에 오피스 문서를 저장합니다.

② 이 PC : 컴퓨터의 최근(오늘, 어제, 지난 주) 또는 이전(오래된 항목)에 작업했던 폴더에 오피스 문서를 저장합니다.

③ 위치 추가 : 온라인 위치를 추가하여 오피스 문서를 클라우드(Office 365 SharePoint, OneDrive)에 간편하게 저장할 수 있습니다.

④ 찾아보기 : 컴퓨터 저장 공간에 저장할 위치를 찾아서 문서를 저장합니다.

엑셀 서식 파일로 열고 통합 문서 저장하기

엑셀에서 문서를 작성할 때는 새 통합 문서를 열어 빈 워크시트에서 작업하거나 마이크로소프트에서 제공하는 기본 서식을 사용할 수도 있습니다. 다양한 서식 파일을 이용해 쉽게 문서를 만들고 저장하는 방법에 대해서 알아보겠습니다.

실습 파일 | 없음 완성 파일 | 엑셀\ 1장\ 문서저장_완성.xlsx

01 엑셀에서 기본으로 제공하는 서식 파일을 열어서 문서를 작성해보겠습니다. ❶ [파일] 탭을 클릭합니다. ❷ [새로 만들기]를 선택하고 ❸ 추천 검색어에서 [캘린더]를 선택합니다.

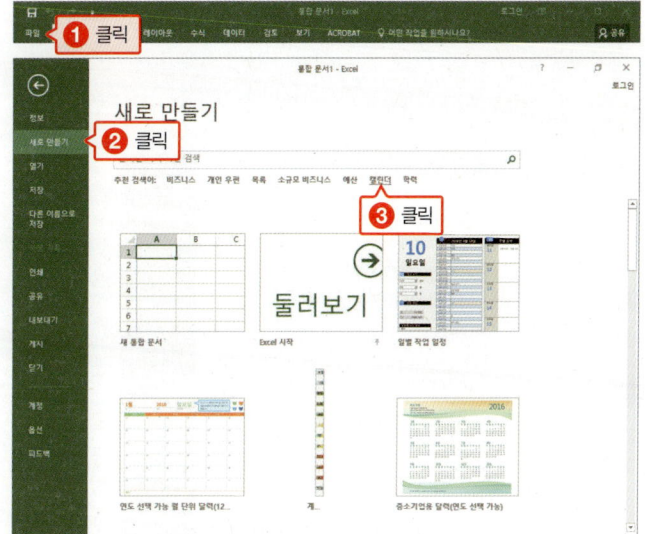

02 캘린더와 관련된 서식 파일 목록이 나타납니다. [전체 연도 글로벌 달력]을 더블클릭합니다.

바로 통하는 TIP Office.com 온라인에서 다운로드한 후 파일이 열리므로 인터넷에 연결되어 있어야 합니다.

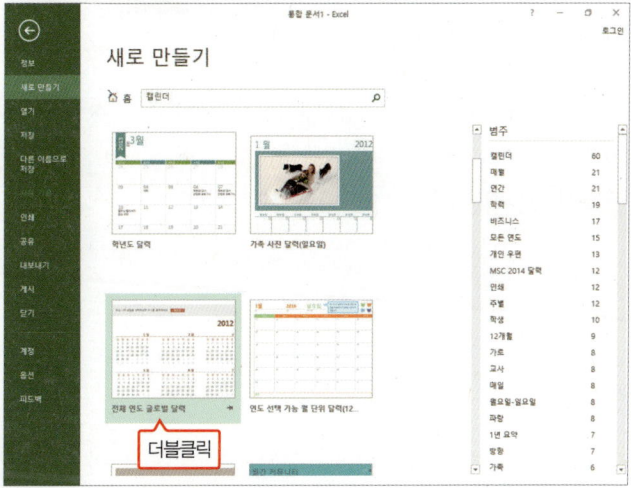

03 ① 현재 **연도**를 입력하고 ② 현재 연도의 시작 요일을 변경한 후 ③ 빠른 실행 도구 모음에서 [저장🖫]을 클릭합니다.

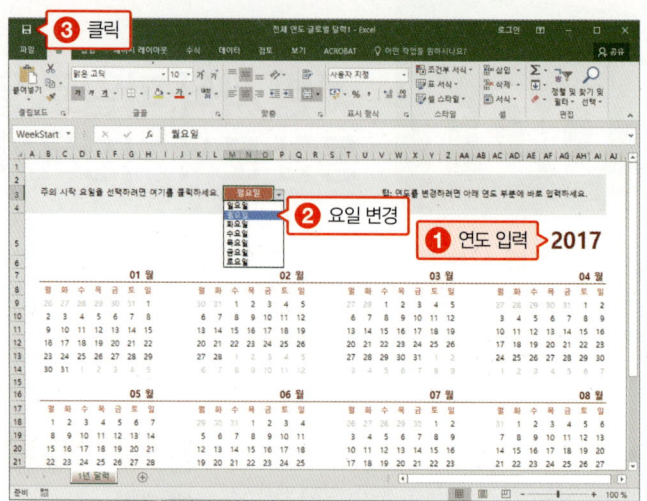

04 [다른 이름으로 저장]에서 [찾아보기]를 선택합니다.

[다른 이름으로 저장] 대화상자가 활성화됩니다. 설정에 따라 이 과정이 생략될 수 있습니다.

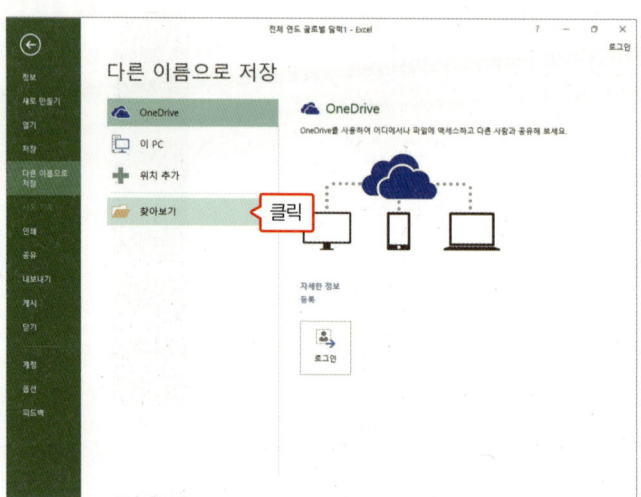

05 ① [다른 이름으로 저장] 대화상자에서 [파일 이름]에 **2017년 달력**을 입력한 후 ② [저장]을 클릭해서 통합문서를 저장합니다.

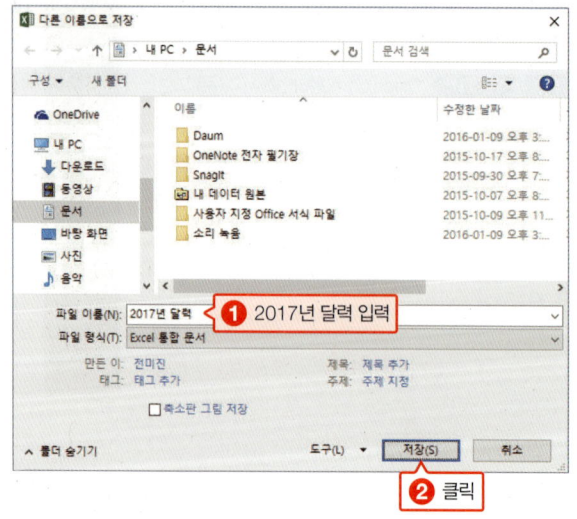

핵심기능실습 002

PDF 파일로 저장하기

엑셀 문서를 전자 문서인 **PDF** 또는 **XPS** 파일로 저장할 수 있습니다. 전자 문서로 저장하면 온라인상에서 공유하거나 인쇄할 때 원하는 형식이 그대로 유지되며 데이터를 쉽게 변경할 수 없습니다.

실습 파일 | 엑셀\1장\저장_견적서.xlsx   **완성 파일** | 엑셀\1장\저장_견적서_완성.pdf

01 엑셀이 설치되지 않은 컴퓨터에서도 견적서를 확인할 수 있도록 PDF 형식으로 저장해보겠습니다. ❶ [파일] 탭을 클릭합니다. ❷ [내보내기]를 선택한 후 ❸ [PDF/XPS 문서 만들기]를 선택하고 ❹ [PDF/XPS 만들기]를 클릭합니다. ❺ [PDF 또는 XPS로 게시] 대화상자에서 [파일이름]에 **저장_견적서**를 입력한 후 ❻ [게시]를 클릭합니다.

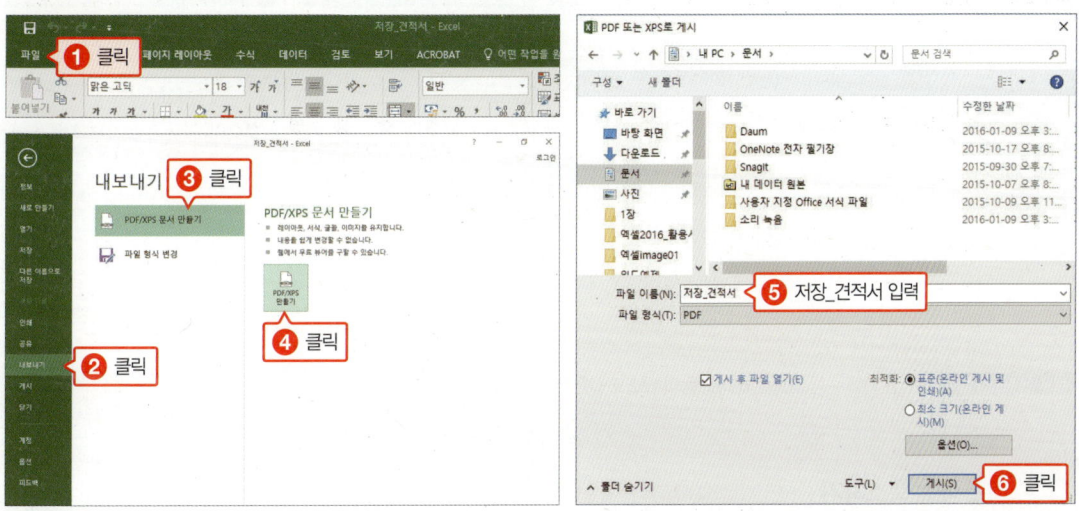

바로 통하는 TIP PDF나 XPS 형식으로 저장할 때 인쇄 품질을 높이려면 최적화 항목에서 [표준(온라인 게시 및 인쇄)]을 선택하고 파일 크기를 줄이려면 [최소 크기(온라인 게시)]를 선택합니다. 그밖에 파일의 옵션을 설정하려면 [옵션]을 클릭합니다.

02 엑셀이 없더라도 뷰어 프로그램(PDF Reader)을 통해 저장한 PDF 문서를 확인할 수 있습니다.

바로 통하는 TIP PDF Reader가 설치되어 있지 않으면 PDF 파일을 볼 수 없습니다.

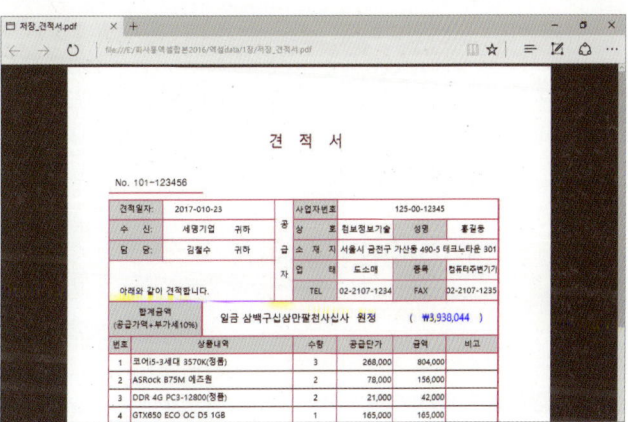

화면 구성 요소 보이기/숨기기

문서를 작성할 때는 수식 입력줄, 열/행 머리글, 워크시트에 나타나는 눈금선이 편리하지만 결과물을 보여줄 때는 눈에 거슬리는
요소일 수 있습니다. 엑셀 화면의 구성 요소는 임의로 보여주거나 숨길 수 있습니다.

실습 파일 | 엑셀\ 1장\ 화면구성_경력증명서.xlsx **완성 파일** | 없음

01 눈금선 숨기기

[보기] 탭-[표시] 그룹-[눈금선]을 클릭하여 체크 표시를 해제합니다. 완성된 경력증명서를 확인할 때는
눈금선처럼 불필요한 요소를 숨기면 편리합니다.

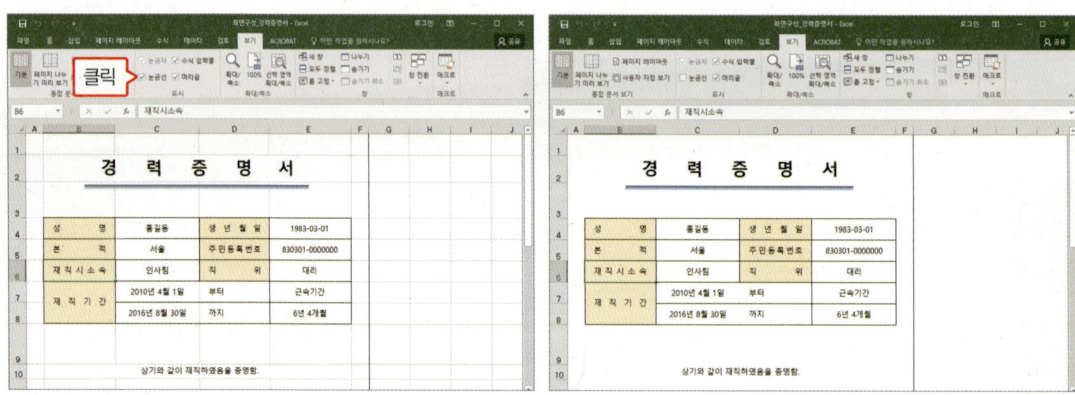

바로 통하는 TIP 눈금선 외에 수식 입력줄, 머리글 등의 요소도 같은 방법으로 숨길 수 있습니다.

02 리본 메뉴 축소하기

❶ [리본 메뉴 축소⌃]를 클릭하면 리본 메뉴가 축소되면서 작업 창의 문서 내용을 좀 더 넓은 영역에서
볼 수 있습니다. ❷ [리본 메뉴 표시 옵션⌃]을 클릭하고 ❸ [탭 및 명령 표시]를 클릭하면 다시 원상태로
돌아갑니다.

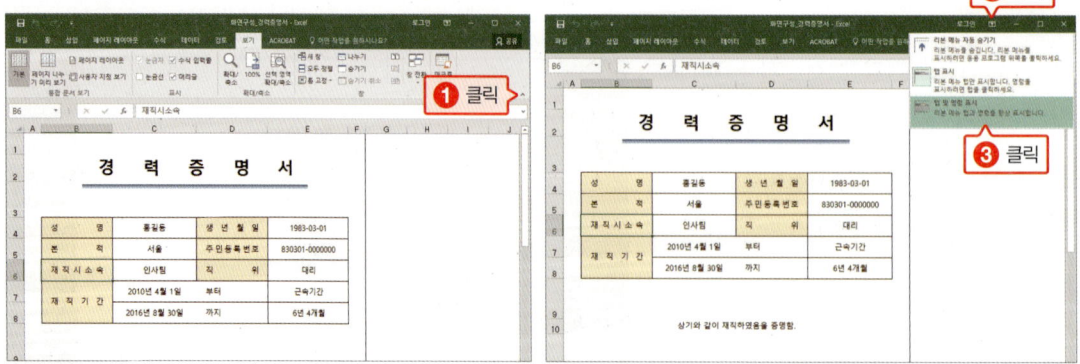

바로 통하는 TIP 임의의 리본 탭을 더블클릭하거나 단축키 Ctrl + F1 을 눌러도 리본 메뉴를 축소/확장할 수 있습니다.

핵심기능실습 004

키보드로 셀 범위 지정하기

데이터를 입력하거나 서식을 꾸미려면 셀을 선택해야 합니다. 하나의 셀을 선택하거나 여러 셀을 범위로 지정하는 방법에 대해서 살펴보겠습니다.

실습 파일 | 엑셀\1장\셀범위_거래처판매현황.xlsx **완성 파일** | 없음

01 행 범위 지정하기

❶ [A3] 셀을 클릭하고 ❷ Ctrl + Shift + ↓ 를 누르면 [A3:A83] 셀까지 범위가 지정됩니다.

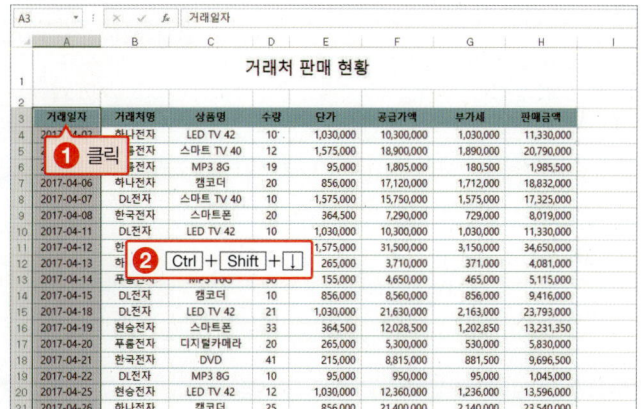

02 전체 데이터 범위 지정하기

데이터 목록에서 임의의 셀을 선택한 후 Ctrl + A 를 누르면 데이터가 입력된 전체 범위가 선택됩니다.

바로 통하는 TIP 워크시트 전체를 선택할 때는 [A1] 셀 왼쪽 위에 있는 [전체 선택 █]을 클릭합니다.

 범위 지정 단축키

단축키	설명
Ctrl + Shift + ↑/↓/←/→	데이터가 입력된 현재 셀에서 열의 첫 행 또는 마지막 행, 첫 열 또는 마지막 열까지 범위를 지정합니다. 단 데이터가 입력되지 않았을 때는 현재 열/행의 처음 또는 마지막 셀까지 범위가 지정됩니다.
Ctrl + Shift + *	데이터가 입력된 전체 범위를 지정합니다. 단, 데이터가 입력되지 않았을 때는 범위가 지정되지 않습니다.
Ctrl + A	데이터가 입력된 전체 범위를 지정합니다. 단, 데이터가 입력되지 않았을 때는 현재 워크시트 전체 셀 범위가 지정됩니다.

005

이름 정의로 셀 범위 지정하기

엑셀에서는 참조 셀을 잘못 지정해서 생기는 오류를 줄이기 위해 셀이나 선택 범위에 이름을 정의할 수 있습니다. 이름 정의 방법을 살펴보겠습니다.

실습 파일 | 엑셀\1장\셀범위_거래처판매현황_1.xlsx　**완성 파일** | 엑셀\1장\셀범위_거래처판매현황_1_완성.xlsx

01 셀 범위 이름으로 정의하기

셀이나 셀 범위를 선택한 후 [이름 상자]에 이름을 입력하고 Enter를 누르면 이름을 정의할 수 있습니다. ❶ [A4:H24] 셀 범위를 드래그합니다. ❷ [이름 상자]에 **거래_4월**을 입력한 후 Enter를 누릅니다.

[A4:H24] 셀 범위가 '거래_4월'이란 이름으로 정의되었습니다.

02 ❶ 임의의 셀을 선택합니다. ❷ [이름 상자 목록▼]을 클릭하고 ❸ 앞서 정의한 범위 이름에서 [거래_4월]을 선택합니다.

[A4:H24] 셀에 해당하는 4월 판매 데이터 범위가 선택됩니다.

03 선택 영역에서 이름 만들기

[선택 영역에서 만들기]를 이용하면 제목에 해당하는 [첫 행]이나 [왼쪽 열], [끝 행], [오른쪽 열] 등은 한 번에 셀 이름을 지정할 수 있습니다. ❶ 전체 데이터를 선택하기 위해 [A3] 셀을 클릭한 후 Ctrl + Shift + * 를 누릅니다. ❷ [수식] 탭-[정의된 이름] 그룹-[선택 영역에서 만들기]를 클릭합니다. ❸ [선택 영역에서 이름 만들기] 대화상자에서 [첫 행]에만 체크 표시하고 ❹ [확인]을 클릭합니다.

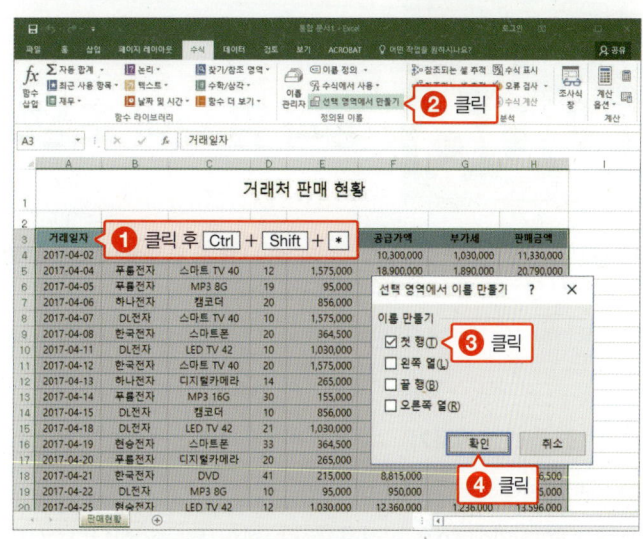

04 앞서 '첫 행'을 셀 이름으로 정의하였으므로 [이름 상자] 목록에는 '거래일자', '거래처명', '상품명', '수량', '단가', '공급가액', '부가세', '판매금액'이 추가됩니다. ❶ [이름 상자 목록▼]을 클릭하고 ❷ 앞서 정의한 범위 이름 중 [판매금액]을 선택하면 판매금액 열이 선택됩니다.

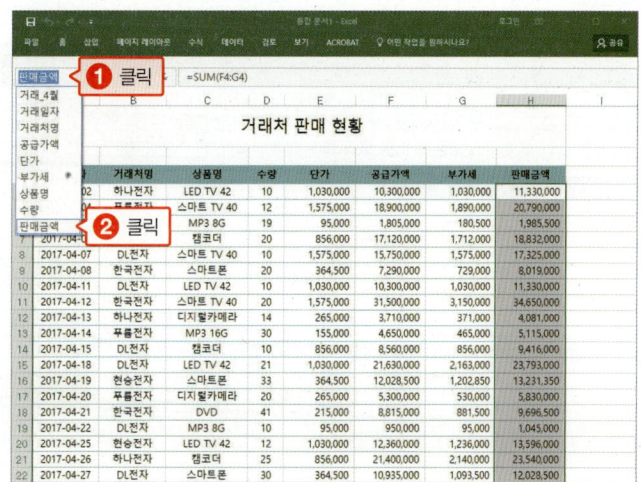

쉽고 빠른 엑셀 NOTE — **이름 관리자로 셀 이름 정의/수정/삭제하기**

정의한 셀 이름은 [수식] 탭-[정의된 이름] 그룹-[이름 관리자]에서 확인할 수 있습니다. [이름 관리자] 대화상자에서는 이름을 수정, 삭제하거나 새로 정의할 수 있습니다.

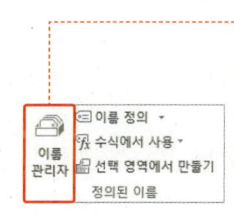

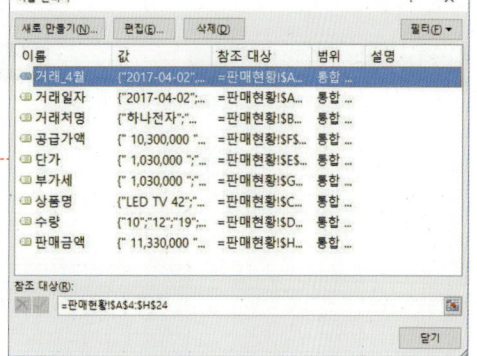

핵심기능실습 006

행과 열 너비 조정하기

데이터의 높이와 너비에 맞게 행의 높이와 열의 너비를 편집하는 방법을 알아보겠습니다. 직접 행과 열을 선택해 높이나 너비를
조절하거나 행 높이, 열 너비 메뉴에서 조정할 수 있습니다.

실습 파일 | 엑셀\ 1장\ 행열너비_청구서.xlsx   **완성 파일** | 엑셀\ 1장\ 행열너비_청구서_완성.xlsx

01 행 높이 조절하기

❶ 2행 머리글을 클릭하고 행 머리글에서 마우스 오른쪽 버튼을 클릭합니다. ❷ [행 높이]를 선택하고 ❸ [행
높이] 대화상자에 **50**을 입력한 후 ❹ [확인]을 클릭합니다. 선택한 행의 높이가 50으로 바뀝니다. ❺ [4:21]
행 머리글 범위를 드래그합니다. ❻ 5행 머리글 경계선에 마우스 포인터를 위치시키고 아래쪽으로 드래그
합니다. 드래그해서 조절한 5행의 높이만큼 선택한 나머지 행의 높이도 일괄 변경됩니다.

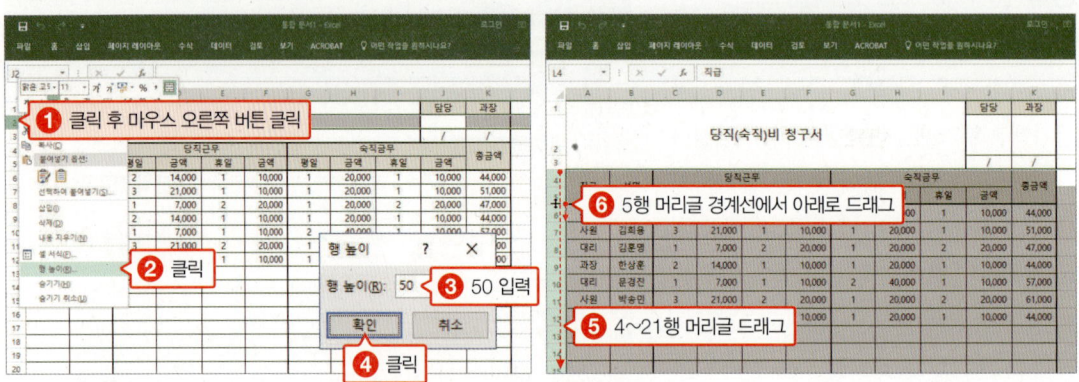

02 열 너비 조절하기

❶ C열 머리글을 클릭하고 ❷ Ctrl을 누른 상태에서 E, G, I열을 클릭합니다. ❸ 선택한 임의의 열 머리글
사이 경계선에 마우스 포인터를 위치시키고 더블클릭합니다. 선택한 범위의 데이터 너비만큼 열 너비가
자동 조절됩니다.

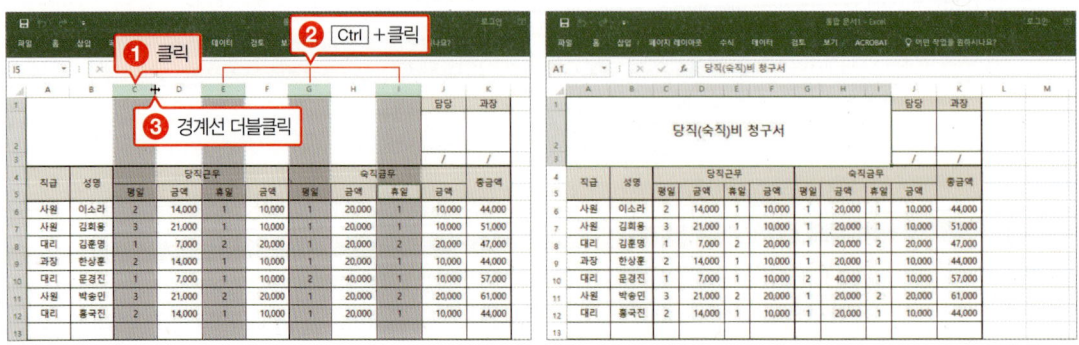

바로 동하는TIP 행/열 머리글에서 행의 아래쪽 및 열의 오른쪽 경계선을 더블클릭하면 행/열의 너비가 자동으로 조절됩니다.

핵심기능실습

007 너비를 유지하여 붙여넣기 및 선택하여 붙여넣기

데이터를 옮기거나 붙여 넣는 방법으로 '선택하여 붙여넣기' 기능을 쓸 수 있습니다. 셀 수식, 값, 서식 등을 붙여 넣을 수 있을 뿐만 아니라 연산 기능 등의 옵션도 선택하여 붙여 넣을 수 있습니다.

실습 파일 | 엑셀\1장\복사_개인고객정보.xlsx   **완성 파일** | 엑셀\1장\복사_개인고객정보_완성.xlsx

01 너비를 유지하여 붙여넣기

[고객정보] 시트의 카드번호와 이름, 사용한도 항목을 열 너비를 유지한 채 [한도조회] 시트에 붙여 넣어보겠습니다. ❶ [고객정보] 시트에서 [B3:B26] 셀 범위를 드래그하고 ❷ Ctrl 을 누른 상태에서 [D3:D26], [G3:G26] 셀 범위를 드래그합니다. ❸ 범위에서 마우스 오른쪽 버튼을 클릭하고 ❹ [복사]를 선택합니다.

바로 통하는TIP 복사의 단축키는 Ctrl + C , 잘라내기는 Ctrl + X , 붙여넣기는 Ctrl + V 입니다.

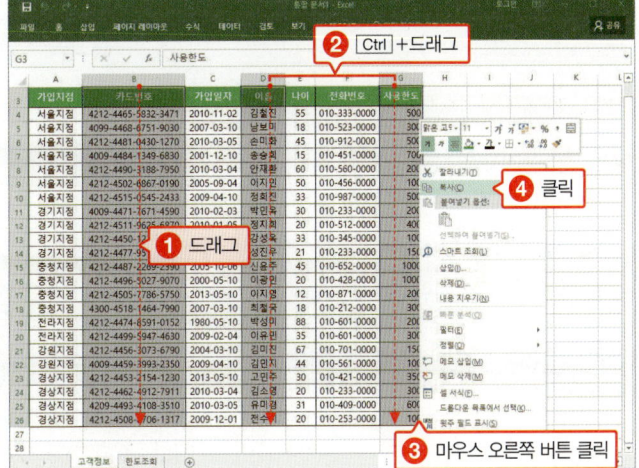

02 ❶ [한도조회] 시트를 선택합니다. ❷ [A3] 셀에서 마우스 오른쪽 버튼을 클릭하고 ❸ [선택하여 붙여넣기]에서 [원본 열 너비 유지📋]를 선택한 후 ESC 를 눌러 복사 모드를 해제합니다.

바로 통하는TIP 데이터를 복사하면 범위로 지정한 테두리가 깜빡거립니다. 이는 원본 데이터를 계속 붙여 넣을 수 있다는 의미입니다. 더 이상 붙여 넣지 않으려면 ESC 를 누릅니다.

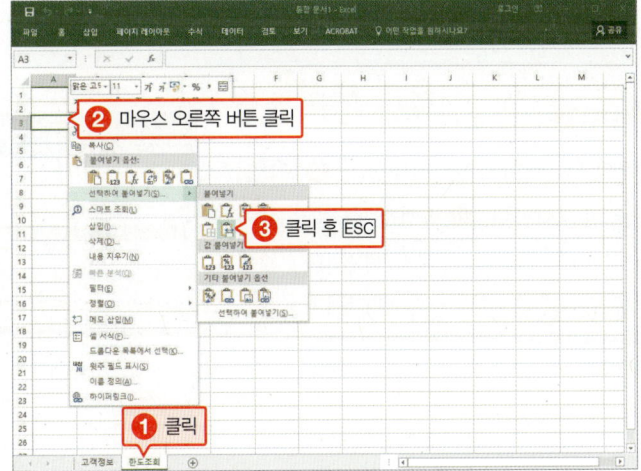

03 곱하여 붙여넣기

사용한도 금액은 10000단위가 절사되어 있습니다. [선택하여 붙여넣기] 기능으로 사용한도 금액에 10000을 곱해서 표시해보겠습니다. ❶ [F3] 셀을 클릭한 후 **10000**을 입력하고 ❷ Enter를 누릅니다. ❸ [F3] 셀을 클릭한 후 Ctrl + C를 누릅니다.

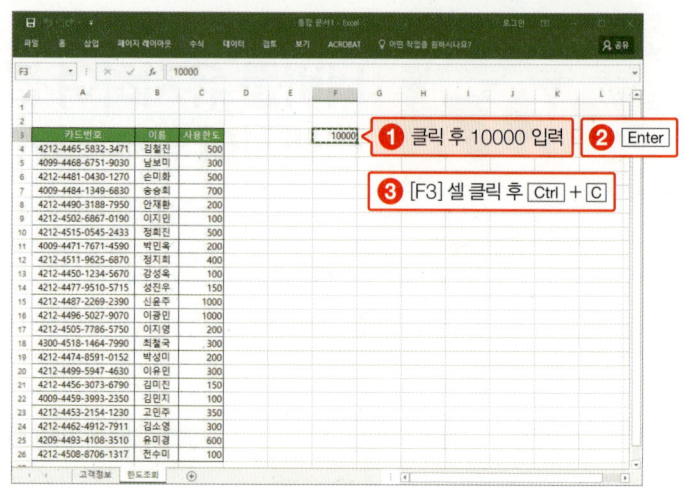

04

❶ [C4:C26] 셀 범위를 드래그하고 ❷ 마우스 오른쪽 버튼을 클릭합니다. ❸ [선택하여 붙여넣기]에서 [선택하여 붙여넣기]를 선택합니다.

바로 통하는 TIP 선택하여 붙여넣기 단축키는 Ctrl + Alt + V 입니다.

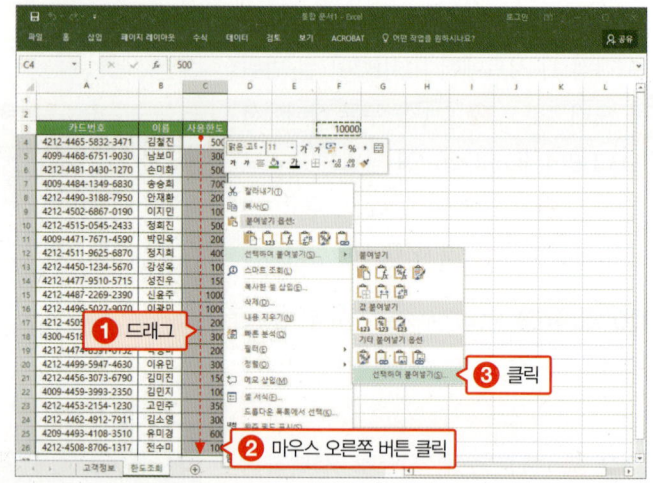

05

❶ [선택하여 붙여넣기] 대화상자에서 [곱하기]를 선택하고 ❷ [확인]을 클릭합니다. ❸ 사용한도 열의 값이 10000을 곱한 값으로 바뀌면 [F3] 셀에서 Delete를 눌러 값을 삭제합니다.

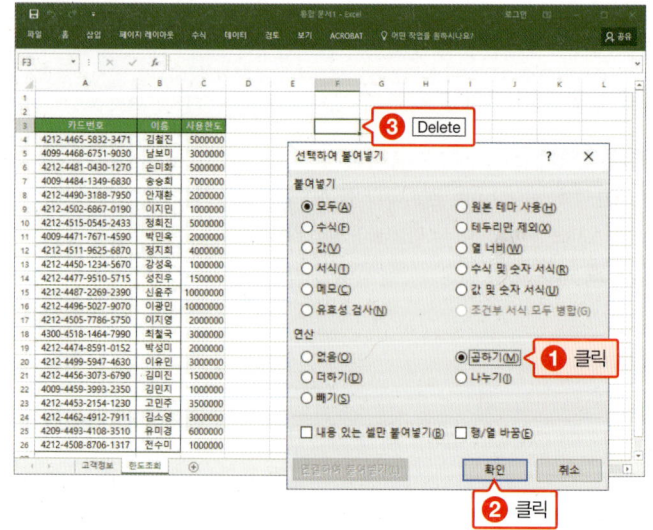

06 이름 열의 서식만 복사하기

❶ [B4:B26] 셀 범위를 드래그합니다.
❷ [홈] 탭 – [클립보드] 그룹 – [서식 복사 🖌]를 클릭합니다.

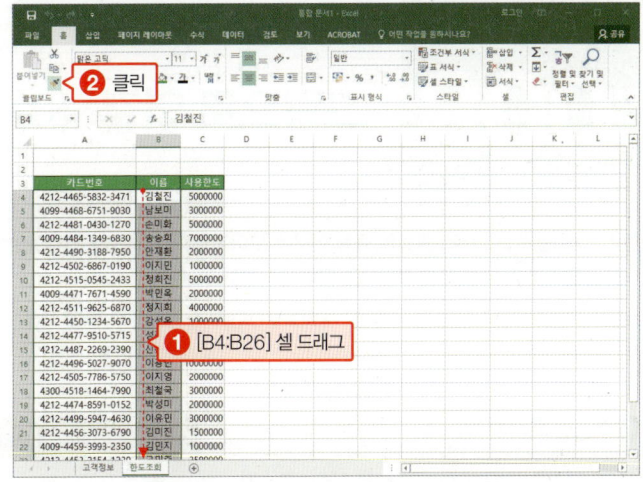

07 마우스 포인터가 🗗🖌 모양으로 변경됩니다. [C4] 셀을 클릭하면 이름 열의 서식이 사용한도 열로 복사됩니다.

바로 통하는 TIP [서식 복사 🖌]를 더블클릭하면 동일한 서식을 여러 군데에 반복해서 복사할 수 있습니다. 서식 복사를 중단하고 싶을 때는 ESC 를 누릅니다.

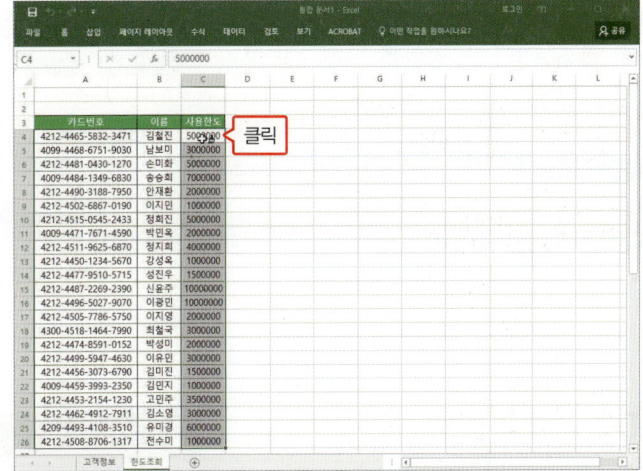

쉽고 빠른 엑셀 NOTE **실행 취소와 다시 실행**

[실행 취소]나 [다시 실행] 기능을 이용하면 잘못 실행한 작업이나 명령을 100단계까지 취소하거나 다시 실행할 수 있습니다. 단, [메뉴] 탭을 선택하거나 [시트 보호], [통합 문서 저장], [매크로 실행] 등의 일부 작업은 취소할 수 없습니다. [실행 취소]와 [다시 실행] 명령은 [빠른 실행 도구 모음]에 있으며 단축키는 Ctrl + Z 와 Ctrl + Y 입니다.

실행 취소(Ctrl + Z **)**
최근 작업이나 그 이전 작업을 취소하고 싶을 때는 [빠른 실행 도구 모음]에서 [실행 취소 ↰]를 클릭합니다.

다시 실행(Ctrl + Y **)**
실행 취소한 최근 작업을 다시 실행하려면 [빠른 실행 도구 모음]에서 [다시 실행 ↱]을 클릭합니다.

008 그림으로 연결하여 붙여넣기

열 너비에 관계없이 여러 종류의 표를 한곳에 모아놓을 때 그림으로 연결하여 붙여넣기 기능을 이용하면 편리합니다. 각 시트에 작성된 열 너비가 다른 표를 그림으로 붙여 넣어보겠습니다.

실습 파일 | 엑셀\ 1장\ 복사_인사평가표.xlsx   **완성 파일** | 엑셀\ 1장\ 복사_인사평가표_완성.xlsx

01 표 복사하기

[평가정보] 시트에서 표를 복사한 후 [평가표] 시트에 그림으로 붙여 넣어보겠습니다. ❶ [평가정보] 시트를 선택합니다. ❷ [A3:I5] 셀 범위를 드래그한 후 Ctrl + C를 눌러 복사합니다.

바로 통하는 TIP 그림으로 붙여 넣을 때 표뿐만 아니라 눈금선도 복사되므로 복사하기 전에 [보기] 탭-[표시] 그룹-[눈금선]의 체크 표시를 해제합니다.

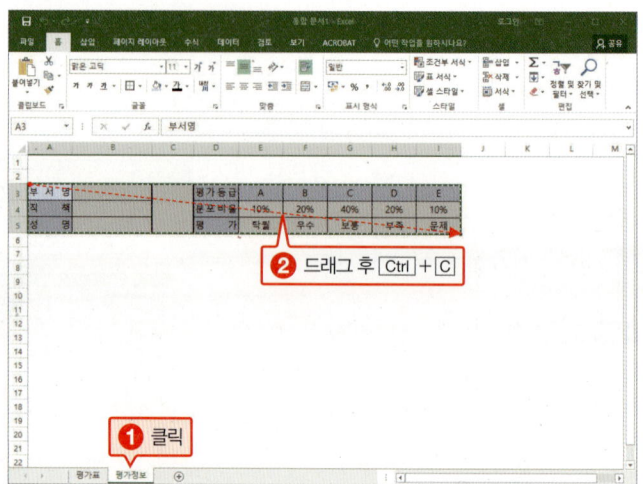

02 그림으로 붙여넣기

❶ [평가표] 시트를 선택합니다. ❷ [A2] 셀에서 마우스 오른쪽 버튼을 클릭하여 ❸ [선택하여 붙여넣기]-[기타 붙여넣기 옵션]에서 [연결된 그림]을 선택합니다. ❹ ESC를 눌러 복사 모드를 해제합니다.

바로 통하는 TIP [연결된 그림]을 사용하면 원본 데이터에 따라 연결된 데이터가 자동으로 수정됩니다. 원본 데이터의 영향을 받지 않으려면 [그림]을 선택합니다.

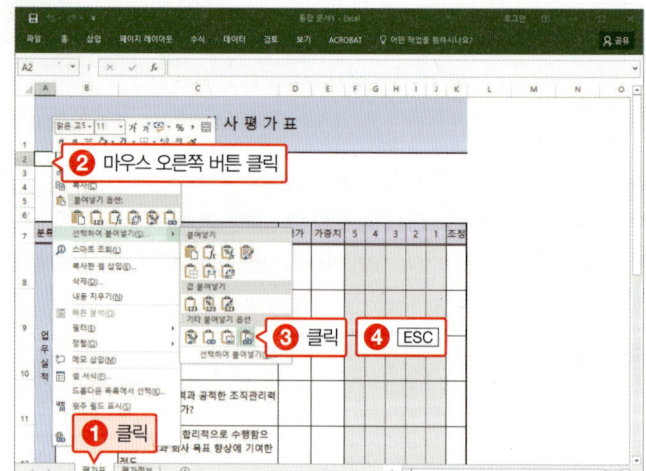

03 붙여 넣은 그림 개체를 선택한 후 조절점을 드래그합니다. 크기를 적당히 조절합니다.

바로 통하는 TIP 개체를 선택한 후 방향키(←, ↑, →, ↓)를 눌러 위치를 옮길 수 있습니다.

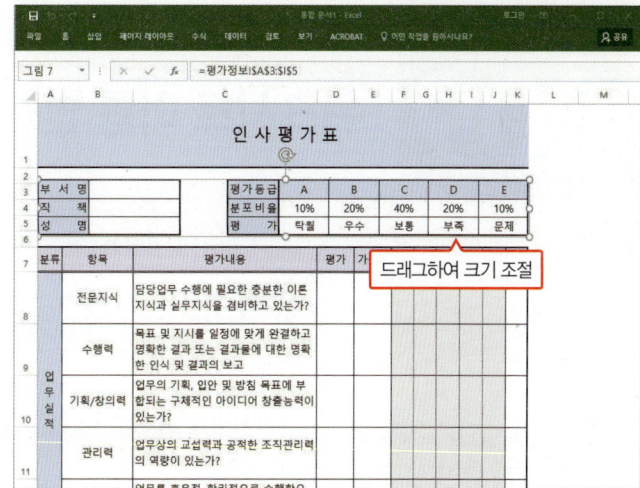

 쉽고 빠른 엑셀 NOTE **선택하여 붙여넣기 옵션 살펴보기**

마우스 오른쪽 버튼을 클릭할 때 나타나는 메뉴는 붙여넣기 옵션을 아이콘으로 제공합니다. 이 메뉴를 이용하면 좀 더 쉽고 편리하게 붙여넣기 옵션을 지정할 수 있습니다.

붙여넣기 옵션		설명
붙여넣기	📋 : 붙여넣기	모든 셀 내용과 수식 및 서식 붙여넣기
	📋 : 수식	수식 입력줄에 입력한 대로 수식만 붙여넣기
	📋 : 수식 및 숫자 서식	수식 입력줄에 입력한 대로 수식과 숫자 서식을 붙여넣기
	📋 : 원본 서식 유지	원본 서식을 유지하면서 셀 내용과 수식을 붙여넣기
	📋 : 테두리 없음	테두리 없이 셀 내용과 서식 및 수식을 붙여넣기
	📋 : 원본 열 너비 유지	원본 열 너비를 유지하면서 셀 내용과 서식, 수식을 붙여넣기
	📋 : 바꾸기	행과 열을 바꿔서 셀 내용과 서식, 수식을 붙여넣기
값 붙여넣기	📋 : 값	셀 내용만 붙여넣기
	📋 : 값 및 숫자 서식	셀 내용과 숫자 서식만 붙여넣기
	📋 : 값 및 원본 서식	셀 내용과 서식을 붙여넣기
기타 붙여넣기	📋 : 서식	셀 서식만 붙여넣기
	📋 : 연결하여 붙여넣기	셀 내용만 연결하여 붙여넣기
	📋 : 그림	원본과 연결하지 않고 그림으로 붙여넣기
	📋 : 연결된 그림	원본과 연결하여 그림으로 붙여넣기

009

워크시트 이름 변경 및 탭 색 변경하기

워크시트는 문서를 만들고 편집하는 공간입니다. 워크시트 이름을 정의하거나 시트 탭의 색을 수정해서 표시해놓으면 여러 파일을 관리할 때 쉽게 구분할 수 있어 편리합니다.

실습 파일 | 엑셀\1장\시트_실적현황1.xlsx **완성 파일** | 엑셀\1장\시트_실적현황1_완성.xlsx

01 ❶ [Sheet1] 시트 탭을 더블클릭하고 **1주**를 입력합니다. ❷ 같은 방법으로 [Sheet2]와 [Sheet3] 시트 탭에 각각 **2주, 3주**를 입력합니다.

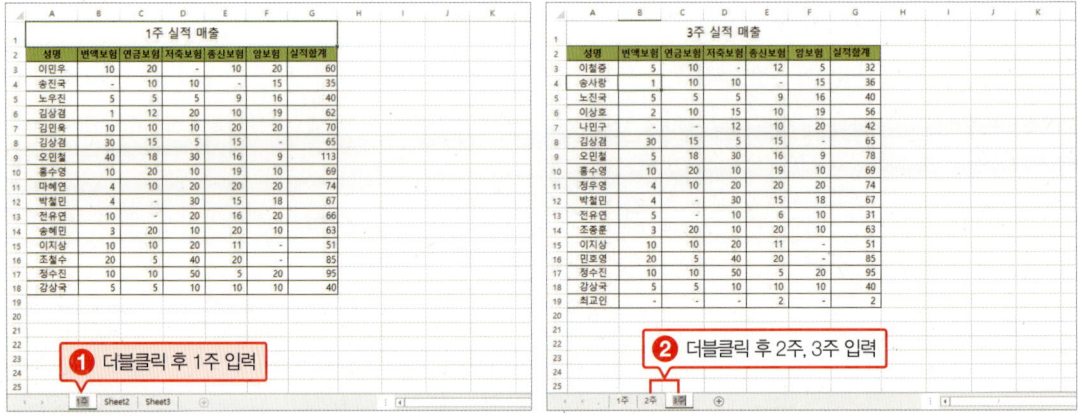

❶ 더블클릭 후 1주 입력
❷ 더블클릭 후 2주, 3주 입력

바로 통하는 TIP 시트 탭에서 마우스 오른쪽 버튼을 클릭합니다. [이름 바꾸기]를 선택해 이름을 바꾸거나 [탭 색]을 선택해 탭을 원하는 색으로 바꿀 수 있습니다. 워크시트 이름은 31자를 넘지 않아야 하며 ₩/?*[ ]'를 포함하지 않아야 합니다.

02 ❶ [1주] 시트 탭을 선택하고 마우스 오른쪽 버튼을 클릭하여 ❷ [탭 색]에서 [바다색, 강조 1]을 선택합니다. ❸ 같은 방법으로 [2주]와 [3주] 시트 탭의 색을 [녹색, 강조 2], [황금색, 강조 5]로 변경합니다.

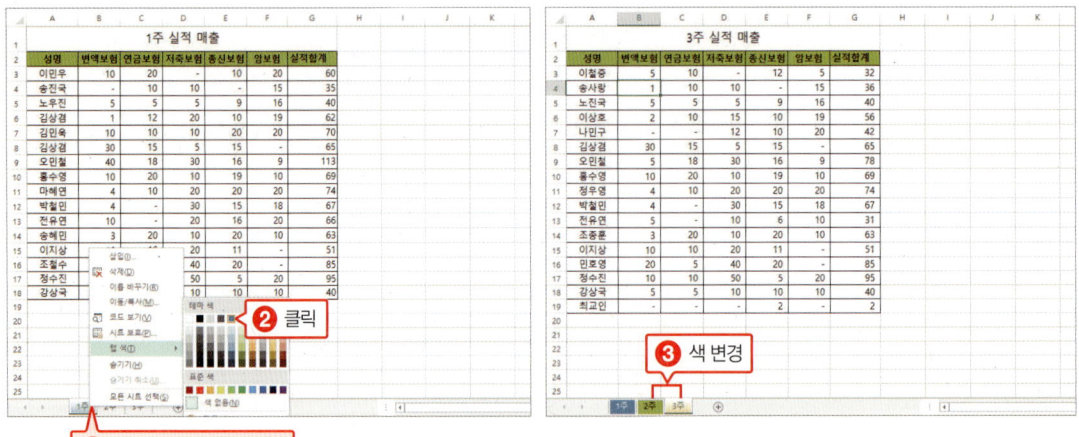

❷ 클릭
❸ 색 변경
❶ 마우스 오른쪽 버튼 클릭

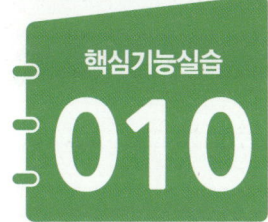

핵심기능실습 010

워크시트 이동/복사/삭제하기

필요에 따라 워크시트를 이동, 추가하거나 삭제하면서 효과적으로 데이터를 관리할 수 있습니다. 워크시트의 이동, 복사, 삭제 방법에 대해서 알아보겠습니다.

실습 파일 | 엑셀\1장\시트_실적현황2.xlsx   **완성 파일** | 엑셀\1장\시트_실적현황2_완성.xlsx

01 워크시트 복사하기

4주간의 매출 실적을 각각의 시트에 기록하려고 합니다. [4주] 시트가 없으므로 [3주] 시트 탭을 복사한 후 '4주'로 이름을 바꿔보겠습니다. ❶ [3주] 시트 탭을 선택합니다. ❷ Ctrl 을 누른 상태에서 시트 탭을 오른쪽으로 드래그합니다.

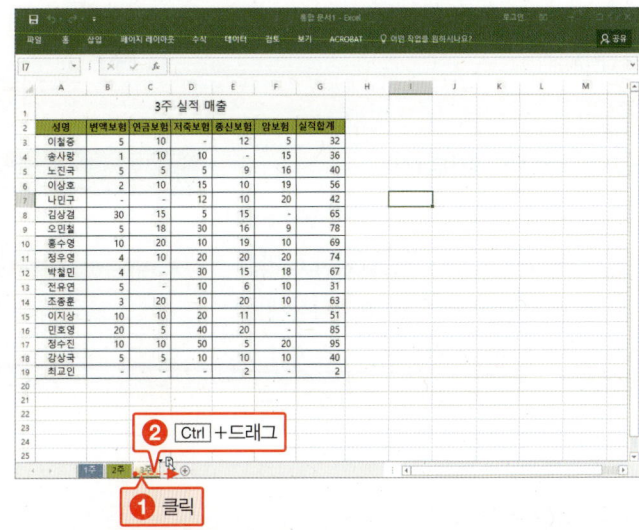

02 워크시트 이름 바꾸기

복제된 시트 탭을 더블클릭하고 **4주**를 입력합니다.

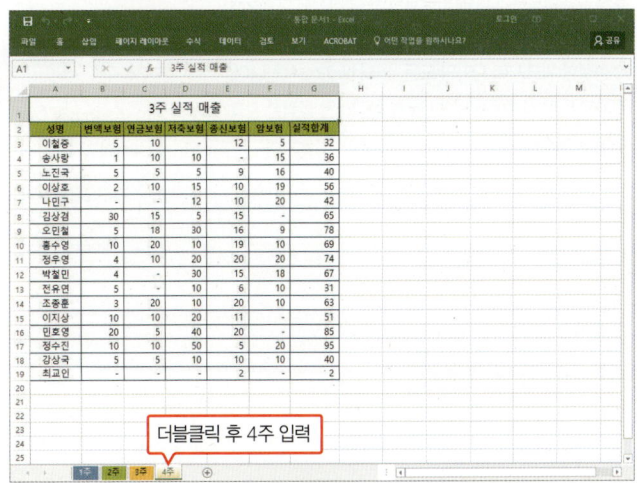

03 워크시트 삽입 및 워크시트 이동하기

❶ [새 시트⊕]를 클릭합니다. ❷ 새로운 시트 탭을 더블클릭한 후 ❸ **월간시트**를 입력하고 Enter를 누릅니다. ❹ [월간시트] 시트 탭을 드래그하여 [1주] 시트 탭 왼쪽으로 옮깁니다.

바로 통하는TIP 통합 문서를 새로 열면 기본적으로 시트는 하나만 있습니다. 시트 개수를 조정하려면 [파일] 탭에서 [옵션]을 선택합니다. [옵션] 대화상자가 나타나면 [일반] 항목의 [포함할 시트 수]에 1~255 사이의 값을 입력합니다.

04 워크시트 삭제하기

앞서 추가한 [4주] 시트를 삭제해보겠습니다. ❶ [4주] 시트 탭을 클릭하고 마우스 오른쪽 버튼을 클릭한 후 ❷ [삭제]를 선택합니다. ❸ 삭제하려는 시트에서 데이터를 삭제해도 되는지 물어보는 메시지가 나타나면 [삭제]를 클릭합니다.

바로 통하는TIP 여러 개의 워크시트를 한 번에 선택할 때는 Shift와 Ctrl을 이용합니다. Shift를 누른 상태에서 워크시트를 클릭하면 처음 선택한 워크시트와 마지막 선택한 워크시트 사이의 모든 워크시트가 선택됩니다. Ctrl을 누른 상태에서 워크시트를 클릭하면 클릭한 워크시트만 선택됩니다.

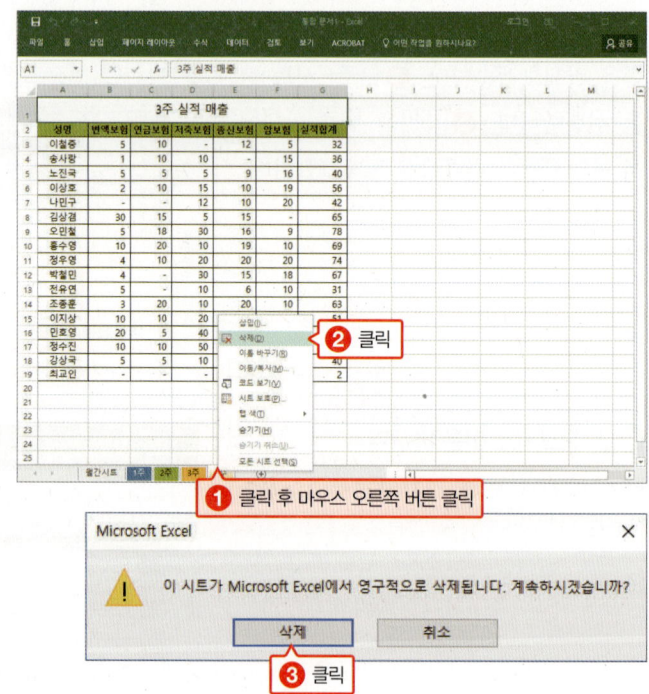

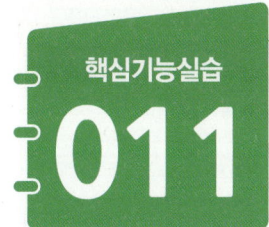

워크시트 보호하기

시트 보호하기를 설정하면 편집이 허용되지 않는 범위는 마음대로 편집할 수 없기 때문에 데이터를 보호할 수 있습니다. 범위 편집 허용과 시트 보호하기 기능은 둘 중 하나만 쓰는 기능이 아니라 순차적으로 실행해야 효과를 발휘하는 기능입니다. 견적서나 거래명세서처럼 폼이 정해진 문서의 변형을 막을 수 있습니다.

실습 파일 | 엑셀\1장\시트_실적현황3.xlsx   **완성 파일** | 엑셀\1장\시트_실적현황3_완성.xlsx

01 범위 편집 허용하기

문서에서 지정한 범위 외에는 수정할 수 없도록 편집 허용 범위를 설정해보겠습니다. ❶ [C2] 셀을 클릭하고 ❷ Ctrl 을 누른 상태에서 [C4:C7], ❸ [E4], [E7], ❹ [B10:G19], ❺ [I10:I19] 셀 범위를 각각 드래그합니다. ❻ [검토] 탭-[변경 내용] 그룹-[범위 편집 허용]을 선택합니다.

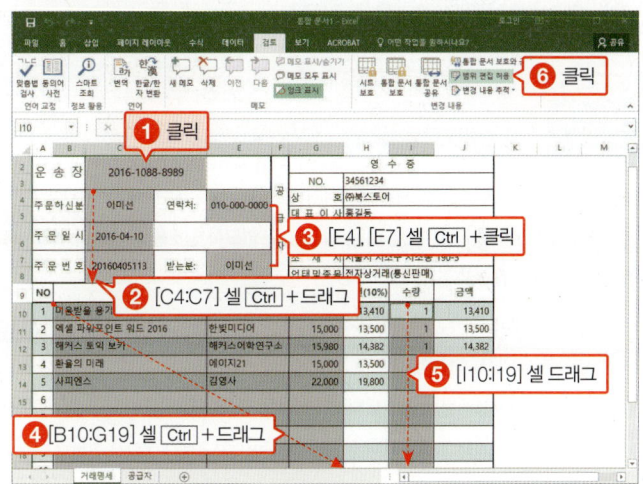

02 ❶ [범위 편집 허용] 대화상자가 나타나면 [새로 만들기]를 클릭합니다. ❷ [새 범위] 대화상자의 [제목]에 **거래내용수정범위**를 입력하고 ❸ [확인]을 클릭합니다. ❹ [범위 편집 허용] 대화상자에서 [확인]을 한 번 더 클릭합니다.

> **바로 통하는 TIP** 범위 편집 허용 범위를 설정하면 [거래내용수정범위]로 지정한 [C2], [C4:C7], [E4], [E7], [B10:G19], [I10:I19] 셀만 수정할 수 있습니다.

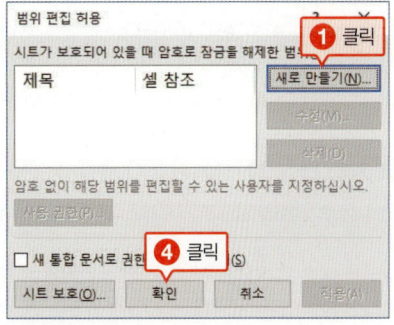

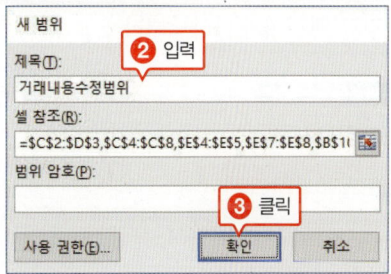

03 시트 보호하기

데이터와 서식을 변경할 수 없도록 시트 보호하기를 설정해보겠습니다. ❶임의의 셀을 클릭하고 ❷ [검토] 탭-[변경 내용] 그룹-[시트 보호]를 클릭합니다. ❸ [시트 보호] 대화상자에서 [확인]을 클릭합니다.

바로 통하는 TIP [시트 보호 해제 암호]를 입력하면 시트 보호를 해제하려고 할 때 반드시 암호를 입력해야 합니다. 이때 암호를 잊어버리지 않도록 주의합니다.

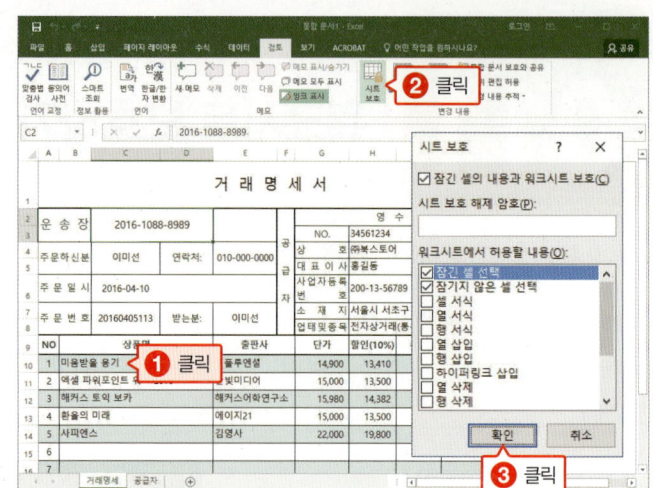

쉽고 빠른 엑셀 NOTE

[검토] 탭-[변경 내용] 그룹 살펴보기

개인 사용자나 공유된 문서를 사용하는 여러 사용자가 실수나 고의로 워크시트 또는 통합 문서의 중요한 데이터를 변경, 이동, 삭제할 수 없도록 암호를 설정하여 워크시트나 통합 문서의 요소를 보호할 수 있습니다.

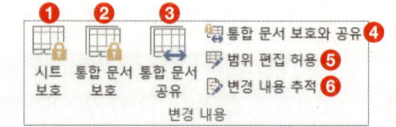

① **시트 보호** : 데이터 수정, 서식 변경, 행과 열 삽입/삭제 등 워크시트에서 허용할 요소와 보호할 내용을 선택하고 보호를 해제할 수 없도록 암호를 설정하여 시트를 보호합니다.

② **통합 문서 보호** : 문서의 구조를 보호하고 해제할 수 없도록 시트의 이동, 삭제, 추가 시에 암호를 설정하여 통합 문서를 보호합니다.

③ **통합 문서 공유** : 통합 문서를 네트워크나 원드라이브(OneDrive)에 저장한 경우 동시에 여러 사용자가 같은 문서에서 작업할 수 있도록 통합 문서를 공유합니다.

④ **통합 문서 보호와 공유** : 통합 문서를 공유하면서 다른 사용자가 [변경 내용 추적]을 해제할 수 없도록 암호를 설정하여 문서를 보호합니다.

⑤ **범위 편집 허용** : 시트를 보호할 경우 편집을 허용할 범위를 설정합니다.

⑥ **변경 내용 추적** : 여러 사용자가 작업할 경우에는 변경된 내용을 추적 표시하고, 변경된 내용을 적용할지, 취소할지 선택합니다.

04

편집 범위를 허용한 운송장, 주문하신분, 연락처, 주문일시, 주문번호, 받는분, 상품명, 출판사, 단가, 수량 이외의 셀에 있는 데이터를 수정하려고 하면 경고 메시지가 나타납니다.

바로 통하는 TIP 시트 보호를 해제하려면 [검토] 탭-[변경 내용] 그룹-[시트 보호 해제]를 클릭합니다.

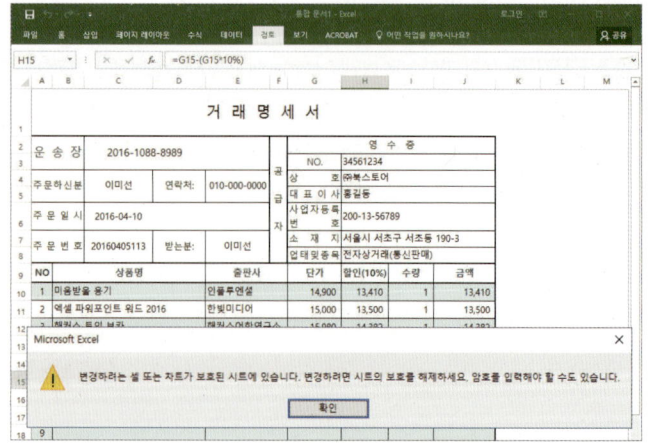

012 문자/숫자 데이터 입력하기

셀에는 문자 데이터, 숫자 데이터, 수식 등을 입력할 수 있습니다. 문자 데이터는 한글, 한자, 일본어, 특수 문자 등과 같이 계산할 수 없는 데이터를, 숫자 데이터는 숫자, 날짜, 시간처럼 계산할 수 있는 데이터를 의미합니다.

실습 파일 | 엑셀\ 1장\ 데이터입력.xlsx **완성 파일** | 엑셀\ 1장\ 데이터입력_완성.xlsx

🔊 한눈에 보기   셀에 입력할 수 있는 데이터

1. 숫자 : 계산 및 통계에 사용되는 가장 기본적인 데이터입니다. 숫자, 통화를 비롯해 분수, 지수까지 다양하게 입력할 수 있으며 셀 내에서 오른쪽 정렬됩니다.

2. 문자 : 한글, 한자, 일본어, 특수 문자 등 계산할 수 없는 데이터입니다. 숫자와 수식을 제외한 모든 데이터가 문자열에 해당하며 셀 내에서 왼쪽 정렬됩니다.

	A	B
1	표시 형식	❶ 숫자
2	숫자	1234567
3	통화	₩1,234,567
4	회계	₩ 1,234,567
5		
6	표시 형식	❷ 문자
7	한글	김영수
8	영문	Excel study

---

01 문자 데이터 입력하기

❶ [문자] 시트에서 [C4] 셀을 클릭하고 **분기별 매출**을 입력한 후 ❷ Enter 를 누릅니다. ❸ [C5] 셀을 클릭한 후 **2016년**을 입력하고 ❹ Alt + Enter 를 누릅니다. ❺ **매출 보고서**를 입력하고 Enter 를 누릅니다.

2016년 매출 보고서가 두 줄로 입력됩니다.

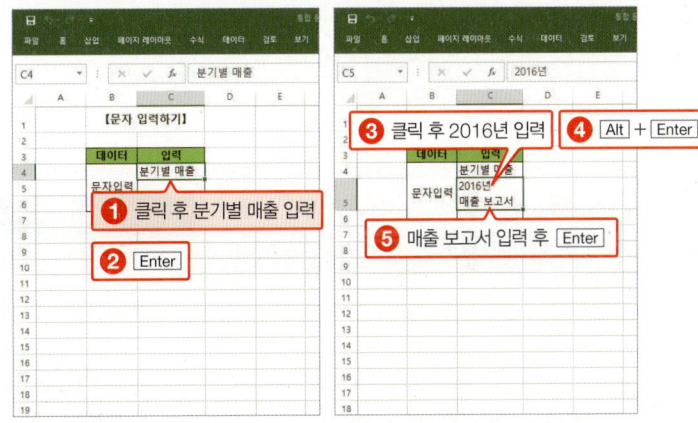

02 ❶ [C6] 셀을 클릭한 후 **'2017**을 입력하고 ❷ Enter 를 누릅니다. ❸ [C6] 셀 옆에 표시되는 [오류 표시 ◈]를 클릭하고 ❹ [오류 무시]를 선택하여 오류 표시를 지웁니다.

바로 통하는 TIP 숫자 데이터에 아포스트로피(')가 붙어 있으면 엑셀은 이를 문자 데이터로 인식합니다. 따라서 숫자에 아포스트로피를 붙여 입력한 데이터로는 계산을 할 수 없습니다.

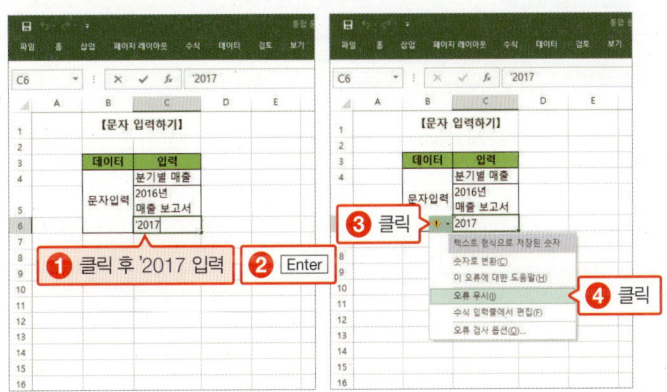

03 숫자 데이터 입력하기

① [숫자] 시트를 선택합니다. **②** [C4] 셀을 클릭하고 **6400**을 입력한 후 **③** Enter 를 누릅니다. **④** [C5] 셀을 클릭하고 **12345 56789012**를 입력한 후 **⑤** Enter 를 누릅니다.

숫자 데이터는 셀 너비가 좁거나 12자리 이상이면 지수 형태로 표시됩니다.

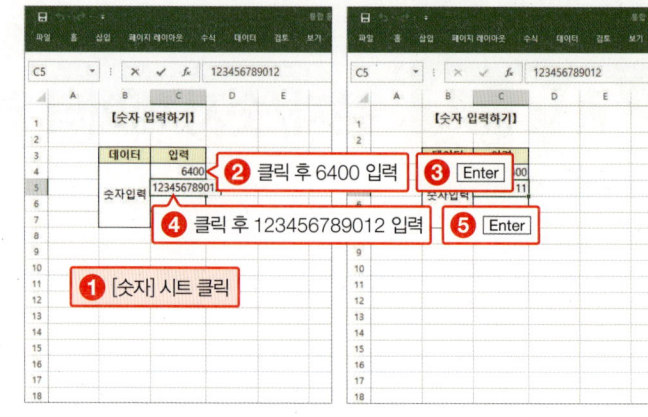

04 **①** [C6] 셀을 클릭하고 **123,456, 789,123**을 입력한 후 **②** Enter 를 누릅니다.

숫자 데이터의 자릿수에 비해 셀 너비가 좁으면 ####으로 표시됩니다.

바로 통하는 TIP C열 머리글의 경계를 오른쪽으로 드래그하여 셀 너비를 조정하면 '123,456,789,123' 값이 나타납니다. 셀 너비를 데이터 너비에 맞춰 자동으로 조절하려면 C열 머리글의 오른쪽 영역을 더블클릭합니다.

05 **①** [C7] 셀을 클릭하고 **0 1/4**을 입력한 후 **②** Enter 를 누르면 분수로 입력됩니다.

셀에 '0 1/4'라고 입력하면 셀에는 '1/4'로 표시되고 수식 입력줄에는 '0.25'로 나타납니다.

바로 통하는 TIP 숫자 데이터 중 분수를 표현하려면 0 이상의 숫자를 입력한 후 한 칸 띄고 분자/분모 값을 입력합니다.

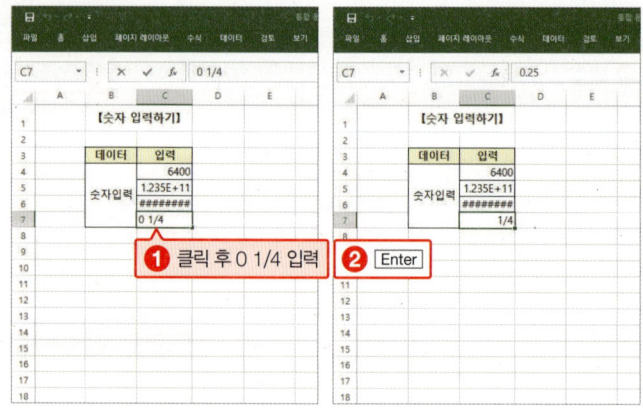

013 날짜/시간 입력하기

엑셀에서 날짜나 시간은 정해진 형식에 맞춰 입력해야 합니다. 날짜를 입력할 때는 슬래시(/)나 하이픈(−)을 구분 기호로 사용하고(년−월−일 또는 년/월/일), 시간은 콜론(:)을 구분 기호로 넣어 입력합니다(시:분:초). 시간을 입력한 후 한 칸을 띄우고 AM이나 PM을 입력하면 12시간제로 표시되고, 입력하지 않으면 24시간제로 표시됩니다.

실습 파일 | 엑셀 \ 1장 \ 데이터입력2.xlsx [날짜시간]시트   **완성 파일** | 엑셀 \ 1장 \ 데이터입력2_완성.xlsx

---

📢 **한눈에 보기**   **셀에 입력할 수 있는 데이터**

1. **날짜/시간** : 정해진 형식에 맞춰 입력해 날짜와 시간을 표시하거나 계산하는 데이터입니다.

2. **수식/함수** : 계산과 통계를 쉽고 정밀하게 할 수 있도록 도와주는 기능으로 등호(=)로 시작하는 데이터입니다.

	표시 형식	❶ 날짜/시간	
11	간단한 날짜	2016-07-02	
12	자세한 날짜	2016년 12월 31일 토요일	
13	시간	오전 7:13:00	
14			
15		❷ 수식/함수	
16	더하기 수식	6	=1+2+3
17	함수 수식	₩2,469,134	=SUM(B2+B3)
18			

---

01 날짜 입력하기

❶ [날짜 시간] 시트에서 [C4] 셀을 클릭하고 **5−15**를 입력한 후 ❷ Enter 를 누르면 올해 년도를 기준으로 5월 15일이 입력됩니다. ❸ [C5] 셀을 클릭하고 ❹ **2017/4/5**을 입력한 후 Enter 를 누릅니다.

2017/4/5라고 입력하면 년−월−일로 인식해 2017−04−05라고 표시됩니다.

바로 통하는 TIP 현재 날짜를 입력하려면 Ctrl + ; 을 누릅니다. 컴퓨터에 설정된 오늘 날짜가 자동으로 입력됩니다.

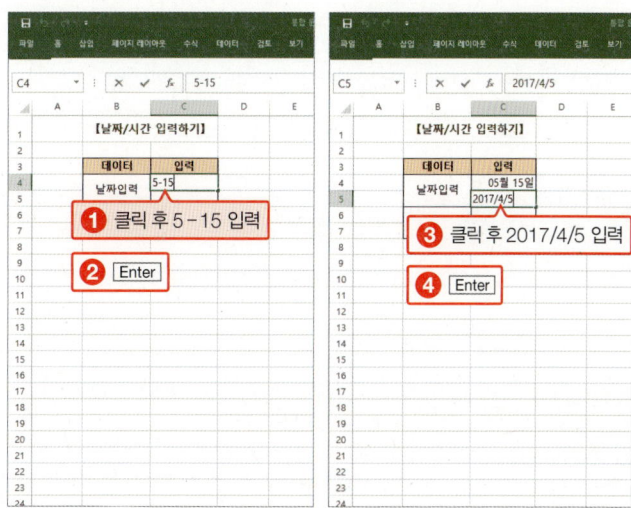

O2 시간 입력하기

❶ [C6] 셀을 클릭하고 **7:10:35**를 입력한 후 ❷ Enter 를 누릅니다. ❸ [C7] 셀을 클릭하고 **20:10:30**을 입력한 후 ❹ Enter 를 누릅니다.

[C6] 셀, [C7] 셀을 클릭하면 수식 입력줄에 각각 7:10:35 AM, 8:10:30 PM이 표시됩니다.

바로 통하는 TIP 현재 시간을 입력하려면 Ctrl + Shift + ; 을 누릅니다. 컴퓨터에 설정된 현재 시간이 자동으로 입력됩니다. 또 시간을 입력한 후 한 칸을 띄우고 AM 이나 PM을 입력하면 12시간제로 표시됩니다. 아무것도 입력하지 않으면 24시간제로 표시됩니다.

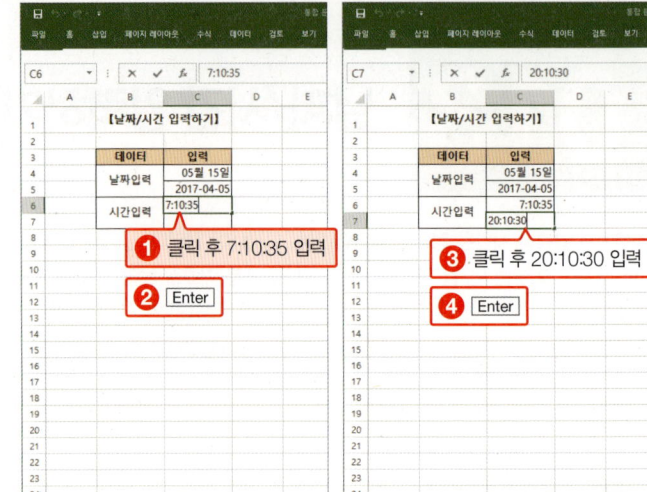

014 한자/기호 입력하기

한자를 입력할 때는 한글을 입력한 후 [한자]를 누르거나 [검토] 탭-[언어] 그룹에서 한글/한자 변환 기능을 이용합니다. 한자를 한글로 변환할 때도 [한자]를 누르거나 한글/한자 변환 기능을 이용할 수 있습니다. 특수 문자를 입력하려면 [삽입] 탭-[기호] 그룹에서 기호 Ω를 클릭하고 [기호] 대화상자에서 [글꼴]과 [하위 집합 목록]을 선택합니다.

실습 파일 | 엑셀\1장\데이터입력_설문조사.xlsx   **완성 파일** | 엑셀\1장\데이터입력_설문조사_완성.xlsx

01 한자로 바꿀 범위 지정하기

한자로 바꿀 범위를 지정한 후 한글을 한자로 바꿔보겠습니다. ❶ [J4] 셀을 클릭하고 ❷ Ctrl을 누른 상태에서 [C8:K8] 셀 범위를 드래그합니다. ❸ [검토] 탭-[언어] 그룹-[한글/한자 변환]을 클릭합니다.

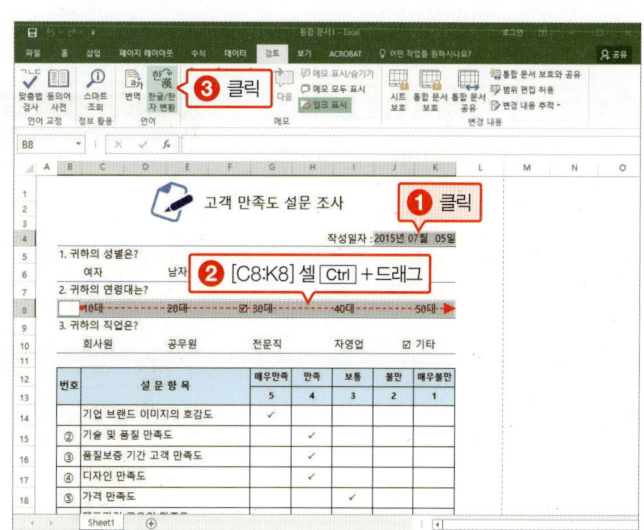

02 한자로 바꾸기

❶ [한글/한자 변환] 대화상자에서 年(년)을 선택합니다. ❷ [변환]을 클릭하여 한자를 변환합니다. ❸❹ ❺❻❼❽ 月(월), 日(일), 代(대)를 순서대로 변환합니다. 한자 변환이 모두 끝났다는 메시지가 나타나면 [확인]을 클릭해서 변환을 마칩니다.

바로 통하는 TIP 문자를 입력하면서 한 글자씩 한자로 변환하려면 키보드의 [한자]를 눌러 변경합니다.

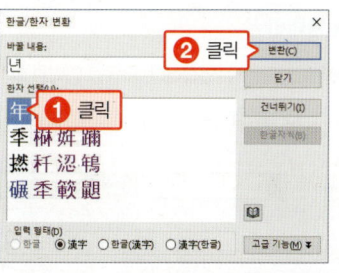
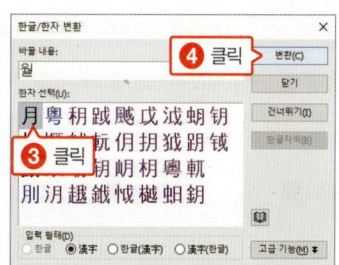
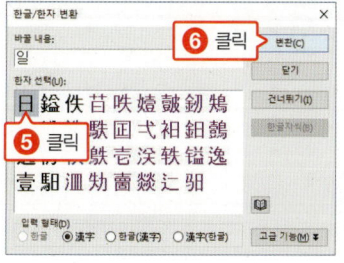
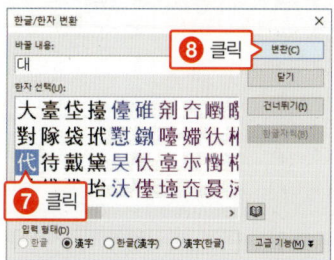

03 기호 입력하기

❶ [D6] 셀을 클릭하고 ❷ [삽입] 탭-
[기호Ω] 그룹-[기호]를 클릭합니다.
❸ [기호] 대화상자에서 [글꼴 목록ᐁ]을
클릭하여 [Wingdings2]를 선택하고 ❹
[체크☑]를 더블클릭합니다. ❺ [닫기]
를 클릭한 후 Enter 를 누릅니다.

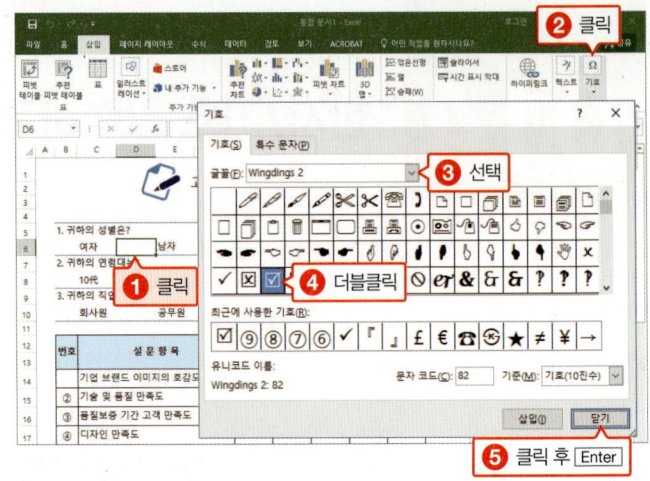

04 한자를 이용하여 기호 입력하기

❶ [B14] 셀에 ㅇ을 입력한 후 한자를 누
릅니다. ❷ 목록에서 [①]을 선택한 후
Enter 를 누릅니다.

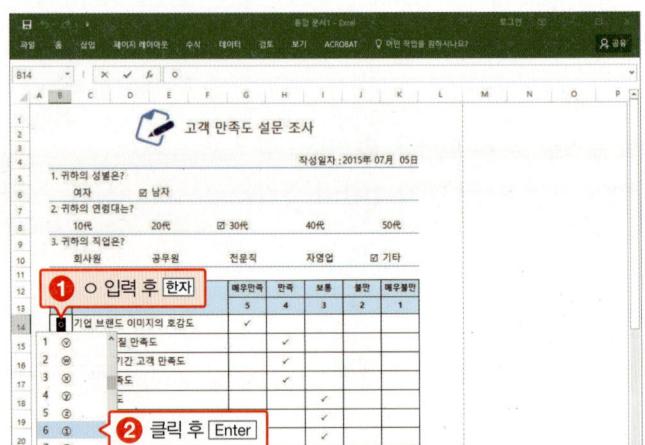

쉽고 빠른 엑셀 NOTE **한자를 이용해서 특수 문자 입력하기**

한글 자음을 입력한 후 한자를 눌러서 특수 문자를 입력할 수 있습니다. 자음을 입력한 후 한자를 누르면 특수 문자 목록이 나타나고 여기서 원
하는 특수 문자를 선택하거나 특수 문자 옆에 있는 숫자를 입력합니다.

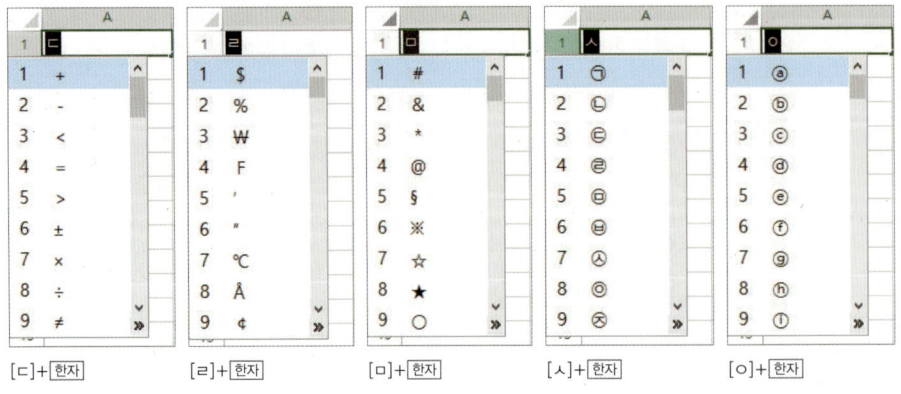

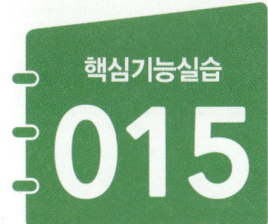

핵심기능실습

015 데이터 수정 및 행 삽입/삭제하기

데이터의 일부를 수정할 때는 셀에서 직접 편집하거나 수식 입력줄을 이용합니다. 또한 서식의 수정 여부에 따라 행이나 열을 삽입하거나 삭제할 수 있습니다.

실습 파일 | 엑셀\1장\수정_대출금.xlsx   **완성 파일** | 엑셀\1장\수정_대출금_완성.xlsx

📢 한눈에 보기   데이터 수정 시 셀에 직접 입력하거나 수식 입력줄 이용하기

셀을 더블클릭하거나 클릭하고 F2 를 눌러 편집 상태로 만든 후 내용을 입력하거나 수정합니다. 데이터를 지울 때는 셀을 클릭하고 Delete 를 누르거나 [홈] 탭-[편집] 그룹-[지우기 🧽 지우기 ▾]를 클릭합니다. 수식 입력줄에서도 마찬가지로 데이터를 입력/수정할 수 있습니다.

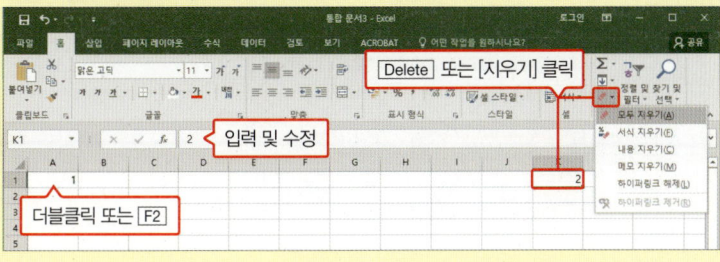

---

01 데이터 수정하기

셀을 더블클릭하여 데이터를 수정할 수 있습니다. ❶ [F1] 셀을 더블클릭하여 **4.3**으로 수정합니다. ❷ Enter 를 누릅니다.

연이율에는 백분율 서식이 지정되어 있어 '%'가 자동으로 입력됩니다.

02 F2 를 누르면 셀을 편집 상태로 만들어서 데이터를 수정할 수 있습니다. ❶ [A3] 셀을 클릭한 후 F2 를 눌러 ❷ **대출연도**로 수정합니다. ❸ [A4:A14] 셀 범위를 드래그합니다. ❹ 수식 입력줄에서 **2016**이라고 입력한 후 Ctrl + Enter 를 눌러 지정한 범위에 같은 값을 넣습니다.

대출연도 열에는 날짜 서식이 지정되어 있습니다.

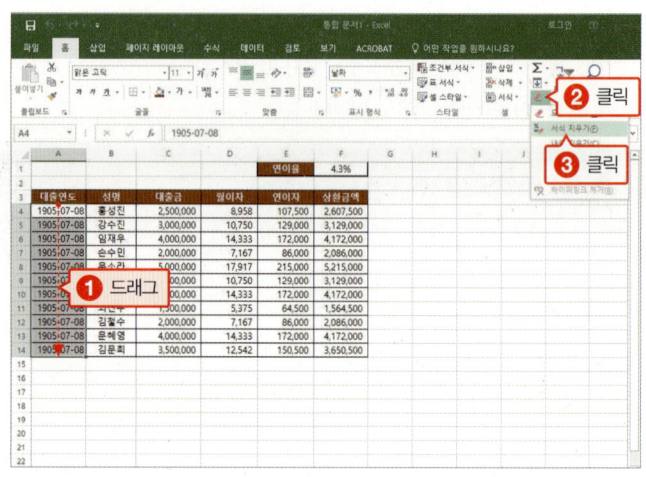

03 서식 지우기

셀에 지정된 서식을 삭제해보겠습니다. ❶ [A4:A14] 셀 범위를 드래그합니다. ❷ [홈] 탭-[편집] 그룹-[지우기 ✎ 지우기▾]를 클릭하고 ❸ [서식 지우기]를 선택합니다. 범위에 적용된 날짜 서식이 지워져서 '2016'이라는 숫자만 나타납니다.

바로 통하는 TIP [지우기]에는 4가지 옵션이 있습니다. [모두 지우기]는 셀에 입력된 서식, 내용, 메모를 모두 지웁니다. [서식 지우기]는 셀에 입력된 내용은 남기고 서식만 지웁니다. [내용 지우기]는 셀에 입력된 서식은 남기고 내용만 지웁니다. [메모 지우기]는 셀에 입력된 메모만 지웁니다.

04 행 삽입하기

❶ 1행 머리글을 선택하고 마우스 오른쪽 버튼을 클릭한 후 ❷ [삽입]을 선택하여 행을 삽입합니다.

바로 통하는 TIP 행을 삽입하는 단축키는 Ctrl + Shift + + 입니다.

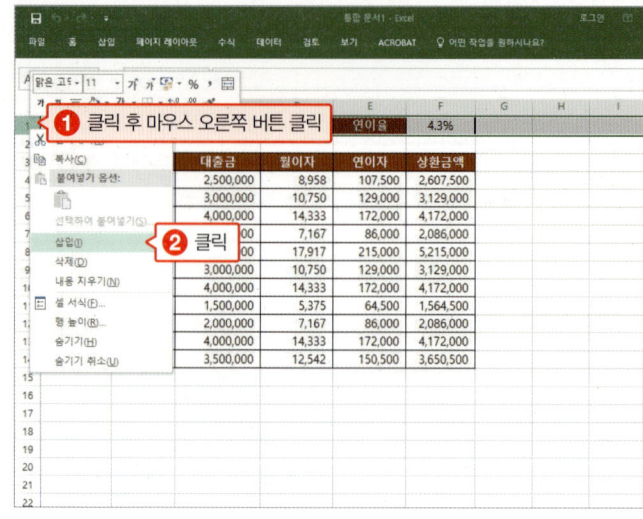

05 ① [삽입 옵션⬚]을 클릭하고 ②
[서식 지우기]를 선택합니다.

바로 통하는 TIP 서식이 지정되어 있는 행을 선택하고
행을 삽입하면 [삽입 옵션]이 나타납니다. [삽입] 옵션에
서 [위와 같은 서식], [아래와 같은 서식], [서식 지우기]
옵션을 선택할 수 있습니다. [삽입 옵션⬚]은 다른 셀을
편집하면 바로 사라집니다.

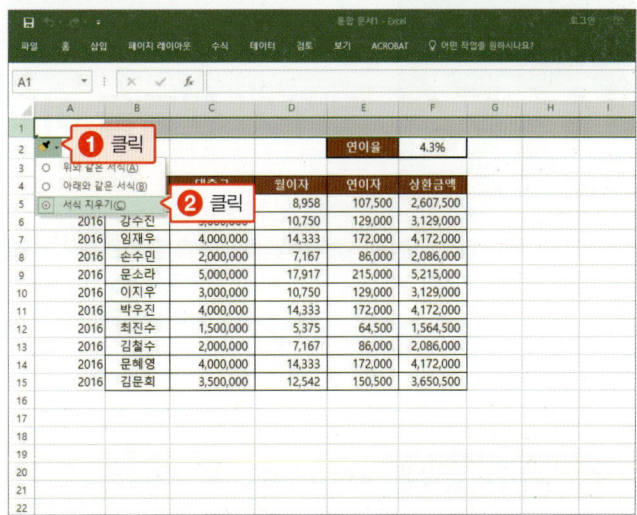

06 행 삭제하기

① [A1] 셀을 클릭한 후 **2016년 대출금과
상환금**을 입력합니다. ② 12행 머리글을
선택한 후 마우스 오른쪽 버튼을 클릭하
고 ③ [삭제]를 눌러서 행을 삭제합니다.

바로 통하는 TIP 행을 삭제하는 단축키는 [Ctrl]+[−]
입니다.

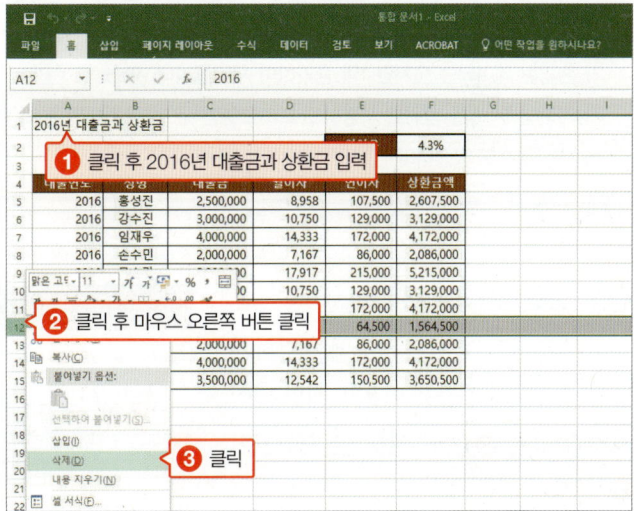

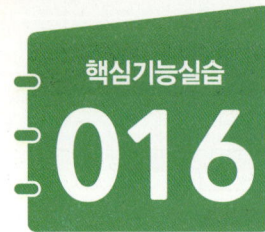

핵심기능실습 016

채우기 핸들을 이용해 데이터 채우기

연속적인 데이터나 일정한 규칙이 있는 데이터를 채워야 할 때는 채우기 핸들을 사용합니다. 셀 포인터 오른쪽 아래의 검은 점 (✛)을 '채우기 핸들'이라고 부릅니다. 문자 데이터, 혹은 문자와 숫자가 혼합된 데이터를 채우기 핸들을 이용해 채워보겠습니다.

실습 파일 | 엑셀\ 1장\ 채우기_생산현황.xlsx   **완성 파일** | 엑셀\ 1장\ 채우기_생산현황_완성.xlsx

---

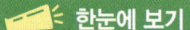 **한눈에 보기**　**채우기 핸들로 데이터 입력하기**

마우스 포인터를 채우기 핸들로 가져가면 십자가 모양(✛)으로 바뀌며, 이때 채우기 핸들을 드래그하면 데이터를 채울 수 있습니다. 문자 데이터는 같은 내용으로, 문자와 숫자가 혼합된 데이터는 숫자만 1씩 증가하며 채워집니다. 또 숫자 데이터 두 셀을 범위로 지정하고 드래그하면 두 셀의 차이만큼 데이터가 증감합니다. 필요에 따라 사용자 지정 목록을 사용할 수도 있습니다.

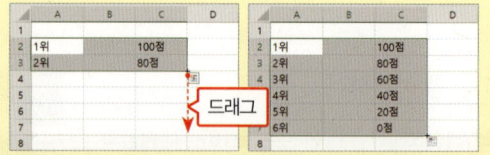

---

01 같은 내용으로 채우기

문서에서 제품 및 생산 공장에 해당하는 내용을 채우기 핸들을 이용해 채워 넣어 보겠습니다. ❶ [A4] 셀을 클릭합니다. ❷ [채우기 핸들]을 [A12] 셀까지 드래그 하면 데이터가 채워집니다.

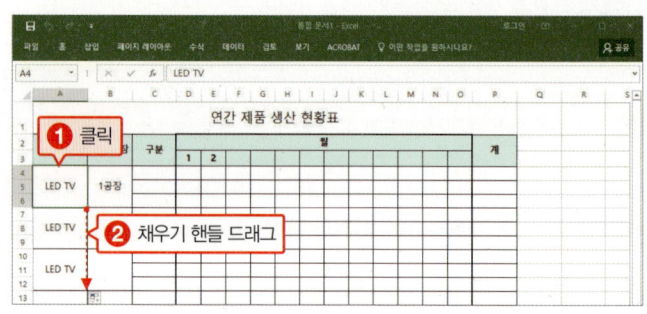

02 ❶ [A13] 셀을 클릭하고 ❷ 채우기 핸들을 [A21] 셀까지 드래그하면 데이터가 채워집니다.

바로 통하는 TIP 문자 데이터를 채우기 핸들로 드래그 하면 내용이 변하지 않고 동일한 내용으로 복제됩니다.

바로 통하는 TIP 채우기 핸들을 드래그해서 값을 채우고 나면 마지막 셀 아래쪽에 자동 채우기 옵션(▦)이 나타납니다. 채우기 옵션을 이용하면 셀 복사, 연속 데이터 채우기, 서식만 채우기, 서식 없이 채우기 중 하나를 선택하여 데이터를 채울 수 있습니다.

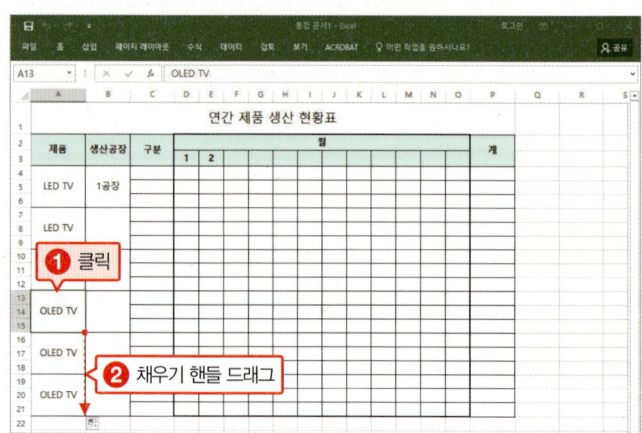

03 숫자만 바꾸면서 채우기

[B4] 셀의 채우기 핸들을 [B12] 셀까지
드래그합니다.

문자와 숫자가 혼합된 데이터에서 채우기 핸들을 드
래그하면 문자는 그대로인 채 숫자만 1씩 증가하므로
1공장, 2공장, 3공장 순서로 채워집니다.

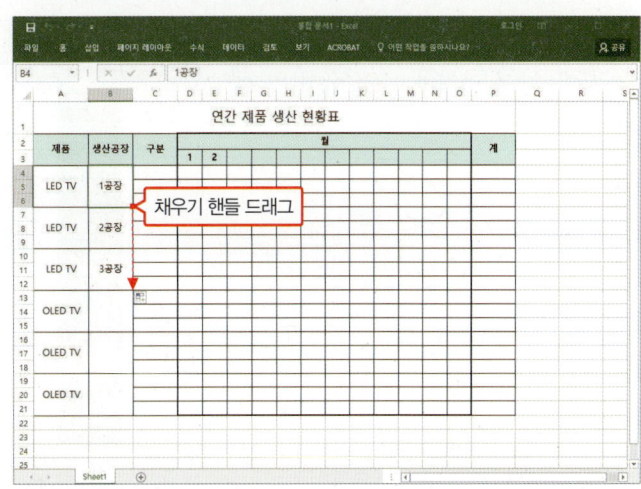

04 ❶ [B4:B12] 셀 범위를 드래그하고 ❷ Ctrl 을 누른 상태에서 채우기 핸들을 [B21] 셀까지 드래그합니다. 지정한 범위 안의 내용이 반복해서 채워집니다.

바로 통하는 TIP Ctrl 을 누른 상태에서 채우기 핸들
을 드래그하면 숫자 데이터가 증가하지 않고 동일한 내
용이 복제됩니다.

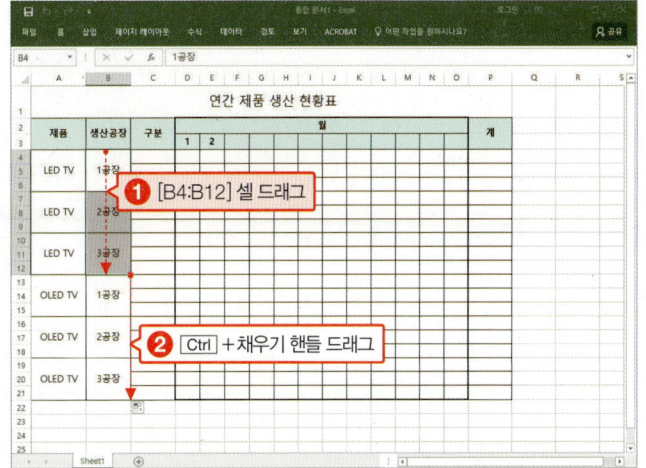

05 숫자 1씩 증가하면서 채우기

월에 해당하는 항목에 12월까지 숫자를
채워보겠습니다. ❶ [D3:E3] 셀 범위를
드래그합니다. ❷ 채우기 핸들을 [O3]
셀까지 드래그한 후 ❸ [자동 채우기 옵
션 🔲]을 클릭하고 ❹ [서식 없이 채우기]
를 선택합니다.

서식은 그대로 유지되고, 숫자가 1씩 증가하여 번호가
채워집니다.

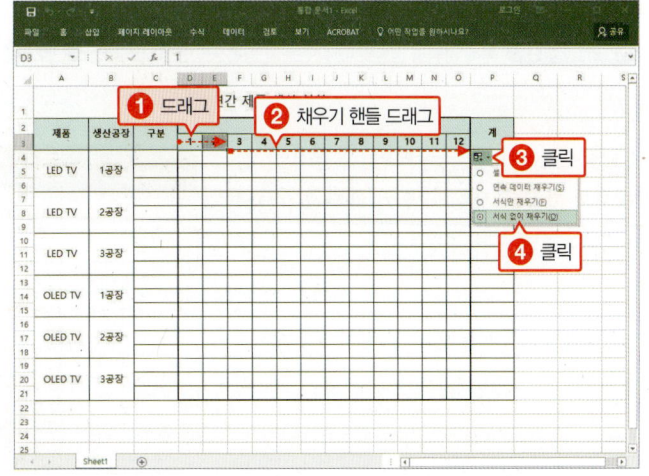

바로 통하는 TIP 숫자 데이터인 두 셀을 범위로 지정하고 채우기 핸들을 드래그하면 두 셀 값의 차이만큼 데이터가 증감하면서 채워집니다. 이때 두
셀의 차이에 관계없이 1씩 증가하면서 채우고 싶을 때는 Ctrl 을 누른 상태에서 채우기 핸들을 드래그합니다.

06 사용자가 지정한 목록으로 채우기

❶ [파일] 탭을 클릭하고 ❷ [옵션]을 선택합니다.

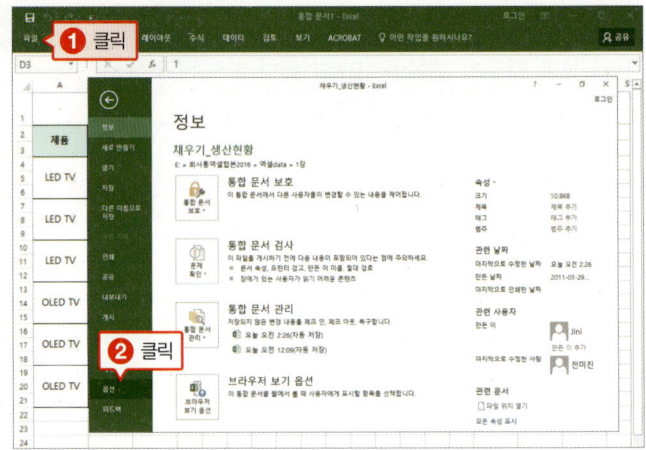

07 ❶ [Excel 옵션] 대화상자에서 [고급] 항목을 선택하고 ❷ [일반]에서 [사용자 지정 목록 편집]을 클릭합니다. ❸ [사용자 지정 목록] 대화상자의 [목록 항목]에 **목표, 생산, 불량**을 [Enter]를 눌러 구분하면서 입력합니다. ❹ [추가]를 클릭해서 사용자 지정 목록에 등록합니다. ❺ [확인]을 클릭하고 ❻ [Excel 옵션] 대화상자에서 [확인]을 클릭해서 대화상자를 닫습니다.

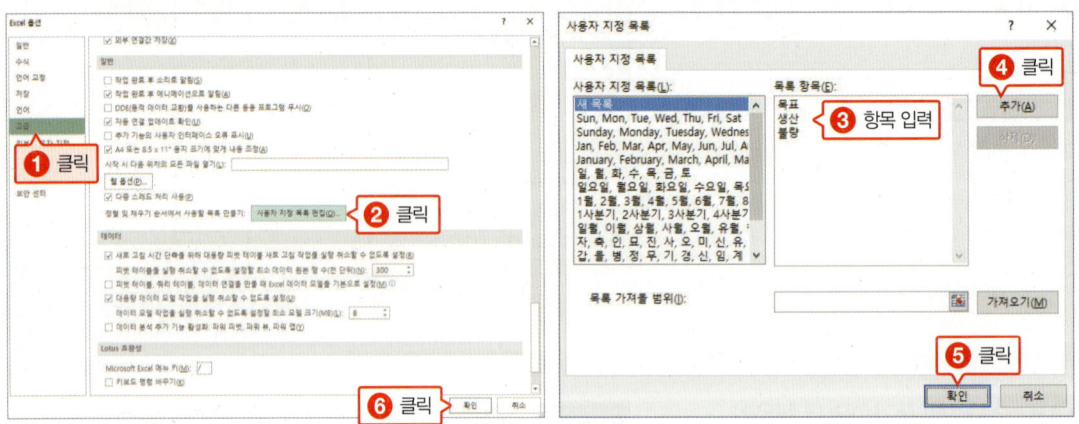

바로 통하는 TIP 목록 항목을 입력할 때 각 항목과 항목 사이는 [Enter]나 콤마(,)로 구분합니다.

08 ❶ [C4] 셀을 클릭한 후 **목표**를 입력하고 ❷ [C4] 셀의 채우기 핸들을 [C21] 셀까지 드래그합니다.

사용자 지정 목록에 추가한 목표, 생산, 불량 순서대로 셀이 채워집니다.

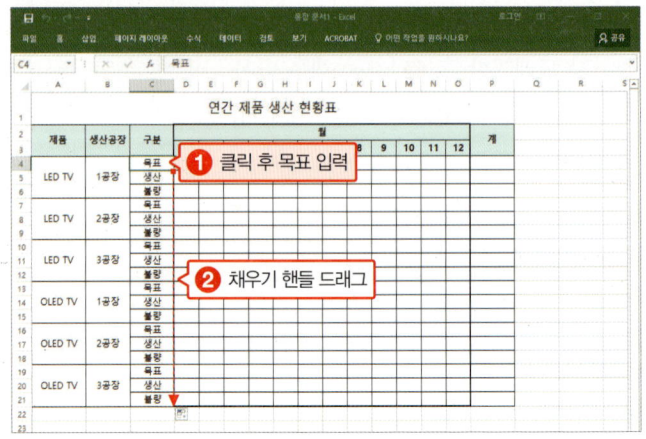

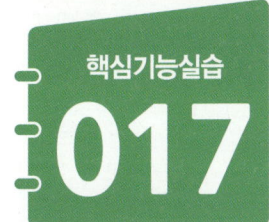

빠른 채우기로 신속하게 데이터 열 채우기

빠른 채우기는 한 셀에 있는 데이터를 여러 개의 열로 분할해야 할 때 편리하게 사용할 수 있습니다. 엑셀에서 사용자가 입력하는 패턴을 인식할 경우에 작동하고, 그에 따라 나머지 데이터를 채울 수 있습니다.

실습 파일 | 엑셀 \ 1장 \ 채우기_제품목록.xlsx **완성 파일** | 엑셀 \ 1장 \ 채우기_제품목록_완성.xlsx

01 빠른 채우기로 같은 패턴의 분할 데이터 입력하고 채우기

❶ [B4] 셀을 클릭하고 **LEDTV**를 입력합니다. ❷ [B4:B44] 셀 범위를 드래그하고 ❸ [홈] 탭-[편집] 그룹-[채우기]를 클릭하고 ❹ [빠른 채우기]를 선택합니다.

바로 통하는 TIP 빠른 채우기 기능이 항상 데이터를 채우는 것은 아닙니다. 데이터에 일관성이 있는 경우에 가장 적합합니다. 여기에서는 제품명에 입력된 데이터의 패턴을 분석하여 '제품 공백 사양'으로 입력된 항목에서 제품 이름만 빠른 채우기로 채운 것입니다.

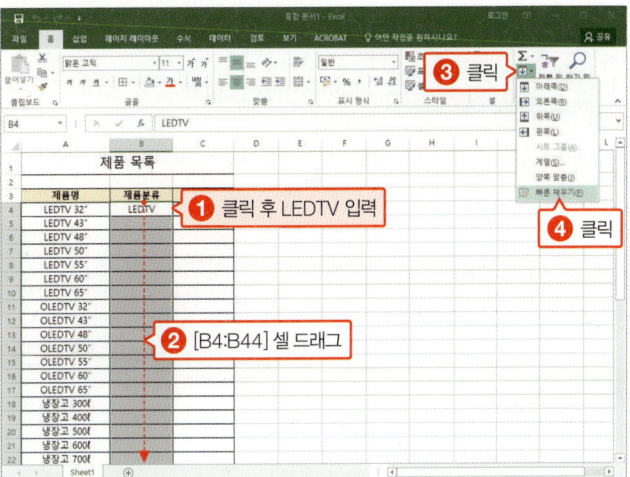

02 ❶ [C4] 셀을 클릭한 후 **32**를 입력합니다. ❷ [C5] 셀을 클릭하고 **4**를 입력합니다. 빠른 데이터 채우기가 제안한 목록이 나타나면 ❸ Enter 를 눌러 빠르게 데이터를 채웁니다.

제품 사양이 반복해서 채워집니다.

바로 통하는 TIP 빠른 채우기에서 제안한 목록으로 채우지 않으려면 끝까지 데이터 값을 입력하거나 ESC 를 누릅니다.

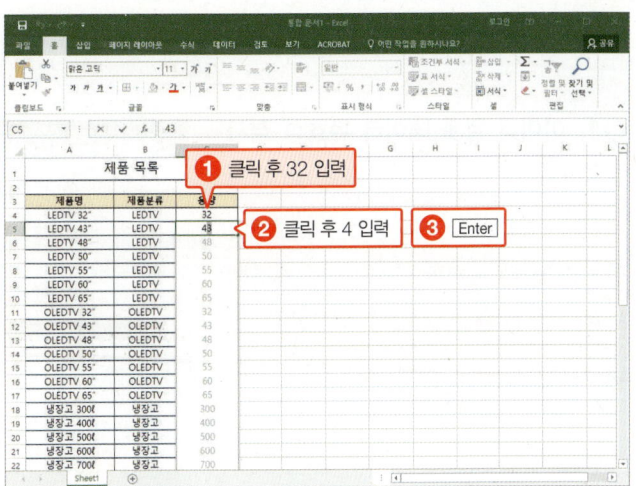

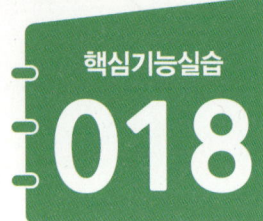

핵심기능실습 018

데이터 유효성 검사로
한글/영문 모드 설정하기

데이터를 입력할 때 데이터의 입력 오류를 줄이고 유효한 데이터만 입력할 수 있도록 데이터 유효성 검사를 설정하는 방법에 대해서 알아보겠습니다. 또한 [한/영]을 눌러 한글과 영문을 바꿀 필요 없이 셀에 설정한 형식으로 데이터를 입력할 수 있는 한글/영문 IME 모드 설정 방법에 대해서 알아보겠습니다.

실습 파일 | 엑셀\1장\유효성_직무교육1.xlsx   **완성 파일** | 엑셀\1장\유효성_직무교육1_완성.xlsx

---

📢 한눈에 보기   데이터 유효성 검사

데이터 유효성 검사는 데이터의 입력 오류를 줄이고 유효한 데이터만 입력하도록 설정해줍니다. 사용자에게 입력 방법에 대한 도움말을 제공하거나 경고 메시지를 표시해서 데이터 입력 오류를 줄일 수 있습니다.

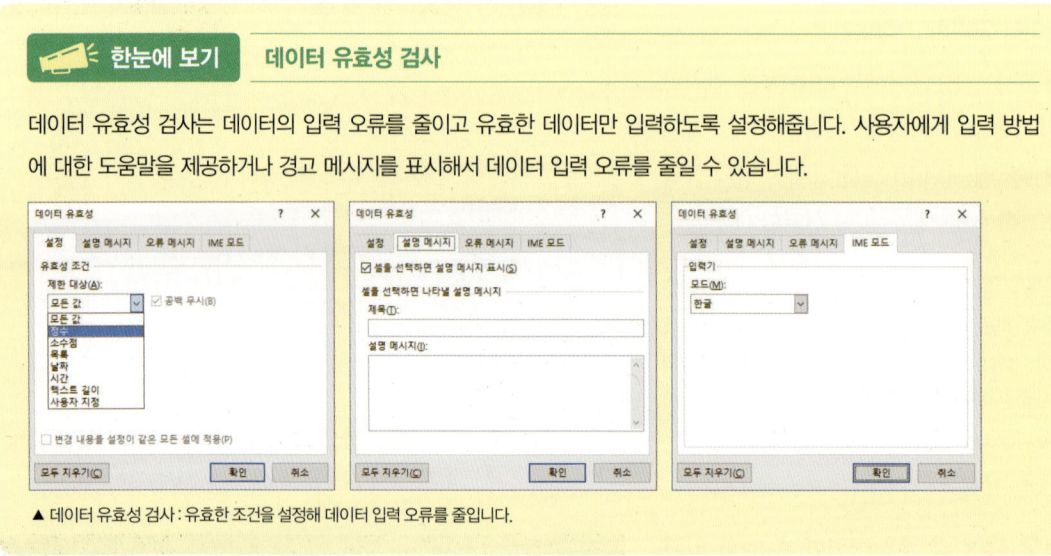

▲ 데이터 유효성 검사 : 유효한 조건을 설정해 데이터 입력 오류를 줄입니다.

---

01 아이디 열에 데이터 유효성 검사 설정하기

데이터 유효성 검사를 설정하여 아이디에는 영문만 입력할 수 있도록 변경해 보겠습니다. ❶ [A4:A24] 셀 범위를 드래그합니다. ❷ [데이터] 탭-[데이터 도구] 그룹-[데이터 유효성 검사🔲]를 클릭합니다.

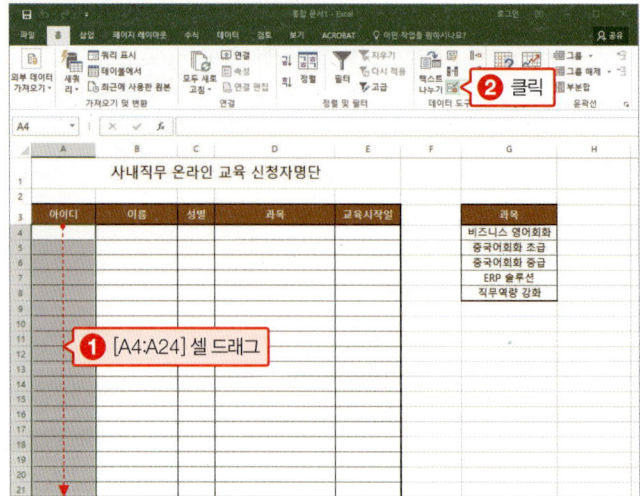

O2 ❶ [데이터 유효성] 대화상자에서 [IME 모드] 탭을 클릭하고 ❷ [입력기]에서 [모드]를 [영문]으로 선택한 후 ❸ [확인]을 클릭합니다.

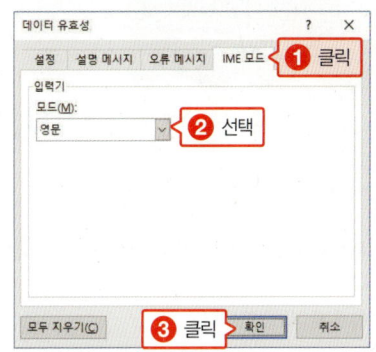

O3 이름 열에 데이터 유효성 검사 설정하기

데이터 유효성 검사를 설정하여 이름에는 한글만 입력할 수 있도록 변경해보겠습니다. ❶ [B4:B24] 셀 범위를 드래그합니다. ❷ [데이터] 탭-[데이터 도구] 그룹-[데이터 유효성 검사📋]를 클릭합니다. ❸ [데이터 유효성] 대화상자에서 [IME 모드] 탭을 클릭합니다. ❹ [입력기]에서 [모드]를 [한글]로 선택한 후 ❺ [확인]을 클릭합니다.

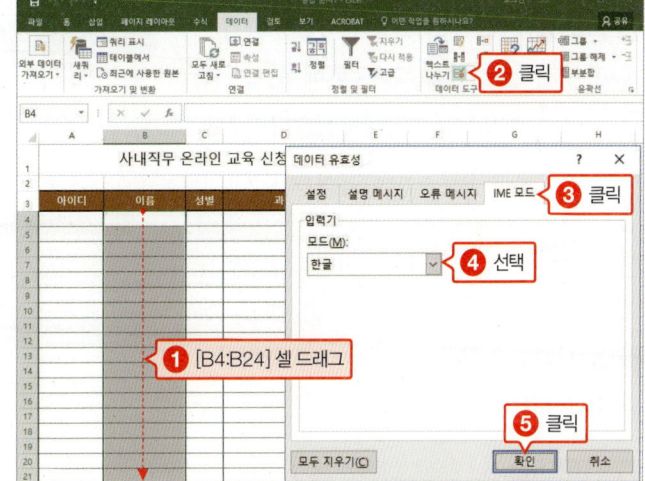

O4 ❶ [A4] 셀을 클릭한 후 **kim001**을 입력하고 ❷ Tab 을 누릅니다. ❸ [B4] 셀을 클릭하고 **김철수**를 입력합니다.

바로 통하는 TIP [IME 모드]에서 [한글] 또는 [영문] 모드를 설정하면 한/영 을 눌러 한글과 영문을 바꾸지 않아도 설정한 형식으로 데이터를 입력할 수 있습니다.

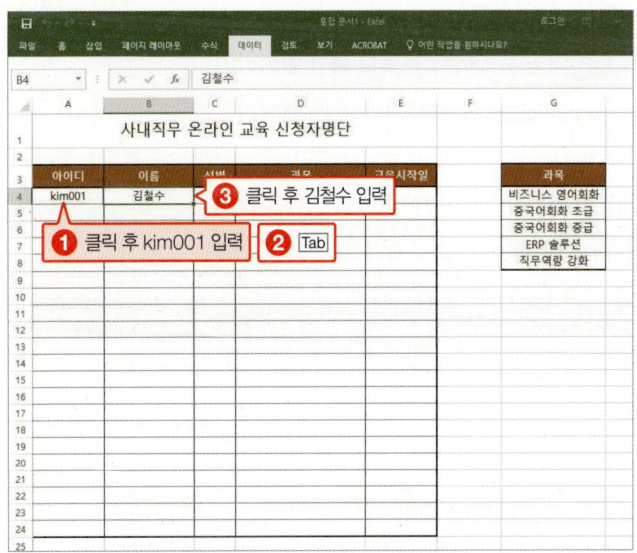

019

데이터 유효성 검사로 목록 설정하기

사용자가 데이터를 입력할 때 자동으로 오류를 검사하여 셀에 유효한 데이터만 입력되도록 목록, 숫자, 날짜 등을 설정할 수 있습니다. 데이터를 입력하기 전에 성별, 과목, 교육시작일 입력 셀에 데이터 유효성 검사를 설정하여 유효한 데이터만 입력할 수 있도록 만들어보겠습니다.

실습 파일 | 엑셀\1장\유효성_직무교육2.xlsx   **완성 파일** | 엑셀\1장\유효성_직무교육2_완성.xlsx

01 성별에 데이터 유효성 검사 설정하기

성별 셀을 클릭했을 때 목록에서 남, 여를 고를 수 있도록 설정해보겠습니다. ❶ [C4:C24] 셀 범위를 드래그하고 ❷ [데이터] 탭-[데이터 도구] 그룹-[데이터 유효성 검사]를 클릭합니다. ❸ [데이터 유효성] 대화상자의 [설정] 탭에서 [제한 대상]으로 [목록]을 선택하고 ❹ [원본]에 **남,여**를 입력합니다. ❺ [확인]을 클릭합니다.

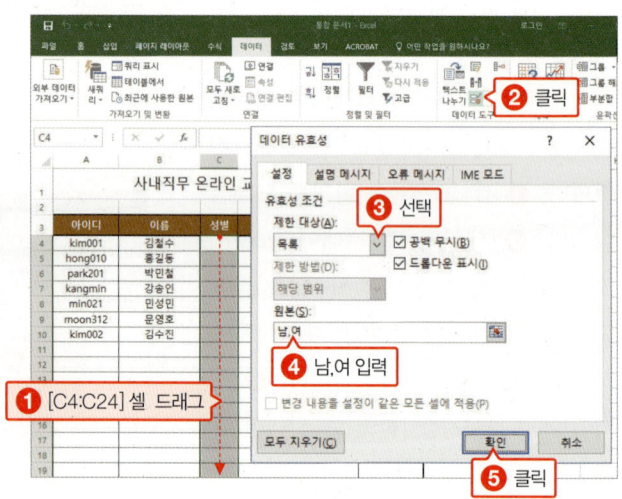

바로 통하는 TIP 원본 항목에 입력되는 데이터는 콤마(,)로 각 데이터를 구분합니다.

02 과목에 데이터 유효성 검사 설정하기

과목 셀은 G열에 입력되어 있는 데이터 범위에서만 값을 고를 수 있도록 설정해보겠습니다. ❶ [D4:D24] 셀 범위를 드래그하고 ❷ [데이터] 탭-[데이터 도구] 그룹-[데이터 유효성 검사]를 클릭합니다. ❸ [데이터 유효성] 대화상자의 [설정] 탭에서 [제한 대상]을 [목록]으로 선택합니다. ❹ [원본]을 클릭하고 ❺ [G4:G8] 셀 범위를 드래그한 후 ❻ [확인]을 클릭합니다.

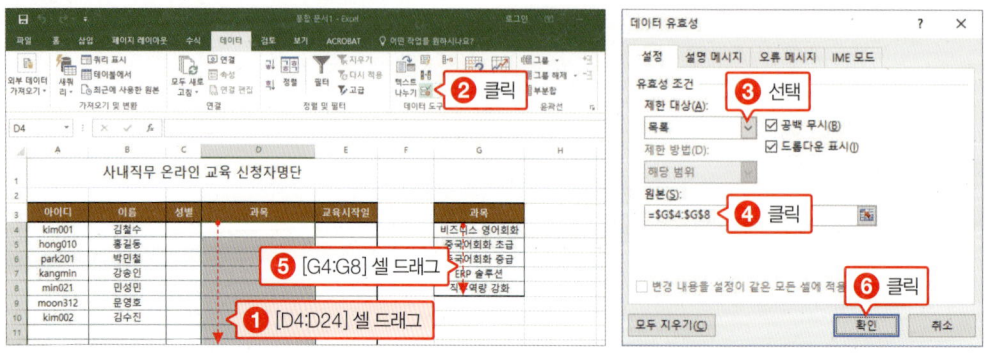

바로 통하는 TIP [설정] 탭에서 설정한 사항은 입력할 데이터에 대한 제한 조건이며 각 셀마다 서로 다른 조건을 설정할 수 있습니다.

03 교육시작일에 데이터 유효성 검사 설정하기

특정 날짜 범위에서만 교육시작일을 표시할 수 있도록 설정해보겠습니다. **①** [E4:E24] 셀 범위를 드래그하고 **②** [데이터] 탭-[데이터 도구] 그룹-[데이터 유효성 검사]를 클릭합니다. **③** [데이터 유효성] 대화상자의 [설정] 탭에서 [제한 대상]으로 [날짜]를 선택합니다. **④** [시작 날짜]에 **2016-1-1**을, **⑤** [끝 날짜]에는 **2016-12-31**을 입력합니다.

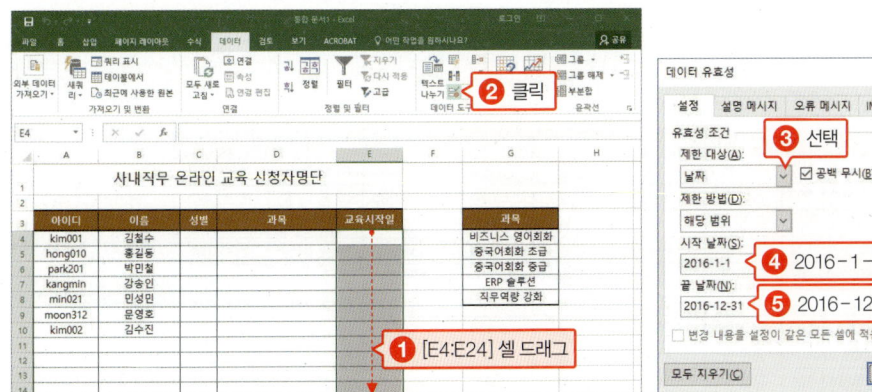

04 날짜에 유효한 데이터 값을 설명하기 위한 메시지 입력하기

데이터 유효성 검사에서 설정한 유효 값 이외의 값을 입력했을 때 보여줄 오류 메시지를 입력해보겠습니다. **①** [데이터 유효성] 대화상자에서 [설명 메시지] 탭을 클릭합니다. **②** [제목]에 **교육시작일**을 입력하고 **③** [설명 메시지]에 **2016-01-01 ~ 2016-12-31 사이 기간**을 입력한 후 **④** [확인]을 클릭합니다.

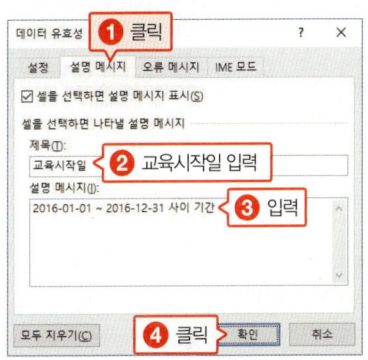

바로 통하는 TIP 유효성 검사에서 설정한 유효 값 이외의 값을 입력했을 때 나타나는 오류 메시지는 [오류 메시지] 탭에 입력합니다.

05 유효성 검사를 모두 설정했습니다. [성별]과 [과목] 열에서 셀을 클릭한 후 목록 상자에서 원하는 항목을 선택하거나 목록에 있는 내용을 직접 입력합니다. 교육시작일에는 2016-01-01~2016-12-31 사이의 날짜를 입력할 수 있고 잘못 입력하면 오류 메시지가 나타납니다.

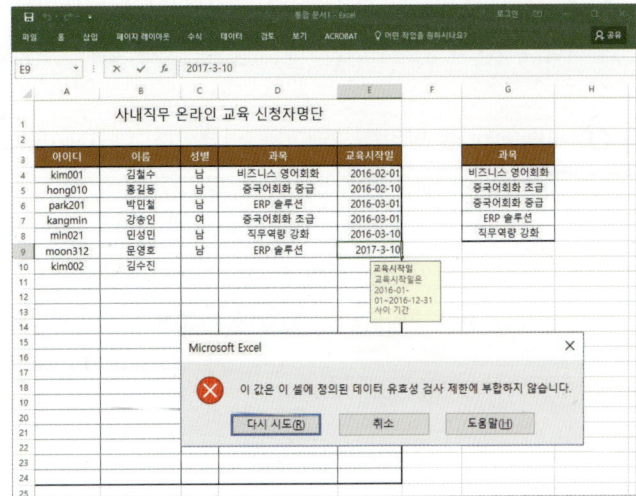

실습 파일 | 엑셀\1장\배송일지.xlsx **완성 파일** | 엑셀\1장\배송일지_완성.xlsx

배송 정보를 관리하는 배송일지에서 운송장번호, 요금부담, 배송료에 유효성 검사를 설정하고 잘못된 데이터가 있는지 검사합니다.

운송장번호	고객명	배송지	요금부담	배송료	물품가격	배송일	배송시간
			배송일지				
5008-02-101	홍길동	서울	선불	10,000	1,050,000	07월 03일	4:00 PM
5008-02-102	김성미	부산	선불	5,000	75,000	07월 03일	10:30 AM
5008-02-103	홍성길	서울	선물	2,000	100,000	07월 04일	1:00 PM
5008-02-104	박상훈	인천	선불	5,500	55,000	07월 04일	2:00 PM
5008-02-05	이미영	경기	착불	4,500	100,000	07월 04일	11:20 AM
5008-02-106	최수미	충남	선불	6,500	35,000	07월 05일	2:20 PM
5008-02-107	강미영	전남	선불	6,000	55,000	07월 05일	5:00 PM
5008-02-108	송수근	제주	촬불	12,000	80,000	07월 05일	12:30 PM
5008-02-109	김남국	서울	착불	3,000	200,000	07월 06일	3:40 PM
5008-02-110	방성일	서울	선물	2,500	15,000	07월 06일	4:30 PM
5008-02-10	이민정	인천	선불	5,500	45,000	07월 06일	2:00 PM
5008-02-112	박나림	경기	착불	4,500	321,000	07월 07일	11:20 AM
5008-02-113	문수성	충남	선불	6,500	345,600	07월 07일	2:20 PM
5008-02-114	오영욱	전남	선불	6,000	2,145,600	07월 07일	2:00 PM
5008-02-15	나경민	제주	촬불	18,000	45,000	07월 08일	11:20 AM
5008-02-116	전민석	서울	착불	3,000	100,000	07월 08일	2:20 PM
5008-02-117	김선욱	광주	선불	5,000	250,000	07월 08일	5:00 PM

▲ 완성 파일

01 [A4:A20] 셀 범위를 드래그하고 [데이터] 탭-[데이터 도구] 그룹-[데이터 유효성 검사]를 클릭합니다. [제한 대상]을 [텍스트 길이]로, [제한 방법]을 [=]로 설정합니다. [길이]에는 **11**을 입력합니다.

02 [D4:D20] 셀 범위를 드래그하고 [데이터] 탭-[데이터 도구] 그룹-[데이터 유효성 검사]를 클릭합니다. [제한 대상]을 [목록]으로, [원본]은 **선불,착불**로 입력합니다.

03 [E4:E20] 셀 범위를 드래그하고 [데이터] 탭-[데이터 도구] 그룹-[데이터 유효성 검사]를 클릭합니다. [제한 대상]을 [정수]로, [제한 방법]은 [<=], [최대값]에는 **15000**을 입력합니다.

04 [A4:E20] 셀 범위를 드래그하고 [데이터] 탭-[데이터 도구] 그룹-[데이터 유효성 검사]의 ⌄를 클릭하여 [잘못된 데이터]를 선택합니다. 오류 데이터를 찾습니다.

CHAPTER

02

문서 편집 및 인쇄하기

문서를 구체적이고 명확하게 볼 수 있도록 깔끔하고 보기 좋게 만들려면 셀 서식을 잘 다루어 편집할 수 있어야 합니다. 또한 인쇄 미리 보기를 통해 인쇄될 문서의 모양을 확인하고 다양한 인쇄 옵션을 설정하면 용지 낭비를 줄일 수 있습니다. 여기에서는 엑셀 문서 내의 셀 스타일, 표 서식, 글꼴, 맞춤, 표시 형식, 조건부 등의 서식을 꾸며 문서를 완성해보겠습니다. 또 이 문서의 용지, 여백, 배율, 제목, 페이지를 나누고 미리 보기로 확인한 후 인쇄하는 방법에 대해서 알아보겠습니다.

표 서식 스타일과 셀 스타일 적용하기

표 서식과 셀 스타일을 이용하면 클릭 한 번으로 셀 서식을 지정할 수 있습니다. 일일이 서식을 지정할 필요가 없고 디자인도 깔끔
해서 문서 서식을 지정할 때 유용합니다. 간편하게 문서를 꾸미는 방법에 대해서 알아보겠습니다.

실습 파일 | 엑셀\2장\서식_교통비지불증1.xlsx   **완성 파일** | 엑셀\2장\서식_교통비지불증1_완성.xlsx

---

 **한눈에 보기**   **표와 데이터를 일목요연하게 꾸미기**

엑셀은 기본적으로 표와 숫자로 구성되며 셀과 워크시트는 모두 격자로 이루어져 있습니다. 그러다 보니 계산과 통계에
는 효율적이지만 직관적으로 데이터를 보기에는 어려움이 있습니다. 엑셀에서 제공하는 여러 디자인 도구(셀과 표 스타
일, 또는 각종 서식 도구 등)를 사용하면 데이터를 훨씬 더 잘 보이도록 깔끔하게 꾸밀 수 있습니다.

표 서식과 셀 스타일을 적용해 제목과 내용, 열을 쉽게 구분할 수 있도록 표현했습니다. 표 디자인은 [표 도구]-[디자인]
탭-[표 스타일] 그룹-[자세히]를 클릭한 후 간단하게 바꿀 수 있습니다.

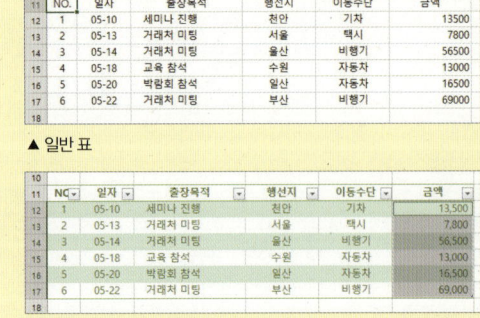

▲ 일반 표

▲ 서식과 스타일을 적용한 표

---

01 표 서식 적용하기

표 서식과 셀 스타일을 이용해 문서
를 꾸며보겠습니다. ❶ [A11] 셀을 클
릭합니다. ❷ [홈] 탭-[스타일] 그룹-
[표 서식]을 클릭합니다. ❸ [밝게] 영
역에서 [표 스타일 밝게 7]을 선택합
니다.

바로 통하는 TIP 표 서식을 적용할 범위에 병합된 셀
이 있으면 자동으로 병합이 해제됩니다.

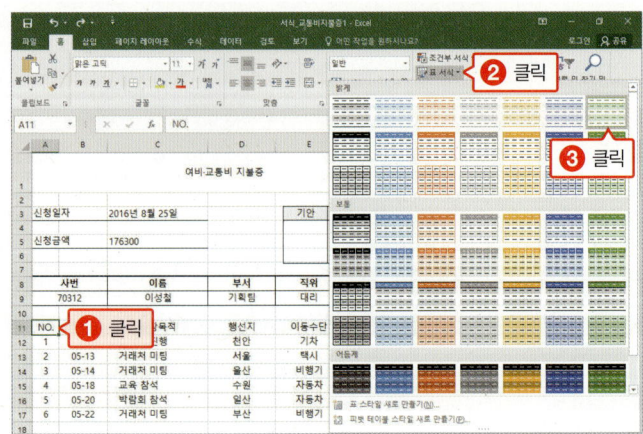

02 [표 서식] 대화상자가 나타나면 표에 사용할 데이터를 범위로 지정합니다. ❶ [A11:F17] 셀 범위를 드래그하고 ❷ [머리글 포함]에 체크 표시한 후 ❸ [확인]을 클릭해서 서식을 적용합니다.

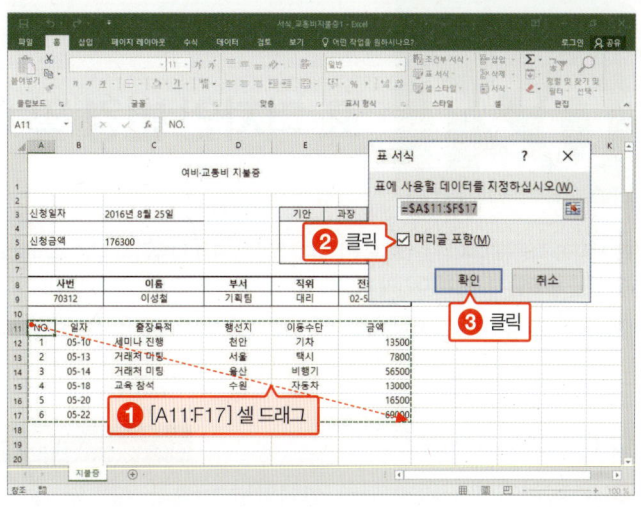

표 서식을 적용하면 열 머리글에는 필터 단추가 나타납니다. 이를 사용하면 데이터를 빠르게 필터링하고 정렬할 수 있습니다.

바로 통하는 TIP 표 서식의 첫째 행이 제목 행일 경우 [머리글 포함]에 체크 표시합니다. 체크 표시하지 않으면 선택 범위 맨 위에 열1, 열2, 열3,… 순으로 임시 제목 행이 삽입됩니다.

03 셀 스타일 적용하기

❶ [A1] 셀을 클릭합니다. ❷ [홈] 탭-[스타일] 그룹-[셀 스타일]을 클릭한 후 ❸ [제목 및 머리글] 영역에서 [제목1]을 선택합니다.

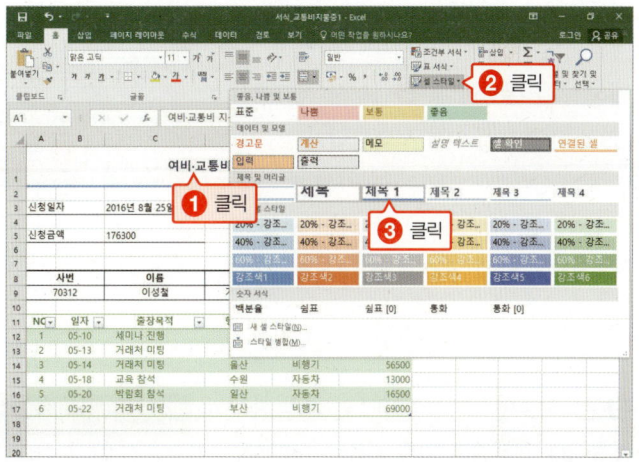

바로 통하는 TIP 셀 스타일에서 [표준]을 선택하면 셀무늬나 글자 색, 데이터 형식 등이 모두 표준 표시 형식으로 변경됩니다.

04 숫자 서식 셀 스타일 적용하기

❶ [C5] 셀을 클릭하고 ❷ Ctrl 을 누른 상태에서 [F12:F17] 셀 범위를 드래그합니다. ❸ [홈] 탭-[스타일] 그룹-[셀 스타일]을 클릭하고 ❹ [숫자 서식] 영역에서 [쉼표 [0]]을 선택합니다. 숫자에 천 단위로 쉼표가 표시됩니다.

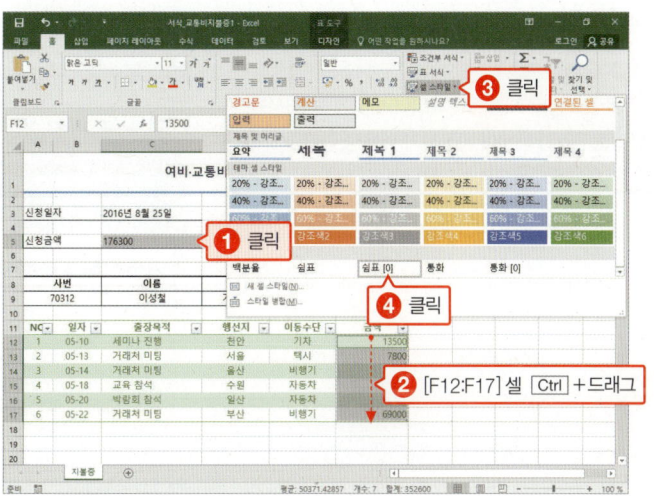

바로 통하는 TIP 숫자 서식에서 [쉼표]와 [쉼표[0]]은 둘 다 천 단위로 쉼표를 표시합니다. 그러나 [쉼표]는 소수 둘째 자리까지 표시하고 [쉼표[0]]은 정수만 표시합니다.

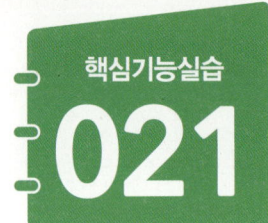

021

표 디자인 변경 및 범위로 변환하기

표 서식이 적용된 디자인은 [표 도구]-[디자인] 탭에서 언제든지 다른 스타일로 변경할 수 있습니다. 또한 일부 셀을 삭제해야 할 때, 셀을 병합할 때, 표 디자인이 마음에 들지 않을 때는 표를 데이터 범위로 돌려놓을 수 있습니다.

실습 파일 | 엑셀\2장\서식_교통비지불증2.xlsx   **완성 파일** | 엑셀\2장\서식_교통비지불증2_완성.xlsx

01 표 스타일 적용하기

❶ 표 영역에서 임의의 셀을 선택합니다. ❷ [표 도구]-[디자인] 탭-[표 스타일 옵션] 그룹에서 [첫째 열], [마지막 열]에 체크 표시하여 스타일 옵션을 변경합니다. ❸ [표 스타일] 그룹에서 [자세히] 를 클릭한 후 ❹ [보통] 영역에서 [표 스타일 보통 9]를 선택합니다.

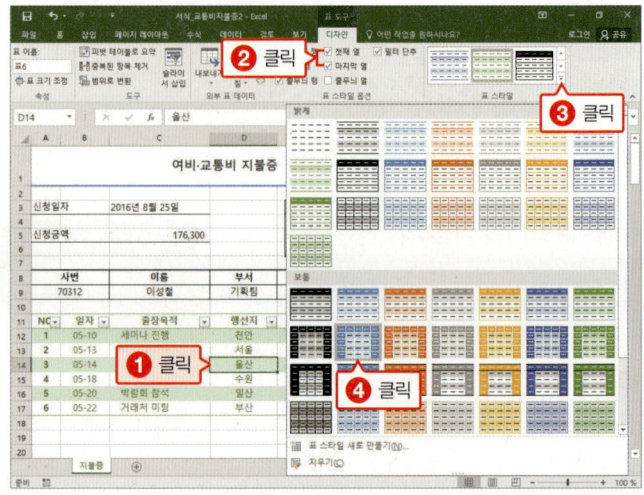

[표 스타일 9] 서식이 적용됩니다. 첫째 열과 마지막 열이 굵게 처리되어 데이터를 쉽게 구분할 수 있습니다.

02 그림과 같이 [A18:F18] 셀 범위에 7, 5-23, 직무 교육, 기흥, 자동차, 14000을 각각 입력합니다. 표 서식이 자동으로 확장됩니다.

여비·교통비 지불증의 데이터 범위에 표 서식을 적용해두었기 때문에 사용자가 내용을 입력할 때마다 표 서식이 자동으로 확장됩니다.

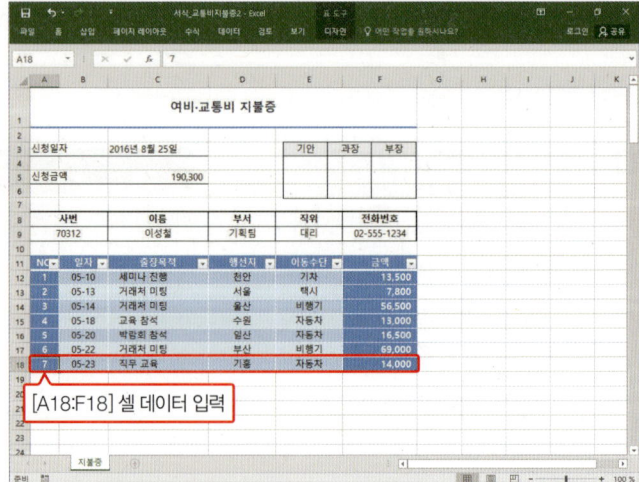

03 표 서식을 범위로 변환하기

❶ 표 영역에서 임의의 셀을 선택합니다. ❷ [표 도구]–[디자인] 탭–[표 스타일] 그룹에서 [자세히 ⬇]를 클릭합니다.

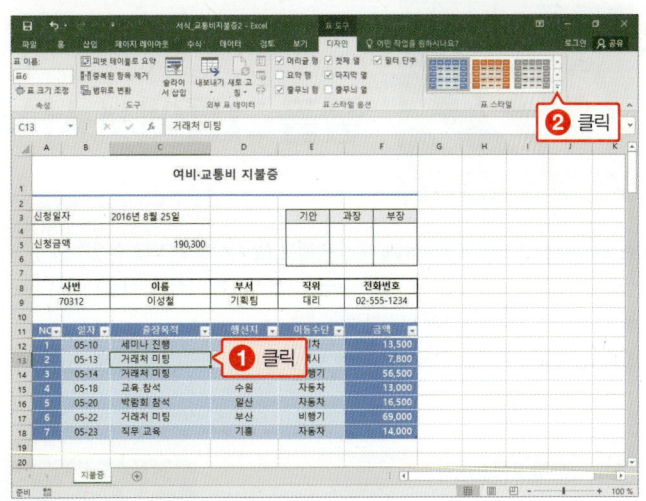

04 [밝게] 영역에서 [없음]을 선택합니다.

표 스타일이 [없음]으로 변경됩니다.

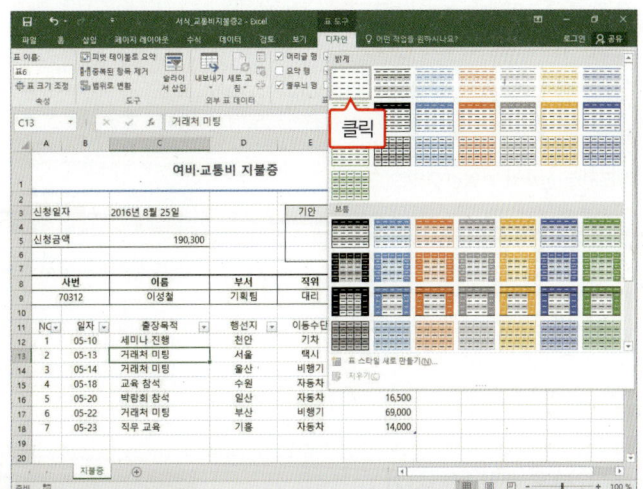

05 표 스타일은 변경되었지만 아직 표 서식이 적용되어 있습니다. 표 범위를 일반 데이터 범위로 변경해보겠습니다. ❶ [표 도구]–[디자인] 탭–[도구] 그룹–[범위로 변환]을 클릭합니다. ❷ 표를 정상 범위로 변경하는 것인지 묻는 메시지가 나타나면 [예]를 클릭합니다. 표가 데이터 범위로 바뀝니다.

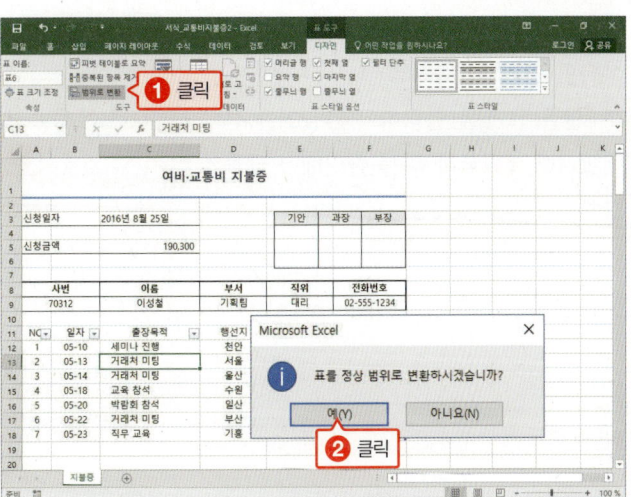

핵심기능실습

022 글꼴 그룹에서 서식 지정하기

표 서식과 셀 스타일로 간편하게 표를 만들고 셀 서식을 지정할 수 있지만 일부 마음에 들지 않는 부분이 있다면 사용자가 직접 서식을 지정할 수 있습니다. [홈] 탭-[글꼴] 그룹 및 [셀 서식] 대화상자에서 제공하는 기능을 이용해 글꼴, 크기, 테두리, 색 등 서식을 지정하는 방법에 대해서 알아보겠습니다.

실습 파일 | 엑셀\2장\서식_세금계산서.xlsx **완성 파일** | 엑셀\2장\서식_세금계산서_완성.xlsx

01 글꼴 지정하기

표 서식과 셀 스타일을 이용해 계산서 양식을 완성해보겠습니다. ❶ [셀 전체 선택 ◢]을 클릭하고 ❷❸ [홈] 탭-[글꼴] 그룹-[맑은 고딕]을 선택합니다.

워크시트 전체가 범위로 지정되고 글꼴이 [맑은 고딕]으로 변경됩니다.

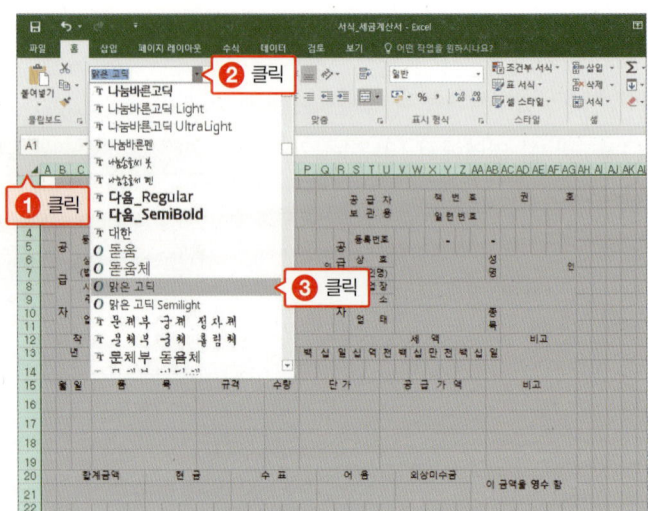

02 글꼴 크기 지정하기

표 서식과 셀 스타일을 이용해 계산서 양식을 완성해보겠습니다. ❶ [B2] 셀을 클릭합니다. ❷ [홈] 탭-[글꼴] 그룹에서 [글꼴 크기]를 클릭하고 ❸ [22]를 선택합니다. ❹ [굵게 가]를 클릭해서 글꼴 크기를 키우고 굵게 표시합니다.

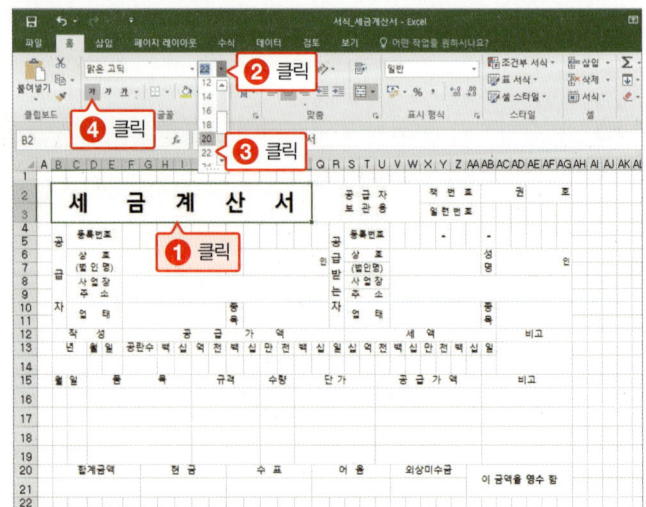

03 테두리 설정하기

❶ [B2:AG21] 셀 범위를 드래그합니다.
❷ [홈] 탭-[글꼴] 그룹-[테두리⊞▾]를
클릭하고 ❸ [다른 테두리]를 선택합니다.

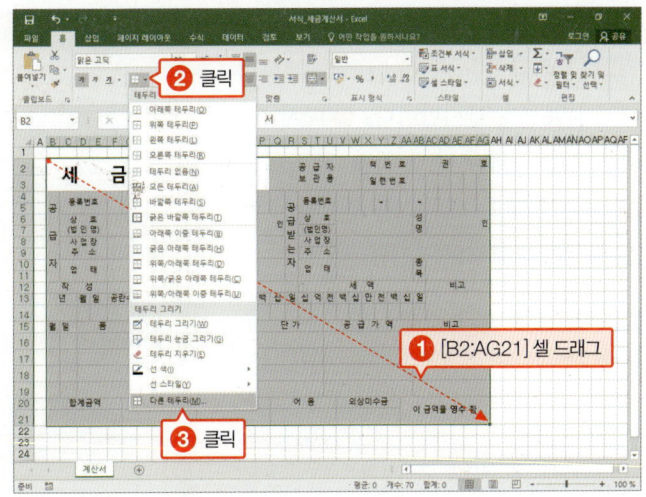

04 [셀 서식] 대화상자가 나타나면 ❶ [테두리] 탭을 클릭하고 ❷ [색]은 [파랑], ❸ [선 스타일]은 [중간 굵기], ❹ [미리 설정]에서 [윤곽선]을 클릭합니다. ❺ 다시 [선 스타일]은 [실선], ❻ [미리 설정]에서 [안쪽]을 클릭한 후 ❼ [확인]을 클릭합니다.

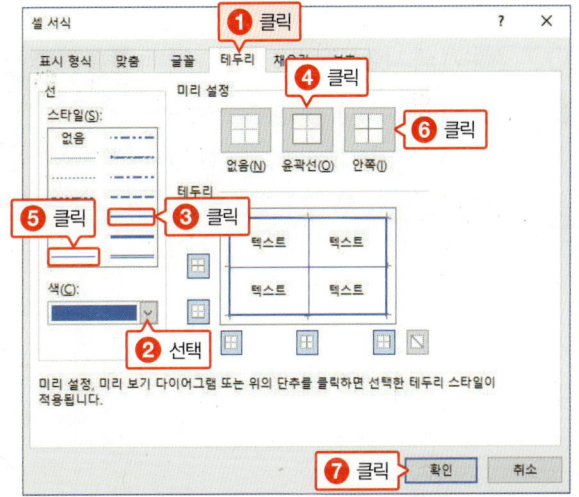

05 ❶ [F4:M6] 셀 범위를 드래그하고
❷ Ctrl 을 누른 상태에서 [V4:AG4] 셀
범위, ❸ [B12:AG14] 셀 범위를 각각
드래그합니다.

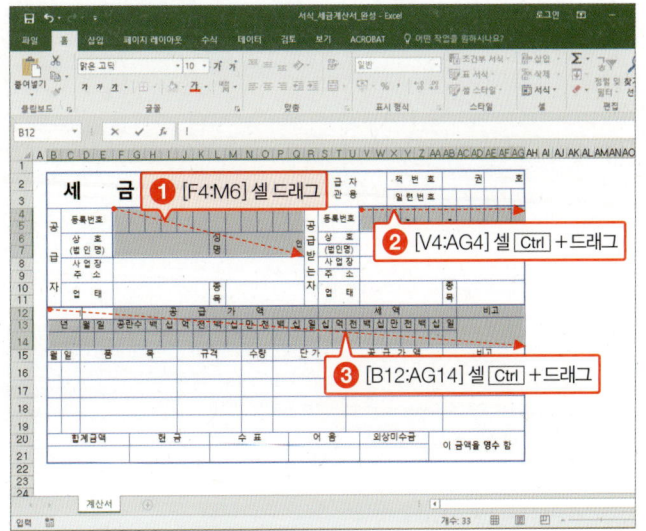

06 ❶ [홈] 탭-[글꼴] 그룹-[테두리⊞▾]를 클릭한 후 ❷ [선 색]을 선택하고 [파랑]을 클릭합니다. ❸ 다시 [글꼴] 그룹-[테두리⊞▾]를 클릭하고 ❹ [굵은 바깥쪽 테두리]를 선택해서 각 선택 영역의 윤곽선을 그립니다.

바로 통하는 TIP 테두리 그리기 항목 ☑ 테두리 그리기(W) 에서는 마우스로 드래그한 범위의 바깥쪽 가로/세로 선만 그릴 수 있으며 테두리 눈금 그리기 ⊡ 테두리 눈금 그리기(G) 는 드래그한 범위의 안쪽 가로/세로 선까지 그릴 수 있습니다. 테두리를 그린 후에는 ESC 를 눌러 테두리 그리기를 해제합니다.

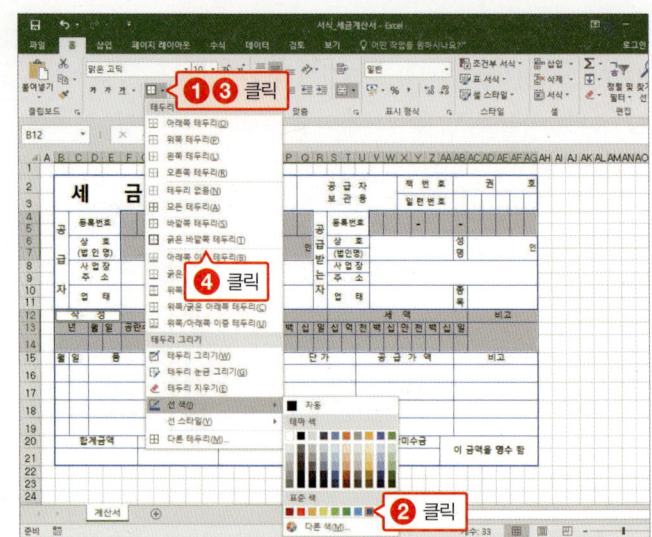

07 채우기 색 지정하기

❶ [B4] 셀을 클릭하고 ❷ Ctrl 을 누른 상태에서 [R4] 셀, ❸ [B15:AG15] 셀 범위를 드래그합니다. ❹ [홈] 탭-[글꼴] 그룹-[채우기 색🖌]을 클릭합니다. ❺ [테마 색]에서 [파랑, 강조 1, 80% 더 밝게]를 선택해서 셀에 색을 채웁니다.

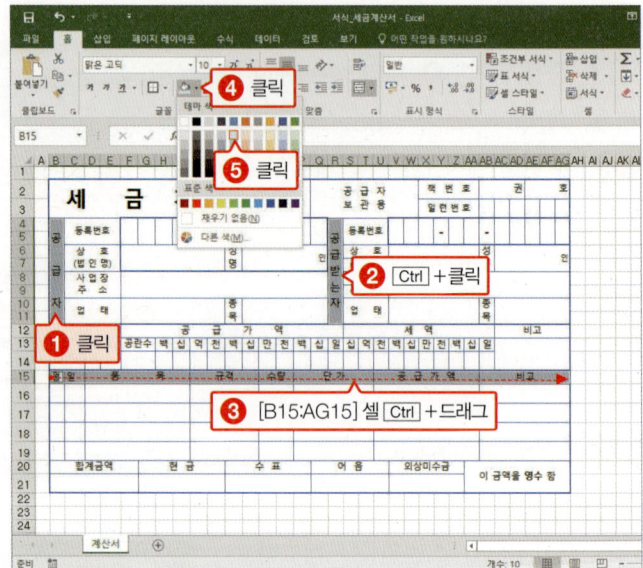

023 맞춤, 표시 형식 그룹에서 서식 지정하기

맞춤 서식에서는 셀에 입력되어 있는 데이터의 쓰기 방향, 회전 방향, 병합, 줄 바꿈 등을 지정합니다. 표시 형식에서는 문자와 수치 데이터가 화면에 어떻게 보일지 결정합니다. 숫자, 통화, 회계, 날짜, 시간, 문자, 사용자 지정 형식이 있습니다.

실습 파일 | 엑셀\2장\서식_실적분석.xlsx **완성 파일** | 엑셀\2장\서식_실적분석_완성.xlsx

01 병합하고 가운데 맞춤 지정하기

❶ [A1:H1] 셀 범위를 드래그합니다. ❷ [홈] 탭-[맞춤] 그룹-[병합하고 가운데 맞춤🔳▾]을 클릭합니다.

지정한 셀들이 하나로 병합되고 텍스트는 가운데 정렬됩니다.

02 병합하고 가운데 맞춤할 범위가 떨어져 있는 경우에는 Ctrl 을 누른 상태에서 각각의 범위를 지정해 한 번에 맞춤 기능을 적용할 수 있습니다. ❶ [A3:A4] 셀 범위를 드래그하고 ❷ Ctrl 을 누른 상태에서 [B3:D3], [E3:G3], [H3:H4] 셀 범위를 각각 드래그합니다. ❸ [홈] 탭-[맞춤] 그룹-[병합하고 가운데 맞춤]을 클릭합니다.

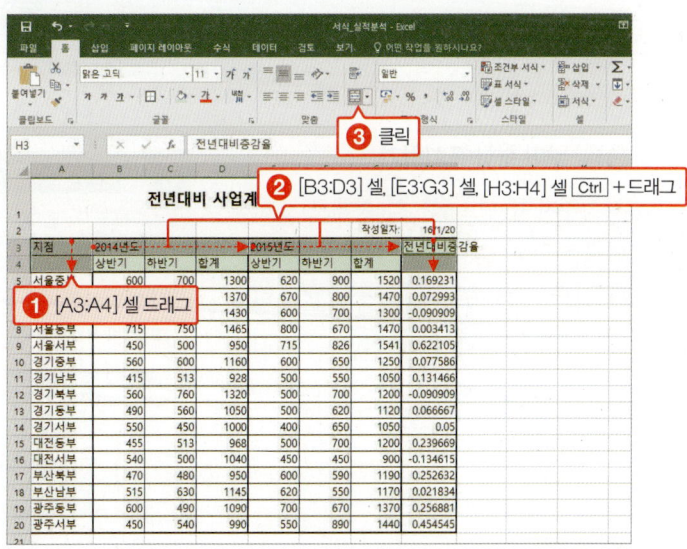

03 '전년대비증감율'이 표시된 [H3] 셀은 데이터의 길이가 길어 텍스트 전체가 다 보이지 않습니다. 텍스트를 줄 바꿈하여 데이터가 한 셀에 모두 표시되도록 수정해보겠습니다. ❶ [H3] 셀을 클릭하고 ❷ [홈] 탭-[맞춤] 그룹-[텍스트 줄 바꿈🗒️]을 클릭합니다.

바로 통하는 TIP 데이터를 입력할 때 Alt + Enter 를 눌러 텍스트의 줄을 바꿀 수도 있습니다.

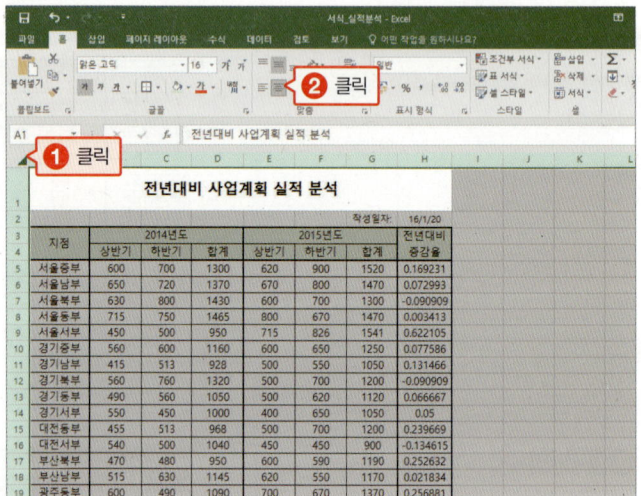

04 ❶ [셀 전체 선택▱]을 클릭합니다. ❷ [홈] 탭-[맞춤] 그룹-[가운데 맞춤▤]을 클릭합니다.

문서 전체의 텍스트가 셀을 기준으로 가운데 정렬됩니다.

바로 통하는 TIP 맞춤 옵션을 상세하게 지정하려면 [맞춤] 그룹-[맞춤] 표시 아이콘🗔을 클릭해서 [셀 서식] 대화상자를 불러옵니다.

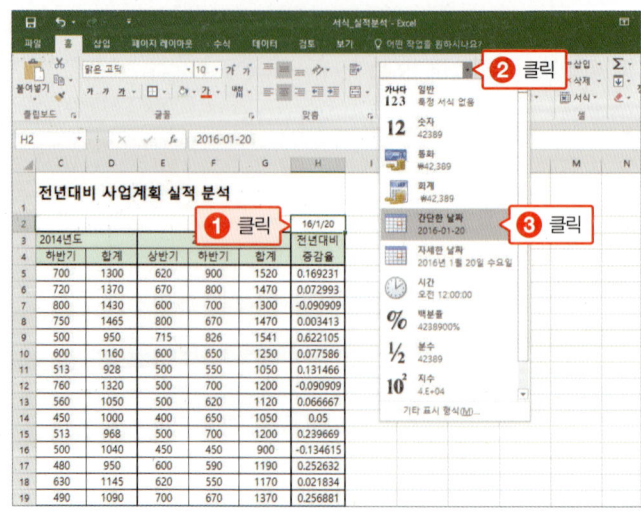

05 날짜 형식 표시하기

'작성일자'를 년-월-일 형태로 표시해보겠습니다. ❶ [H2] 셀을 클릭합니다. ❷ [홈] 탭-[표시 형식] 그룹-[표시 형식 목록⯆]을 클릭하고 ❸ [간단한 날짜]를 선택해서 날짜 형식을 '년-월-일' 형태로 바꿉니다.

06 숫자 3자리마다 쉼표 넣기

실적 데이터에서 숫자 3자리마다 구분 기호로 쉼표가 표시되도록 수정해보겠습니다. ❶ [B5:G20] 셀 범위를 드래그합니다. ❷ [홈] 탭-[표시 형식] 그룹-[쉼표 스타일]을 클릭합니다.

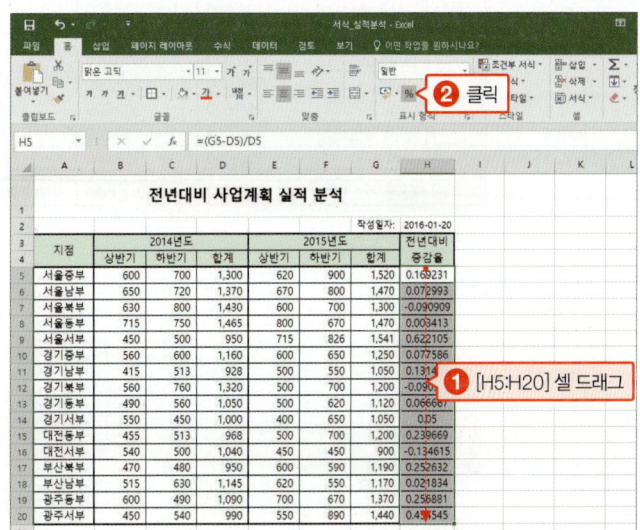

07 백분율 기호 넣기

'전년대비증감율'을 백분율 형식으로 표시해보겠습니다. ❶ [H5:H20] 셀 범위를 드래그합니다. ❷ [홈] 탭-[표시 형식] 그룹-[백분율 스타일]을 클릭해서 숫자에 백분율 기호를 넣습니다.

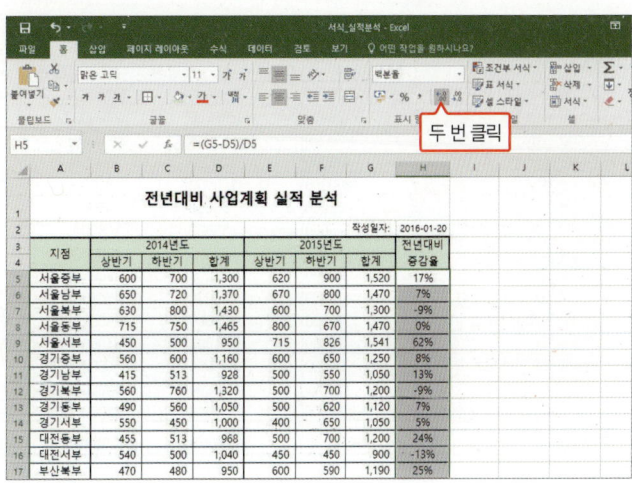

08 소수 자릿수 늘리기

[홈] 탭-[표시 형식] 그룹-[자릿수 늘림]을 두 번 클릭해서 소수 둘째 자리까지 표시합니다.

바로 통하는 TIP 소수 자릿수를 줄이려면 줄일 자릿수만큼 [자릿수 줄임]을 클릭합니다.

실습 파일 | 엑셀\2장\임율표.xlsx   **완성 파일** | 엑셀\2장\임율표_완성.xlsx

직급별 인건비, 복리후생비, 기타 비용이 나타나는 임율표에서 아래 조건에 맞게 글꼴, 맞춤, 표시 형식을 지정해보겠습니다.

2017년 임율표

작성일자:　2017-01-02

구 분		직 급				
		부장	차장	과장	대리	사원
인건비	기 본 급	4,000,000	3,500,000	3,000,000	2,400,000	1,800,000
	제 수 당	320,000	280,000	240,000	192,000	144,000
	상 여 율	600%	600%	500%	450%	400%
	퇴 직 금	480,000	420,000	360,000	288,000	216,000
	소계	4,800,000	4,200,000	3,600,000	2,880,000	2,160,000
복리후생비	개인연금	55,000	55,000	55,000	55,000	55,000
	건강보험료	176,000	136,000	105,000	76,000	62,000
	국민연금	162,000	162,000	160,000	129,000	106,000
	산재보험	30,000	25,000	20,000	15,000	12,000
	고용보험	75,000	63,000	50,000	35,000	29,000
	신체검사비	300,000	300,000	250,000	200,000	200,000
	소계	798,000	741,000	640,000	510,000	464,000
기타	차량유지비	200,000	200,000	150,000	-	-
	교육지원비	150,000	150,000	100,000	70,000	50,000
	소계	350,000	350,000	250,000	70,000	50,000
합계		5,948,000	5,291,000	4,490,000	3,460,000	2,674,000

▲ 완성 파일

01 제목(A1:G1) 범위를 드래그한 후 [홈] 탭-[맞춤] 그룹-[병합하고 가운데 맞춤 🔛▾]을 클릭합니다.

02 구분(A3:B4), 직급(C3:G3), 인건비(A5:A8), 복리후생비(A10:A15), 기타(A17:A18), 소계(A9:B9, A16:B16, A19:B19), 합계(A21:B21) 셀 범위를 각각 드래그한 후 [홈] 탭-[맞춤] 그룹-[병합하고 가운데 맞춤 🔛▾]을 클릭합니다.

	A	B	C	D	E	F	G
3	구 분		직 급				
4			부장	차장	과장	대리	사원
5	인건비	기 본 급	4000000	3500000	3000000	2400000	1800000
6	인건비	제 수 당	320000	280000	240000	192000	144000
7	인건비	상 여 율	6	6	5	4.5	4
8	인건비	퇴 직 금	480000	420000	360000	288000	216000
9	소계		4800000	4200000	3600000	2880000	2160000
10	복리후:	개인연금	55000	55000	55000	55000	55000
11	복리후:	건강보험료	176000	136000	105000	76000	62000
12	복리후:	국민연금	162000	162000	160000	129000	106000
13	복리후:	산재보험	30000	25000	20000	15000	12000
14	복리후:	고용보험	75000	63000	50000	35000	29000
15	복리후:	신체검사비	300000	300000	250000	200000	200000
16	소계		798000	741000	640000	510000	464000
17	기타	차량유지비	200000	200000	150000	0	0
18		교육지원비	150000	150000	100000	70000	50000
19	소계		350000	350000	250000	70000	50000
21	합계		5948000	5291000	4490000	3460000	2674000

03 복리후생비(A10)는 [홈] 탭-[맞춤] 그룹-[텍스트 줄 바꿈 🖳]을 선택하여 셀 너비에 맞춰 자동으로 줄 바꿈이 되도록 합니다.

04 [셀 전체 선택 ◢]을 클릭합니다. [홈] 탭-[글꼴] 그룹에서 글꼴을 [맑은 고딕]으로 변경하고, [홈] 탭-[맞춤] 그룹-[가운데 맞춤 ≡]을 클릭합니다. 글꼴을 변경하고, 가운데로 정렬합니다.

05 작성일자(G2)를 [홈] 탭-[표시 형식] 그룹-[표시 형식 목록 ⌄]에서 [간단한 날짜]를 선택하여 날짜를 '년-월-일' 형식으로 바꿉니다.

06 임율표에 숫자 데이터(C5:G21)는 [홈] 탭-[표시 형식] 그룹-[쉼표 스타일 ,]을 선택합니다.

07 임율표에 상여율 데이터(C7:G7)는 [홈] 탭-[표시 형식] 그룹-[백분율 스타일 %]을 선택하고, [홈] 탭-[맞춤] 그룹-[오른쪽 맞춤 ≡]을 클릭합니다.

08 제목 행(A3:G4), 제목 열(A5:B19), 합계 행(A21:G21)의 영역을 각각 셀 범위로 선택한 후 [홈] 탭-[글꼴] 그룹-[채우기 색 🎨]을 클릭합니다. [황금색, 강조4, 80% 더 밝게]를 선택하여 셀에 색을 채웁니다.

024 문자, 숫자 데이터 표시 형식 사용자 지정하기

사용자 지정 표시 형식을 만들 때는 데이터 형식별로 약속된 기호가 있습니다. 문자는 @ 기호, 숫자 데이터는 #, 0 등의 기호로 직접 표시 형식을 지정할 수 있습니다.

실습 파일 | 엑셀\2장\서식_표시형식.xlsx [견적서]시트   **완성 파일** | 엑셀\2장\서식_표시형식_완성.xlsx

01 문자 표시 형식 사용자 지정하기

고객 명단이나 세미나 참석자 명단, 수신인 등을 표시할 경우 이름 뒤에 '님'이나 '귀하'를 붙이기도 합니다. 문자 사용자 코드인 @를 사용해 이름 뒤에 반복되는 문자를 표시할 수 있습니다. ❶ [G7] 셀을 클릭합니다. ❷ [홈] 탭-[표시 형식] 그룹-[표시 형식⬚] 표시 아이콘을 클릭합니다.

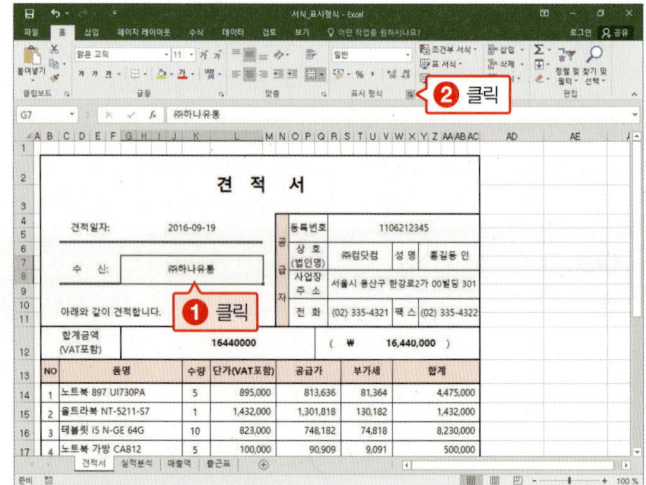

02 ❶ [셀 서식] 대화상자에서 [표시 형식] 탭-[범주] 목록에서 [사용자 지정]을 선택합니다. ❷ [형식] 입력란에 **@ 귀하**를 입력하고 ❸ [확인]을 클릭합니다.

서식이 적용되어 셀에 입력한 내용에 귀하가 자동으로 표시됩니다.

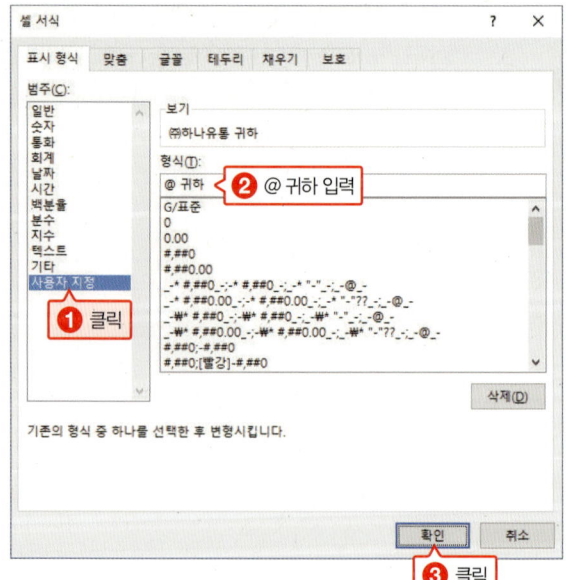

03 숫자 표시 형식 사용자 지정하기

계좌번호나 사업자 등록번호, 신용카드 일련번호 등 숫자의 자릿수를 맞춰 표시해야 하는 경우가 있습니다. 사업자 등록번호 10자리를 3자리 – 2자리 – 5자리 형식으로 표시해보겠습니다. ❶ [R4] 셀을 클릭하고 ❷ [홈] 탭–[표시 형식] 그룹–[표시 형식🔣] 표시 아이콘을 클릭합니다.

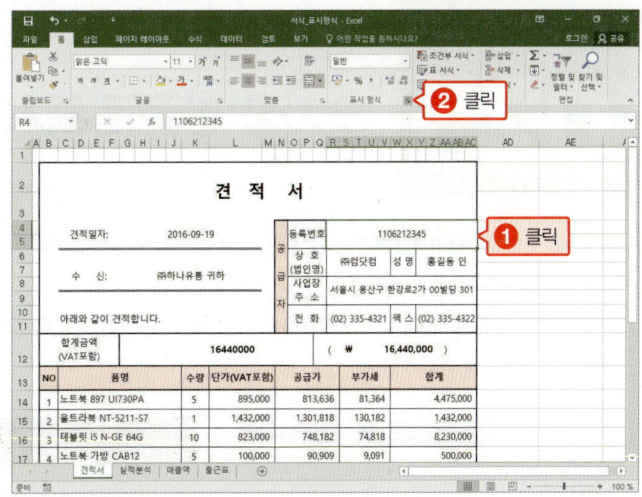

04 [셀 서식] 대화상자가 나타나면 ❶ [표시 형식] 탭–[범주] 목록에서 [사용자 지정]을 선택합니다. ❷ [형식] 입력란에 **000 – 00 – 00000**을 입력하고 ❸ [확인]을 클릭해서 서식을 적용합니다.

 바로 통하는 TIP 0은 유효한 자릿수가 아니더라도 숫자의 자릿수를 맞추는 기호로, 000 – 00 – 00000은 사업자 등록번호를 3자–2자–5자 형식으로 표시합니다.

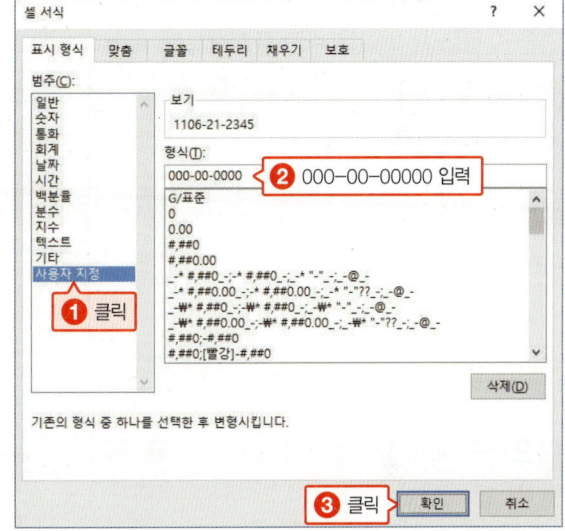

쉽고 빠른
엑셀
NOTE **사용자 지정 표시 형식**

사용자 지정 형식을 만들 때는 다음과 같이 데이터 형식별로 약속된 기호가 있습니다.

데이터 형식	서식 기호	기능
숫자	#	유효한 숫자를 표시하는 기호(무효한 0은 표시 안 함)입니다.
	0	숫자를 표시하는 기호(무효한 0을 표시하여 자릿수를 맞춤)입니다.
	?	숫자를 표시하는 기호(무효한 0을 공백으로 표시하여 자릿수를 맞춤)입니다.
	%	백분율을 표시합니다.
	.	소수점을 표시합니다.
	,	숫자 세 자리마다 구분 기호를 표시합니다.
	₩, $, ¥	통화 유형 기호를 표시합니다.
문자	@	문자를 대표하는 형식으로 문자에 특정 문자를 표시하고 싶을 때 사용합니다.

핵심기능실습
025
숫자를 한글로 표시하는 서식 지정하기

엑셀에서는 숫자 데이터가 길어지면 값을 잘못 읽어 오해를 일으킬 가능성이 있습니다. 이런 경우에는 숫자를 한글이나 한자로 표기하여 숫자를 직관적으로 읽을 수 있도록 합니다.

실습 파일 | 엑셀\2장\서식_표시형식2.xlsx [견적서]시트   **완성 파일** | 엑셀\2장\서식_표시형식2_완성.xlsx

01 합계금액을 한글로 표시하는 사용자 지정하기

견적서의 '합계금액'이 너무 커서 직관적으로 읽기 어렵습니다. 숫자를 정확하게 읽을 수 있도록 한글로 바꿔 표시해보겠습니다. ❶ [I12] 셀을 클릭하고 ❷ Ctrl + 1 을 누릅니다.

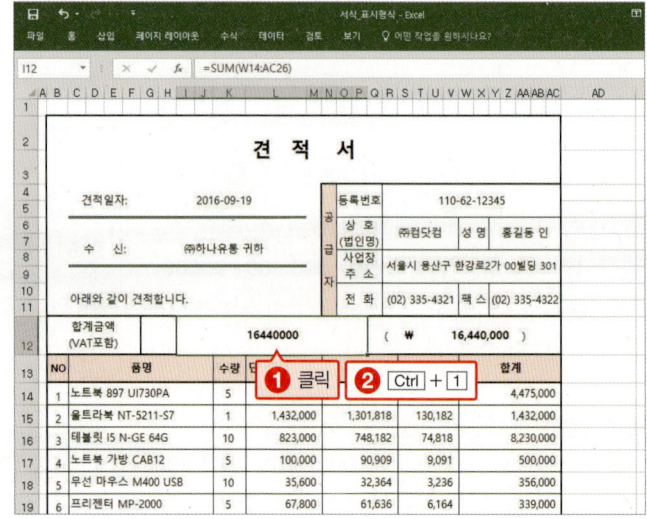

02 [셀 서식] 대화상자가 나타나면 ❶ [표시형식] 탭-[범주] 목록에서 [기타]를 선택합니다. ❷ [형식]에서 [숫자(한글)]을 선택합니다.

바로 통하는 TIP 숫자(한글) 서식은 숫자를 입력하면 한글로 표시해 주는 서식으로 [형식] 목록에 숫자(한글)이 없다면 [로캘(위치)]를 [한국어]로 변경합니다.

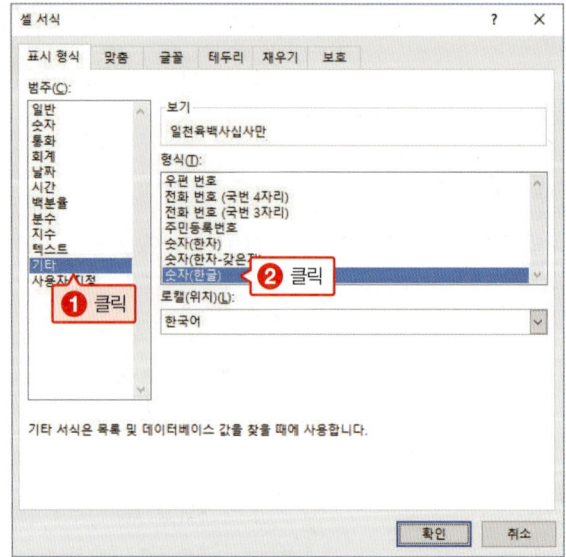

03 ❶ [범주] 목록에서 [사용자 지정]을 선택합니다. ❷ [형식]에 입력되어 있는 서식 코드 맨 앞에 **일금**을, ❸ 맨 뒤에 **원정**을 입력합니다. ❹ [확인]을 클릭해서 숫자(한글) 서식을 적용합니다.

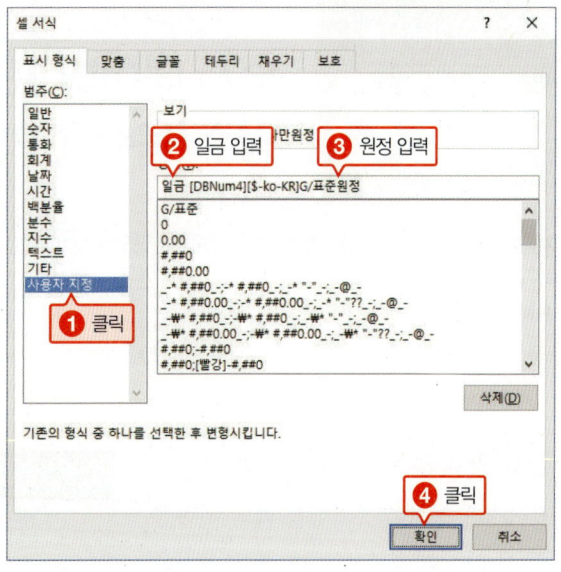

04 숫자가 한글로 표기되며 앞에 '일금', 뒤에 '원정'이 붙습니다.

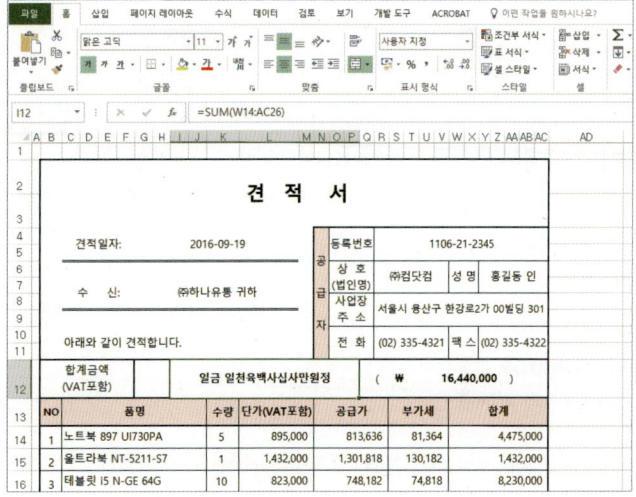

> **쉽고 빠른 엑셀 NOTE** — **숫자를 한글, 한자로 표시하는 형식 코드**

형식 코드	설명	표시 형식
[DBNum1][$-412]G/표준	한자로 표시	一千二百五十万
[DBNum2][$-412]G/표준	한자 갖은자 표시	壹阡貳百伍拾萬
[DBNum3][$-412]G/표준	단위만 한자로 표시	千2百5十万
[DBNum4][$-412]G/표준	한글로 표시	일천이백오십만

숫자 데이터 표시 형식으로 양수/음수/0의 서식 지정하기

사용자 지정 형식은 한 번에 네 개까지 지정할 수 있으며 세미콜론(;)을 구분 기호로 사용합니다. 기본적으로 0보다 크면 양수 형식, 0보다 작으면 음수 형식, 0이면 0 형식, 문자면 문자 형식으로 지정할 수 있습니다. 양수 형식 ; 음수 형식 ; 0 형식 ; 문자 형식 으로 표시합니다.

실습 파일 | 엑셀 \ 2장 \ 서식_표시형식3.xlsx [실적분석]시트   완성 파일 | 엑셀 \ 2장 \ 서식_표시형식3_완성.xlsx

O1 양수, 음수, 0의 형식 지정하기

전년대비 실적이 증가했을 때와 하락했을 때, 0인 때를 구분하여 셀에 표시해 보겠습니다. ❶ [실적분석] 시트를 클릭합니다. ❷ [H5:H20] 셀 범위를 드래그한 후 Ctrl + 1 을 눌러 [셀 서식] 대화상자를 표시합니다. ❸ [표시 형식] 탭 - [범주] 목록에서 [사용자 지정]을 선택합니다. ❹ [형식] 입력란에 서식 코드 **[파랑]▲0.00%;[빨강]▼0.00%;#**을 입력한 후 ❺ [확인]을 클릭합니다.

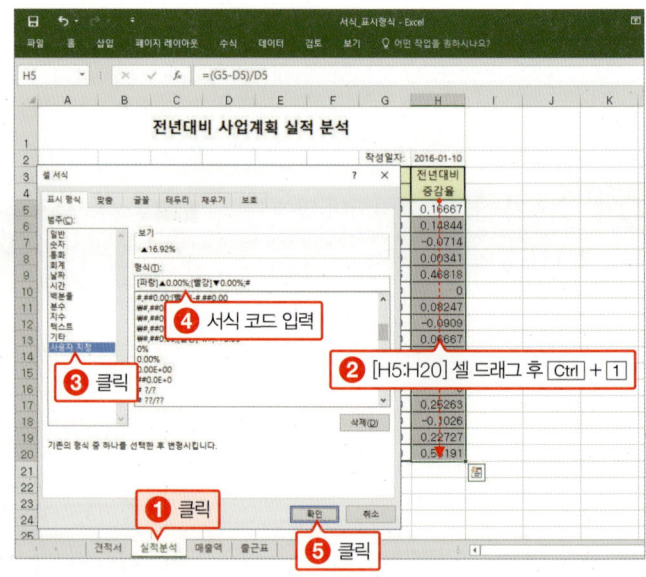

바로 통하는 TIP 한글 자음 'ㅁ'을 입력한 후 한자 를 눌러서 특수 문자 '▲' '▼'를 입력합니다.

바로 통하는 TIP 서식 설명 : [색]양수의 형식;[색]음수의 형식;0의 형식
[파랑]▲#,##0;[빨강]▼#,##0;#
지정한 범위의 숫자가 양수이면 파란색에 ▲가 표시되고, 음수이면 빨간색에 ▼가 표시됩니다. 0일 때는 0을 셀에 표시하지 않습니다. 색상은 [검정], [파랑], [녹청], [녹색], [자홍], [빨강], [흰색], [노랑]으로 8가지입니다. 기본적으로 0보다 크면 양수, 0보다 작으면 음수, 0이면 0, 문자면 문자 형식으로 표현합니다.

O2 증감율 범위에 양수, 음수, 0의 서식이 적용되어 나타납니다.

전년대비 사업계획 실적 분석

작성일자: 2016-01-10

지점	2014년도			2015년도			전년대비 증감율
	상반기	하반기	합계	상반기	하반기	합계	
서울중부	500	700	1,200	500	900	1,400	▲16.67%
서울남부	580	700	1,280	670	800	1,470	▲14.84%
서울북부	600	800	1,400	600	700	1,300	▼7.14%
서울동부	715	750	1,465	800	670	1,470	▲0.34%
서울서부	500	600	1,100	715	900	1,615	▲46.82%
경기중부	560	600	1,160	600	560	1,160	
경기남부	450	520	970	500	550	1,050	▲8.25%
경기북부	560	760	1,320	500	700	1,200	▼9.09%
경기동부	490	560	1,050	500	620	1,120	▲6.67%
경기서부	550	450	1,000	400	500	900	▼10.00%
대전동부	455	500	955	500	700	1,200	▲25.65%
대전서부	540	500	1,040	540	500	1,040	
부산북부	470	480	950	600	590	1,190	▲25.26%

핵심기능실습 027 숫자 백만 단위 이하 자르기/ 만 단위에 쉼표 표시하기

자릿수가 큰 숫자는 셀 공간을 많이 차지하고 데이터를 읽기도 불편합니다. 이때는 자릿수를 세 자리씩 잘라서 표시할 수 있으며 네 자리마다 콤마를 붙여 만 단위, 억 단위로 표시할 수도 있습니다.

실습 파일 | 엑셀\2장\서식_표시형식4.xlsx [매출액]시트 **완성 파일** | 엑셀\2장\서식_표시형식4_완성.xlsx

01 백만 단위 이하는 잘라서 표시하기

자릿수가 큰 매출 목표의 숫자를 백만 원 단위로 잘라서 간단하게 표시해보 겠습니다. ❶ [매출액] 시트를 선택합니다. ❷ [C4:C9] 셀 범위를 드래그한 후 Ctrl + 1을 누릅니다.

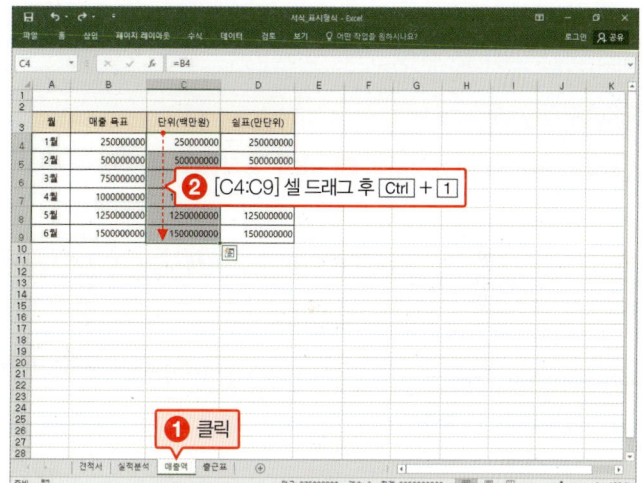

02 [셀 서식] 대화상자가 나타나면 ❶ [표시 형식] 탭 - [범주] 목록에서 [사용자 지정]을 선택합니다. ❷ [형식] 입력란에 **#,##0,,**을 입력한 후 ❸ [확인]을 클릭합니다.

바로 통하는 TIP 천 단위 또는 백만 단위로 표시하기

사용자 형식 코드 단위(천 원) : #,##0,
사용자 형식 코드 단위(백만 원) : #,##0,,
쉼표(,)는 3자리마다 쉼표를 표시하는 형식과 세 자릿수가 잘려 표시되는 쉼표(,) 형식이 있습니다.

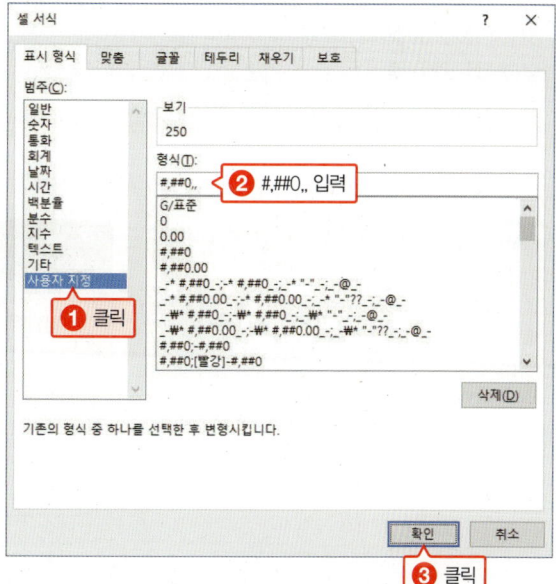

03 4자리마다 쉼표로 표시하기

숫자 4자리마다 쉼표를 표시해 만 단위, 억 단위로 읽을 수 있도록 수정해보겠습니다. [D4:D9] 셀 범위를 드래그한 후 Ctrl + 1 을 누릅니다.

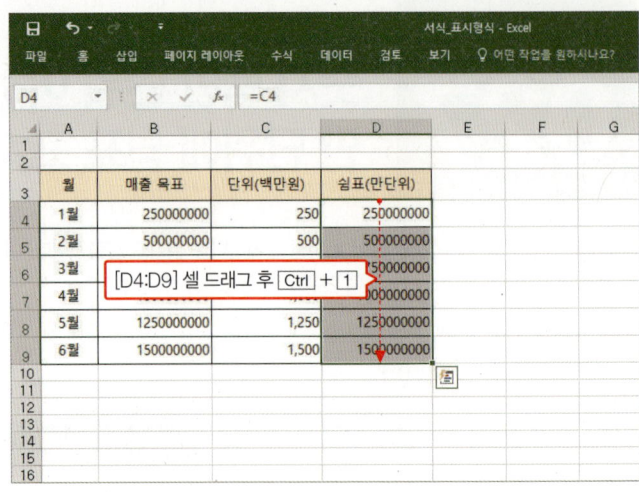

04 [셀 서식] 대화상자의 ❶ [표시 형식] 탭-[범주] 목록에서 [사용자 지정]을 클릭합니다. ❷ [형식] 입력란에 [>99999999]####","####","####;####","#### 을 입력한 후 ❸ [확인]을 클릭합니다.

바로 통하는 TIP 서식 설명

[조건]서식1;서식2
조건을 만족하면 서식1을 적용하고, 조건을 만족하지 않으면 서식2를 적용합니다.

[>99999999]####","####","####;####","####
자릿수가 12자리일 경우와 8자리일 경우에 따라 쉼표(,)가 찍혀야 할 자릿수가 달라지므로 8자리를 초과하면 ####","####","#### 서식을 적용하고, 8자리 이하이면 ####","#### 서식을 적용합니다.

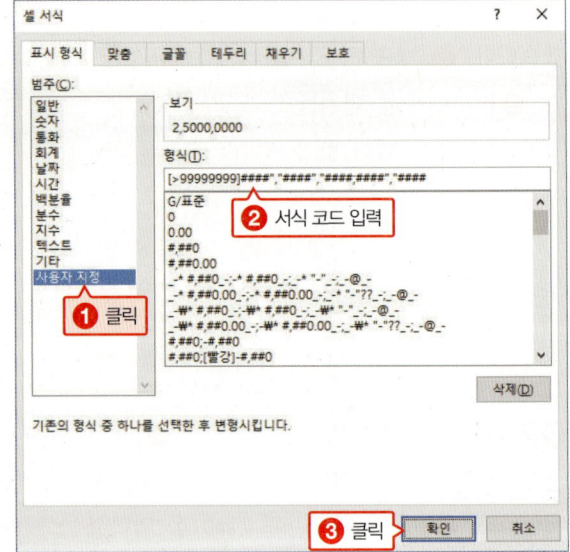

05 매출액에 4자리마다 쉼표가 표시됩니다.

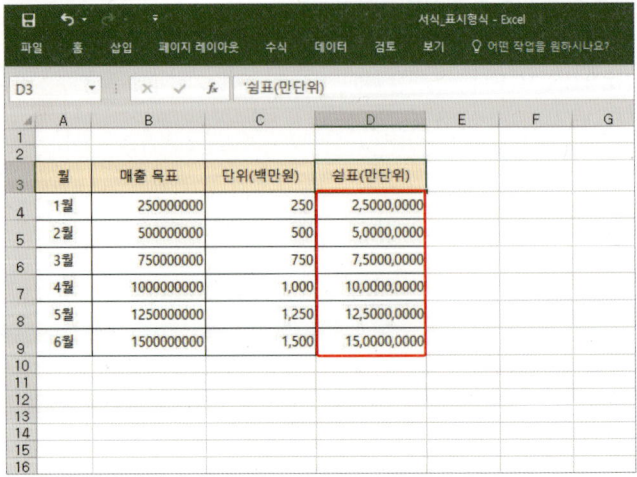

핵심기능실습 028

요일과 누적 시간
사용자 지정 표시 형식 설정하기

날짜 형식은 년-월-일 형태의 yyyy-mm-dd 형태의 서식을, 시간 형식은 시:분:초 형태의 h:m:s 형식을 주로 사용합니다.
날짜 형식에서 요일은 표시 방식에 따라 aaa, aaaa, ddd, dddd 기호를 사용합니다.

실습 파일 | 엑셀\2장\서식_표시형식5.xlsx [출근표]시트   **완성 파일** | 엑셀\2장\서식_표시형식5_완성.xlsx

01 요일 표시하기

❶ [출근표] 시트에서 [A3:A11] 셀 범위를 드래그한 후 Ctrl + 1 을 눌러 [셀서식] 대화상자를 불러옵니다. ❷ [표시형식] 탭-[범주] 목록에서 [사용자 지정]을 선택합니다. ❸ [형식] 입력란에 **yyyy-mm-dd(aaa)**를 입력합니다. ❹ [확인]을 클릭해서 셀에 입력한 내용에 요일이 나타나도록 서식을 적용합니다.

'2016-05-13(금)'처럼 연도와 월, 일이 각각 4자리-2자리-2자리로 표시되고 괄호 안에 요일이 한글 1자리로 표시됩니다.

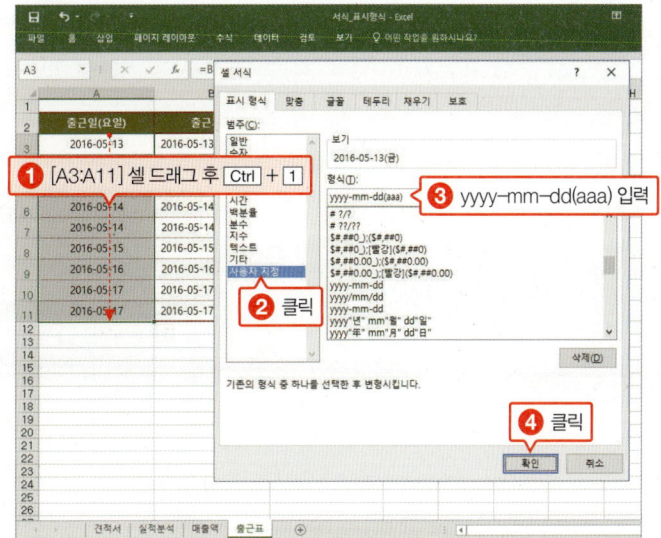

02 근무 시간 표시하기

[D3:D11] 셀 범위를 드래그한 후 Ctrl + 1 을 눌러 [셀 서식] 대화상자를 불러옵니다.

바로 통하는 TIP   1일은 24시간입니다. 엑셀에서 24시간은 24를 24로 나눈 값인 숫자 1로 표시합니다. 1시간은 1을 24로 나눈 값인 숫자 0.041667입니다.

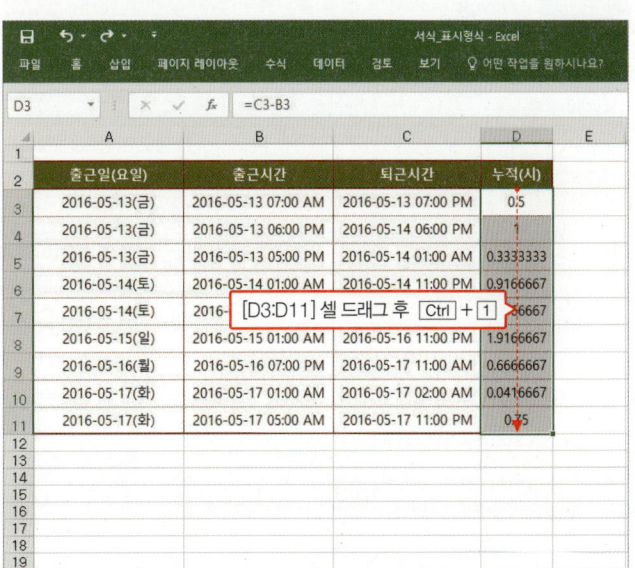

03 ❶ [표시 형식] 탭 – [범주] 목록에서 [사용자 지정]을 선택하고 ❷ [형식] 입력란에 **[h]**를 입력한 후 ❸ [확인]을 클릭합니다.

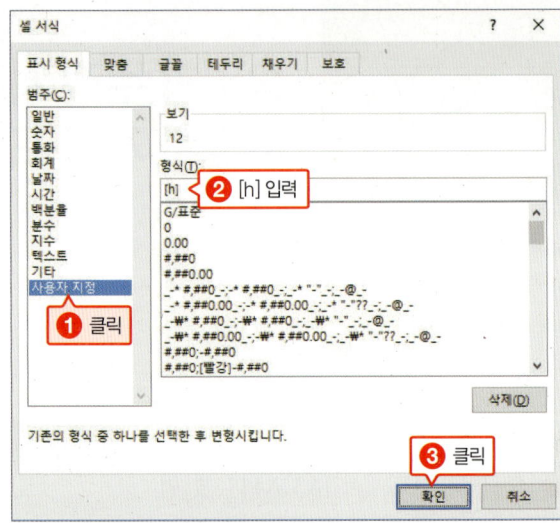

04 출근 시간부터 퇴근 시간까지 걸린 시간(=퇴근 시간 – 출근 시간)이 표시되도록 서식이 적용되었습니다.

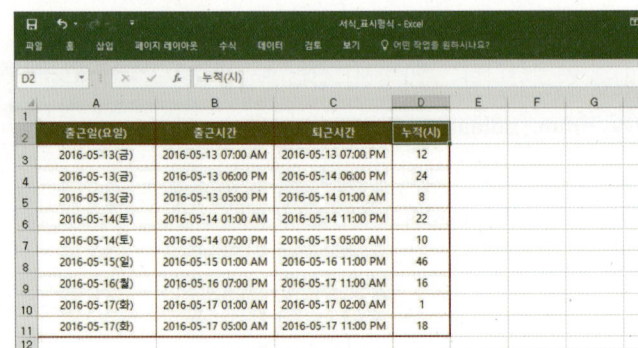

날짜/시간 사용자 지정 형식에 사용되는 표시 형식

날짜 형식은 주로 년 – 월 – 일 형태의 표시 형식을 사용합니다.

데이터 형식	서식 기호	기능
날짜	yy/yyyy	년도를 2자리 또는 4자리로 표시합니다.
	m/mm	월을 1~12 또는 01~12로 표시합니다.
	mmm/mmmm	월을 영문 3자리 또는 영문으로 표시(예 : Jan 또는 January)합니다.
	d/dd	일을 1~31 또는 01~31로 표시합니다.
	ddd/dddd	요일을 영문 3자리 또는 영문으로 표시(예 : Mon 또는 Monday)합니다.
	aaa/aaaa	요일을 한글 1자리 또는 한글로 표시(예 : 월 또는 월요일)합니다.

시간, 형식은 주로 시:분:초 형태의 h:m:s 표시 형식을 사용합니다. 시간 형식에서 24시간이 넘어서는 누적 시간을 표시해야 할 때는 대괄호[ ]와 함께 h, m, s 기호를 사용합니다.

데이터 형식	서식 기호	기능
시간	h/hh	시간을 0~23 또는 00~23으로 표시합니다.
	m/mm	분을 0~59 또는 00~59로 표시합니다.
	s/ss	초를 0~59 또는 00~59로 표시합니다.

핵심기능실습 029

셀 강조와 상위/하위 규칙으로 조건부 서식 지정하기

조건부 서식이란 셀에 사용자가 지정한 조건이나 셀 값을 기준으로 서로 다른 서식을 적용하는 규칙입니다. 조건부 서식 중 셀 강조 규칙은 지정한 데이터 범위에서 비교 연산자를 기준으로 조건에 맞는 셀을 찾아 사용자가 지정한 셀 서식을 적용합니다. 상위/하위 규칙은 지정한 데이터 범위에서 셀 값을 기준으로 상위 값 또는 하위 값을 찾아 지정한 서식을 적용합니다.

실습 파일 | 엑셀\2장\서식_실적현황.xlsx   **완성 파일** | 엑셀\2장\서식_실적현황_완성.xlsx

01 조건부 서식의 셀 강조 규칙 적용하기

목표 달성이 '달성'인 셀을 강조해보겠습니다. ❶ [G4:G65] 셀 범위를 드래그합니다. ❷ [홈] 탭 - [스타일] 그룹 - [조건부 서식]을 클릭하고 ❸ [셀 강조 규칙]을 선택한 후 ❹ [같음]을 선택합니다.

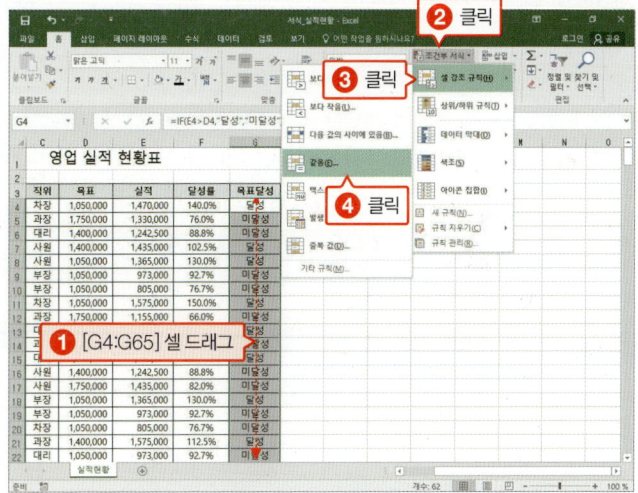

바로 통하는 TIP 조건부 서식을 수정 또는 삭제하려면 [스타일] 그룹에서 [조건부 서식] - [규칙 관리]를 선택합니다. [조건부 서식 규칙 관리자] 대화상자가 나타나면 규칙을 수정 또는 삭제합니다.

02 ❶ [같음] 대화상자의 서식을 지정할 셀 값에 **달성**을 입력합니다. ❷ [적용할 서식] 목록에서 [진한 노랑 텍스트가 있는 노랑 채우기]를 선택하고 ❸ [확인]을 클릭합니다.

목표 달성이 '달성'인 셀에 서식을 적용합니다.

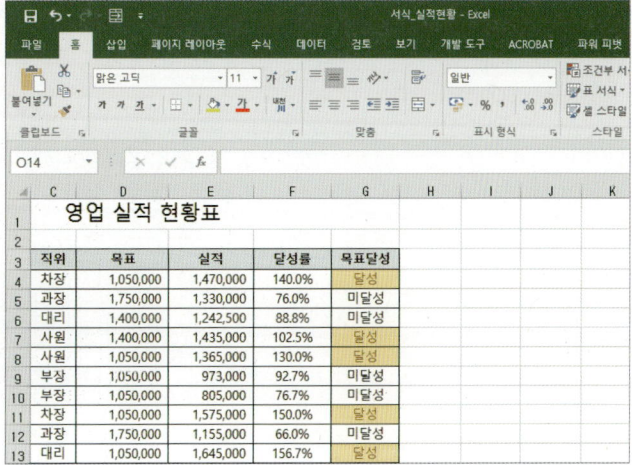

03 조건부 서식의 상위/하위 규칙 적용하기

실적을 기준으로 상위 10개 목록에 포함되는 셀의 경우 글꼴을 굵게, 빨간색으로 표시해보겠습니다. ❶ [E4:E65] 셀 범위를 드래그합니다. ❷ [홈] 탭-[스타일] 그룹-[조건부 서식]을 클릭하고 ❸ [상위/하위 규칙]을 선택한 후 ❹ [상위 10개 항목]을 선택합니다. ❺ [상위 10개 항목] 대화상자의 [적용할 서식]에서 [사용자 지정 서식]을 선택합니다.

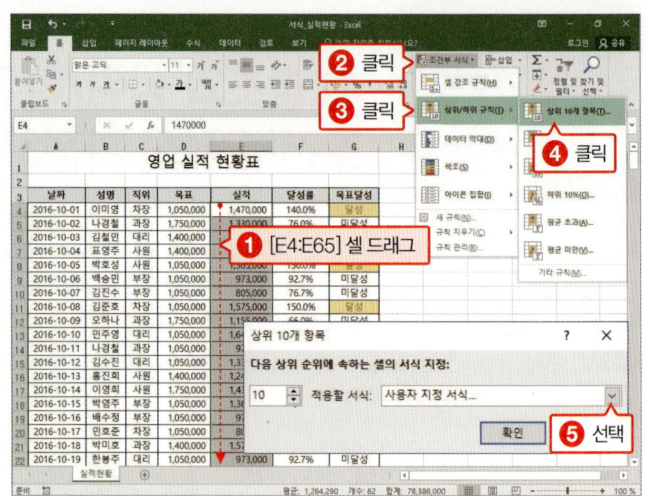

04
❶ [셀 서식] 대화상자에서 [글꼴] 탭을 클릭하고 ❷ [글꼴 스타일]은 [굵게], ❸ [색]은 [빨강, 강조 2]를 선택합니다. ❹ [확인]을 클릭해서 대화상자를 닫습니다.

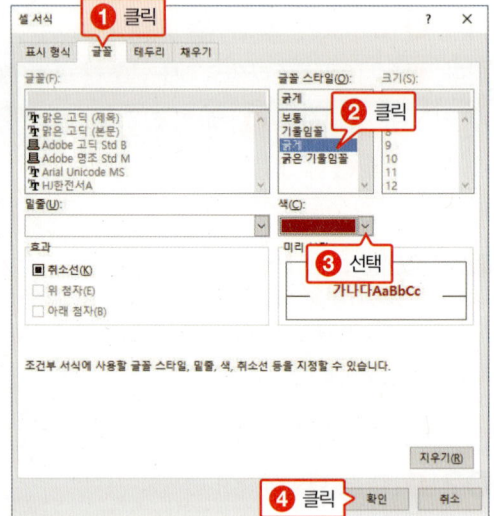

05
전체 실적 데이터에서 상위 10개에 포함되는 셀에 서식이 적용됩니다.

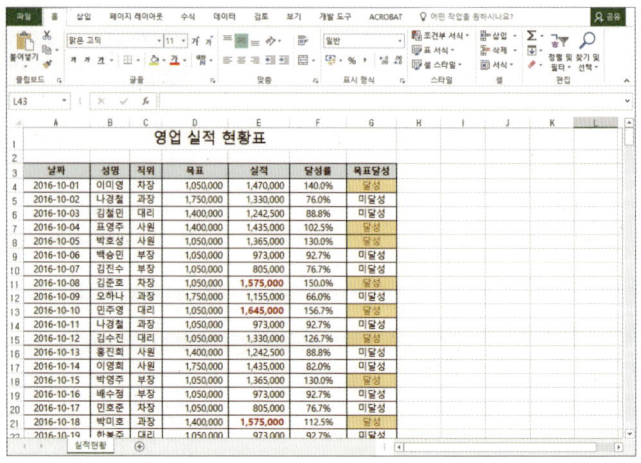

핵심기능실습
030
색조, 아이콘으로 조건부 서식 지정하기

색조는 지정한 범위의 셀 값에 따라 최솟값과 최댓값으로 나눈 두 가지 색, 또는 최대/중간/최소로 나눈 세 가지 색을 지정해서 셀을 강조합니다. 아이콘 집합은 임계 값 3∼5개의 범위에 따라 아이콘의 형태를 달리하여 지정한 데이터의 값을 비교해서 나타냅니다.

실습 파일 | 엑셀\2장\서식_예산집계표1.xlsx   **완성 파일** | 엑셀\2장\서식_예산집계표1_완성.xlsx

01 색조로 조건부 서식 지정하기

2014년과 2015년 예산액을 녹색과 흰색 2가지 색조로 표시한 후 비교해보겠습니다. ❶ [H5:I15] 셀 범위를 드래그합니다. ❷ [홈] 탭-[스타일] 그룹-[조건부 서식]을 클릭하고 ❸ [색조]를 선택한 후 ❹ [녹색, 흰색 색조]를 선택합니다.

바로 통하는 TIP 값이 클수록 녹색에, 작을수록 흰색에 가깝게 표현됩니다.

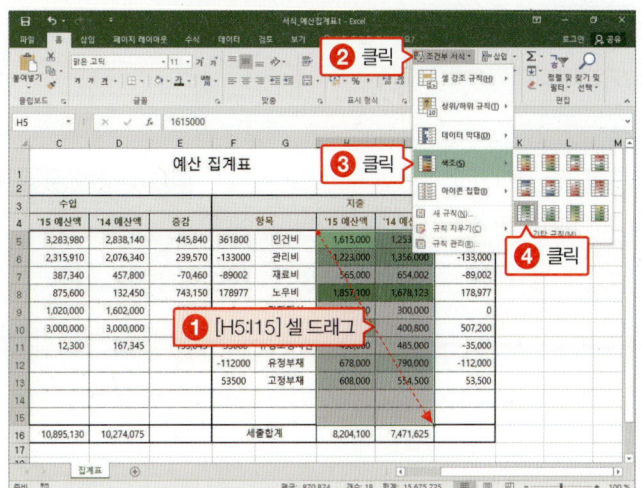

02 아이콘으로 조건부 서식 지정하기

2014년 대비 2015년의 수입이나 지출이 증가했을 때, 감소했을 때, 그대로일 때를 비교해 아이콘으로 표시해보겠습니다. ❶ [A5:A15] 셀 범위를 드래그하고 ❷ Ctrl 을 누른 상태에서 [F5:F15] 셀 범위를 드래그합니다. ❸ [홈] 탭-[스타일] 그룹-[조건부 서식]을 클릭하고 ❹ [아이콘 집합]을 선택한 후 ❺ [기타 규칙]을 선택합니다.

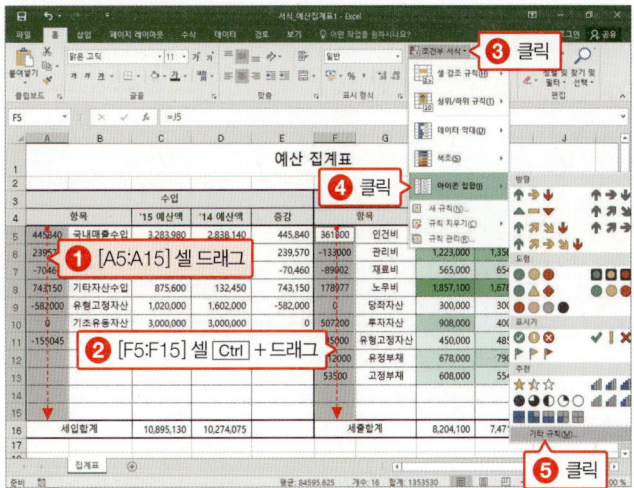

03 [새 서식 규칙] 대화상자에서 ❶ [아이콘 스타일]은 [삼각형 3개 ▼━▲]를 선택하고 ❷ [아이콘만 표시]에 체크 표시합니다. ❸ [다음 규칙에 따라 아이콘 표시] 영역에서 [▲] 값에 [〉,0, 숫자]를 지정하고 ❹ [━] 값에 [〉=, 0, 숫자]를 지정합니다. ❺ [확인]을 클릭하여 대화 상자를 닫습니다.

바로 통하는 TIP 셀 값을 기준으로 백분율, 숫자, 백분위수, 수식으로 변경할 수 있습니다. 백분율과 백분위수는 0~100 사이 값을 입력합니다.

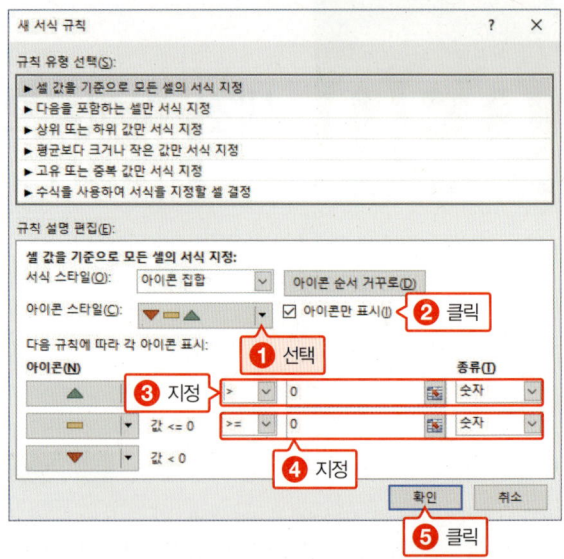

04 셀 값이 0 초과이면 ▲, 0이면 ━, 0 미만이면 ▼ 아이콘이 표시됩니다. 아이콘에 맞춰서 A열과 F열의 너비를 적당히 조절합니다.

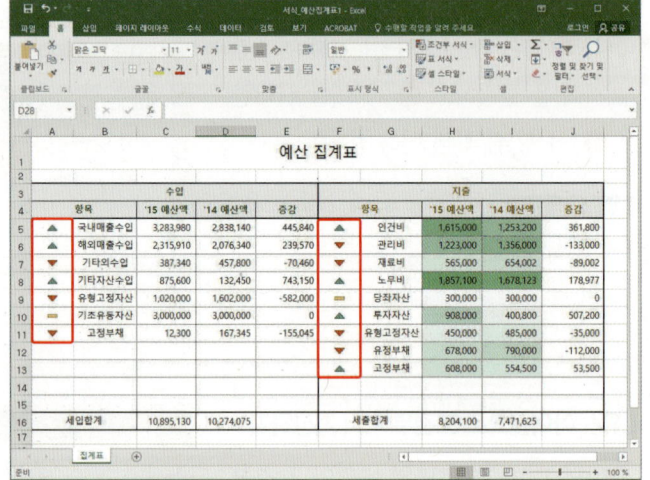

031 막대로 조건부 서식 지정 및 규칙 편집하기

데이터 막대는 셀 값에 따라 막대의 길이를 다르게 표시하여 시각화합니다. 데이터를 시각화하면 전체적인 추세를 한눈에 볼 수 있습니다.

실습 파일 | 엑셀\2장\서식_예산집계표2.xlsx　**완성 파일** | 엑셀\2장\서식_예산집계표2_완성.xlsx

01 데이터 막대로 조건부 서식 지정하기

2014년과 2015년 예산액에 해당하는 각 셀 값을 전체 셀 값과 비교했을 때 예산액이 차지하는 비율을 데이터 막대 길이로 표시해보겠습니다. ❶ [C5:D15] 셀 범위를 드래그합니다. ❷ [홈] 탭-[스타일] 그룹-[조건부 서식]을 클릭하고 ❸ [데이터 막대]를 선택한 후 ❹ [그라데이션 채우기]-[주황 데이터 막대]를 선택합니다.

셀 값에 따라 막대 길이가 다르게 표시됩니다.

02

2014년 대비 2015년의 수입이나 지출이 증가했을 때, 감소했을 때, 그대로일 때를 비교해 데이터 막대로 표시해보겠습니다. ❶ [E5:E15] 셀 범위를 드래그한 뒤 ❷ Ctrl 을 누른 상태에서 [J5:J15] 셀 범위를 드래그합니다.

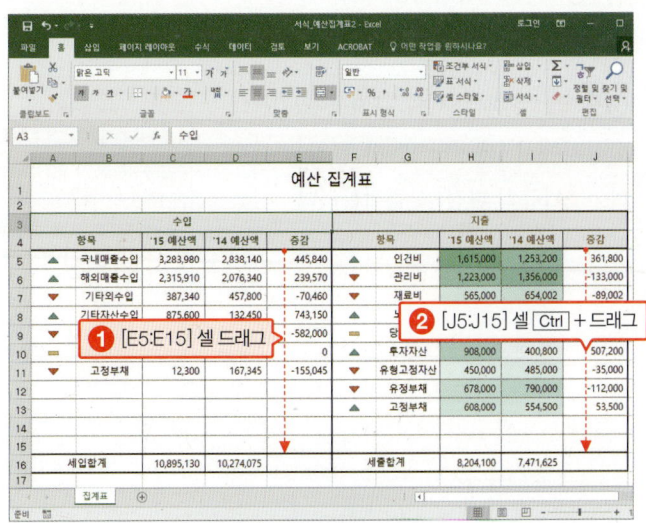

03 ❶ [홈] 탭 – [스타일] 그룹 – [조건부 서식]을 클릭하고 ❷ [데이터 막대]를 선택한 후 ❸ [단색 채우기] – [파랑 데이터 막대]를 선택합니다. 셀 값에 따라 음수와 양수 막대로 표시됩니다.

바로 통하는 TIP 예산액이 증가한 경우 파란색 데이터 막대가 오른쪽으로 표시되고, 감소한 경우 빨간색 데이터 막대가 왼쪽으로 표시됩니다.

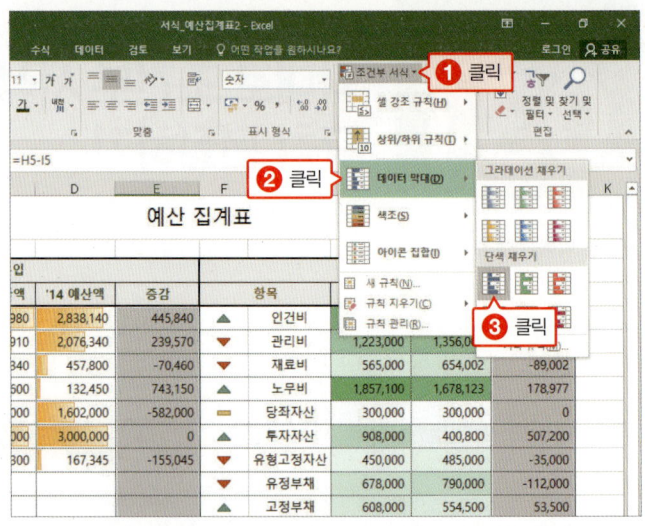

04 음수와 양수의 막대를 반대 방향으로 표시하기

예산액 증감이 표시된 데이터 막대의 방향을 바꿔보겠습니다. ❶ 범위를 지정한 상태에서 [홈] 탭 – [스타일] 그룹 – [조건부 서식]을 클릭합니다. ❷ [규칙 관리]를 선택합니다.

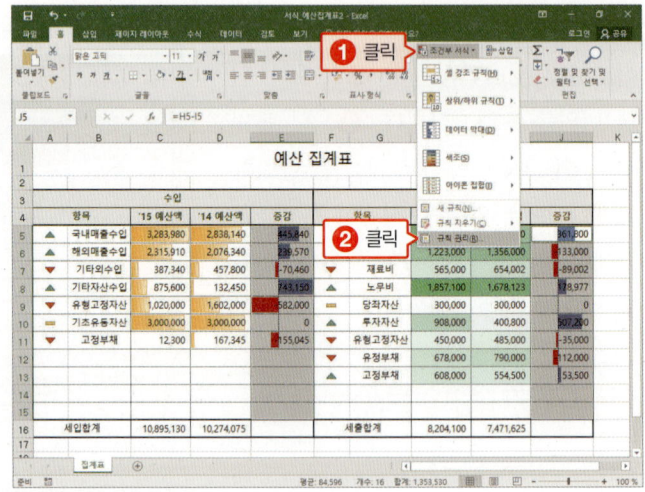

05 ❶ [조건부 서식 규칙 관리자] 대화상자에서 [데이터 막대] 규칙을 선택하고 ❷ [규칙 편집]을 클릭합니다.

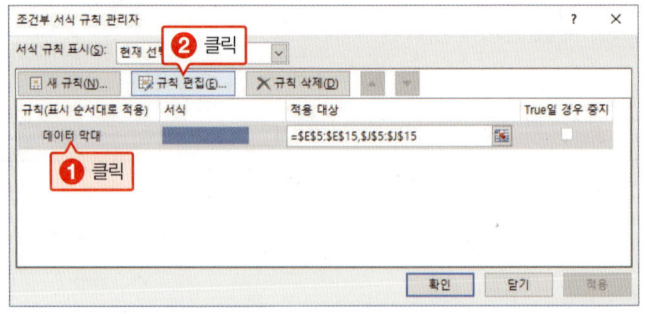

06 ❶ [서식 규칙 편집] 대화상자의 [규칙 설명 편집] 영역에서 [막대 방향]을 [오른쪽에서 왼쪽]으로 선택하고 ❷ [음수 값 및 축]을 클릭합니다.

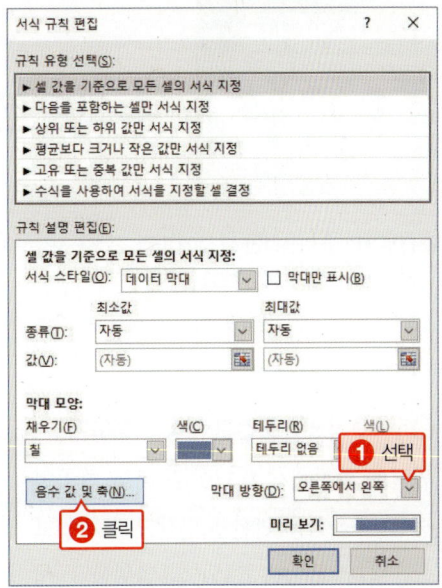

07 예산액 증감이 표시된 데이터 막대의 중심축을 셀 가운데로 바꿔보겠습니다. ❶ [음수 값 및 축 설정] 대화상자의 [축 설정]에서 [셀 중간점]을 클릭합니다. ❷ [확인]을 클릭하고 대화상자를 모두 닫습니다.

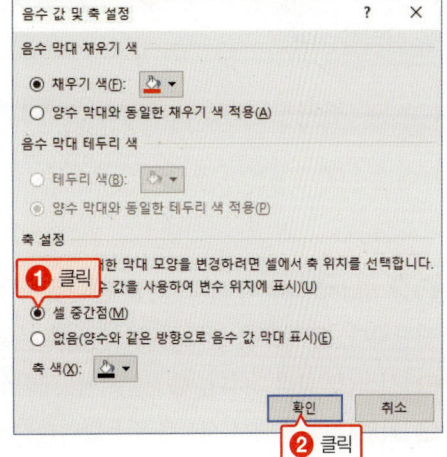

08 막대의 방향이 오른쪽에서 왼쪽으로 변경되고 중심축이 셀 중간으로 변경됩니다.

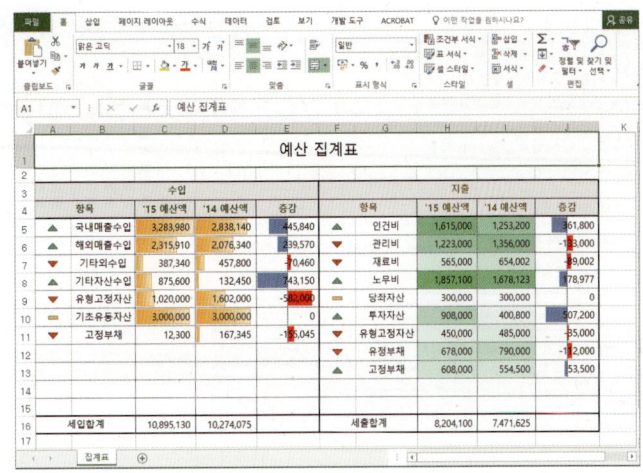

수식으로 조건부 서식 지정하기

조건부 서식을 이용하면 셀 값에 따라 조건을 지정하여 셀 서식을 강조할 수 있지만, 함수나 논리 수식 등을 사용하면 조건을 보다 다양하게 지정하고 행 전체를 강조할 수 있습니다.

실습 파일 | 엑셀\2장\서식_신용평가.xlsx　**완성 파일** | 엑셀\2장\서식_신용평가_완성.xlsx

01 수식으로 조건부 서식 지정하기

위험도 평가에서 워크아웃 대상 기업인 경우 해당 행을 연한 노란색으로 채워보겠습니다. ❶ [A4:E35] 셀 범위를 드래그합니다. ❷ [홈] 탭-[스타일] 그룹-[조건부 서식]을 클릭하고 ❸ [새 규칙]을 선택합니다.

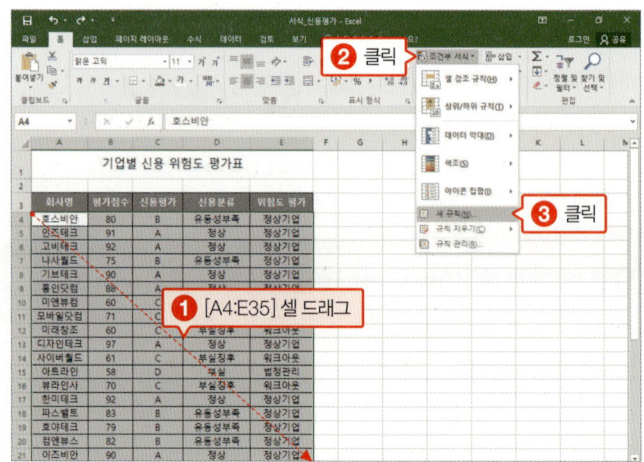

02

❶ [새 서식 규칙] 대화상자의 [규칙 유형 선택]에서 [수식을 사용하여 서식을 지정할 셀 결정]을 선택합니다. ❷ 목표를 달성한 행 전체에 서식을 적용하기 위해 수식 입력란에 **=$E4="워크아웃"**을 입력하고 ❸ [서식]을 클릭합니다. ❹ [셀 서식] 대화상자에서 [채우기] 탭을 클릭하고 ❺ [연한 노랑]을 선택합니다. ❻ [확인]을 클릭해서 서식을 적용합니다.

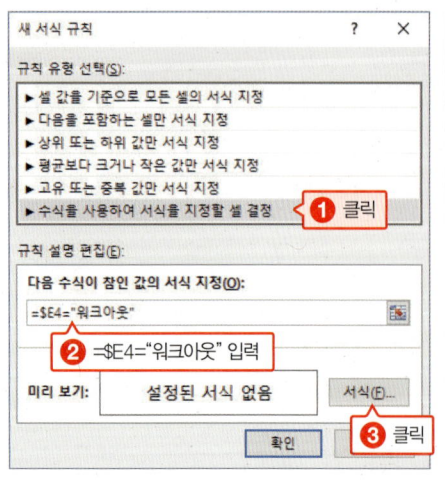

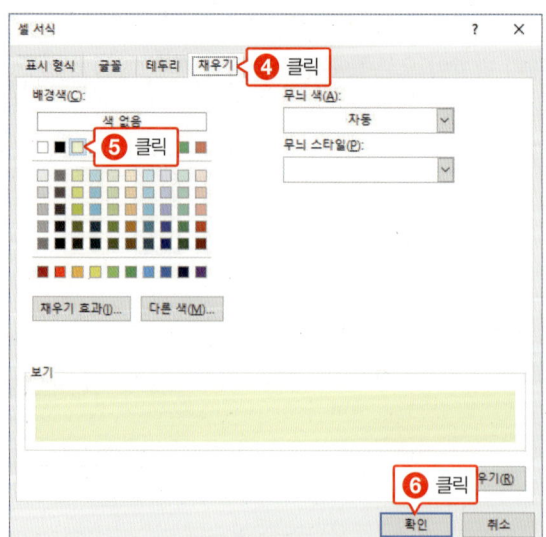

실습 파일 | 엑셀\2장\매출월보.xlsx　　**완성 파일** | 엑셀\2장\매출월보_완성.xlsx

사원별 월 매출실적을 기록한 표에서 아래 조건에 맞게 표시 형식과 조건부 서식을 지정해보겠습니다.

영업사원별 매출월보

(단위 : 천원, %)

성명	매출목표	실적			달성률 (%)	반품률 (%)
		매출금액	반품액	총매출액		
김민철	300,000	350,000	20,000	330,000	116.67%	☆ 5.71%
강민욱	250,000	225,000	5,000	220,000	90.00%	☆ 2.22%
이민규	250,000	150,000	10,000	140,000	60.00%	☆ 6.67%
한상민	230,000	180,000	7,000	173,000	78.26%	☆ 3.89%
김진철	210,000	160,000	1,000	159,000	76.19%	☆ 0.63%
최상호	200,000	280,000	10,000	270,000	140.00%	☆ 3.57%
민재철	170,000	130,000	35,000	95,000	76.47%	★ 26.92%
이남길	160,000	120,000	4,000	116,000	75.00%	☆ 3.33%
전은철	160,000	100,000	2,000	98,000	62.50%	☆ 2.00%
홍규만	150,000	150,000	15,000	135,000	100.00%	★ 10.00%
김유진	150,000	100,000	20,000	80,000	66.67%	★ 20.00%
문길중	150,000	270,000	3,000	267,000	180.00%	☆ 1.11%
홍철민	140,000	130,000	30,000	100,000	92.86%	★ 23.08%
박은옥	100,000	80,000	6,000	74,000	80.00%	☆ 7.50%

▲ 완성 파일

01 매출목표와 실적(B5:E18)은 천 단위마다 쉼표를 지정하고, 천 단위까지 표시되도록 사용자 지정 표시 형식을 지정합니다.

- **사용자 지정 표시 형식(Ctrl + 1) : #,##0,_–**

02 달성률과 반품률(F5:G18)은 0.00%로 표시되도록 사용자 지정 표시 형식을 지정합니다.

- **사용자 지정 표시 형식(Ctrl + 1) : 0.00%_–**

03 달성률(F5:F18)은 [홈] 탭-[스타일] 그룹-[조건부 서식]을 클릭하고 [데이터 막대]-[그라데이션 채우기]에서 [자주 데이터 막대]를 선택합니다.

04 반품률(G5:G18)은 [홈] 탭-[스타일] 그룹-[조건부 서식]을 클릭하고 [아이콘 집합]-[방향]에서 [별 3개]를 선택합니다.

05 반품률(G5:G18)의 규칙을 [홈] 탭-[스타일] 그룹-[조건부 서식]을 클릭하고 [규칙 관리]를 선택하여 다음과 같이 규칙을 수정합니다. [조건부 서식 규칙 관리자] 대화상자에서 [규칙 편집]을 클릭합니다.

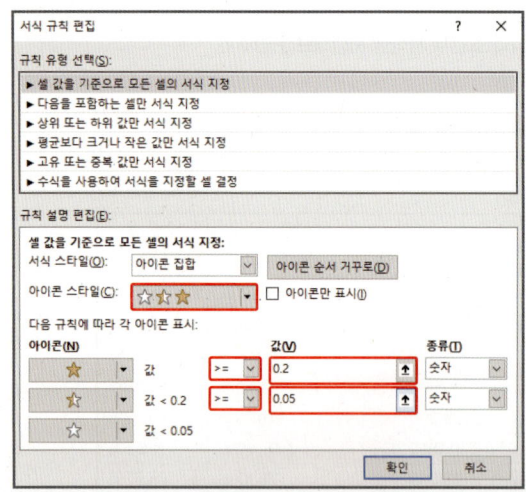

06 데이터 전체 범위(A5:G18)에서 달성률이 100% 이상인 경우 글꼴 색을 [파랑], 스타일 [굵게]가 행 전체에 적용되도록 수식으로 조건부 서식을 지정합니다. [홈] 탭-[스타일] 그룹-[조건부 서식]을 클릭하고 [새 규칙]을 선택합니다.

07 [새 서식 규칙] 대화상자에서 [수식을 사용하여 서식을 지정할 셀 결정]을 선택합니다. 수식 입력란에 **=$F5>=100%**를 입력합니다. [서식]을 클릭하여 글꼴을 [파랑], [굵게]로 지정하고 [확인]을 클릭해 대화상자를 닫습니다.

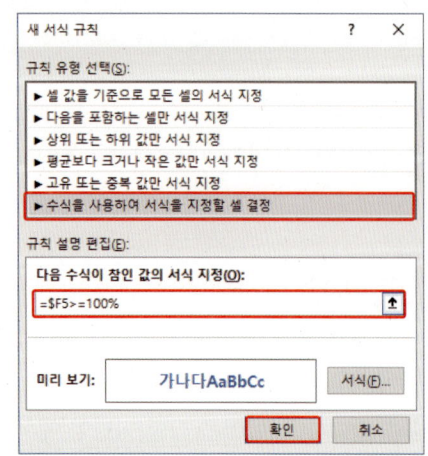

08 전체 데이터를 보기 좋게 [홈] 탭-[글꼴], [맞춤] 그룹에서 글꼴, 채우기 색, 테두리, 병합 등을 지정합니다.

033

빠른 분석 도구로
표, 조건부 서식 지정하기

빠른 분석 도구를 이용하면 한두 단계만으로 데이터를 표나 차트로 변환할 수 있으며 조건부 서식, 스파크라인 등을 간단히 적용할 수 있습니다.

실습 파일 | 엑셀\ 2장\ 서식_수출입추이.xlsx   **완성 파일** | 엑셀\ 2장\ 서식_수출입추이_완성.xlsx

---

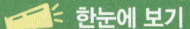 **한눈에 보기**   **빠른 분석 도구 알아보기**

표 서식과 셀 스타일이 표 자체를 좀 더 보기 좋게 꾸며
준다면 빠른 분석 도구는 표의 데이터를 이용해 간편하
게 자료를 시각화하는 도구입니다. 서식 변경은 물론 차
트와 스파크라인을 간편하게 만들어주고 합계 또는 피벗
테이블도 바로 작성할 수 있습니다.

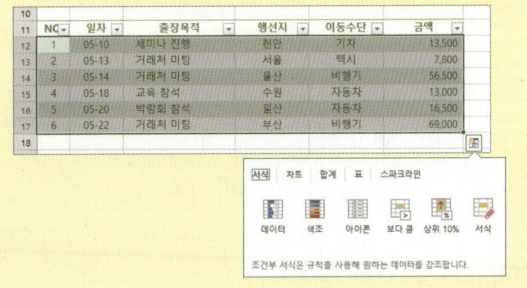

O1 표 서식 지정하기

데이터 범위를 지정했을 때 범위 끝에
자동으로 표시되는 빠른 분석 도구를 이
용해 표 서식을 지정해보겠습니다. ❶
[A3:E19] 셀 범위를 드래그합니다. ❷
표의 오른쪽 아래에 나타나는 [빠른 분
석📊]을 클릭합니다. ❸ [표]를 선택하고
❹ 다시 [표]를 선택하여 지정한 범위에
표 서식을 적용합니다.

표 스타일이 적용되고 머리글 행에 필터 단추가 나타
납니다.

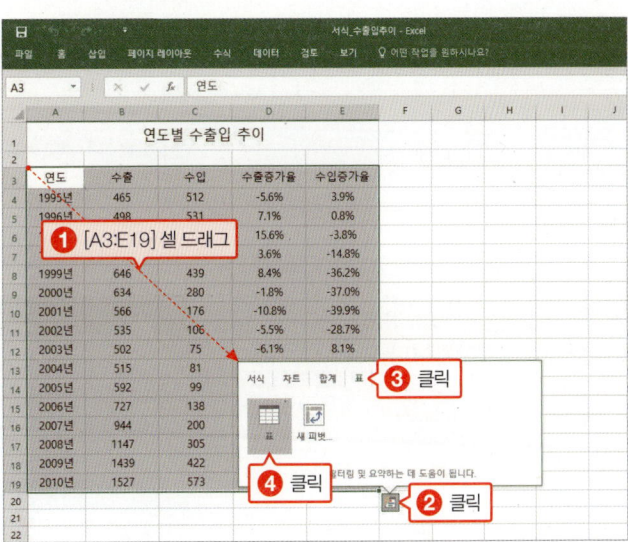

02 색조로 조건부 서식 지정하기

수출증가율이 클 때와 낮을 때를 비교해 색조로 표시해보겠습니다. ❶ [D4:D19] 셀 범위를 드래그합니다. ❷ [빠른 분석📊]을 클릭합니다. ❸ [서식]을 선택하고 ❹ [색조]를 선택하여 3가지 색조([녹색 – 흰색 – 빨강])로 서식을 적용합니다.

선택한 3가지 색조가 범위에 적용됩니다.

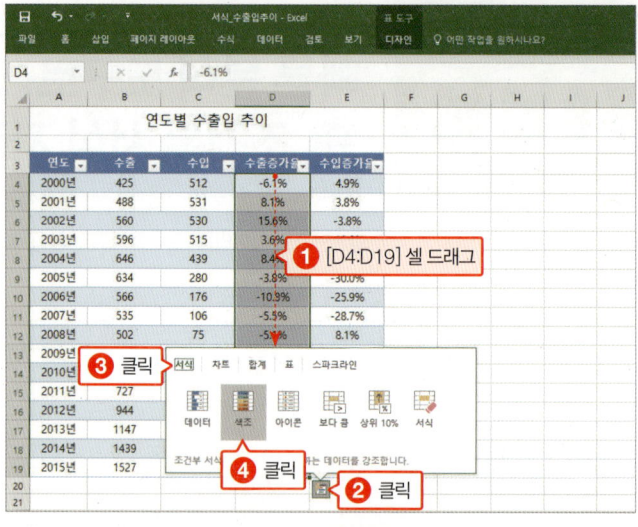

03 막대로 조건부 서식 지정하기

❶ [E4:E19] 셀 범위를 드래그합니다. ❷ [빠른 분석📊]을 클릭합니다. ❸ [서식]을 선택하고 ❹ [데이터]를 선택하여 데이터 막대 서식을 적용합니다.

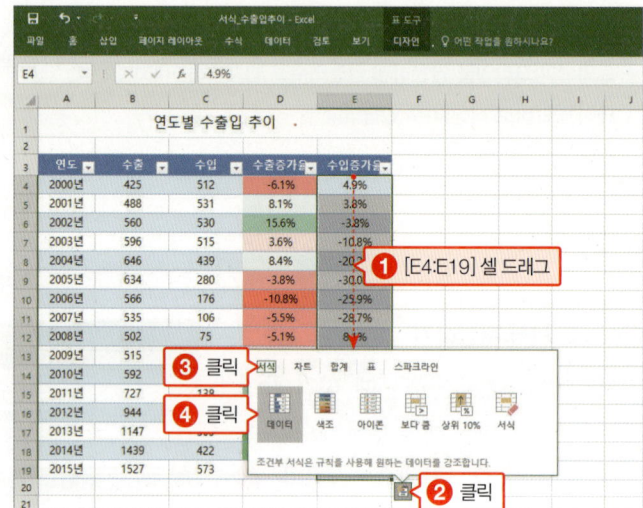

04 음수는 빨간색, 양수는 파란색 데이터 막대로 표시됩니다.

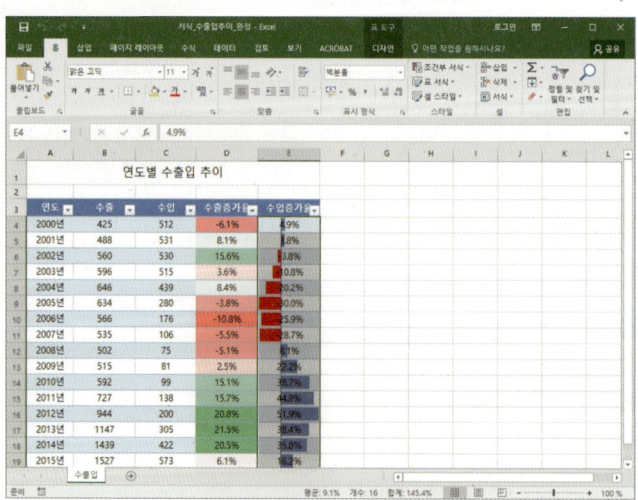

핵심기능실습

034 틀 고정하기

워크시트에 많은 양의 데이터가 입력되어 있다면 제목 행이나 제목 열과 같은 특정 셀을 고정시켜두는 것이 편리합니다. [틀 고정] 기능으로 특정 셀을 고정해보겠습니다.

실습 파일 | 엑셀\2장\틀고정_매출표.xlsx   완성 파일 | 없음

01 틀 고정하기

하반기 상품 매출표에서 화면을 이동해도 표 제목과 항목 이름, 연번과 일자, 담당자가 계속해서 보이도록 특정 셀을 고정해보겠습니다. ❶ [D4] 셀을 클릭합니다. ❷ [보기] 탭-[창] 그룹-[틀 고정]을 클릭합니다. ❸ [틀 고정]을 선택합니다. 틀 고정을 하면 셀 포인터를 기준으로 위쪽과 왼쪽에 있는 셀이 고정됩니다. 그러므로 화면을 이동해도 [D4] 셀 위쪽인 [1:3] 행, 왼쪽인 [A:C] 열은 계속해서 나타납니다.

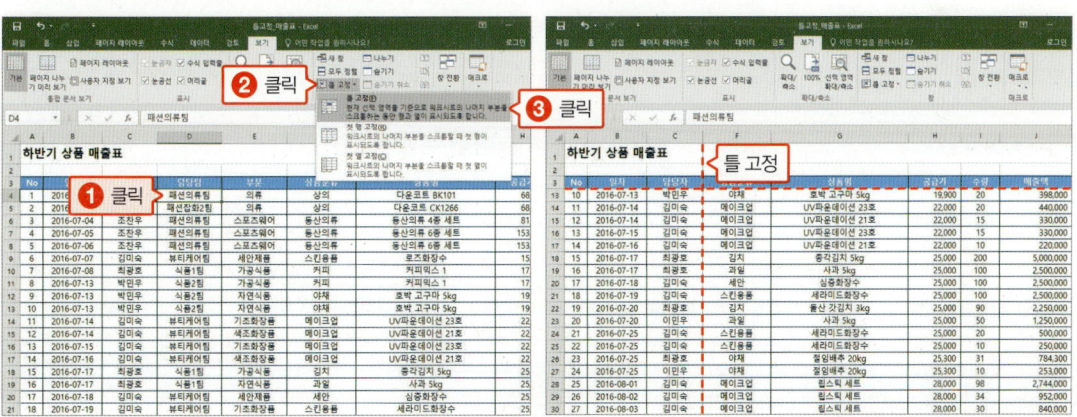

02 틀 고정 취소하기

❶ 임의의 셀을 클릭합니다. ❷ [보기] 탭-[창] 그룹-[틀 고정]을 클릭하고 ❸ [틀 고정 취소]를 선택합니다.

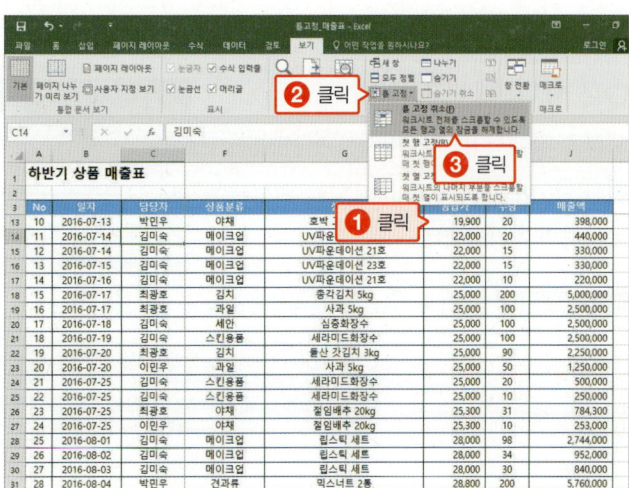

핵심기능실습 035

문서를 바둑판식으로 정렬해서 작업하기

여러 개의 엑셀 문서를 띄워놓고 작업할 때 다양한 형태의 화면 보기 방법이나 창 정렬 기능을 이용하면 좀 더 편하게 작업할 수 있습니다.

실습 파일 | 엑셀\2장\창_매출실적.xlsx **완성 파일 |** 없음

01 바둑판식으로 창 정렬하기

매출 실적 파일에 있는 [2014년]과 [2015년] 시트를 한 화면에 표시해보겠습니다. 엑셀 창을 추가로 열고 원하는 시트를 선택한 후 창을 정렬합니다. ❶ 작업 중인 문서를 새 창에 띄우기 위해 [보기] 탭-[창] 그룹-[새 창]을 클릭합니다. ❷ [보기] 탭-[창] 그룹-[모두 정렬]을 클릭합니다. ❸ [창 정렬] 대화상자에서 [바둑판식]을 선택한 후 ❹ [확인]을 클릭합니다. 작업 창 두 개가 바둑판식으로 정렬됩니다.

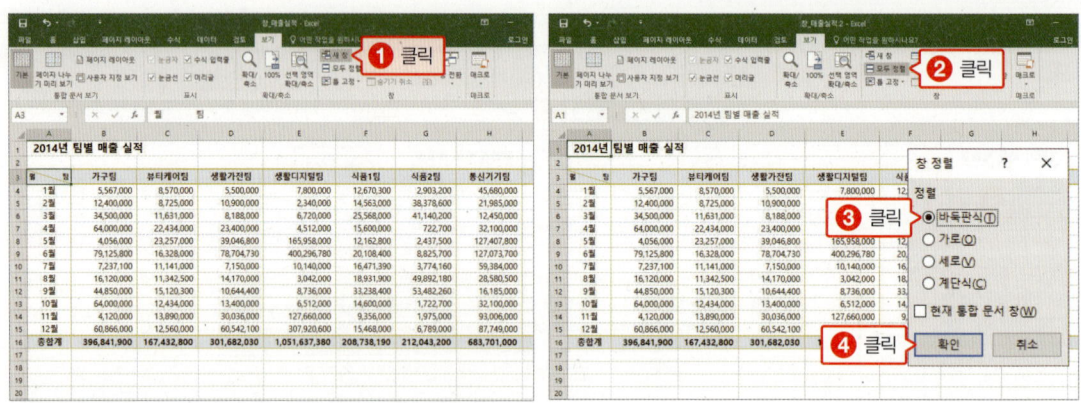

바로 통하는TIP [보기] 탭-[창] 그룹에서 [창 전환]을 클릭하면 '창_매출실적.xlsx:1', '창_매출실적.xlsx:2' 두 개의 문서가 열려 있는 것을 확인할 수 있습니다. 현재 열려 있는 문서를 새 창에서 한 번 더 열었다는 의미입니다.

02 창 나란히 비교하기

오른쪽 창에서 [2015년] 시트 탭을 클릭해서 [2014년] 시트와 [2015년] 시트를 비교하면서 작업합니다.

바로 통하는TIP 작업이 모두 끝난 뒤에는 작업 창 중하나에서 [닫기 ×]를 클릭하여 새 작업 창을 닫습니다.

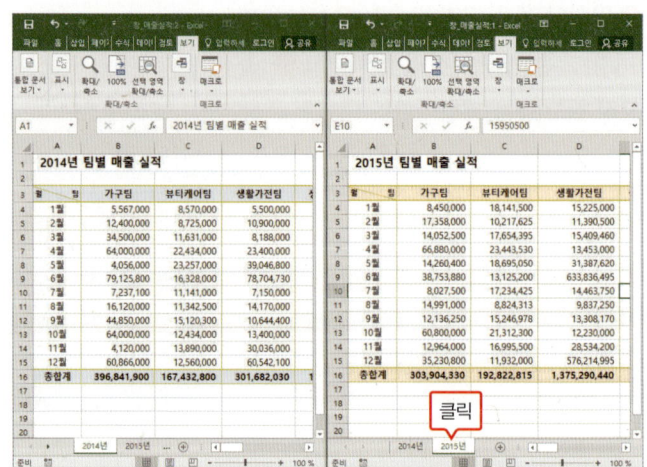

036
인쇄 미리 보기에서
인쇄 선택 영역 및 여백 설정하기

인쇄 미리 보기는 [파일] 탭을 클릭할 때 나타나는 오피스 백스테이지 [인쇄] 탭에서 확인할 수 있습니다. 인쇄와 관련된 모든 작업과 메뉴가 모여 있어서 업무 처리 시간을 단축할 수 있습니다. 인쇄 시에는 워크시트에 있는 내용 전체를 인쇄할 수도 있지만 일부만 인쇄 영역을 설정하여 인쇄할 수도 있습니다.

실습 파일 | 엑셀\2장\인쇄_주간일정표.xlsx　　**완성 파일** | 엑셀\2장\인쇄_주간일정표_완성.xlsx

---

 **한눈에 보기**　　**A4 한 장에 딱 맞추는 인쇄 노하우 익히기**

인쇄 영역 또는 프린트 설정을 제대로 해두지 않으면 한눈에 비교해야 할 데이터들이 여기저기 나뉘어 인쇄되는가 하면 배율이 제멋대로 반영됩니다. [파일] 탭을 클릭한 후 백스테이지의 [인쇄] 탭에서 인쇄와 관련된 작업과 메뉴를 확인할 수 있습니다.

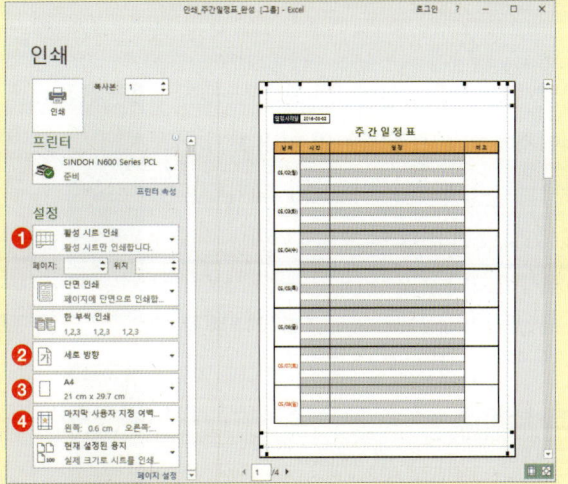

용지에 맞게 데이터를 인쇄하기 위해서 다음과 같이 인쇄 환경을 설정합니다. ❶ 인쇄할 시트를 지정합니다. 활성 시트, 전체 통합 문서, 또는 선택 영역만 인쇄할 수 있습니다. ❷ 용지 방향을 세로로 할지, 가로로 할지 결정합니다. ❸ 작업한 문서에 맞는 용지 규격을 지정합니다. ❹ 미리 보기 화면을 확인하면서 용지의 여백을 지정합니다.

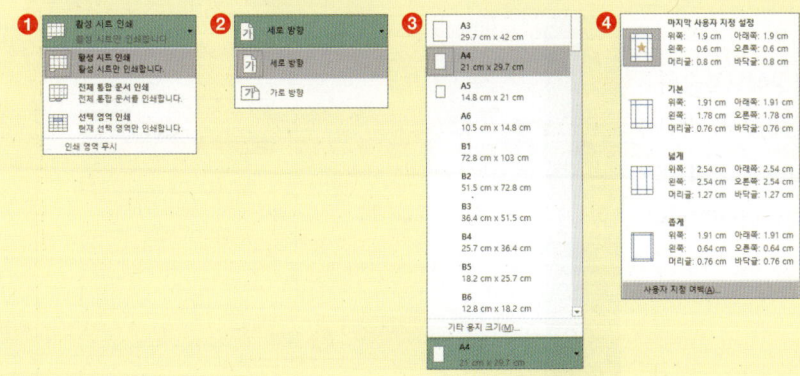

01 인쇄 영역 설정하기

① [1주] 시트 탭을 클릭하고 ② `Shift`를 누른 상태에서 [4주] 시트 탭을 클릭합니다. ③ 인쇄 영역을 지정하기 위해 [A2:D38] 셀 범위를 드래그하고 ④ [파일] 탭을 클릭합니다.

바로 통하는 TIP `Shift`는 '~부터 ~까지'라는 개념이고, `Ctrl`은 'A와 B'라는 개념입니다. 따라서 `Shift`를 누르면 처음 선택한 워크시트부터 마지막 워크시트까지 선택되고, `Ctrl`을 누르면 처음 선택한 워크시트와 각각 클릭한 워크시트만 선택됩니다.

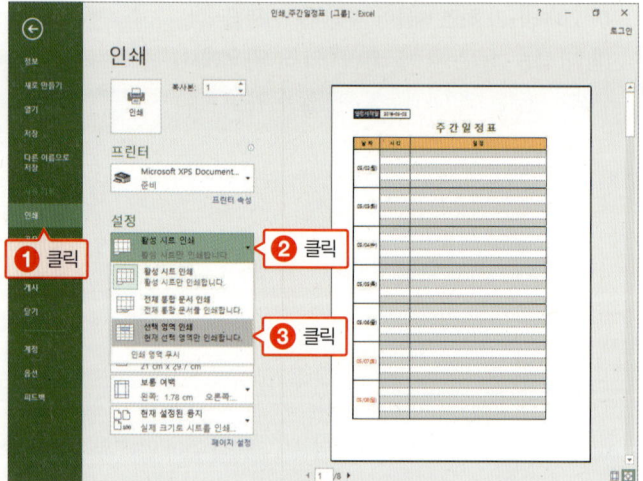

02

① [인쇄]를 선택하면 오피스 백스테이지에 인쇄 관련 메뉴와 미리 보기가 나타납니다. ② [인쇄 대상]을 클릭하고 ③ [선택 영역 인쇄]를 선택합니다.

[1주]~[4주] 시트에서 [A2:D38] 셀 범위가 인쇄 영역으로 설정됩니다.

바로 통하는 TIP 편집 화면에서 단축키 `Ctrl`+`P`를 누르면 인쇄 미리 보기가 바로 실행됩니다.

03 용지 여백 설정하기

넓은 용지 여백을 좁게 설정해보겠습니다. ① 백스테이지 미리 보기에서 [여백 표시▥]를 클릭합니다. ② [여백 설정]을 클릭하고 ③ [좁게]를 선택하여 여백을 조절합니다.

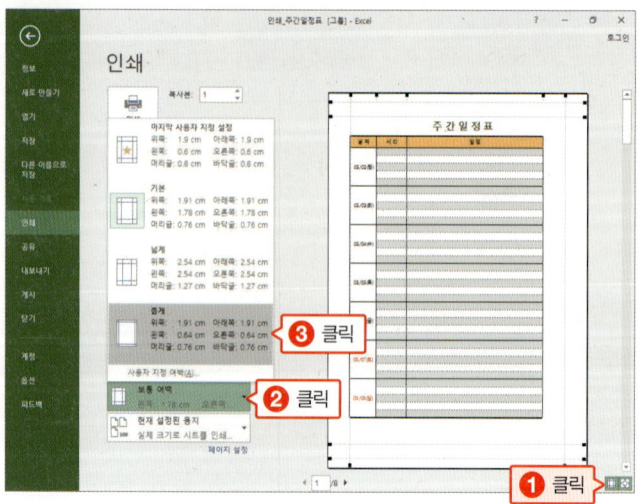

04 ❶ [페이지 설정]을 클릭하고 ❷ [페이지 설정] 대화상자에서 [여백] 탭을 클릭합니다. ❸ [페이지 가운데 맞춤]에서 [가로], [세로]에 체크 표시하고 ❹ [확인]을 클릭하여 문서 내용을 페이지 가운데 정렬합니다.

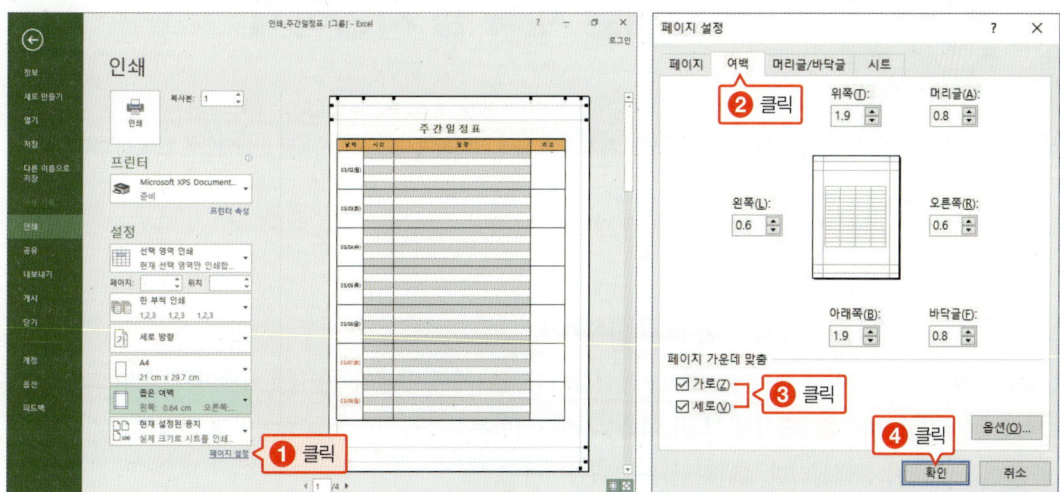

05 인쇄 미리 보기 확대/축소하기

❶ 백스테이지 미리 보기에서 [다음 페이지▶]을 클릭하여 다른 페이지를 보거나 ❷ 화면 오른쪽 아래의 [페이지 확대/축소▣]를 클릭해서 미리 보기 화면을 확대/축소할 수 있습니다.

바로 통하는 TIP 인쇄 작업 후에 시트 그룹을 해제하려면 [1주]~[4주]에서 임의의 시트를 선택합니다.

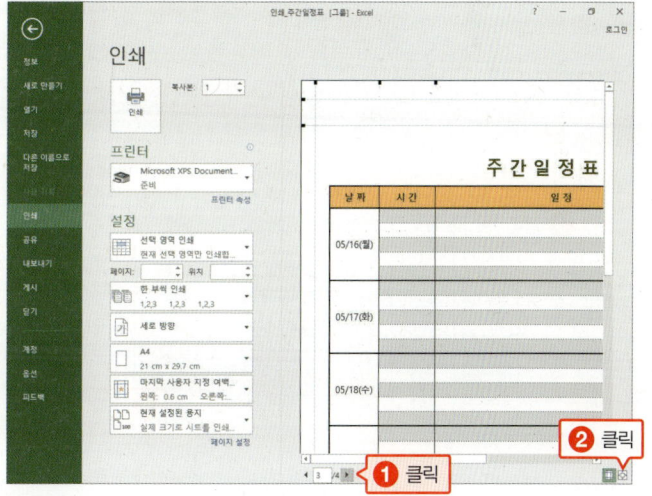

037

반복 인쇄할 제목 행 지정하기

인쇄할 페이지 수가 많을 경우에는 첫 페이지에 표시되는 제목 행과 열을 반복하여 다음 페이지에도 인쇄되도록 인쇄 제목을 지정할 수 있습니다.

실습 파일 | 엑셀\2장\인쇄_업무추진비1.xlsx **완성 파일** | 엑셀\2장\인쇄_업무추진비1_완성.xlsx

01 페이지마다 제목 행이 반복 인쇄되도록 설정하기

❶ 상태 표시줄에서 [페이지 레이아웃▣]을 클릭합니다. ❷ [페이지 레이아웃] 탭-[페이지 설정] 그룹-[인쇄 제목]을 클릭합니다. ❸ [페이지 설정] 대화상자에서 [반복할 행] 입력란을 클릭하고 ❹ 3행 머리글을 클릭하면 반복할 행이 선택됩니다. ❺ [확인]을 클릭합니다.

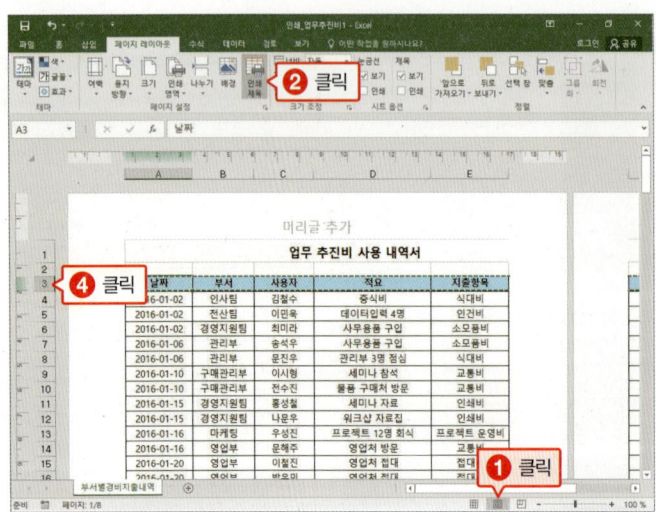

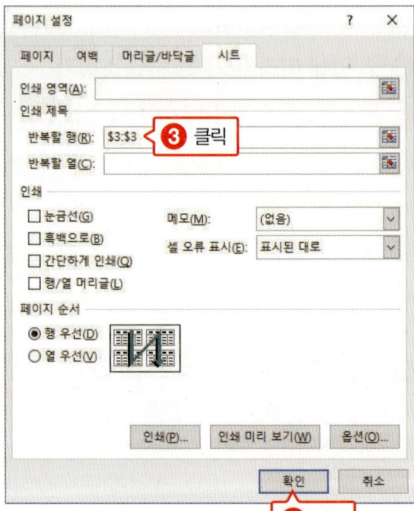

02 각 페이지로 이동하면서 살펴보면 제목이 반복되어 나타납니다.

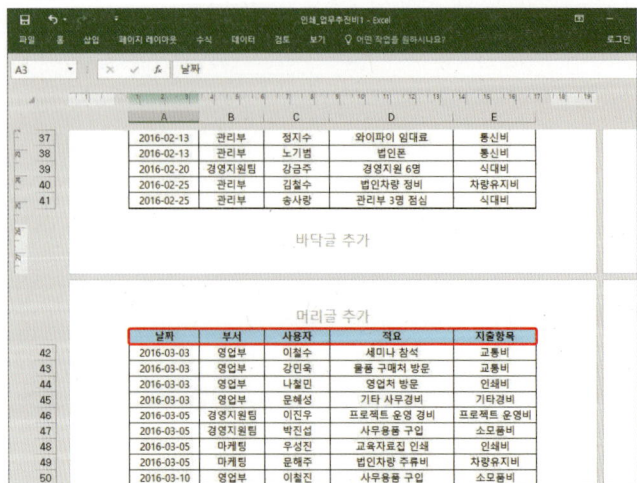

038 페이지 나누기 미리 보기 및 인쇄 배율 지정하기

페이지 나누기 미리 보기를 사용하면 인쇄할 문서 영역을 페이지 구분선으로 나눌 수 있습니다. 특히 용지 방향, 인쇄 배율 등을 변경했을 때 자동 페이지 나누기에 어떤 영향이 있는지 직접 확인할 수 있습니다.

실습 파일 | 엑셀 \ 2장 \ 인쇄_업무추진비2.xlsx   **완성 파일** | 엑셀 \ 2장 \ 인쇄_업무추진비2_완성.xlsx

01 페이지 나누기 미리 보기 모드로 변경하기

상태 표시줄에서 [페이지 나누기 미리 보기🔳]를 클릭합니다. 페이지 나누기 창에서 인쇄 영역 전체는 파란색 실선으로, 자동으로 나눠진 페이지 구분선은 파란색 점선으로 표시됩니다.

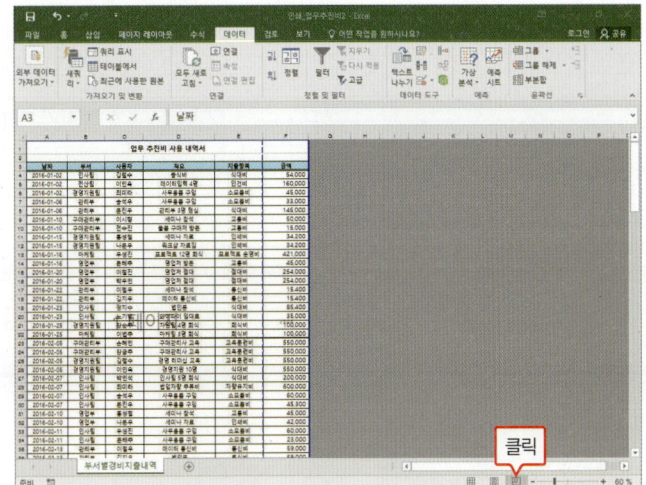

02 인쇄 배율 조정하기

[페이지 레이아웃] 탭-[크기 조정] 그룹에서 [너비]를 [1페이지]로 선택합니다.

인쇄 가로 배율이 [89%]로 조정되었습니다.

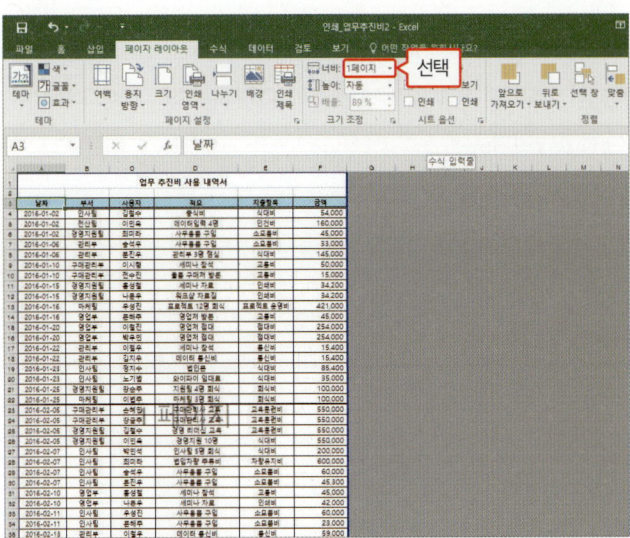

페이지 나누기 구분선 수정하기

페이지 나누기를 이용하면 자동으로 설정된 페이지 영역을 임의로 수정하여 사용자가 원하는 페이지 영역으로 구분할 수 있습니다. 페이지 수를 정확히 맞춰 인쇄하려면 마우스로 페이지 구분선을 드래그해 한 페이지에 인쇄할 내용을 조절할 수 있습니다.

실습 파일 | 엑셀\2장\인쇄_업무추진비3.xlsx   **완성 파일** | 엑셀\2장\인쇄_업무추진비3_완성.xlsx

01 1~6월까지 매출 보고 실적 데이터를 월별로 나누겠습니다. ❶ 1페이지 나누기 구분선을 41행 위치로 드래그합니다. ❷ 2페이지 나누기 구분선을 89행 위치로 드래그합니다.

바로 통하는 TIP 페이지 나누기 구분선으로 영역을 나누려면 [페이지 레이아웃] 탭-[크기 조정] 탭에서 [너비]와 [높이]를 [자동]으로 설정합니다.

02 3페이지 나누기 구분선을 117행 위치로 드래그합니다. 월별로 매출 보고 실적 데이터의 페이지가 나눠졌습니다.

바로 통하는 TIP [페이지 레이아웃] 탭-[페이지 설정] 그룹-[나누기]를 클릭하여 [페이지 나누기 삽입], [페이지 나누기 제거]나 [페이지 나누기 모두 원래대로]를 선택하여 페이지 나누기를 수정할 수 있습니다.

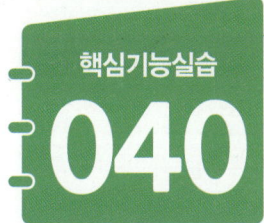

핵심기능실습
040
페이지 레이아웃 보기에서 머리글/바닥글 설정하기

각 페이지의 상단이나 하단에 머리글/바닥글을 설정하여 날짜, 페이지 번호, 파일 이름 등을 표시할 수 있습니다. 머리글/바닥글은 페이지 레이아웃 보기에서 쉽게 설정할 수 있습니다.

실습 파일 | 엑셀 \ 2장 \ 인쇄_업무추진비4.xlsx **완성 파일** | 엑셀 \ 2장 \ 인쇄_업무추진비4_완성.xlsx

01 머리글에 현재 날짜 입력하기

❶ 상태 표시줄에서 [페이지 레이아웃 보기▤]를 클릭합니다. ❷ [머리글 추가] 영역 오른쪽 빈칸을 클릭합니다.

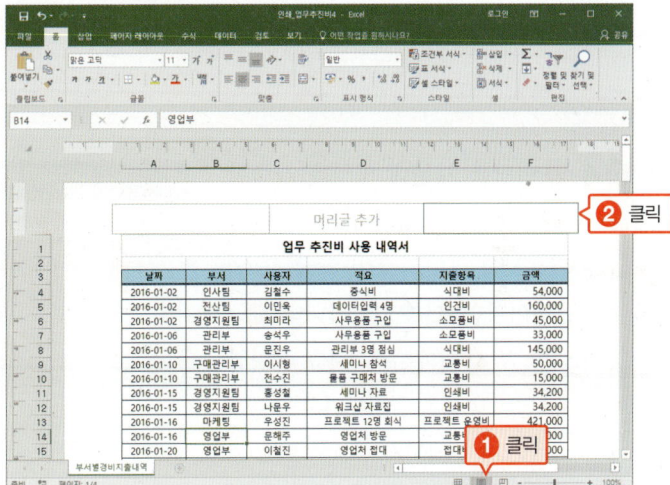

02 ❶ 작성일자 : 를 입력합니다. ❷ [머리글/바닥글 도구] – [머리글/바닥글] 탭 – [머리글/바닥글 요소] 그룹에서 [현재 날짜]를 클릭하여 날짜를 표기합니다.

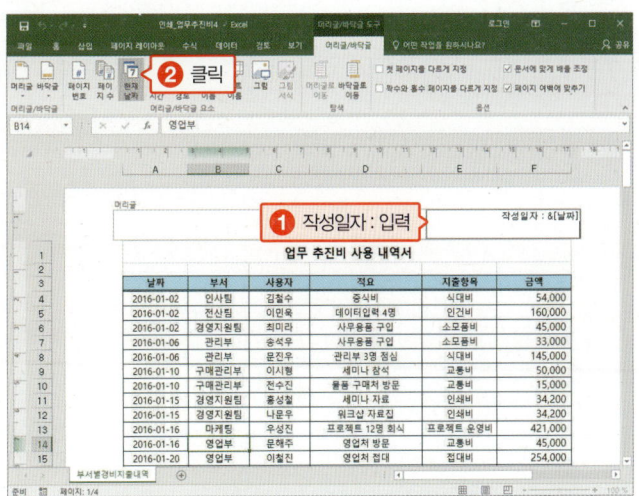

03 바닥글에 페이지 번호를 입력하기

[머리글/바닥글 도구]-[머리글/바닥글] 탭-[탐색] 그룹에서 [바닥글로 이동]을 클릭하여 바닥글로 이동합니다.

바로 통하는 TIP [머리글/바닥글 도구]-[디자인] 탭은 머리글 또는 바닥글 영역을 클릭한 상태에서만 나타납니다.

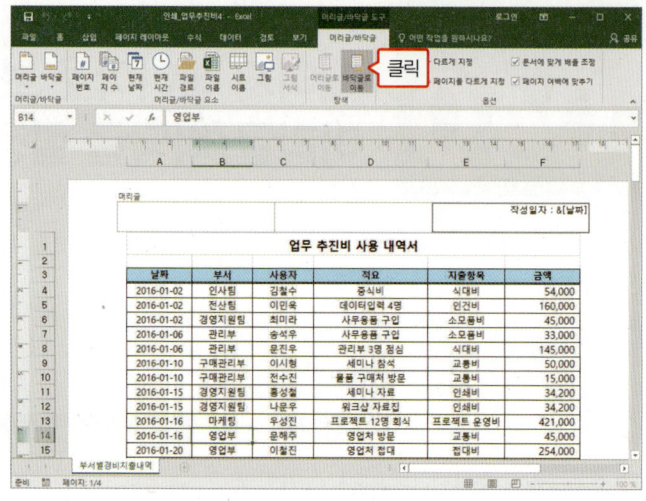

04

❶ 바닥글 가운데 영역을 클릭합니다. ❷ [머리글/바닥글 도구]-[머리글/바닥글] 탭-[머리글/바닥글 요소] 그룹-[페이지 번호]를 클릭합니다. ❸ /를 입력한 후 ❹ [페이지 수]를 클릭합니다. ❺ 임의의 셀을 클릭하면 바닥글이 페이지 번호/전체 페이지 수 형식으로 표기됩니다.

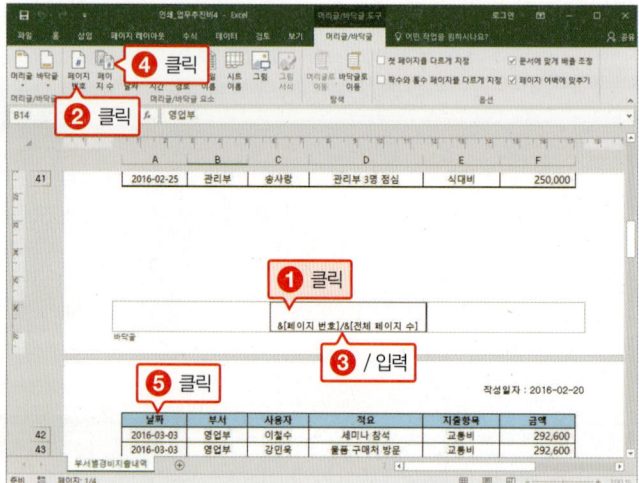

041

배경 그림 삽입하기

머리글/바닥글 영역에 배경 그림을 삽입하여 각 페이지마다 표시할 수 있습니다. 경력증명서에 로고 그림이 배경으로 희미하게 삽입되도록 머리글을 설정해보겠습니다.

실습 파일 | 엑셀\2장\인쇄_경력증명서.xlsx   **완성 파일** | 엑셀\2장\인쇄_경력증명서_완성.xlsx

01 배경 그림 삽입하기

❶ [머리글 추가] 영역의 가운데 빈칸을 클릭합니다. ❷ [머리글/바닥글 도구]−[머리글/바닥글] 탭−[머리글/바닥글 요소] 그룹−[그림]을 클릭합니다.

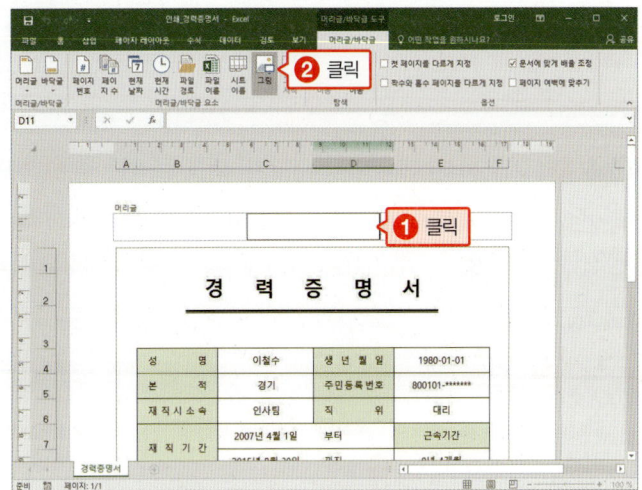

02 ❶ [그림 삽입] 대화상자에서 [찾아보기]를 클릭한 후 ❷ 엑셀 폴더에서 [logo.png]를 선택하고 ❸ [삽입]을 클릭합니다.

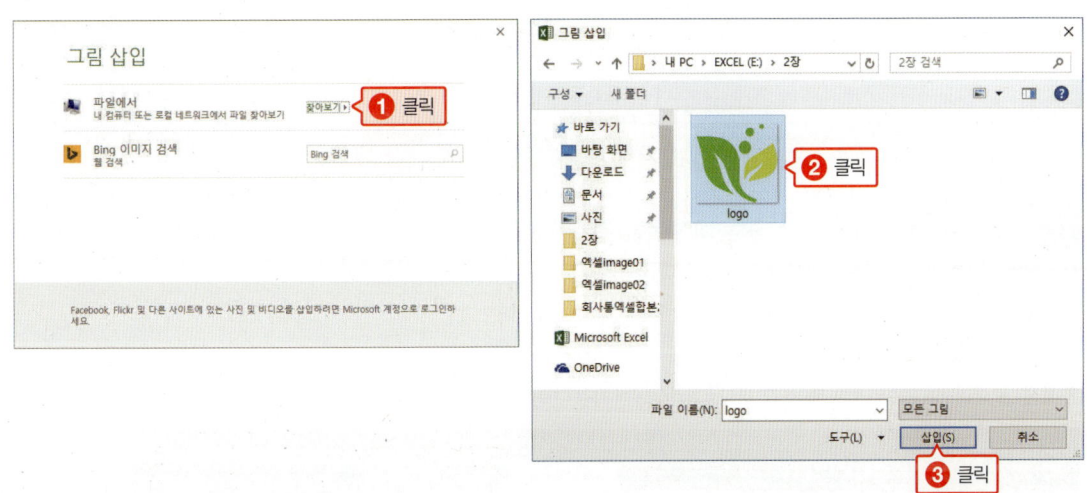

03 배경 그림 서식 지정하기

❶ 그림을 가운데 배치하기 위해 &[그림] 앞을 클릭하고 Enter 를 여러 번 누릅니다. ❷ [머리글/바닥글 도구]-[머리글/바닥글] 탭-[머리글/바닥글 요소] 그룹-[그림 서식]을 클릭합니다.

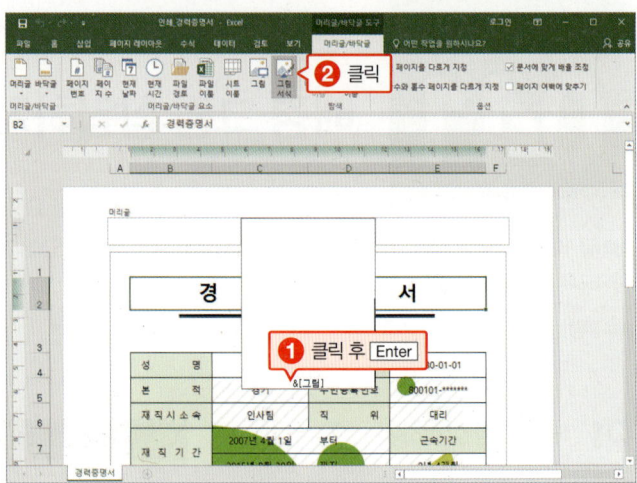

04 ❶ [그림 서식] 대화상자의 [크기] 탭을 클릭한 후 ❷ [배율]에서 [높이]와 [너비]에 각각 **80%**를 입력합니다. ❸ [그림] 탭을 클릭한 후 ❹ [색] 목록에서 [희미하게]를 선택하고 ❺ [확인]을 클릭합니다. 임의의 셀을 클릭하면 머리글의 가운데 영역에 로고 그림이 배경으로 희미하게 삽입됩니다.

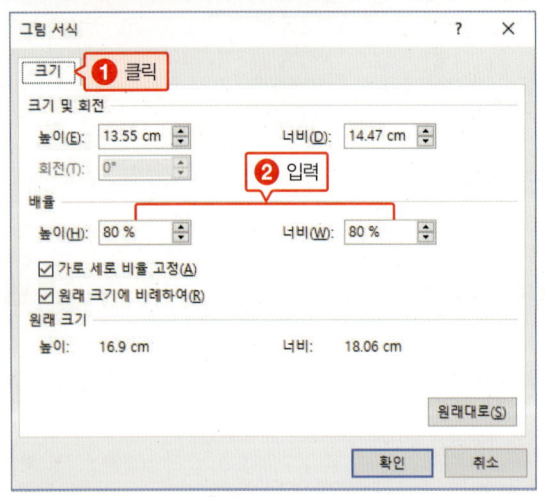

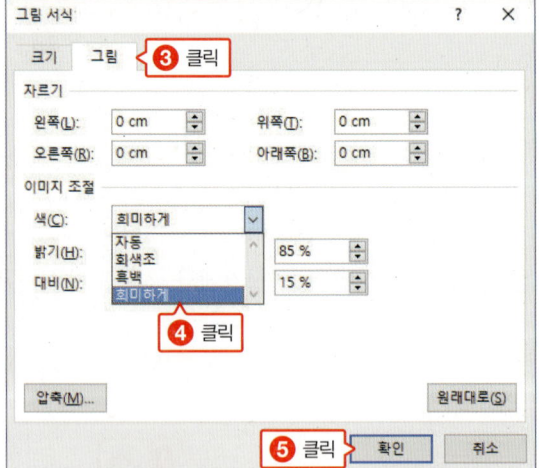

쉽고 빠른 엑셀 NOTE | **[머리글/바닥글 도구]-[머리글/바닥글] 탭 살펴보기**

① **머리글/바닥글** : 미리 설정된 머리글/바닥글 목록 16개를 이용해서 머리글/바닥글을 설정합니다.

② **머리글/바닥글 요소** : 머리글과 바닥글에 삽입할 요소를 사용자가 직접 선택합니다.

③ **탐색** : 머리글과 바닥글로 이동할 수 있습니다.

④ **옵션** : 첫 페이지나 홀수와 짝수 페이지의 머리글과 바닥글을 각각 다르게 지정하여 사용할 수 있습니다.

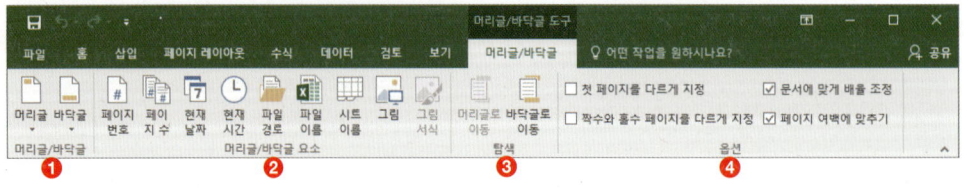

실습 파일 | 엑셀\2장\미수금현황.xlsx   완성 파일 | 엑셀\2장\미수금현황_완성.xlsx

거래처 입금 현황문서에서 용지와 인쇄 제목을 지정하고, 회사 로고와 페이지 번호를 머리글/바닥글에서 설정해보겠습니다.

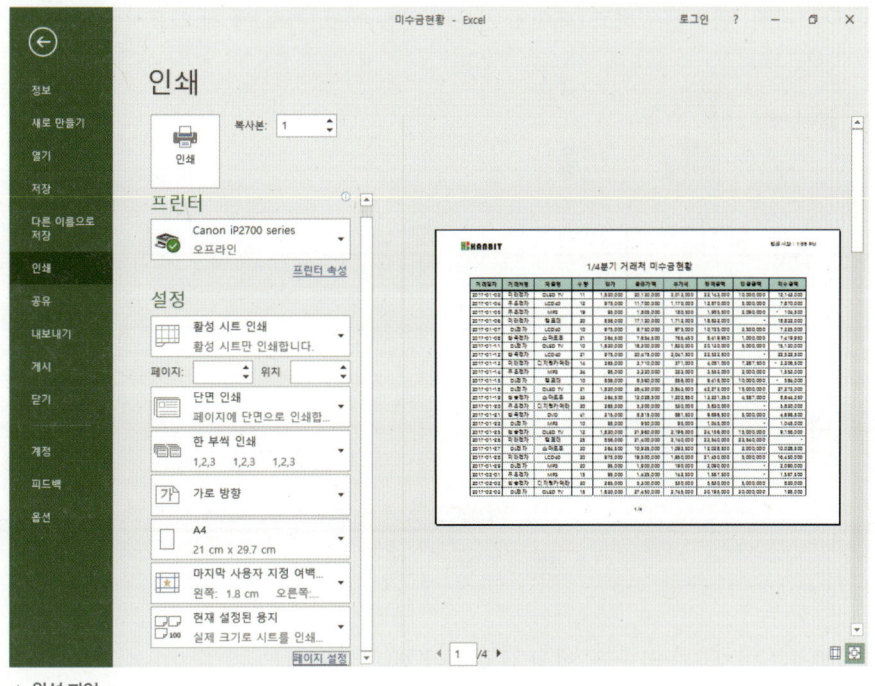

▲ 완성 파일

01 하단 상태 표시줄에서 [페이지 레이아웃]을 클릭합니다.

02 [페이지 레이아웃] 탭-[페이지 설정] 그룹에서 [용지 방향]을 [가로]로 선택합니다.

03 [페이지 레이아웃] 탭-[페이지 설정] 그룹-[인쇄 제목]을 클릭합니다. [페이지 설정] 대화상자에서 [반복할 행]을 클릭한 후 2행을 드래그하고 [확인]을 클릭합니다. 각 페이지를 인쇄할 때마다 반복 설정한 행이 제목으로 인쇄됩니다.

04 머리글 왼쪽 영역을 선택하고 [머리글/바닥글 도구]-[머리글/바닥글] 탭-[머리글/바닥글 요소] 그룹-[그림]을 클릭해서 [logo.gif] 파일을 불러옵니다.

05 머리글 오른쪽 영역을 선택하고 **인쇄시간 :**을 입력하고 [머리글/바닥글 도구]-[머리글/바닥글] 탭-[머리글/바닥글 요소] 그룹-[현재시간]을 클릭합니다.

06 바닥글로 가운데 영역으로 이동합니다. [머리글/바닥글 도구]–[머리글/바닥글] 탭–[머리글/바닥글 요소] 그룹–[페이지 번호]를 클릭하고 /를 입력한 후 [페이지 수]를 클릭합니다. 바닥글이 [페이지 번호/전체 페이지 수] 형식으로 표기됩니다.

07 [파일] 탭에서 [인쇄]를 선택하고 백스테이지에서 [페이지 설정]을 클릭합니다. [페이지 설정] 대화상자에서 [여백] 탭을 클릭하고 [페이지 가운데 맞춤]에서 [가로]에 체크 표시합니다.

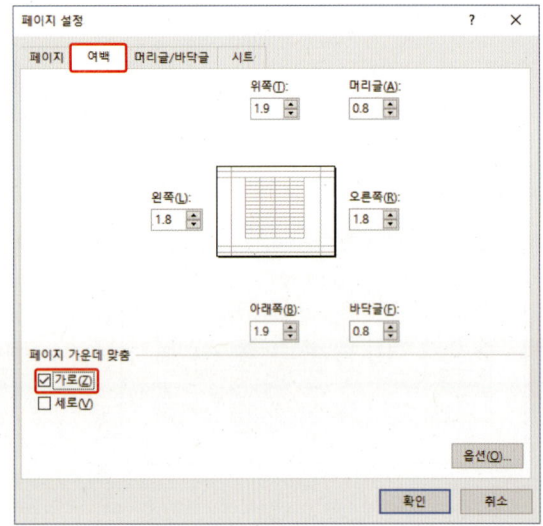

08 앞서 설정한 머리글과 바닥글, 인쇄 제목 등이 제대로 나타나는지 확인해봅니다.

수식 작성 및
함수 활용하기

엑셀을 사용하는 가장 큰 이유는 복잡한 계산을 쉽고 빠르게 끝내고, 복잡하고 반복되는 수식도 함수를 사용해 간단하게 해결할 수 있기 때문입니다. 여기에서는 수식과 함수의 구조를 이해하고, 상대 참조/절대 참조/혼합 참조를 이용해 수식을 만들어보겠습니다. 실무에서 자주 쓰는 활용도 높은 함수의 사용법도 살펴보겠습니다.

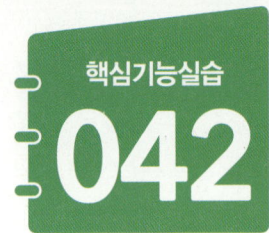
042 상대 참조로 수식 만들기

상대 참조는 [A1], [B2]와 같은 일반적인 셀 주소 형식으로 수식을 입력합니다. 제품의 재고량과 판매율을 상대 참조로 구하고, & 연산자를 이용해 문자를 합쳐서 제목을 표시해보겠습니다.

실습 파일 | 엑셀\3장\수식_셀참조.xlsx [상대참조]시트   **완성 파일** | 엑셀\3장\수식_셀참조_완성.xlsx

---

📢 **한눈에 보기**   **상대 참조**

주소 형식	설명	수식 복제
[A1]	일반적인 셀 주소 형식으로 셀을 참조하여 수식을 만드는 방법으로 가장 많이 사용됩니다. 수식을 복제하면 셀 위치에 따라 참조한 셀 주소가 바뀝니다.	A1 ┐ B1, C1, D1 └ A2, A3, A4

---

01 상대 참조로 재고량 구하기

생산량에서 판매량을 빼 재고량([D4] 셀)을 구해보겠습니다. [상대참조] 시트에서 ❶ [D4] 셀을 클릭하고 수식 **=B4− C4**를 입력한 후 ❷ Enter 를 누릅니다.

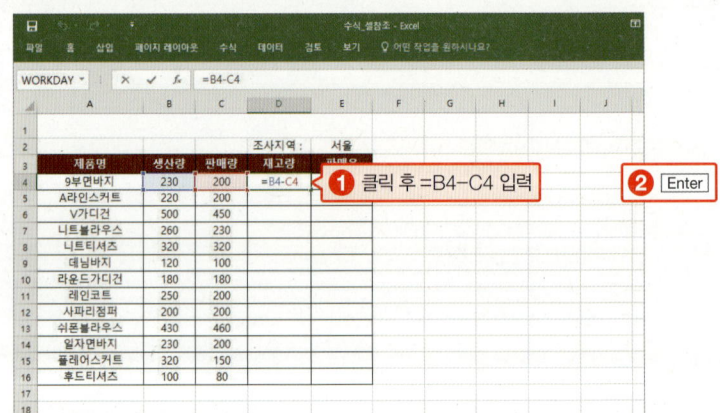

02 상대 참조로 판매율 구하기

판매율([E4] 셀)은 생산량에서 판매량을 나누어 구합니다. ❶ [E4] 셀을 클릭한 후 수식 **=C4/B4**를 입력하고 ❷ Enter 를 누릅니다.

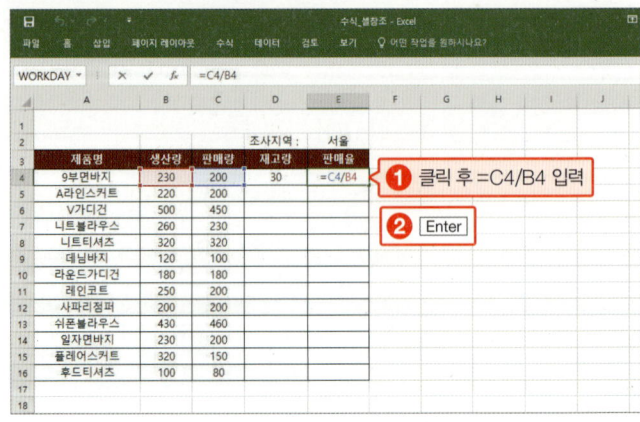

03 수식 복사하기

재고량과 판매율의 수식을 복사해서 각 셀에 결과 값을 표시해보겠습니다. ❶ [D4:E4] 셀 범위를 드래그합니다. ❷ 채우기 핸들을 [E16] 셀까지 드래그해 수식을 복사합니다. 셀 위치에 따라 재고량과 판매율이 바뀝니다.

재고량과 판매율의 각 셀을 클릭해 수식 입력줄을 살펴보면 셀 위치에 따라 수식에서 참조한 셀 주소가 바뀌었음을 알 수 있습니다.

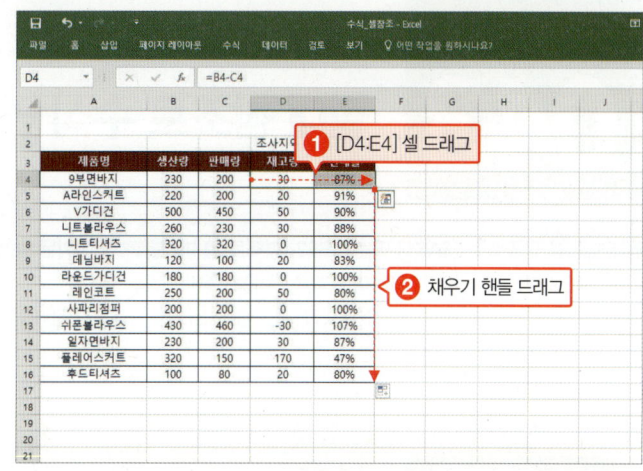

04 문자 연산자로 제목 표시하기

제목([A1] 셀)은 '조사지역'과 '생산/판매/재고량' 문자를 합쳐서 제목을 표시합니다. ❶ [A1] 셀을 클릭한 후 수식 **=E2&"지역 생산/판매/재고량"**을 입력하고 ❷ Enter 를 누릅니다.

바로 통하는 TIP 문자와 문자를 합칠 때는 문자 연결 연산자(&)를 사용합니다.

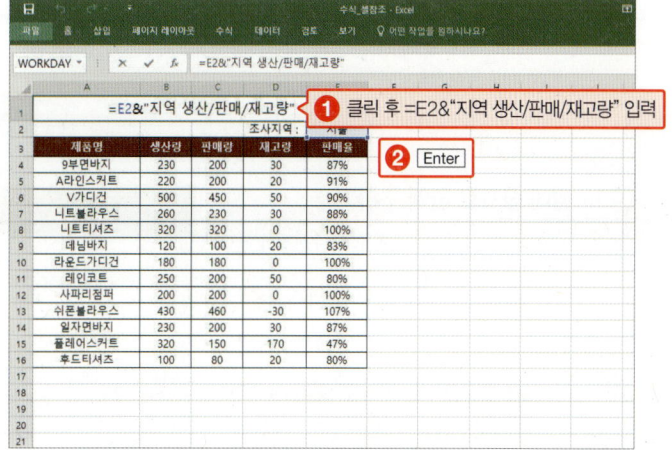

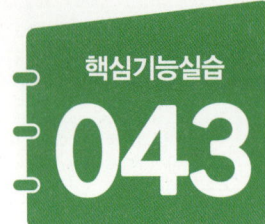

043 절대 참조로 수식 만들기

핵심기능실습

절대 참조를 만들 때는 [$A$1] 또는 [$B$2] 형태로 열 머리글과 행 머리글 앞에 $ 기호를 붙입니다. 절대 참조로 커피 생두의 단가를 원화로 환산하고 중량을 곱하여 금액을 구해보겠습니다.

실습 파일 | 엑셀\3장\수식_셀참조2.xlsx [절대참조]시트 **완성 파일** | 엑셀\3장\수식_셀참조_완성2.xlsx

📢 한눈에 보기   절대 참조

주소 형식	설명	수식 복제
[$A$1]	열 머리글과 행 머리글 앞에 $ 기호를 붙입니다. 절대 참조 수식을 입력한 후 수식을 복제하면 셀 위치에 관계없이 참조한 셀 주소가 바뀌지 않고 고정됩니다.	$A$1 → A1(고정) / A1(고정)

01 절대 참조로 금액 구하기

생두의 단가를 원화로 환산하고 중량을 곱하여 금액([D5] 셀)을 구합니다. ❶ [절대참조] 시트에서 [D5] 셀을 클릭한 후 수식 **=B5*D2**를 입력하고 ❷ F4 를 눌러 수식 내의 D2를 절대 참조 $D$2로 바꿉니다.

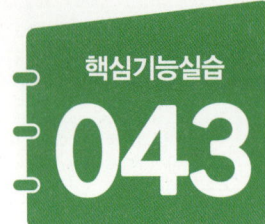

02 계속해서 ***C5**를 입력하고 Enter 를 눌러 =B5*$D$2*C5 수식을 완성합니다.

바로 통하는 TIP 완성 수식 : 금액＝단가＊환율＊중량

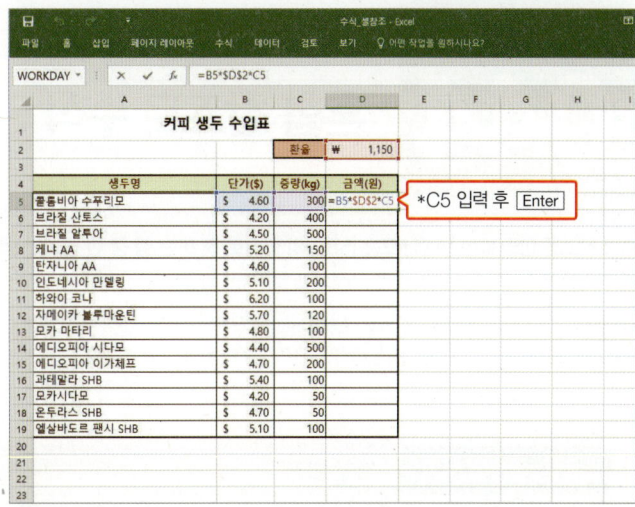

03 서식 없이 수식 자동 채우기

완성된 수식을 [D19] 셀까지 채워보겠습니다. ❶ [D5] 셀의 채우기 핸들을 [D19] 셀까지 드래그합니다. ❷ [자동 채우기 옵션📋]을 클릭하고 ❸ [서식 없이 채우기]를 선택하여 미리 지정되어 있는 서식을 유지합니다.

[D19] 셀까지 금액이 계산됩니다. 셀 주소를 고정할 때는 절대 참조를 사용합니다.

바로 통하는 TIP 상대, 절대, 혼합 참조의 유형을 빠르게 변경하기

참조 영역을 고정할 때는 $ 기호를 직접 입력할 수도 있지만 F4 를 눌러 참조 유형을 빠르게 변경할 수 있습니다. 상대 참조 → 절대 참조 → 혼합 참조 순서로 바뀝니다.

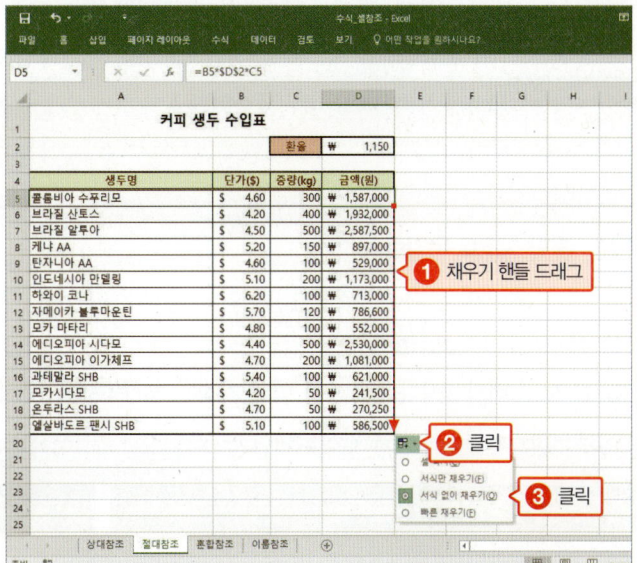

044 혼합 참조로 수식 만들기

혼합 참조를 만들 때는 [A$1] 또는 [$B2]의 형태로 열 또는 행 중 한 군데만 $를 붙입니다. 혼합 참조 수식을 입력한 후 복제하면 셀 위치에 따라 $가 붙은 행(열)은 고정되고 열(행)만 바뀝니다. 혼합 참조로 인상률에 따른 운임 인상표의 운임을 구해보겠습니다.

실습 파일 | 엑셀\3장\수식_셀참조3.xlsx [혼합참조]시트　**완성 파일** | 엑셀\3장\수식_셀참조3_완성.xlsx

---

📢 **한눈에 보기**　**혼합 참조**

주소 형식	설명	수식 복제
[A$1]	행 앞에 $를 붙입니다. 행 고정 참조로 수식을 입력한 후 복제하면 셀 위치에 따라 $가 붙은 행이 고정되고 열만 바뀝니다.	A$1 → B1, C1, D1 A1(고정)
[$A1]	열 앞에 $를 붙입니다. 열 고정 참조로 수식을 입력한 후 복제하면 셀 위치에 따라 $가 붙은 열이 고정되고 행만 바뀝니다.	$A1 → A1(고정) A1, A2, A3

01　혼합 참조로 운임료 구하기

지역에 따른 운임을 기준으로 2016년 인상 운임([C5] 셀)을 구합니다. ❶ [혼합참조] 시트에서 [C5] 셀을 클릭한 후 수식 **=B5+(B5*C4)**를 입력합니다. ❷ 수식 내의 B5를 각각 범위 지정한 후 F4를 세 번 눌러 $B5로 모두 변경합니다. ❸ C4를 범위 지정한 후 F4를 두 번 눌러 C$4로 변경하고 ❹ Enter를 누릅니다. =$B5+($B5*C$4) 수식을 완성합니다.

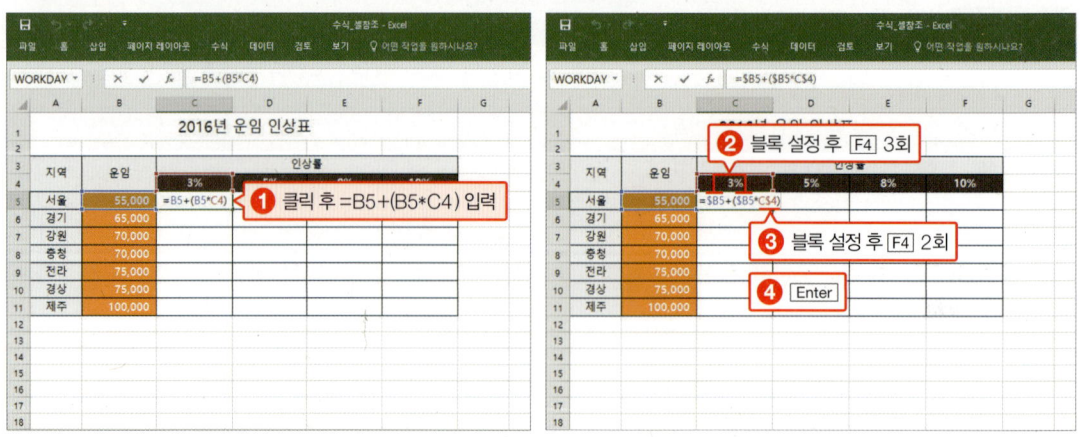

바로 통하는 TIP [C5] 셀의 수식을 복사해도 B열과 4행은 고정되어야 하므로 B와 4행 앞에 $ 기호를 붙여 각각 $B5와 C$4로 변환했습니다.

02 ❶ [C5] 셀을 클릭하고 채우기 핸들을 [C11] 셀까지 드래그합니다. ❷ [C5: C11] 셀 범위를 지정한 상태에서 [C11] 셀의 채우기 핸들을 [F11] 셀까지 드래그하여 수식을 복사합니다.

바로 통하는TIP 수식을 복사해도 B열과 4행은 변하지 않고 $ 기호가 붙지 않은 부분의 값만 변하는 혼합 참조 형태의 수식이 복사됩니다.

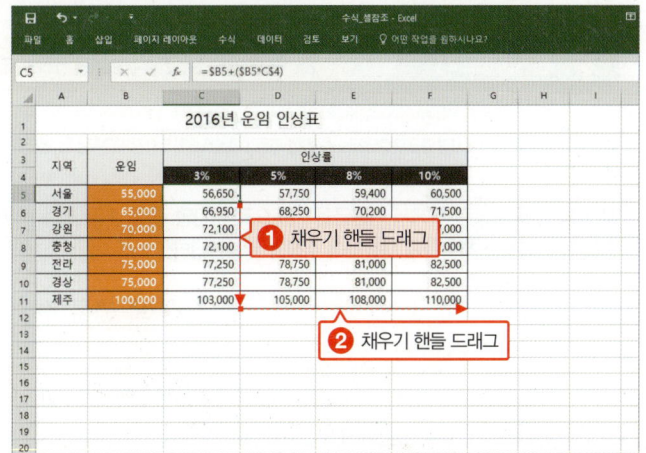

 수식의 구조

수식은 등호(=)를 처음 입력하고 연산자, 피연산자, 함수 등을 조합하여 만듭니다. 피연산자는 숫자일 수도 있지만 셀 주소가 될 수도 있습니다. 연산자는 데이터를 계산하라는 명령 기호입니다.

=	피연산자	연산자	피연산자
❶ 등호	❷ 숫자 또는 셀 주소	❸ 산술, 문자, 비교 연산자 등	❹ 숫자 또는 셀 주소

연산자 종류와 우선순위

연산자는 산술, 비교, 문자, 참조 연산자가 있습니다. 산술, 문자, 참조 연산자는 수식에 직접 사용하지만 비교 연산자는 True, False 값을 결과로 표시하기 때문에 함수식에 주로 쓰입니다.

① **산술 연산자** : 더하기, 빼기, 곱하기와 같은 기본적인 수학 연산을 수행합니다.

기능	백분율	거듭제곱	곱하기	나누기	더하기	빼기
연산자	%	^	*	/	+	−

② **비교 연산자** : 두 값을 비교하여 참 또는 거짓으로 결과 값이 나타납니다.

기능	같다	크다	크거나 같다	작다	작거나 같다	같지 않다
연산자	=	>	>=	<	<=	<>

③ **문자 연결 연산자** : 문자열을 여러 개 연결해서 하나로 만듭니다.

기능	연결
연산자	&

각 연산자 사이의 우선순위는 다음과 같습니다.

• 1순위 : 산술 연산자 (−(음수), %, ^, *, /, +, −)

• 2순위 : 문자 연결 연산자 (&)

• 3순위 : 비교 연산자 (=, <, >, <=, >=, < >)

우선순위가 같은 연산자는 왼쪽에 있는 연산자를 먼저 계산합니다. 연산자의 우선순위를 바꾸려면 괄호( )를 씁니다. 괄호 연산자 안에 있는 수식을 가장 먼저 계산합니다.

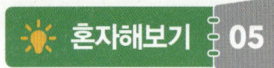
실습 파일 | 엑셀\3장\시간외근무수당.xlsx   완성 파일 | 엑셀\3장\시간외근무수당_완성.xlsx

시간 외 근무 수당 문서에서 기본급을 기준으로 시간당 급여, 1일 급여, 야간과 주말 근무 수당을 구해보겠습니다. 절대, 상대, 혼합 참조 유형을 적절하게 사용하여 수식을 완성합니다.

시간 외 근무 수당

사번	성명	부서	기본급	시급 160(H)	일급 8(H)	야간근무 (H)	휴일근무 (D)	야간근무 수당 50%	휴일근무 수당 150%	근무외수당합계
JH10897	고은주	전산팀	1,500,000	9,375	75,000	8	2	37,500	225,000	262,500
JH10896	김남주	총무팀	1,580,000	9,875	79,000		2		237,000	237,000
JH10901	김송인	영업1팀	1,200,000	7,500	60,000	7		26,250	-	26,250
JH10894	김전우	인사팀	1,200,000	7,500	60,000	5		18,750		18,750
JH10891	김진우	인사팀	1,580,000	9,875	79,000	2	1	9,875	118,500	128,375
JH10905	나문이	기획팀	1,580,000	9,875	79,000					
JH10906	마상태	영업1팀	2,100,000	13,125	105,000	2	1	13,125	157,500	170,625
JH10900	박민중	재무팀	2,100,000	13,125	105,000		1	-	157,500	157,500
JH10898	박상일	홍보팀	1,450,000	9,063	72,500	10		45,313		45,313
JH10904	박상중	전산팀	2,100,000	13,125	105,000		5	-	787,500	787,500
JH10895	박철수	영업2팀	1,850,000	11,563	92,500					
JH10893	박철중	인사팀	1,500,000	9,375	75,000		4		450,000	450,000
JH10907	이남주	기획팀	1,200,000	7,500	60,000	9		33,750	-	33,750
JH10903	이명수	총무팀	1,850,000	11,563	92,500	7		40,469	-	40,469
JH10892	전소미	기획팀	1,580,000	9,875	79,000					
JH10902	정수남	인사팀	1,200,000	7,500	60,000		3	-	270,000	270,000
JH10899	최은지	재무팀	1,580,000	9,875	79,000	8		39,500		39,500

▲ 완성 파일

01 시급(E5)은 기본급을 총 근무시간(E4)으로 나눠서 구합니다.

• 완성 수식 : =D5/$E$4

02 일급(F5)은 시급에 일일 근무 시간(F4)을 곱해서 구합니다.

• 완성 수식 : =E5*$F$4

03 [E5:F5] 셀 범위를 드래그한 후 [채우기 핸들]을 더블클릭하여 수식을 복사합니다.

04 야간 근무 수당(I5)은 시급에 50%, 휴일 근무 수당(J5)은 일급에 150%를 할증합니다. 여기서는 야간 근무 수당을 먼저 구합니다.

• 완성 수식 : =E5*I$4*G5

05 야간 근무 수당 수식을 복사하여 휴일 근무 수당(J5)을 구합니다. [I5] 셀의 채우기 핸들을 [J5] 셀까지 드래그해 수식을 복사한 후 [J5] 셀의 채우기 핸들을 더블클릭하여 수식을 복사합니다.

• 완성 수식 : =F5*J$4*H5

06 근무외수당합계(K5)은 야간근무수당(I5)과 휴일근무수당(J5)을 더해서 구합니다.

• 완성 수식 : =I5+J5

045 이름으로 수식 만들기

엑셀에서는 셀이나 선택 범위에 이름을 정의할 수 있습니다. 이름을 정의해두면 셀 주소를 사용해 선택 범위를 입력하는 대신 이름을 사용할 수 있습니다. 셀 이름을 정의하고 정의된 이름으로 수식을 만들어보겠습니다.

실습 파일 | 엑셀\3장\수식_셀참조4.xlsx [이름참조]시트 **완성 파일** | 엑셀\3장\수식_셀참조4_완성.xlsx

---

📢 **한눈에 보기** | **이름 정의하고 이름으로 수식 만들기**

셀이나 선택 범위를 특정 이름으로 정의한 후 수식에 사용할 수 있습니다. 자주 참조하는 셀 주소를 셀 이름으로 지정하면 셀 주소를 수식으로 사용할 때 자주 나타나는 오류를 줄일 수 있고, 수식을 좀 더 직관적으로 만들 수 있습니다.

일반 수식	=C7*(1-B3)*B7	=D7*B4
이름으로 만든 수식	=C7*(1-할인율)*B7	=D7*세율

[선택 영역에서 이름 만들기]를 이용해 셀 이름을 정의할 때는 매번 범위를 지정할 필요 없이 데이터 목록의 첫 행(제목 행)이나 왼쪽 열(제목 열)의 이름을 한 번에 셀 이름으로 지정할 수 있습니다. 또한 셀 범위를 선택한 후 [이름 상자]에 직접 이름을 입력하고 Enter 를 눌러도 됩니다.

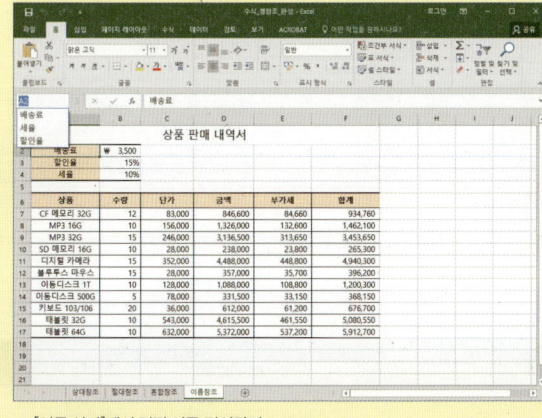

▲ [이름 상자]에서 직접 이름 정의하기

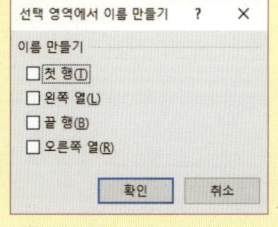

▲ [선택 영역에서 이름 만들기] 대화상자에서 이름 정의하기

01 선택 영역에서 이름 정의하기

❶ [이름참조] 시트에서 [A2:B4] 셀 범위를 드래그합니다. ❷ [수식] 탭-[정의된 이름] 그룹-[선택 영역에서 만들기]를 클릭합니다. ❸ [선택 영역에서 이름 만들기] 대화상자에서 [왼쪽 열]에만 체크 표시한 후 ❹ [확인]을 클릭합니다.

지정된 범위에서 왼쪽 열 이름인 배송료, 할인율, 세율이 오른쪽 셀 범위의 이름으로 정의되었습니다.

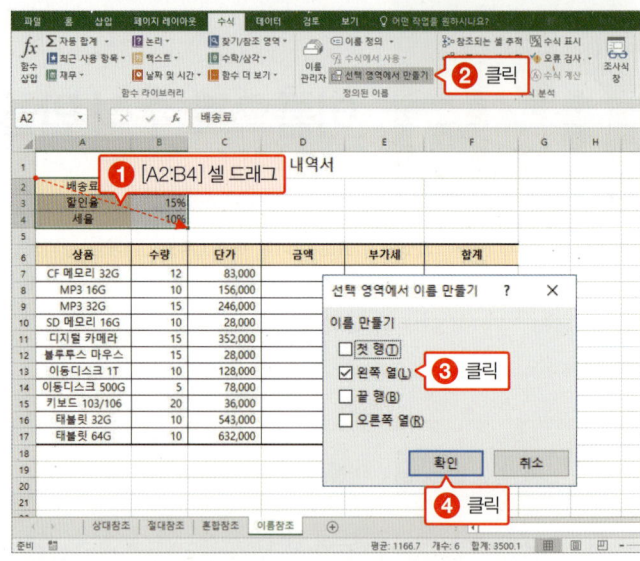

02 [이름 상자 목록 ▼]을 클릭하면 정의된 이름이 표시됩니다.

바로 통하는 TIP [수식] 탭-[정의된 이름] 그룹-[이름 관리자]를 클릭하면 정의된 이름을 수정 및 삭제할 수 있습니다.

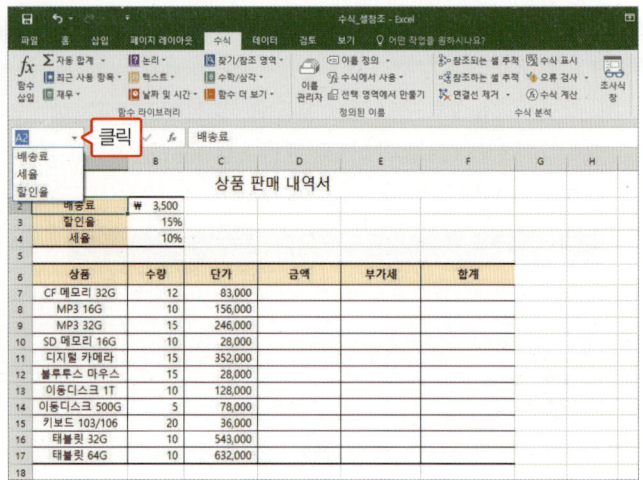

03 정의한 이름으로 수식 만들기

정의한 이름으로 수식을 만들면 좀 더 직관적으로 이해할 수 있습니다. ❶ [D7] 셀을 클릭한 후 수식 **=C7*(1 - 할인율)*B7**을 입력하고 ❷ Enter 를 누릅니다.

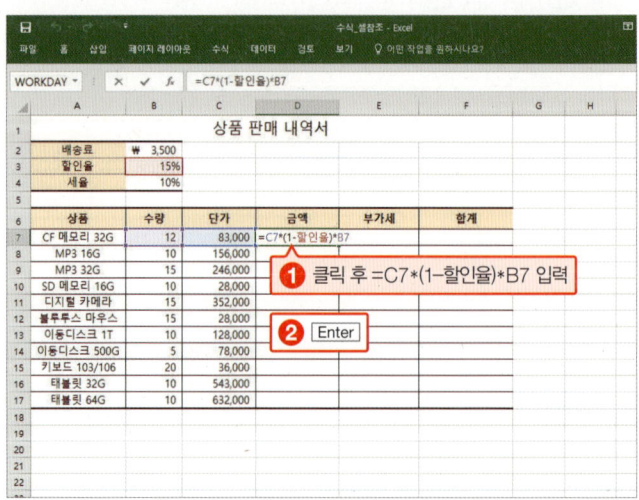

04 ① [E7] 셀을 클릭하고 수식 **=D7***
세율을 입력한 후 ② Enter를 누릅니다.

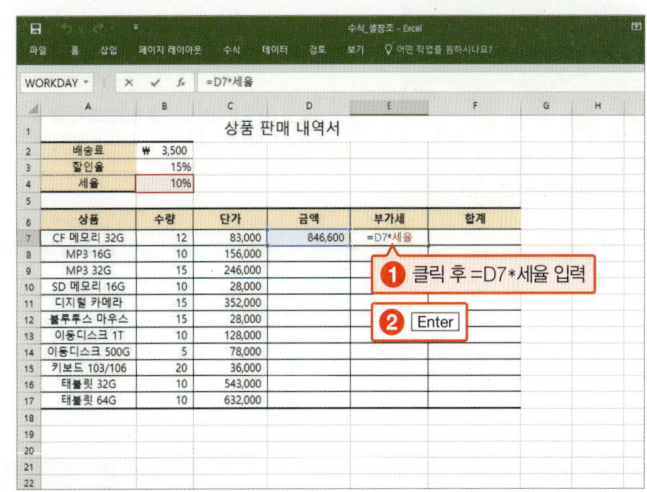

① 클릭 후 =D7*세율 입력

② Enter

05 ① [F7] 셀을 클릭한 후 수식 **=D7**
+E7+배송료를 입력하고 ② Enter를 누릅니다. 수식이 완성됩니다.

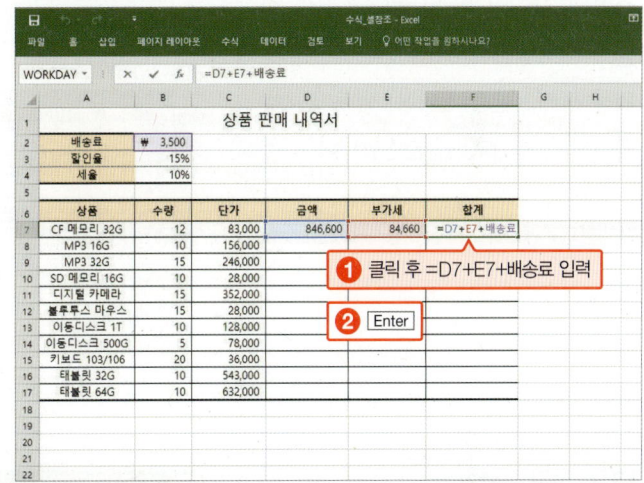

① 클릭 후 =D7+E7+배송료 입력

② Enter

06 ① [D7:F7] 셀 범위를 드래그하고
② 채우기 핸들을 더블클릭하여 수식을
복사합니다. ③ [자동 채우기 옵션 📋]을
클릭하고 ④ [서식 없이 채우기]를 선택
합니다.

전 상품의 금액, 부가세, 합계가 구해집니다.

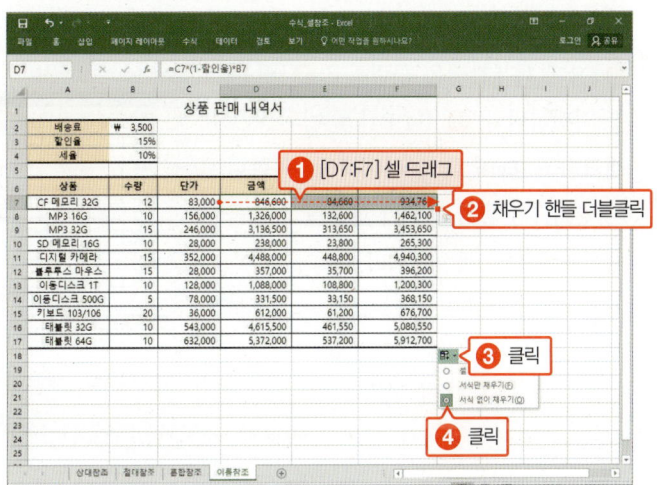

① [D7:F7] 셀 드래그

② 채우기 핸들 더블클릭

③ 클릭

④ 클릭

핵심기능실습 046

자동 합계 기능으로 수식 계산하기

엑셀에서는 자주 사용하는 수식을 메뉴에서 바로 선택해 사용할 수 있도록 제공하며 사용자가 더 쉽게 계산할 수 있도록 도와줍니다. 합계, 평균, 개수와 최댓값, 최솟값 등을 구하는 수식은 자동 합계 기능을 사용하면 클릭 한 번으로 간편하게 계산할 수 있습니다.

실습 파일 | 엑셀\3장\수식_자동합계.xlsx   **완성 파일** | 엑셀\3장\수식_자동합계_완성.xlsx

01 합계 구하기

인사고과 집계표에는 평가 항목별로 점수가 표시되어 있습니다. 총점의 합계를 구해보겠습니다. ① [G4: G17] 셀 범위를 드래그한 후 ② [홈] 탭 –[편집] 그룹–[자동 합계∑]를 클릭합니다.

행 방향으로 개인별 고과 점수 합계가 계산됩니다.

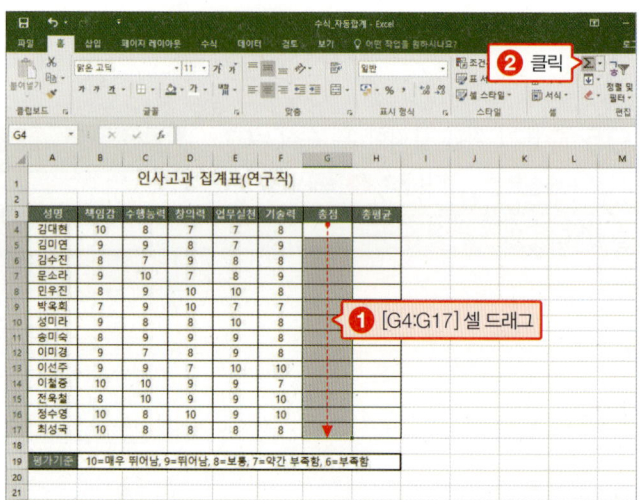

02 평균 구하기

다음은 평가 항목별 점수의 평균을 구해보겠습니다. ① [H4] 셀을 클릭합니다. ② [합계 목록∑ ·]을 클릭하고 ③ [평균]을 선택합니다. ④ [B4:F4] 셀 범위를 드래그하고 Enter를 눌러 평균을 구합니다. ⑤ [H4] 셀의 채우기 핸들을 더블클릭하여 수식을 복사합니다.

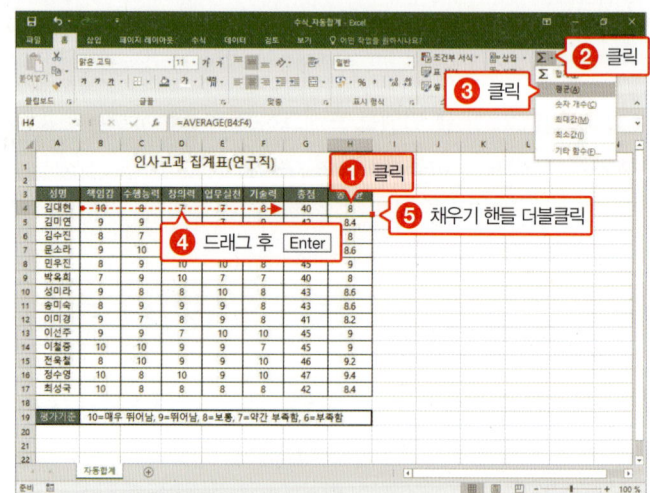

실습 파일 | 엑셀\3장\시급표.xlsx　**완성 파일** | 엑셀\3장\시급표_완성.xlsx

시간에 따른 급여가 계산되는 일일 시간제 근무 비용표를 만들려고 합니다. 주간과 야간 시급이 다르므로 이름을 각각 정의해서 수식을 만들고, 자동 합계 기능으로 금액과 합계를 구합니다.

시간제 근무 비용표

주간시급	6,470
야간시급	7,500

성명	주간(H)	야간(H)	주간시급	야간시급	총금액(Day)
이성민	8	2	51,760	15,000	66,760
홍만우	6	4	38,820	30,000	68,820
박상철	2	4	12,940	30,000	42,940
김수진	8	0	51,760	-	51,760
나영호	5	5	32,350	37,500	69,850
문호철	0	5		37,500	37,500
정수현	3	5	19,410	37,500	56,910
강미옥	8	0	51,760	-	51,760
김상민	3	5	19,410	37,500	56,910
최호철	0	3	-	22,500	22,500
송민수	5	2	32,350	15,000	47,350
합계			310,560	262,500	573,060

▲ 완성 파일

01 [A3:B4] 셀 범위를 드래그한 후 [수식] 탭-[정의된 이름] 그룹-[선택 영역에서 만들기]를 클릭합니다.

02 [선택 영역에서 이름 만들기] 대화상자에서 [왼쪽 열]에 체크 표시한 후 [확인]을 클릭해 주간시급, 야간시급으로 셀 이름을 정의합니다.

03 시간에 따라 주간시급과 야간시급을 계산하려면 [B3], [B4] 셀을 절대 참조해서 수식을 만들어야 합니다. 하지만 여기서는 정의된 이름으로 수식을 만듭니다.

주간시급(D7) 수식	야간시급(E7) 수식
=B7*주간시급	=C7*야간시급

04 [D7:E7] 셀 범위를 드래그한 후 [채우기 핸들]을 더블클릭하여 수식을 복사합니다.

05 총금액(F7)셀을 클릭하고 [홈] 탭-[편집] 그룹-[자동 합계]를 클릭합니다. [D7:E7] 셀을 드래그하고 Enter 를 누릅니다. 개인별 주간시급과 야간시급의 합계를 구합니다. [F7] 셀의 채우기 핸들을 [F17] 셀까지 드래그하여 수식을 복사합니다.

06 합계(D18:F18)의 셀 범위를 선택한 후 [홈] 탭-[편집] 그룹-[자동 합계]를 클릭하여 주간시급과 야간시급의 전체의 합계를 구합니다.

047

표에서 구조적 참조를 이용해 한 번에 수식 계산하기

표 안의 데이터를 참조해 만든 수식은 대괄호([ ])와 열 머리글을 사용하는 구조적 참조 방식을 사용합니다. 구조적 참조를 사용하면 수식의 이해가 쉽고 표 안의 데이터가 수정, 추가, 삭제된다 하더라도 자동으로 셀 참조가 조정되기 때문에 일반 셀 참조에 비해 매우 유용합니다.

실습 파일 | 엑셀\3장\수식_표수식.xlsx [표수식1] 시트   **완성 파일** | 엑셀\3장\수식_표수식_완성.xlsx

01 표 만들기

거래명세서에 표 서식을 적용해보겠습니다. ❶ [표수식1] 시트에서 임의의 데이터 셀을 클릭하고 ❷ [삽입] 탭-[표] 그룹-[표]를 클릭합니다. ❸ [표 만들기] 대화상자에서 표에 사용할 데이터로 [A3:F13] 셀 범위를 드래그하고 ❹ [머리글 포함]에 체크 표시합니다. ❺ [확인]을 클릭합니다.

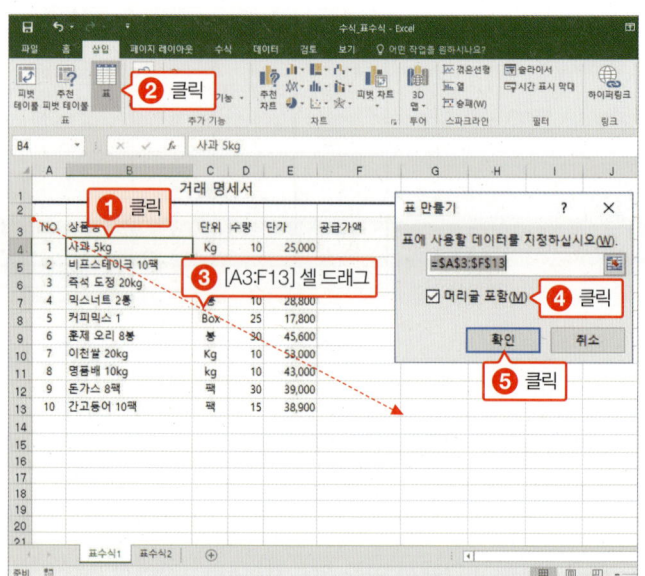

바로 통하는 TIP 서식을 적용할 범위에 병합된 셀이 있으면 자동으로 병합이 해제됩니다. 표에 사용할 데이터로 지정한 범위의 첫째 행이 제목 행일 경우 [머리글 포함]에 체크 표시합니다. 체크 표시하지 않으면 선택 범위 맨 위에 열1, 열2, 열3, … 순으로 임시 제목 행이 삽입됩니다.

02 구조적 참조로 공급가액 구하기

상품의 수량과 단가를 곱해 공급가액을 계산해보겠습니다. ❶ [F4] 셀을 클릭한 후 =를 입력합니다. ❷ [D4] 셀을 클릭하고 ❸ *를 입력한 후 ❹ [E4] 셀을 클릭하면 =[@수량]*[@단가]로 수식이 자동 입력됩니다. ❺ Enter를 누릅니다. 표의 구조적 수식으로 공급가액 전체가 계산됩니다.

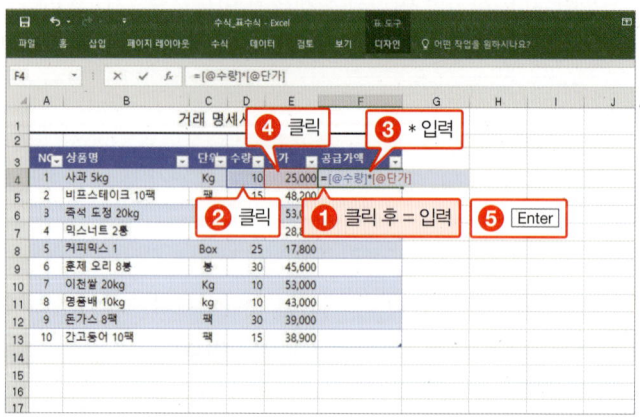

바로 통하는 TIP 표의 구조적 수식에서 [열 머리글]은 열 전체 범위를 의미하고, [@열 머리글]은 열 전체 중에서 현재 셀이 위치하는 행을 의미합니다. 즉 [수량]이면 [D4:D13] 셀까지의 범위를 의미하고, [@수량]이면 각각의 [D4], [D5], … [D13] 셀을 의미합니다.

03 세액 열 추가하기

❶ [G3] 셀을 클릭한 후 **세액**을 입력하고 ❷ Enter 를 누릅니다. 자동으로 표 구조가 오른쪽으로 확장됩니다.

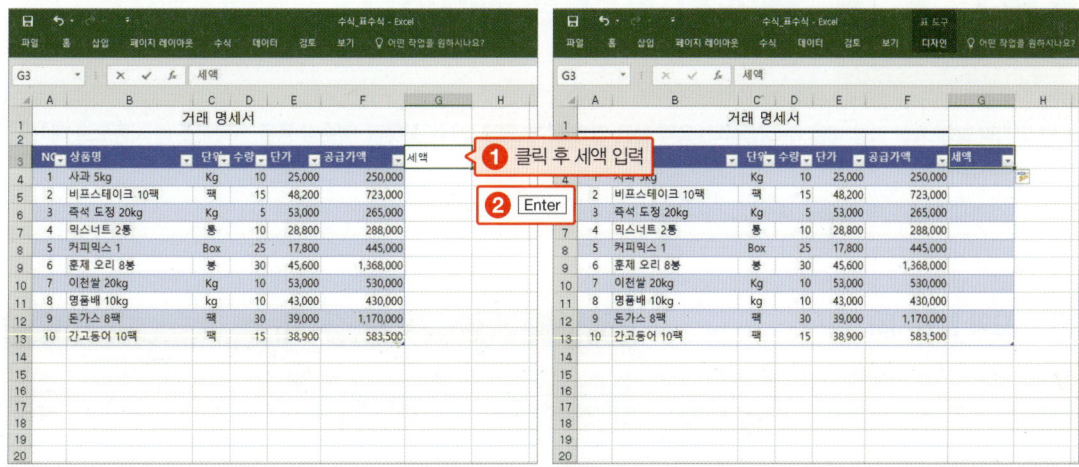

04 구조적 참조로 세액 구하기

❶ [G4] 셀을 클릭한 후 =를 입력하고 ❷ [F4] 셀을 클릭한 후 ❸ ***10%**를 입력합니다. =[@공급가액]*10%로 수식이 자동 입력됩니다. Enter 를 눌러 세액 전체를 구합니다.

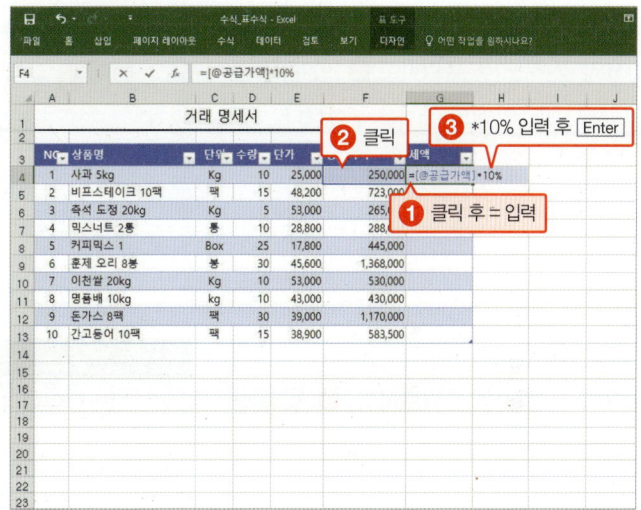

쉽고 빠른 엑셀 NOTE **표의 구조적 참조**

구조적 참조는 일반적으로 사용하는 [A1], [B$1], [$A$2] 등의 셀 참조를 수식에서 사용하지 않는 대신에 표 이름과 행, 열 머리글을 참조하는 방식입니다.

구조적 참조	일반 셀 참조
=[@수량]*[@단가]	=D4*E4
거래명세서의 [표1]의 수량*단가	거래명세서의 수량*단가
=SUM(표1[공급가액])	=SUM(F4:F13)
거래명세서의 [표1]의 공급가액 열의 합계를 계산	거래명세서의 [F4]~[F13] 셀 합계를 계산

핵심기능실습
048
표에서 요약 행 지정하기

표의 마지막 행에 계산 값을 넣을 수 있습니다. 요약 행은 열의 합계, 평균, 개수, 최댓값, 최솟값 등을 선택했을 때 자동으로 데이터를 요약해줍니다.

실습 파일 | 엑셀\3장\수식_표수식2.xlsx [표수식2] 시트　**완성 파일** | 엑셀\3장\수식_표수식2_완성.xlsx

01 요약 행 표시하기

❶ [표수식2] 시트에서 표 안에 있는 임의의 데이터 셀을 클릭합니다. ❷ [표 도구]-[디자인] 탭-[표 스타일 옵션] 그룹-[요약 행]에 체크 표시합니다. 표에 요약 행이 추가됩니다. ❸ [F14] 셀에서 [요약 목록 ▾]을 클릭하고 ❹ [합계]를 선택해서 공급가액의 합계를 구합니다.

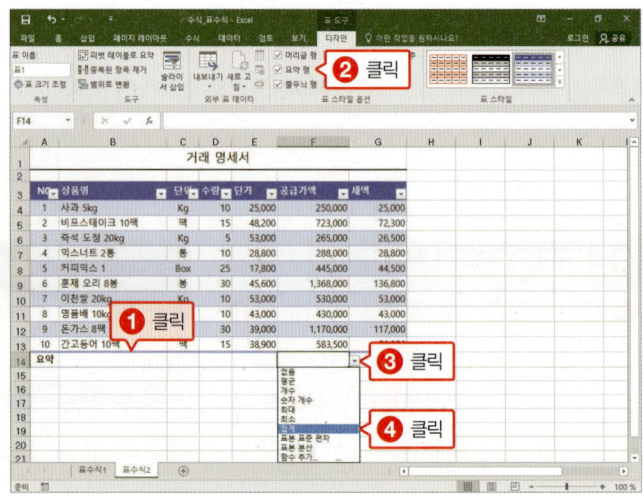

02 ❶ 같은 방법으로 [D14] 셀에서 [요약 목록 ▾]을 클릭합니다. ❷ [합계]를 선택하여 수량의 합계를 구합니다.

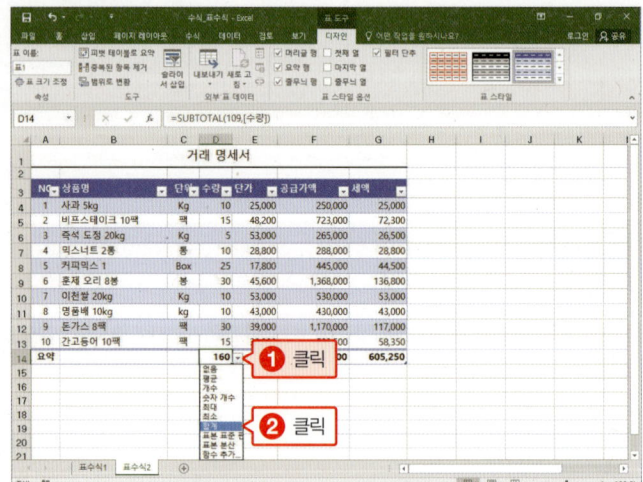

03 데이터 입력하기

표 범위에서 데이터의 마지막 셀인 [G13] 셀을 클릭하고 Tab 을 누르면 자동으로 행이 추가됩니다.

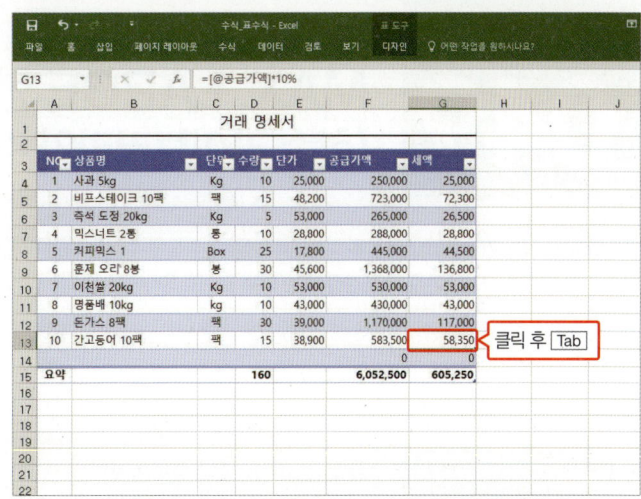

04 추가된 [A14:E14] 셀 범위에 **11, 불고기 10팩, 팩, 10, 59900**을 각각 입력합니다. '공급가액'과 '세액'이 자동으로 계산됩니다.

자동으로 표 스타일이 적용되면서 요약 행에는 합계가 계산됩니다.

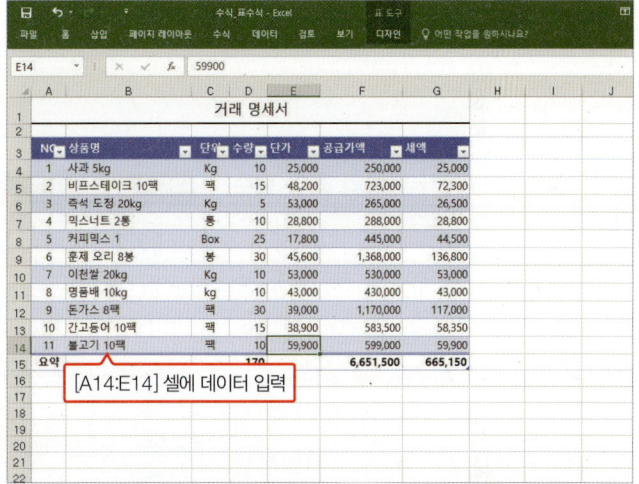

MAX, LARGE 함수로 최댓값 구하기
(함수 라이브러리와 수식 자동 완성 이용하기)

함수를 사용하면 계산에 필요한 값을 미리 만들어놓은 수식에 수치를 대입하여 계산한 결과 값을 반환해줍니다. 함수명은 알고 있지만 어떤 인수를 사용해야 할지 헷갈릴 때는 함수 라이브러리에서 함수를 삽입하는 것이 편리합니다.

실습 파일 | 엑셀\3장\함수_Max_인사고과.xlsx   **완성 파일** | 엑셀\3장\함수_Max_인사고과_완성.xlsx

---

📢 한눈에 보기   **MAX, LARGE 함수 알아보기**

범주	이름	설명
통계 함수	MAX(숫자1, 숫자2, …숫자255)	숫자 중에서 최댓값을 구합니다.
	LARGE(범위, K번째)	범위에서 K번째로 큰 값을 구합니다.

---

01 인사 고과 평가 항목의 최대 점수 구하기

인사 고과의 평가 항목에 포함된 업적, 능력, 태도의 최고 점수를 구해보겠습니다. ❶ [J4] 셀을 클릭합니다. ❷ [수식] 탭-[함수 라이브러리] 그룹-[함수 더 보기]를 클릭합니다. ❸ [통계]를 선택하고 ❹ [MAX]를 선택합니다.

---

02 MAX 함수 인수 입력하기

❶ [함수 인수] 대화상자에서 [Number1]에 **D4:D27**을 입력하고 ❷ [확인]을 클릭합니다.

바로 통하는 TIP 셀과 셀 사이에 콜론(:)을 입력하면 '앞에 있는 셀부터 뒤에 있는 셀까지의 범위'를 의미합니다. 완성 수식은 =MAX(D4:D27)입니다.

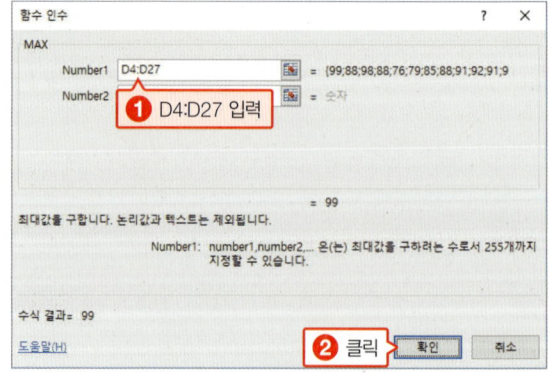

03 MAX 함수 인수 입력하기

[J4] 셀의 채우기 핸들을 [L4] 셀까지 드래그해서 수식을 복사합니다.

업적, 능력, 태도 항목에서 가장 높은 점수가 기록됩니다.

04 고과 점수 평점에서 첫 번째~세 번째 큰 값을 구하기

인사 고과 평균 중 가장 높은 순서로 상위 세 개 점수를 구해보겠습니다. ❶ [J7] 셀을 클릭하고 **=L**을 입력합니다. ❷ 수식 자동 완성 목록 상자에서 [LARGE]를 선택하고 Tab 을 누릅니다.

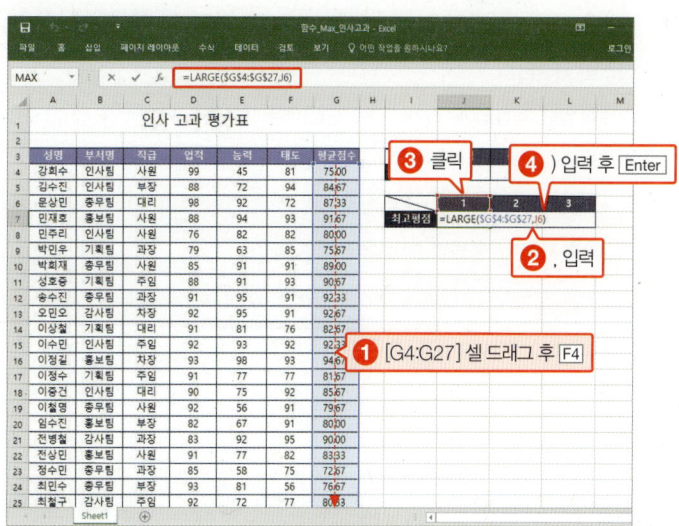

05 LARGE 함수 인수 입력하기

❶ [G4:G27] 셀 범위를 드래그하고 F4 를 누릅니다. 범위가 절대 참조로 고정됩니다. ❷ **,**를 입력하고 ❸ [J6] 셀을 클릭합니다. ❹ **)**를 입력해서 수식을 완성하고 Enter 를 눌러 첫 번째로 큰 값을 구합니다.

바로 통하는 TIP LARGE 함수는 범위 내에서 몇 번째로 큰 값을 구할 때 사용합니다. 따라서 두 번째 인수에 몇 번째로 큰 값을 구할 것인지 순번을 입력해야 합니다. 여기에서는 1을 직접 입력하는 대신 1 값이 입력된 [J6] 셀을 지정했습니다.

바로 통하는 TIP 완성 수식은 =LARGE($G$4:$G$27,J6)입니다.

06 [J7] 셀의 채우기 핸들을 [L7] 셀까지 드래그해서 수식을 복사합니다.

[J7] 셀을 오른쪽 방향으로 드래그해서 수식을 복사하면 두 번째 인수 값이 자동으로 2, 3으로 변하면서 두 번째, 세 번째로 큰 평균 점수가 구해집니다.

바로 통하는 TIP 함수식 수정

함수식은 수식 입력줄에서 [함수 삽입]을 클릭하여 [함수 인수] 대화상자에서 수정할 수 있습니다. 직접 수정하려면 수식 입력줄을 클릭하거나 F2 를 눌러 함수식을 수정합니다.

 쉽고 빠른 엑셀 NOTE

함수의 구조와 사용법 알아보기

함수는 엑셀에서 미리 만들어놓은 수식으로 필요한 값을 입력하면 복잡한 연산을 빠르고 정확하게 계산해줍니다. 함수의 전체 수는 몇백 개에 달하고 범주만 해도 10가지 이상으로 분류됩니다. 다만 실제 회사에서 자주 사용하는 함수는 날짜 및 시간, 재무, 논리, 찾기, 통계, 텍스트 함수 등에 속한 40개 정도입니다. 함수의 사용법에 대해 알아보겠습니다.

함수의 구조

$$= \quad \text{SUM} \quad \text{(A1:E5)}$$

①   **②**   **③**

① **등호** : 함수는 수식과 마찬가지로 등호로 시작합니다. 입력하는 데이터가 문자열이 아닌 함수 명령임을 알려주는 기호입니다. 등호가 없으면 함수로 인식하지 못하므로 주의해야 합니다.

② **함수** : 원하는 계산을 위해 필요한 함수를 골라서 사용합니다.

③ **인수** : 미리 만들어놓은 수식에 따라 계산할 때 사용하는 데이터를 말합니다. 인수는 괄호로 묶어서 사용해야 합니다.

함수의 사용법

1. **수식 입력** : 직접 타이핑하거나 [함수 삽입] 메뉴, 또는 단축키 Shift + F3 을 사용해 입력합니다.

2. 원하는 계산을 위한 함수를 선택합니다.

3. 수식에 필요한 인수를 선택합니다.

각 함수별 자세한 사용 방법은 본문을 참고합니다.

핵심기능실습 050

COUNTBLANK, COUNTA 함수로 출석일/결석일 구하기

일정 범위에서 공백을 제외한 셀의 개수를 세는 COUNTA 함수와 빈 셀의 개수를 세는 COUNTBLANK 함수에 대해서 살펴보겠습니다.

실습 파일 | 엑셀\3장\함수_Counta_출석부.xlsx　**완성 파일** | 엑셀\3장\함수_Counta_출석부_완성.xlsx

---

📢 **한눈에 보기** | **COUNTA, COUNTBLANK 함수 알아보기**

범주	이름	설명
통계 함수	COUNTA(인수1, 인수2, … 인수255)	인수 중에서 공백을 제외한 모든 인수의 개수를 구합니다.
	COUNTBLANK(범위)	범위 중 비어 있는 셀의 개수를 구합니다.

---

01 출석일수 구하기

1~5일까지 기간 중 어학 교육에 출석한 출석일을 구해보겠습니다. ❶ [H3] 셀을 클릭합니다. ❷ [수식] 탭-[함수 라이브러리] 그룹-[함수 더 보기]를 클릭하고 ❸ [통계]를 선택한 후 ❹ [COUNTA]를 선택합니다.

02 COUNTA 함수 인수 입력하기

❶ [함수 인수] 대화상자에서 [Value1]에 **C3:G3**을 입력하고 ❷ [확인]을 클릭합니다.

입력한 범위에서 공백을 제외한 셀의 개수, 즉 출석일이 구해집니다.

바로 통하는 TIP 완성 수식은 =COUNTA(C3:G3)입니다.

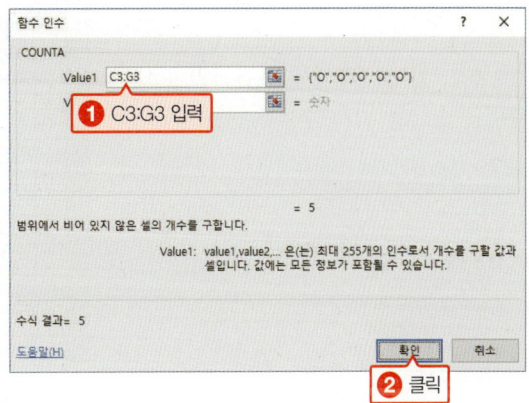

---

03 결석일수 구하기

다음은 1~5일까지 기간 중 결석일을 구해보겠습니다. ❶ [I3] 셀을 클릭합니다. ❷ [수식] 탭-[함수 라이브러리] 그룹-[함수 더 보기]를 클릭합니다. ❸ [통계]를 선택하고 ❹ [COUNTBLANK]를 선택합니다.

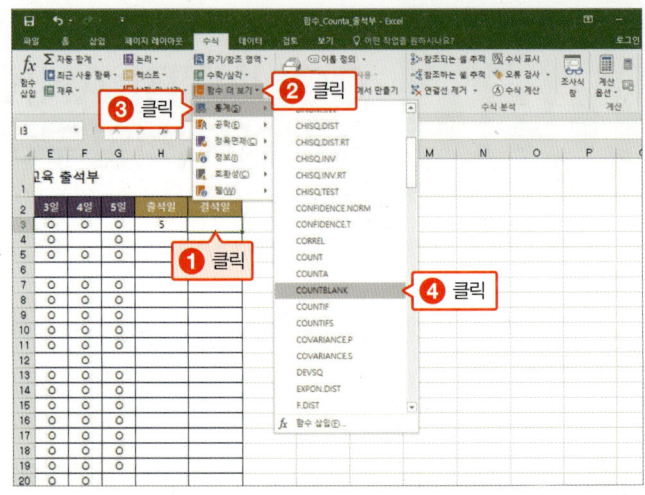

04 COUNTBLANK 함수 인수 입력하기

❶ [함수 인수] 대화상자에서 [Range]에 **C3:G3**을 입력하고 ❷ [확인]을 클릭합니다.

입력한 범위에서 빈 셀의 개수, 즉 결석일이 구해집니다.

바로통하는TIP 완성 수식은 =COUNTBLANK(C3:G3)입니다.

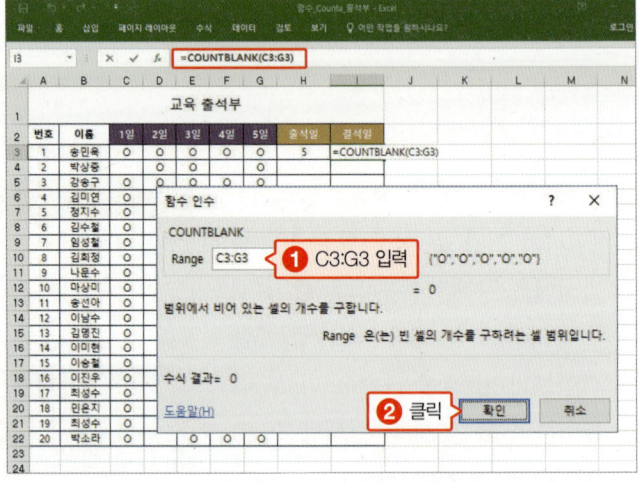

05 ❶ [H3:I3] 셀 범위를 드래그한 후 ❷ 채우기 핸들을 더블클릭하여 수식을 복사합니다.

교육 출석 수강생의 전체 출석일과 결석일이 구해집니다.

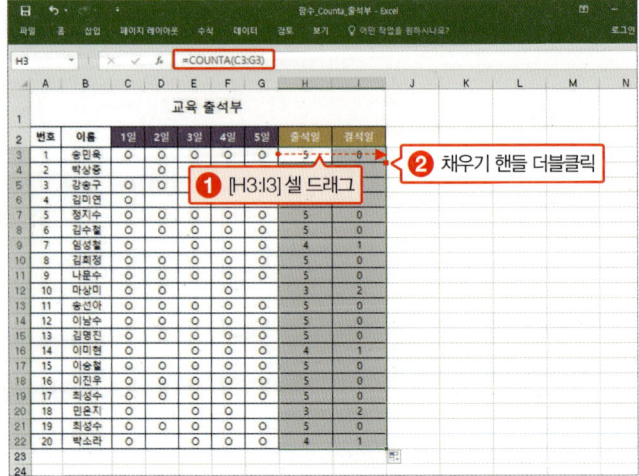

051

INT, ROUND 함수로
내림과 반올림 표시하기

INT 함수는 소수 부분을 버리고 가장 가까운 정수로 내림합니다. ROUND 함수는 반올림하는 함수로, 지정된 자릿수가 5 이상이면 올리고, 4 이하면 아래 값을 버립니다.

실습 파일 | 엑셀 \ 3장 \ 함수_Round_제안비.xls **완성 파일** | 엑셀 \ 3장 \ 함수_Round_제안비_완성.xlsx

---

📢 **한눈에 보기** **INT, ROUND 함수 알아보기**

범주	이름	설명
수학/삼각 함수	INT(숫자)	소수점 아래를 버리고 가장 가까운 정수로 내림합니다.
	ROUND(숫자, 반올림할 자릿수)	인수를 지정한 자릿수로 반올림합니다.

---

01 평균제안건수를 정수로 표시하기

부서별 평균제안건수를 정수로 내림해 값을 표시해보겠습니다. ❶ [H5] 셀을 클릭합니다. ❷ [수식] 탭-[함수 라이브러리] 그룹-[수학/삼각]을 클릭하고 ❸ [INT]를 선택합니다.

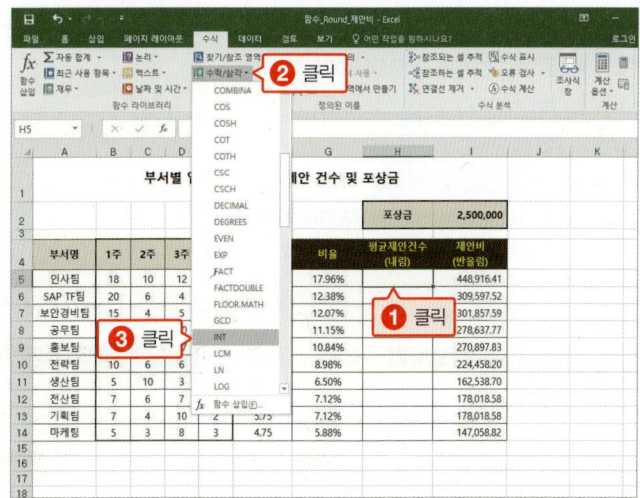

02 INT 함수 인수 입력하기

❶ [함수 인수] 대화상자에서 [Number]에 **F5**를 입력하고 ❷ [확인]을 클릭합니다.

바로 통하는 TIP 완성 수식은 =INT(F5)입니다.

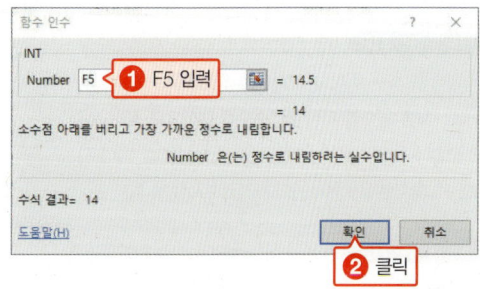

CHAPTER 03 수식 작성 및 함수 활용하기 **127**

03 [H5] 셀의 채우기 핸들을 더블클릭해서 수식을 복사합니다. 평균제안건수를 소수 첫째 자리에서 내림해서 정수로 표시합니다.

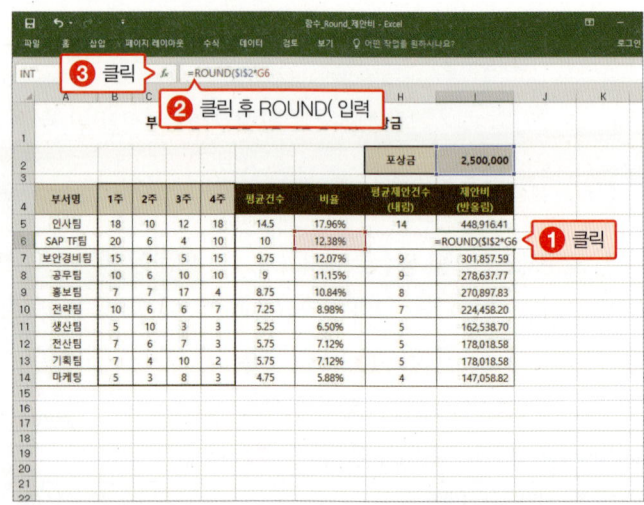

04 제안비를 반올림하여 천의 자리까지 표시하기

각 부서별 제안 비율에 따른 제안비(포상금*비율)를 백의 자리에서 반올림해서 천의 자리까지 값으로 표시해보겠습니다. ❶ [I6] 셀을 클릭합니다. ❷ 수식 입력줄에서 = 뒤를 클릭한 후 **ROUND(**를 입력하고 ❸ [함수 삽입 🔣]을 클릭합니다.

바로 통하는 TIP ROUND 함수는 지정한 자릿수가 5 이상이면 올림하고, 4 이하면 내림합니다. ROUND 함수는 [수학/삼각] 범주에 속합니다.

05 함수 인수 입력하기

[함수 인수] 대화상자에서 [Number]에 $I$2*G6이 입력되어 있습니다. ❶ [Num _digits]에 **-3**을 입력하고 ❷ [확인]을 클릭합니다.

바로 통하는 TIP 0을 기준으로 1, 2, 3,…처럼 양수를 지정하면 소수 이하로 자릿수를 조정하고, -1, -2, -3,…처럼 음수를 지정하면 소수점 이상으로 자릿수를 조정합니다. 여기에서는 제안비(포상금*비율)를 백의 자리(-3)에서 반올림해서 천의 자리로 표시했습니다.

바로 통하는 TIP 완성 수식은 =ROUND($I$2*G6, -3)입니다.

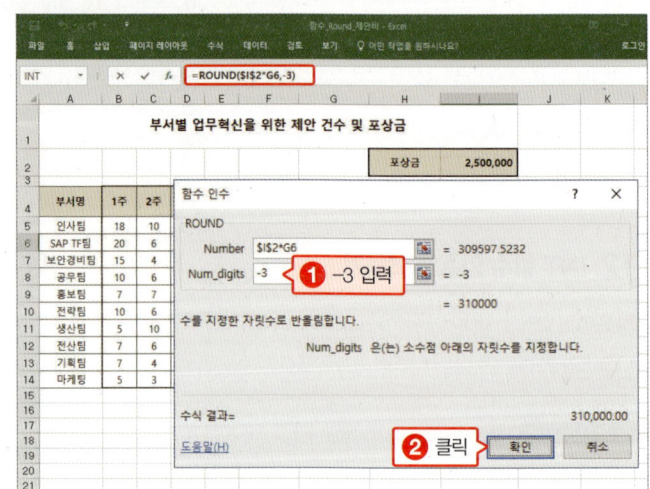

06 반올림한 값의 합계 오차 해결하기

❶ [I6] 셀의 채우기 핸들을 더블클릭하여 수식을 복사합니다. ❷ [I5] 셀을 클릭하고 ❸ 수식 **=I2 - SUM(I6:I14)**를 입력한 후 Enter를 누릅니다.

제안비를 반올림하면 합계(포상금)에 오차가 생기므로 첫 번째 제안비는 포상금([I2])에서 제안비의 합계([I6:I14])를 빼줍니다.

바로 통하는TIP ROUND 함수는 제안비를 반올림하기 때문에 실제 값이 바뀌므로 주의합니다.

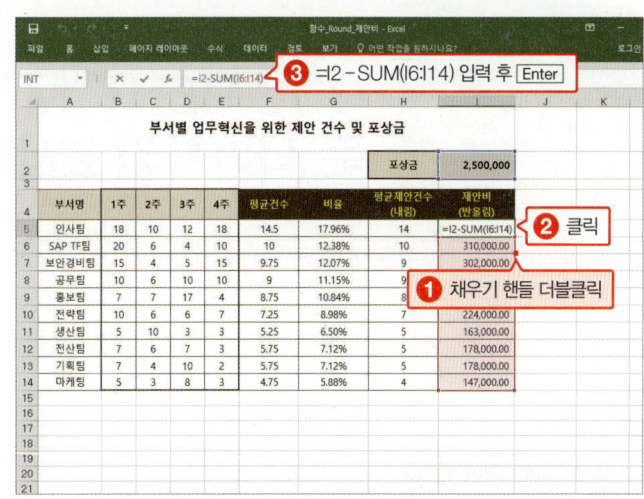

07 ❶ [I5:I14] 셀 범위를 드래그합니다. ❷ [홈] 탭 - [표시 형식] 그룹 - [자릿수 줄임]을 두 번 클릭하여 정수로 표시합니다.

바로 통하는TIP [표시 형식] 그룹에 있는 [자릿수 늘림]과 [자릿수 줄임]은 실제 값이 바뀌는 것이 아니라 화면에서만 자릿수를 늘리거나 줄여서 반올림으로 표시합니다.

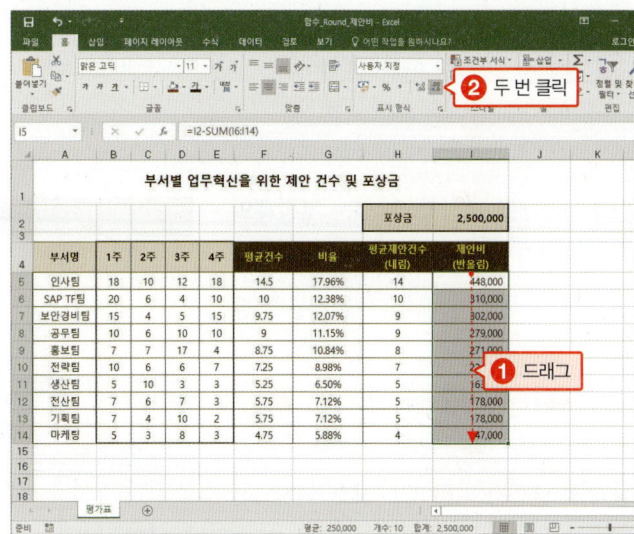

핵심기능실습 052

QUOTIENT, MOD 함수로 몫, 나머지 값 표시하기

QUOTIENT 함수는 피제수(나뉘는 수)에서 제수(나누는 수)를 나눠 몫의 정수 부분을 구할 때 사용합니다. MOD 함수는 나눗셈의 나머지를 구합니다. 즉, 피제수(나뉘는 수)에서 제수(나누는 수)를 나눠 나머지를 구할 때 사용합니다.

실습 파일 | 엑셀\3장\함수_Quotient_포장재.xlsx **완성 파일** | 엑셀\3장\함수_Quotient_포장재_완성.xlsx

한눈에 보기 QUOTIENT, MOD 함수 알아보기

범주	이름	설명
수학/삼각 함수	QUOTIENT(피제수, 제수)	피제수(나뉘는 수)에서 제수(나누는 수)를 나눈 몫의 정수 부분을 구합니다.
	MOD(피제수, 제수)	피제수(나뉘는 수)에서 제수(나누는 수)를 나눠 나머지를 구합니다.

01 50개를 포장할 수 있는 포장재의 개수 구하기

생산라인의 생산량에 따라 50개를 포장할 수 있는 포장재의 개수를 구해보겠습니다. ❶ [C3] 셀을 클릭합니다. ❷ [수식] 탭 – [함수 라이브러리] 그룹 – [수학/삼각]을 클릭하고 ❸ [QUOTIENT]를 선택합니다.

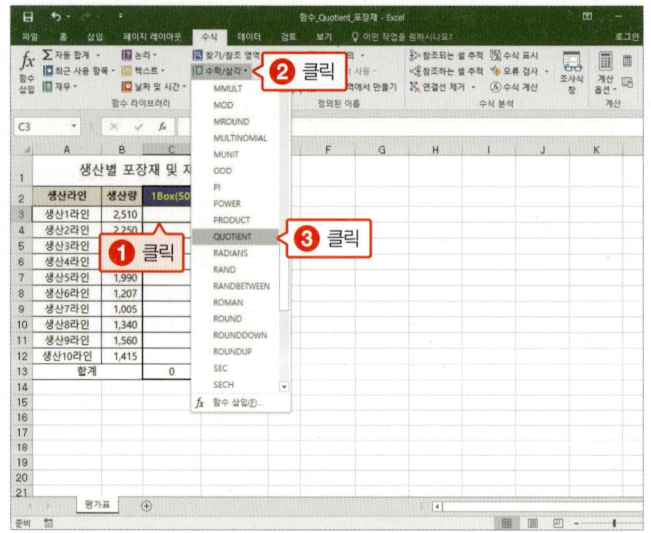

02 QUOTIENT 함수 인수 입력하기

❶ [함수 인수] 대화상자에서 [Numerator]에 **B3**을 입력하고 ❷ [Denominator]에 **50**을 입력한 후 ❸ [확인]을 클릭합니다.

생산량에서 50개를 포장할 수 있는 포장재의 개수가 구해집니다.

바로 통하는 TIP 완성 수식은 =QUOTIENT(B3,50)입니다.

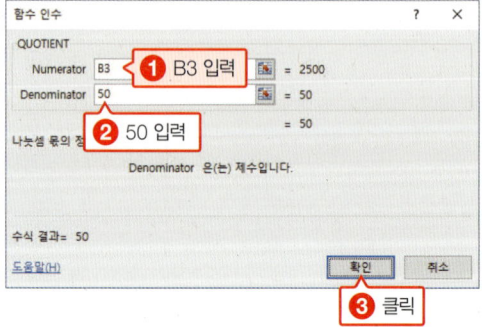

03 미포장한 재고량 구하기

생산량을 50개 단위로 포장하고 남은 미포장 재고의 수량을 구해보겠습니다. ❶ [D3] 셀을 클릭합니다. ❷ [수식] 탭-[함수 라이브러리] 그룹-[수학/삼각]을 클릭하고 ❸ [MOD]를 선택합니다.

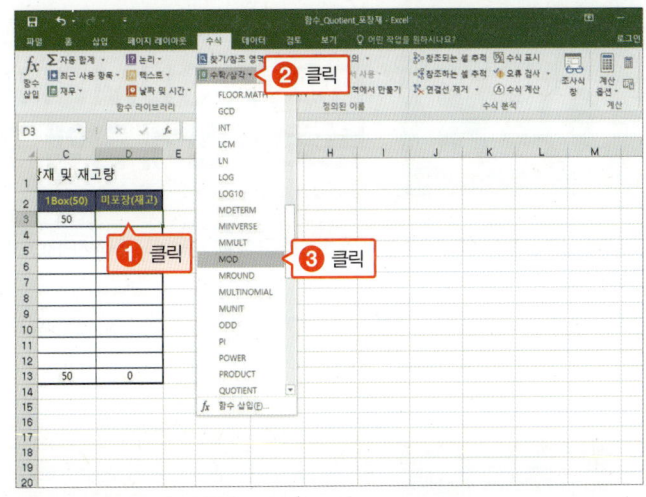

04 MOD 함수 인수 입력하기

❶ [함수 인수] 대화상자에서 [Number]에 **B3**을 입력하고 ❷ [Divisor]에 **50**을 입력합니다. ❸ [확인]을 클릭합니다.

생산량에서 포장하지 못한 미포장(재고)의 수량이 구해집니다.

바로 통하는 TIP 완성 수식은 =MOD(B3,50)이 완성됩니다.

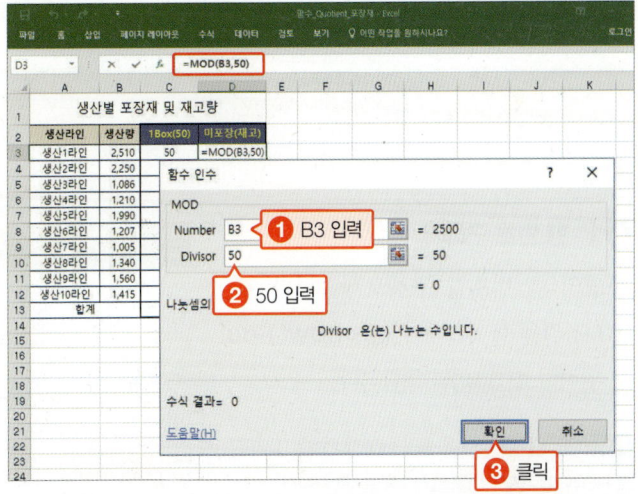

05 ❶ [C3:D3] 셀 범위를 드래그하고 ❷ 채우기 핸들을 더블클릭해서 수식을 복사합니다.

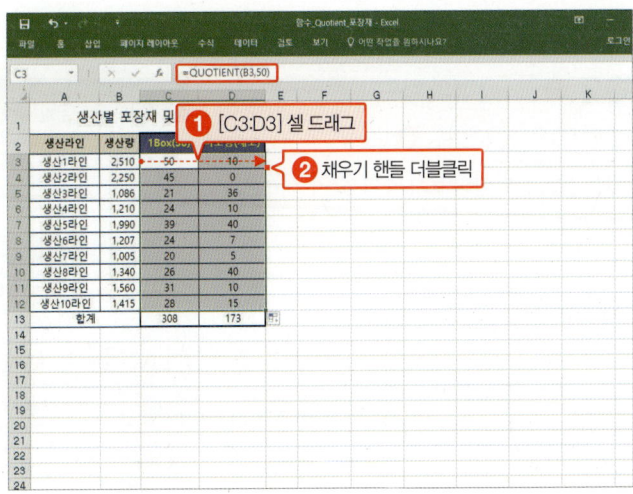

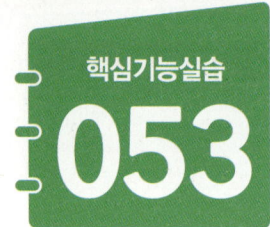

ROW, SUMPRODUCT 함수로 번호와 합계 금액 구하기

ROW 함수는 현재 셀이나 특정 셀의 번호를 구할 때 사용하고 SUMPRODUCT 함수는 배열 또는 범위의 대응하는 값끼리 곱하고 더할 때 사용합니다.

실습 파일 | 엑셀\3장\함수_Row_견적서.xlsx **완성 파일** | 엑셀\3장\함수_Row_견적서_완성.xlsx

---

📢 한눈에 보기 ROW, SUMPRODUCT 함수 알아보기

범주	이름	설명
찾기/참조 함수	ROW(셀 주소)	현재 셀이나 특정 셀의 행 번호를 표시합니다. 특정 셀의 번호를 알고 싶다면 인수에 셀 주소를 넣어서 사용합니다.
수학/삼각 함수	SUMPRODUCT	배열 또는 범위의 대응하는 값끼리 곱하고 더해 줍니다.

---

01 행 번호 구하기

품명의 행 번호를 구해보겠습니다. ❶ [B14] 셀을 클릭합니다. ❷ **=ROW( )-13** 을 입력하고 Enter 를 누릅니다.

바로 통하는 TIP [B14] 셀의 현재 행 번호는 14이므로 ROW 함수에서 13을 빼서 1을 표시했습니다.

02 ❶ [B14] 셀의 채우기 핸들을 [B27] 셀까지 드래그한 후 ❷ [자동 채우기 옵션⬚]을 클릭하고 ❸ [서식 없이 채우기]를 선택합니다.

[B27] 셀까지 행 번호가 채워집니다.

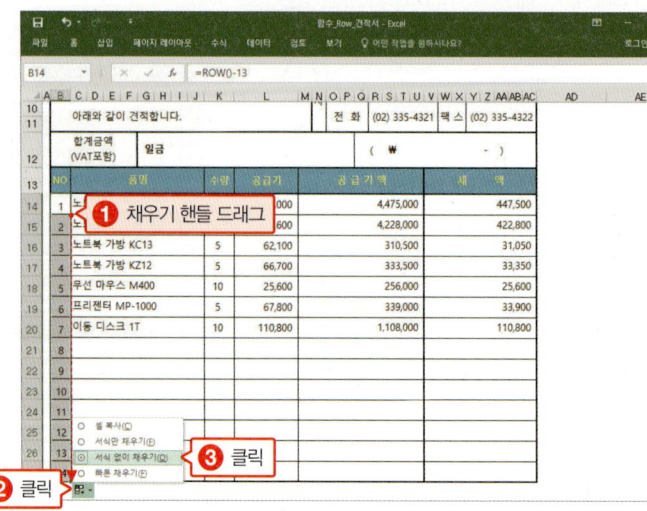

03 합계 금액 구하기

범위의 수량과 공급가를 곱한 후 모두 더하여 합계 금액을 구해보겠습니다. ❶ [I12] 셀을 클릭합니다. ❷ [수식] 탭-[함수 라이브러리] 그룹-[수학/삼각]을 클릭하고 ❸ [SUMPRODUCT]를 선택합니다.

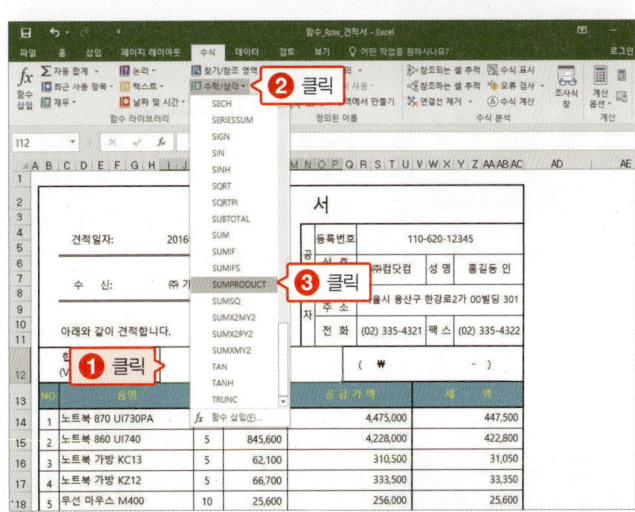

04 SUMPRODUCT 함수 인수 입력하기

❶ [함수 인수] 대화상자에서 [Array1] (대응하여 곱할 범위1)에 **K14:K27**을 입력하고 ❷ [Array2](대응하여 곱할 범위2)에 **L14:L27**을 입력한 후 ❸ [확인]을 클릭합니다.

범위의 수량과 공급가를 곱한 후 모두 더한 값이 구해집니다.

바로 통하는 TIP 완성 수식은 =SUMPRODUCT (K14:K27,L14:L27)입니다.

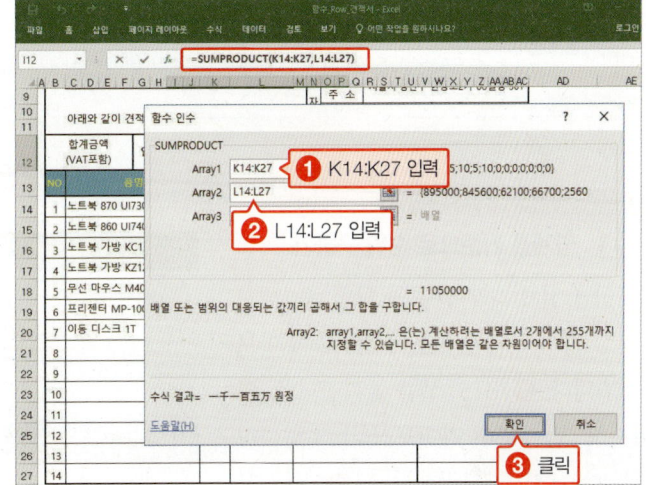

05 부가세 10%를 포함한 합계 금액 구하기

❶ [I12] 셀을 클릭합니다. ❷ 수식 입력 줄에서 수식의 마지막에 ***1.1**을 추가로 입력한 후 Enter를 누릅니다.

공급가액에 10%가 추가되어 합계 금액이 구해집니다.

바로 통하는 TIP 완성 수식은 =SUMPRODUCT (K14:K27,L14:L27)*1.1입니다.

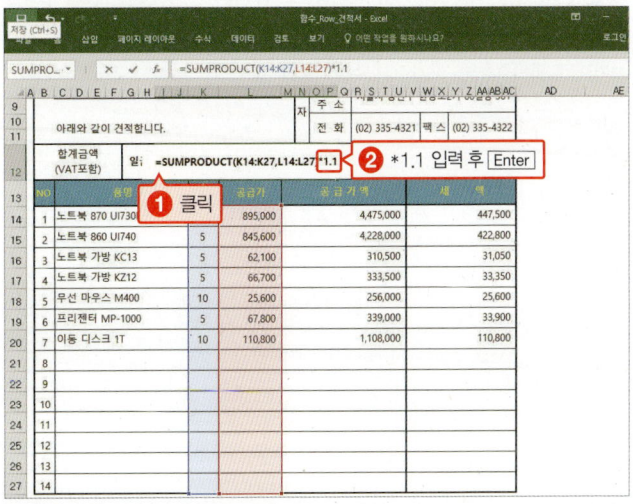

054 RANK.EQ, RANK.AVG 함수로 순위 구하기

RANK.EQ는 데이터의 순위를 구하는 함수로 동순위가 나올 경우 동순위를 표시합니다. RANK.AVG는 동순위가 나올 경우 순위의 구간 평균 값을 표시합니다.

실습 파일 | 엑셀\3장\ 함수_Rank_보험계약.xlsx   **완성 파일 |** 엑셀\3장\ 함수_Rank_보험계약_완성.xlsx

---

📢 **한눈에 보기**   **RANK.EQ, RANK.AVG 함수 알아보기**

범주	이름	설명
통계 함수	RANK.EQ(순위를 구하려는 수, 범위, 순위 결정 방법)	범위에서 지정한 수의 순위를 구합니다. 순위가 같으면 동순위로 표시합니다(엑셀 2010 이후 버전).
	RANK.AVG(순위를 구하려는 수, 범위, 순위 결정 방법)	동순위가 나오면 순위의 구간 평균값을 표시합니다(엑셀 2010 이후 버전).

---

01 합계를 기준으로 순위 구하기

개인별 전체 계약 건수 중 보험 종류별로 가장 많이 계약된 보험의 순위를 알아보겠습니다. ❶ [B15] 셀을 클릭합니다. ❷ [수식] 탭-[함수 라이브러리] 그룹-[함수 더 보기]를 클릭합니다. ❸ [통계]를 선택하고 ❹ [RANK.EQ]를 선택합니다.

바로 통하는 TIP 엑셀 2007 이전 버전의 호환 함수를 사용하려면 [수식] 탭-[함수 라이브러리] 그룹-[함수 더 보기]-[통계]-[호환성]-[RANK] 함수를 사용합니다.

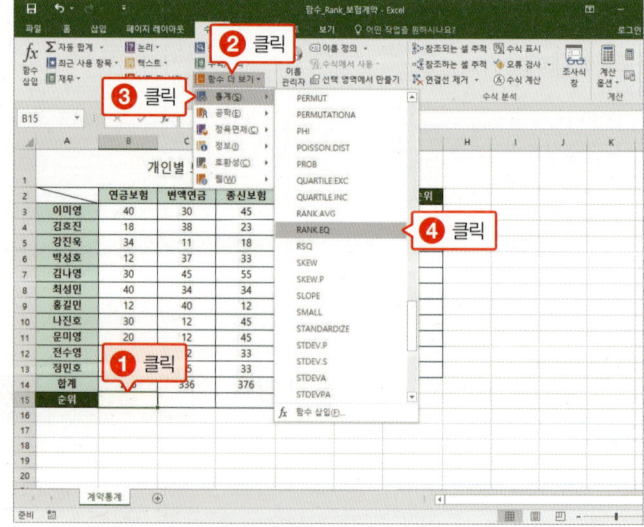

02 RANK.EQ 함수 인수 입력하기

❶ [함수 인수] 대화상자에서 [Number](순위를 구할 셀)에 **B14**를 입력하고 ❷ [Ref](순위를 구할 때 참조할 범위)에 **$B$14:$E$14**를 입력합니다. ❸ [Order](오름차순/내림차순)에 **0**을 입력하고 ❹ [확인]을 클릭합니다.

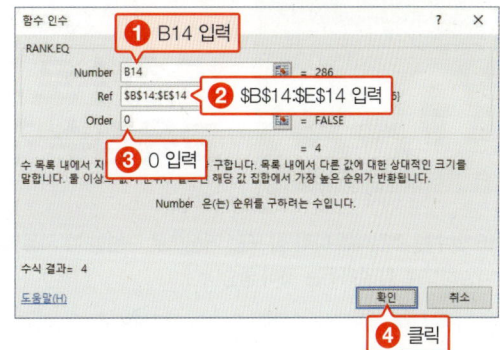

특정 셀([B14])이 범위([B14:E14] 셀)에서 몇 위인지 내림차순(0)으로 순위를 구합니다.

바로 통하는 TIP 순위를 계산할 때 큰 값에서 작은 값 순이면 내림차순, 작은 값에서 큰 값 순이면 오름차순입니다. 순위 결정 방법에 0을 입력하거나 생략하면 내림차순으로, 1을 입력하면 오름차순으로 순위를 구합니다.

바로 통하는 TIP 완성 수식은 =RANK.EQ(B14,$B$14:$E$14,0)입니다.

03

[B15] 셀의 채우기 핸들을 [E15] 셀까지 드래그해서 수식을 복사합니다.

가장 계약 건수가 많은 보험 순서대로 순위가 표시됩니다.

04 RANK.AVG 함수로 합계의 평균 순위 구하기

보험 계약 건수가 많은 서울 지역의 지점별 순위를 알아보겠습니다. ❶ [G3] 셀을 클릭한 후 **=RANK.AVG(F3,$F$3:$F$13, 0)**을 입력하고 ❷ Enter를 누릅니다. ❸ [G3] 셀의 채우기 핸들을 [G13] 셀까지 드래그해서 수식을 복사합니다.

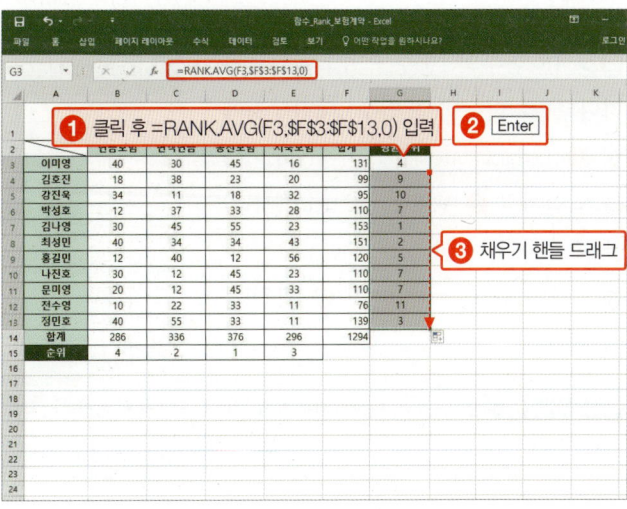

범위([F3:F11] 셀)에서 계약 건수의 합계 '110'이 3명으로 동순위입니다. 따라서 6위, 7위, 8위의 구간 평균값인 7위로 순위가 표시됩니다.

IF 함수로 과정 수료자와 교육점수 구하기

IF 함수는 조건식에 따라 참 또는 거짓으로 구분할 때 사용합니다. 엑셀에서 가장 많이 사용하는 함수 중에 하나이고 쓰임새 또한 다양하므로 잘 알아두는 것이 좋습니다.

실습 파일 | 엑셀\3장\ 함수_If_과정수료.xlsx **완성 파일** | 엑셀\ 3장\ 함수_If_과정수료_완성.xlsx

한눈에 보기 — IF 함수 알아보기

범주	이름	설명
논리 함수	IF(조건식, 참값, 거짓값)	조건식에 따라 참 또는 거짓으로 구분합니다.

01 출석일수에 따라 수료와 미수료를 표시하기

출석일수의 80%(4일) 이상 교육에 참여한 경우에는 '수료', 그렇지 않은 경우에는 '미수료'를 표시해보겠습니다. ❶ [I4] 셀을 클릭합니다. ❷ [수식] 탭-[함수 라이브러리] 그룹-[논리]를 클릭하고 ❸ [IF]를 선택합니다.

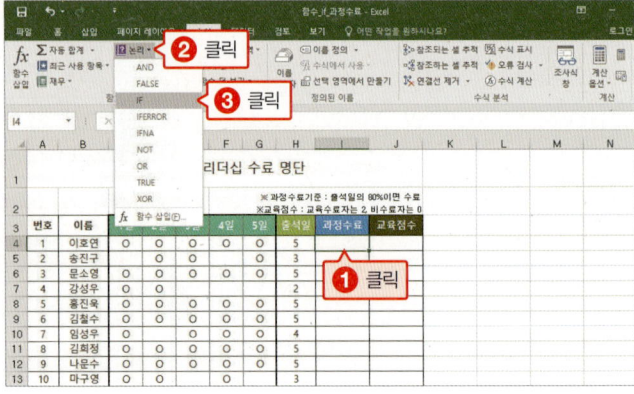

02 IF 함수의 [함수 인수] 대화상자가 나타납니다. [함수 인수] 대화상자에서 ❶ [Logical _test](조건)에 H4>=4를 입력하고 ❷ [Value _if_true](참값)에 수료를 입력 ❸ [Value_if_false](거짓값)에 미수료를 입력한 후 ❹ [확인]을 클릭합니다.

바로 통하는 TIP 완성 수식은 =IF(H4)=4,"수료","미수료")입니다.

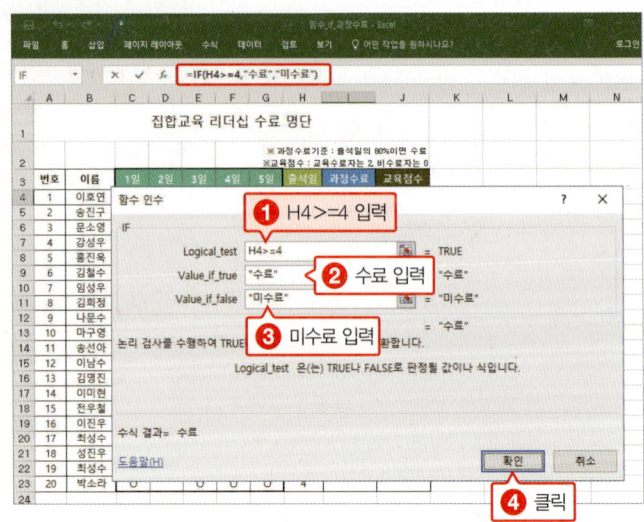

03 교육점수에 수료면 2, 미수료면 0을 표시하기

교육을 수료한 경우에는 교육점수에 '2', 미수료한 경우에는 '0'을 표시해보겠습니다. ❶ [J4] 셀을 클릭한 후 **=IF(I4="수료",2,0)**를 입력하고 ❷ Enter 를 누릅니다.

04 ❶ [I4:J4] 셀 범위를 드래그하고 ❷ 채우기 핸들을 더블클릭해서 수식을 복사합니다.

수강생의 교육과정 수료 여부 및 인사고과에 반영될 교육점수가 표시됩니다.

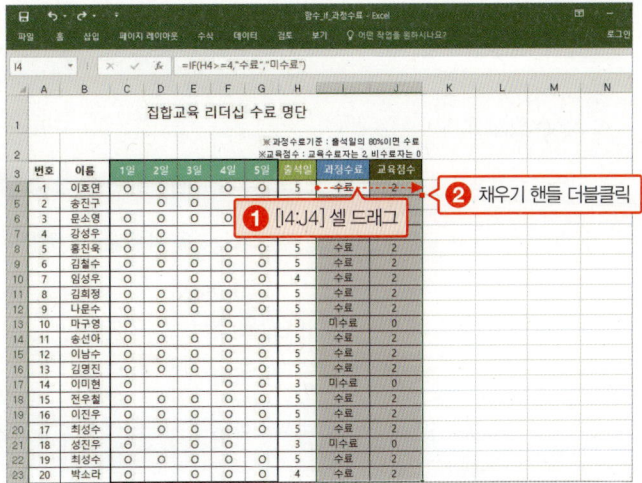

056 중첩 IF 함수로 신용평가등급 구하기

IF 함수는 단독으로 쓰일 때도 있지만 다수의 조건을 비교해야 할 경우에는 64개까지 중첩하여 사용할 수 있습니다. 여러 조건을 비교할 때 쓸 수 있는 IF 함수의 중첩에 대해서 알아보겠습니다.

실습 파일 | 엑셀\3장\함수_If중첩_신용평가.xlsx **완성 파일 |** 엑셀\3장\함수_If중첩_신용평가_완성.xlsx

---

📢 한눈에 보기 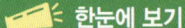 IF 함수 알아보기

IF 함수 형식은 IF(Logical_test, Value_if_true, Value_if_false)입니다.
조건식　　　　　참값　　　　　거짓값

기본적으로 조건이 하나일 때 사용하지만 조건이 여러 개일 때도 IF 함수 안에 IF 함수를 중첩하여 쓸 수 있습니다. 예를 들어 평가 점수가 90점 이상이면 교육 이수 점수를 2점, 70점 이상이면 1점, 70점 미만이면 0점을 주는 경우에 다음과 같이 쓸 수 있습니다.

=만약(점수가 90점 이상이면 2점, 만약(점수가 70점 이상이면 1점, 70점 미만이면 0점을 준다.)

이것을 함수식으로 표현하면 다음과 같습니다. 교육 점수에는 교육 점수가 담긴 셀 주소를 입력합니다.

　　　　　　　　　　　　　조건❷　　　　참값❷　거짓값❷
=IF(교육 점수 >=90, 2, IF(교육 점수>=70, 1, 0))
　　　조건식❶　참값❶　　　　거짓값❶

---

01 중첩 IF 함수로 신용평가등급 표시하기

신용평가등급에 신용 점수가 90점 이상이면 A, 80점 이상이면 B, 70점 이상이면 C, 70점 미만이면 D를 표시해보겠습니다. ❶ 신용평가등급을 표시할 [C4] 셀을 클릭합니다. ❷ [수식] 탭-[함수 라이브러리] 그룹-[논리]를 클릭하고 ❸ [IF]를 선택합니다.

02 IF 함수 인수 입력하기

❶ [함수 인수] 대화상자에서 [Logical_test]에 **B4>=90**을 입력하고 ❷ [Value_if_true]에 **A**를 입력합니다. ❸ [Value_if_false]란을 클릭한 후 ❹ [이름 상자]에서 [IF]를 클릭합니다.

바로 통하는TIP Logical_test(조건식) : 신용평가 점수가 90 이상인지를 판단하는 조건식으로 B4>=90을 입력합니다.
Value_if_true(참값) : 점수가 90 이상이면 신용등급 A를 입력합니다.
Value_if_false(거짓값) : 첫 번째 조건이 거짓인 경우 두 번째 조건으로 IF 함수를 중첩하기 위해 [이름 상자]에서 [IF]를 클릭합니다.

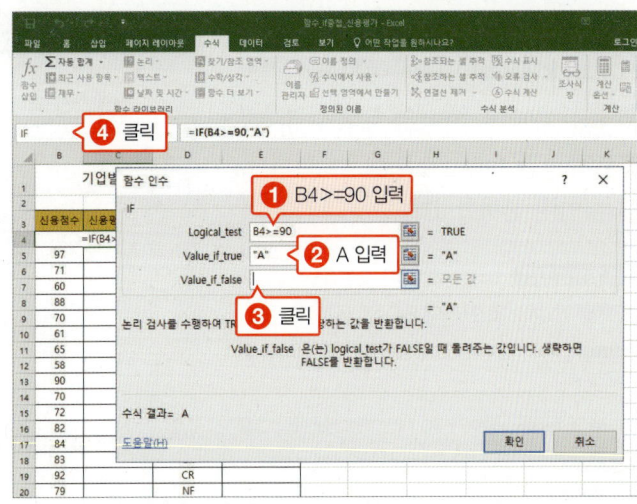

03 ❶ 새로운 [함수 인수] 대화상자에서 [Logical_test]에 **B4>=80**을 입력합니다. ❷ [Value_if_true]에 **B**를 입력합니다. ❸ [Value_if_false]란을 클릭한 후 ❹ [이름 상자]에서 [IF]를 클릭합니다.

바로 통하는TIP Logical_test : 신용점수가 80 이상인지를 판단하는 조건식으로 B4>=80을 입력합니다.
Value_if_true : 점수가 80 이상이면 신용등급 B를 입력합니다.
Value_if_false : 두 번째 조건이 거짓인 경우 세 번째 조건으로 IF 함수를 중첩하기 위해 [이름 상자]에서 [IF]를 클릭합니다.

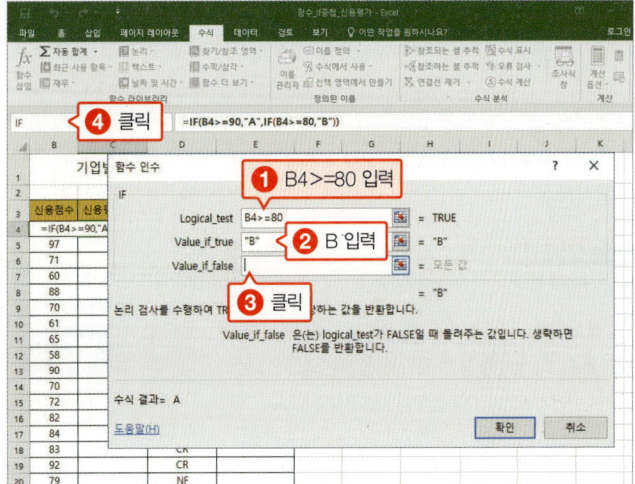

04 ❶ 새로운 [함수 인수] 대화상자에서 [Logical_test]에 **B4>=70**을 입력한 후 ❷ [Value_if_true]에 **C**를 입력하고 ❸ [Value_if_false]에 **D**를 입력합니다. ❹ [확인]을 클릭합니다.

바로 통하는 TIP Logical_test : 신용점수가 70 이상인지를 판단하는 조건식으로 B4)=70을 입력합니다.
Value_if_true : 점수가 70 이상이면 신용등급 C를 입력합니다.
Value_if_false : 점수가 70 미만이면 신용등급 D를 입력합니다.

바로 통하는 TIP 완성 수식은 =IF(B4)=90,"A",IF(B4)=80,"B",IF(B4)=70,"C","D")))입니다.

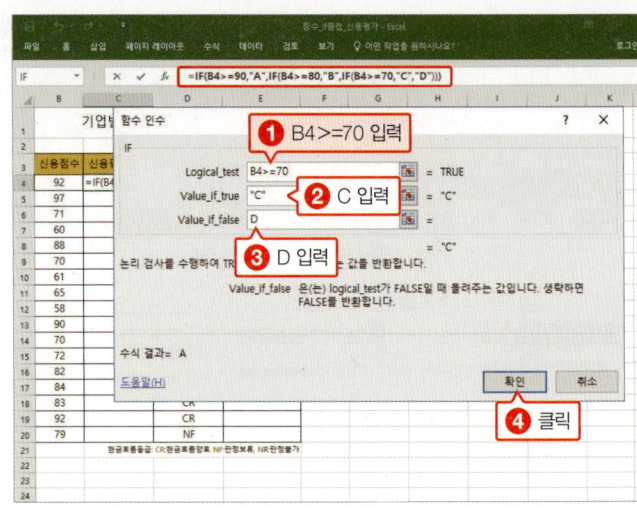

05 [C4] 셀의 채우기 핸들을 [C20] 셀까지 드래그해서 나머지 셀에 수식을 복사합니다.

중첩 IF 함수에서 지정한 조건에 따라 신용평가등급이 표시됩니다.

바로 통하는 TIP 중첩 IF 함수는 [함수 인수] 대화상자를 이용하면 쉽게 수식을 완성할 수 있습니다. 하지만 여러 함수를 중첩하는 경우가 많으므로 직접 수식을 입력해보는 것도 좋습니다. 함수를 중첩해서 사용할 때는 중첩한 함수의 개수만큼 수식의 마지막 괄호 개수를 맞춰야 합니다.

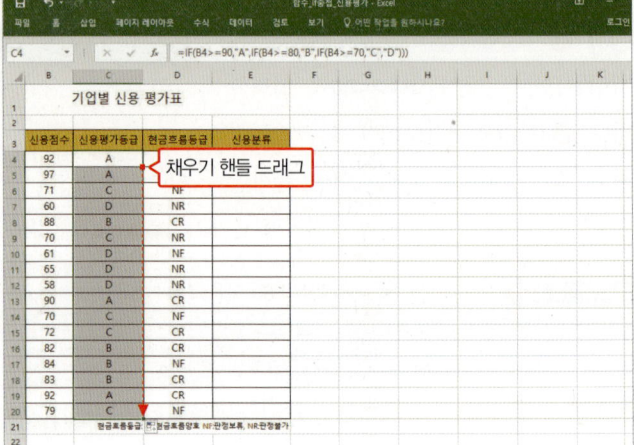

057

IF, AND, OR 함수로
기업 신용도 분류하기

수식에서 여러 항목의 조건을 비교하여 조건을 모두 만족할 경우 참값을 반환하는 함수는 AND이며, 일부의 조건을 만족할 경우 참값을 반환하는 함수는 OR입니다. 조건은 255개까지 지정할 수 있습니다.

실습 파일 | 엑셀\3장\함수_If_And_신용평가.xlsx **완성 파일** | 엑셀\3장\함수_If_And_신용평가_완성.xlsx

---

📢 **한눈에 보기** **AND, OR 함수 알아보기**

범주	이름	설명
논리 함수	AND(조건1, 조건2, …)	여러 항목의 조건을 비교해 모두 만족할 경우 참값을 반환합니다.
	OR(조건1, 조건2, …)	여러 항목의 조건을 비교해 일부의 조건을 만족할 경우 참값을 반환합니다.

---

01 IF와 AND 함수를 중첩해 신용도 분류하기

기업별 신용 평가표에서 신용평가등급이 A나 B고 현금흐름등급이 CR일 때는 신용분류에 '정상기업'을, 그렇지 않을 때는 '워크아웃'을 표시해보겠습니다. ❶ [E4] 셀을 클릭합니다. ❷ [수식] 탭-[함수 라이브러리] 그룹-[논리]를 클릭하고 ❸ [IF]를 선택합니다. [함수 인수] 대화상자가 활성화됩니다.

02 신용평가등급과 현금흐름등급의 두 가지 조건을 모두 만족해야 하므로 조건식에 AND 함수를 중첩시킵니다. ❶ 수식 입력줄에서 [함수 삽입 fx]을 클릭하여 [함수 인수] 대화상자를 닫습니다. ❷ [함수 라이브러리] 그룹 – [논리]를 클릭하고 ❸ [AND]를 선택합니다.

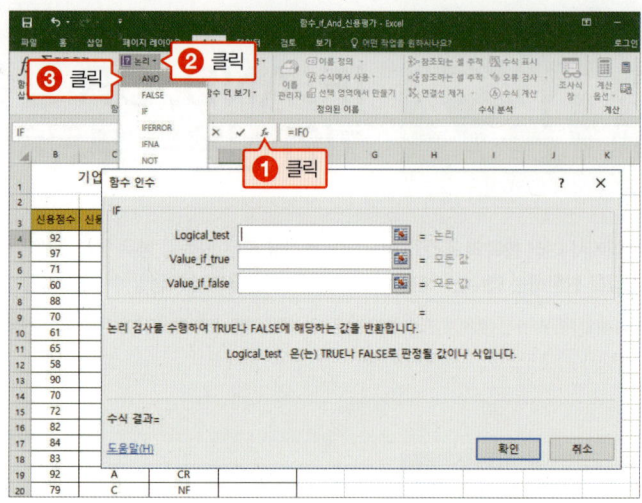

03 AND 함수 인수 입력하기

❶ [함수 인수] 대화상자에서 [Logical1]에 **D4="CR"**을 입력하고 ❷ [Logical2]란을 클릭합니다.

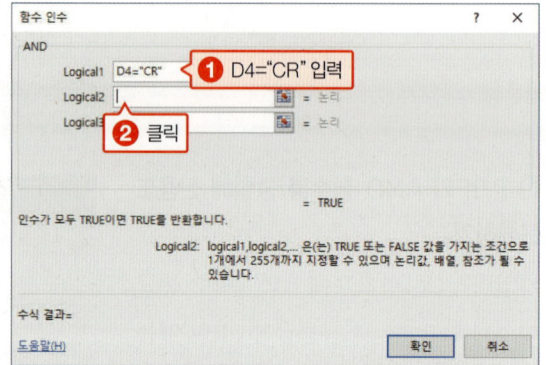

04 OR 함수 중첩하기

신용평가등급이 A나 B인 경우 조건을 만족하므로 OR 함수를 중첩시킵니다. ❶ 수식 입력줄에서 [함수 삽입 fx]을 클릭하여 [함수 인수] 대화상자를 닫습니다. ❷ [함수 라이브러리] 그룹 – [논리]를 클릭하고 ❸ [OR]을 선택합니다.

05 OR 함수 인수 입력하기

❶ [함수 인수] 대화상자에서 [Logical1]
에 **C4="A"**를 입력하고 ❷[Logical2]에
C4="B"를 입력합니다. ❸ [IF 함수 인수]
대화상자로 돌아가기 위해 수식 입력줄
에서 IF를 클릭합니다.

바로 통하는 TIP Logical1(조건1) : 신용평가등급이
"A"인지를 판단하는 조건입니다.
Logical2(조건2) : 신용평가등급이 "B"인지를 판단하
는 조건입니다.

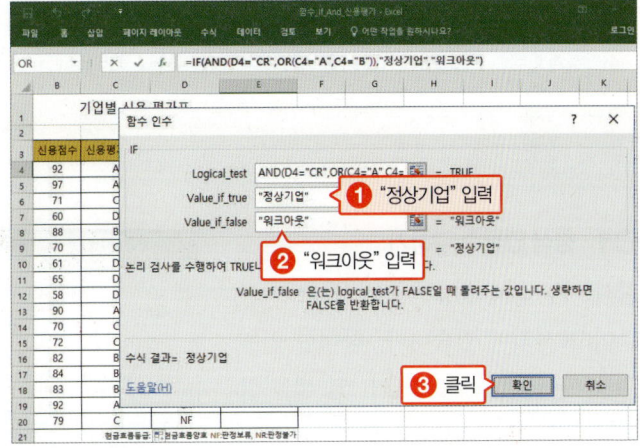

06

[함수 인수] 대화상자에서 [Logical_
test]에 AND, OR 함수 수식이 입력되어
있습니다. ❶ [Value_if_true]에 **"정상기
업"**을 입력하고 ❷ [Value_if_false]에
"워크아웃"을 입력한 후 ❸ [확인]을 클릭합
니다.

바로 통하는 TIP Logical_test : 현금흐름등급이
"CR"이고, 신용평가등급이 "A"이거나 "B"인 조건입니다.
Value_if_true : 조건 결과가 참이면 '정상기업'을 표기
합니다.
Value_if_false : 조건 결과가 거짓이면 '워크아웃'을
표기합니다.

바로 통하는 TIP 완성 수식은 =IF(AND(D4="CR",OR(C4="A",C4="B")),"정상기업","워크아웃")입니다.

07 [E4] 셀의 채우기 핸들을 더블클
릭하여 나머지 셀에 수식을 복사합니다.

중첩한 IF, AND, OR 함수의 조건에 따라 '정상기업'
과 '워크아웃'으로 신용분류가 표시됩니다.

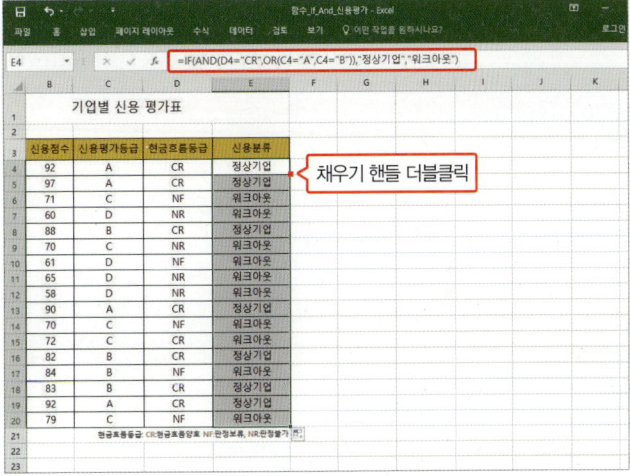

핵심기능실습
058

COUNTIF, COUNTIFS 함수로
조건을 만족하는 인원수 구하기

전체 셀의 개수를 셀 수도 있지만 조건을 지정하여 조건에 만족하는 셀의 개수를 셀 수 있습니다. 조건에 만족하는 셀의 개수를 세는 COUNTIF 함수와 다중 조건에 만족하는 셀의 개수를 세는 COUNTIFS 함수에 대해 살펴보겠습니다.

실습 파일 | 엑셀\3장\ 함수_Countif_참가명단.xlsx   **완성 파일** | 엑셀\3장\ 함수_Countif_참가명단_완성.xlsx

---

📢 한눈에 보기   COUNTIF, COUNTIFS 함수 알아보기

범주	이름	설명
통계 함수	COUNTIF(개수를 세고 싶은 범위, 조건)	조건에 맞는 셀의 개수를 구합니다.
	COUNTIFS(개수를 세고 싶은 범위1, 조건1, 개수를 세고 싶은 범위2, 조건2, …)	다중 조건에 만족하는 셀의 개수를 구합니다.

---

01 참석 인원수 구하기

참석 여부에 따라 명부에 '참석', 또는 공란이 표시되어 있습니다. 참석한 인원수를 세어보겠습니다. ❶ [H5] 셀을 클릭합니다. ❷ [수식] 탭-[함수 라이브러리] 그룹-[함수 더 보기]를 클릭합니다. ❸ [통계]를 선택하고 ❹ [COUNTIF]를 선택합니다.

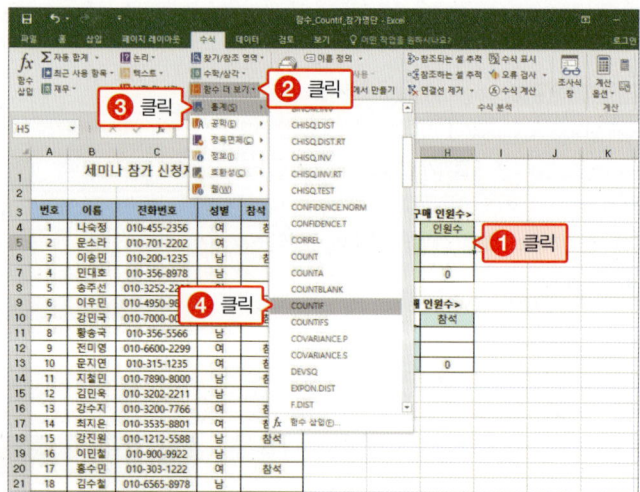

02 COUNTIF 함수 인수 입력하기

❶ [함수 인수] 대화상자에서 [Range]에 **E4:E26**을 입력한 후 ❷ [Criteria]에 **=참석**을 입력합니다. ❸ [확인]을 클릭합니다.

범위([E4:E26] 셀)에서 조건(참석)에 만족하는 셀의 개수, 즉 참석한 인원수가 표시됩니다.

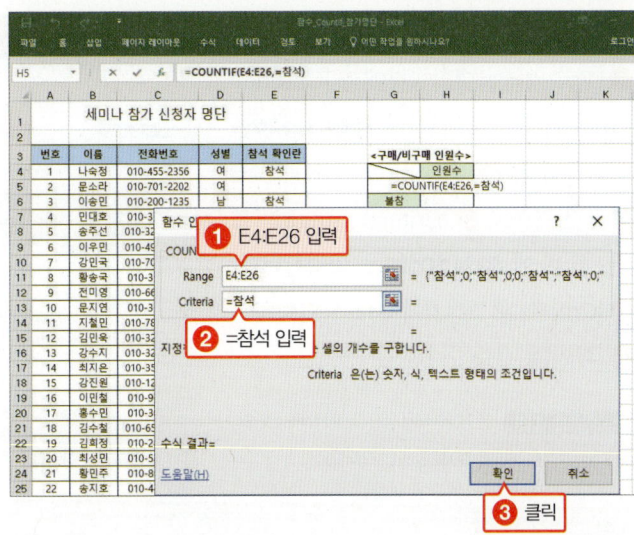

03 불참 인원수 구하기

신청자 명단에 공란으로 표시된 셀의 개수를 세어보겠습니다. ❶ [H6] 셀을 클릭한 후 **=COUNTIF(E4:E26,"")**를 입력하고 ❷ Enter 를 누릅니다.

범위([E4:E26] 셀)에서 조건(공란)에 만족하는 셀의 개수, 즉 불참한 인원수가 표시됩니다.

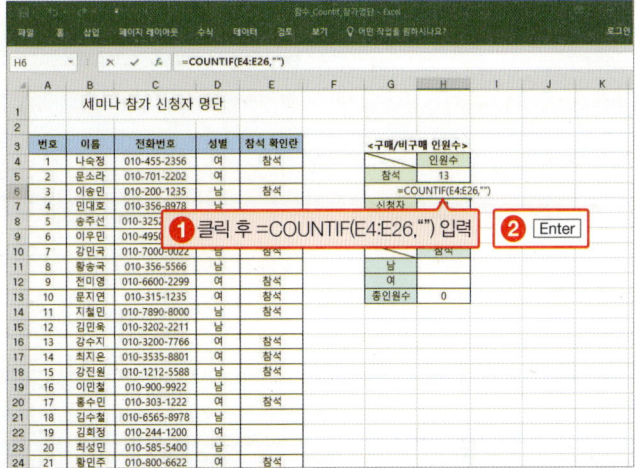

04 성별 참석 인원수 구하기

구매한 인원 중 성별에 따라 남, 여의 인원수를 세어보겠습니다. ❶ [H11] 셀을 클릭합니다. ❷ [수식] 탭-[함수 라이브러리] 그룹-[함수 더 보기]를 클릭하고 ❸ [통계]를 선택한 후 ❹ [COUNTIFS]를 선택합니다.

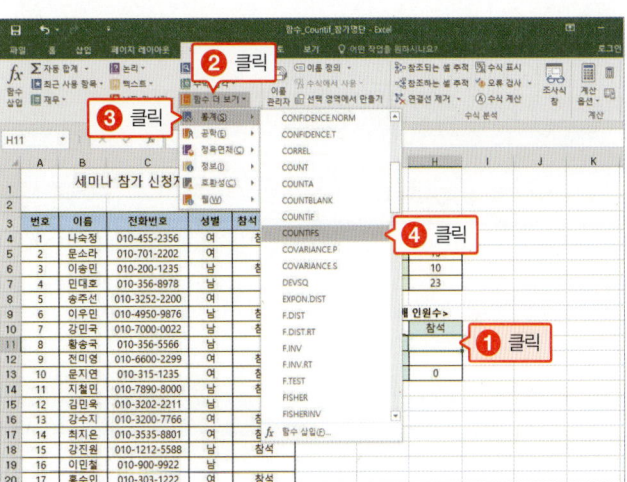

05 COUNTIFS 함수 인수 입력하기

❶ [함수 인수] 대화상자에서 [Criteria_range1](조건1 범위)에 **$E$4:$E$26**을 입력합니다. ❷ [Criteria1](조건1)에 **=참석**을 입력하고 ❸ [Criteria_range2](조건2 범위)에 **$D$4:$D$26**을 입력합니다. ❹ [Criteria2](조건2)에 **G11**을 입력하고 ❺ [확인]을 클릭합니다.

바로 통하는TIP 완성 수식은 =COUNTIFS($E$4:$E$26,"=참석",$D$4:$D$26,G11)입니다.

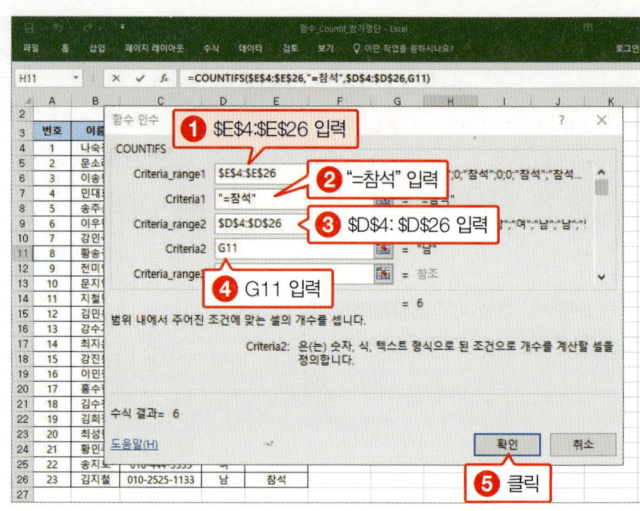

06 [H11] 셀의 채우기 핸들을 [H12] 셀까지 드래그해서 수식을 복사합니다.

참석한 인원 중 남, 여 인원수가 표시됩니다.

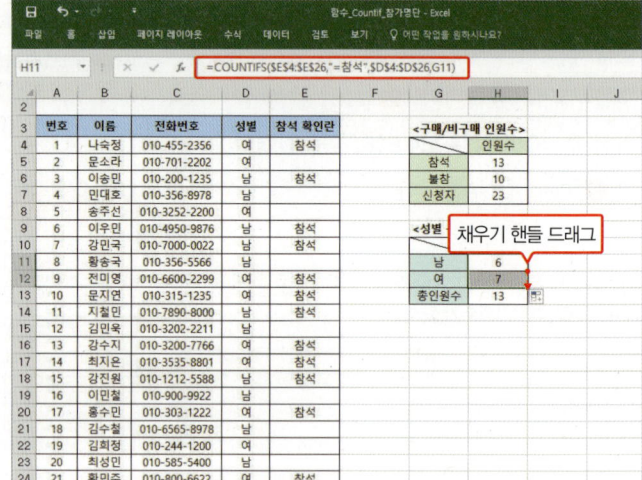

SUMIF, SUMIFS 함수로 조건을 만족하는 합계 계산하기

조건에 만족하는 셀의 합계를 계산하는 SUMIF 함수와 다중 조건에 만족하는 셀의 합계를 계산하는 SUMIFS 함수에 대해 살펴보겠습니다.

실습 파일 | 엑셀\3장\함수_Sumif_입금대장.xlsx   **완성 파일** | 엑셀\3장\함수_Sumif_입금대장_완성.xlsx

---

📢 **한눈에 보기** | **SUMIF, SUMIFS 함수 알아보기**

범주	이름	설명
수학/삼각 함수	SUMIF(조건을 검사할 범위, 조건, 합계를 계산할 범위)	조건에 만족하는 셀의 합계를 구합니다.
	SUMIFS(합계를 계산할 범위, 조건을 검사할 범위1, 조건1, 조건을 검사할 범위2, 조건2, …)	다중 조건에 만족하는 셀의 합계를 구합니다.

---

01 입금방법별 금액의 합계 구하기

주간 입금 대장에서 금액을 입금한 방법에 따른 입금액의 합계를 구해보겠습니다. ❶ [I5] 셀을 클릭합니다. ❷ [수식] 탭-[함수 라이브러리] 그룹-[수학/삼각]을 클릭하고 ❸ [SUMIF]를 선택합니다.

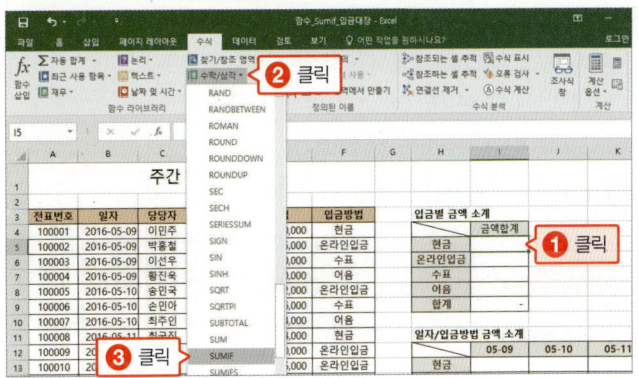

02 SUMIF 함수 인수 입력하기

❶ [함수 인수] 대화상자에서 [Range](범위)에 **$F$4:$F$28**을 입력한 후 ❷ [Criteria] (조건)에 **H5**를 입력하고 ❸ [Sum_range](합계 범위)에 **$E$4:$E$28**을 입력합니다. ❹ [확인]을 클릭합니다.

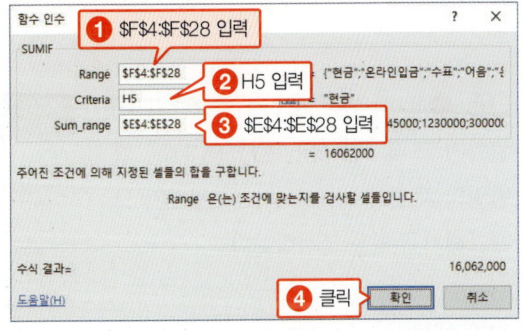

바로 통하는 TIP Criteria(조건)에 "=현금"을 입력하면 수식을 복사할 때 조건이 변하지 않고 고정됩니다. 따라서 [H5] 셀을 지정하여 조건이 바뀌도록 합니다.

바로 통하는 TIP 완성 수식은 =SUMIF($F$4:$F$28,H5,$E$4:$E$28)입니다.

03 [I5] 셀의 채우기 핸들을 더블클릭하여 수식을 복사합니다.

[I5:I8] 셀 범위에는 입금 방법에 따른 금액의 합계가 구해집니다.

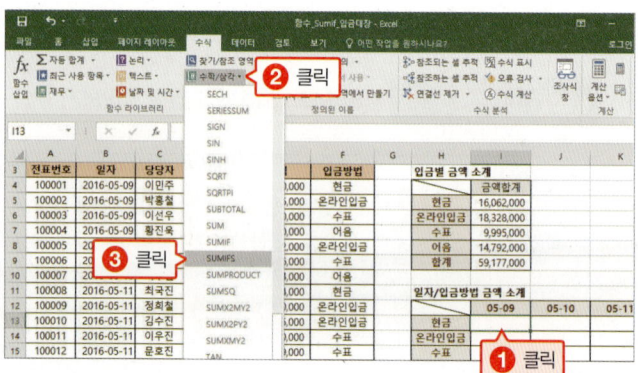

04 일자별 입금방법을 조건으로 한 금액의 합계 구하기

일자별로 입금한 방법에 따른 금액의 합계를 구해보겠습니다. ❶ [I13] 셀을 클릭하고 ❷ [수식] 탭 – [함수 라이브러리] 그룹 – [수학/삼각]을 클릭하고 ❸ [SUMIFS]를 선택합니다.

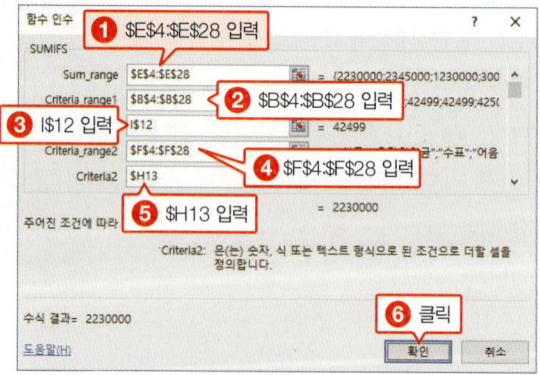

05 [함수 인수] 대화상자에서 ❶ [Sum_range](합계 범위)에 **$E$4:$E$28**을 입력하고 ❷ [Criteria_range1](조건1 범위)에 **$B$4:$B$28**을 입력합니다. ❸ [Criteria1](조건1)에 **I12**를 입력하고 ❹ [Criteria_range2](조건2 범위)에 **$F$4:$F$28**을 입력한 후 ❺ [Criteria2](조건2)에 **$H13**을 입력합니다. ❻ [확인]을 클릭합니다.

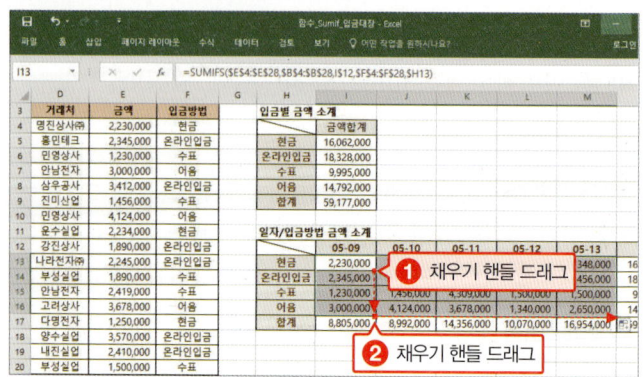

[바로 통하는 TIP] 완성 수식은 =SUMIFS($E$4:$E$28,$B$4:$B$28,I12,$F$4:$F$28,$H13)입니다.

06 ❶ [I13] 셀의 채우기 핸들을 [I16] 셀까지 드래그합니다. ❷ [I13:I16] 셀 범위의 채우기 핸들을 [M16] 셀까지 드래그해서 수식을 복사합니다.

일자와 입금방법에 따른 금액의 합계가 구해집니다.

혼자해보기 ☀ 07 영업 실적 현황 완성하기

실습 파일 | 엑셀\3장\영업실적표.xlsx **완성 파일** | 엑셀\3장\영업실적표_완성.xlsx

개인별 영업 실적표에서 다음의 지시 사항에 따라 인원수, 순위, 성과금, 실적평가, 부서별 성과금의 합계, 우수사원 인원수를 구합니다.

개인별 판매 실적표

				인원수	20				

성명	부서	실적금액	순위	성과금	실적평가		부서	성과금합계	우수사원인원수
김성철	영업1팀	3,560,000	14	178,000			영업1팀	2,002,900	1
이병욱	영업3팀	13,000,000	1	1,300,000	우수		영업2팀	3,324,500	3
서기린	영업2팀	11,400,000	2	1,140,000	우수		영업3팀	3,404,200	2
유태현	영업1팀	7,660,000	5	766,000	우수		합계	8,731,600	6
박민우	영업3팀	5,780,000	8	289,000					
김태성	영업2팀	8,910,000	4	891,000	우수				
남진섭	영업3팀	6,780,000	7	339,000					
강은철	영업1팀	3,450,000	15	172,500					
최진우	영업2팀	5,120,000	10	256,000					
황욱진	영업3팀	12,100,000	2	1,210,000	우수				
김진섭	영업1팀	4,300,000	13	215,000					
박태수	영업2팀	3,220,000	16	161,000					
이민호	영업1팀	2,450,000	18	73,500					
문호철	영업3팀	1,340,000	20	40,200					
전남주	영업2팀	3,110,000	17	155,500					
홍순민	영업1팀	5,660,000	9	283,000					
이나영	영업3팀	4,520,000	12	226,000					
나은미	영업1팀	1,980,000	19	59,400					
민호철	영업2팀	7,210,000	6	721,000	우수				
송수영	영업1팀	5,110,000	11	255,500					

▲ 완성 파일

01 인원수(F2)는 COUNTA 함수를 이용합니다. 영업사원수를 구합니다.

· 완성 수식 : **=COUNTA(A5:A24)**

02 순위(D5:D24)는 RANK.EQ 함수를 이용합니다. 실적금액을 기준으로 내림차순으로 순위를 구합니다.

· 완성 수식 : **=RANK.EQ(C5,$C$5:$C$24,0)**

03 성과금(E5:E24)은 IF 함수를 이용합니다. 실적금액이 7백만 원 이상이면 실적금액의 10%, 3백만 원 이상이면 5%, 아니면 실적금액의 3%를 구합니다.

· 완성 수식 : **=IF(C5>=7000000,C5*10%,IF(C5>=3000000,C5*5%,C5*3%))**

04 실적평가(F5:F24)는 IF 함수를 이용합니다. 실적금액이 7백만 원 이상이면 우수, 아니면 공백으로 표시합니다.

· 완성 수식 : **=IF(C5>=7000000,"우수","")**

05 성과금의 합계(I5:I7)는 SUMIF 함수를 이용합니다. 부서별 성과금의 합계를 구합니다.

- 완성 수식 : **=SUMIF($B$5:$B$24,H5,$E$5:$E$24)**

06 우수사원인원수(J5:J7)는 COUNTIFS 함수를 이용합니다. 부서별로 우수사원의 인원수를 구합니다.

- 완성 수식 : **=COUNTIFS($B$5:$B$24,H5,F5:F24,"=우수")**

07 성과금의 합계(I8), 우수사원 인원수의 합계(J8)는 SUM 함수를 이용하여 구합니다.

- 완성 수식 : **=SUM(I5:I7), =SUM(J5:J7)**

FREQUENCY 함수로
연령대 분포 빈도수 구하기

데이터 범위 안에서 구간별 분포 빈도수를 구하는 FREQUENCY 함수는 셀 범위를 비교하는 배열 형태의 함수입니다. 수식을 완성한 후에는 Ctrl + Shift + Enter 를 눌러 배열 수식임을 표시 합니다. 수식의 앞과 뒤에는 중괄호({ })가 나타납니다.

실습 파일 | 엑셀 \ 3장 \ 함수_Frequency_빈도수.xlsx **완성 파일** | 엑셀 \ 3장 \ 함수_Frequency_빈도수_완성.xlsx

---

📢 **한눈에 보기**   **FREQUENCY 함수 알아보기**

범주	이름	설명
통계 함수	FREQUENCY(데이터 배열, 분포 구간)	대상 자료의 구간별 분포를 구합니다.

---

01 연령대 분포 빈도수 구하기

검진 대상자의 연령대가 어떻게 분포되어 있는지 연령대별로 표시해보겠습니다. ❶ [G4:G9] 셀 범위를 드래그합니다. ❷ [수식] 탭 - [함수 라이브러리] 그룹 - [함수 더 보기]를 클릭하고 ❸ [통계]를 선택하고 ❹ [FREQUENCY]를 선택합니다.

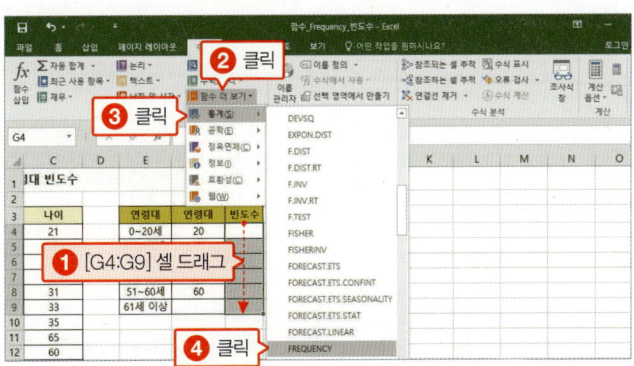

02 FREQUENCY 함수 인수 입력하기

❶ [함수 인수] 대화상자에서 [Data_array](빈도수를 계산할 범위)에 **C4:C44** 를 입력하고 ❷ [Bins_array](빈도수 구간 범위)에 **F4:F9**를 입력합니다. ❸ Ctrl + Shift 를 누른 상태에서 [확인]을 클릭합니다.

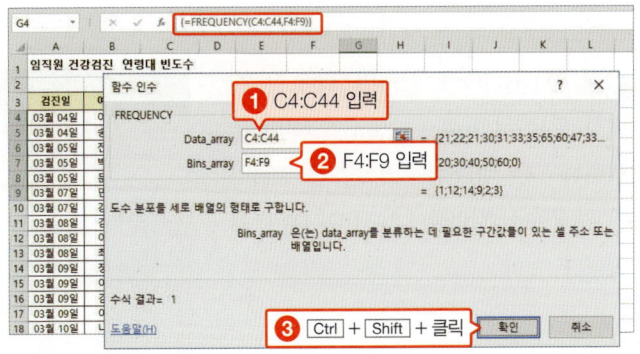

바로 통하는TIP 인수 설명

Data_array : 연령대의 빈도수를 계산하기 위한 나이의 전체 범위(C4:C44)입니다.

Bins_array : 연령대의 빈도수를 계산하기 위한 구간 범위(F4:F9)로 [20 : 0～20세], [30 : 21～30세], [40 : 31～40세], [50 : 41～50세], [60 : 51～60세], [61 이상 : 공백]으로 표기합니다.

바로 통하는TIP 완성 수식은 {=FREQUENCY(C4: C44,F4:F9)}입니다.

핵심기능실습 061

CHOOSE, MID 함수로 성별 구하기

CHOOSE 함수는 인덱스 번호(색인 값)에 따라 원하는 목록을 직접 입력하여 인덱스 값에 따른 목록을 찾아줍니다. MID 함수는 문자열에서 글자 일부를 추출합니다. 주민번호를 확인하여 8번째 자리의 숫자가 1이나 3이면 성별에 '남'을, 2나 4면 '여'를 표시해보겠습니다.

실습 파일 | 엑셀\3장\함수_Choose_사원명부.xlsx **완성 파일** | 엑셀\3장\함수_Choose_사원명부_완성.xlsx

---

📢 **한눈에 보기** **CHOOSE, MID 함수 알아보기**

범주	이름	설명
찾기/ 참조 영역 함수	CHOOSE(인덱스 번호, 값1, 값2,…)	인덱스 번호(1~254)에 따른 위치의 목록(값1, 값2…)을 찾아줍니다.
텍스트 함수	MID(문자열, 추출할 시작 위치, 나머지 추출할 문자의 수)	문자열의 중간에 있는 글자의 일부를 추출합니다. n번째 글자부터 x개만큼을 추출합니다.

---

01 CHOOSE와 MID 함수를 중첩하여 성별을 표시하기

❶ [F4] 셀을 클릭합니다. ❷ [수식] 탭 - [함수 라이브러리] 그룹 - [찾기/참조 영역]을 클릭하고 ❸ [CHOOSE]를 선택합니다.

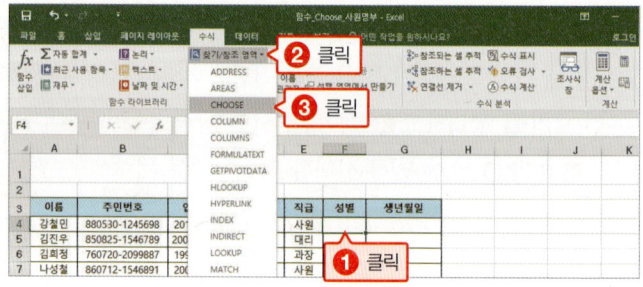

02 ❶ CHOOSE 함수의 [함수 인수] 대화상자에서 [Index_num]에 **MID()**를 입력하고 ❷ MID 함수의 인수를 입력하기 위해 수식 입력줄에서 MID( )를 클릭합니다.

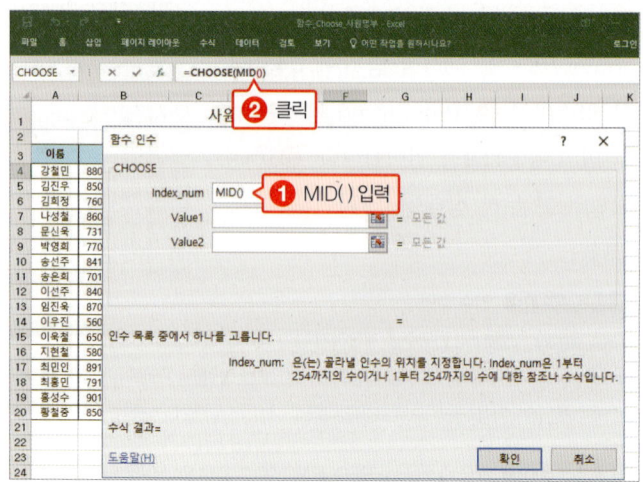

03 MID 함수 인수 입력하기

❶ [함수 인수] 대화상자에서 [Text]에 **B4**를 입력하고 ❷ [Start_num]에 **8**을 입력한 후 ❸ [Num_chars]에 **1**을 입력합니다. ❹ 수식 입력줄에서 CHOOSE를 클릭해서 CHOOSE 함수의 [함수 인수] 대화상자로 돌아갑니다.

바로 통하는 TIP 인수 설명

Text : 주민번호가 있는 셀 주소를 지정합니다.
Start_num : 주민번호에서 추출한 시작 위치를 입력합니다.
Num_chars : 시작 위치로부터 추출할 문자 개수를 입력합니다.

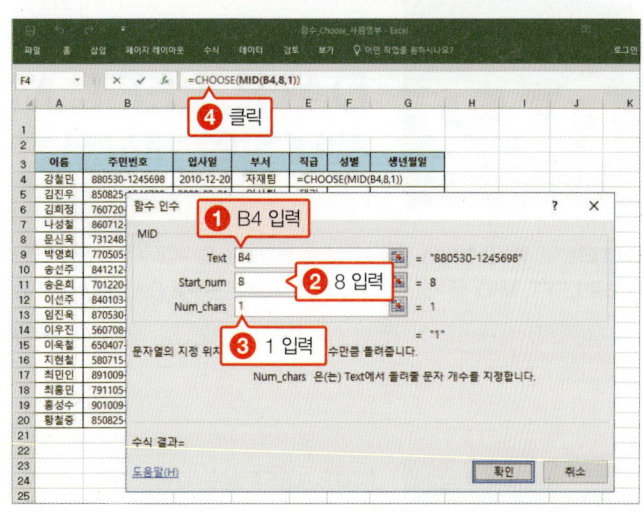

04 CHOOSE 함수 인수 입력하기

❶ [Value1]에 **남**을 입력하고 ❷ [Value2]에 **여**를 입력합니다. ❸ [Value3]에 **남**을 입력한 후 ❹ [Value4]에 **여**를 입력합니다. ❺ [확인]을 클릭합니다.

바로 통하는 TIP 주민등록번호의 여덟 번째 자리에 따라 1900년대 출생자 중 1이면 남자, 2면 여자, 2000년대 출생자 중 3이면 남자, 4면 여자이므로 주민등록 성별 구분 번호(1~4)에 따라 순서대로 "남", "여", "남", "여"를 반환합니다.

바로 통하는 TIP 완성 수식은 =CHOOSE(MID(B4, 8,1),"남","여","남","여")입니다.

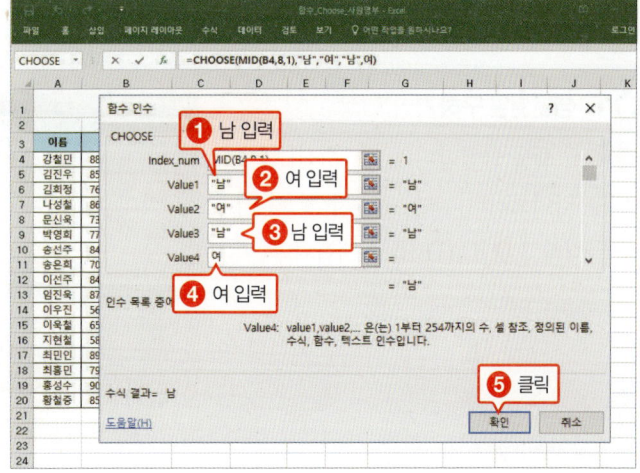

05 [F4] 셀의 채우기 핸들을 더블클릭해서 수식을 복사합니다.

주민번호 여덟 번째 자리 숫자를 추출해서 알게 된 사원의 성별이 표시됩니다.

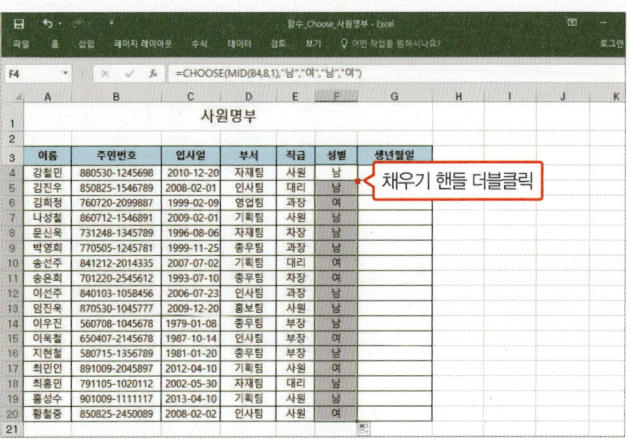

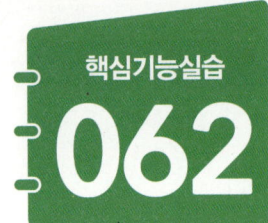
DATE, LEFT, MID 함수로
생년월일 계산하기

DATE는 년, 월, 일 형태의 날짜 형식으로 변경하는 함수입니다. 주민등록번호의 앞부분 6자리는 두 자리씩 년도, 월, 일을 나타내므로 LEFT, MID 함수로 각각 추출하고, 추출한 문자를 DATE 함수를 사용하여 날짜 속성으로 바꿔보겠습니다.

실습 파일 | 엑셀 \ 3장 \ 함수_Date_사원명부.xlsx   **완성 파일** | 엑셀 \ 3장 \ 함수_Date_사원명부_완성.xlsx

---

📣 **한눈에 보기** 　**DATE, LEFT 함수 알아보기**

범주	이름	설명
날짜 및 시간 함수	DATE(년,월,일)	입력된 연, 월, 일의 날짜를 나타냅니다.
텍스트 함수	LEFT(문자열,왼쪽으로부터 추출할 문자의 수)	문자열의 왼쪽으로부터 글자 수를 추출합니다.

---

01 생년월일 구하기

❶ [G4] 셀을 클릭합니다. ❷ [수식] 탭–[함수 라이브러리] 그룹–[날짜 및 시간]을 클릭하고 ❸ [DATE]를 선택합니다.

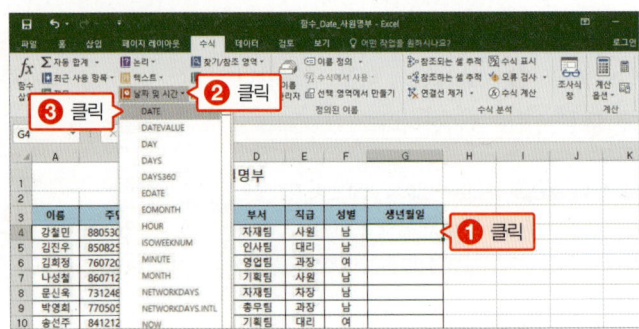

02 DATE 함수 인수 입력하기

❶ [함수 인수] 대화상자에서 [Year]에 **LEFT(B4,2)**를 입력합니다. ❷ [Month]에 **MID(B4,3,2)**를 입력하고 ❸ [Day]에 **MID(B4,5,2)**를 입력합니다. ❹ [확인]을 클릭합니다. ❺ [G4] 셀의 채우기 핸들을 더블클릭해서 수식을 복사합니다.

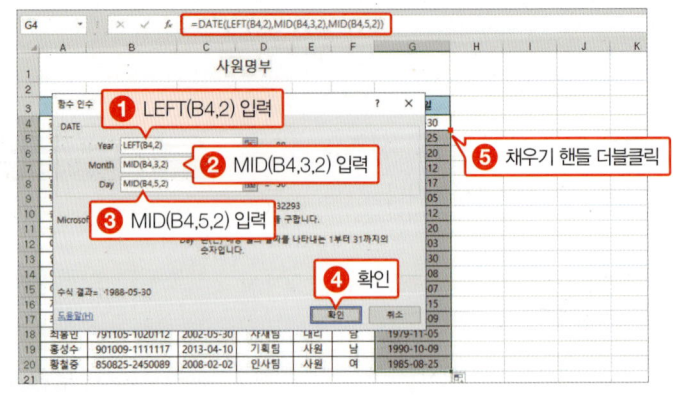

바로 통하는 TIP 　인수 설명

Year : 주민번호의 왼쪽에서 두 글자를 가져와 연도를 지정합니다. / **Month** : 주민번호의 세 번째 글자부터 두 글자를 가져와 월로 지정합니다.
Day : 주민번호의 다섯 번째 글자부터 두 글자를 가져와 일로 지정합니다.

바로 통하는 TIP 　완성 수식은 =DATE(LEFT(B4,2),MID(B4,3,2),MID(B4,5,2))입니다.

063 LEFT, FIND, SUBSTITUTE 함수로 아이디와 이메일 주소 수정하기

FIND 함수는 문자열에서 찾고자 하는 문자의 위치를 숫자로 알려줍니다. SUBSTITUTE 함수는 문자열에서 일부 글자를 다른 글자로 대치하고자 할 때 사용합니다.

실습 파일 | 엑셀\3장\함수_Find_이메일주소록.xlsx **완성 파일** | 엑셀\3장\함수_Find_이메일주소록_완성.xlsx

---

📢 **한눈에 보기**　　**LEFT, FIND, SUBSTITUTE 함수 알아보기**

범주	이름	설명
텍스트 함수	FIND(찾을 문자, 문자열, 시작 위치)	문자열에서 글자 일부의 시작 위치를 찾아 숫자로 나타냅니다.
	SUBSTITUTE(문자열, 대상 문자, 바꿀 문자, 시작 위치)	문자열에서 일부 글자를 다른 글자로 대치하고자 할 때 사용합니다.

O1 이메일 주소에서 아이디 추출하기

이메일 주소에서 @ 기호 앞부분에 위치한 사원별 아이디를 추출해보겠습니다. ❶ [C4] 셀을 클릭합니다. ❷ [수식] 탭-[함수 라이브러리] 그룹-[텍스트]를 클릭하고 ❸ [LEFT]를 선택합니다.

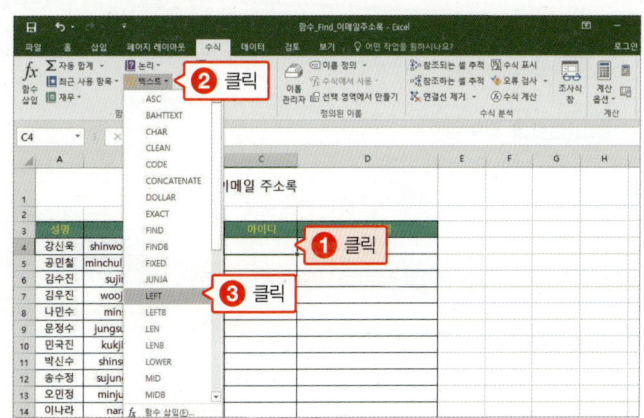

O2 LEFT, FIND 함수 인수 입력하기

❶ [함수 인수] 대화상자에서 [Text]에 **B4**를 입력하고 ❷ [Num_chars]에 **FIND("@",B4)-1**을 입력합니다. ❸ [확인]을 클릭합니다.

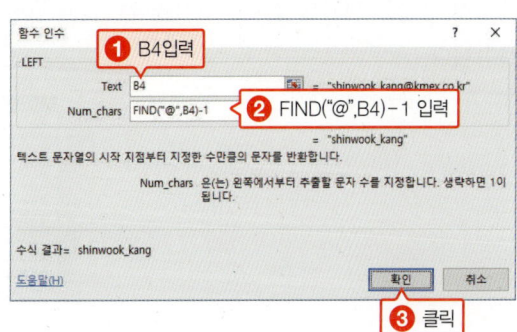

바로 통하는TIP 인수 설명

Text : 아이디를 추출할 이메일 주소(B4)를 지정합니다.

Num_chars : 이메일 주소에서 "@" 기호(FIND("@",B4))의 위치를 구하고, "@" 위치 전까지만 추출해야 하므로 "-1"을 입력합니다.

바로 통하는TIP 완성 수식은 ==LEFT(B4,FIND("@",B4)-1)입니다.

03 이메일 주소에서 수정하기

이메일 주소에서 'co.kr'을 'com'으로 수정해보겠습니다. ❶ [D4] 셀을 클릭합니다. ❷ [수식] 탭 – [함수 라이브러리] 그룹 – [텍스트]를 클릭하고 ❸ [SUBSTITUTE]를 선택합니다.

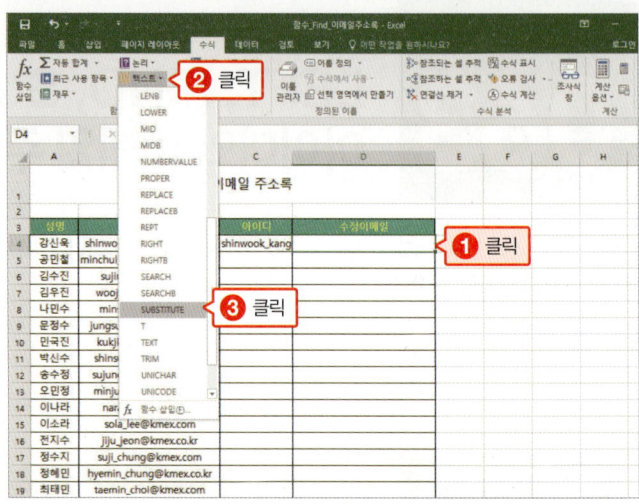

04 SUBSTITUTE 함수 인수 입력하기

❶ [함수 인수] 대화상자에서 [Text]에 **B4**를 입력하고 ❷ [Old_text]에 **co.kr**을 입력한 후 ❸ [New_text]에 **com**을 입력합니다. ❹ [확인]을 클릭합니다.

바로 통하는 TIP 인수 설명

Text : 이메일 주소[B4] 셀를 지정합니다.
Old_text : 바꾸고자 하는 문자열을 찾기 위해 'co.kr'을 입력합니다.
New_text : 새롭게 바꿀 문자열 'com'을 입력합니다.

바로 통하는 TIP 완성 수식은 =SUBSTITUTE(B4, "co.kr", "com")입니다.

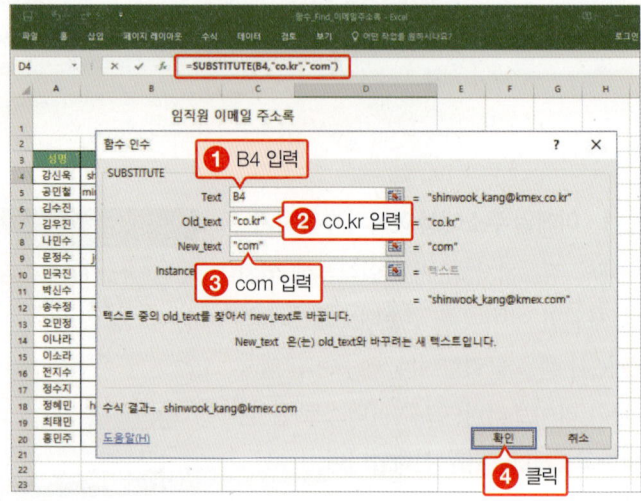

05 ❶ [C4:D4] 셀을 드래그하고 ❷ 채우기 핸들을 더블클릭해서 수식을 복사합니다.

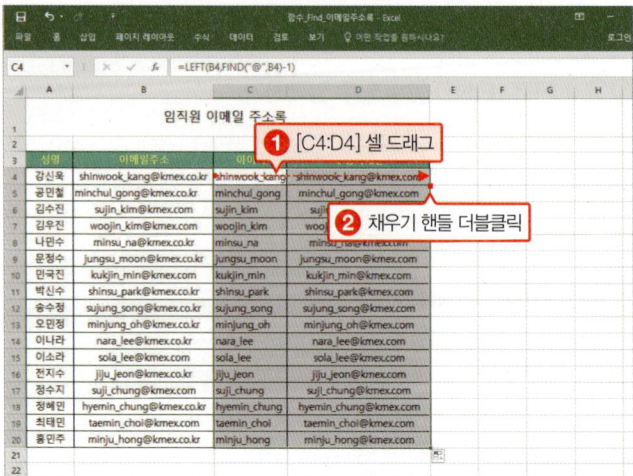

DATEDIF, EOMONTH 함수로
근무기간과 퇴직금 지급일 구하기

두 날짜 사이의 간격은 종료 일자에서 시작 일자를 빼서 계산할 수 있습니다. 하지만 두 날짜 사이의 개월수나 년수를 계산하려면 수식이 좀 더 복잡해집니다. 이때 DATEDIF 함수를 사용하면 두 날짜 사이의 년, 월, 일 간격을 간단하게 계산할 수 있습니다. EOMONTH 함수는 지정한 날짜 전, 후 개월의 마지막 날짜를 반환합니다.

실습 파일 | 엑셀\ 3장\ 함수_Datedif_퇴직금.xlsx   **완성 파일** | 엑셀\ 3장\ 함수_Datedif_퇴직금_완성.xlsx

📢 **한눈에 보기**   함수의종류

범주	이름	설명
날짜 및 시간 함수	DATEDIF(시작일, 종료일, 옵션)	두 날짜 사이의 년, 월, 일 간격을 계산합니다.
	EOMONTH(개월 수를 계산하기 위한 시작일, 전이나 후의 개월 수)	지정한 날짜의 전이나 후 마지막 날짜를 계산하여 일련번호를 반환합니다.

01 DATEDIF 함수로 근무기간 계산하기

퇴직금 정산 목록의 입사일과 퇴사일을 비교해 근무기간을 계산해보겠습니다. ❶ [F4] 셀을 클릭하고 **=DATEDIF(D4,E4, "y")&"년"**을 입력한 후 ❷ Enter 를 누릅니다.

입사일([D4] 셀)과 퇴사일([E4] 셀) 사이의 경과 연수가 계산됩니다.

02

① [F4] 셀을 클릭하고 수식 입력 줄에 입력되어 있는 =DATEDIF(D4,E4, "y")&"년"에 이어서 **&DATEDIF(D4,E4, "ym")&"개월"&DATEDIF(D4,E4,"md")& "일"**을 입력합니다. **②** Enter 를 눌러 근무 기간을 계산합니다.

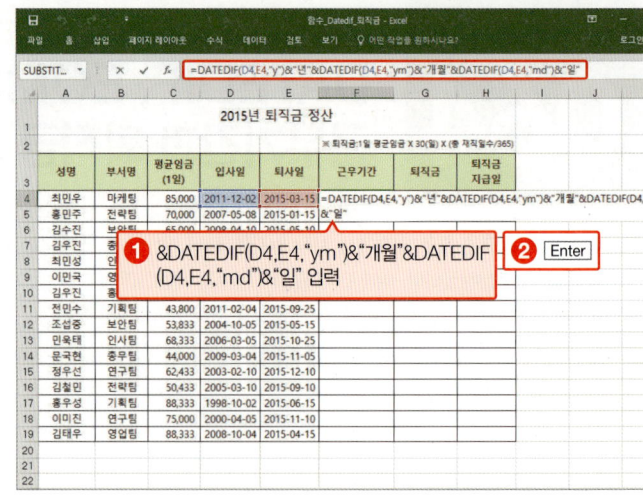

바로 통하는TIP 수식 설명

DATEDIF(D4,E4,"y")&"년" : 입사일([D4] 셀)로부터 퇴직일([E4] 셀)까지의 경과 년도("Y")를 구한 후 "년"과 연결합니다.

&DATEDIF(D4,E4,"ym")&"개월" : 입사일([D4] 셀)로부터 퇴직일([E4] 셀)까지의 경과 년도를 제외한 개월 수("YM")를 구한 후 "개월"과 연결합니다.

&DATEDIF(D4,E4,"md")&"일" : 입사일([D4] 셀)로부터 퇴직일([E4] 셀)까지의 경과 개월 수를 제외한 일 수("MD")를 구한 후 "일"과 연결합니다.

바로 통하는TIP 완성 수식은 =DATEDIF(D4,E4,"y")&"년"&DATEDIF(D4,E4,"ym")&"개월"&DATEDIF(D4,E4,"md")&"일"입니다.

쉽고 빠른 엑셀 NOTE 날짜 사이의 년, 월, 일 간격을 계산하는 DATEDIF 함수

DATEDIF 함수는 함수 마법사나 수식 자동 완성 목록, 도움말이 따로 없기 때문에 직접 입력하여 수식을 만들어야 합니다.

함수 범주	날짜 및 시간 함수	
함수 형식	DATEDIF(시작일, 종료일, 옵션)	
	옵션	설명
	y	두 날짜 사이 경과된 년 수
	m	두 날짜 사이 경과된 개월 수
	d	두 날짜 사이 경과된 일 수
	ym	두 날짜 사이 경과 년도를 제외한 나머지 개월 수
	yd	두 날짜 사이 경과 년도를 제외한 나머지 일 수
	md	두 날짜 사이 경과 년도와 개월 수를 제외한 나머지 일 수

03 퇴직금 지급 일자 구하기

퇴직금은 퇴사일로부터 2개월이 경과한 후 그달의 마지막 날짜에 지급합니다. 퇴직금 지급일을 계산합니다. ❶ [H4] 셀을 클릭합니다. ❷ [수식] 탭 – [함수 라이브러리] 그룹 – [날짜 및 시간]을 클릭하고 ❸ [EOMONTH]를 선택합니다.

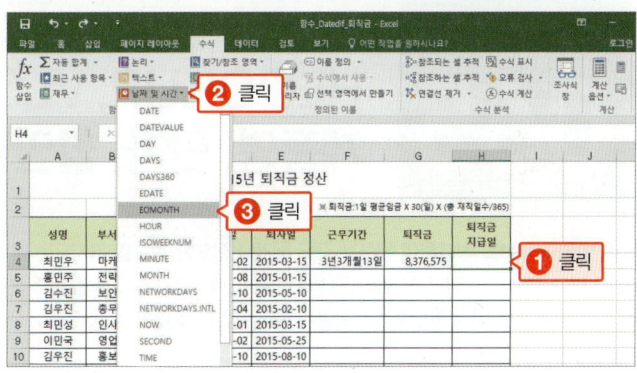

바로 통하는 TIP EOMONTH 함수는 지정한 날짜의 전이나 후의 마지막 날짜를 계산합니다. EOMONTH 함수는 결과 값을 일련번호로 반환하기 때문에 날짜로 표시하려면 표시 형식을 날짜 형식으로 지정해야 합니다. [H4:H19] 셀에는 날짜 형식으로 표시 형식이 지정되어 있습니다.

04 EOMONTH 함수 인수 입력하기

❶ [함수 인수] 대화상자에서 [Start_date] (시작일)에 **E4**를 입력하고 ❷ [Months] (개월 수)에 **2**를 입력합니다. ❸ [확인]을 클릭합니다.

바로 통하는 TIP 인수 설명

Start_date : 시작일입니다. 여기서는 퇴직일([E4] 셀) 을 입력합니다.

Months : 개월 수입니다. 시작일로부터 2개월 후에 마지막 날짜를 표시하기 위해 '2'를 입력합니다.

바로 통하는 TIP 완성 수식은 =EOMONTH(E4,2) 입니다.

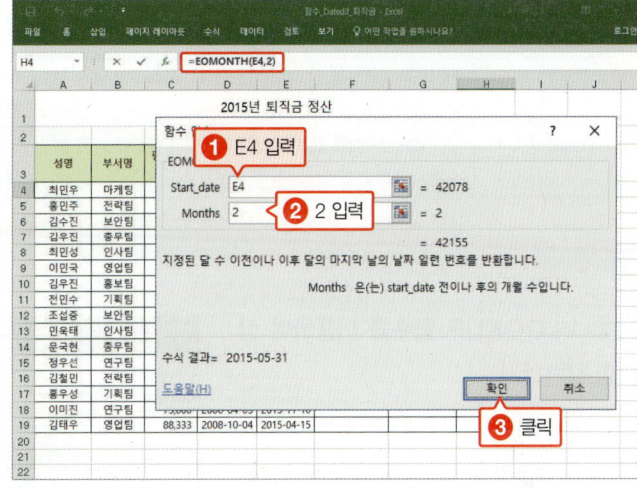

05 ❶ [F4:H4] 셀 범위를 드래그하고 ❷ 채우기 핸들을 더블클릭하여 수식을 복사합니다.

근무기간이 계산되면서 이에 따른 퇴직금 및 지급일 이 표시됩니다.

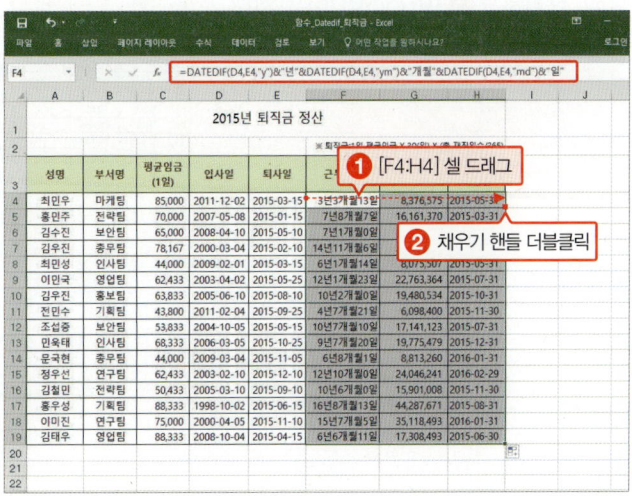

HLOOKUP, VLOOKUP 함수로 제품명, 단가, 할인율 표시하기

핵심기능실습 065

특정 범위나 배열을 참조하여 원하는 값을 찾거나 필요한 정보를 가져오는 찾기/참조 함수 중에 HLOOKUP 함수는 목록 범위의 첫 번째 행에서 가로(Horizontal) 방향으로 검색하면서 원하는 값을 추출하고, VLOOKUP 함수는 목록 범위의 첫 번째 열에서 세로(Vertical) 방향으로 검색하면서 원하는 값을 추출합니다.

실습 파일 | 엑셀\3장\ 함수_VHlookup_판매일보.xlsx   **완성 파일** | 엑셀\3장\ 함수_VHlookup_판매일보_완성.xlsx

---

📢 한눈에 보기   HLOOKUP, VLOOKUP 함수 알아보기

범주	이름	설명
찾기/ 참조 영역 함수	HLOOKUP(찾을 값, 데이터를 검색하고 참조할 범위, 범위에서 추출할 열 번호, 옵션)	목록 범위의 첫 번째 행에서 가로(Horizontal) 방향으로 검색하면서 원하는 값을 추출합니다.
	VLOOKUP(찾을 값, 데이터를 검색하고 참조할 범위, 범위에서 추출할 열 번호, 옵션)	목록 범위의 첫 번째 열에서 세로(Vertical) 방향으로 검색하면서 원하는 값을 추출합니다.

---

01 VLOOKUP 함수를 이용하여 상품명 입력하기

코드표에 입력된 코드를 참조하여 판매일보에 상품명을 기록해보겠습니다. ❶ [C3] 셀을 클릭합니다. ❷ [수식] 탭-[함수 라이브러리] 그룹-[찾기/참조영역]을 클릭하고 ❸ [VLOOKUP]을 선택합니다.

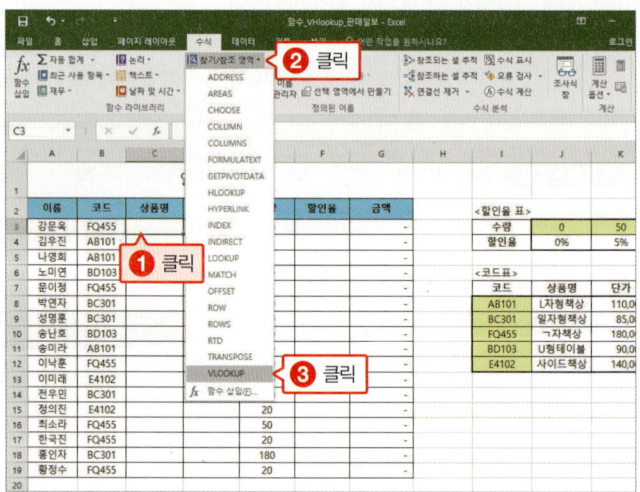

---

02 VLOOKUP 함수 인수 입력하기

❶ [함수 인수] 대화상자에서 [Lookup_value](찾을 값)에 **B3**을 입력합니다. ❷ [Table_array](범위)에 **$I$8:$K$12**를 입력합니다. ❸ [Col_Index_num](추출할 열)에 **2**를 입력한 후 ❹ [Range_lookup](옵션)에 **FALSE**를 입력합니다. ❺ [확인]을 클릭합니다.

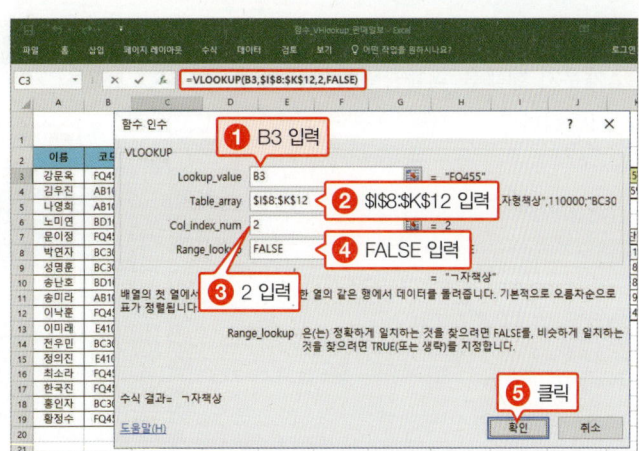

바로 통하는 TIP 인수 설명

Lookup_value : 상품 코드를 찾아 상품명을 입력해야 하므로 [B3] 셀을 입력합니다.

Table_array : [B3] 셀의 값을 찾을 범위로 코드표의 범위를 지정합니다. [I8:K12] 셀입니다.

Col_index_num : 상품 코드별 코드표 범위에서 [B3] 셀 값을 찾아 상품명을 반영할 열 번호입니다.

Range_lookup : 찾는 값을 정확하게 일치시켜 찾을 때는 FALSE 또는 0을 입력합니다.

바로 통하는 TIP 완성 수식은 =VLOOKUP(B3,$I$8:$K$12,2,FALSE)입니다.

03 VLOOKUP 함수를 이용하여 단가 입력하기

코드표에 입력된 단가를 참조하여 해당 상품의 단가를 기록해보겠습니다. ❶ [D3] 셀을 클릭한 후 **=VLOOKUP**을 입력합니다. ❷ Ctrl + A 를 누릅니다.

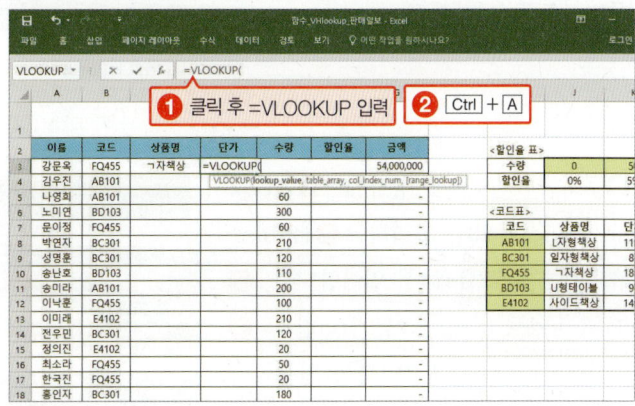

04 ❶ [함수 인수] 대화상자에서 [Lookup_value](찾을 값)에 **B3**을 입력하고 ❷ [Table_array](범위)에 **$I$8:$K$12**를 입력합니다. ❸ [Col_Index_num](추출할 열)에 **3**을 입력한 후 ❹ [Range_lookup](옵션)에 **FALSE**를 입력합니다. ❺ [확인]을 클릭합니다.

바로 통하는 TIP 완성 수식은 =VLOOKUP(B3,$I$8:$K$12,3,FALSE)입니다.

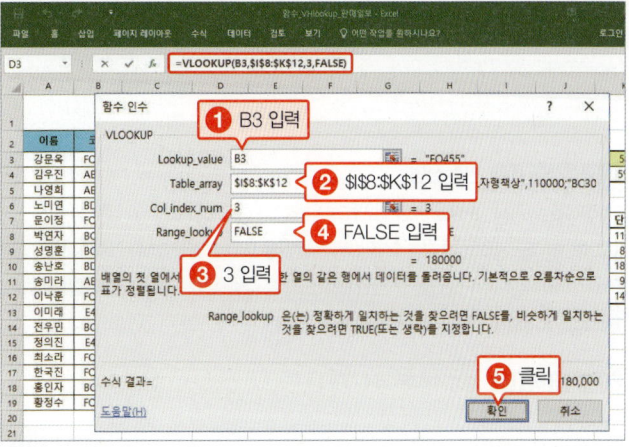

05 ❶ [C3:D3] 셀 범위를 드래그하고
❷ 채우기 핸들을 더블클릭하여 수식을
복사합니다.

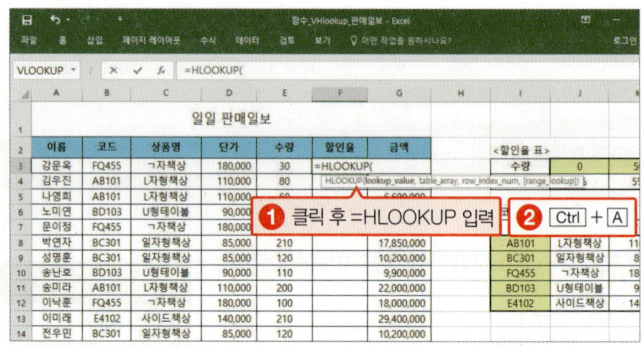

06 HLOOKUP 함수를 이용하여 할인율 입력하기

수량별 할인율을 참조하여 상품의 할인
율을 기록해보겠습니다. ❶ [F3] 셀을 클
릭한 후 **=HLOOKUP** 을 입력합니다. ❷
Ctrl + A 를 누릅니다.

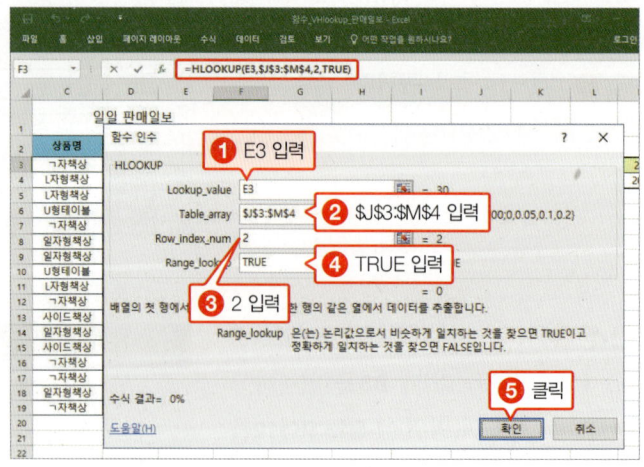

07 [함수 인수] 대화상자에서 ❶ [Look
up_value]에 **E3**을 입력하고 ❷ [Table_
array]에 **$J$3:$M$4**를 입력합니다. ❸
[Row_Index_num]에 **2**를 입력한 후 ❹
[Range_lookup]에 **TRUE**를 입력합니
다. ❺ [확인]을 클릭합니다.

바로 통하는 **TIP** 인수 설명

Lookup_value : 수량을 찾아 할인율을 입력해야 하므로 [E3] 셀을 입력합니다.

Table_array : [B3] 셀 값을 찾을 범위로 할인율 표의 범위 [J3:M4] 셀입니다.

Row_index_num: 할인율 표 범위에서 [E3] 셀 값을 찾아 할인율을 반영할 행 번호입니다.

Range_lookup : 찾는 값의 근삿값을 찾을 때는 TRUE 또는 1을 입력합니다.

바로 통하는 **TIP** 완성 수식은 =HLOOKUP(E3,$J$3:$M$4,2,TRUE)입니다.

08 [F3] 셀의 채우기 핸들을 더블클릭하여 수식을 복사합니다.

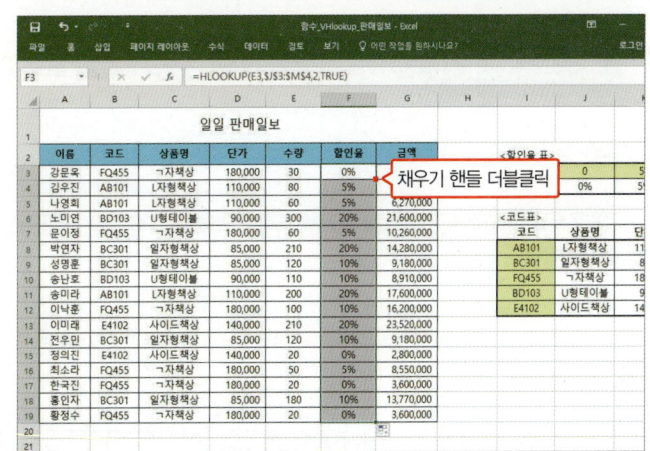

Table_Array(데이터 범위)에 대한 규칙과 에러

VLOOKUP과 HLOOKUP은 사용법과 기능이 유사합니다. VLOOKUP은 첫 행에서 원하는 값을 찾아 지정한 열에 있는 값을 반환하고 HLOOKUP은 첫 열에서 원하는 값을 찾아 지정한 행에 있는 값을 반환합니다.

① 찾는 값(Lookup_value)은 반드시 Table_array의 **첫 번째 행(열)**에 있어야 합니다. 예를 들어 VLOOKUP 함수를 이용하여 상품 코드를 찾아서 단가를 반환하려고 한다면 Table_array는 [B3:C7]을 범위로 지정해야 합니다. [A3:C7]을 범위로 지정하면 안 됩니다.

	A	B	C
1	<코드표>		
2	상품명	코드	단가
3	L자형책상	AB101	110,000
4	일자형책상	BC301	85,000
5	ㄱ자책상	FQ455	180,000
6	U형테이블	BD103	90,000
7	사이드책상	E4102	140,000

➡ [B3:C7] 셀 범위를 참조하여 단가를 찾음 ➡

	A	B
8		
9	코드	단가
10	FQ455	180,000
11	AB101	110,000
12	AB101	110,000
13	BD103	90,000
14	AB101	110,000

② Table_array의 첫 번째 열(행)에서 근삿값을 찾을 경우에는 반드시 **오름차순으로 정렬**되어 있어야 합니다.

	A	B	C	D	E
1	<할인율 표>				
2	수량	0	50	100	200
3	할인율	0%	5%	10%	20%

➡ [B2:E3] 셀 범위를 참조하여 할인율을 찾음 ➡

	A	B
4		
5	수량	할인율
6	100	10%
7	55	5%
8	155	10%
9	210	20%

0 : 수량이 0~49 사이는 0%

50 : 수량이 50~99 사이는 5%

100 : 수량이 100~199 사이는 10%

200 : 수량이 200 이상이면 20%

③ VLOOKUP이나 HLOOKUP 함수를 사용할 때 원하는 값을 찾지 못하면 해당 셀에 #N/A 오류가 나타납니다.

코드	상품명	단가
AB101	L자형책상	110,000
AB1	#N/A	#N/A
BD103	U형테이블	90,000
FQ4	#N/A	#N/A

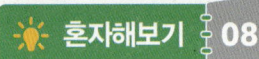
실습 파일 | 엑셀\3장\경력증명서.xlsx **완성 파일** | 엑셀\3장\경력증명서_완성.xlsx

사원목록을 참조하여 경력(재증) 증명서 조회 화면을 IF, TODAY, LEFT, DATEDIF, VLOOKUP, TEXT 함수를 사용하여 완성합니다.

경 력 (재 직) 증 명 서

성 명	마주희	주민등록번호	650407-*******
부 서	재무팀	직 급	과장
재 직	2005년 04월 05일 부터		11년 8월 13일
기 간	2016년 12월 18일 까지		
주 소	서울 충무로 2가 303		

상기인은 2005년 04월 05일부터 2016년 12월 18일까지 재직하였음을 증명합니다.

용도 : 경력 확인용

2017년 03월 05일

주소 : 서울시 강남구 역삼동 100 역삼빌딩 105

상호 : 주식회사 한빛미디어

대표 : 이 명 중

▲ 완성 파일

01 [사원목록] 시트의 [A3:A110] 셀 범위를 드래그하고 [이름 상자]에 성명으로 이름을 정의합니다.

02 [사원목록] 시트의 [A3:G110] 셀 범위를 드래그하고 [이름 상자]에 사원목록으로 이름을 정의합니다.

03 [경력증명서] 시트에 [C3] 셀을 클릭하고 [데이터] 탭의 [데이터 도구] 그룹-[데이터 유효성 검사]를 클릭합니다. [설정] 탭을 클릭하고 [제한 대상]을 [목록]으로 설정합니다. [원본]을 클릭하고 **=성명**을 입력합니다.

04 [C3] 셀에서 성명을 선택한 후 주민등록번호(E3), 부서(C4), 직급(E4), 입사일(C5), 퇴사일(C6), 주소(C7)를 VLOOKUP, LEFT, IF, TODAY 함수를 사용하여 구합니다. 주민등록번호는 앞에 6자리만 표시하고, 재직 중인 사원은 퇴사일을 오늘 날짜로 표시합니다.

항목	셀 주소	완성 수식
주민등록번호	E3	=LEFT(VLOOKUP(C3,사원목록,2,FALSE),6)&"-******"
부서	C4	=VLOOKUP(C3,사원목록,5,FALSE)
직급	E4	=VLOOKUP(C3,사원목록,6,FALSE)
입사일	C5	=VLOOKUP(C3,사원목록,3,FALSE)
퇴사일	C6	=IF(VLOOKUP(C3,사원목록,4,FALSE)="",TODAY(),VLOOKUP(C3,사원목록,4,FALSE))
주소	C7	=VLOOKUP(C3,사원목록,7,FALSE)

05 재직기간(E5)은 DATEDIF 함수를 사용하여 0년 0월 0일 형식으로 구합니다.

· 완성 수식 : **=DATEDIF(C5,C6,"y")&"년"&DATEDIF(C5,C6,"ym")&"월"&DATEDIF(C5,C6,"md")&"일"**

06 재직기간(C8)은 입사일(C5)과 퇴사일(C6)을 참조하여 TEXT 함수를 사용하여 구합니다.

· 완성 수식 : **=TEXT(C5,"yyyy년 mm월 dd일부터")&TEXT(C6,"yyyy년 mm월 dd일까지")**

바로 통하는 TIP TEXT 함수는 셀 값의 표시 형식을 지정합니다. 함수 형식은 TEXT(사용자 지정 형식을 지정할 값, 사용자 지정 형식)입니다.

07 오늘날짜(B10)는 TODAY 함수를 사용하여 구합니다.

· 완성 수식 : **=TODAY()**

핵심기능실습

066

IFERROR 함수로 오류 처리하기

IFERROR 함수는 수식이나 셀의 오류를 검사하고 오류를 처리합니다. 수식에서 오류가 발생하면 사용자가 지정한 값을 반환하고, 그렇지 않으면 수식 결과를 반환합니다. 예제의 판매일보에는 상품코드 표에 일치하는 코드가 없으므로 표에 '#N/A' 오류가 표시되어 있습니다.

실습 파일 | 엑셀\3장\ 함수_Iferror_판매일보.xlsx　**완성 파일** | 엑셀\3장\ 함수_Iferror_판매일보_완성.xlsx

---

📢 한눈에 보기　　IFERROR 함수 알아보기

범주	이름	설명
논리 함수	IFERROR(오류를 검사할 셀, 오류일 때 표시할 값)	수식이나 셀의 오류를 검사하고 오류가 있다면 이를 처리합니다.

---

01 상품명에 #N/A 오류 발생 시 '코드입력오류' 표시하기

❶ [C3] 셀을 클릭합니다. ❷ 수식 입력줄에서 = 뒤에 마우스 포인터를 위치시키고 **IFERROR(**를 입력합니다. ❸ 수식 입력줄의 IFERROR를 클릭하고 ❹ [함수 삽입]을 클릭해 [함수 인수] 대화상자를 불러옵니다.

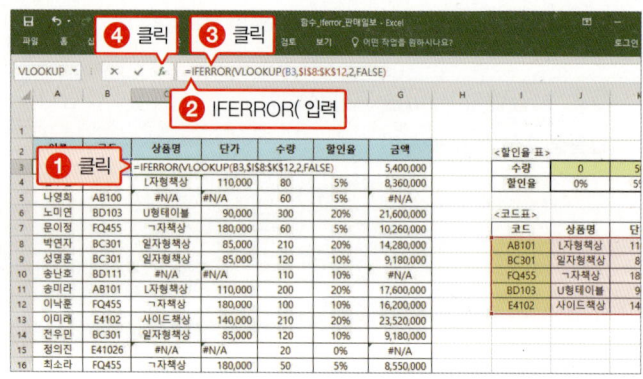

02 IFERROR 함수 인수 입력하기

❶ [함수 인수] 대화상자에서 [Value]에 **VLOOKUP (B3,$I$8:$K$12,2,FALSE)**를 입력하고 ❷ [Value_if_error]에 **코드입력오류**를 입력합니다. ❸ [확인]을 클릭합니다.

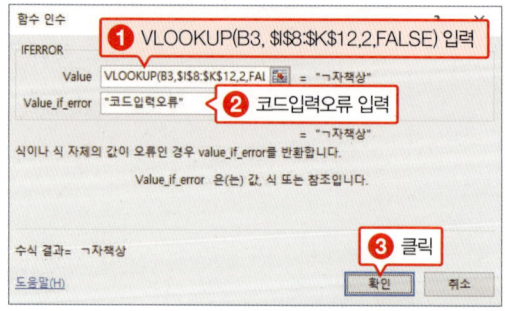

바로 통하는 TIP 인수 설명

Value : [C3] 셀에 오류(#N/A, #VALUE!, #REF!, #DIV/0!, #NUM!, #NAME?, #NULL!)가 있는지 검사합니다.

Value_if_error : 수식에서 오류(#N/A)가 발생하면 반환할 값을 '코드입력오류'으로 지정합니다.

바로 통하는 TIP 완성 수식은 =IFERROR(VLOOKUP(B3,$I$8:$K$12,2,FALSE),"코드입력오류")입니다.

O3 단가에 #N/A 오류 발생 시 '0'으로 표시하기

단가에 '#N/A' 오류가 발생한 경우 셀에 '0'을 표시해보겠습니다. ❶ [D3] 셀을 클릭합니다. ❷ 수식 입력줄에서 = 뒤에 마우스 포인터를 위치시키고 **IFERROR(**를 입력합니다. ❸ 수식 입력줄의 IFERROR를 클릭합니다. ❹ [함수 삽입]을 클릭해 [함수 인수] 대화상자를 불러옵니다.

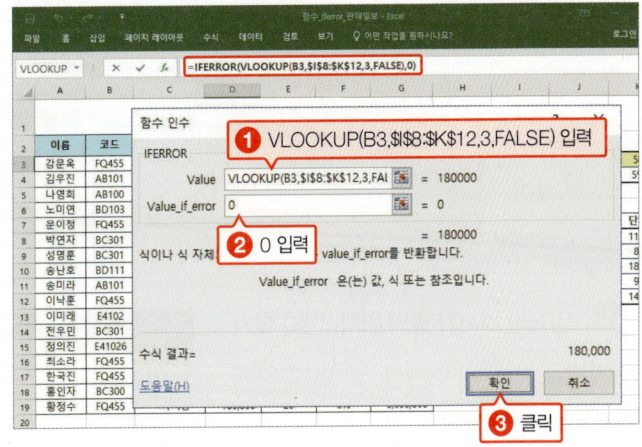

O4 IFERROR 함수 인수 입력하기

❶ [함수 인수] 대화상자에서 [Value]에 **VLOOKUP(B3,$I$8:$K$12,3,FALSE)**를 입력하고 ❷ [Value_if_error]에 **0**을 입력한 후 ❸ [확인]을 클릭합니다.

바로 통하는 TIP 인수 설명

Value : [D3] 셀에 오류(#N/A, #VALUE!, #REF!, #DIV/0!, #NUM!, #NAME?, #NULL!)가 있는지 검사합니다.

Value_if_error : 수식에서 오류(#N/A)가 발생하면 반환할 값을 '0'으로 지정합니다.

바로 통하는 TIP 완성 수식 =IFERROR(VLOOKUP(B3,$I$8:$K$12,3,FALSE),0)입니다.

O5 ❶ [C3:D3] 셀 범위를 드래그하고 ❷ 채우기 핸들을 더블클릭하여 수식을 복사합니다.

상품명의 '#N/A' 오류는 '코드입력오류'로, 단가의 '#N/A' 오류는 '0'으로 표시됩니다.

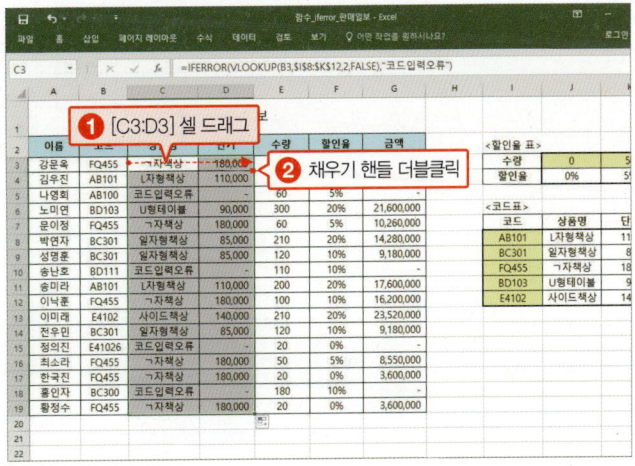

INDEX, MATCH 함수로 최저가 업체 선정하기

특정 범위나 배열을 참조하여 원하는 값을 찾거나 셀 주소에 필요한 정보를 가져오는 엑셀의 찾기/참조 함수 중에 INDEX 함수는 특정 범위에서 행 번호와 열 번호에 해당하는 셀 값을 찾아줍니다. MATCH 함수는 행/열 범위에서 찾으려고 하는 값이 몇 번째 행/열에 위치하는지 행/열 번호를 찾아줍니다.

실습 파일 | 엑셀\3장\함수_Index_업체선정.xlsx **완성 파일 |** 엑셀\3장\함수_Index_업체선정_완성.xlsx

---

📢 **한눈에 보기** | **INDEX, MATCH 함수 알아보기**

범주	이름	설명
찾기/ 참조 영역 함수	INDEX(배열, 행 위치, 열 위치)	특정 범위에서 행 번호와 열 번호에 해당하는 셀 값을 찾아줍니다.
	MATCH(행 또는 열 번호 찾으려는 값, 배열 행 또는 열 범위, Match_type)	특정 범위 내에서 지정된 값과 일치하는 항목의 상대 위치를 찾아 번호를 반환합니다.

---

01 업체별 최저가 열의 위치(번호) 찾기

최저가를 기록한 업체가 몇 번째 열에 위치하는지 찾아서 번호로 표시해보겠습니다. ❶ [K4] 셀을 클릭합니다. ❷ [수식] 탭-[함수 라이브러리] 그룹-[찾기/참조 영역]을 클릭하고 ❸ [MATCH]를 선택합니다.

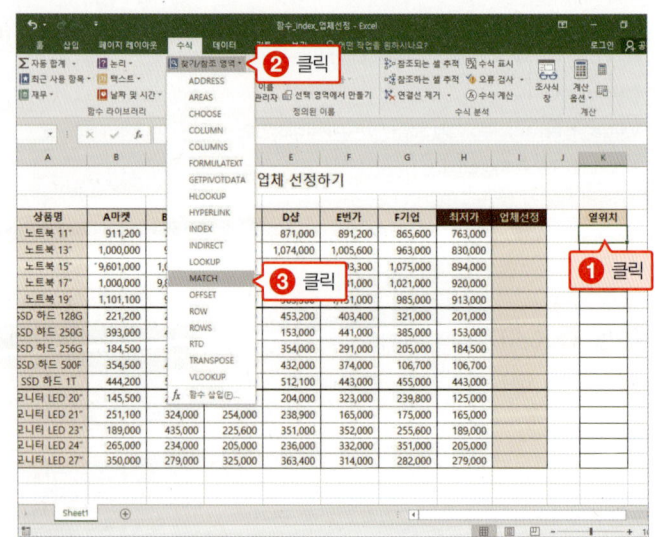

02 MATCH 함수 인수 입력하기

❶ [함수 인수] 대화상자에서 [Lookup_value](찾을 값)에 **H4**를 입력하고 ❷ [Lookup_array](범위)에 **B4:G4**를 입력한 후 ❸ [Match_type](찾을 방법)에 **0**을 입력합니다. ❹ [확인]을 클릭합니다.

바로 통하는TIP 인수 설명

Lookup_value : 최저가의 열 번호를 찾기 위해 최저가 [H4] 셀을 입력합니다. / Lookup_array : [H4] 셀 값이 포함된 열의 위치를 찾기 위한 업체별 상품 가격으로 [B4:G4] 셀 범위를 지정합니다. / Match_type : 정확하게 찾고 싶은 첫 번째 위치의 값을 검색해야 하므로 0을 입력합니다.

바로 통하는TIP 완성 수식은 =MATCH(H4,B4:G4,0)입니다.

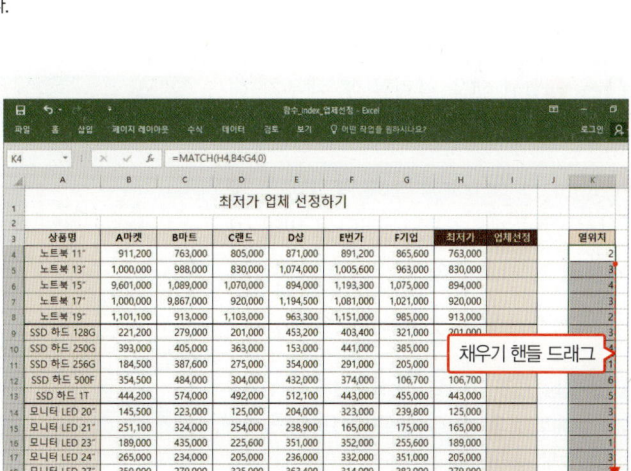

03 [K4] 셀의 채우기 핸들을 [K18] 셀까지 드래그하여 수식을 복사합니다.

04 상품별로 최저가인 업체 찾기

상품별로 최저가인 업체를 업체선정란에 표시해보겠습니다. ❶ [I4] 셀을 클릭한 후 **=INDEX**를 입력합니다. ❷ Ctrl + A 를 눌러 [인수 선택] 대화상자를 불러옵니다. ❸ [인수]에서 첫 번째 항목인 [array_row_num, column_num]을 선택하고 ❹ [확인]을 클릭합니다.

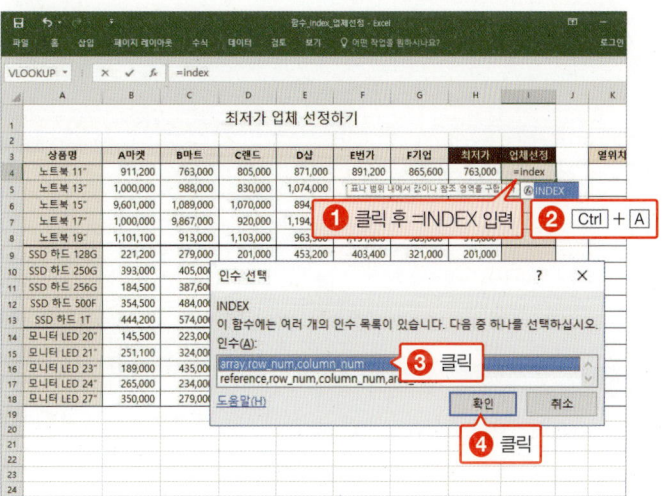

05 INDEX 함수 인수 입력하기

❶ [함수 인수] 대화상자에서 [Array]에 $B$3:$G$3을 입력하고 ❷ [Row_num]에 1을 입력합니다. ❸ [Column_num]에 K4를 입력한 후 ❹ [확인]을 클릭합니다.

바로 통하는 TIP 인수 설명

Array : 행 번호와 열 번호를 사용해서 검색할 기업 목록의 전체 범위([B$3:$G$3] 셀)를 지정합니다.
Row_num : 행 번호를 지정하는 곳으로 1을 지정합니다.
Column_num : 열 번호를 지정하는 곳으로 [K4] 셀을 지정합니다.

바로 통하는 TIP 완성 수식은 =INDEX($B$3:$G$3,1,K4)입니다.

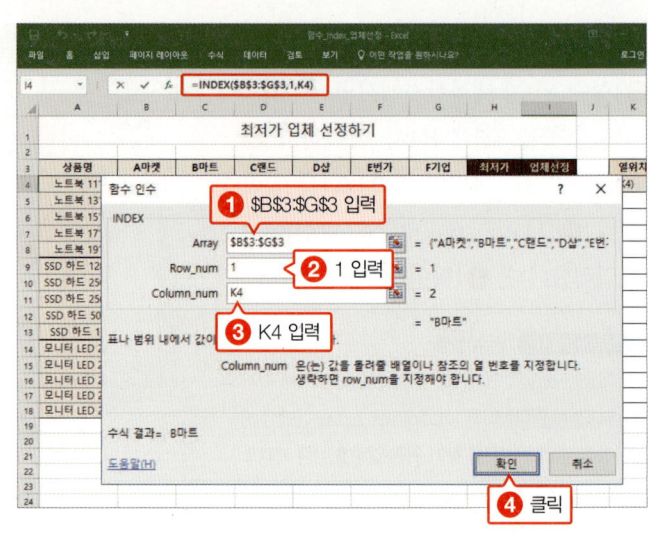

06 ❶ [I4] 셀을 클릭한 후 채우기 핸들을 더블클릭하여 수식을 복사합니다. ❷ [자동 채우기 옵션圖]을 클릭한 후 ❸ [서식 없이 채우기]를 선택하여 미리 지정되어 있는 서식을 유지합니다. 상품별로 최저가인 업체명이 표시됩니다.

바로 통하는 TIP 업체선정이 완료된 열 위치를 숨기려면 K열 머리글을 클릭하고 마우스 오른쪽 버튼을 클릭하여 [숨기기]를 클릭합니다.

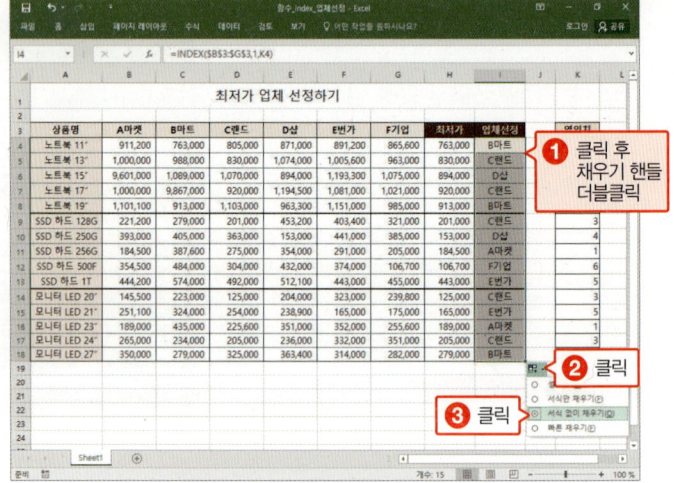

CHAPTER

04

차트 만들기

차트는 표 형태의 자료를 효과적으로 분석해서 데이터의 변화와 추이를 시각적으로 보여줍니다. 따라서 데이터 흐름을 한눈에 파악할 때 사용하면 좋습니다. 여기에서는 차트 구성 요소를 익히고 막대, 원형, 혼합 등의 다양한 차트를 살펴보겠습니다. 또 셀에서 데이터의 추이를 확인할 수 있는 스파크라인 차트를 만들어보겠습니다.

데이터에 적합한 차트 만들고
차트 종류 변경하기

차트는 일반 텍스트나 표에 비해 데이터 추세나 유형을 한눈에 비교할 수 있어 유용합니다. 엑셀에서는 선택한 차트가 데이터에 적합한지 아닌지 고민할 필요 없이 추천 차트 기능으로 데이터에 알맞은 차트를 빠르게 만들 수 있습니다.

실습 파일 | 엑셀\4장\차트_기본1.xlsx　**완성 파일** | 엑셀\4장\차트_기본1_완성.xlsx

📢 한눈에 보기　데이터를 한눈에 비교하는 차트의 기술

차트는 일반 텍스트나 표에 비해 데이터 추세나 유형을 한눈에 비교할 수 있습니다. 차트의 구성 요소를 살펴보고 차트를 빠르게 변경하거나 추천 기능을 이용해 작성할 수 있습니다. 레이아웃과 색, 스타일, 필터링을 적용하고 눈금 간격을 비롯해 레이블과 범례 표시도 자유롭게 선택할 수 있습니다.

차트는 텍스트와 숫자로 이루어진 표에 비해 시각적으로 표현되어 정보를 비교하거나 파악하는 데 도움이 됩니다. 특히 프레젠테이션 자료를 만들거나 정보를 빠르게 전달할 때 유용하게 활용할 수 있습니다.

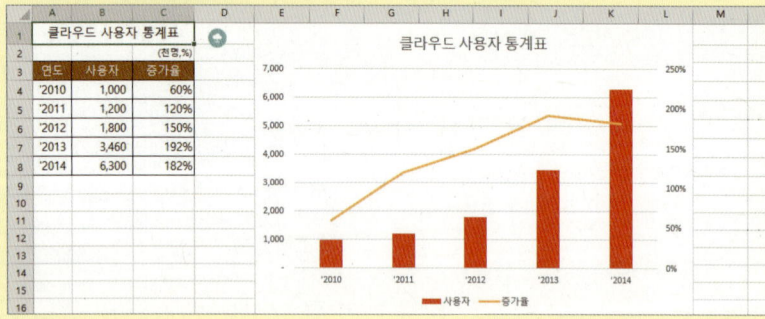

차트의 구성 요소 살펴보기

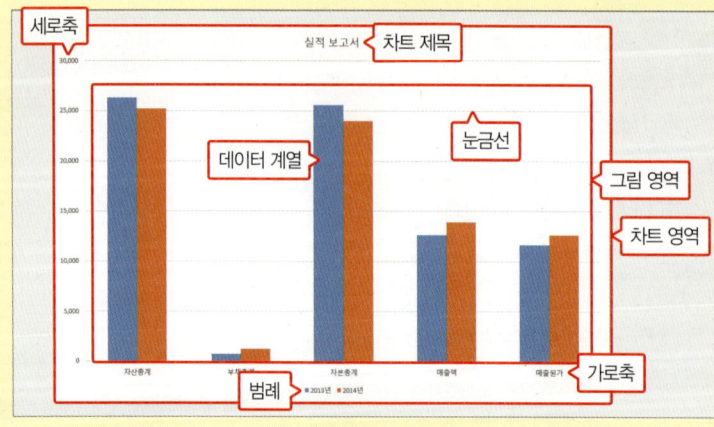

차트의 각 구성 요소는 차트 안에서 각각 독립적으로 이동하거나 크기 조절, 수정, 삭제할 수 있습니다.

1. **차트 요소(➕)**: 축 제목, 데이터 레이블 등의 요소를 추가하거나 숨깁니다.

2. **차트 스타일(🖌)**: 차트 스타일 및 색 구성표 등의 디자인을 지정합니다.

3. **차트 필터(▼)**: 차트에 표시된 데이터 요소 및 이름을 변경합니다.

01 추천 차트로 데이터에 적합한 차트 삽입하기

연도별로 자산총계~매출원가를 기록한 데이터를 차트로 만들어보겠습니다. [추천 차트]에서는 선택한 데이터의 특징에 맞는 차트 종류를 추천합니다. ❶ [기본차트] 시트에서 차트로 만들 데이터인 [B3:E8] 셀 범위를 드래그합니다. ❷ [삽입] 탭 – [차트] 그룹 – [추천 차트]를 클릭합니다. ❸ [차트 삽입] 대화상자의 [추천 차트] 탭에서 [누적 가로 막대형]을 선택하고 ❹ [확인]을 클릭합니다.

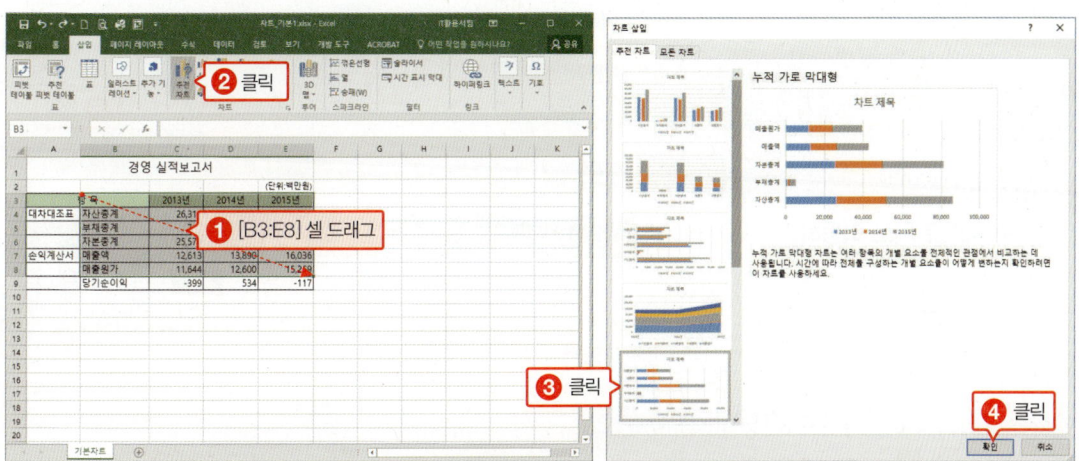

02 차트 위치와 크기 조절하기

❶ [A11] 셀을 기준으로 배치하기 위해 삽입한 차트를 드래그합니다. ❷ 차트 조절점을 드래그해서 적당한 크기로 조절합니다.

바로 통하는 TIP 차트를 선택한 채 Delete 를 누르면 차트를 삭제할 수 있습니다.

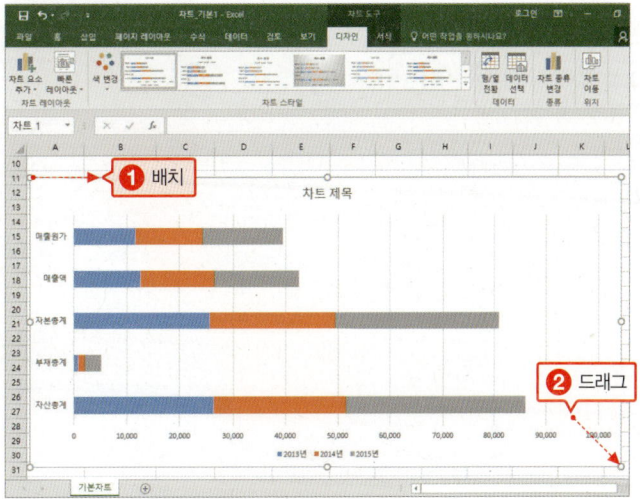

03 차트 종류 변경하기

삽입된 차트의 종류를 변경해보겠습니다. ❶ 차트 영역을 클릭합니다. ❷ [차트 도구]-[디자인] 탭-[종류] 그룹-[차트 종류 변경]을 클릭합니다. ❸ [차트 종류 변경] 대화상자의 [모든 차트] 탭에서 [가로 막대형]을 선택하고 ❹ [3차원 묶은 가로 막대형]을 선택한 후 ❺ [확인]을 클릭합니다.

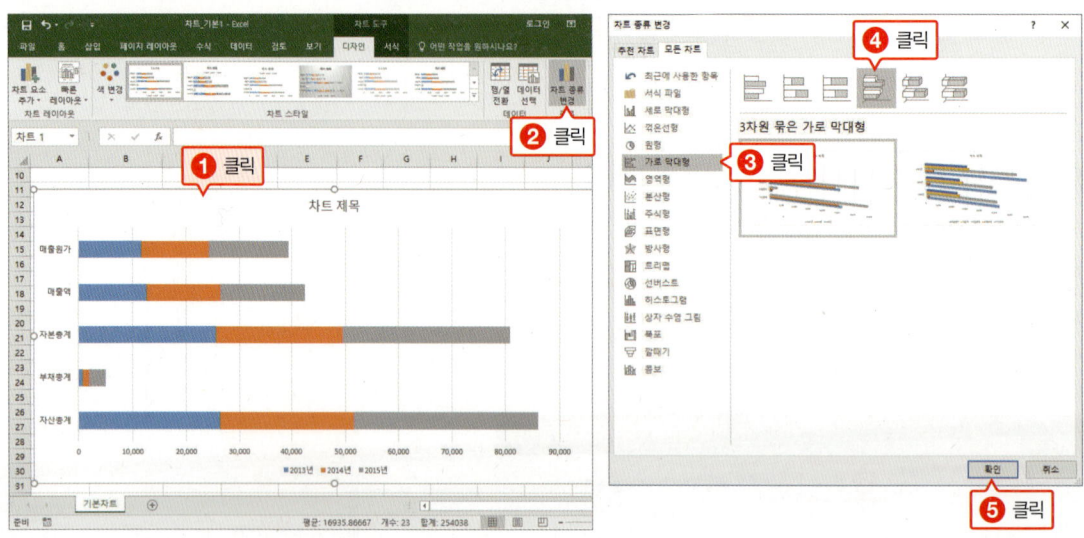

04 새 시트로 차트 이동하기

새 시트를 만들어 현재 삽입되어 있는 차트를 이동해보겠습니다. ❶ 차트 영역을 선택한 상태에서 [차트 도구]-[디자인] 탭-[위치] 그룹-[차트 이동]을 클릭합니다. ❷ [차트 이동] 대화 상자에서 [새 시트]를 선택하고 ❸ 실적보고차트를 입력한 후 ❹ [확인]을 클릭합니다.

[실적보고차트] 시트가 삽입되면서 차트가 이동합니다.

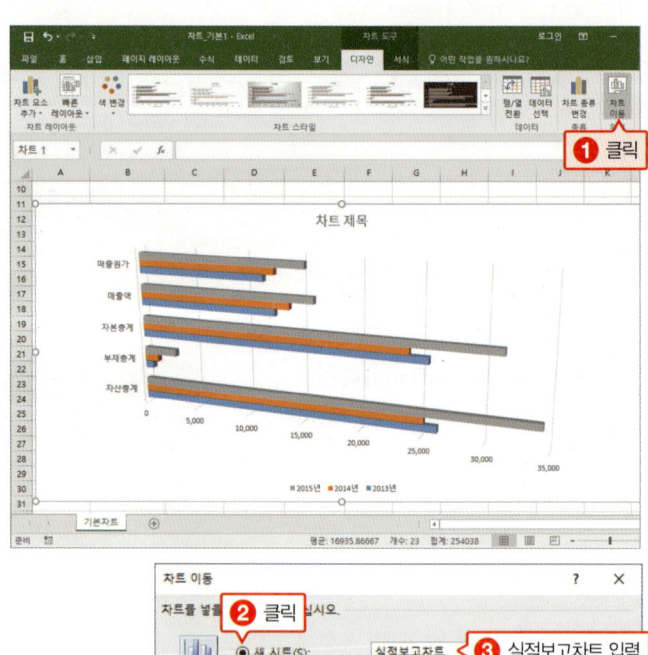

차트 레이아웃, 색, 스타일, 필터링하기

차트의 각 구성 요소별 서식을 지정하려면 먼저 서식을 지정할 구성 요소를 선택해야 합니다. 차트 레이아웃과 색, 스타일 등 다양한 차트 서식을 제공하고 있어 차트를 빠르게 변경할 수 있습니다.

실습 파일 | 엑셀\4장\차트_기본2.xlsx [실적보고차트] 시트 **완성 파일** | 엑셀\4장\차트_기본2_완성.xlsx

01 차트 레이아웃 변경하기

[빠른 레이아웃]을 이용하면 미리 구성된 차트 서식을 바로 적용할 수 있습니다. 차트 레이아웃을 변경해보겠습니다. ❶ [실적보고차트] 시트에서 차트 영역을 클릭합니다. ❷ [차트 도구] – [디자인] 탭 – [차트 레이아웃] 그룹 – [빠른 레이아웃]을 클릭하고 ❸ [레이아웃 5]를 선택합니다. ❹ [차트 제목]을 클릭하고 **연도별 실적 보고**를 입력합니다.

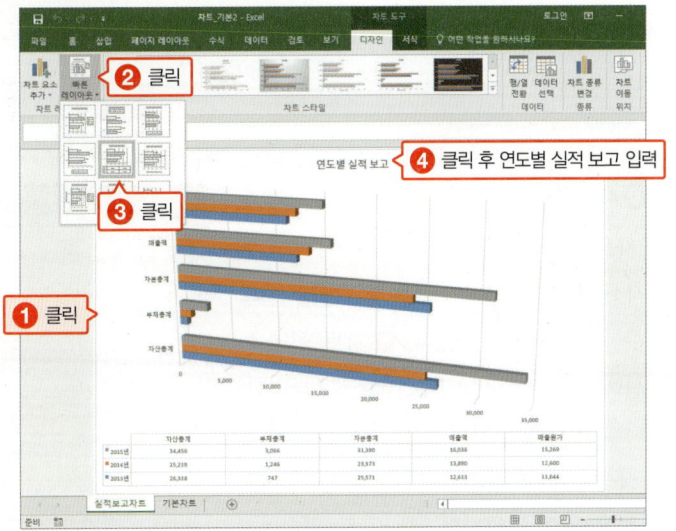

데이터 표가 차트 하단에 삽입되었습니다.

02 색 변경하기

[색 변경]을 이용하면 미리 구성된 차트 색 배합을 빠르게 적용할 수 있습니다. 차트 색을 변경해보겠습니다. ❶ 차트 영역이 선택되어 있는 상태에서 [차트 도구] – [디자인] 탭 – [차트 스타일] 그룹 – [색 변경]을 클릭하고 ❷ [색 3]을 선택합니다.

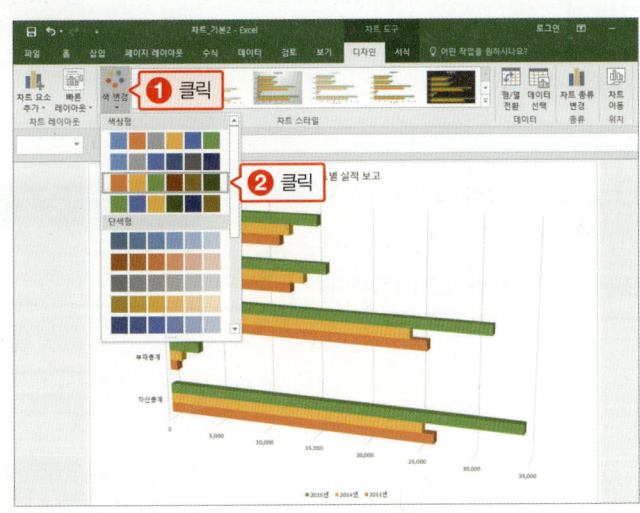

03 차트 스타일 변경하기

차트 스타일을 변경하겠습니다. ❶ 차트
영역을 선택한 상태에서 [차트 도구]-
[디자인] 탭-[차트 스타일] 그룹-[차트
스타일 자세히▼]를 클릭하고 ❷ [스타
일 3]을 선택합니다.

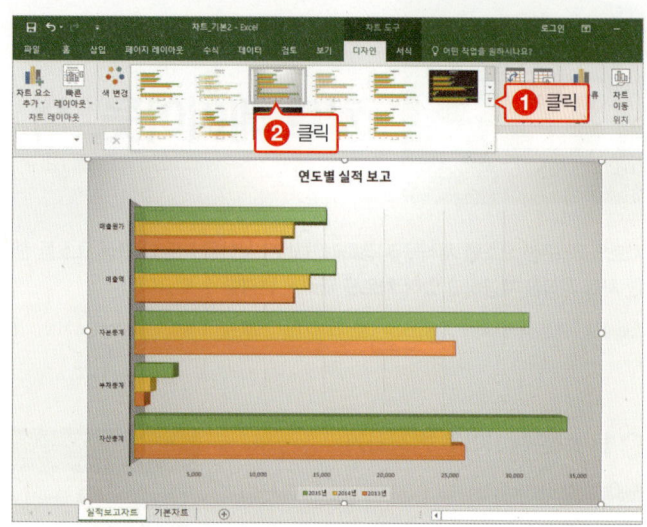

바로 통하는 TIP 차트 스타일 및 색은 차트 영역에서
[차트 스타일✍]을 클릭해서 변경할 수도 있습니다.

04 차트 데이터 필터링하기

[차트 필터]를 이용해 연도(2013년)와
자산총계를 제외하고 나머지 계열과 범
주를 표시해보겠습니다. ❶ 차트 영역을
선택한 상태에서 [차트 필터▼]를 클릭합
니다. ❷ [계열]에서 [2013], [범주]에서
[자산총계]의 체크 표시를 해제하고 ❸
[적용]을 클릭합니다. ❹ [차트 필터▼]
를 다시 클릭하여 차트 필터를 마칩니다.

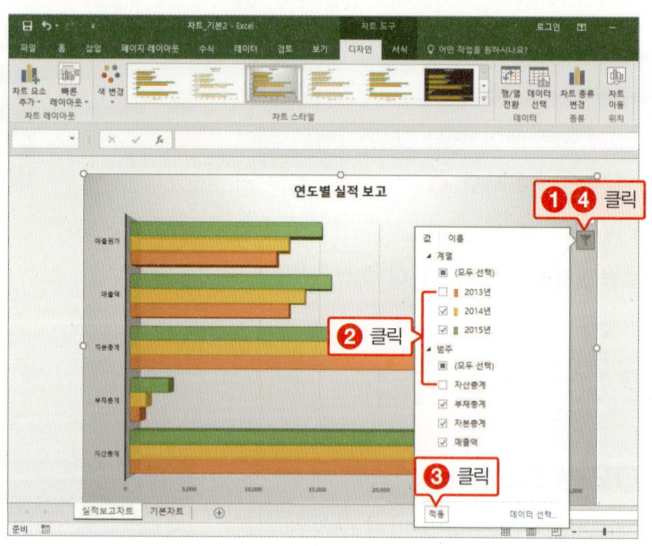

05 연도별(2014년, 2015년) 매출원
가, 매출액, 자본총계, 부채총계로 필터
링된 데이터 계열이 표시됩니다.

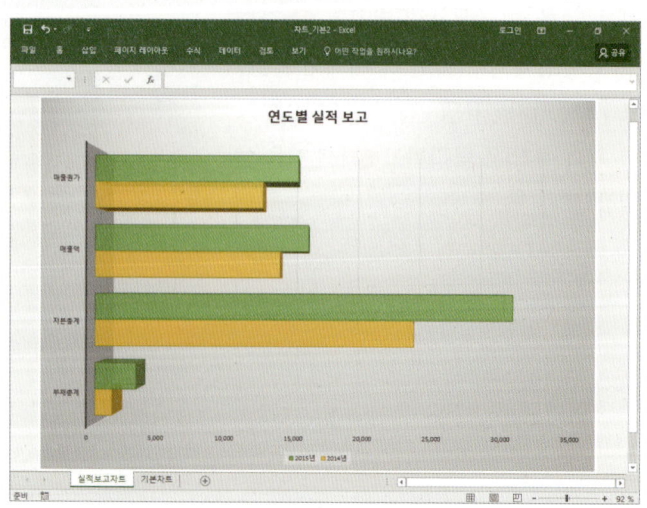

070 차트의 눈금 간격 조절 및 레이블, 범례 표시하기

차트 데이터 계열 축의 눈금 간격을 조절하고 레이블을 표시하여 데이터 계열의 값을 명확하게 보여줄 수 있습니다. 차트 내 범례의 위치도 변경해보겠습니다.

실습 파일 | 엑셀\4장\차트_기본3.xlsx [실적보고차트] 시트   **완성 파일** | 엑셀\4장\차트_기본3_완성.xlsx

01 주 눈금 조정하기

세로축의 주 단위 눈금 간격을 조정해보겠습니다. ❶ [실적보고차트] 시트에서 차트 영역을 클릭합니다. ❷ [차트 요소 ⊞]를 클릭하고 ❸ [축 ▶]을 클릭한 후 ❹ [기타 옵션]을 선택합니다.

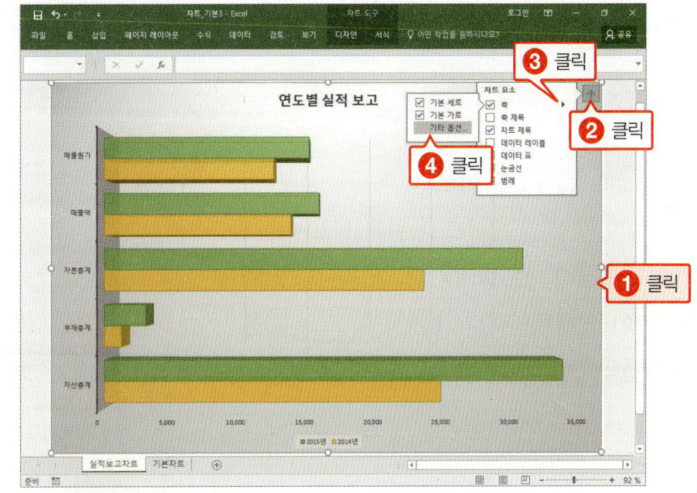

02 ❶ [축 서식] 창이 나타나면 [축 옵션 ▥]을 클릭하고 ❷ [경계]의 [최대값]에 **40000**을 입력합니다. ❸ [단위]의 [기본]에 **10000**을 입력하고 ❹ [창 닫기 ✕]를 클릭하여 [축 서식] 창을 닫습니다.

축의 눈금이 최소 0에서 최대 40000까지 표시되고 주 단위 눈금은 10000단위로 나눠 구분됩니다.

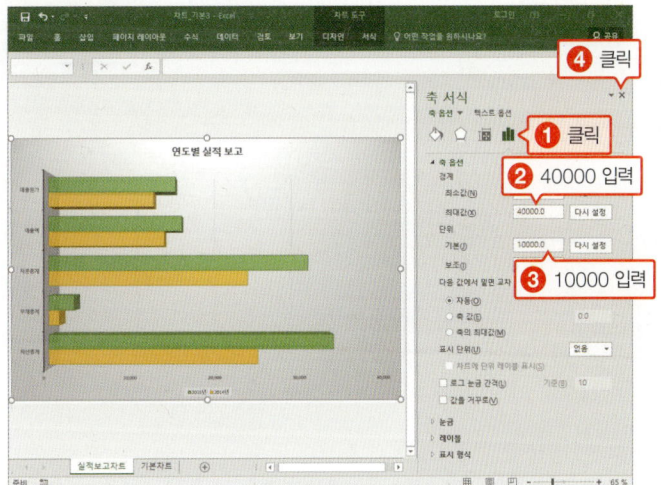

03 데이터 레이블 표시하기

데이터 계열 값을 명확히 보여줄 수 있도록 데이터 레이블을 차트에 표시해보겠습니다. ❶ 차트 영역을 선택한 상태에서 [차트 요소 +]를 클릭하고 ❷ [데이터 레이블]에 체크 표시합니다.

데이터 계열의 값이 표시됩니다.

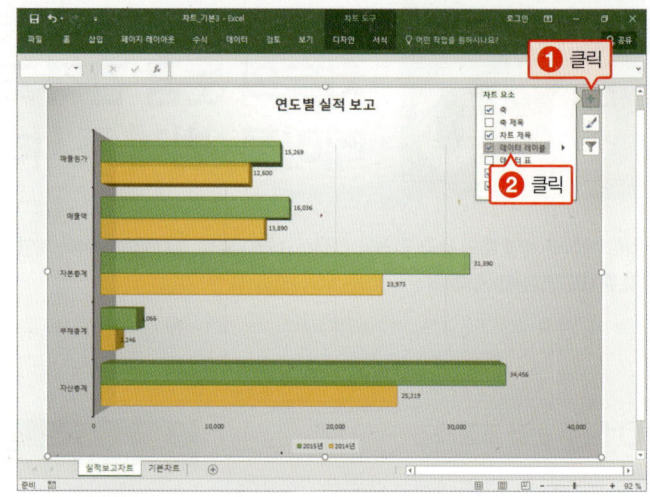

04 범례 위치 바꾸기

데이터 계열 위쪽으로 범례를 표시해보겠습니다. ❶ [범례 ▶]를 클릭하고 ❷ [위쪽]을 선택합니다. ❸ [차트 요소 +]를 클릭하여 차트 요소 설정을 마칩니다.

범례가 제목 하단에 표시됩니다.

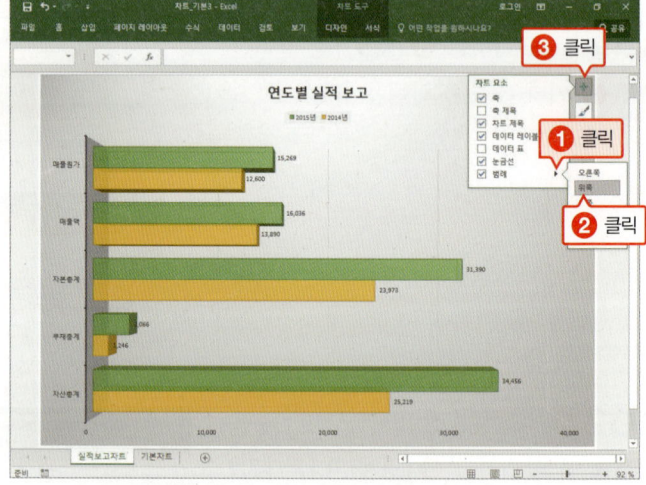

핵심기능실습 071

차트 배경 설정 및 눈금선 없애기

차트 영역, 그림 영역, 데이터 계열은 색, 그림, 질감 등을 배경으로 채울 수 있습니다. 구성 요소에 그림을 배경으로 채우고 필요 없는 구성 요소를 제거함으로써 차트의 내용을 보다 효과적으로 전달할 수 있습니다.

실습 파일 | 엑셀\ 4장\ 차트_기본4.xlsx [실적보고차트] 시트 **완성 파일** | 엑셀\ 4장\ 차트_기본4_완성.xlsx

01 차트 배경 꾸미기

그림으로 차트 배경을 채워보겠습니다. ❶ [실적보고차트] 시트에서 차트 영역을 클릭합니다. ❷ [차트 도구]-[서식] 탭-[현재 선택 영역] 그룹-[선택 영역 서식]을 클릭합니다.

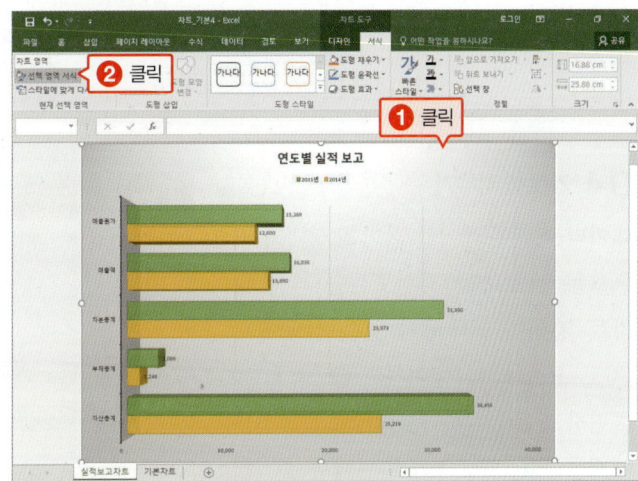

02 ❶ [차트 영역 서식] 창에서 [채우기 및 선💧]을 클릭하고 ❷ [채우기]를 선택합니다. ❸ [그림 또는 질감 채우기]를 선택하고 ❹ [파일]을 클릭합니다.

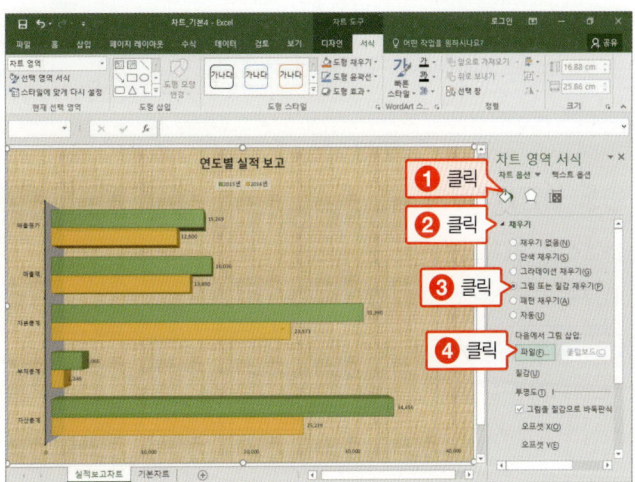

03 ❶ [그림 삽입] 대화상자가 나타나면 엑셀 폴더에서 [차트배경.jpg] 파일을 더블클릭하고 ❷ [창 닫기⊠]를 클릭하여 [차트 영역 서식] 창을 닫습니다.

차트 영역이 선택한 그림으로 채워집니다.

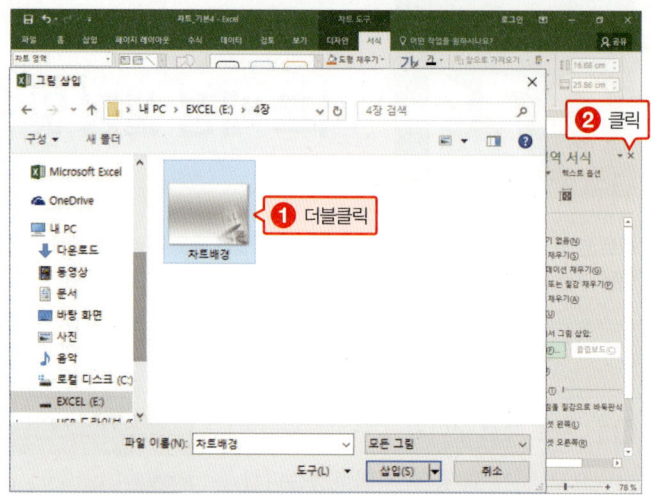

04 가로축 지우기

데이터 계열에 레이블 값이 표시되어 있으므로 가로축을 지워보겠습니다. ❶ 차트 영역이 선택되어 있는 상태에서 [차트 요소⊞]를 클릭하고 ❷ [축▶]을 클릭하고 ❸ [기본 가로]의 체크 표시를 해제합니다. 가로축이 화면에서 숨겨집니다.

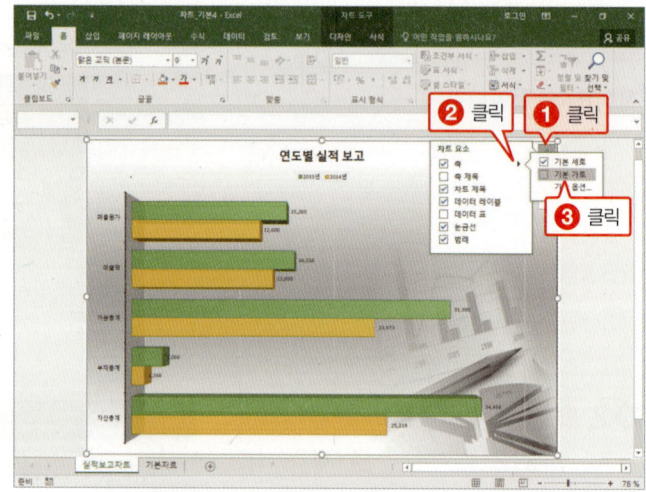

05 눈금선 지우기

눈금선을 지워보겠습니다. ❶ [눈금선]의 체크 표시를 해제하고 ❷ [차트 요소⊞]를 클릭하여 차트 요소 설정을 마칩니다.

눈금선이 화면에서 숨겨집니다.

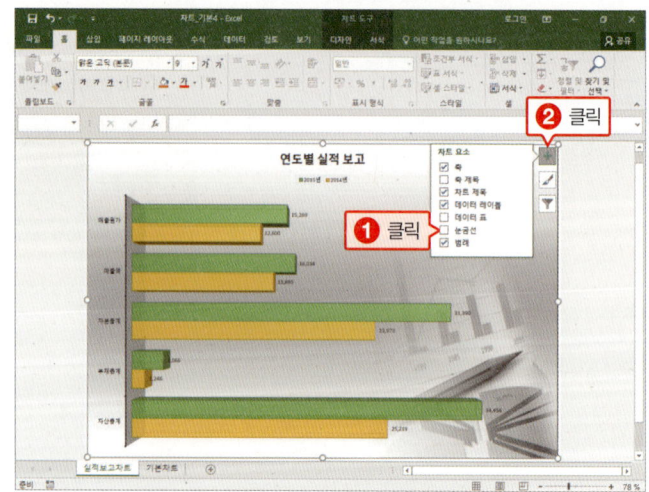

072

원형 차트 3차원 서식 및 테마 바꾸기

원형이나 도넛 차트는 전체 데이터에 대한 계열의 구성비를 나타내줍니다. 각 항목의 전체에 대한 비율을 나타낼 때 사용하며, 원을 나누는 항목은 5~6개가 적당합니다.

실습 파일 | 엑셀\4장\차트_원형.xlsx　　**완성 파일** | 엑셀\4장\차트_원형_완성.xlsx

01 차트 스타일 변경하기

스마트폰 종류에 따른 시장 점유율이 원형 차트로 표시되어 있습니다. 차트 스타일을 변경해보겠습니다. ❶ 차트 영역을 클릭합니다. ❷ [차트 스타일🖌]을 클릭하고 ❸ [스타일 9]를 선택합니다. ❹ [차트 스타일🖌]을 다시 클릭합니다. ❺ 차트 제목을 클릭하고 Delete 를 누릅니다.

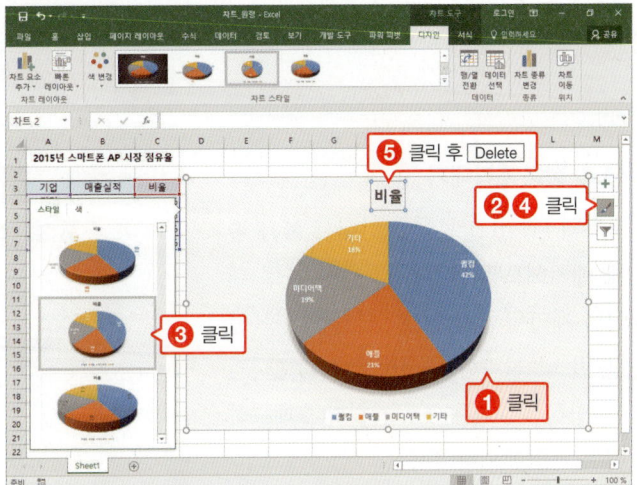

02 3차원 서식 지정하기

3차원 서식이 좀 더 두드러지도록 데이터 계열 서식에서 너비와 높이를 조절해보겠습니다. ❶ 차트 데이터 계열 영역에서 마우스 오른쪽 버튼을 클릭합니다. ❷ [데이터 계열 서식]을 선택합니다.

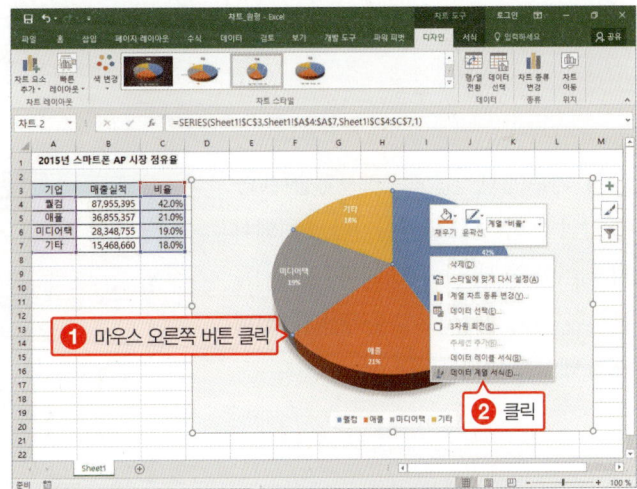

03 ❶ [데이터 계열 서식] 창에서 [효과🔲]를 클릭하고 ❷ [3차원 서식]을 선택합니다. ❸ [위쪽 입체]의 [너비]와 [높이]에 모두 **20**을 입력하고 ❹ [닫기☒]를 클릭합니다.

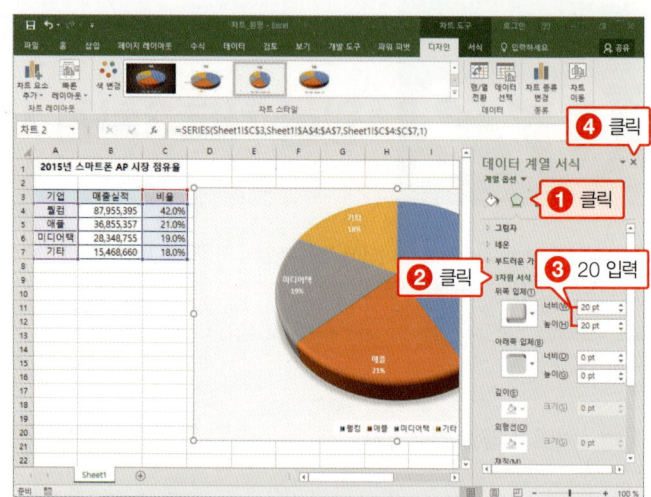

04 항목 조각내기

차트의 [퀄컴] 항목을 조각내서 보기 좋게 배치해보겠습니다. ❶ 원형 차트 데이터 계열을 클릭한 후 ❷ [퀄컴] 항목만 한 번 더 클릭하여 선택합니다. ❸ [퀄컴] 항목을 오른쪽으로 적절히 드래그하여 조각을 분리합니다.

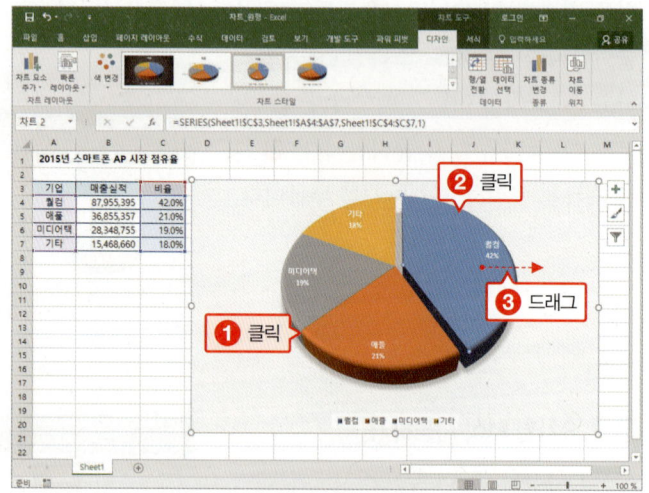

05 차트에 테마를 적용해보겠습니다. ❶ 임의의 빈 셀을 클릭합니다. ❷ [페이지 레이아웃] 탭 - [테마] 그룹 - [테마]를 클릭합니다. ❸ [메트로폴리탄]을 선택해서 테마를 변경합니다.

테마에 따라 차트의 색상도 바뀝니다.

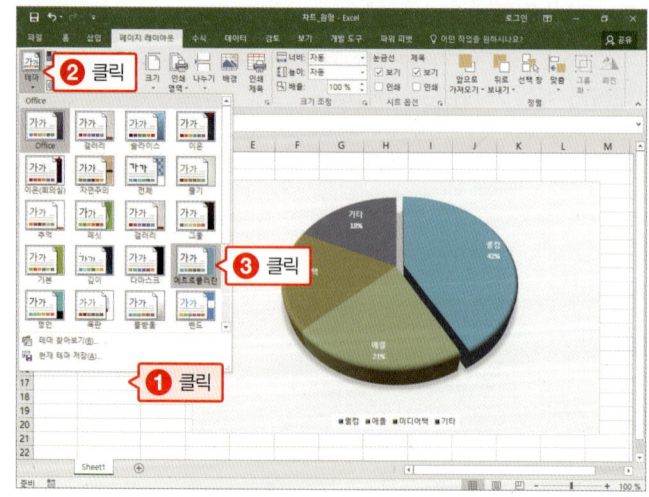

073 콤보(이중 축 혼합) 차트 만들기

혼합형 차트는 두 종류 이상의 차트를 사용하여 차트에 다른 정보가 있음을 강조합니다. 각 데이터 계열별로 서로 다른 유형의 데이터 값을 가지고 있거나 두 계열의 데이터 값이 차이가 클 경우 이중 축(보조 축)을 사용합니다. 세로 막대형 차트와 꺾은선형 차트의 조합을 혼합하면 더욱 효과적입니다.

실습 파일 | 엑셀\4장\차트_혼합.xlsx   **완성 파일** | 엑셀\4장\차트_혼합_완성.xlsx

01 이중 축 혼합 차트 만들기

[증가율] 계열은 기본 축을 기준으로 막대가 표시되므로 데이터 값의 차이가 너무 커서 막대가 짧게 나타납니다. [증가율] 계열을 오른쪽 보조 축으로 지정한 후 꺾은선형으로 변경해보겠습니다. ❶ 차트 영역을 선택하고 ❷ [차트 도구]-[디자인] 탭-[종류] 그룹-[차트 종류 변경]을 클릭합니다.

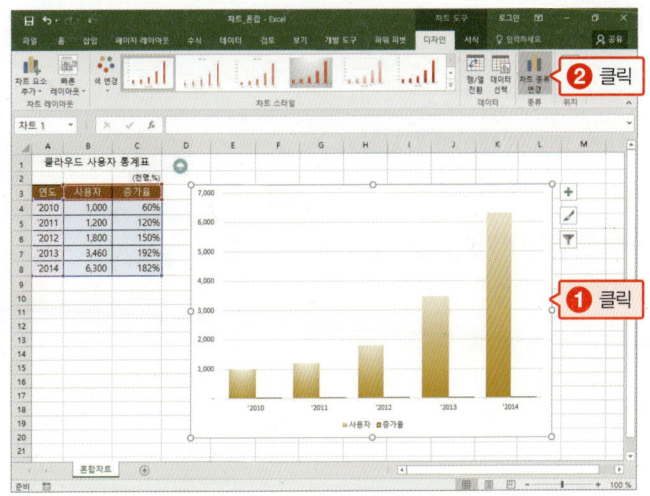

02 ❶ [차트 종류 변경] 대화상자의 [모든 차트] 탭에서 [콤보]를 선택합니다. ❷ [묶은 세로 막대형-꺾은선형, 보조 축]을 선택하고 ❸ [확인]을 클릭합니다.

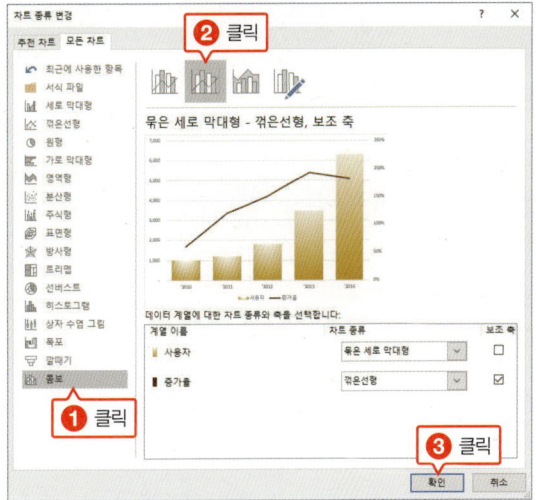

03 그림으로 표식 지정하기

꺾은선 차트의 표식을 그림으로 지정해 보겠습니다. ❶ [D1] 셀에 있는 구름 그림을 클릭하고 Ctrl+C를 누릅니다. ❷ [증가율]의 꺾은선형 데이터 계열을 클릭하고 Ctrl+V를 눌러 그림으로 표식을 지정합니다. ❸ [차트 요소+]를 클릭합니다.

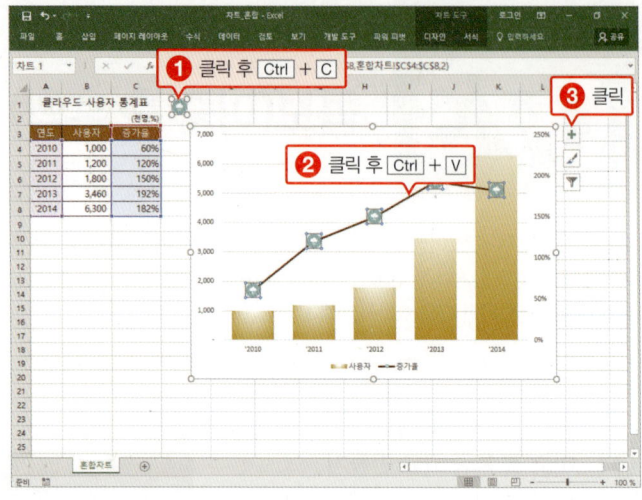

04 데이터 레이블 표시하기

❶ [데이터 레이블▶]을 클릭하고 ❷ [위쪽]을 선택합니다. ❸ [차트 요소+]를 클릭하여 수정을 마칩니다.

데이터 레이블이 차트와 서로 겹치지 않고 위치가 조정됩니다.

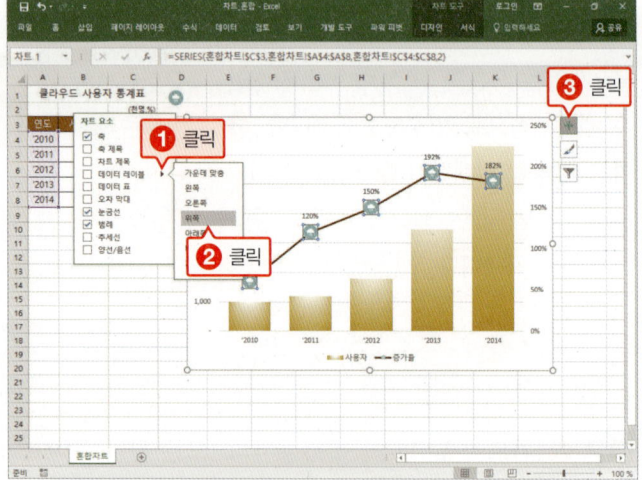

실습 파일 | 엑셀\4장\실적추이.xlsx   **완성 파일** | 엑셀\4장\실적추이_완성.xlsx

엑셀 2016 버전에 새로 추가된 폭포 차트(Waterfall chart)는 재무 데이터와 같이 자금의 유입/출입의 흐름이나 영업이익의 증가/감소 흐름 등 양수 및 음수 값의 누적 효과를 막대로 표시합니다. 2015년 4분기~2017년 2분기 영업이익의 흐름을 폭포 차트로 작성해봅니다.

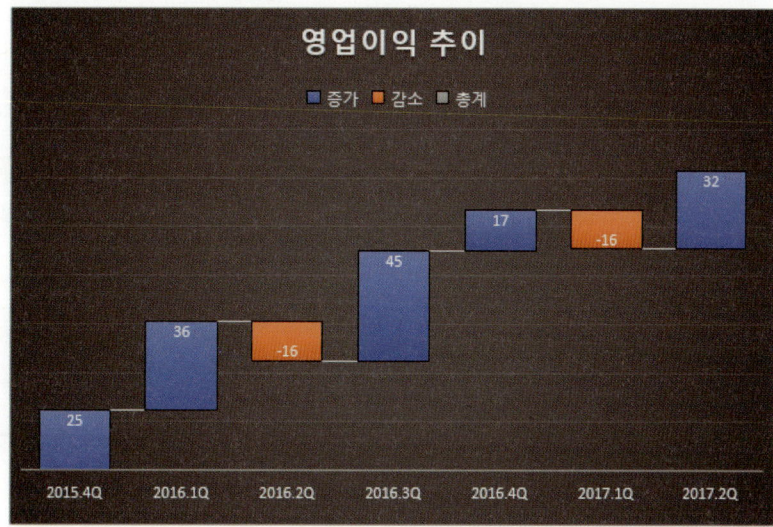

▲ 완성 파일

01 [A3:H3] 셀 범위를 드래그하고 Ctrl 을 누른 상태에서 [A5:H5] 셀 범위를 드래그합니다. [삽입] 탭-[차트] 그룹-[폭포 차트 또는 추식형 차트 삽입 📊]을 클릭하고 [폭포]를 선택합니다. 차트 위치와 크기를 적당하게 조절합니다.

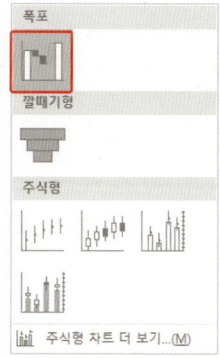

02 차트 영역을 클릭하고 [차트 도구]-[디자인] 탭-[차트 레이아웃] 그룹에서 [빠른 레이아웃]을 클릭하고 [레이아웃 1]을 선택합니다.

03 차트 제목을 영업이익 추이로 입력하고, 글꼴 크기를 **16**으로 설정합니다.

04 [차트 도구]–[디자인] 탭–[차트 스타일] 그룹에서 [차트 스타일 자세히 ⏷]를 클릭하고 [스타일 7]을 선택합니다.

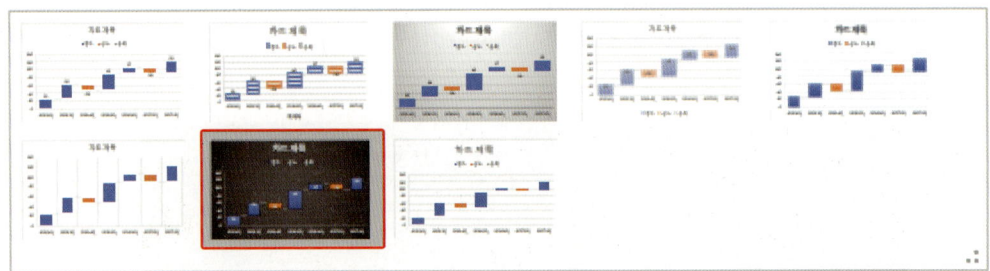

05 [세로 값 축]을 클릭하고 Delete 를 눌러 축을 삭제합니다.

핵심기능실습

074

선버스트 차트로 사업 영역 한눈에 살펴보기

엑셀 2016 버전에 새로 추가된 선버스트(Sunburst) 차트는 조각난 원호를 부챗살처럼 펼쳐 데이터의 계층 구조를 나타내며 동시에 하나의 조각이 어떤 요소로 구성되어 있는지 효과적으로 보여줍니다. 선버스트 차트에서는 하나의 원호 또는 고리가 계층의 각 수준을 나타내며 가장 안쪽이 가장 높은 수준을 나타냅니다.

실습 파일 | 엑셀\4장\차트_사업영역_선버스트.xlsx   **완성 파일 |** 엑셀\4장\차트_사업영역_선버스트_완성.xlsx

01 선버스트 차트 만들기

사업 영역별 구조와 매출실적을 한눈에 볼 수 있도록 선버스트 차트를 만들어보겠습니다. ❶ 차트로 만들 데이터인 [A3:E33] 셀 범위를 드래그합니다. ❷ [삽입] 탭–[차트] 그룹–[모든 차트 보기 ▣]를 클릭합니다.

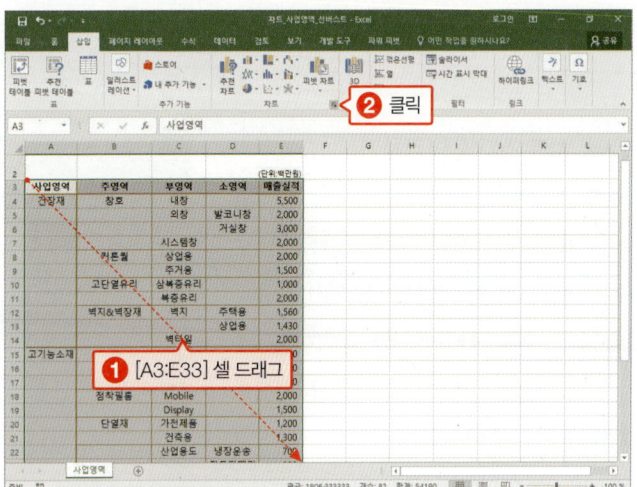

02 ❶ [차트 삽입] 대화상자에서 [모든 차트] 탭을 클릭하고 ❷ [선버스트]를 선택합니다. ❸ [확인]을 클릭합니다.

바로 통하는TIP 선버스트 차트는 계층 구조로 데이터가 입력되어 있어야 합니다. 사업영역에서 주영역–부영역–소영역의 항목을 계층 구조로 입력하고 항목의 내용이 없을 경우에는 빈 셀로 둡니다.

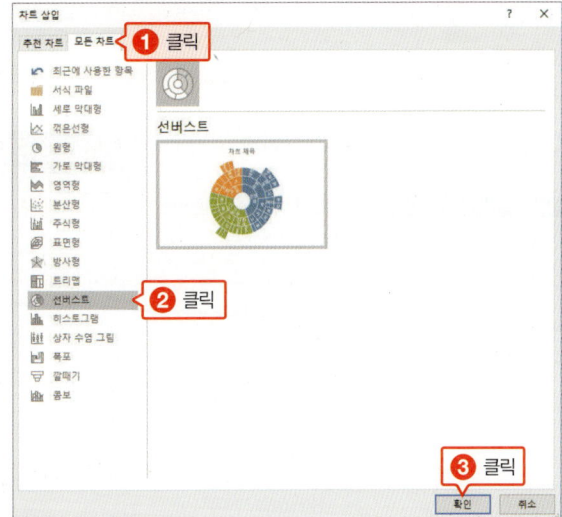

03 차트 위치와 크기 조절하기

① [A34] 셀을 기준으로 배치하기 위해 삽입한 차트를 드래그합니다. ② 차트 조절점을 드래그해서 적당한 크기로 조절합니다.

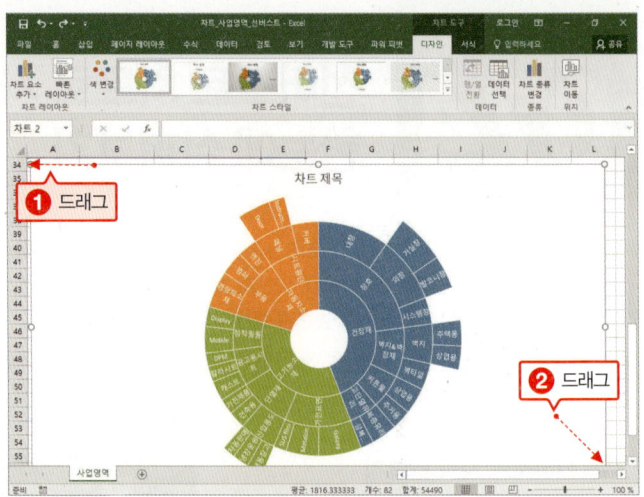

04 차트 스타일 변경하기

차트 스타일을 변경해보겠습니다. ① 차트 영역이 선택된 상태에서 [차트 도구]-[디자인] 탭-[차트 스타일] 그룹-[차트 스타일 자세히 ⊡]를 클릭하고 ② [스타일 8]을 선택합니다. ③ 차트 제목을 클릭하고 Delete 를 누릅니다.

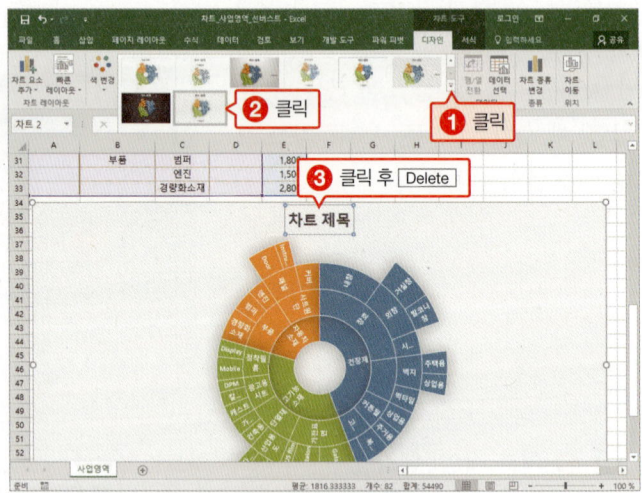

05 선버스트 차트가 완성되었습니다.

바로 통하는 TIP 원이 계층 구조의 각 수준을 보여줍니다. 가장 안쪽에 있는 원이 가장 상위 수준을, 가장 바깥쪽의 원이 가장 하위 수준을 나타냅니다.

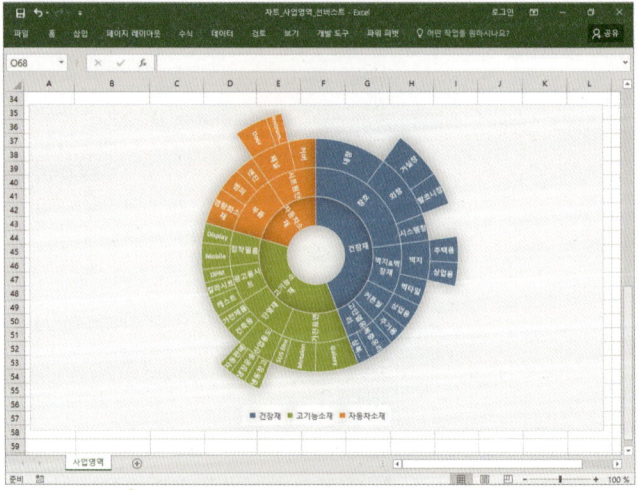

스파크라인 차트 삽입하고
종류 변경하기

엑셀에서는 다양한 스파크라인 스타일을 제공하므로 이를 이용하여 스파크라인 스타일을 변경할 수 있습니다. 또한 직접 차트 계열의 표식 색, 모양 등의 디자인을 변경할 수 있습니다.

실습 파일 | 엑셀\4장\차트_스파크라인.xlsx [스파크라인1] 시트   **완성 파일** | 엑셀\4장\차트_스파크라인_완성.xlsx

---

한눈에 보기   **스파크라인 차트**

셀 하나에 작은 추세 차트(꺾은선형, 열, 승패)를 삽입해 데이터를 강조하고 비교합니다. 열 스파크라인은 데이터 값의 크기를 비교할 때, 선 스파크라인은 데이터의 변화 추세를 나타낼 때 적합합니다. 승패 스파크라인은 음수를 표시해주므로 손익 등을 나타낼 때 적합합니다.

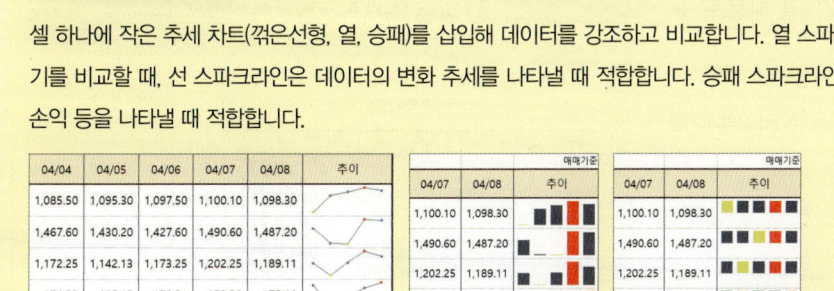

▲ 꺾은선형   ▲ 열   ▲ 승패

---

01 스파크라인 차트 삽입하기

주간 국가별 환율 추이를 스파크라인으로 표시해보겠습니다. ❶ [스파크라인1] 시트에서 [B4:F11] 셀 범위를 드래그합니다. ❷ [삽입] 탭-[스파크라인] 그룹-[열]을 클릭합니다.

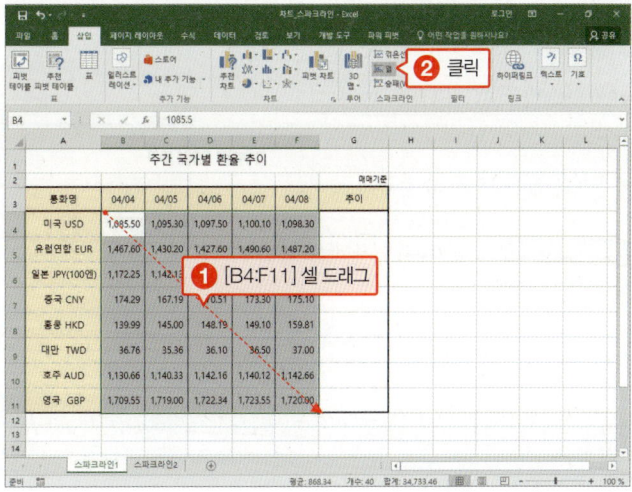

02 ❶ [스파크라인 만들기] 대화상자에서 [데이터 범위]에 **B4:F11**을 입력합니다. ❷ [위치 범위]에 **$G$4:$G$11**을 입력하고 ❸ [확인]을 클릭합니다.

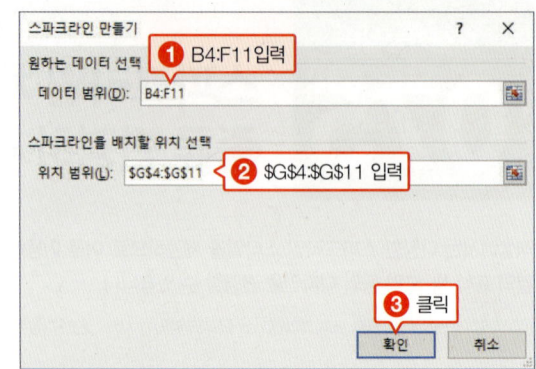

03 [G4:G11] 셀에 4월 4일~4월 8일까지의 주간 환율 추이가 열 차트로 표시됩니다.

바로 통하는 TIP 열 스파크라인은 데이터 값의 크기를 비교할 때 적합합니다.

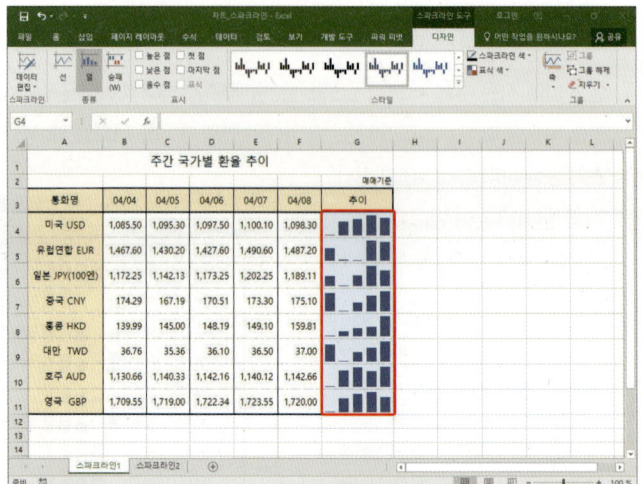

04 스파크라인 차트의 종류 변경하기

[G4:G11] 셀이 범위로 지정되어 있는 상태에서 [스파크라인 도구] – [디자인] 탭 – [종류] 그룹 – [선]을 클릭합니다.

주간 환율 추이가 선 차트로 표시됩니다.

바로 통하는 TIP 선 스파크라인은 데이터의 변화 추세를 나타낼 때 적합합니다.

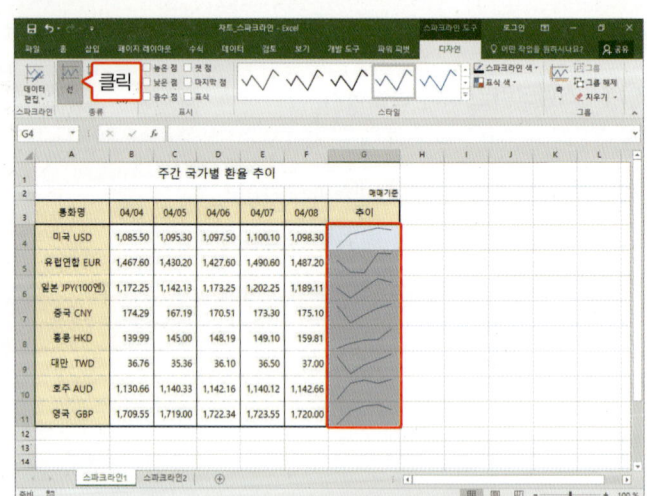

핵심기능실습

076 스파크라인 차트 스타일과 디자인 변경하기

다양하게 제공하는 스타일을 이용해 스파크라인의 디자인을 변경할 수 있습니다. 또 차트 계열의 표식 색, 모양 등도 직접 바꿀 수 있습니다.

실습 파일 | 엑셀\4장\차트_스파크라인2.xlsx [스파크라인2] 시트 **완성 파일** | 엑셀\4장\차트_스파크라인2_완성.xlsx

01 스파크라인 차트의 표시 강조하기

선 스파크라인 차트에서 표식을 강조해 보겠습니다. ❶ [스파크라인2] 시트에서 [G4:G11] 셀 범위를 드래그합니다. ❷ [스파크라인 도구]–[디자인] 탭–[표시] 그룹에서 [높은 점], [낮은 점], [표식]에 체크 표시합니다.

환율 추이에 선형 표식이 나타납니다.

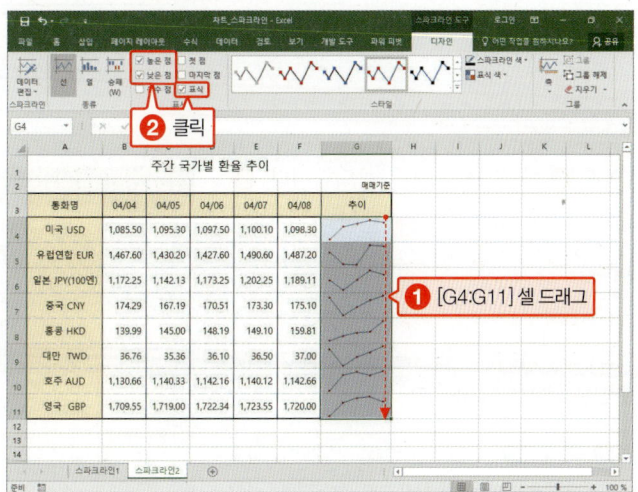

02 스파크라인 차트의 스타일 변경하기

❶ [G4:G11] 셀의 범위가 지정되어 있는 상태에서 [스파크라인 도구]–[디자인] 탭–[스타일] 그룹–[스타일 자세히 히⊞]를 클릭하고 ❷ [스파크라인 스타일 색상형 #5]를 선택합니다.

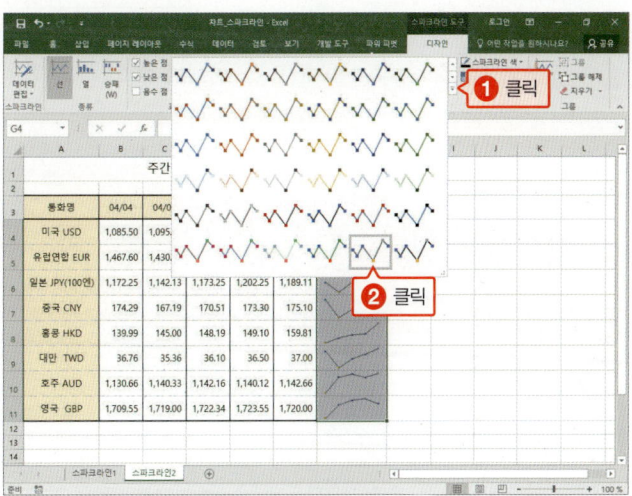

03 스파크라인 차트의 표시 색 변경하기

❶ [스파크라인 도구]-[디자인] 탭-[스타일] 그룹-[표식 색]을 클릭합니다.
❷ [높은 점]을 선택하고 ❸ [빨강]을 선택합니다.

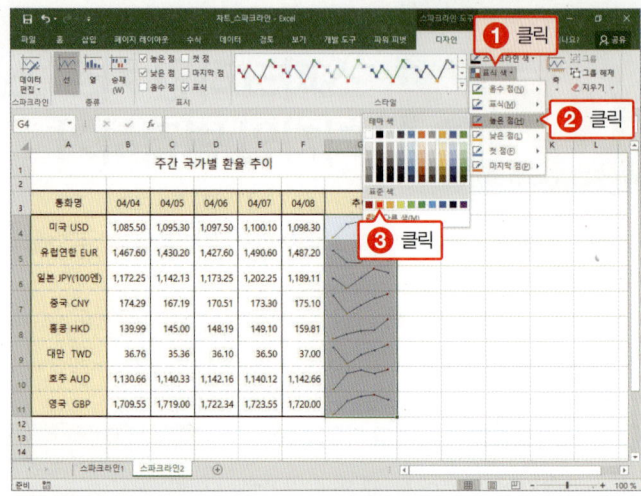

04 ❶ 다시 [표식 색]을 클릭합니다. ❷ [낮은 점]을 선택하고 ❸ [노랑]을 선택합니다.

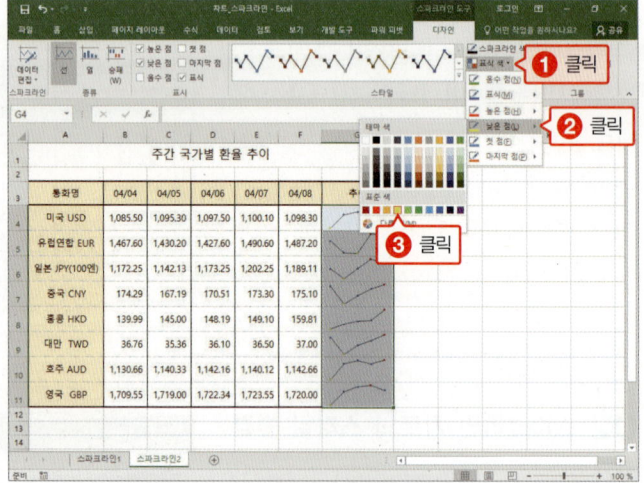

스파크라인 차트에서 가장 높은 점은 빨강, 가장 낮은 점은 노랑으로 표시됩니다.

바로 통하는 TIP 스파크라인 차트를 지우려면 [스파크라인 도구]-[디자인] 탭-[그룹] 그룹-[지우기]를 클릭하여 일부 또는 전체를 지울 수 있습니다.

데이터베이스 관리/
분석 및 자동화하기

엑셀에서 제공하는 데이터베이스의 기능은 방대한 양의 자료를 관리하고 요약해서 데이터를 효과적으로 분석하기에 유용합니다. 반복 작업을 한 번에 처리할 수 있는 매크로를 사용하면 업무 시간을 단축하고 자동화하기에 좋습니다.

여기에서는 텍스트 나누기, 중복 데이터, 통합 기능을 사용하여 데이터베이스를 관리하고, 정렬, 필터, 부분합, 피벗 테이블로 데이터를 분석하는 방법에 대해서 알아보겠습니다. 마지막으로 통합 문서 내 자동화에 필요한 명령어를 모아 매크로로 기록하고 실행 및 편집하는 방법에 대해서 살펴보겠습니다.

핵심기능실습

077

텍스트 나누기

데이터를 효율적으로 관리하려면 열 하나에 여러 정보가 담기지 않도록 종류별로 데이터를 나눕니다. 데이터를 나눠두면 정보를 검색하거나 분석할 때 유리합니다.

실습 파일 | 엑셀\5장\DB_텍스트_입출고현황.xlsx **완성 파일** | 엑셀\5장\DB_텍스트_입출고현황_완성.xlsx

01 텍스트를 나눌 셀 범위 지정하기

텍스트 나누기는 일정 너비나 기호를 기준으로 진행됩니다. D열에 상품의 가로, 세로, 높이가 모두 입력되어 있으므로 각각 데이터를 나눠보겠습니다. ❶ [D3] 셀을 클릭하고 Ctrl + Shift + ↓를 눌러 [D3:D37] 셀 범위를 드래그합니다. ❷ [데이터] 탭-[데이터 도구] 그룹-[텍스트 나누기]를 클릭합니다.

바로 통하는TIP 텍스트를 나누려면 나누려는 데이터 개수만큼 오른쪽에 빈 열이 있어야 합니다. 만약 빈 열이 없을 경우에는 오른쪽 열이 나눠진 텍스트 값으로 대치되므로 주의합니다.

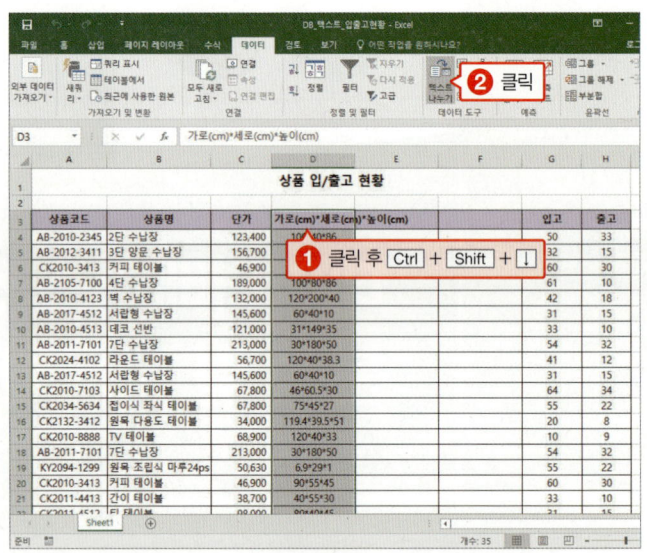

02 텍스트 마법사 – 1단계, 2단계

❶ [텍스트 마법사 – 3단계 중 1단계] 대화상자에서 원본 데이터의 파일 유형으로 [구분 기호로 분리됨]을 선택하고 ❷ [다음]을 클릭합니다.

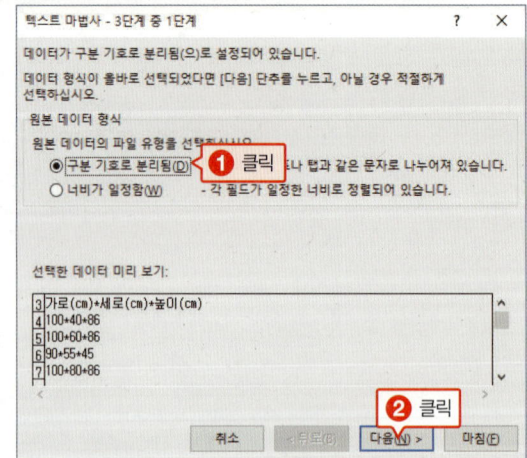

03 텍스트 마법사 – 1단계, 2단계

❶ [텍스트 마법사–3단계 중 2단계] 대화상자에서 [구분 기호]의 [기타]에 체크 표시하고 ❷ [입력 상자]에 *를 입력합니다. ❸ [다음]을 클릭합니다.

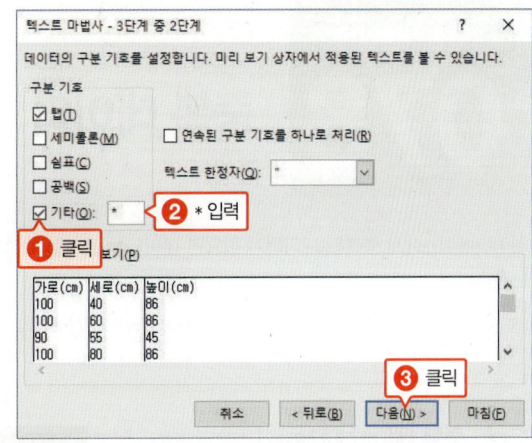

04 텍스트 마법사–3단계

❶ [텍스트 마법사–3단계 중 3단계] 대화상자의 [데이터 미리 보기] 목록에서 서식을 지정합니다. 지정할 서식이 없으므로 텍스트 마법사를 완료하기 위해 [마침]을 클릭합니다. ❷ 기존 데이터를 바꿀 것인지 묻는 메시지가 나타나면 [확인]을 클릭합니다.

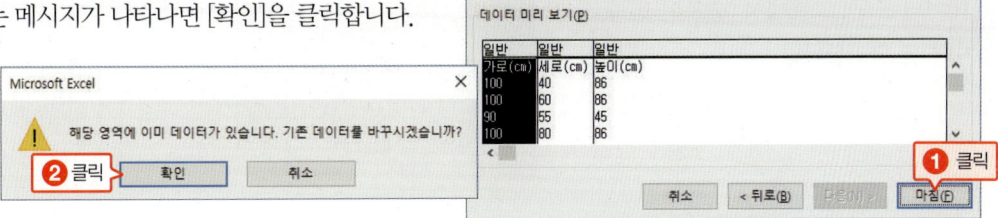

05
가로, 세로, 높이 항목이 나눠졌습니다.

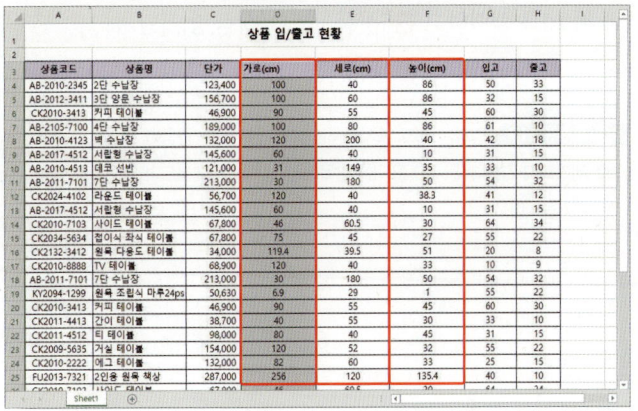

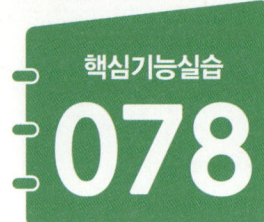

중복 데이터 삭제하기

데이터베이스에서 중복된 데이터가 있으면 데이터를 분석할 때 잘못된 결과를 불러올 수 있습니다. 데이터의 중복 항목을 제거해 보겠습니다.

실습 파일 | 엑셀\5장\DB_중복제거_입출고현황.xlsx **완성 파일** | 엑셀\5장\DB_중복제거_입출고현황_완성.xlsx

O1 중복 데이터 제거하기

상품의 입/출고 현황에는 일자별로 상품이 입고된 내역이 표시되어 있습니다. 목록에서 중복된 상품코드와 상품명, 그리고 단가 등의 중복 데이터를 제거하여 상품목록표를 만들어보겠습니다. ❶ [A3] 셀을 클릭합니다. ❷ [데이터] 탭-[데이터 도구] 그룹에서 [중복된 항목 제거]를 클릭합니다.

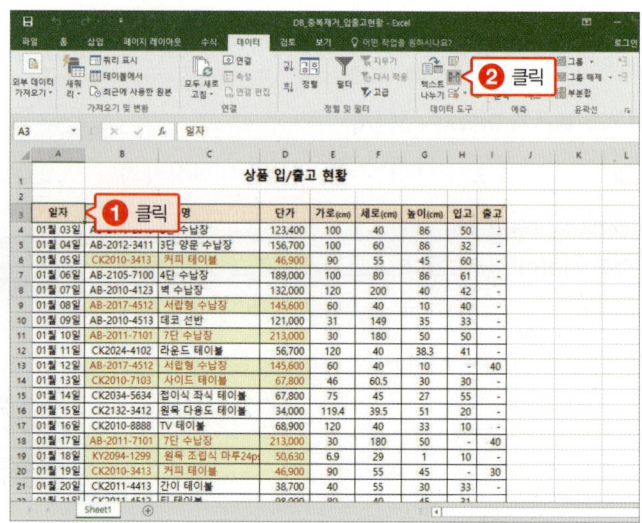

O2 ❶ [중복된 항목 제거] 대화상자에서 [모두 선택 취소]를 클릭하고 ❷ [상품코드], [상품명], [단가]에 체크 표시합니다. ❸ [확인]을 클릭합니다.

바로 통하는TIP 일자는 체크 표시를 하더라도 일치하는 항목이 없으므로 제거되지 않습니다. 체크 표시한 항목에서 일치하는 레코드가 있을 때만 제거됩니다.

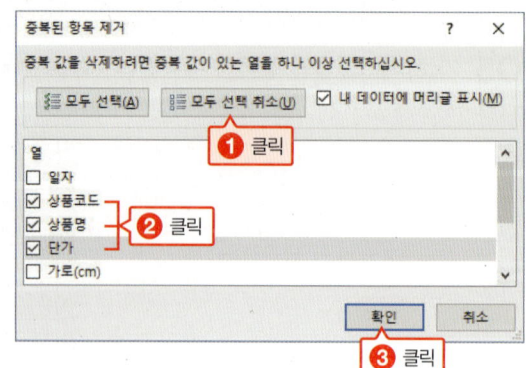

03 5개의 중복된 데이터가 제거되었다는 메시지가 나타나면 [확인]을 클릭합니다.

바로 통하는 TIP 중복된 데이터를 제거하면 첫 번째 레코드 하나만 남고 두 번째 레코드부터는 삭제됩니다.

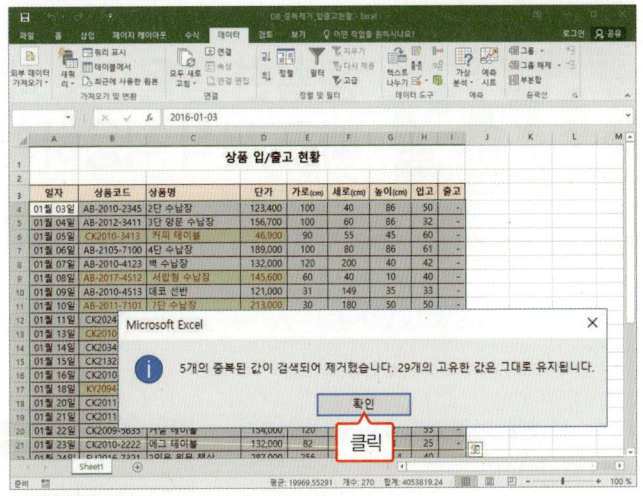

04 상품목록표 만들기

❶ [B1] 셀을 클릭한 후 **상품목록표**를 입력하고 ❷ Enter 를 누릅니다. ❸ A열의 열 머리글을 클릭하고 ❹ Ctrl 을 누른 상태에서 [H:I] 열 머리글 범위를 드래그한 후 ❺ Ctrl + − 를 눌러 일자, 입고, 출고 열을 삭제합니다.

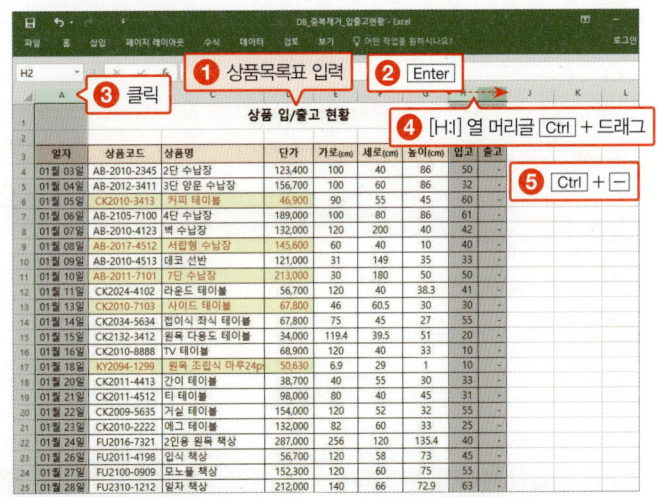

05 ❶ Alt + F2 를 눌러 [다른 이름으로 저장] 대화상자가 나타나면 ❷ [파일 이름]에 **상품목록표**라고 입력한 후 ❸ [저장]을 클릭합니다.

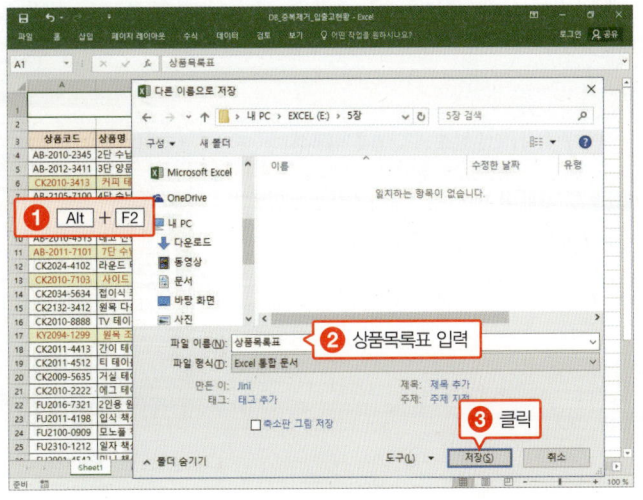

동일한 항목으로 데이터 통합하고 빠른 서식 적용하기

핵심기능실습 **079**

데이터 통합은 첫 번째 필드 항목을 기준으로 여러 워크시트의 결과를 합계, 개수, 평균, 최댓값, 최솟값, 곱, 수치 개수, 표본 표준 편차, 표준 편차, 표본 분산, 분산 등으로 요약하고 집계합니다.

실습 파일 | 엑셀\5장\DB_통합_월실적현황.xlsx **완성 파일** | 엑셀\5장\DB_통합_월실적현황_완성.xlsx

01 성명을 기준으로 1월~3월까지의 실적 통합하기

데이터를 통합하면 여러 워크시트의 결과를 요약하거나 집계해서 볼 수 있습니다. 같은 통합 문서 내에 포함된 [1월]~[3월] 시트의 데이터를 통합해보겠습니다. ❶ [통합] 시트에서 [A3] 셀을 클릭합니다. ❷ [데이터] 탭-[데이터 도구] 그룹-[통합🔢]을 클릭합니다. ❸ [통합] 대화상자의 [함수]에서 [합계]를 선택하고 ❹ [참조]란을 클릭합니다.

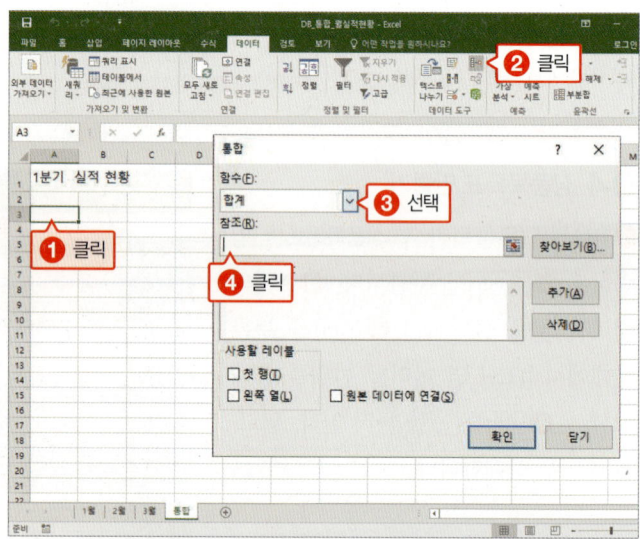

02 통합할 데이터 선택하기

❶ [1월] 시트를 클릭하고 ❷ [A3:G16] 셀 범위를 드래그한 후 ❸ [추가]를 클릭합니다.

선택한 범위가 [모든 참조 영역]에 추가됩니다.

바로 통하는 TIP 데이터를 통합하면 첫 번째 열을 기준으로 여러 데이터를 하나로 합칩니다.

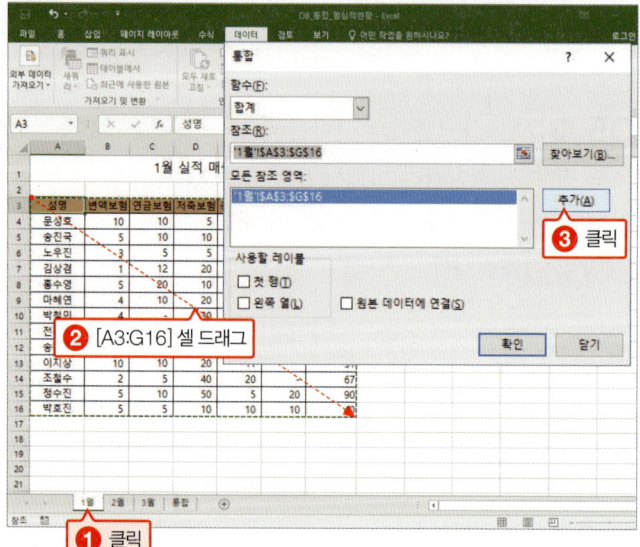

03 ❶ [2월] 시트를 클릭한 후 ❷ [A3: G15] 셀 범위를 드래그하고 ❸ [추가]를 클릭합니다.

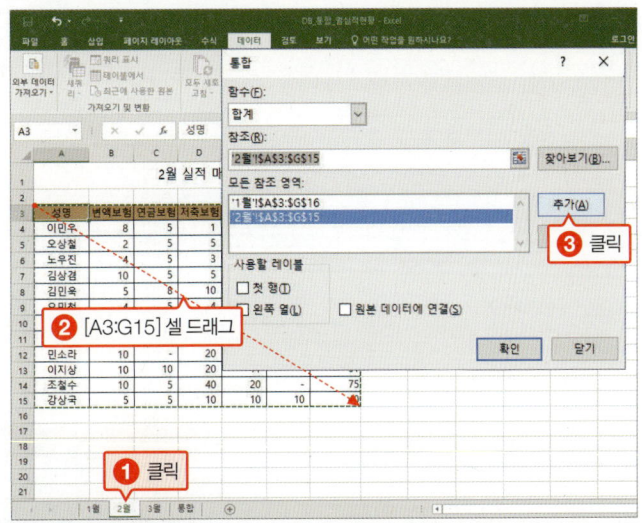

04 ❶ [3월] 시트를 클릭한 후 ❷ [A3 :G20] 셀 범위를 드래그하고 ❸ [추가] 를 클릭합니다. ❹ [사용할 레이블]에서 [첫 행]과 [왼쪽 열]에 체크 표시하고 ❺ [확인]을 클릭합니다.

바로 통하는 TIP [사용할 레이블]에서 [첫 행]과 [왼쪽 열]에 체크 표시하면 제목 행과 제목 열을 기준으로 통합 됩니다. 그러나 레이블을 사용하지 않으면 행과 열 방향 의 순서대로 데이터를 통합하기 때문에 잘못된 통합 결 과를 얻을 수도 있습니다.

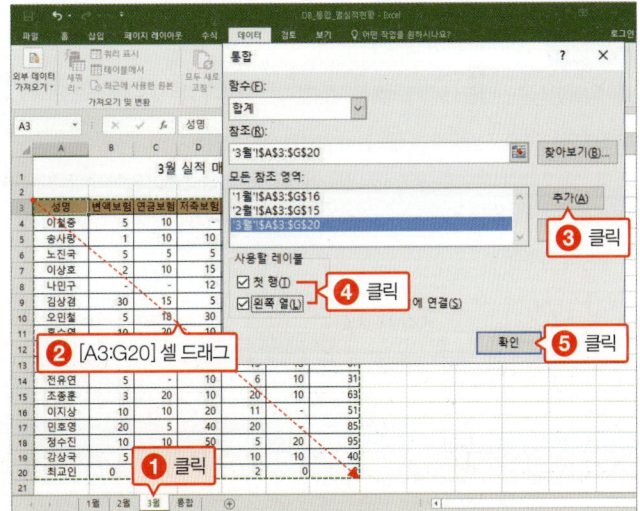

05 데이터 통합하여 서식 지정하기

1월부터 3월까지의 데이터가 통합되어 [통합] 시트의 [A3] 셀부터 입력됩니다. ❶ [A3] 셀을 클릭하고 **성명**을 입력합니다. ❷ Ctrl + A 를 눌러 [A3:G32] 셀을 범위로 지정하고 ❸ [빠른 분석 ⊞]을 클릭합니다. ❹ [표]를 클릭하고 ❺ 다시 [표]를 선택합니다.

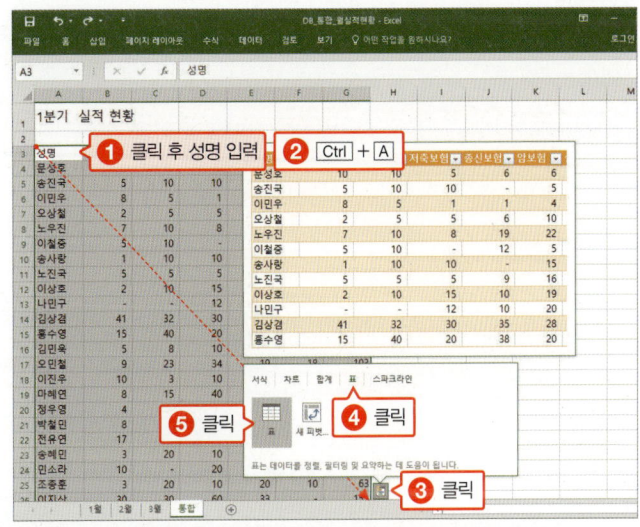

06 표에 서식이 적용되었습니다.

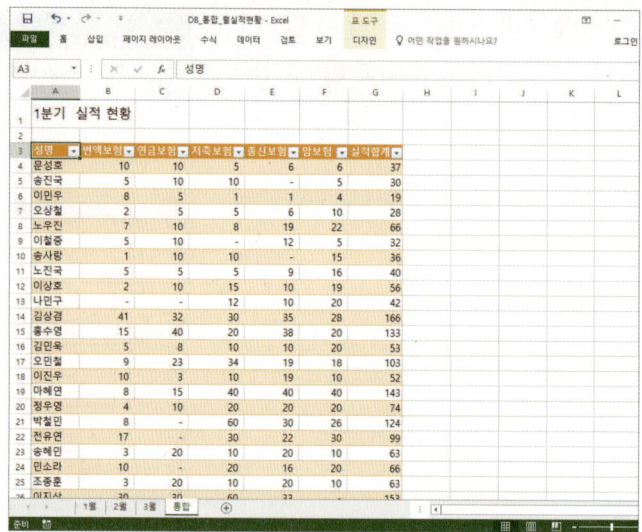

데이터베이스 작성 규칙

데이터베이스로 관리할 데이터 목록을 작성할 때는 다음과 같은 사항에 주의합니다.

① 필드명은 한 줄로 입력하고, 필드명이 입력된 셀은 병합하지 않아야 합니다.

② 각 셀에 입력한 데이터는 병합하지 않아야 하고, 빈 행이나 열이 없어야 합니다.

③ 셀 하나에는 하나의 정보만 입력해야 합니다. 외부에서 데이터를 가져왔을 때 셀 하나에 여러 정보가 포함되어 있다면 텍스트를 나눠서 여러 필드에 입력합니다.

▲ 잘못 작성된 데이터베이스

▲ 바르게 작성된 데이터베이스

실습 파일 | 엑셀\5장\입출고현황표.xlsx   **완성 파일** | 엑셀\5장\입출고현황표_완성.xlsx

[1월]~[3월] 시트에는 상품별 입출고 데이터가 입력되어 있습니다. [1분기] 시트에서 각각의 시트에 있는 입출고 데이터를 상품명으로 통합한 후 월별 입출고 수량을 하나의 표로 집계해서 볼 수 있도록 데이터를 통합해보겠습니다.

1월 상품 입/출고 현황

상품코드	상품명	단가	가로(cm)	세로(cm)	높이(cm)	1월입고	1월출고
AB-2010-2345	2단 수납장	123,400	100	40	86	50	33
CK2010-3413	커피 테이블	46,900	90	55	45	60	30

2월 상품 입/출고 현황

상품코드	상품명	단가	가로(cm)	세로(cm)	높이(cm)	2월입고	2월출고
AB-2010-2345	2단 수납장	123,400	100	40	86	20	15
AB-2012-3411	3단 양문 수납장	156,700	100	60	86	30	10

3월 상품 입/출고 현황

상품코드	상품명	단가	가로(cm)	세로(cm)	높이(cm)	3월입고	3월출고
AB-2010-2345	2단 수납장	123,400	100	40	86	35	23
AB-2012-3411	3단 양문 수납장	156,700	100	60	86	17	15
CK2010-3413	커피 테이블	46,900	90	55	45	45	30
AB-2011-7101	7단 수납장	213,000	30	180	50	39	20
CK2024-4102	라운드 테이블	56,700	120	40	38.3	26	10
AB-2017-4512	서랍형 수납장	145,600	60	40	10	16	10
CK2010-7103	사이드 테이블	67,800	46	60.5	30	50	34
CK2034-5634	접이식 좌식 테이블	67,800	75	45	27	40	22
CK2132-3412	원목 다용도 테이블	34,000	119.4	39.5	51	10	10
CK2010-8888	TV 테이블	68,900	120	40	33	10	10
AB-2011-7101	7단 수납장	213,000	30	180	50	39	33
KY2094-1299	원목 조립식 마루24ps	50,630	6.9	29	1	40	25
CK2010-3413	커피 테이블	46,900	90	55	45	45	30
CK2011-4413	간이 테이블	38,700	40	55	30	18	3
CK2011-4512	티 테이블	98,000	80	40	45	16	10
CK2009-5635	거실 테이블	154,000	120	52	32	20	10
CK2010-2222	에그 테이블	132,000	82	60	33	10	5
FU2013-7321	2인용 원목 책상	287,000	256	120	135.4	25	5
CK2010-7103	사이드 테이블	67,800	46	60.5	30	33	20
FU2011-4198	입식 책상	56,700	120	58	73	30	20
FU2100-0909	모노플 책상	152,300	120	60	75	10	10
FU2310-1212	일자 책상	212,000	140	66	72.9	30	20

1분기 상품 입/출고 수량 현황

상품명	1월입고	1월출고	2월입고	2월출고	3월입고	3월출고
2단 수납장	50	33	20	15	35	23
커피 테이블	120	60	65	35	90	60
3단 양문 수납장			30	10	17	15
4단 수납장	61	10	50	5		
벽 수납장	42	18	40	13		
데크 선반			38	5		
7단 수납장	108	64	118	54	78	53
라운드 테이블	41	12	46	7	26	10
서랍형 수납장	31	15	30	5	16	10
사이드 테이블	128	68	139	68	83	54
접이식 좌식 테이블	55	22	60	17	40	22
원목 다용도 테이블	20	8	25	3	10	10
TV 테이블	10	9	15	4	10	10
원목 조립식 마루24ps	110	44	120	54	60	47
거실 테이블	55	22			20	10
간이 테이블			38	15	18	3
티 테이블			36	20	16	10
에그 테이블	25	15	30	20	10	5
2인용 원목 책상	40	10	45	15	25	5
입식 책상	45	33	50	38	30	20
모노플 책상	55	22	60	27	10	10
일자 책상	63	20	68	25	30	20
미니 책상	64	65	69	70	22	20
H형 책상	35	21	40	26		
접착식 데크타일11	31	15			16	15
서랍 레일	12	10	17	15	40	10
삼나무집성목18	21	12	28	17	20	12
미송합판48			18	13		
MDF18	14	9	19	14		

▲ 완성 파일

01 [1분기] 시트에서 [A3] 셀을 클릭한 후 [데이터] 탭–[데이터 도구] 그룹–[통합]을 클릭합니다.

02 [통합] 대화상자의 [함수]에서 [합계]를 선택하고 [사용할 레이블]에서 [첫 행]과 [왼쪽 열]에 체크 표시한 후 [참조]란을 클릭합니다. 각각의 [1월]~[3월] 시트의 데이터 영역을 지정하여 [추가]를 클릭한 후 [확인]을 클릭합니다.

[1월] 시트	[2월] 시트	[3월] 시트
[B3:H31] 셀 범위	[B3:H33] 셀 범위	[B3:H30] 셀 범위

03 [A3] 셀에 상품명을 입력합니다. [B:E] 열의 머리글 범위를 드래그하고 Ctrl + - 를 눌러 불필요한 열을 삭제합니다. 각각의 열 너비를 보기 좋게 조정합니다.

04 [A3:G32] 셀 범위를 드래그한 후 [빠른 분석 🔳]–[테이블]–[표]를 선택하여 서식을 적용합니다.

080 셀 값을 기준으로 정렬하기

데이터베이스에서 사용자가 보기 편한 기준으로 데이터를 정렬할 수 있어야 합니다. [정렬] 대화상자를 이용하면 기본적으로 오름 차순 또는 내림차순으로 정렬할 수 있고 정렬 기준을 2가지 이상으로 지정해서 정렬할 수도 있습니다.

실습 파일 | 엑셀\5장\DB_정렬_회원명단1.xlsx **완성 파일** | 엑셀\5장\DB_정렬_회원명단1_완성.xlsx

01 회원등급 오름차순으로 정렬하기

회원명단에서 회원등급을 기준으로 셀을 정렬해보겠습니다. ❶ [회원등급] 필드인 [B3] 셀을 클릭합니다. ❷ [데이터] 탭-[정렬 및 필터] 그룹-[오름차순]을 클릭합니다.

회원등급이 ㄱ~ㅎ 순서로 정렬됩니다.

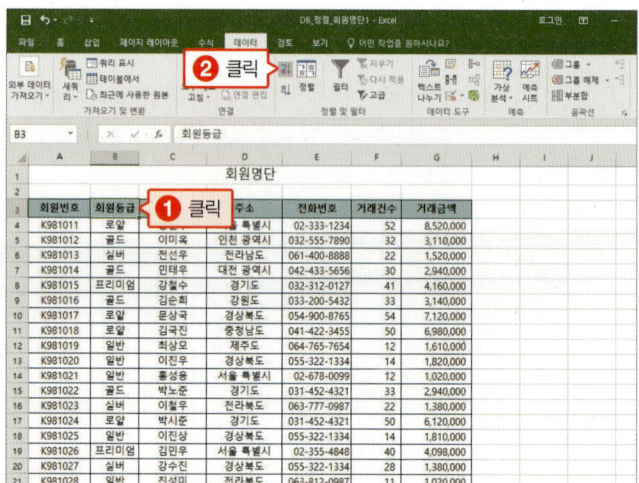

02 여러 조건을 정렬하기

❶ 데이터에서 임의의 셀을 클릭하고 ❷ [데이터] 탭-[정렬 및 필터] 그룹-[정렬]을 클릭합니다.

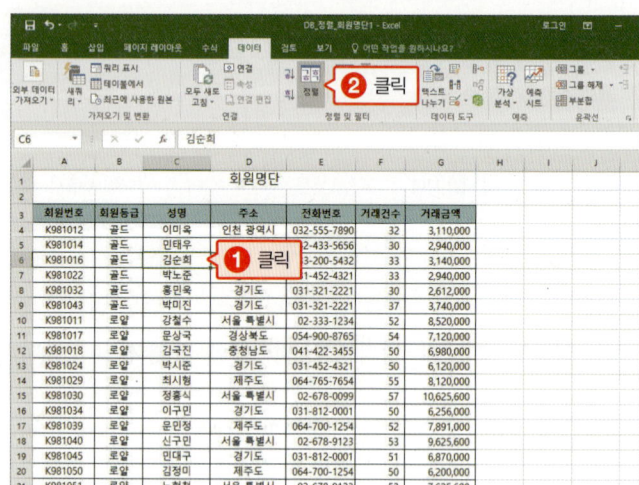

03 ❶ [정렬] 대화상자에서 두 번째 정렬 기준을 추가하기 위해 [기준 추가]를 클릭하고 ❷ [다음 기준]에서 [주소], [값], [오름차순]을 선택합니다. ❸ 세 번째 정렬 기준을 추가하기 위해 [기준 추가]를 클릭하고 ❹ [다음 기준]에서 [거래금액], [값], [내림차순]을 선택합니다. ❺ [확인]을 클릭합니다.

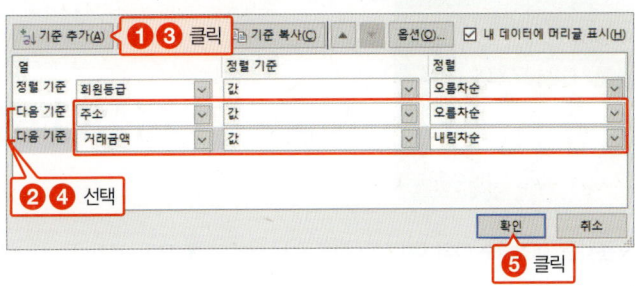

04 회원등급과 주소를 기준으로 오름차순으로, 거래금액을 기준으로 내림차순으로 데이터가 정렬됩니다.

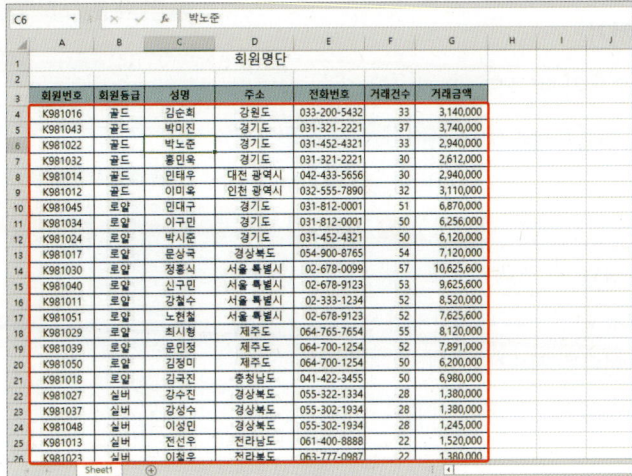

쉽고 빠른 엑셀 NOTE 　**데이터의 정렬 순서**

숫자	가장 작은 음수에서 가장 큰 양수로 정렬됩니다.
날짜	가장 이전 날짜에서 가장 최근 날짜로 정렬됩니다.
문자 (문자와 숫자가 섞여 있는 경우)	0~9 (공백) ! # $ % & ( ) * , . / : ; ? @ [₩] ^ _ ' {	} ~ + ⟨ = ⟩ a–z, A–Z 순으로 정렬됩니다.
논리 값	FALSE, TRUE 순으로 정렬됩니다.
오류 값	#N/A, #VALUE! 등의 오류 값은 정렬 순서가 모두 동일합니다.

081

사용자가 지정한 순서로 정렬하기

오름차순, 내림차순 등의 일반적인 정렬 순서 외에도 월, 요일, 분기 등 사용자가 직접 정렬 기준을 설정하고, 지정한 순서대로 데이터를 정렬할 수 있습니다.

실습 파일 | 엑셀\5장\DB_정렬_회원명단2.xlsx   **완성 파일** | 엑셀\5장\DB_정렬_회원명단2_완성.xlsx

01 회원등급 사용자 지정으로 정렬하기

오름차순(골드~프리미엄)으로 정렬된 회원등급을 사용자 지정 순서(로얄~일반)로 정렬해보겠습니다. ❶ 데이터에서 임의의 셀을 클릭하고 ❷ [데이터] 탭 - [정렬 및 필터] 그룹 - [정렬]을 클릭합니다. ❸ [정렬] 대화상자의 열 정렬 기준의 [회원등급]에서 [정렬] 목록을 [사용자 지정 목록]으로 선택합니다.

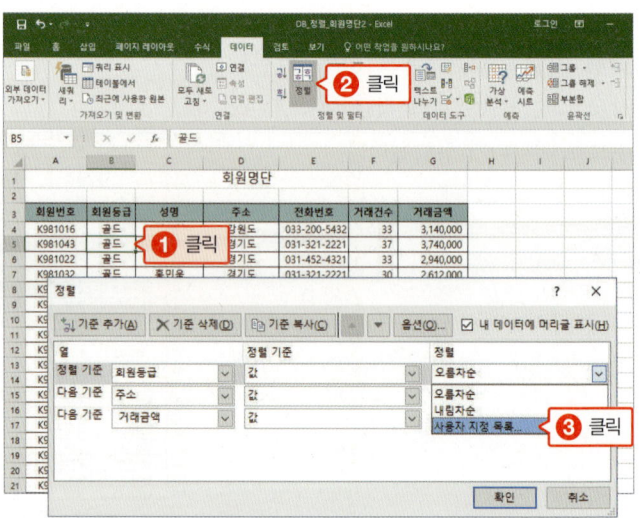

02 사용자 지정 목록 추가하기

❶ [사용자 지정 목록] 대화상자의 [사용자 지정 목록]에서 [새 목록]을 선택하고 ❷ [목록 항목]에 **로얄, 프리미엄, 골드, 실버, 일반**을 입력한 후 ❸ [추가]를 클릭합니다. ❹ [확인]을 클릭하여 [정렬] 대화상자로 돌아옵니다.

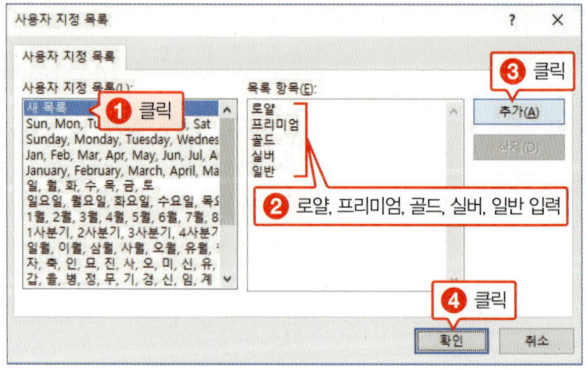

03 [정렬] 대화상자에서 회원등급의 정렬 순서가 로얄~일반 순으로 지정되었습니다. [확인]을 클릭해 [정렬] 대화상자를 닫습니다. 지정한 순서로 회원 등급이 정렬됩니다.

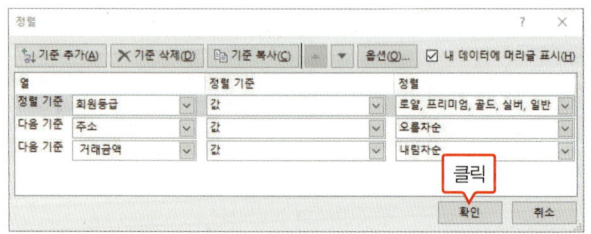

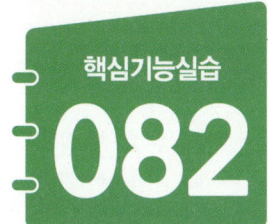

핵심기능실습

082

SUBTOTAL 함수를 이용해 필터하기

전체 데이터의 합계, 개수가 아닌 조건에 맞는 데이터 목록만 가지고 부분합을 계산하기 위해 SUBTOTAL 함수를 사용합니다.
비품 리스트 현황에서 비품 수량의 합계와 전체 비품 목록의 개수를 SUBTOTAL 함수로 구해보겠습니다.

실습 파일 | 엑셀\5장\DB_필터_비품목록1.xlsx   **완성 파일** | 엑셀\5장\DB_필터_비품목록1_완성.xlsx

01 SUBTOTAL 함수로 비품 수량 합계 계산하기

비품 수량의 합계를 구해보겠습니다. ❶
[H3] 셀을 클릭한 후 **=SUBTOTAL(9,E6:
E82)**를 입력하고 ❷ Enter 를 누릅니다.

바로 통하는 TIP [E6:E82] 셀에 담긴 데이터의 합계
(9)를 구합니다.

02 SUBTOTAL 함수로 비품 목록 건수 합계 계산하기

전체 비품 목록의 개수를 구해보겠습니
다. ❶ [J3] 셀을 클릭한 후 **=SUBTOTAL
(3, A6:A82)**를 입력하고 ❷ Enter 를 누릅
니다.

바로 통하는 TIP [A6:A82] 셀 범위에 담긴 데이터의
개수(3)를 구합니다.

바로 통하는 TIP 검색 수량 합계와 검색 건수의 값은
전체 수량 합계와 전체 건수가 같습니다. 하지만 '핵심기
능실습 88 자동 필터로 데이터 추출하기'의 자동 필터 기
능으로 지정 조건에 맞는 데이터를 검색할 경우, 그 결과
에 따라 SUBTOTAL 함수로 구한 검색 수량 합계와 검
색 건수의 값은 달라집니다.

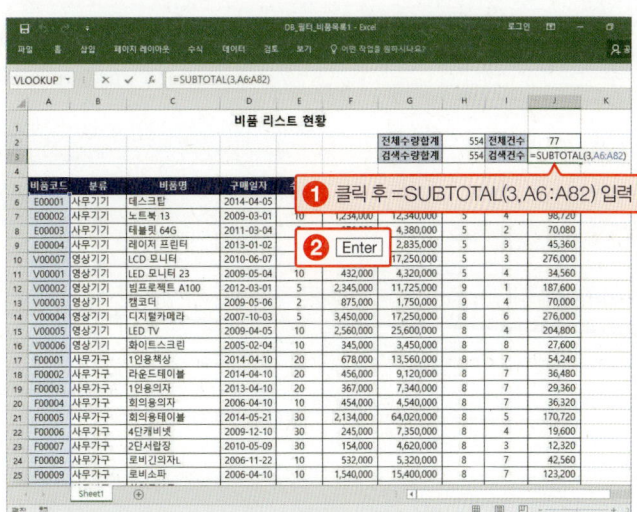

목록이나 데이터베이스의 부분합을 계산하는 SUBTOTAL 함수

자동 필터나 고급 필터 기능으로 데이터를 검색하여 원하는 데이터를 추출하면 결과에 따라 계산된 수식 값도 매번 달라져야 합니다. 하지만 일반적인 SUM 함수나 COUNT, AVERAGE 함수를 사용하면 데이터의 추출된 결과와 상관없이 전체 데이터의 계산 결과를 표시합니다. SUBTOTAL 함수는 현재 표시되는 데이터의 목록을 가지고 부분합을 계산하므로 자동 필터나 고급 필터에서 자주 사용하는 함수입니다.

함수 범주	수학/삼각 함수			
함수 형식	=SUBTOTAL(함수 번호, 범위1, 범위2, ⋯) 함수 번호 : 데이터 범위나 목록에서 부분합을 계산할 함수를 1~11 또는 101~111사이에서 지정할 수 있습니다. 1~11 : 숨겨진 행의 셀 값을 포함하여 계산(필터 기능 이외에 일부 행 숨기기를 한 경우)합니다. 101~111 : 숨겨진 행의 셀 값을 포함하지 않고 계산(필터 기능 이외에 일부 행 숨기기를 한 경우)합니다.			
	Fun_num(숨겨진 값 포함)	Fun_num(숨겨진 값 무시)	함수 유형	계산
	1	101	AVERAGE	평균
	2	102	COUNT	수치 개수
	3	103	COUNTA	개수
	4	104	MAX	최대값
	5	105	MIN	최소값
	6	106	PRODUCT	수치 곱
	7	107	STDEV	표본 표준 편차
	8	108	STDEVP	표준 편차
	9	109	SUM	합계
	10	110	VAR	표본 분산
	11	111	VARP	분산

핵심기능실습 083 자동 필터로 데이터 추출하기

필터링은 지정한 조건에 맞는 데이터를 찾는 기능입니다. 날짜, 문자, 숫자의 필터 조건으로 데이터를 추출할 수 있습니다. 필터링 기능으로 추출한 데이터는 복사, 삭제, 편집이 가능하며 서식을 지정하여 인쇄할 수 있습니다. 자동 필터 기능을 이용해서 여러 조건에 맞는 데이터를 추출해보겠습니다.

실습 파일 | 엑셀\5장\DB_필터_비품목록2.xlsx   **완성 파일** | 엑셀\5장\DB_필터_비품목록2_완성.xlsx

01 특정 문자가 포함된 데이터 표시하기

'사무'라는 문자가 포함된 레코드만 표시해보겠습니다. ❶ 데이터 목록에서 임의의 셀을 클릭합니다. ❷ [데이터] 탭의 [정렬 및 필터] 그룹-[필터]를 클릭합니다. ❸ [분류] 필드의 [필터 목록▼]을 클릭하고 ❹ [텍스트 필터]의 [검색]에 **사무**를 입력한 후 ❺ [확인]을 클릭합니다.

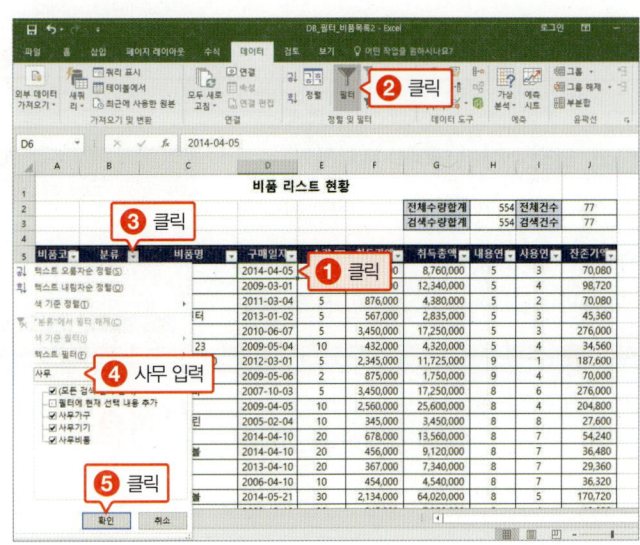

02 [분류]에서 '사무'라는 문자가 포함된 레코드만 표시되면서 앞서(핵심기능실습 087 SUBTOTAL 함수를 이용해 데이터 필터하기) SUBTOTAL 함수로 수식을 입력한 [H3], [J3] 셀의 값이 검색된 레코드를 기준으로 다시 계산됩니다.

바로 통하는 TIP [자동 필터] 단추가 ▼면 아무 조건도 지정되지 않은 필드 열이라는 뜻이고, ▼면 현재 필드 열에 조건이 지정되어 있다는 의미입니다.

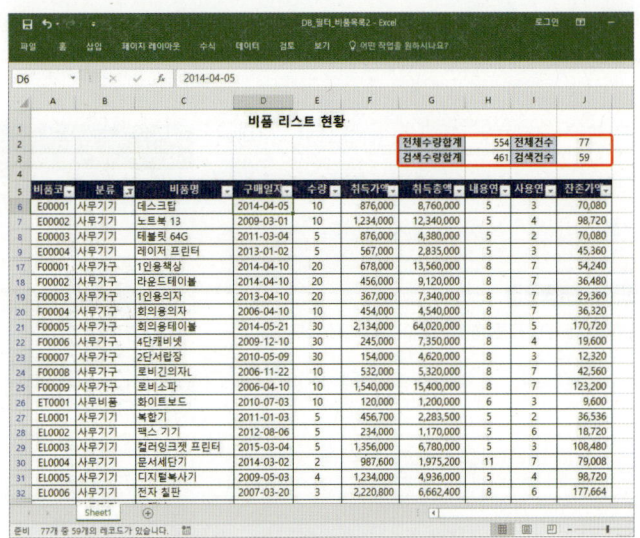

03 특정 날짜의 데이터 표시하기

2014년~2015년에 구입한 비품을 검색해보겠습니다. ❶ [구매일자] 필드의 [필터 목록▼]을 클릭하고 ❷ [날짜 필터]-[모두 선택]의 체크 표시를 해제합니다. ❸ [2015년], [2014년]에 체크 표시하고 ❹ [확인]을 클릭합니다.

바로 통하는 TIP 필드 열의 데이터가 날짜일 경우 일, 주, 월, 분기, 년 등의 값으로 검색할 수 있습니다.

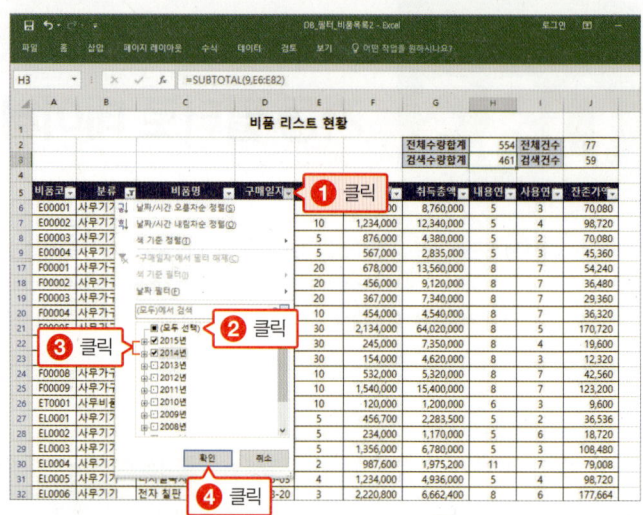

04 특정 수량의 데이터 표시하기

수량이 5개 이상인 비품을 검색해보겠습니다. ❶ 수량 필드의 [필터 목록▼]을 클릭합니다. ❷ [숫자 필터]를 선택하고 ❸ [크거나 같음]을 선택합니다. ❹ [사용자 지정 자동 필터] 대화상자에서 [찾을 조건] 입력란에 5를 입력하고 ❺ [확인]을 클릭합니다.

바로 통하는 TIP 필드 열의 데이터가 숫자일 경우 같은 값 이상, 이하, 미만, 초과 등의 조건으로 검색할 수 있습니다.

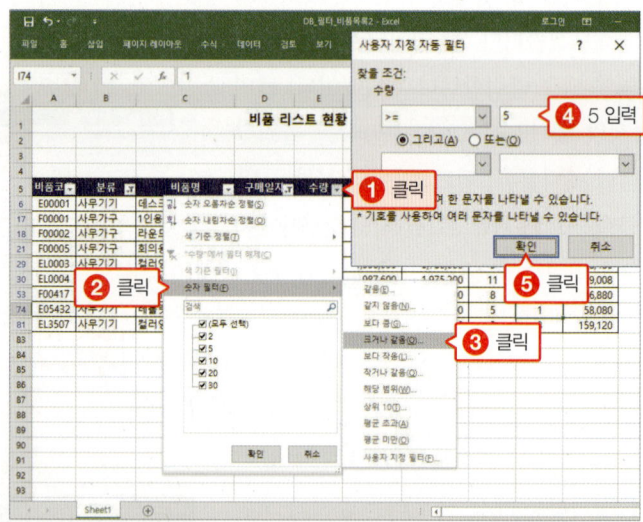

05

'사무'라는 문자가 포함되고, 구매일자는 2014년~2015년, 수량이 5개 이상인 비품이 목록에 표시됩니다.

바로 통하는 TIP [데이터] 탭-[정렬 및 필터] 그룹-[지우기▼]를 클릭하면 모든 데이터를 다시 표시합니다.

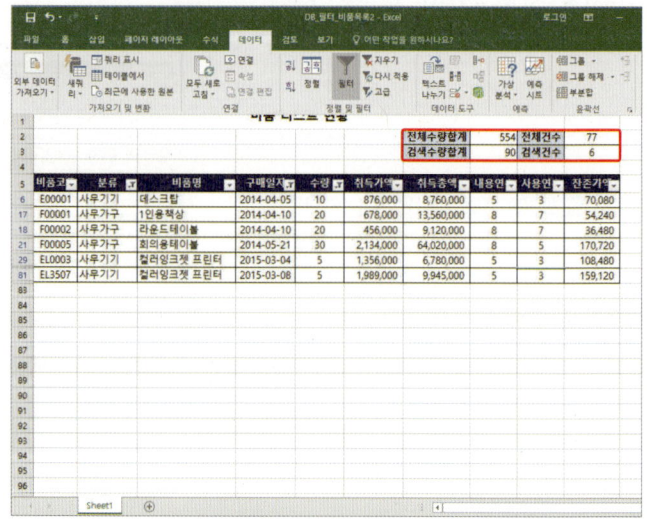

평균과 상위 10 기준으로 데이터 추출하기

자동 필터를 사용하여 상위 값, 하위 값을 조건으로 원하는 데이터를 추출할 수 있습니다. 필드 열의 데이터가 숫자일 경우 같은 값, 이상, 이하, 미만, 초과 등의 값을 검색할 수 있습니다.

실습 파일 | 엑셀\5장\DB_필터_비품목록3.xlsx   **완성 파일** | 엑셀\5장\DB_필터_비품목록3_완성.xlsx

01 평균 초과 데이터 추출하기

❶ 데이터 목록에서 임의의 셀을 클릭합니다. ❷ [데이터] 탭 – [정렬 및 필터] 그룹 – [필터]를 클릭합니다. ❸ [취득가액] 필드의 [필터 목록 ▼]을 클릭하고 ❹ [숫자 필터]를 선택합니다. ❺ [평균 초과]를 선택합니다.

취득가액이 평균 초과인 데이터를 추출합니다.

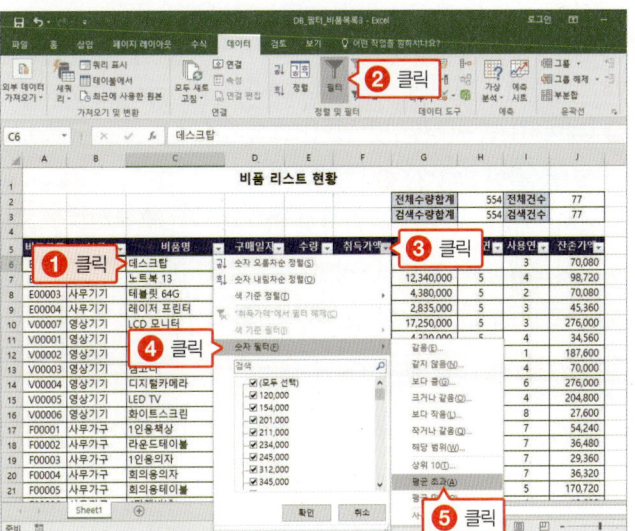

02 상위 5개 항목 추출하기

❶ [잔존가액] 필드의 [필터 목록 ▼]을 클릭합니다. ❷ [숫자 필터]를 선택하고 ❸ [상위 10]을 선택합니다. ❹ [상위 10 자동 필터] 대화상자에서 [상위], [5], [항목]을 설정한 후 ❺ [확인]을 클릭합니다.

비품 목록에서 취득가액이 평균 초과이고, 잔존가액이 상위 5위에 해당하는 데이터가 추출됩니다.

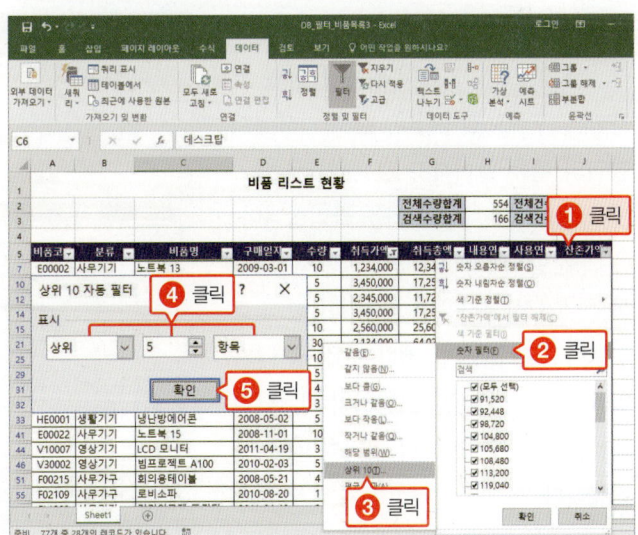

여러 그룹으로
다중 부분합 작성하기

부분합은 자동으로 특정 필드를 그룹화하여 분류하고, 각 그룹별로 합계, 평균, 개수 등을 자동으로 계산하는 기능입니다. 부분합을 이용하면 그룹별 소계 및 총계를 쉽게 구할 수 있습니다.

실습 파일 | 엑셀\5장\DB_부분합_고객정보1.xlsx   **완성 파일** | 엑셀\5장\DB_부분합_고객정보1_완성.xlsx

01 필드 정렬하기

❶ 데이터에서 임의의 셀을 클릭합니다. ❷ [데이터] 탭-[정렬 및 필터] 그룹-[정렬]을 클릭합니다. ❸ [정렬] 대화상자에서 [기준 추가]를 클릭하고 ❹ [지점]과 [보험상품] 필드의 [정렬 기준]을 [값], [정렬]을 [오름차순]으로 각각 설정합니다. ❺ [확인]을 클릭합니다.

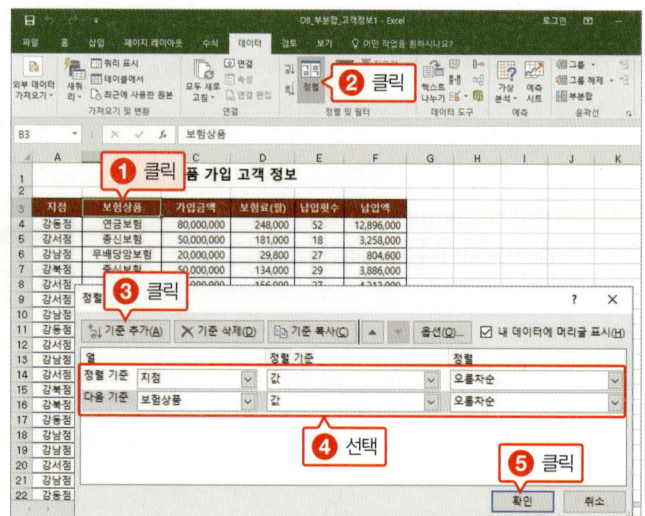

02 첫 번째 부분합 구하기

각 항목의 소계가 표시되는 첫 번째 부분합을 구해보겠습니다. ❶ 데이터에서 임의의 셀을 클릭하고 ❷ [데이터] 탭-[윤곽선] 그룹-[부분합]을 클릭합니다. ❸ [부분합] 대화상자에서 [그룹화할 항목]을 [지점], [사용할 함수]를 [합계]로 선택하고 ❹ [부분합 계산 항목]에서 [가입금액], [보험료(월)], [납입횟수], [납입액]에 체크 표시합니다. ❺ [확인]을 클릭합니다.

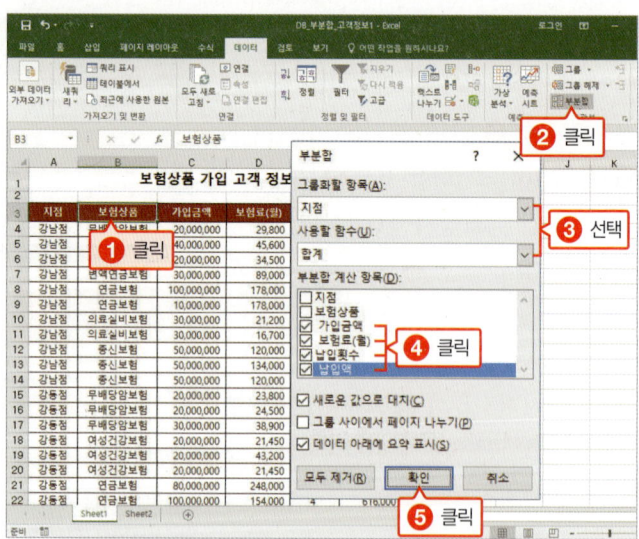

바로 통하는 TIP [부분합] 대화상자에서 [모두 제거]를 클릭하면 부분합을 제거할 수 있습니다.

03 [데이터] 탭-[윤곽] 그룹-[부분합]을 클릭해 [부분합] 대화상자를 불러옵니다.

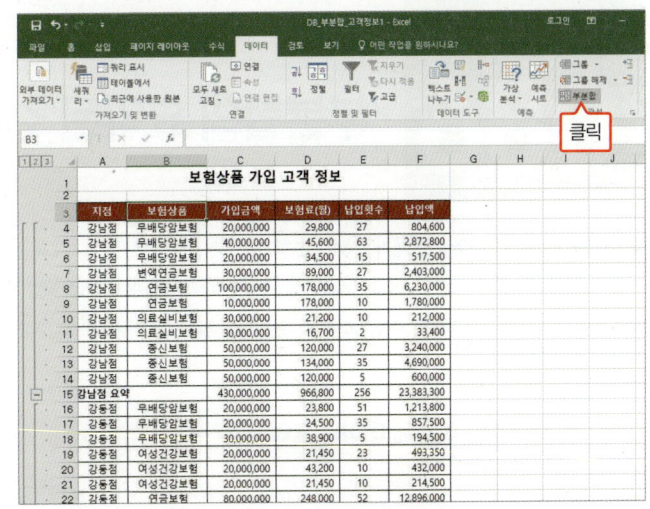

04 두 번째 부분합 구하기

보험상품별로 가입금액, 보험료, 납입횟수, 납입액의 소계가 표시되는 두 번째 부분합을 구해보겠습니다. ❶ [부분합] 대화상자에서 [그룹화할 항목]으로 [보험상품], [사용할 함수]로 [합계]를 선택하고 ❷ [부분합 계산 항목]에서 [가입금액], [보험료(월)], [납입횟수], [납입액]에 체크 표시합니다. ❸ [새로운 값으로 대치]의 체크 표시를 해제한 후 ❹ [확인]을 클릭합니다.

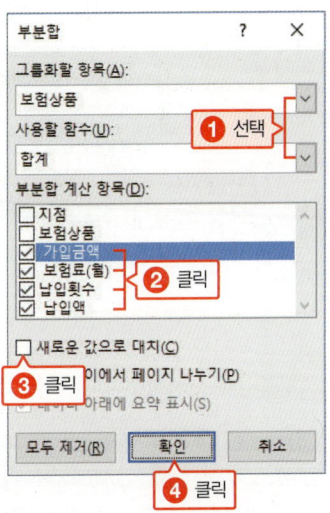

바로 통하는 TIP [새로운 값으로 대치]의 체크 표시를 해제해야 여러 그룹으로 부분합을 할 수 있습니다.

05 그림과 같이 지점별, 보험상품별 가입금액 및 보험료, 납입횟수와 납입액의 합계가 나타납니다.

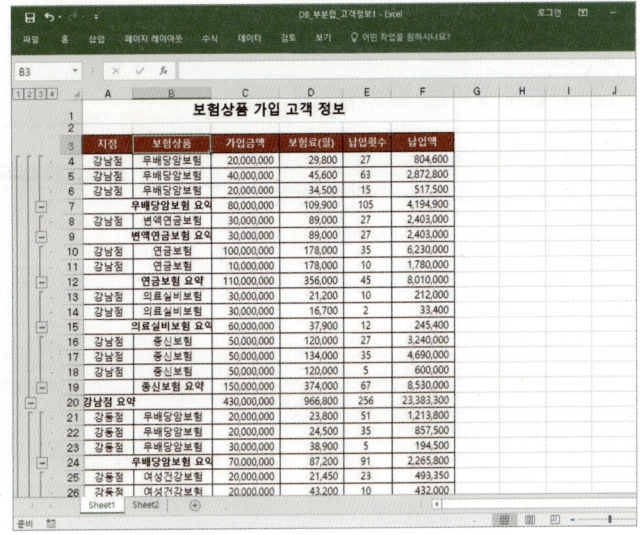

부분합의 요약된 결과만 복사하기

부분합을 지정하면 그룹별 소계가 구해지고 행/열 머리글에 윤곽 기호가 나타납니다. 윤곽 기호로 일부 축소된 데이터를 복사해서 다른 곳에 붙여 넣으면 숨겨진 하위 수준까지 복사되므로 화면에 보이는 셀만 붙여 넣는 과정이 필요합니다.

실습 파일 | 엑셀\5장\DB_부분합_고객정보2.xlsx **완성 파일** | 엑셀\5장\DB_부분합_고객정보2_완성.xlsx

01 윤곽 기호를 이용해 데이터 요약하기

부분합을 작성하면 그림과 같이 지점별, 보험상품별 가입금액, 보험료, 납입횟수, 납입액의 합계가 구해지고 윤곽 기호가 생깁니다. 윤곽 기호 중에 [2번 2]을 클릭하면 지점별 부분합 결과만 표시할 수 있습니다. [확장 +]이나 [축소 -]를 클릭해서 데이터를 확장하거나 축소할 수 있습니다.

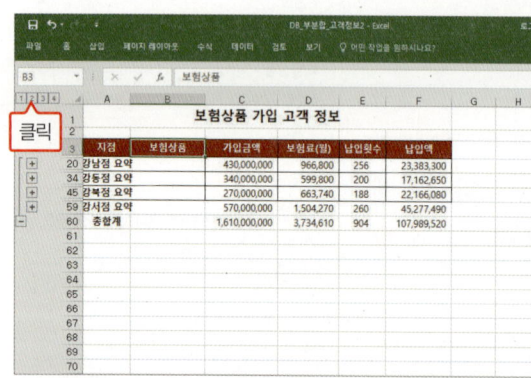 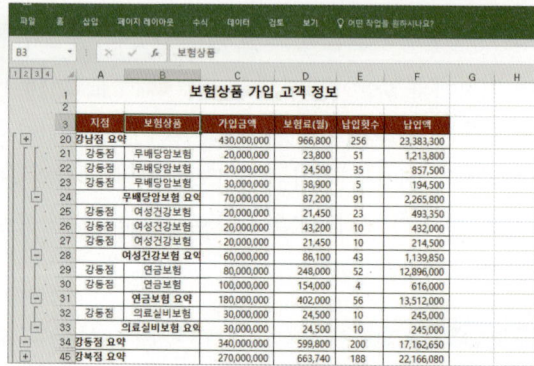

바로 통하는 TIP 윤곽 기호를 이용하면 그룹별로 하위 수준을 숨기거나 표시할 수 있습니다. 1 은 전체 결과(총 합계), 2 는 지점 소계, 3 은 보험상품별 소계, 4 는 전체 데이터를 표시합니다.

+ : 확장 버튼을 클릭하면 숨겨져 있는 하위 수준을 표시합니다.

- : 축소 버튼을 클릭하면 하위 수준(그룹)을 숨깁니다.

02 화면에 보이는 셀만 범위로 지정하기

❶ 윤곽 기호 [3번 3]을 클릭해 월별, 제품종류별 소계만 표시합니다. ❷ 그림처럼 요약된 결과만 표시된 상태에서 [A3:F60] 셀 범위를 드래그하고 F5 를 누릅니다. ❸ [이동] 대화상자가 나타나면 [옵션]을 클릭합니다.

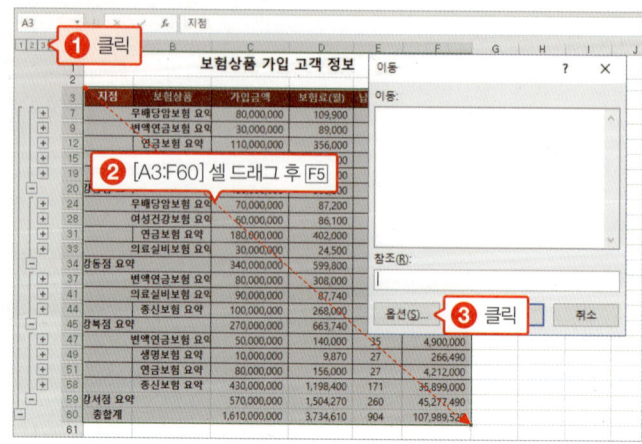

03 ❶ [이동 옵션] 대화상자에서 [화면에 보이는 셀만]을 선택하고 ❷ [확인]을 클릭합니다. 화면에 보이는 영역만 범위로 지정됩니다.

바로 통하는 TIP 화면에 보이는 셀 선택 단축키는 Alt + ; 입니다.

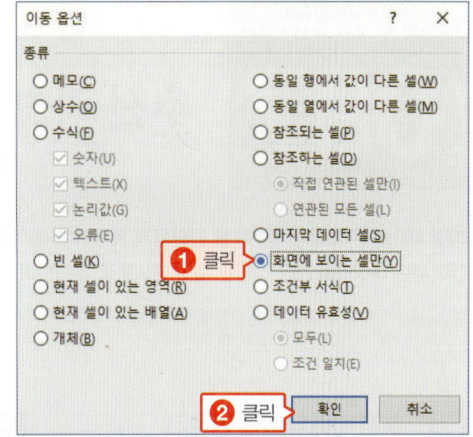

04 화면에 보이는 셀만 복사하기

화면에 보이는 셀만 선택된 상태에서 Ctrl + C 를 눌러 복사합니다.

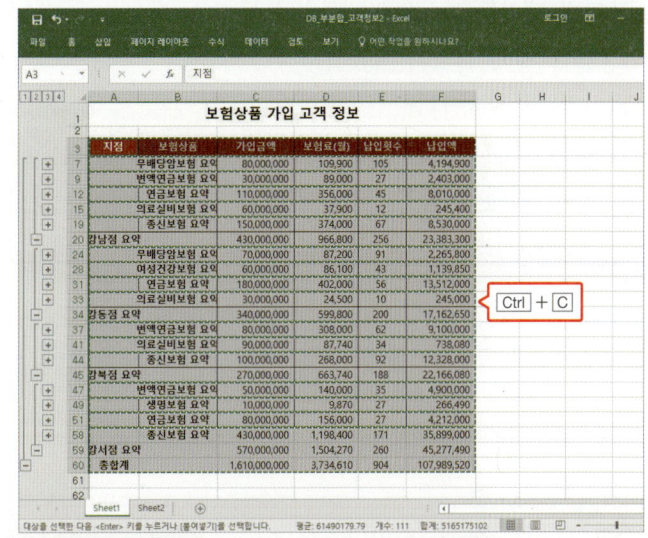

05 화면에 보이는 셀만 붙여 넣고 요약 표 편집하기

❶ [Sheet2] 시트를 클릭하고 ❷ 붙여 넣을 셀의 위치를 클릭한 후 Ctrl + V 를 누릅니다. ❸ [Sheet2] 시트에서 열 너비를 보기 좋게 조절합니다. ❹ [A3:F24] 셀의 범위를 드래그합니다. ❺ [홈] 탭 - [글꼴] 그룹 - [테두리 ⊞ ▾]를 클릭하고 ❻ [모든 테두리]를 선택합니다.

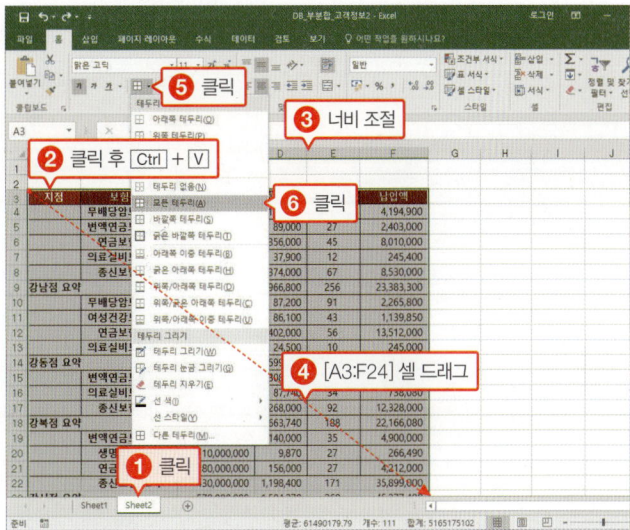

핵심기능실습

087 추천 피벗 테이블 만들기

피벗 테이블은 복잡한 데이터를 간단하게 요약하고 데이터의 흐름이나 추이를 간편하게 비교하여 표로 요약하는 기능입니다. 엑셀에서는 데이터에 가장 적합한 피벗 테이블을 추천하여 빠르게 피벗 테이블을 만들 수 있습니다.

실습 파일 | 엑셀\5장\DB_피벗_상품재고관리1.xlsx **완성 파일** | 엑셀\5장\DB_피벗_상품재고관리1_완성.xlsx

01 추천 피벗 테이블 만들기

엑셀에서 제공하는 추천 피벗 테이블로 피벗 테이블을 삽입해보겠습니다. ① 데이터에서 임의의 셀을 클릭하고 ② [삽입] 탭-[표] 그룹-[추천 피벗 테이블]을 클릭합니다. ③ [권장 피벗 테이블] 대화상자에서 [합계 : 재고량(분류 (+) 기준)]을 선택하고 ④ [확인]을 클릭합니다.

바로 통하는 TIP [권장 피벗 테이블] 대화상자에서 [새 피벗 테이블]을 클릭하면 추천 피벗 테이블이 아닌 사용자 지정 피벗 테이블을 만들 수 있습니다.

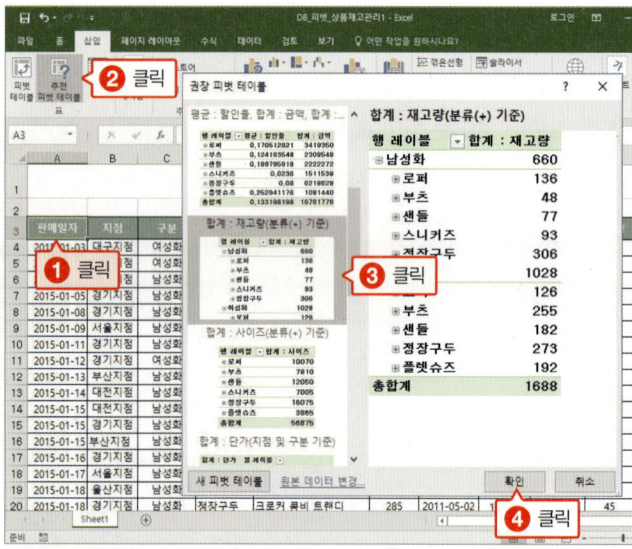

02 새로운 시트가 삽입되면서 피벗 테이블이 만들어집니다.

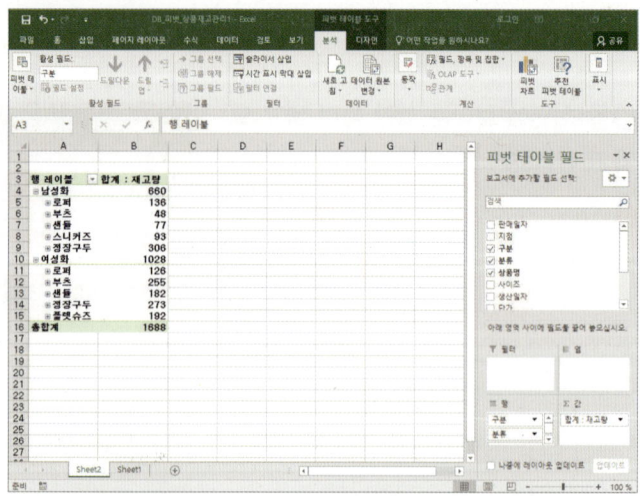

088 사용자 지정 새 피벗 테이블 만들기

피벗 테이블은 기초 데이터를 분석해 그 흐름이나 추이를 간편하게 행열 구조의 표로 요약하는 기능입니다. 일반 표와 달리 대화형 테이블의 일종으로, 데이터의 나열 형태에 따라서 자동으로 집계나 통계 등의 계산이 가능합니다.

실습 파일 | 엑셀\5장\DB_피벗_상품재고관리2.xlsx **완성 파일** | 엑셀\5장\DB_피벗_상품재고관리2_완성.xlsx

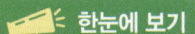 **한눈에 보기**   피벗 테이블 만들기

1. 추천 또는 사용자 지정 피벗 테이블 만들기
엑셀에서 제공하는 추천 기능을 이용하거나 직접 피벗 테이블을 만들고 레이아웃을 설계합니다.

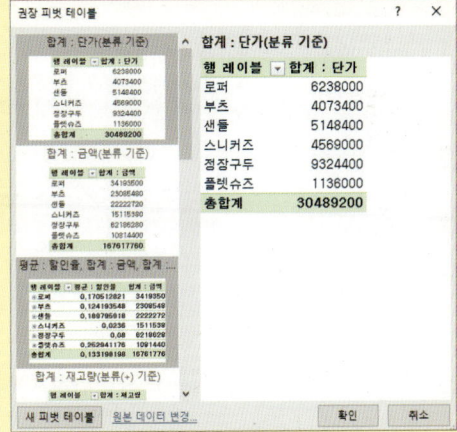

2. 그룹 지정/해제 및 필드 필터링하기
행과 열 방향으로 그룹화된 항목이 숫자 데이터일 경우 다시 한 번 그룹으로 지정할 수 있습니다. 또 요약된 피벗 테이블의 필드에서 조건을 지정해 필터링할 수 있습니다.

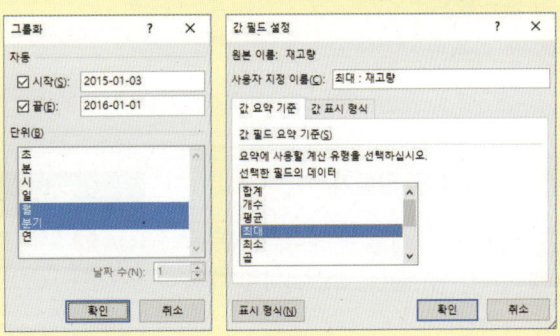

3. 레이아웃 또는 디자인 변경하기
보고서를 보기 좋고 이해하기 쉽게 레이아웃과 서식, 스타일을 적용합니다.

4. 슬라이서, 시간 표시 막대 삽입/제거하기

슬라이서와 시간 표시 막대를 이용해 피벗 테이블의 데이터 중에서 원하는 자료와 기간을 표시할 수 있습니다.

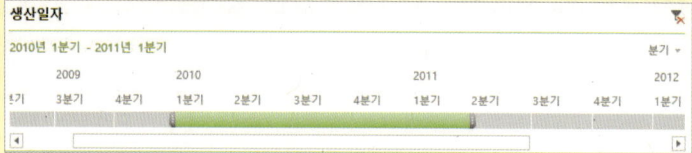

5. 완성된 피벗 테이블

완성된 피벗 테이블입니다. 보고서에 추가할 필드를 선택한 후 필터, 열, 행, 값 등으로 옮겨 원하는 데이터를 간단하게 추출할 수 있습니다. 또는 시간 표시 막대와 슬라이서를 활용해서 원하는 결과만 불러올 수 있습니다.

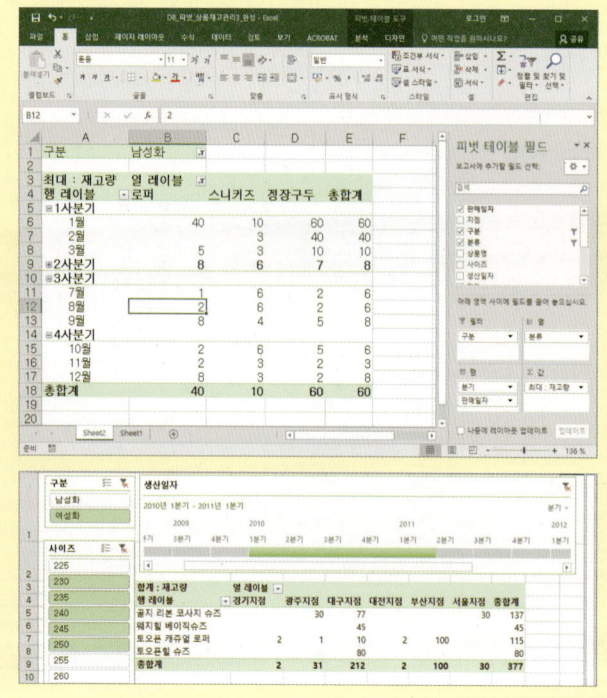

01 피벗 테이블 만들기

❶ 데이터 목록에서 임의의 셀을 클릭하고 ❷ [삽입] 탭-[표] 그룹-[피벗 테이블]을 클릭합니다.

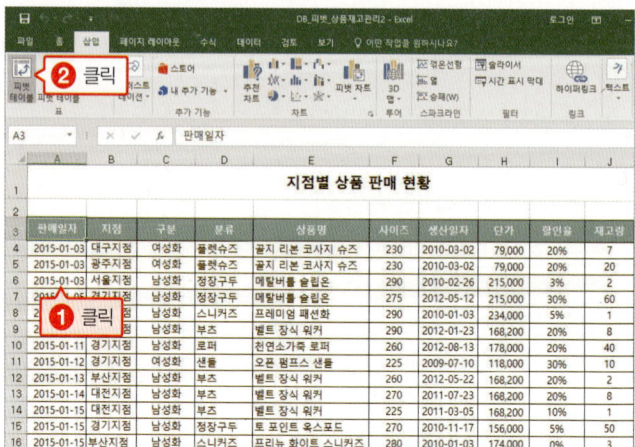

02 ❶ [피벗 테이블 만들기] 대화상자에서 [표 또는 범위 선택]을 선택합니다. ❷ [표/범위]에 자동으로 데이터 범위가 지정되면 피벗 테이블 보고서를 넣을 위치로 [새 워크시트]를 선택한 후 ❸ [확인]을 클릭합니다.

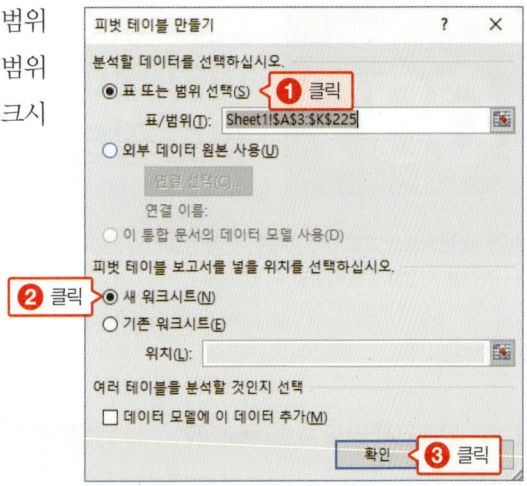

03 피벗 테이블 레이아웃 지정하기

새로운 시트가 삽입되면서 왼쪽에는 피벗 테이블 레이아웃을 설계할 영역이, 오른쪽에는 [피벗 테이블 필드] 작업 창의 목록이 나타납니다. ❶ 필드 목록에서 [구분]을 [▼ 필터] 영역으로 드래그하고 ❷ [판매일자]를 [▤ 행] 영역으로 드래그하여 옮깁니다. ❸ [분류]를 [▥ 열] 영역으로 드래그하고 ❹ [재고량]을 [Σ 값] 영역으로 드래그하여 옮깁니다.

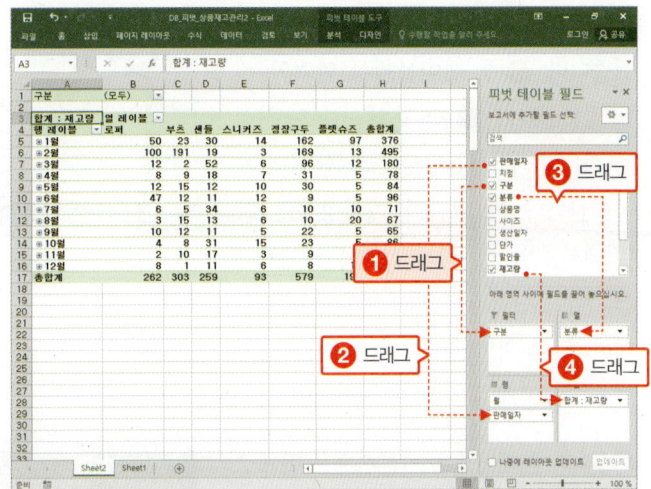

바로 통하는 TIP 개별 일자로 입력되어 있던 [판매일자]는 [월] 단위로 자동 그룹화됩니다.

04 필드 추가하기

[사이즈]를 [▥ 열] 영역으로 드래그하여 옮깁니다. [피벗 테이블 필드] 작업 창에서 지정한 대로 피벗 테이블 레이아웃이 완성되었습니다.

바로 통하는 TIP [필터], [행], [열], [Σ 값] 레이블 영역에 있는 필드를 제거하려면 필드를 클릭할 때 나타나는 메뉴에서 [필드 제거]를 선택합니다.

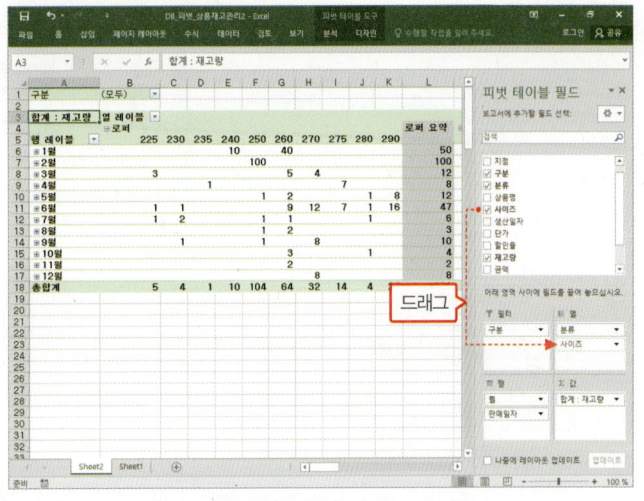

피벗 테이블 그룹 지정/해제 및 필드 필터링하기

행과 열 방향으로 그룹화된 항목이 숫자 데이터인 경우에는 다시 한 번 그룹으로 지정할 수 있으며, 요약된 피벗 테이블의 필드에서 조건을 지정하여 필터링할 수 있습니다.

실습 파일 | 엑셀\5장\DB_피벗_상품재고관리3.xlsx   **완성 파일** | 엑셀\5장\DB_피벗_상품재고관리3_완성.xlsx

O1 판매일자 필드 그룹/해제하기

날짜와 같은 숫자 데이터는 직접 그룹화 할 수 있습니다. 월별로 그룹화되어 있는 [판매일자]에 분기별 그룹화를 추가해보 겠습니다. ❶ 행 레이블에서 임의의 셀을 클릭합니다. ❷ [피벗 테이블 도구]-[분석] 탭-[그룹] 그룹-[그룹 선택]을 클릭합니다. ❸ [그룹화] 대화상자의 [단위]에서 [일]을 클릭해 선택을 해제하고 ❹ [월]이 선택된 상태에서 [분기]를 선택한 후 ❺ [확인]을 클릭합니다.

O2 피벗 테이블은 기본적으로 합계로 요약됩니다. ❶ 요약 기준을 변경하려면 [피벗 테이블 필드] 작업 창의 [Σ 값] 영역에서 [합계 : 재고량]을 클릭하고 ❷ [값 필드 설정]을 선택합니다.

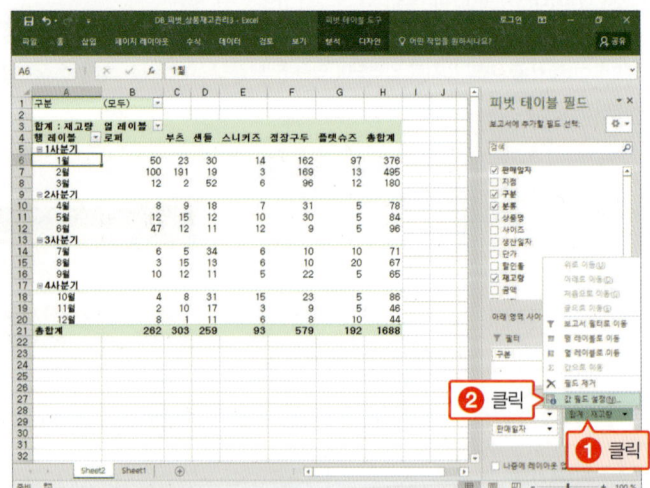

03 ❶ [값 필드 설정] 대화상자의 [값 요약 기준] 탭에서 [최대]를 선택하고 ❷ [확인]을 클릭합니다.

값 필드 요약 기준이 최대값으로 변경되면서 월별, 분기별로 재고량이 가장 많은 데이터로 요약됩니다.

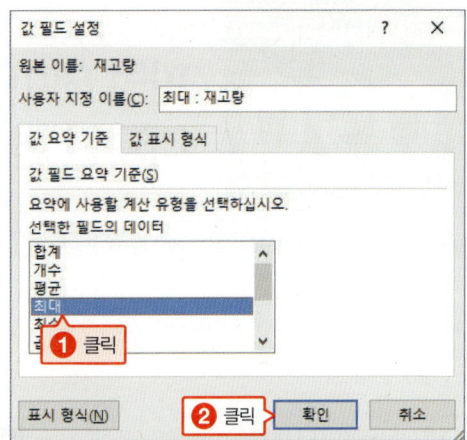

04 필드 필터링하기

남성화 중에서 로퍼와 스니커즈, 정장구두만 표시해보겠습니다. ❶ 구분 필드의 [필터 목록▼]을 클릭합니다. ❷ [여러 항목 선택]에 체크 표시하고 ❸ [모두]의 체크 표시를 해제합니다. ❹ [남성화]에 체크 표시한 후 ❺ [확인]을 클릭합니다.

남성화에 해당하는 상품만 표시됩니다.

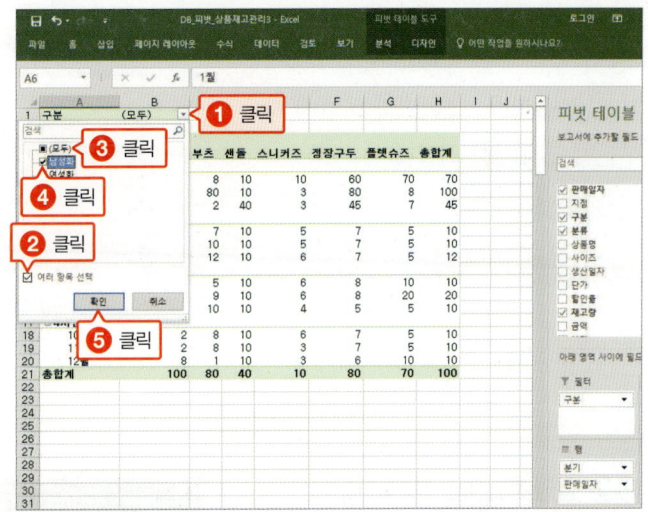

05 ❶ 열 레이블 필드의 [필터 목록▼]을 클릭하고 ❷ [로퍼]과 [스니커즈], [정장구두]에 체크 표시한 후 ❸ [확인]을 클릭합니다.

남성화 중에서 로퍼, 스니커즈, 정장구두 항목만 나타납니다.

바로 통하는 TIP 피벗 테이블에서 [확장⊞]과 [축소⊟]를 클릭해서 일부 하위 레코드를 확장/축소할 수 있습니다.

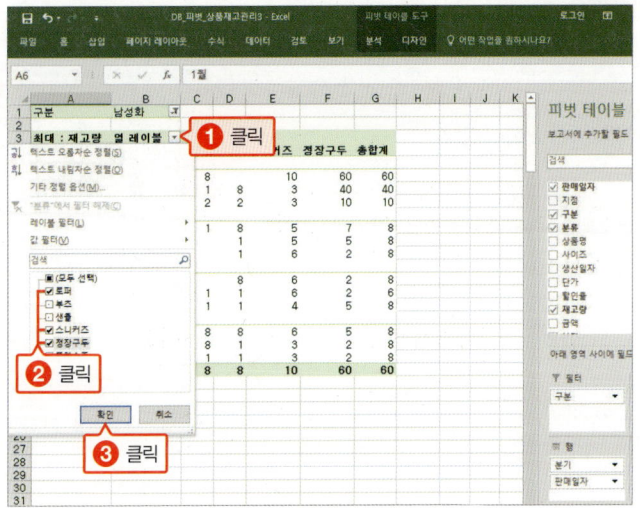

피벗 테이블 레이아웃 및 디자인 변경하기

피벗 테이블 기능으로 요약한 보고서에 레이아웃과 서식, 스타일을 적용해보겠습니다. 보고서를 보기 좋고 이해하기 쉽게 꾸밀 수 있습니다.

실습 파일 | 엑셀\5장\DB_피벗_상품재고관리4.xlsx　　**완성 파일** | 엑셀\5장\DB_피벗_상품재고관리4_완성.xlsx

01 부분합 표시하기

분기별로 하단에 상품 재고량의 부분합을 구해보겠습니다. ❶ [피벗 테이블 도구]-[디자인] 탭-[레이아웃] 그룹-[부분합]을 클릭하고 ❷ [그룹 하단에 모든 부분합 표시]를 선택합니다.

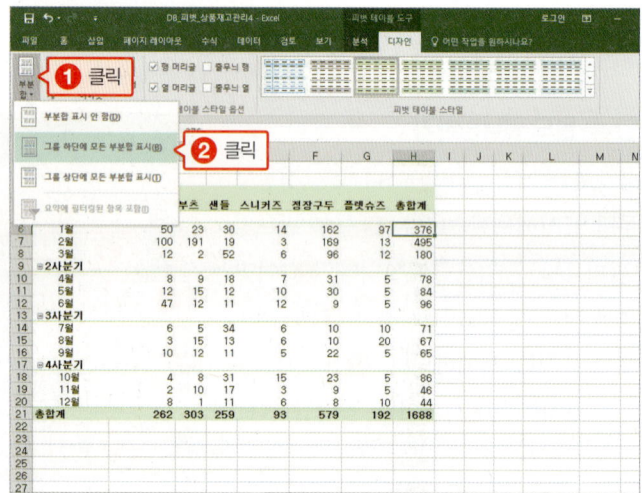

02 열의 총합계만 표시하기

피벗 테이블은 기본적으로 행과 열의 총합계가 표시됩니다. ❶ [피벗 테이블 도구]-[디자인] 탭-[레이아웃] 그룹-[총합계]를 클릭하고 ❷ [열의 총합계만 설정]을 선택합니다.

H열에 표시되었던 행의 총합계가 사라지고 열의 총합계만 표시합니다.

03 피벗 테이블을 테이블 형식으로 변경하기

❶ [피벗 테이블 도구]–[디자인] 탭–[레이아웃] 그룹–[보고서 레이아웃]을 클릭합니다. ❷❸ [테이블 형식으로 표시]와 [항목 레이블 반복 안 함]을 각각 선택합니다.

바로 통하는 TIP 레이아웃을 분기와 월을 분리하여 테이블 형식으로 변경합니다. 분기명은 반복되지 않고 한 번만 표시됩니다.

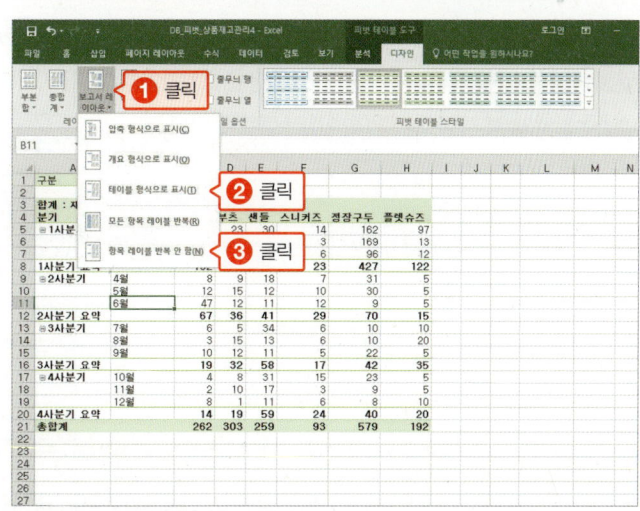

04 피벗 테이블 스타일 변경하기

❶ [피벗 테이블 도구]–[디자인] 탭–[피벗 테이블 스타일 옵션] 그룹에서 [행 머리글], [줄무늬 행], [열 머리글]에 체크 표시하고 ❷ [피벗 테이블 스타일] 그룹–[자세히⬚]를 클릭합니다. ❸ [피벗 스타일 보통 12]를 선택하여 피벗 스타일을 변경합니다.

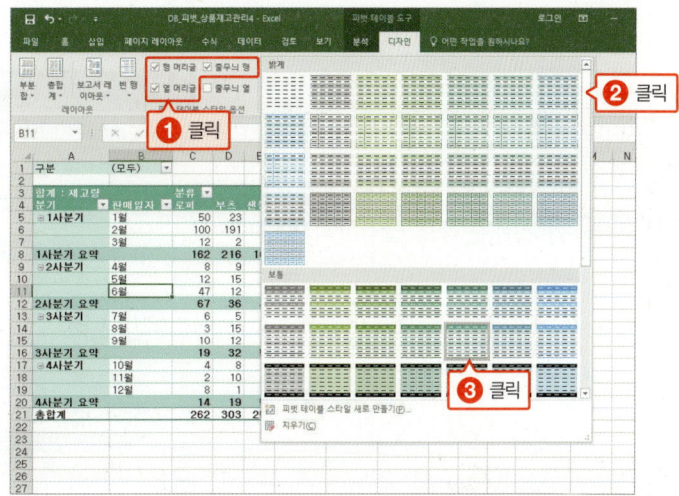

05 셀 병합하기

행/열 레이블에 두 개 이상의 필드가 있는 경우 첫 번째 항목으로 셀 병합을 할 수 있습니다. ❶ 피벗 테이블 안에 임의의 셀을 클릭한 후 마우스 오른쪽 버튼을 클릭하고 ❷ [피벗 테이블 옵션]을 선택합니다.

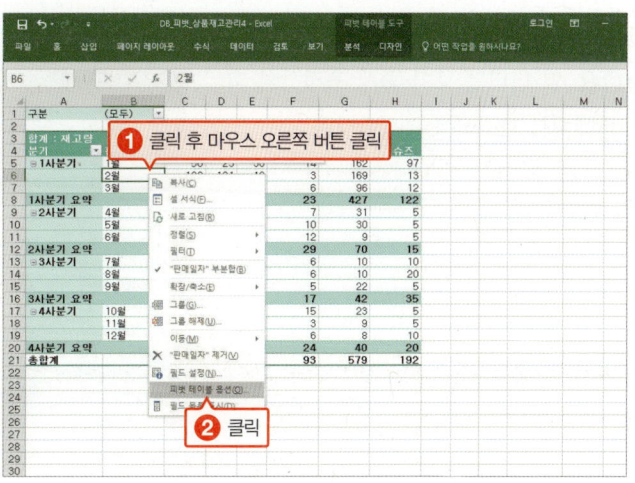

06 ❶ [피벗 테이블 옵션] 대화상자의 [레이아웃 및 서식] 탭에서 [레이블이 있는 셀 병합 및 가운데 맞춤]에 체크 표시한 후 ❷ [확인]을 클릭합니다.

행 레이블이 분기별로 병합됩니다.

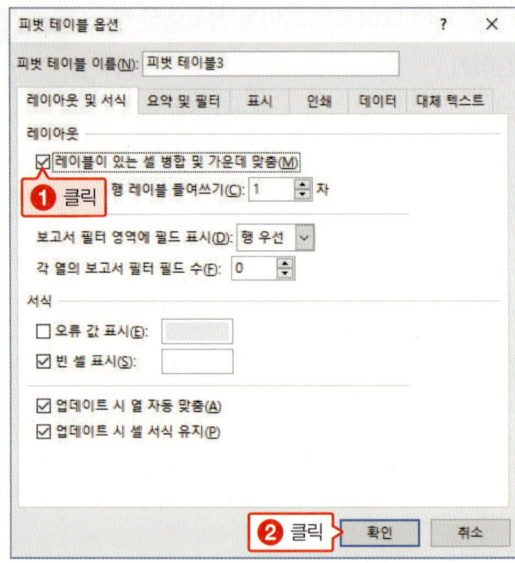

07 피벗 테이블 보고서 완성하기

[피벗 테이블 도구] - [분석] 탭 - [표시] 그룹에서 [필드 목록], [+/- 단추 표시], [필드 머리글]을 각각 클릭하여 숨깁니다.

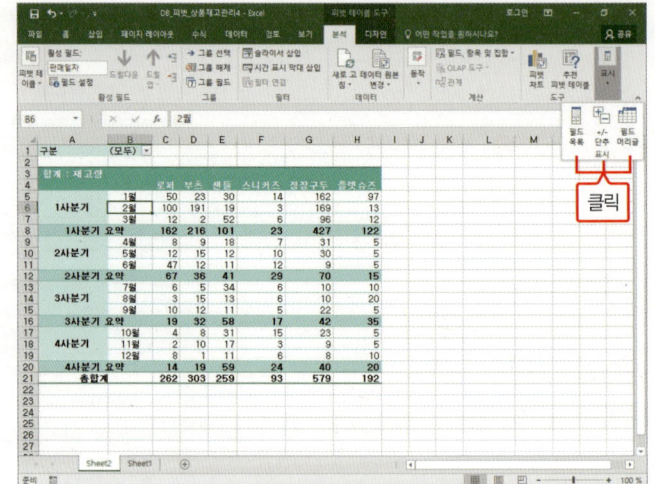

08 열 너비를 보기 좋게 조정하여 피벗 테이블 보고서를 완성합니다.

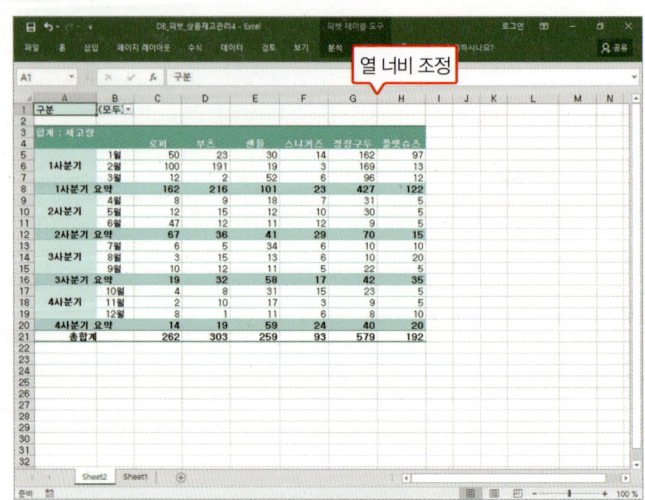

실습 파일 | 엑셀\5장\거래내역3.xlsx   **완성 파일** | 엑셀\5장\거래내역3_완성.xlsx

데이터를 회원등급과 연도별로 분류하여 등급별 회원수, 거래건수와 거래금액의 합계를 피벗 테이블로 만들어봅니다.

연도/등급별 거래내역 통계표

가입연도	값	회원등급				
		로얄	골드	실버	일반	총합계
2013	개수 : 성명	4	8	2	2	16
	합계 : 거래건수	293	483	92	65	933
	합계 : 거래금액	31,712,600	36,962,500	3,895,000	4,258,500	76,828,600
2014	개수 : 성명		3	1	5	9
	합계 : 거래건수		186	50	163	399
	합계 : 거래금액		13,402,500	2,004,200	10,091,400	25,498,100
2015	개수 : 성명	4	1	2	5	12
	합계 : 거래건수	294	54	94	166	608
	합계 : 거래금액	29,883,000	3,734,500	3,873,000	9,671,500	47,162,000
2016	개수 : 성명	4	2	2	5	13
	합계 : 거래건수	303	120	88	160	671
	합계 : 거래금액	37,848,700	7,901,000	4,108,500	9,581,000	59,439,200
전체 개수 : 성명		12	14	7	17	50
전체 합계 : 거래건수		890	843	324	554	2,611
전체 합계 : 거래금액		99,444,300	62,000,500	13,880,700	33,602,400	208,927,900

▲ 완성 파일

01 [거래내역] 시트의 데이터에서 임의의 셀을 클릭한 후 [삽입] 탭–[표] 그룹–[피벗 테이블]을 클릭합니다.

02 [피벗 테이블 만들기] 대화상자에서 [표 또는 범위를 선택]을 선택하여 [거래내역] 시트에 데이터 범위를 지정합니다. [기존 워크시트]를 선택한 후 [위치]란에 [연도별거래내역통계] 시트의 [A3] 셀을 클릭하고 [확인]을 누릅니다.

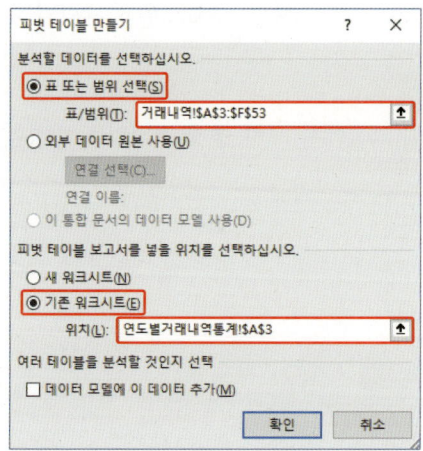

03 오른쪽에 [피벗 테이블 필드] 창에서 아래와 같이 피벗 테이블 레이아웃을 지정합니다.

[열] 레이블	[행] 레이블	[Σ 값] 레이블
회원등급	가입연도, [Σ 값]	성명(개수), 거래건수(합계), 거래금액(합계)

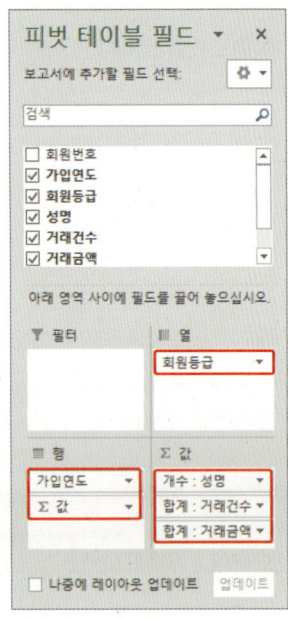

04 피벗 테이블 목록에서 임의의 셀을 클릭하고 [피벗 테이블 도구]-[디자인] 탭-[레이아웃] 그룹-[보고서 레이아웃]을 선택한 후 [테이블 형식으로 표시]를 선택합니다.

05 [피벗 테이블 도구]-[분석] 탭-[피벗 테이블] 그룹-[옵션]을 선택합니다. [피벗 테이블 옵션] 대화상자에서 [레이아웃 및 서식] 탭의 [레이블이 있는 셀 병합 및 가운데 맞춤]에 체크 표시하고 [확인]을 누릅니다.

06 숫자 데이터(C5:G19) 영역의 범위를 드래그한 후 [홈] 탭 -[표시 형식] 그룹-[쉼표 스타일]을 선택하고 적당히 열 너비를 조정합니다.

07 [피벗 테이블 도구]-[디자인] 탭-[피벗 테이블 스타일] 그룹에서 보기 좋게 스타일을 변경합니다.

핵심기능실습

091

피벗 테이블 슬라이서,
시간 표시 막대 삽입/제거하기

슬라이서를 이용하면 피벗 테이블의 데이터 중에서 사용자가 원하는 자료를 필드의 목록 창에서 세분화하고 필터링하여 필요한 내용만 표시할 수 있습니다. 시간 표시 막대는 날짜나 시간의 범위를 막대로 표시하여 사용자가 특정 기간의 데이터를 필터링할 수 있도록 도와줍니다.

실습 파일 | 엑셀 \ 5장 \ DB_피벗_상품재고관리5.xlsx   **완성 파일** | 엑셀 \ 5장 \ DB_피벗_상품재고관리5_완성.xlsx

O1 슬라이서 삽입하기

❶ 피벗 테이블 목록에서 임의의 셀을 클릭합니다. ❷ [피벗 테이블 도구] – [분석] 탭 – [필터] 그룹 – [슬라이서 삽입]을 클릭합니다.

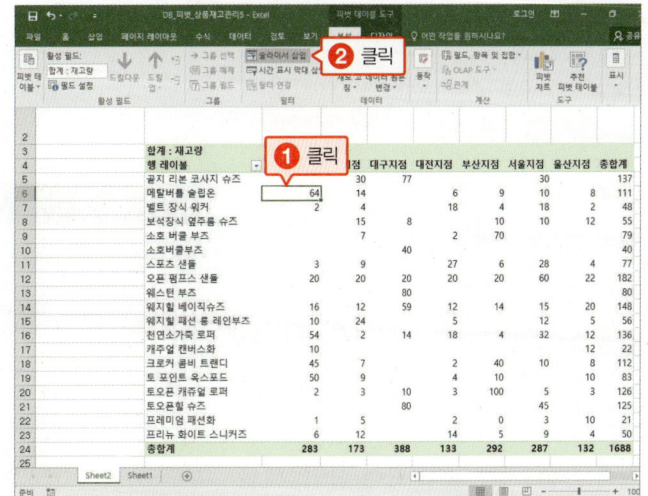

O2 슬라이스 항목 표시하기

❶ [슬라이서 삽입] 대화상자에서 [구분], [사이즈]에 체크 표시하고 ❷ [확인]을 클릭합니다.

[구분], [사이즈] 필드에 입력된 데이터가 슬라이서의 항목으로 표시됩니다.

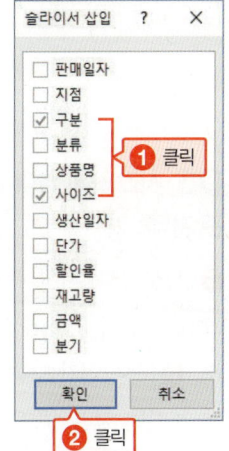

03 슬라이서 배치 및 필터링하기

❶ [구분]과 [사이즈] 슬라이서를 드래그하여 A열에 적당하게 배치합니다. ❷ [구분] 슬라이서에서 [여성화]를 선택하고 ❸ [사이즈] 슬라이서에서 [230]을 선택합니다. ❹ Shift 를 누른 상태에서 [250]을 선택합니다.

여성화 중 230~250 사이즈의 지점별 재고량이 표시됩니다.

바로 통하는 TIP 슬라이서 창에서 [필터 지우기🗑] 버튼을 클릭하면 조건이 해제되고 전체 목록이 나타납니다.

04 시간 표시 막대 삽입하기

날짜 필드인 '생산일자'를 시간 표시 막대로 삽입해보겠습니다. ❶ 피벗 테이블 목록에서 임의의 셀을 클릭합니다. ❷ [피벗 테이블 도구]-[분석] 탭-[필터] 그룹-[시간 표시 막대 삽입]을 클릭하고 ❸ [시간 표시 막대 삽입] 대화상자의 [생산일자]에 체크 표시한 후 ❹ [확인]을 클릭합니다.

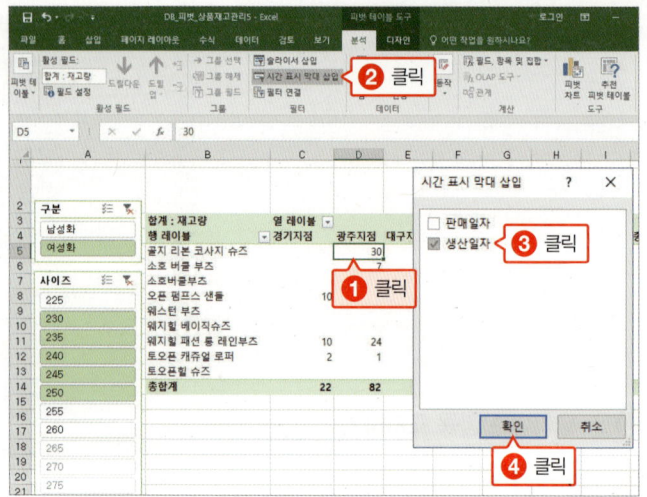

05 시간 표시 막대 창 배치 및 시간 수준 지정하기

❶ [생산일자] 시간 표시 막대 창을 드래그하여 [B1] 위치에 적당하게 배치합니다. ❷ [생산일자] 시간 표시 막대 창 옆에 표시된 시간 수준 [목록▾]을 클릭하고 ❸ [분기]를 선택합니다.

시간 표시 막대의 시간 수준이 연과 분기 단위로 변경됩니다.

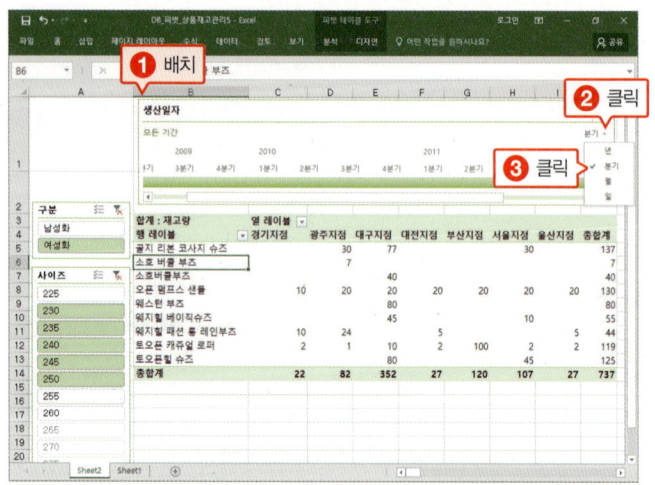

06 시간 표시 막대의 시작/종료 구간 설정하기

❶ [시작] 시간 표시 막대 스크롤의 [2010년 1분기]를 클릭하고 ❷ [종료] 시간 막대 스크롤을 [2011년 1분기]로 드래그합니다. 2010년 1분기~2011년 1분기에 생산된 상품의 재고량이 표시됩니다.

바로 통하는 TIP 시간 표시 막대는 날짜나 시간의 간격을 막대로 표시하여 사용자가 특정 기간의 데이터를 필터링하도록 도와줍니다. 이를 사용하면 네 개의 시간 수준(년, 분기, 월 또는 일) 중 하나를 기준으로 필터링할 수 있습니다. 시간 표시 막대의 시간 수준이 변경되면 피벗 테이블의 데이터도 변경됩니다.

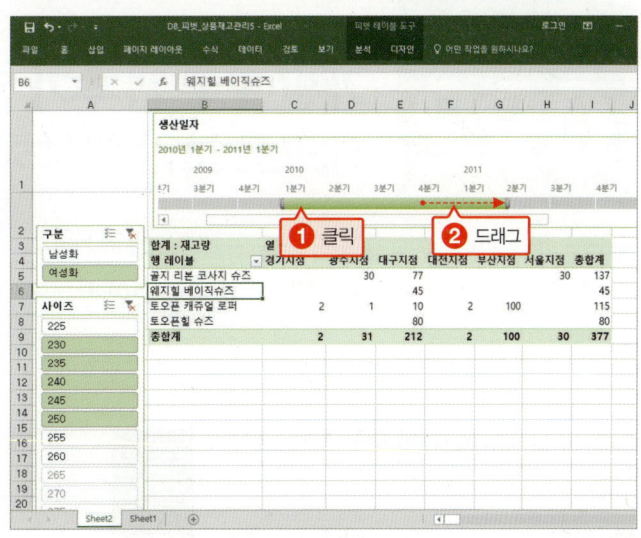

07 슬라이서와 시간 표시 막대 제거하기

❶ [구분] 슬라이서 창을 선택하고 ❷ Ctrl 을 누른 상태에서 [사이즈] 슬라이서 창을 선택합니다. ❸ [구분] 슬라이서 창에서 마우스 오른쪽 버튼을 클릭하고 ❹ [슬라이서 제거]를 선택해서 슬라이서를 제거합니다.

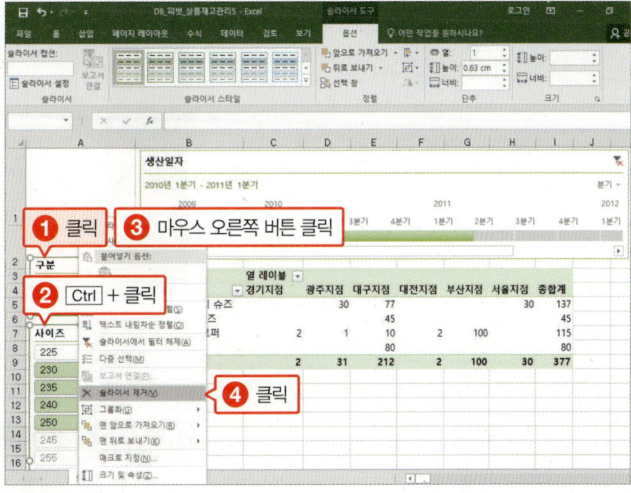

08 ❶ [생산일자] 시간 표시 막대 창에서 마우스 오른쪽 버튼을 클릭하고 ❷ [시간 표시 막대 제거]를 선택하여 시간 표시 막대를 제거합니다.

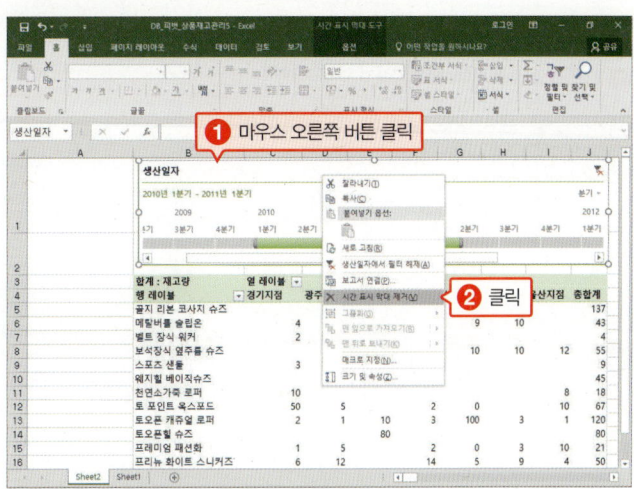

개발 도구 탭 추가 및 매크로 보안 설정하기

매크로를 기록하고 실행하려면 매크로와 관련된 명령어가 모여 있는 [개발 도구] 탭을 추가하고 매크로 보안을 설정합니다. [개발 도구] 탭은 [Excel 옵션]–[리본 사용자 지정]에서 추가할 수 있습니다.

실습 파일 | 없음 **완성 파일 |** 없음

01 리본 메뉴에 [개발 도구] 탭을 표시하기

❶ [파일] 탭 – [옵션]을 선택합니다. ❷ [Excel 옵션] 대화상자에서 [리본 사용자 지정]을 선택하고 ❸ [리본 메뉴 사용자 지정] 목록에서 [개발 도구]에 체크 표시한 후 ❹ [확인]을 클릭합니다.

리본 메뉴에 [개발 도구] 탭이 표시됩니다.

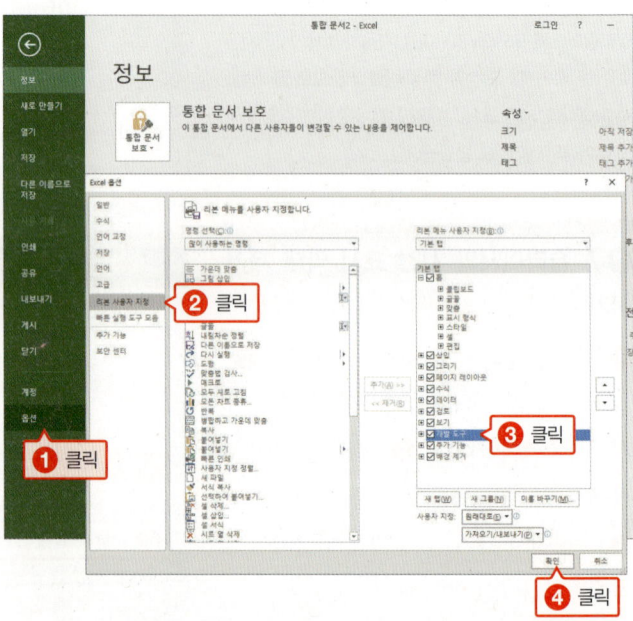

02 매크로 보안 설정하기

❶ [개발 도구] 탭 – [코드] 그룹 – [매크로 보안]을 클릭합니다. ❷ [보안 센터] 대화상자에서 [매크로 설정]을 선택하고 ❸ [매크로 설정] 목록의 [모든 매크로 제외(알림 표시)]를 선택한 후 ❹ [확인]을 클릭합니다.

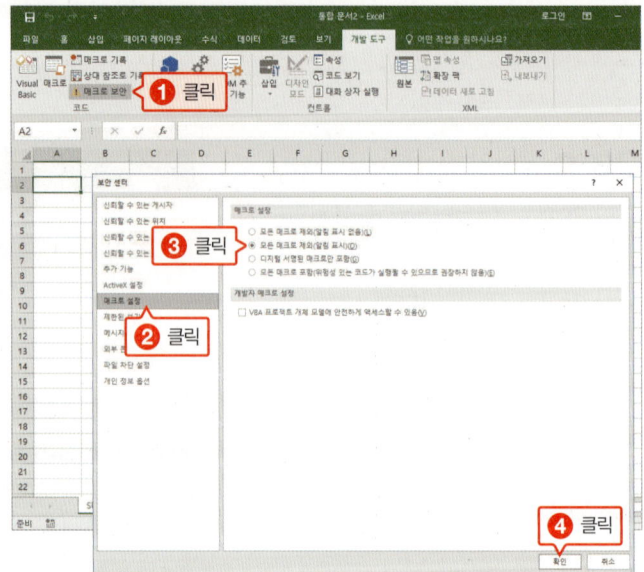

093 자동 매크로 기록 및 저장하기

자동 매크로를 이용하면 일련의 명령어를 매우 간단하게 VBA(Visual Basic for Application)로 기록할 수 있습니다. 매크로를 기록하기 전에 명령어의 순서와 흐름을 계획하고 순서에 맞춰 연습한 후 기록을 시작하는 것이 좋습니다. 매크로를 기록한 후에는 반드시 매크로 사용 통합 문서인 *.xlsm 형식으로 저장합니다.

실습 파일 | 엑셀 \ 5장 \ 매크로_도서목록1.xlsm **완성 파일** | 엑셀 \ 5장 \ 매크로_도서목록1_완성.xlsm

01 매크로 기록하기

짝수 행마다 셀에 배경색을 채워 구분하도록 매크로로 조건부 서식 과정을 기록해보겠습니다. ❶ [A3] 셀을 클릭합니다. ❷ [개발 도구] 탭−[코드] 그룹−[매크로 기록]을 클릭합니다.

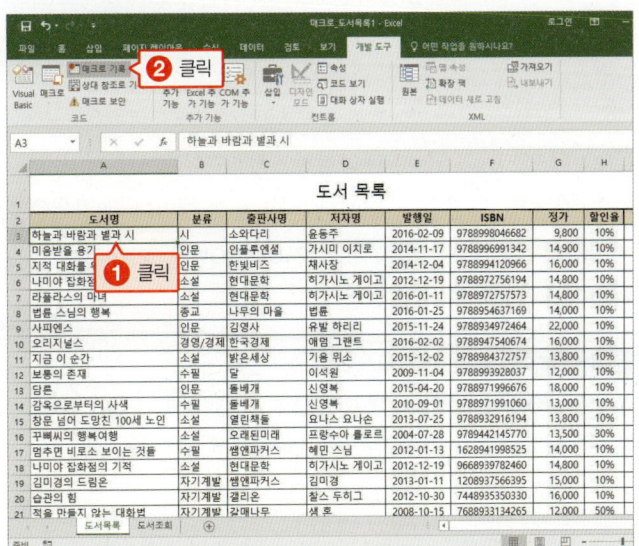

02 [매크로 기록] 대화상자에서 매크로의 이름, 바로 가기 키, 저장 위치를 지정합니다. ❶ [매크로 이름]에 **행배경색채우기**를 입력하고 ❷ [바로 가기 키]에는 **r**을 입력합니다. ❸ [매크로 저장 위치]를 [현재 통합 문서]로 선택한 후 ❹ [확인]을 클릭합니다.

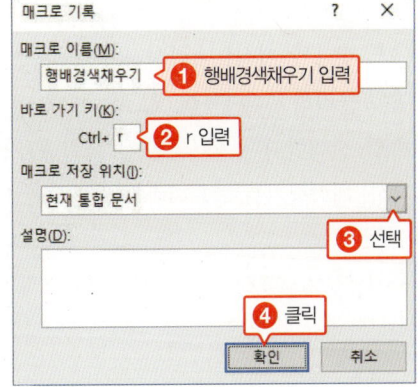

[매크로 기록] 대화상자에서 [확인]을 클릭한 후부터는 셀과 관련된 명령어, 메뉴 선택 등의 동작이 모두 매크로로 기록됩니다.

바로 통하는TIP [매크로 기록] 대화상자

매크로 이름 : 기록할 매크로 이름을 입력합니다. 매크로 이름은 첫 글자가 반드시 문자로 시작해야 하고 공백, 특수 문자(!, @, ?, %, & 등), 셀 주소는 사용할 수 없습니다.

바로 가기 키 : 매크로를 실행하는 바로 가기 키를 설정할 수 있으며 대소문자를 구별합니다.

매크로 저장 위치 : 자동 매크로가 기록될 위치를 '개인용 매크로 통합 문서', '새 통합 문서', '현재 통합 문서' 중에서 선택합니다.

설명 : 매크로에 대한 부연 설명을 입력합니다.

03 ❶ [A3:I110] 셀을 범위로 지정하기 위해 [A3] 셀을 클릭하고 Ctrl + Shift + →를 누른 후 ❷ 이어서 Ctrl + Shift + ↓를 누릅니다. ❸ [홈] 탭-[스타일] 그룹-[조건부 서식]을 클릭하고 ❹ [새 규칙]을 선택합니다.

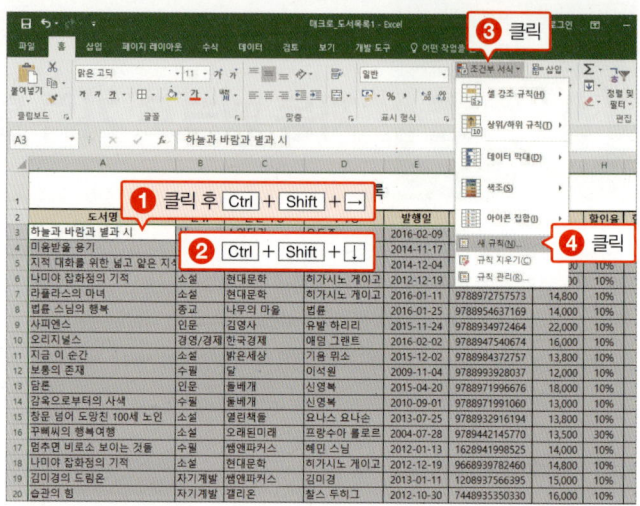

04 ❶ [새 서식 규칙] 대화상자에서 [수식을 사용하여 서식을 지정할 셀 결정]을 선택하고 ❷ 짝수 행마다 배경색을 지정하기 위해 수식 입력란에 **=MOD(ROW( )-2,2)=0**을 입력합니다. ❸ [서식]을 클릭합니다.

바로 통하는 TIP　수식 설명 : =MOD(ROW( )-2,2)=0

현재 행 번호(ROW( ))는 3이므로 1행부터 조건이 시작되려면 빼기 '2'를 합니다. 행 번호를 2로 나눠(MOD(ROW( )-2,2) 나머지 값이 0이 나오면 짝수 행입니다.

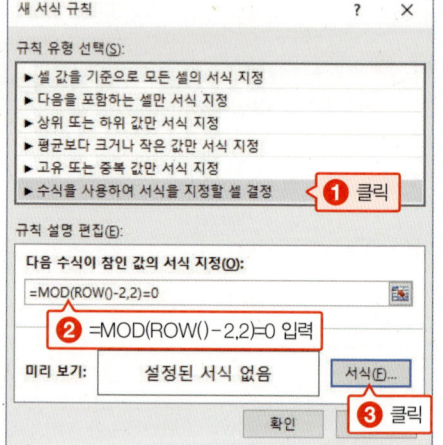

05 ❶ [셀 서식] 대화상자에서 [채우기] 탭을 클릭하고 ❷ [녹색, 강조5, 80% 더 밝게]를 선택합니다. ❸ [확인]을 클릭해서 [셀 서식] 대화상자를 닫습니다.

[새 서식 규칙] 대화상자에서 [확인]을 클릭하면 짝수 행마다 배경색이 지정됩니다.

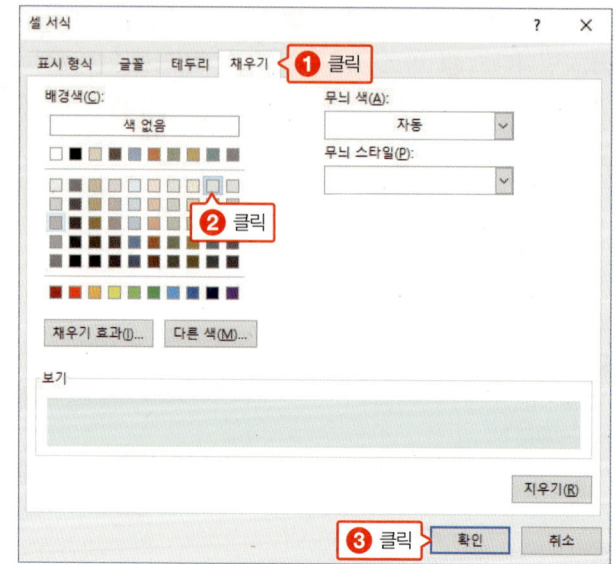

06 [개발 도구] 탭-[코드] 그룹-[기록 중지]를 클릭하여 매크로 작성을 마칩니다.

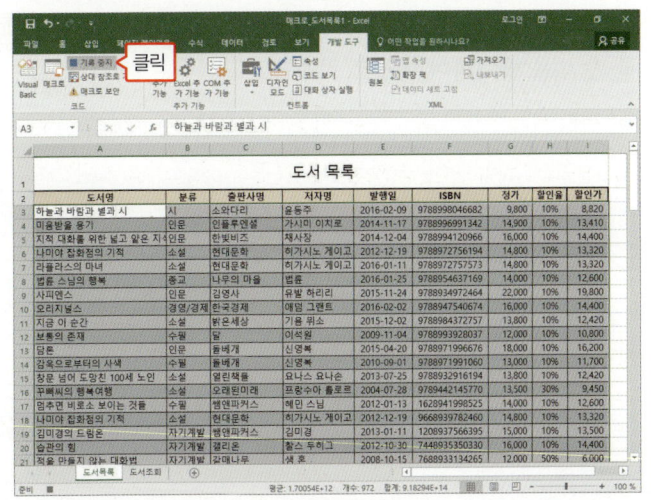

07 조건부 서식의 규칙을 지우는 매크로를 기록하겠습니다. ❶ [A3] 셀을 클릭합니다. ❷ [개발 도구] 탭-[코드] 그룹-[매크로 기록]을 클릭합니다. ❸ [매크로 기록] 대화상자에서 [매크로 이름]을 **행배경색지우기**로 입력하고 ❹ [매크로 저장 위치]를 [현재 통합 문서]로 선택한 후 ❺ [확인]을 클릭합니다.

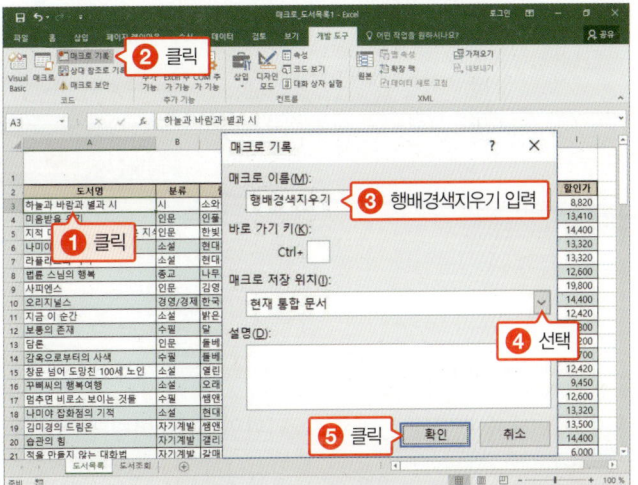

08 ❶ [A3:I110] 셀을 범위로 지정하기 위해 [A3] 셀을 클릭하고 Ctrl + Shift + → 를 누른 후 ❷ 이어서 Ctrl + Shift + ↓ 를 누릅니다. ❸ [홈] 탭-[스타일] 그룹-[조건부 서식]을 클릭하고 ❹ [규칙 지우기]를 선택한 후 ❺ [선택한 셀의 규칙 지우기]를 선택합니다. 지정된 서식이 지워집니다.

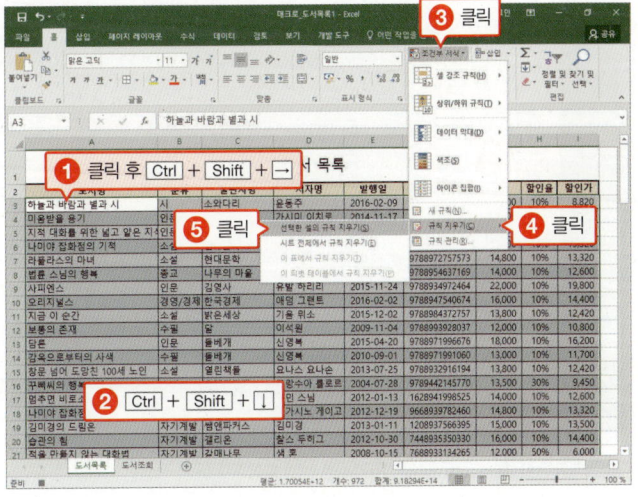

09 [개발 도구] 탭-[코드] 그룹-[기록 중지]를 클릭하여 매크로 작성을 마칩니다.

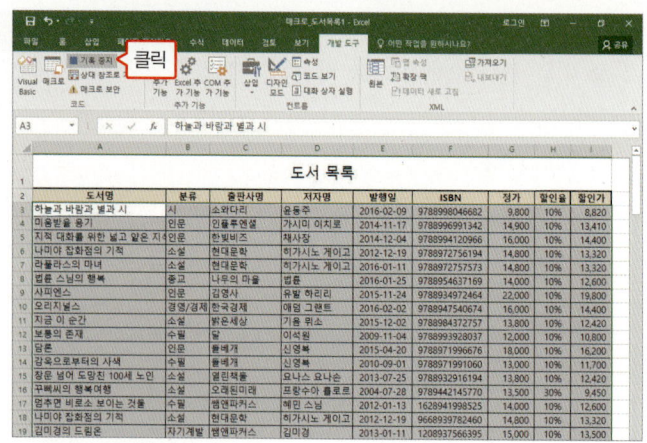

10 매크로 포함 문서 저장하기

❶ [A1] 셀을 클릭하고 ❷ [파일] 탭을 클릭합니다.

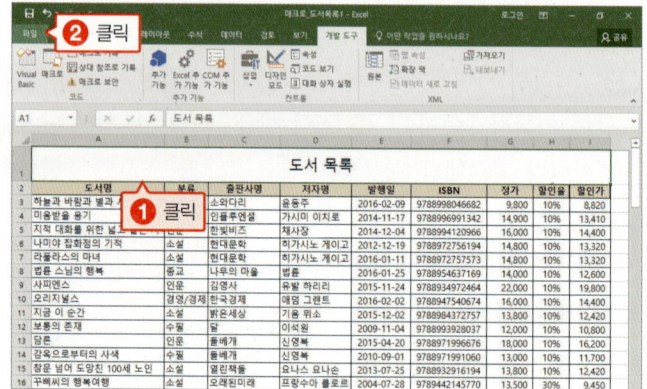

11 ❶ [내보내기]를 선택하고 ❷ [파일 형식 변경]을 선택한 후 ❸ [매크로 사용 통합 문서]를 선택합니다. ❹ [다른 이름으로 저장]을 클릭합니다. ❺ [다른 이름으로 저장] 대화상자에서 저장 위치를 지정하고 ❻ [파일 이름]에 **매크로_도서목록1**을 입력한 후 ❼ [저장]을 클릭합니다.

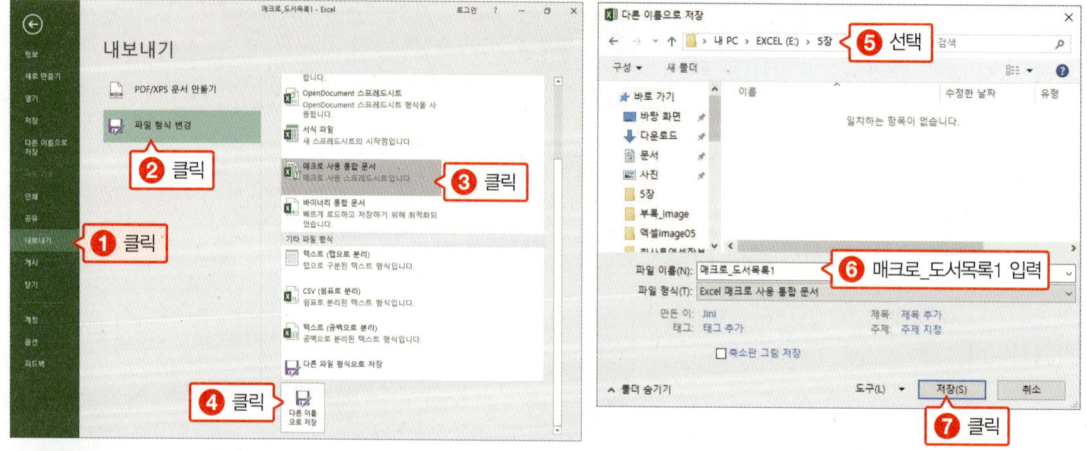

바로 통하는 TIP *.xlsx 형태로 저장하면 현재 통합 문서에서 작성한 매크로가 저장되지 않습니다. 반드시 매크로 사용 통합 문서인 *.xlsm 형식으로 저장합니다.

바로 가기 키와 양식 컨트롤로
매크로 실행하기

매크로를 실행하려면 [매크로] 대화상자를 이용합니다. 바로 가기 키, 도형이나 양식, 빠른 실행 도구 모음에 명령 아이콘 등록 등으로도 매크로를 실행할 수 있습니다.

실습 파일 | 엑셀\5장\매크로_도서목록2.xlsm   **완성 파일** | 엑셀\5장\매크로_도서목록2_완성.xlsm

01 실습 파일을 열면 메시지 표시줄에 보안 경고 메시지가 나타납니다. [콘텐츠 사용]을 클릭해서 매크로를 사용할 수 있도록 설정합니다.

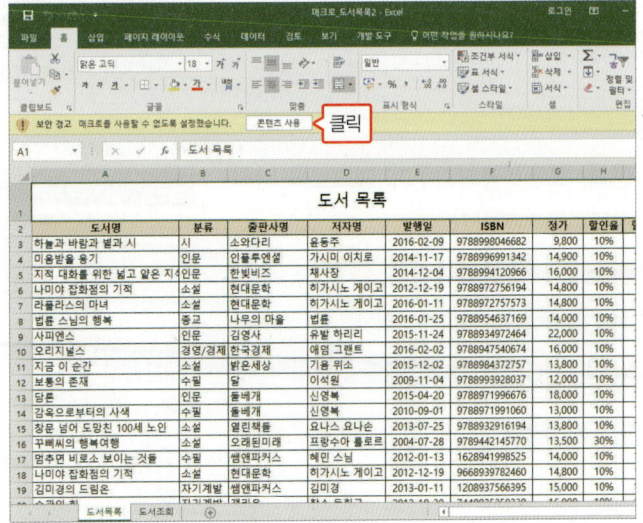

02 ❶ [개발 도구] 탭-[코드] 그룹-[매크로]를 클릭합니다. ❷ [매크로] 대화상자에 앞서 기록한 매크로 목록이 나타납니다. 여기서는 [취소]를 클릭해서 [매크로] 대화상자를 닫습니다.

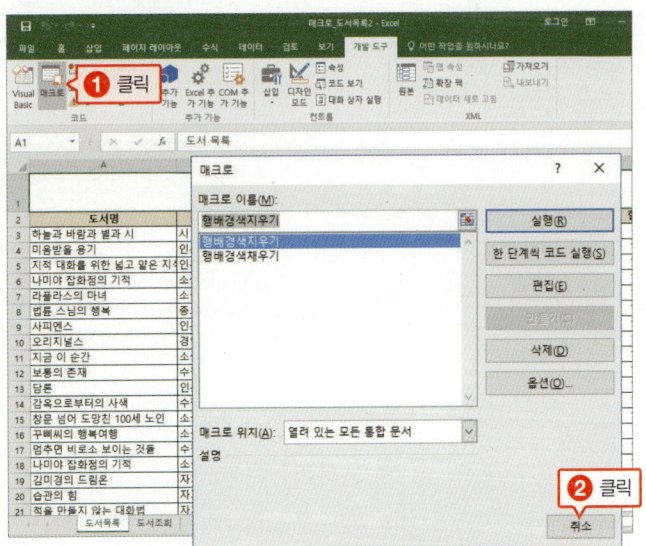

03 '행배경색채우기' 매크로를 바로 가기 키로 실행하기

❶ [A3] 셀을 클릭하고 ❷ Ctrl + R 을 눌러 매크로를 실행합니다.

바로 통하는 TIP [행배경색채우기] 매크로의 바로 가기 키는 소문자 'r'로 지정했습니다. 키보드로 매크로를 실행할 때는 Ctrl + R 을 누릅니다.

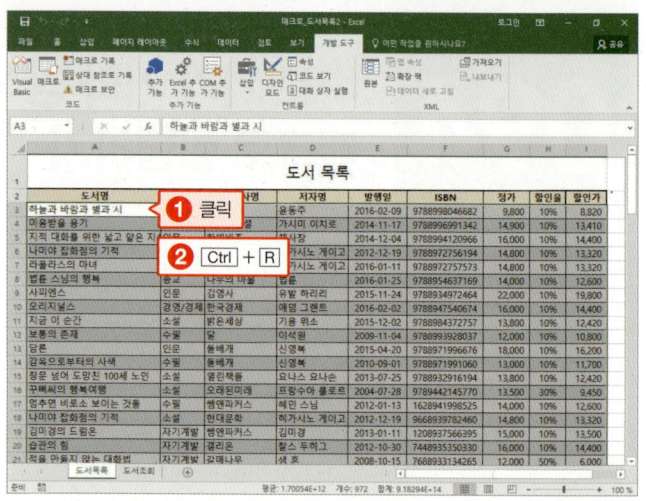

04 '조건부규칙지우기' 매크로를 양식 컨트롤로 실행하기

❶ [A1] 셀을 클릭합니다. ❷ [개발 도구] 탭 – [컨트롤] 그룹 – [삽입]을 클릭한 후 ❸ [양식 컨트롤]의 [단추]를 선택합니다.

바로 통하는 TIP [ActiveX 컨트롤]은 주로 VBA로 프로그래밍할 때 사용하며 [양식 컨트롤]은 매크로를 실행하거나 통합 문서에서 함수와 연동 작업을 할 때 사용합니다.

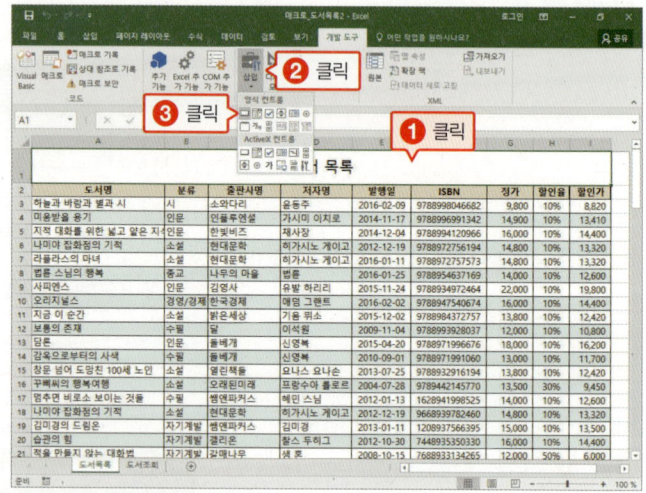

05 ❶ [H1] 셀에서 드래그하여 단추를 삽입합니다. ❷ [매크로 지정] 대화상자가 나타나면 매크로 목록에서 [행배경색지우기]를 선택하고 ❸ [확인]을 클릭합니다.

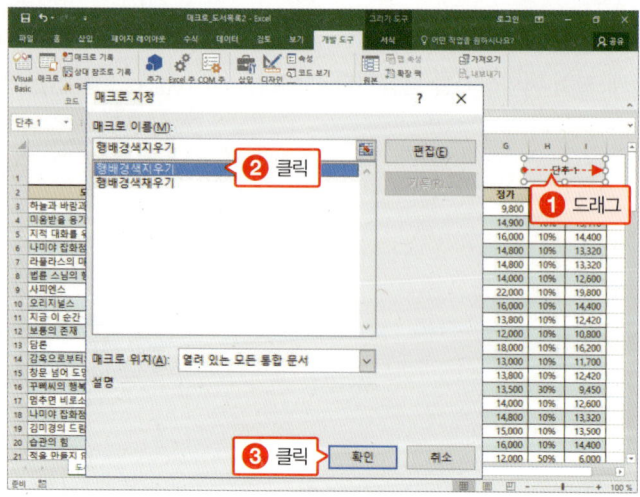

06 ❶ 단추 안을 클릭하고 **행배경색지우기**를 입력합니다. ❷ 임의의 셀을 클릭하여 단추 선택을 해제합니다.

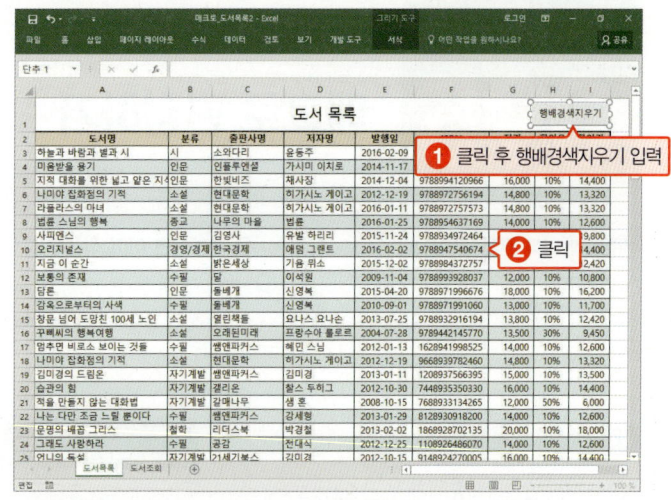

07 ❶ [A3] 셀을 클릭하고 ❷ [행배경색지우기] 단추를 클릭하여 매크로를 실행합니다.

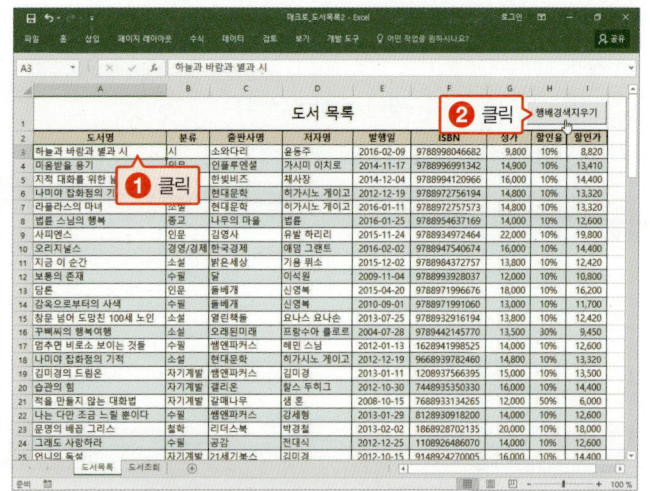

08 지정된 서식이 사라집니다.

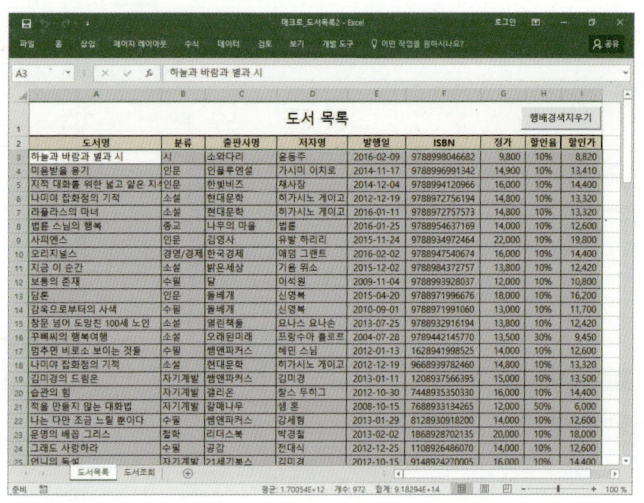

매크로 편집하기

비주얼 베이식 편집기(Visual Basic Editor)를 이용하면 이미 작성된 매크로를 편집하거나 직접 VBA(Visual Basic for Application) 언어로 매크로를 작성할 수 있습니다.

실습 파일 | 엑셀\5장\매크로_도서목록3.xlsm   **완성 파일 |** 엑셀\5장\매크로_도서목록3_완성.xlsm

01 매크로 편집하기

앞서 기록한 행배경색채우기 매크로의 조건부 서식 규칙 조건은 '=MOD(ROW( )−2,2)=0'이므로 항상 2의 배수 행에만 매크로가 적용됩니다. 배경 행의 값을 입력하면 원하는 배수 행에 조건부 서식 규칙이 적용되도록 매크로를 편집해보 겠습니다. Alt + F11 을 눌러 [비주얼 베이식] 편집기를 엽니다.

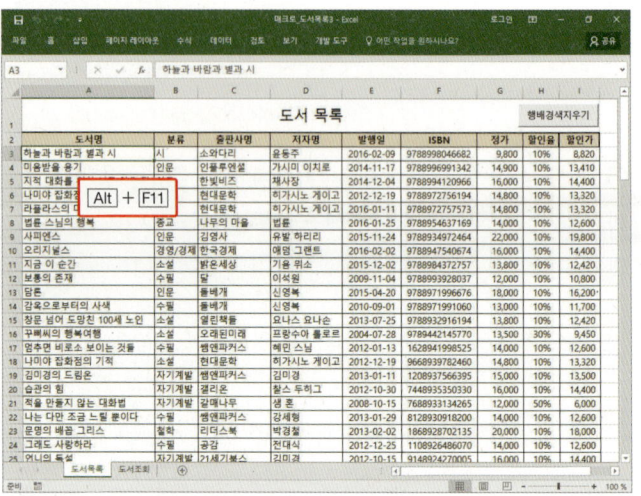

02 ❶ 비주얼 베이식 편집기의 프로젝트 창에서 [모듈] 폴더의 [확장]을 클릭하고 ❷ [Module1]을 더블클릭합니다.

[행배경색채우기] 매크로 구문이 코드 창에 표시됩니다.

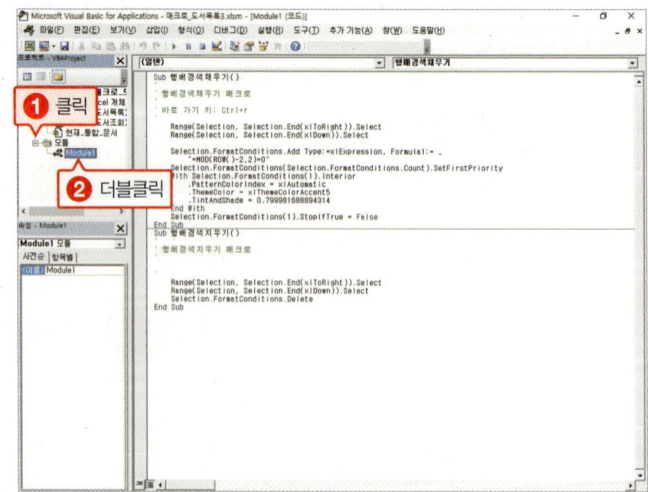

바로 통하는 TIP [개발 도구] 탭−[코드] 그룹−[Visual Basic]을 클릭하거나 시트 탭에서 마우스 오른쪽 버튼을 클릭하여 [코드 보기]를 선택해도 비주얼 베이식 편집기를 열 수 있습니다.

① **프로젝트 탐색기 창** : 엑셀을 구성하는 통합 문서, 워크시
트 그리고 모듈, 폼, 클래스 등의 개체를 계층 구조 형태로
표시합니다.

② **속성 창** : 각 프로젝트 탐색기 창에 나타나는 개체들의 속
성을 설정합니다.

③ **코드 창** : 매크로가 VBA 코드로 기록되어 나타나는 창으
로 매크로를 직접 수행하거나 삭제할 수 있으며 매크로를
만들 수 있습니다.

④ **프로시저** : 한 개의 프로시저는 Sub로 시작해서 VBA 명
령어 코드가 입력되어 End Sub로 끝납니다. 앞서 매크
로 기록기로 기록한 매크로에 해당합니다.

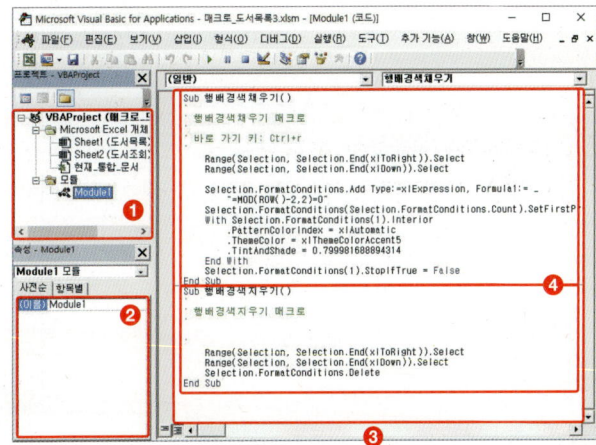

---

03 [행배경색채우기] 코드 창에 다음과 같이 빨간색으로 표기된 코드를 입력하여 매크로를 수정합니다.

```
Sub 행배경색채우기( )
'
' 행배경색채우기 매크로
'
' 바로 가기 키 : Ctrl + r
'
    Dim rowno As Integer
    rowno = Val(InputBox("배경색을 지정할 행의 배수 값을 숫자로 입력해주세요", "숫자 입력창", 2))

    Range(Selection, Selection.End(xlToRight)).Select
    Range(Selection, Selection.End(xlDown)).Select

    Selection.FormatConditions.Add Type:=xlExpression, Formula1:= _
        "=MOD(ROW( ) − 2," & rowno & ")=0"

    Selection.FormatConditions(Selection.FormatConditions.Count).SetFirstPriority
    With Selection.FormatConditions(1).Interior
        .PatternColorIndex = xlAutomatic
        .ThemeColor = xlThemeColorAccent5
        .TintAndShade = 0.799981688894314
    End With
    Selection.FormatConditions(1).StopIfTrue = False
End Sub
```

바로 통하는 TIP

1. Dim rowno As Integer 구문은 변수 rowno를 정수로 선언합니다.

2. rowno = Val(InputBox("배경색을 지정할 행의 배수 값을 숫자로 입력해주세요", "숫자 입력창", 2)) 구문은 [입력 상자] 대화상자를 통해 행의 배
수 값을 입력받아서 rowno 변수에 넘겨줍니다.

3. "=MOD(ROW( ) − 2," & rowno & ")=0" 구문은 조건부 서식 규칙에 rowno 값이 매번 바뀌도록 규칙을 수정합니다.

04 [닫기⊠]를 클릭하여 비주얼 베이식 편집기를 닫습니다.

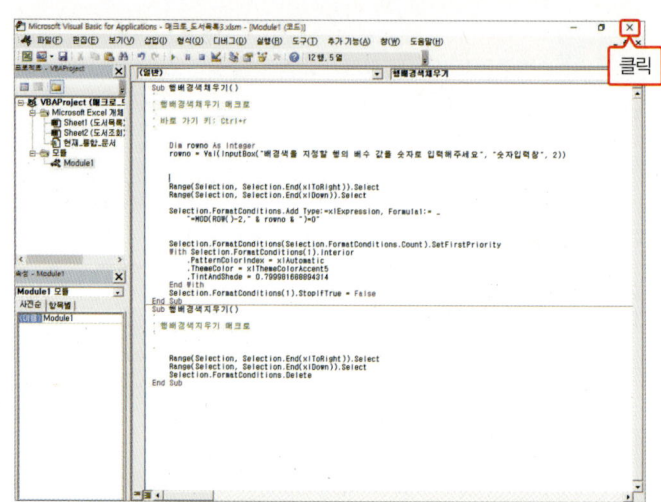

05 [A3] 셀을 클릭하고 Ctrl+R을 누릅니다.

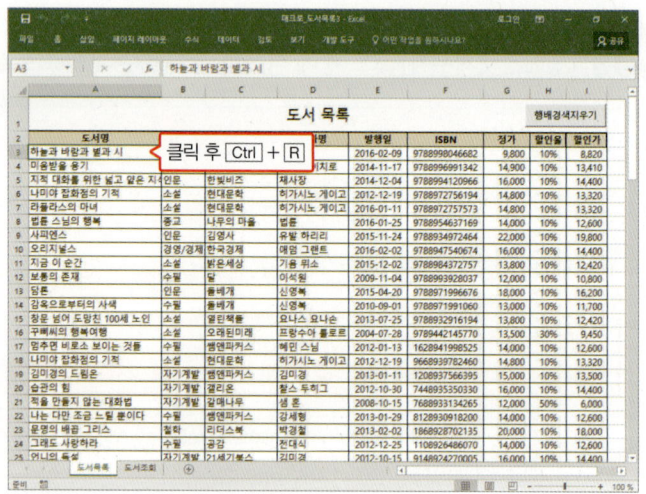

06 ❶[숫자 입력창] 대화상자가 나타나면 **5**를 입력하고 ❷[확인]을 클릭합니다.

5행마다 배경색이 채워지는 매크로가 실행됩니다.

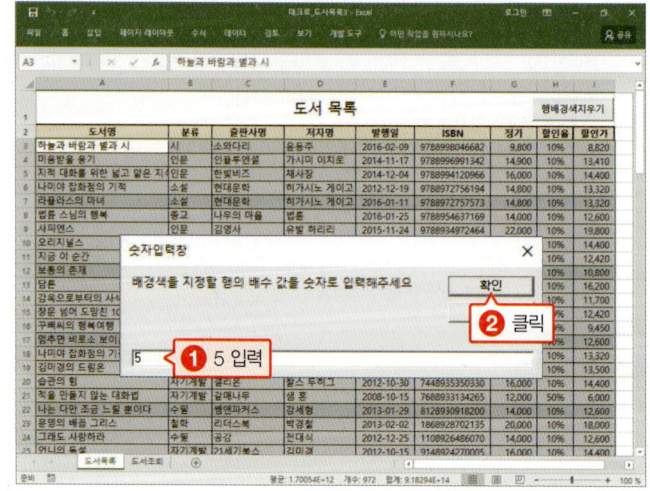

핵심기능실습 096

매크로 삭제하기

잘못 작성된 매크로나 더 이상 필요하지 않은 매크로는 언제든지 삭제할 수 있습니다. 매크로는 [개발 도구] 탭의 [코드] 그룹에서 [매크로]를 클릭하여 삭제하거나 비주얼 베이식 편집기(Visual Basic for Editor)에서 삭제합니다.

실습 파일 | 엑셀\5장\ 매크로_도서목록4.xlsm　**완성 파일** | 엑셀\5장\ 매크로_도서목록4_완성.xlsm

01 매크로 삭제하기

❶ [개발 도구] 탭 - [코드] 그룹 - [매크로]를 클릭합니다. ❷ [매크로] 대화상자에서 [행배경색채우기]를 선택하고 ❸ [삭제]를 클릭합니다.

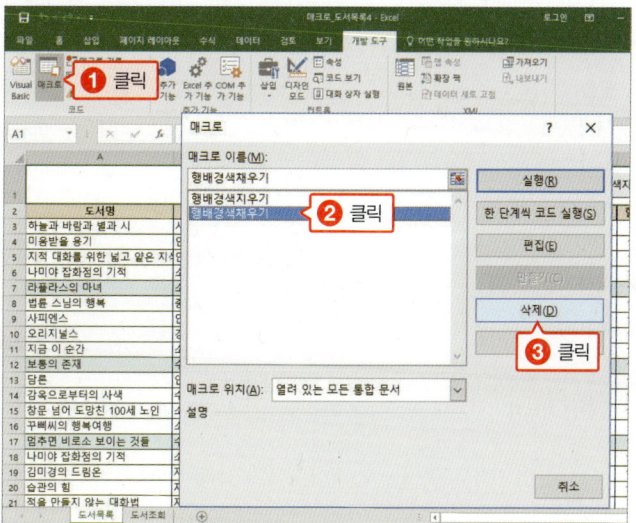

02 ❶ 매크로 삭제 경고 메시지가 나타나면 [예]를 클릭합니다. ❷ [개발 도구] 탭 - [코드] 그룹 - [매크로]를 클릭합니다. ❸ [취소]를 클릭해서 [매크로] 대화상자를 닫습니다. [행배경색채우기] 매크로가 목록에서 삭제되었습니다.

바로 통하는 TIP 매크로를 삭제하면 Ctrl + R 바로 가기 키를 눌러도 매크로가 실행되지 않습니다.

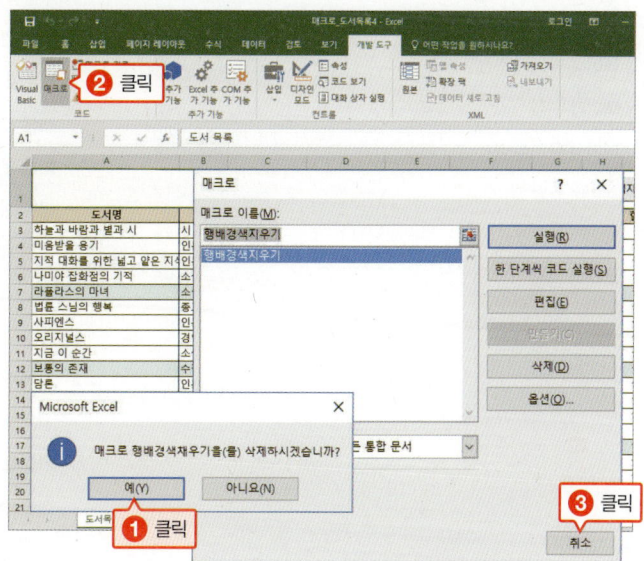

회사에서 바로 통하는 실습 예제 다운로드하기

이 책에 사용된 모든 실습 및 완성 예제 파일은 한빛미디어 홈페이지(www.hanbit.co.kr/media)에서 다운로드할 수 있습니다. 예제 파일은 따라 하기를 진행할 때마다 사용되므로 컴퓨터에 복사해두고 활용합니다.

1 한빛미디어 홈페이지(www.hanbit.co.kr/media)로 접속합니다. 로그인 후 화면 오른쪽 아래에서 [자료실] 버튼을 클릭합니다.

2 자료실 도서 검색란에 도서명을 입력하고, 찾는 도서의 제목 부분을 클릭합니다.

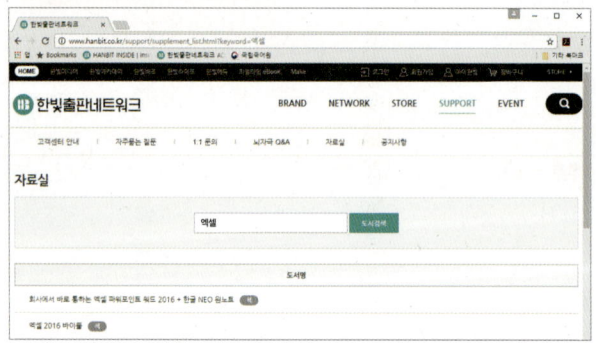

3 선택한 도서 정보가 표시되면 [다운로드] 아이콘을 클릭합니다.

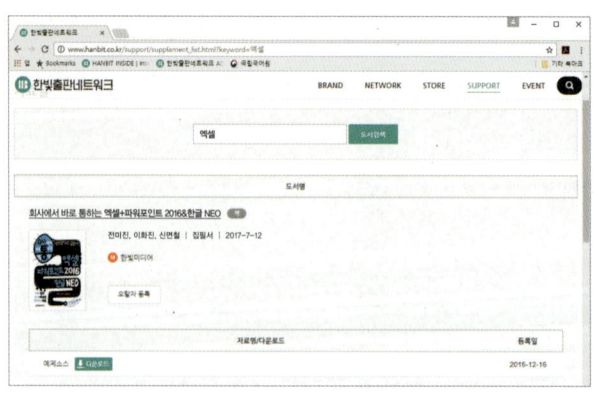

다운로드한 예제 파일은 일반적으로 [다운로드] 폴더에 저장되며, 사용하는 웹브라우저 설정에 따라 저장 위치가 달라질 수 있습니다.

독자 Q&A 학습하다 부딪히는 문제는 한빛미디어 홈페이지(www.hanbit.co.kr/media)에서 화면 왼쪽 아래에 있는 [지원] 버튼을 클릭해 문의하거나 저자 이메일로 보내 쉽게 해결할 수 있습니다.

회사에서 바로 통하는

현장밀착형 입문서

엑셀
파워포인트 2016
한글 NEO

개념은 **쉽게**
기능은 **빠르게**
실무활용은 **바로**

전미진·이화진·신면철 지음

파워포인트편

한빛미디어
Hanbit Media, Inc.

회사에서 바로 통하는

엑셀

파워포인트 2016

한글 NEO

파워포인트편

전미진 · 이화진 · 신면철 지음

한빛미디어
Hanbit Media, Inc.

지은이 전미진 (smileimp@naver.com)

삼성전자, 삼성항공, 삼성코닝, 삼성멀티캠퍼스, 삼성석유화학, 대우건설, 서울통신, 지역난방공사, 농협대학, 한양대학, 유니텔캠퍼스, 효성그룹, 대우기술원, 국민건강보험공단 등에서 업무 개선을 위한 엑셀과 파워포인트, 프로그래밍 관련 강의를 진행했습니다. 현재 한화토탈, 인키움, 경기중소기업센터 등에서 강의하고 있으며, 저서로는 《회사에서 바로 통하는 엑셀 2016 FOR STARTERS》(한빛미디어, 2017), 《회사에서 바로 통하는 엑셀 실무 강의》(한빛미디어, 2016), 《회사에서 바로 통하는 엑셀+파워포인트+워드 2016&한글 NEO》(한빛미디어, 2016) 등이 있습니다.

지은이 이화진 (hwajin@kkummolda.com)

삼성물산, 삼성증권, 삼성생명, KT, 포스코, 농협, 마이크로소프트, 아모레퍼시픽, 유한킴벌리, LG인화원, 한국MSD, 해양경찰청, 국회사무처, 경희대학교, 인하대학교 등에서 프레젠테이션 제작 및 강의를 진행했습니다. 현재 꿈몰다 대표, 나다운스타일연구소 대표, 오피스튜터 프레젠테이션 강사, 한국워킹맘연구소 이사, 극동대학교 외래 교수로 활동하고 있습니다. 저서로는 《회사에서 바로 통하는 파워포인트 2016 FOR STARTERS》(한빛미디어, 2017), 《회사에서 바로 통하는 엑셀+파워포인트+워드 2016&한글 NEO》(한빛미디어, 2016) 등이 있습니다.

지은이 신면철 (bavo@paran.com)

(주)익스터디 대표이사, 두목넷 사무자동화 부분 대표 강사로 IT 자격증 분야에서 '왕두목'이라는 애칭으로 활발히 활동하고 있습니다. 경기공업대학 외래 교수, 철도대학 특강 교수로 강의했습니다. 저서로는 《회사에서 바로 통하는 한글 NEO FOR STARTERS》(한빛미디어, 2017), 《회사에서 바로 통하는 엑셀+파워포인트+워드 2016&한글 NEO》(한빛미디어, 2016) 등이 있습니다.

회사에서 바로 통하는
엑셀+파워포인트 2016&한글 NEO – 파워포인트편

초판발행 2017년 7월 12일

지은이 전미진, 이화진, 신면철 / **펴낸이** 김태헌
펴낸곳 한빛미디어(주) / **주소** 서울시 마포구 양화로 7길 83 한빛미디어(주) 실용출판부
전화 02-336-7129 / **팩스** 02-336-7124
등록 1999년 6월 24일 제10-1779호 / **ISBN** 978-89-6848-336-3 14000

총괄 임규근 / **책임편집** 전정아 / **기획** 배윤미 / **편집** 박지수
디자인 내지 천승훈, 표지 오필민 / **전산편집** 오정화
영업 김형진, 김진불, 조유미 / **마케팅** 박상용, 송경석, 조승모, 변지영

이 책에 대한 의견이나 오탈자 및 잘못된 내용에 대한 수정 정보는 한빛미디어(주)의 홈페이지나 아래 이메일로 알려주십시오.
잘못된 책은 구입하신 서점에서 교환해 드립니다. 책값은 뒤표지에 표시되어 있습니다.
한빛미디어 홈페이지 www.hanbit.co.kr / 이메일 ask@hanbit.co.kr

지금 하지 않으면 할 수 없는 일이 있습니다.
책으로 펴내고 싶은 아이디어나 원고를 메일(writer@hanbit.co.kr)로 보내주세요.
한빛미디어(주)는 여러분의 소중한 경험과 지식을 기다리고 있습니다.

보라, 생각하라, 하라! 그러면 자기 실력이 되리라!

프레젠테이션을 잘 하기 위해서는 가장 먼저 성공 사례를 많이 보아야 합니다. 그리고 그 프레젠테이션이 어떻게 성공할 수 있었는지를 분석하고, 다시 한 번 생각해보는 단계를 가집니다. 마지막으로 생각의 단계가 끝나면 하나하나 직접 따라 해보는 과정을 거칩니다. 특히 발표 내용을 정리해 보여주는 프레젠테이션 제작에서는 파워포인트를 사용하여 참고한 슬라이드 화면을 똑같이 구성하고 배치해보는 작업을 여러 번 반복해보면 좋습니다. 이렇게 따라 하는 작업을 계속하다 보면 어느새 자신의 실력이 점점 느는 것을 확인할 수 있습니다.

전문가 못지않은 완성도 높은 슬라이드를 만들 수 있다!

이 책에는 저의 오랜 프레젠테이션 제작 경험과 노하우를 녹여냈습니다. 또한 무수한 강의를 통해 현장에서 쌓은 활용도 높은 예제를 수록했습니다. 핵심기능을 하나하나 직접 따라 해보면서 파워포인트의 주요한 기능을 쉽고 빠르게 마스터할 수 있습니다. 특히 핵심기능과 연계해 스스로 학습할 수 있도록 제공되는 혼자해보기 예제는 완성 화면을 보면서 본인 스스로의 실력만으로 실습해보기를 권합니다. 처음에는 어렵겠지만 반복 학습하다 보면 자신의 실력이 점점 좋아지는 것을 느낄 수 있을 것입니다. 더 나아가 주어진 완성 예제의 텍스트 내용이나 색, 이미지, 도형 등을 원하는 대로 변경하여 자신의 업무에 맞게 재활용해보기 바랍니다. 프레젠테이션 전문가 못지않은 완성도 높은 슬라이드를 만들 수 있을 것입니다.

성공 프레젠테이션을 위한 밑거름이 되기를 바라며

이 책에 수록한 제 경험과 노하우가 여러분의 성공 프레젠테이션 제작을 위한 밑거름이 되길 기도합니다.

2017년 7월
이화진

핵심기능실습으로 업무에 바로 써먹는
파워포인트 기능만 빠르게 익힌다!

회사에서 바로 통하는 현장밀착형 3단계 학습 전략

STEP 03

STEP 02

STEP 01

한눈에 보기

핵심기능실습을 시작하기 전 꼭 알아두어야 할 파워포인트 개념 설명과 이론 학습이 필요한 부분을 소개합니다.

핵심기능실습

실무에서 꼭 필요한 73가지 파워포인트의 핵심기능을 빠르게 익혀 업무에 효율적으로 활용하는 방법을 배웁니다.

혼자해보기

완성 파일 미리 보기와 힌트를 살펴보면서 핵심기능실습에서 배운 내용을 다시 한 번 복습합니다.

바로 통하는 TIP

따라 하기 과정에서 헷갈리기 쉬운 내용을 팁으로 수록했습니다.

쉽고 빠른 파워포인트 NOTE

학습에 유용한 정보, 알고 넘어가면 좋을 참고 사항을 상세히 소개합니다.

최적화된 실무 예제로
파워포인트를 단숨에 마스터한다!

☀ 일 잘하는 직장인이 꼭 알아야 할 파워포인트 핵심기능 73

회사에서 바로 통하는 키워드	리본 메뉴 만들기, 개체 이름 변경, 테마 선택, 슬라이드 크기 변경, 슬라이드 추가, 레이아웃 변경, 슬라이드 이동/복사/붙여넣기/삭제하기, 빠른 스타일, WordArt, 도형 그리기, 그림 삽입, 표 삽입, 차트 삽입, 슬라이드 번호 삽입, 글머리 기호, 줄 및 단락 간격, 목록 수준, 도형 병합, 도형 수평 복사, 도형 정렬, 스포이트, 서식 복사, 입체 도형, SmartArt, 표 디자인, 차트 디자인, 차트 서식, 온라인 그림, 그림 서식, 배경 제거, 그림 압축, 오디오 클립, 오디오 트리밍, 페이드 인/아웃, 비디오 클립 서식, 비디오 트리밍, 비디오 책갈피, 포스터 틀, 미디어 압축
회사에서 바로 통하는 슬라이드 마스터	새 테마 글꼴 설정, 새 테마 색 설정, 슬라이드 마스터 디자인, 슬라이드 마스터 배경 서식 변경, 슬라이드 마스터 제목 스타일 편집, 슬라이드 마스터의 제목 슬라이드 서식 변경, 슬라이드 마스터에 이미지 삽입, 슬라이드 마스터에서 작성한 레이아웃 슬라이드 삽입, 슬라이드의 레이아웃 변경, 레이아웃이 다른 슬라이드 삽입, 새 테마 저장
회사에서 바로 통하는 프레젠테이션	슬라이드 구역 추가, 구역 이름 변경, 구역 이동, 구역 삭제, 프레젠테이션 저장, PDF 문서로 프레젠테이션 저장, 비디오 파일로 프레젠테이션 저장, 그림으로 프레젠테이션 저장, JPEG 파일로 프레젠테이션 저장, 개체에 애니메이션 적용, 애니메이션 효과 옵션 변경, 애니메이션 추가/복사/실행, 화면 전환 효과, 화면 전환 효과 옵션 변경, 슬라이드 쇼 설정, 슬라이드 쇼 재구성, 슬라이드 노트로 발표 원고 작성, 슬라이드 노트 인쇄, 유인물 레이아웃 설정, 유인물 인쇄, 발표 전 예행 연습, 슬라이드 쇼 실행, 발표자 도구, 슬라이드 쇼 녹화, 온라인 프레젠테이션

핵심기능실습

파워포인트를 다룰 때 반드시 알아야 할 기본 기능과 활용 방법을 소개합니다. 핵심기능을 따라하면서 기본 기능을 충실히 익힐 수 있습니다.

실습 파일 & 완성 파일

파워포인트 기능을 익히는 데 최적화된 예제만 선별해 수록했습니다. 예제를 실습한 후 결과를 비교해볼 수 있습니다.

실행 결과 보기

단계별 따라 하기 완료 후 확인할 수 있는 실행 결과 및 주요 변화 내용을 한 번 더 설명해줍니다.

018 슬라이드에 번호 삽입하기

슬라이드에 번호를 표시하면 프레젠테이션에서 현재 위치를 쉽게 찾을 수 있습니다. [머리글/바닥글] 기능을 사용해 번호를 삽입하고 제목 슬라이드에만 번호를 삽입하지 않는 방법에 대해 알아보겠습니다.

실습 파일 | 파워포인트\2장\슬라이드에 번호 삽입하기.pptx 완성 파일 | 파워포인트\2장\슬라이드에 번호 삽입하기_완성.pptx

01 슬라이드에 번호 삽입하기

원하는 슬라이드의 위치를 쉽게 찾을 수 있도록 슬라이드에 번호를 넣어보겠습니다. [삽입] 탭─[텍스트] 그룹─[슬라이드 번호]를 클릭합니다.

02 제목 슬라이드에 페이지 번호 표시하지 않기

❶ [머리글/바닥글] 대화상자의 [슬라이드] 탭에서 [슬라이드 번호], [제목 슬라이드에는 표시 안 함]에 체크 표시하고 ❷ [모두 적용]을 클릭합니다.

첫 번째 제목 슬라이드를 제외한 모든 슬라이드의 오른쪽 아래에 슬라이드 번호가 나타납니다.

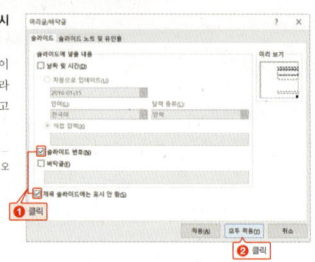

03 복사한 슬라이드 붙여넣기

❶ 붙여 넣고 싶은 위치인 [3번 슬라이드]와 [4번 슬라이드] 사이를 클릭합니다. ❷ [홈] 탭─[클립보드] 그룹─[붙여넣기]를 클릭합니다.

바로 통하는 TIP 슬라이드 붙여넣기 단축키는 Ctrl + V 입니다. 슬라이드가 선택된 상태에서 Ctrl + D 를 누르면 바로 아래쪽에 선택한 슬라이드가 복제됩니다.

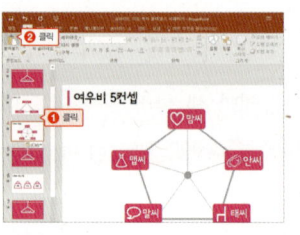

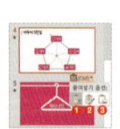

쉽고 빠른 파워포인트 NOTE 붙여넣기 옵션

복사한 슬라이드를 붙여 넣으려는 위치에서 마우스 오른쪽 버튼을 클릭하면 다음과 같은 [붙여넣기 옵션]이 나타납니다. 원하는 옵션을 선택해 슬라이드를 붙여 넣을 수 있습니다.

① 대상 테마 사용 : 대상 프레젠테이션의 테마를 그대로 사용할 때 클릭합니다.
② 원본 서식 유지 : 복사하려는 프레젠테이션의 테마를 유지할 때 클릭합니다.
③ 그림 : 복사하려는 프레젠테이션 슬라이드를 그림으로 붙여 넣을 때 클릭합니다.

04 슬라이드 삭제하기

화면 왼쪽의 슬라이드 축소판 그림에서 삭제하려는 [11번 슬라이드]를 선택하고 Delete 를 누릅니다.

바로 통하는 TIP 여러 개의 슬라이드를 선택하려면 Ctrl 을 누른 상태에서 슬라이드를 각각 클릭합니다.

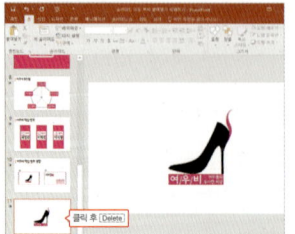

쉽고 빠른 파워포인트 NOTE

파워포인트를 다루는 데 필요한 유용한 정보, 알고 넘어가면 좋을 참고 사항을 상세히 소개합니다.

바로 통하는 TIP

예제 실습 중 헷갈리기 쉬운 부분을 정리해줍니다.

039 차트 디자인하기

프레젠테이션에서 수치 정보는 차트로 표현하는 것이 좋습니다. 사용자가 원하는 대로 차트를 디자인해보겠습니다.

실습 파일 | 파워포인트\4장\차트 디자인하기.pptx   완성 파일 | 파워포인트\4장\차트 디자인하기_완성.pptx

한눈에 보기   차트 구성 요소 살펴보기

차트에는 계열, 축, 범례, 데이터 레이블 등 다양한 구성 요소가 있습니다. 차트를 선택하면 차트 영역 오른쪽에 차트 요소, 차트 스타일, 차트 필터가 표시됩니다. 간편하게 차트 요소를 추가, 제거하거나 차트 스타일을 선택할 수 있습니다. 차트 필터를 사용하면 원하는 데이터만 표시할 수 있습니다.

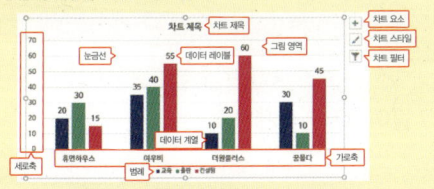

한눈에 보기

파워포인트의 개념 및 이론 학습이 필요한 부분을 핵심기능실습 전에 미리 확인할 수 있습니다.

01 차트 레이아웃 변경하기

❶ 차트를 선택합니다. ❷ [차트 도구] - [디자인] 탭-[차트 레이아웃] 그룹-[빠른 레이아웃]을 클릭하고 ❸ [레이아웃 4]를 선택합니다.

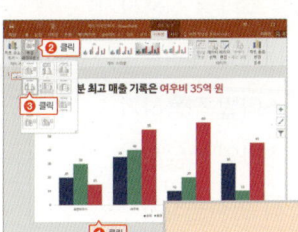

따라 하기 단계별 제목

핵심기능실습의 각 과정을 단계별 제목으로 표시하여 작업의 순서를 한눈에 파악할 수 있습니다.

CHAPTER 04 프

혼자해보기

핵심기능실습에서 배운 내용을 복습할 수 있습니다.

혼자해보기 06   동영상을 활용한 슬라이드 디자인하기

실습 파일 | 파워포인트\5장\동영상을 활용한 슬라이드 디자인하기.pptx   완성 파일 | 파워포인트\5장\동영상을 활용한 슬라이드 디자인하기_완성.pptx

슬라이드의 역동성을 더해주고 청중의 주목을 끌어낼 수 있도록 비디오를 편집해보겠습니다. 슬라이드에 비디오를 삽입할 때 가장 중요한 작업은 불필요한 부분을 잘라내는 것입니다. 비디오 표지를 만들고 표지와 비디오 실행 사이가 부드럽게 연결되도록 처리해줍니다. 파워포인트에서는 다른 비디오 편집 프로그램 없이도 쉽게 비디오를 편집할 수 있습니다.

▲ 완성 파일

01 [삽입] 탭 - [미디어] 그룹 - [비디오] - [내 PC의 비디오]를 선택하고 [파워포인트 2016.mp4] 비디오를 삽입합니다. 슬라이드의 검은 사각형 부분에 비디오 클립이 들어가도록 배치합니다. [비디오 도구] - [서식] 탭 - [비디오 스타일] 그룹 - [비디오 셰이프]에서 [사각형] - [모서리가 둥근 직사각형]을 선택합니다. 동영상 클립 왼쪽 위에 있는 노란색 핸들을 드래그하여 둥근 테두리를 적절하게 조절합니다. [비디오 효과] - [그림자] - [안쪽] - [안쪽 가운데]를 선택하여 비디오 클립에 스타일 효과를 줍니다.

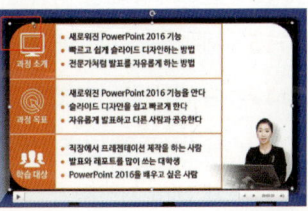

CHAPTER 01
기본 프레젠테이션 만들기

CHAPTER 02
프레젠테이션 슬라이드 배경 서식 만들기

CHAPTER 05

프레젠테이션에 멀티미디어 삽입 및 서식 지정하기

PART
02

파워포인트

CHAPTER 01

기본 프레젠테이션
만들기

파워포인트 2016의 기본적인 내용을 다루는 장입니다. 파워포인트 2016의 화면 구성을 살펴보고 작업을 효율적으로 할 수 있도록 도구 모음과 메뉴를 구성합니다. 슬라이드를 추가, 삭제, 복사, 이동하는 등 자유롭게 다룰 수 있습니다. 문서를 열고 저장하는 방법 및 한 번 클릭으로 텍스트, 도형, 표, 차트의 디자인을 끝내는 방법까지 알아보겠습니다. 파워포인트 2016의 기본을 충실하게 다질 수 있습니다.

파워포인트 2016의 기본 화면 구성 살펴보기

파워포인트 2016 버전의 기본적인 메뉴 배치와 기본 화면 구성에 대해서 살펴보겠습니다. 파워포인트 2016의 메뉴 배치는 파워포인트 2013과 같습니다. 새롭게 추가된 몇 개의 기능은 작업의 효율성을 높여줍니다.

기본 화면 구성

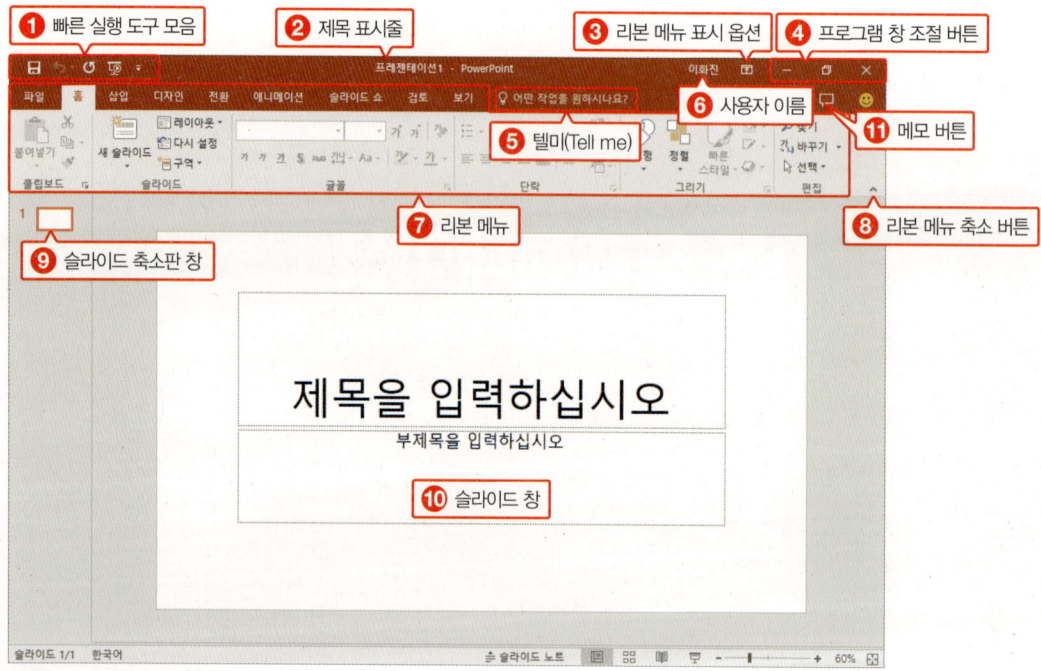

❶ 빠른 실행 도구 모음 : 자주 사용하는 명령을 모아놓은 도구함입니다. 필요에 따라 명령을 추가 또는 삭제할 수 있습니다. 기본적으로 [저장], [실행 취소], [다시 실행], [처음부터 시작] 명령이 구성되어 있습니다.

❷ 제목 표시줄 : 프로그램 이름과 현재 편집 중인 문서의 이름이 나타납니다.

❸ 리본 메뉴 표시 옵션 : 리본 메뉴 자동 숨기기, 탭 표시, 탭 및 명령 표시가 가능합니다.

❹ 프로그램 창 조절 버튼 : 파워포인트 창을 최소화/최대화하거나 닫을 때 사용합니다.

❺ 텔미(Tell me) : 찾으려는 기능이나 툴을 검색 창에 입력하면 바로 찾아줍니다.

❻ 사용자 이름 : 마이크로소프트 계정 로그인 후 나타나는 사용자 이름을 클릭하면 메뉴가 나타납니다. [계정 설정]을 클릭하고 사용자 정보에서 원하는 정보를 변경합니다.

❼ 리본 메뉴 : 슬라이드를 작성할 때 필요한 각종 명령을 기능별로 구분해서 탭 형태로 모아놓았습니다. 기본적으로 파일, 홈, 삽입, 디자인, 전환, 애니메이션, 슬라이드 쇼, 검토, 보기로 구성되어 있습니다. 슬라이드의 개체를 선택하거나 그림, 표 등의 요소를 삽입하면 상황별 탭이 자동으로 나타납니다.

⑧ 리본 메뉴 축소 버튼 : 화면이 좁아서 보기 불편할 경우 리본 메뉴를 축소하고 탭만 표시할 수 있습니다.

⑨ 슬라이드 축소판 창 : 열려 있는 파워포인트 파일의 각 슬라이드가 작은 그림으로 나타납니다.

⑩ 슬라이드 창 : 슬라이드를 편집하는 작업 영역으로 도형, 텍스트, 차트, 표 등의 개체를 삽입하고 편집합니다.

⑪ 메모 버튼 : 메모 버튼을 클릭하면 화면 오른쪽에 메모 작업 창이 나타납니다. [새로 만들기] 버튼을 클릭하여 원하는 메모를 추가합니다.

상태 표시 및 화면 보기

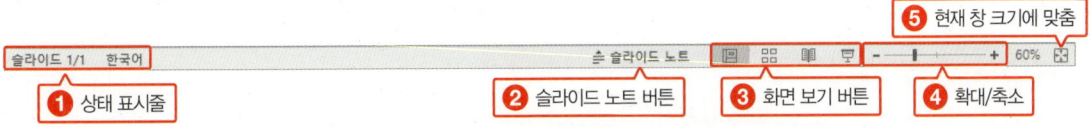

⑤ 현재 창 크기에 맞춤

① 상태 표시줄
② 슬라이드 노트 버튼
③ 화면 보기 버튼
④ 확대/축소

❶ 상태 표시줄 : 현재 편집 중인 슬라이드 번호 및 입력 언어를 표시해줍니다.

❷ 슬라이드 노트 버튼 : 슬라이드 노트 버튼을 클릭하면 슬라이드 창 아래에 슬라이드 노트 창이 열립니다. 감추려면 다시 슬라이드 노트 버튼을 클릭합니다.

❸ 화면 보기 버튼 : 기본, 여러 슬라이드, 읽기용 보기, 슬라이드 쇼 보기 등 원하는 대로 화면 보기를 변경하여 작업할 수 있습니다.

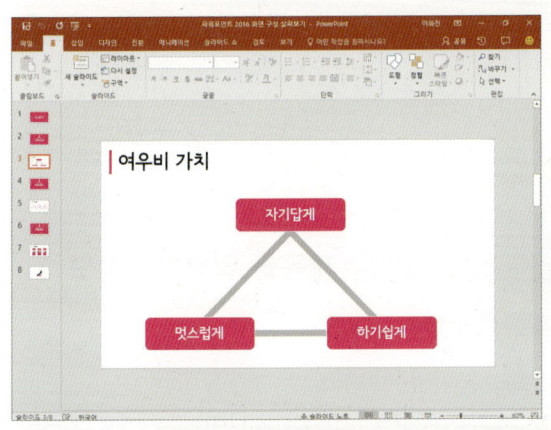

▲ 기본

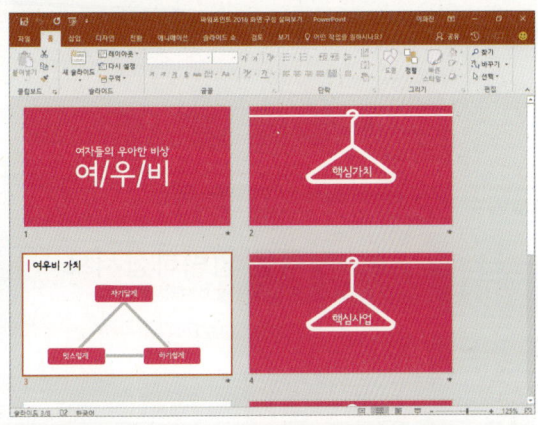

▲ 여러 슬라이드

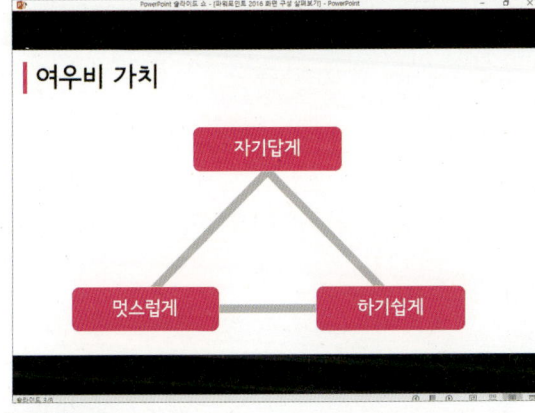

▲ 읽기용 보기

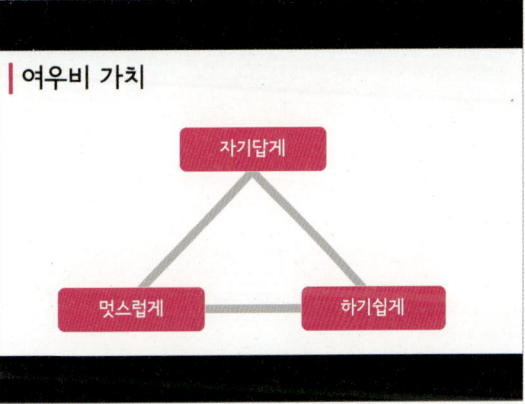

▲ 슬라이드 쇼

❹ **확대/축소** : ▬ 버튼을 클릭하면 화면이 축소되고 ➕ 버튼을 클릭하면 화면이 확대됩니다. 조절 바를 드래그하여 조정할 수도 있습니다.

❺ **현재 창 크기에 맞춤** : 슬라이드 크기를 현재 창 크기에 최대한 맞춥니다.

❻ **작업 창** : 오른쪽에 있는 작업 창에서 명령이나 옵션을 적용할 수 있습니다.

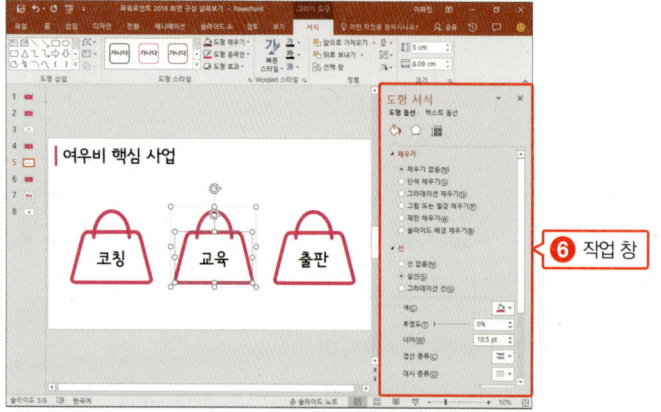

❻ 작업 창

❼ **터치/마우스 모드** : 터치 제스처를 통해 슬라이드를 살짝 밀고, 누르고, 스크롤하고, 확대/축소하며 프레젠테이션을 실감나게 진행할 수 있습니다. 터치 사용에 최적화되어 명령 사이의 간격이 넓어집니다.

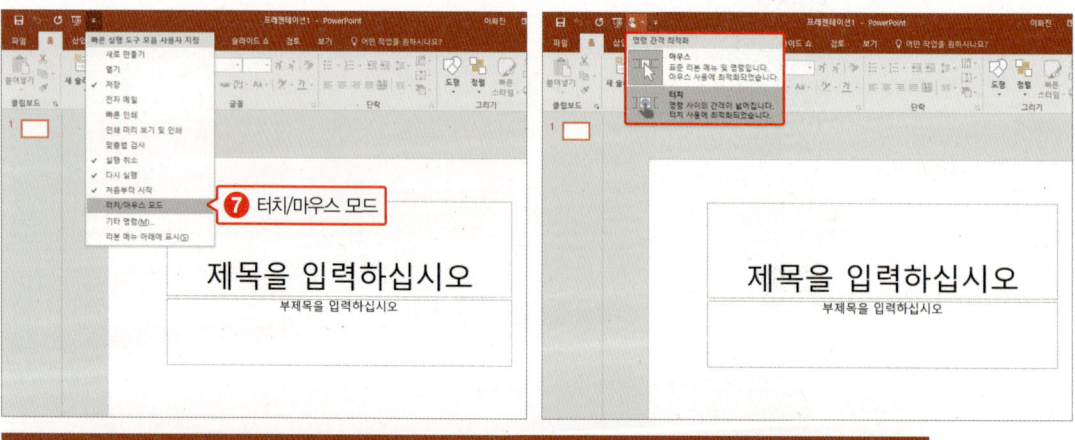

❼ 터치/마우스 모드

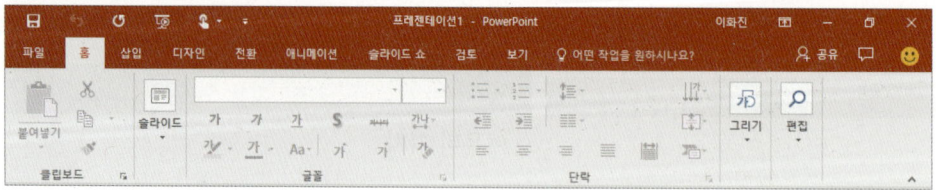

핵심기능실습

001

나만의 리본 메뉴 만들기

파워포인트 작업을 좀 더 쉽고 빠르게 할 수 있도록 자주 사용하는 명령을 모아 리본 메뉴를 새로 만들 수 있습니다. 기존의 탭 구성도 자신의 작업 스타일에 맞게 변경할 수 있어 편리합니다. 나만의 리본 메뉴를 설정하는 방법에 대해 알아보겠습니다.

실습 파일 | 없음 **완성 파일** | 없음

01 ❶ [파일] 탭을 클릭하고 ❷ [옵션]을 선택합니다. [PowerPoint 옵션] 대화상자가 나타납니다.

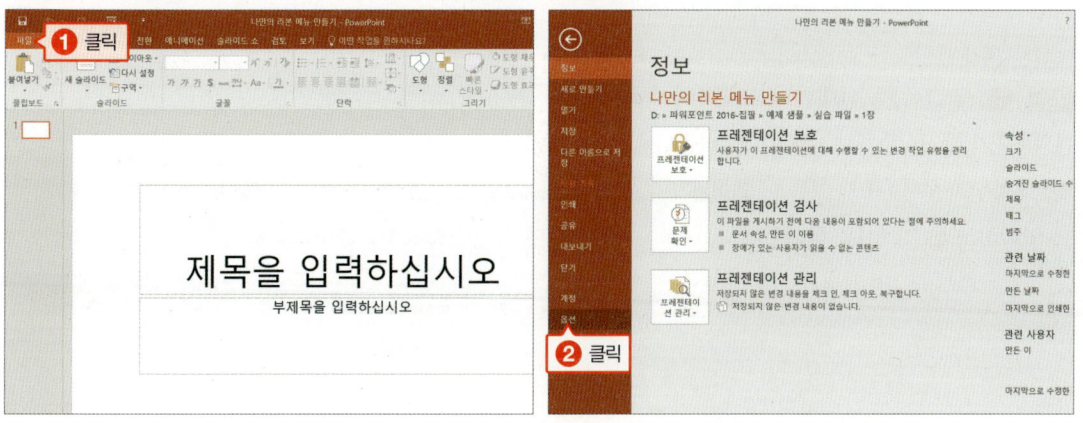

02 ❶ [PowerPoint 옵션] 대화상자에서 [리본 사용자 지정]을 선택하고 ❷ 오른쪽 아래에서 [새 탭]을 클릭합니다.

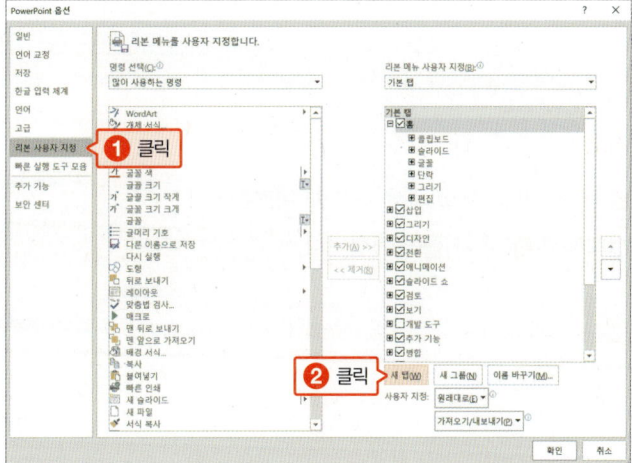

03 [새 탭]과 [새 그룹]이 생성되면 ❶ [새 탭]을 선택하고 ❷ [이름 바꾸기]를 클릭합니다. ❸ [이름 바꾸기] 대화상자에서 [표시 이름]에 **화진**을 입력하고 ❹ [확인]을 클릭합니다.

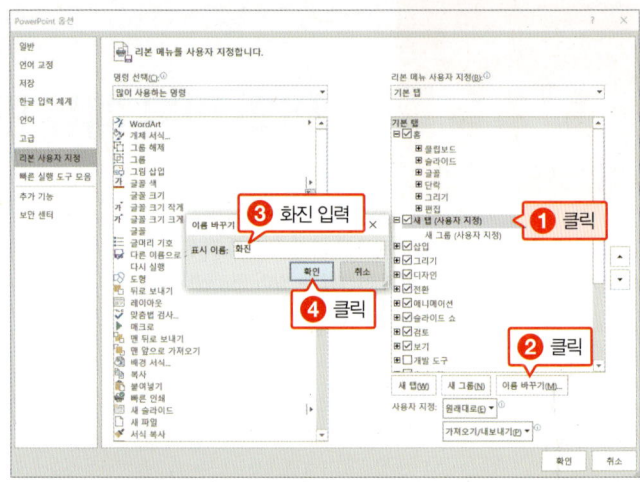

04 ❶ [새 그룹]을 선택합니다. ❷ [이름 바꾸기]를 클릭한 후 ❸ [이름 바꾸기] 대화상자에서 [표시 이름]에 **붙여넣기**를 입력하고 ❹ [확인]을 클릭합니다.

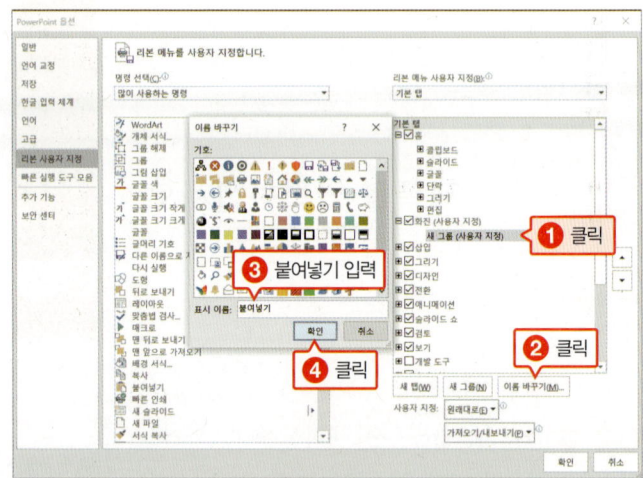

05 ❶ 새로 만든 그룹을 선택합니다. ❷ 왼쪽 [명령 선택]에서 필요한 명령을 선택하고 ❸ [추가]를 클릭합니다.

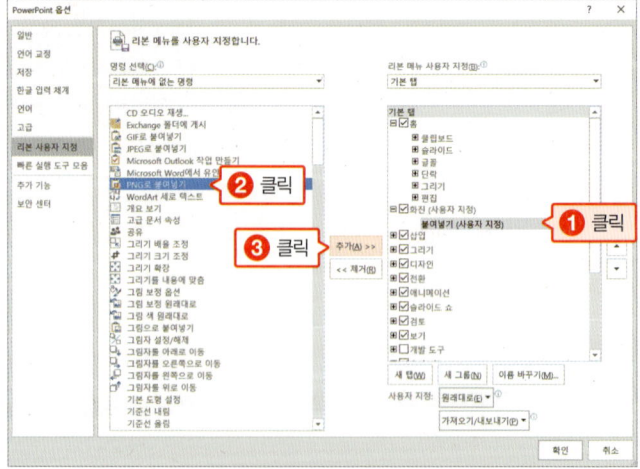

06 새로 만든 그룹에 명령이 추가되었습니다. 같은 방법으로 원하는 명령을 모두 추가합니다. [위로 이동 ▲]/[아래로 이동 ▼]을 클릭하여 탭의 위치를 이동할 수도 있습니다.

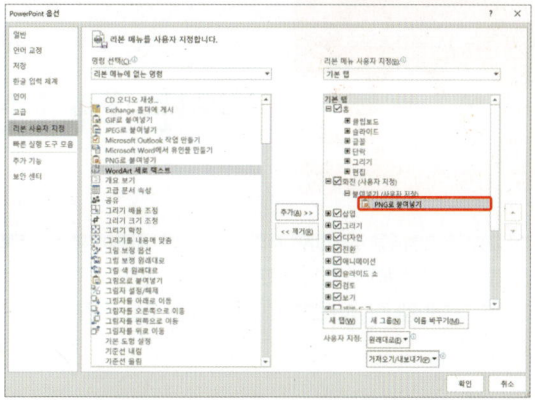

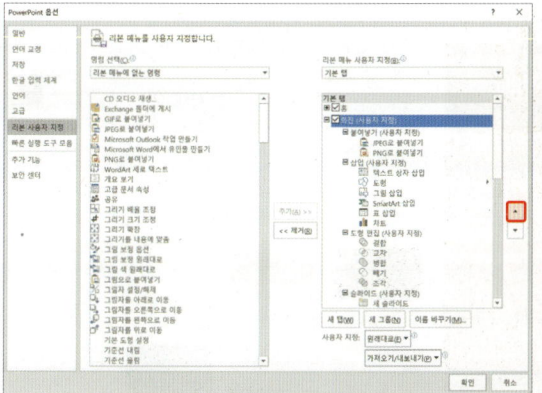

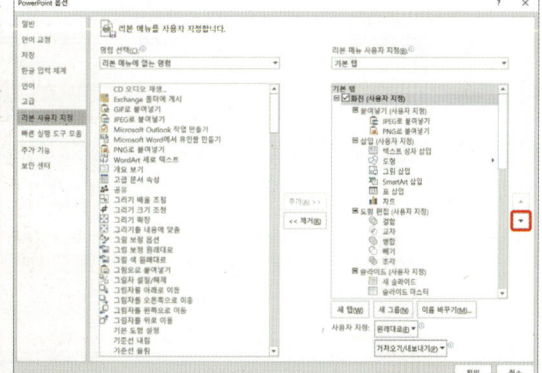

07 명령을 모두 추가한 후 [확인]을 클릭합니다. 리본 메뉴에서 [파일] 탭과 [홈] 탭 사이에 새로 만든 [화진] 탭이 추가되었습니다.

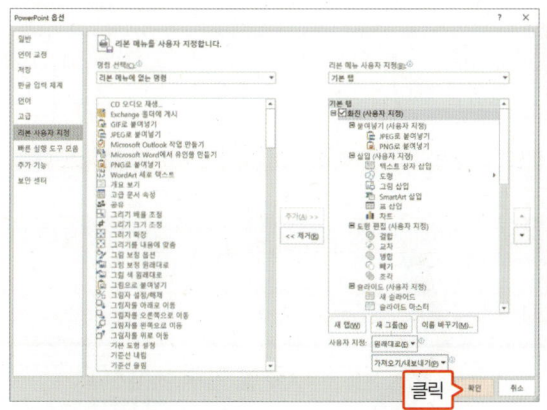

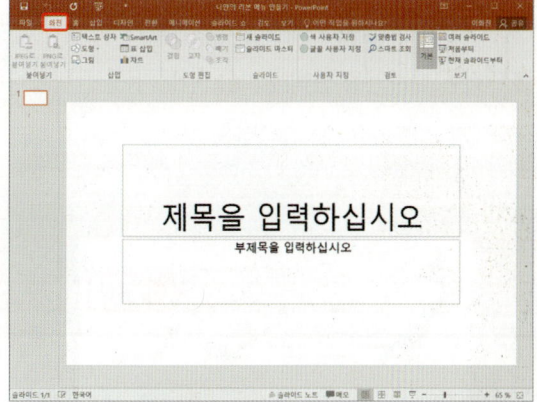

바로 통하는 TIP [PowerPoint 옵션] 대화상자에서 [가져오기/내보내기]를 클릭하여 현재 리본 메뉴 및 빠른 실행 도구 모음 사용자 지정을 파일로 내보낸 후 다른 컴퓨터로 가져와 사용할 수도 있습니다.

핵심기능실습 002

원하는 테마 선택하기

파워포인트 2016을 실행하면 서식 파일, 테마, 최근에 본 프레젠테이션, 이전에 열었던 프레젠테이션 또는 빈 프레젠테이션 등을 선택할 수 있어 여러 가지 방법으로 프레젠테이션을 시작할 수 있습니다. 테마는 서로 어울리는 색, 글꼴, 특수 효과가 포함된 슬라이드 디자인입니다. 파워포인트 2016 또는 오피스 온라인에서 제공하는 테마로 프레젠테이션을 빠르게 만들어보겠습니다.

실습 파일 | 없음　**완성 파일 |** 없음

01 파워포인트를 시작한 후 원하는 테마 선택하기

파워포인트 2016을 실행한 후 기본으로 제공되는 여러 가지 테마 중 하나를 선택합니다.

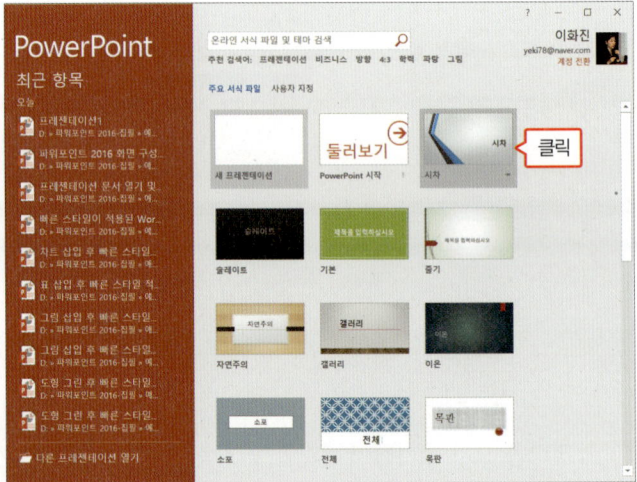

02 서식이 적용된 프레젠테이션 만들기

❶ 원하는 디자인을 선택하고 ❷ [만들기]를 클릭합니다. 선택한 테마가 적용된 프레젠테이션이 열립니다.

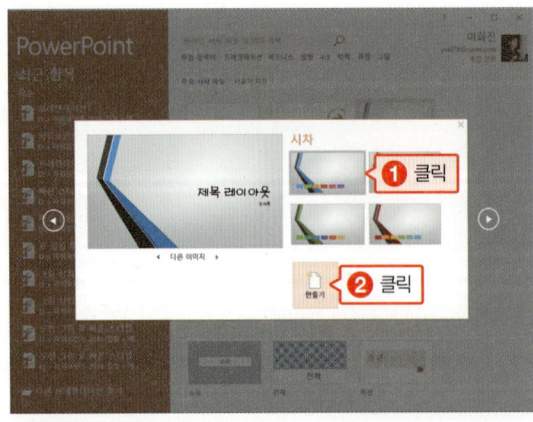

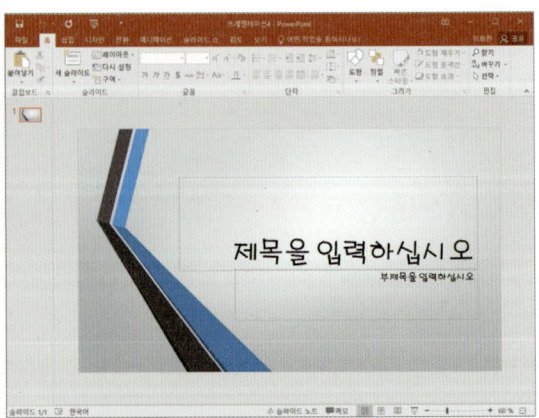

바로 통하는 TIP 　적용된 테마를 변경하려면 [디자인] 탭에서 원하는 테마를 다시 선택합니다. 테마를 적용하기 전 현재 슬라이드에 적용된 결과를 미리 보려면 각 테마의 축소판 그림 위에 마우스 포인터를 올려놓습니다. 좀 더 구체적인 사항을 변경하려면 [적용] 그룹에서 [자세히 ▼]를 클릭하여 색, 글꼴, 효과, 배경 스타일을 변경합니다.

핵심기능실습

003 슬라이드 크기 변경하기

파워포인트를 실행하면 슬라이드 기본 크기인 16:9 비율의 와이드스크린으로 시작합니다. 슬라이드 크기는 슬라이드에 있는 개체들의 변형 없이 자유롭게 변경할 수 있습니다.

실습 파일 | 없음　완성 파일 | 없음

01 슬라이드 비율 바꾸기

기본으로 적용된 16:9 비율의 와이드스크린 슬라이드의 크기를 A4 크기, 세로 형태로 변경해보겠습니다. ❶ [디자인] 탭-[사용자 지정] 그룹을 클릭한 후 ❷ [슬라이드 크기]-[사용자 지정 슬라이드 크기]를 선택합니다.

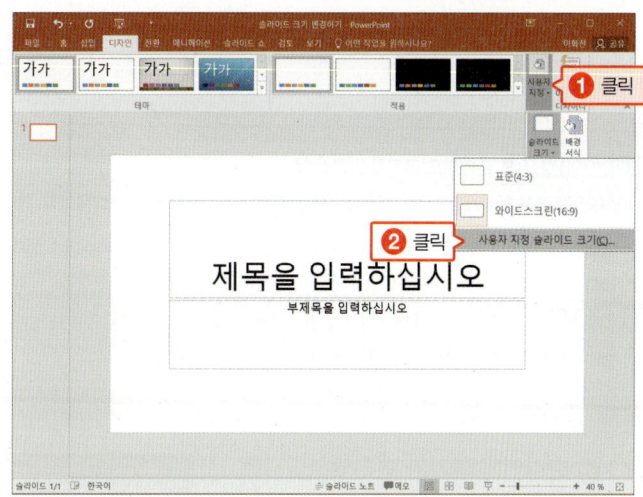

02 슬라이드 크기 및 방향 설정하기

❶ [슬라이드 크기] 대화상자에서 [슬라이드 크기]를 [A4 용지]로 선택합니다. ❷ [방향]에서 [슬라이드]를 [세로]로 선택한 후 ❸ [확인]을 클릭합니다.

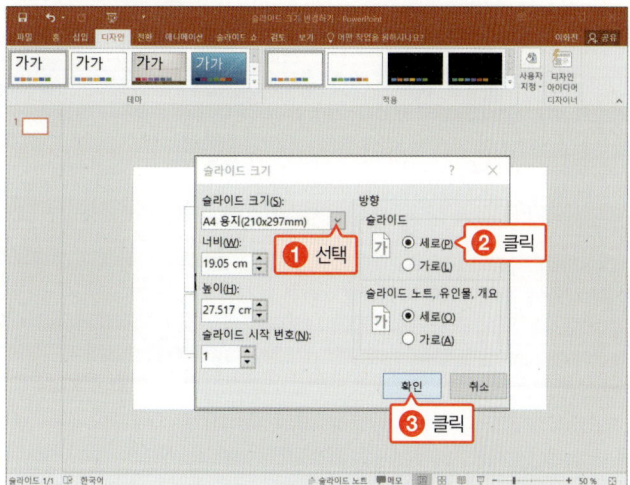

03 슬라이드 크기를 줄일지 묻는 메시지가 나타나면 [맞춤 확인]을 클릭합니다.

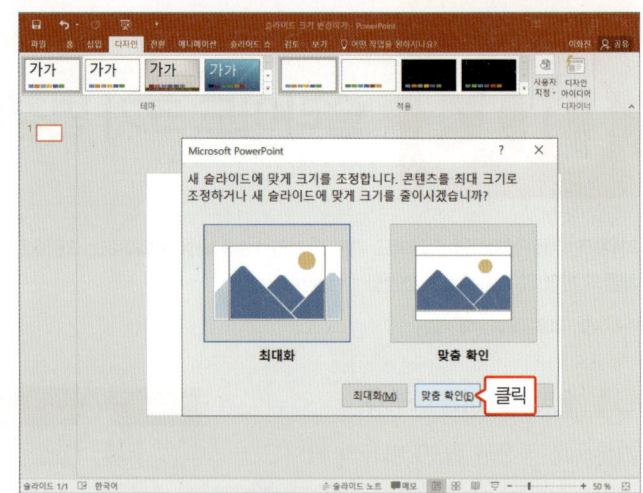

바로 통하는 TIP 슬라이드 크기를 변경할 때

파워포인트에서 슬라이드에 있는 개체 크기를 자동으로 조정하지 못할 때 다음의 두 가지 옵션이 메시지로 표시됩니다.

· **최대화** : 슬라이드 크기는 변경되지만 슬라이드에 있는 개체의 원래 크기는 유지합니다. 이 옵션을 선택하면 개체가 슬라이드에 맞지 않을 수 있습니다.

· **맞춤 확인** : 슬라이드 크기가 변경되면 그 크기에 맞춰 슬라이드에 있는 개체 크기도 변경됩니다. 이 옵션을 선택하면 개체 크기가 작게 표시되지만 슬라이드에서 모든 개체를 볼 수 있습니다.

04 슬라이드 크기가 변경되었습니다.

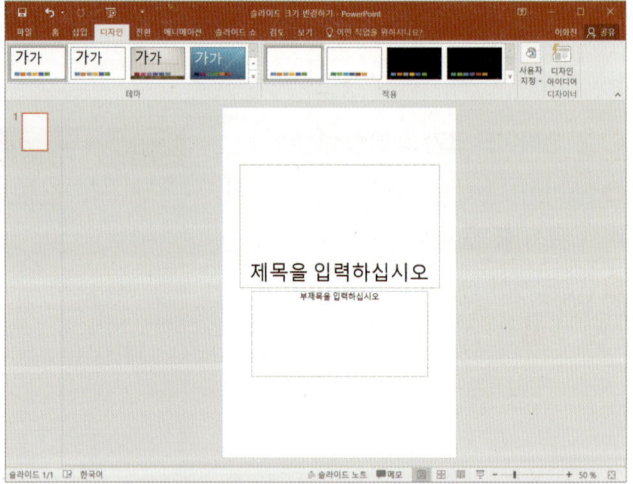

핵심기능실습
004

슬라이드 추가 및
레이아웃 변경하기

원하는 레이아웃의 슬라이드를 추가하고 레이아웃 역시 마음대로 변경할 수 있습니다. 레이아웃을 잘 구성하면 슬라이드에서 전하고자 하는 내용을 효과적으로 표현할 수 있습니다. 파워포인트에서는 기본적으로 형태가 다른 11개의 레이아웃이 제공됩니다.

실습 파일 | 없음 **완성 파일** | 없음

01 슬라이드 추가하기

❶ [홈] 탭 – [슬라이드] 그룹 – [새 슬라이드 ▾]를 클릭합니다. ❷ [Office 테마] 목록의 슬라이드 축소판 그림에서 [제목 및 내용] 레이아웃을 선택합니다.

바로 통하는 TIP 새 슬라이드를 만드는 단축키는 Ctrl + M 입니다. 이때 추가되는 슬라이드의 레이아웃은 바로 앞에서 추가한 슬라이드와 같습니다.

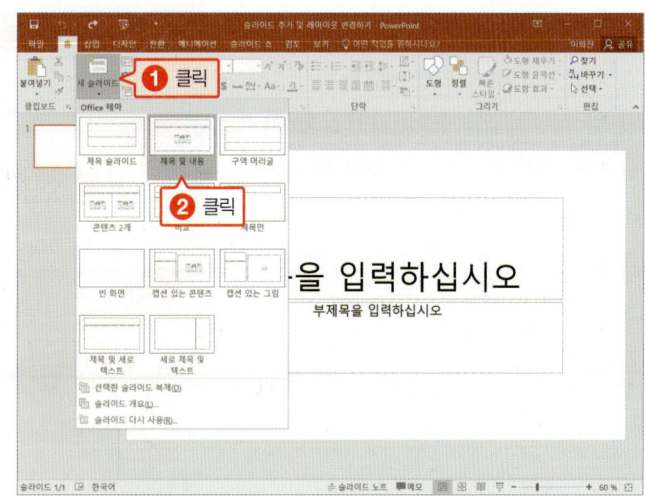

02 레이아웃 변경하기

현재 슬라이드의 레이아웃을 변경해보겠습니다. ❶ [홈] 탭 – [슬라이드] 그룹 – [레이아웃]을 클릭합니다. ❷ [Office 테마] 목록의 슬라이드 축소판 그림에서 [빈 화면] 레이아웃을 선택합니다. 선택한 레이아웃으로 슬라이드 레이아웃이 변경되었습니다.

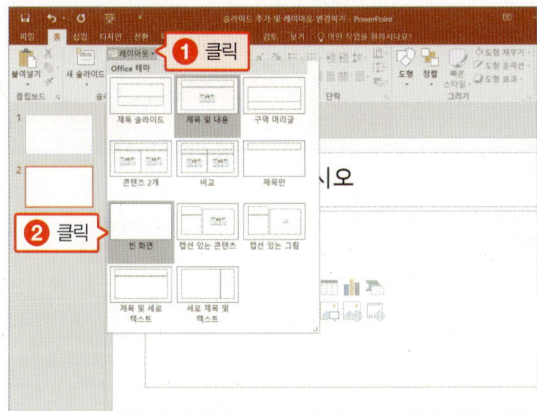
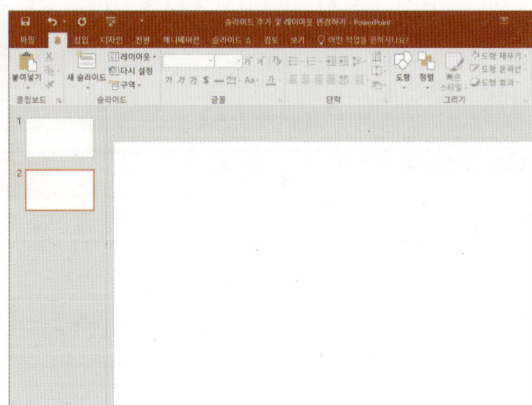

005 슬라이드 이동/복사/붙여넣기/ 삭제하기

슬라이드의 순서를 바꾸기 위해 슬라이드를 이동하는 방법 및 비슷한 슬라이드를 만들 때 기존 슬라이드를 복사해 붙여 넣는 방법을 알아보겠습니다. 슬라이드의 이동, 복사, 붙여넣기, 삭제 기능은 기본적이면서도 가장 많이 사용됩니다.

실습 파일 | 파워포인트\1장\슬라이드 이동 복사 붙여넣기 삭제하기.pptx **완성 파일** | 파워포인트\1장\슬라이드 이동 복사 붙여넣기 삭제하기_완성.pptx

01 슬라이드 이동하기

위치가 적절하지 않은 슬라이드가 있다면 위치를 이동할 수 있습니다. ❶ 화면 왼쪽의 슬라이드 축소판 창에서 이동하려는 [5번 슬라이드]를 선택합니다. ❷ 선택한 [5번 슬라이드]를 드래그하여 [9번 슬라이드]와 [10번 슬라이드] 사이로 이동합니다.

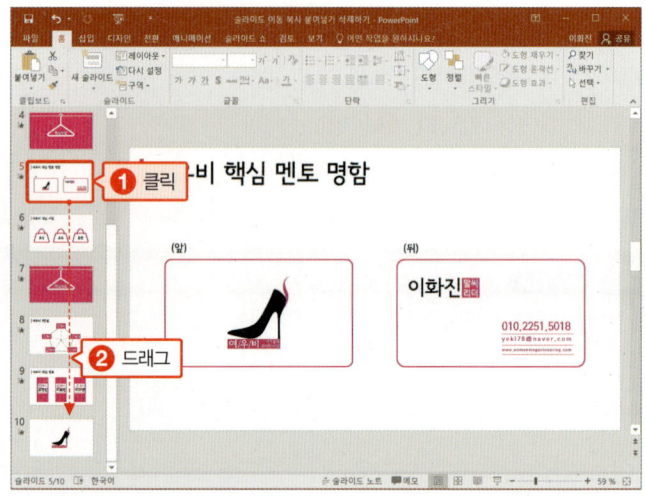

02 슬라이드 복사하기

슬라이드를 복사하면 같은 슬라이드를 추가할 수 있습니다. ❶ 화면 왼쪽의 슬라이드 축소판 창에서 복사하고자 하는 [7번 슬라이드]를 선택합니다. ❷ [홈] 탭-[클립보드] 그룹-[복사]를 클릭합니다.

바로 통하는 TIP 슬라이드 복사 단축키는 Ctrl + C 입니다. 슬라이드 축소판 창에서 슬라이드를 선택한 후 Ctrl + C 를 누릅니다.

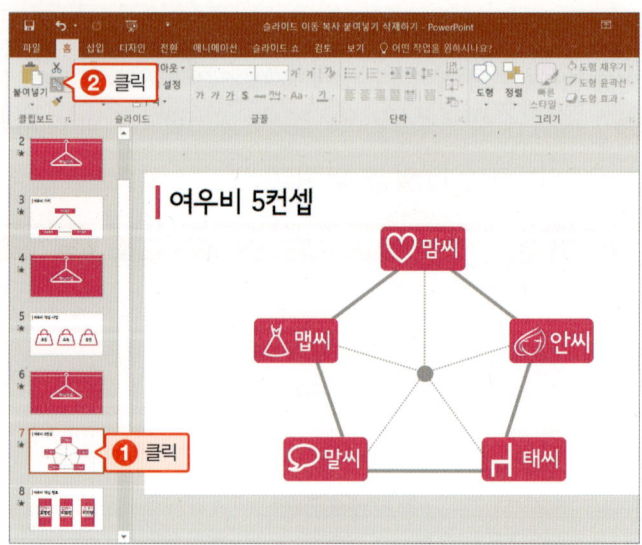

03 복사한 슬라이드 붙여넣기

❶ 붙여 넣고 싶은 위치인 [3번 슬라이드]와 [4번 슬라이드] 사이를 클릭합니다. ❷ [홈] 탭-[클립보드] 그룹-[붙여넣기]를 클릭합니다.

바로 통하는 TIP 슬라이드 붙여넣기 단축키는 Ctrl + V 입니다. 슬라이드가 선택된 상태에서 Ctrl + D 를 누르면 바로 아래쪽에 선택된 슬라이드가 복제됩니다.

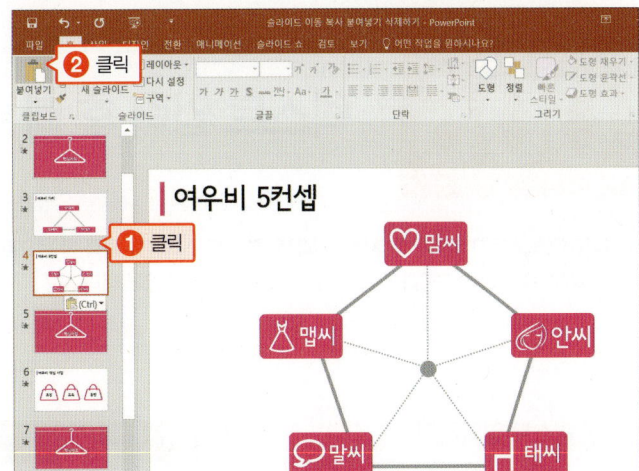

쉽고 빠른 파워포인트 NOTE

붙여넣기 옵션

복사한 슬라이드를 붙여 넣으려는 위치에서 마우스 오른쪽 버튼을 클릭하면 다음과 같은 [붙여넣기 옵션]이 나타납니다. 원하는 옵션을 선택해 슬라이드를 붙여 넣을 수 있습니다.

① **대상 테마 사용** : 대상 프레젠테이션의 테마를 그대로 사용할 때 클릭합니다.
② **원본 서식 유지** : 복사하려는 프레젠테이션의 테마를 유지할 때 클릭합니다.
③ **그림** : 복사하려는 프레젠테이션 슬라이드를 그림으로 붙여 넣을 때 클릭합니다.

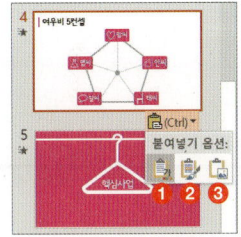

---

04 슬라이드 삭제하기

화면 왼쪽의 슬라이드 축소판 그림에서 삭제하려는 [11번 슬라이드]를 선택하고 Delete 를 누릅니다.

바로 통하는 TIP 여러 개의 슬라이드를 선택하려면 Ctrl 을 누른 상태에서 슬라이드를 각각 클릭합니다.

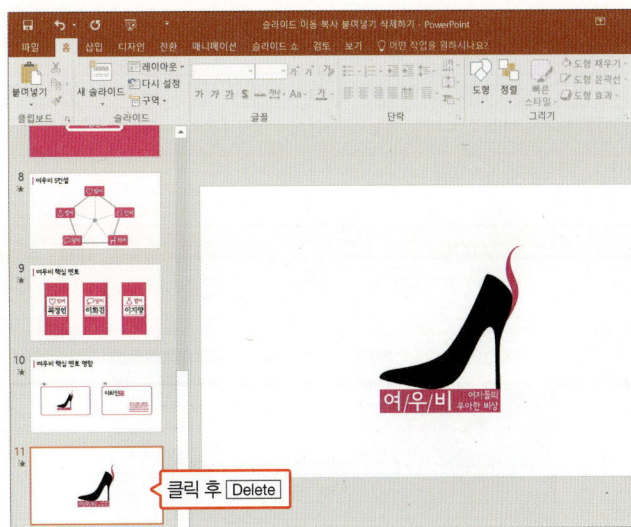

텍스트 입력 후 빠른 스타일 적용하기

슬라이드에 텍스트를 입력한 후 서식이 적용된 텍스트 스타일을 클릭 한 번으로 빠르게 적용할 수 있습니다. WordArt를 사용하면 빠르게 특수 효과를 적용하여 텍스트를 돋보이게 만들 수 있습니다.

실습 파일 | 파워포인트\1장\텍스트 입력 후 빠른 스타일 적용하기.pptx   **완성 파일** | 파워포인트\1장\텍스트 입력 후 빠른 스타일 적용하기_완성.pptx

01 텍스트 입력하기

❶ [삽입] 탭 – [텍스트] 그룹 – [텍스트 상자]를 클릭하고 ❷ [가로 텍스트 상자]를 선택합니다.

02
❶ 원피스 개체 위에 **50%**를 입력합니다. ❷ '50%'라는 텍스트가 선택된 상태에서 [그리기 도구]–[서식] 탭 – [WordArt 스타일] 그룹 – [WordArt 빠른 스타일]을 클릭합니다. ❸ [채우기: 회색, 배경색 2, 안쪽 그림자]를 선택합니다. ❹ WordArt 스타일이 적용된 텍스트의 글꼴 크기를 [60pt]로 변경하여 화면에서 더 보기 좋게 수정합니다.

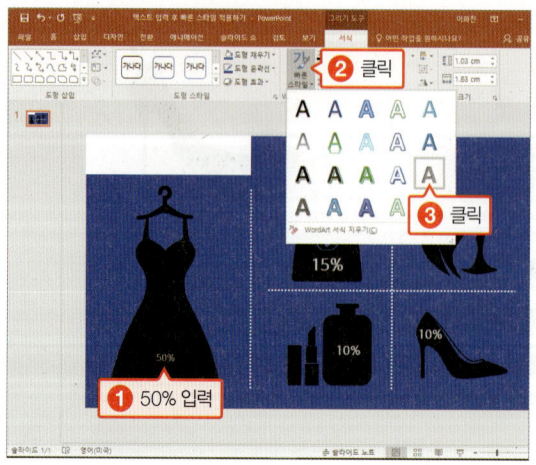

핵심기능실습

007 빠른 스타일이 적용된 WordArt로 텍스트 입력하기

전문가 수준으로 빠르고 쉽게 디자인이 적용된 텍스트를 입력하려면 WordArt 텍스트 상자를 사용해 슬라이드에 텍스트를 입력합니다. 20가지 다양한 스타일을 간편하게 적용할 수 있습니다.

실습 파일 | 파워포인트\1장\빠른 스타일이 적용된 WordArt로 텍스트 입력하기.pptx
완성 파일 | 파워포인트\1장\빠른 스타일이 적용된 WordArt로 텍스트 입력하기_완성.pptx

01 WordArt 스타일 선택하기

WordArt 스타일을 이용해 디자인이 적용된 텍스트를 간편하게 입력할 수 있습니다. ❶ [삽입] 탭 – [텍스트] 그룹 – [WordArt]를 클릭하고 ❷ 원하는 WordArt 스타일을 선택합니다.

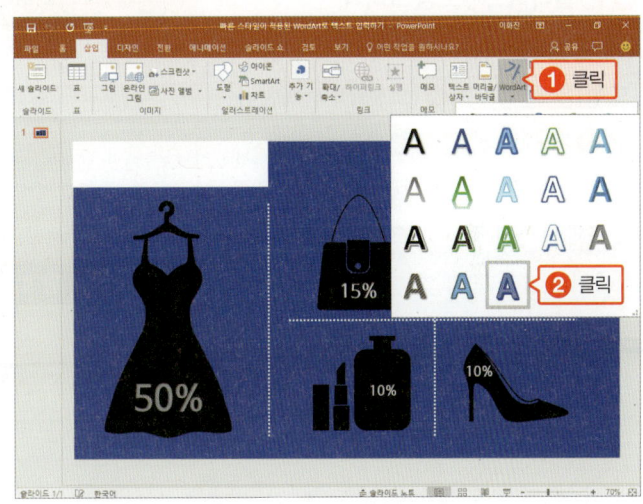

02 WordArt 텍스트 상자를 사용해 텍스트 입력하기

WordArt 텍스트 상자가 슬라이드에 나타납니다. ❶ 텍스트 상자 개체에 **2016 스타일 지출**을 입력한 후 ❷ 좌측 상단에 보기 좋게 배치해 슬라이드를 완성합니다.

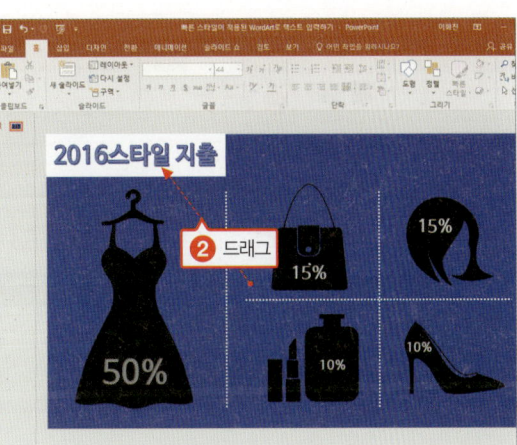

008 도형 그린 후 빠른 스타일 적용하기

도형을 그린 후에는 다양한 도형 서식이 적용된 빠른 스타일 갤러리를 이용해 손쉽게 디자인할 수 있습니다. 파워포인트 2016 버전에서는 더 많은 도형 스타일이 추가되었습니다.

실습 파일 | 파워포인트\1장\도형 그린 후 빠른 스타일 적용하기.pptx **완성 파일** | 파워포인트\1장\도형 그린 후 빠른 스타일 적용하기_완성.pptx

01 슬라이드에 도형 그리기

❶ [삽입] 탭-[일러스트레이션] 그룹-[도형]을 클릭하고 ❷ [도넛]을 선택합니다. ❸ '말씨리더' 원의 중심을 클릭한 후 Shift 와 Ctrl 을 누른 상태에서 대각선으로 드래그하여 적당한 크기로 도형을 그려줍니다.

바로 통하는 TIP Shift 를 눌러 드래그하면 도형의 사방이 같은 모양으로 확대됩니다. Ctrl 을 눌러 드래그하면 클릭한 지점이 중심이 되는 도형이 그려집니다.

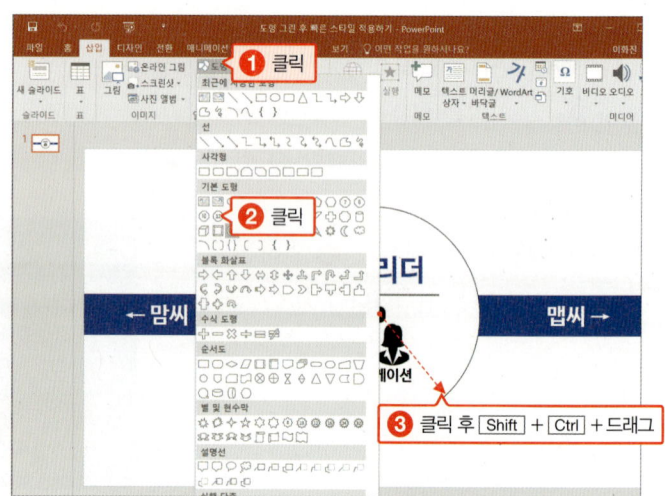

02 도형에 빠른 스타일 적용하기

❶ 그린 도형을 선택하고 ❷ [그리기 도구]-[서식] 탭-[도형 스타일] 그룹-[자세히 ▼]를 클릭합니다. ❸ 나타나는 도형 스타일 중에서 [강한 효과-진한 파랑, 강조 1]를 선택합니다. 빠른 스타일이 적용되어 도형 스타일이 바뀝니다.

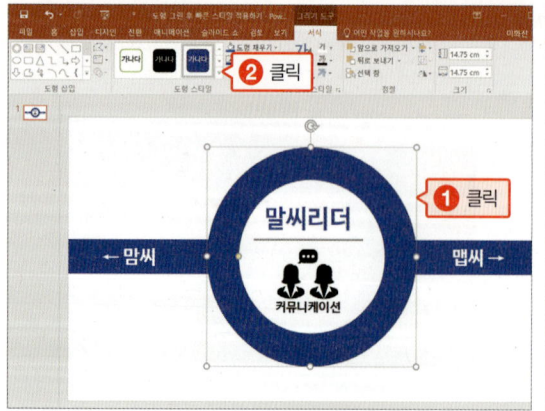

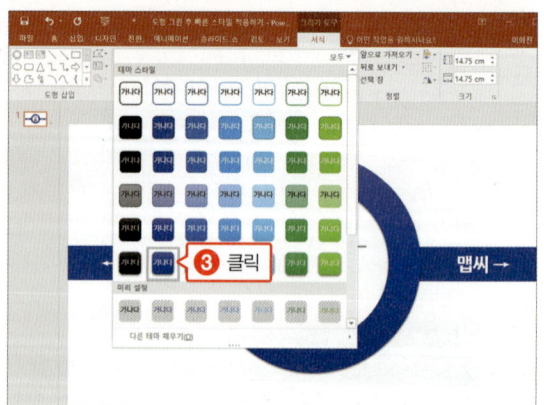

그림 삽입 후 빠른 스타일 적용하기

그림을 삽입한 후 다양한 그림 스타일을 간단하게 적용할 수 있습니다. 빠른 그림 스타일을 이용하면 그림을 전문가 수준으로 빠르게 디자인할 수 있습니다.

실습 파일 | 파워포인트\1장\그림 삽입 후 빠른 스타일 적용하기.pptx   **완성 파일** | 파워포인트\1장\그림 삽입 후 빠른 스타일 적용하기_완성.pptx

01 그림 삽입하기

슬라이드에 그림을 삽입한 후 빠른 스타일을 적용해 배치해보겠습니다. [삽입] 탭-[이미지] 그룹-[그림]을 클릭합니다.

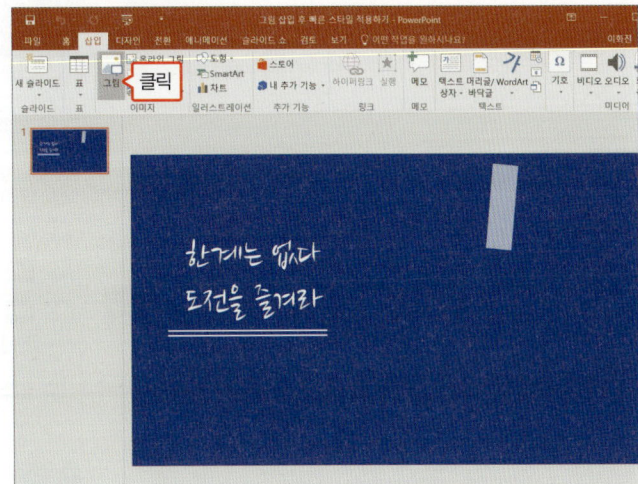

02 ❶ [그림 삽입] 대화상자에서 [이화진 대표.jpg]를 선택한 후 ❷ [삽입]을 클릭합니다.

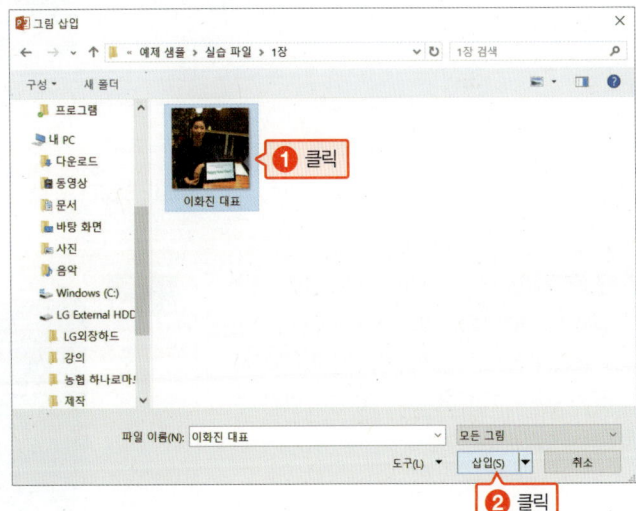

03 그림에 빠른 스타일 적용하기

삽입한 이미지가 선택된 상태에서 빠른 스타일을 적용합니다. [그림 도구]-[서식] 탭-[그림 스타일] 그룹-[자세히 ⬇]를 클릭합니다.

04 나타난 그림 스타일 중에서 [회전, 흰색]을 선택합니다.

05 스타일이 적용된 그림을 보기 좋게 배치합니다.

바로 통하는 TIP 테이프 모양의 도형을 그림보다 앞에 배치하려면 그림이 선택된 상태에서 [홈] 탭-[그리기] 그룹-[정렬]을 클릭한 후 [개체 순서]에서 [뒤로 보내기 🔳]를 선택합니다. [정렬]을 사용해 개체의 순서를 바꿀 수 있습니다.

표 삽입 후 빠른 스타일 적용하기

표를 사용하면 내용을 일목요연하게 정리할 수 있어 편리합니다. 슬라이드에 삽입한 표에는 미리 정의된 레이아웃 스타일을 빠르게 적용할 수 있습니다.

실습 파일 | 파워포인트\1장\표 삽입 후 빠른 스타일 적용하기.pptx　**완성 파일** | 파워포인트\1장\표 삽입 후 빠른 스타일 적용하기_완성.pptx

01 표 삽입하기

❶ [삽입] 탭-[표] 그룹-[표]를 클릭합니다. ❷ [2×4], 즉 2열 4행을 드래그합니다.

바로 통하는 TIP 리본 메뉴에서 [표]를 이용하면 10열 8행 이내의 표만 삽입할 수 있습니다.

바로 통하는 TIP 다른 방법으로 표를 삽입하려면 [삽입] 탭-[표] 그룹-[표]를 클릭한 후 [표 삽입], [표 그리기], [Excel 스프레드시트] 중 하나를 선택합니다.

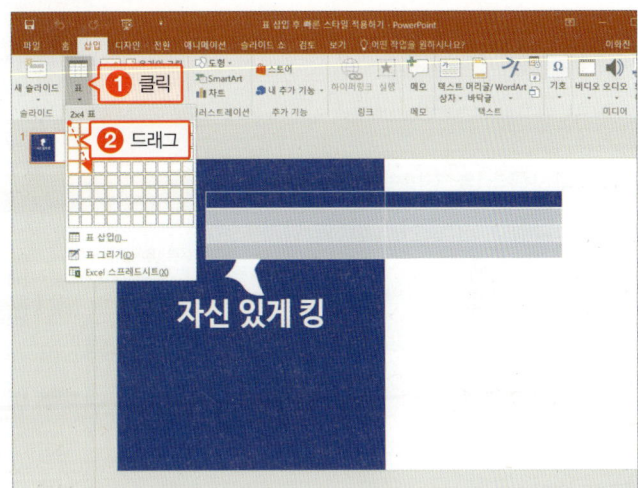

02 슬라이드에 표가 삽입되었습니다.

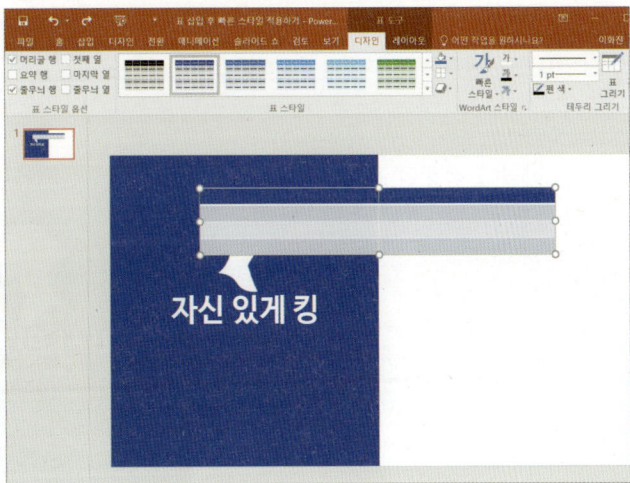

03 표에 빠른 스타일 적용하기

❶ 표 크기를 보기 좋게 늘려줍니다. ❷ 빠른 스타일을 적용하기 위해 표를 선택하고 ❸ [표 도구] – [디자인] 탭 – [표 스타일] 그룹 – [자세히⬚]를 클릭합니다.

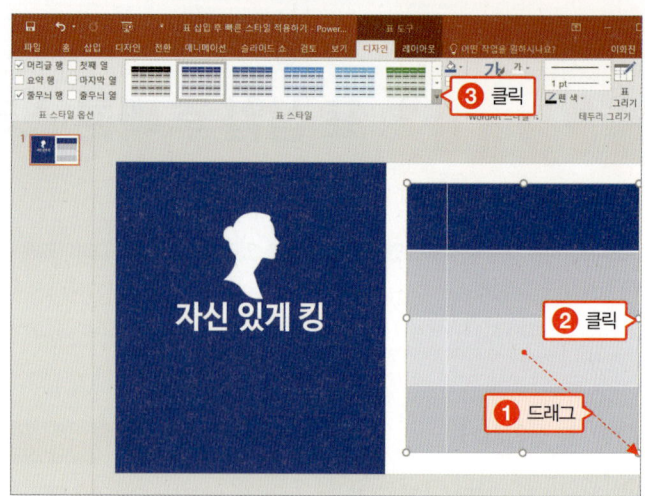

04 나타나는 표 스타일 중 [밝게]에서 [밝은 스타일 3 – 강조1]을 선택합니다.

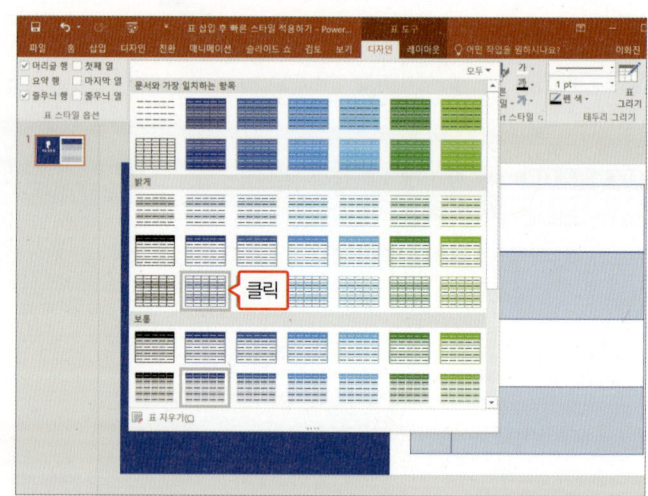

05 스타일이 적용된 표에 내용을 입력하여 표를 완성합니다.

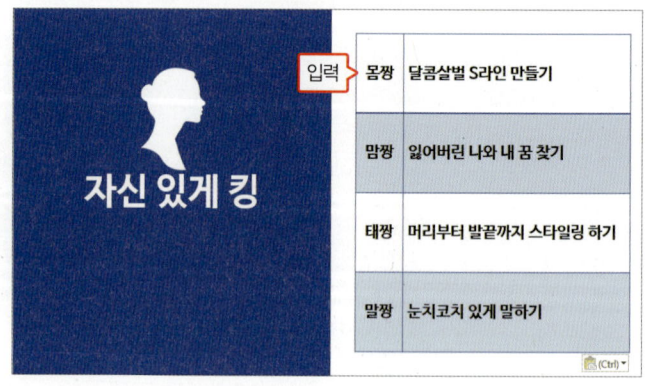

011 차트 삽입 후 빠른 스타일 적용하기

프레젠테이션의 수치 정보는 차트로 표현해야 효과적입니다. 파워포인트 2016 버전에서는 여섯 가지의 새로운 차트가 추가되었습니다. 차트를 사용해 슬라이드를 꾸며보겠습니다.

실습 파일 | 파워포인트\1장\차트 삽입 후 빠른 스타일 적용하기.pptx   **완성 파일** | 파워포인트\1장\차트 삽입 후 빠른 스타일 적용하기_완성.pptx

01 차트 삽입하기

❶ [삽입] 탭-[일러스트레이션] 그룹-[차트]를 클릭합니다. ❷ [차트 삽입] 대화상자에서 [세로 막대형]을 선택하고 ❸ [묶은 세로 막대형]을 선택한 후 ❹ [확인]을 클릭합니다.

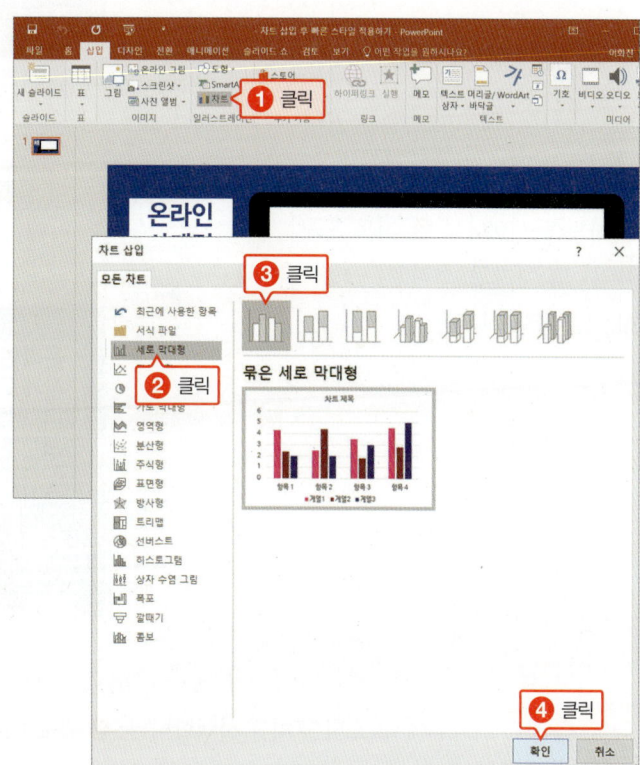

02 데이터 값 입력하기

❶ 스프레드시트의 기본 값을 삭제하고 그림과 같이 값을 입력합니다. ❷ 스프레드시트를 닫으면 입력한 데이터 값으로 차트가 표시됩니다.

바로 통하는 TIP 데이터가 잘못 입력된 경우에는 [차트 도구]-[디자인] 탭-[데이터] 그룹-[데이터 편집]에서 수정할 수 있습니다.

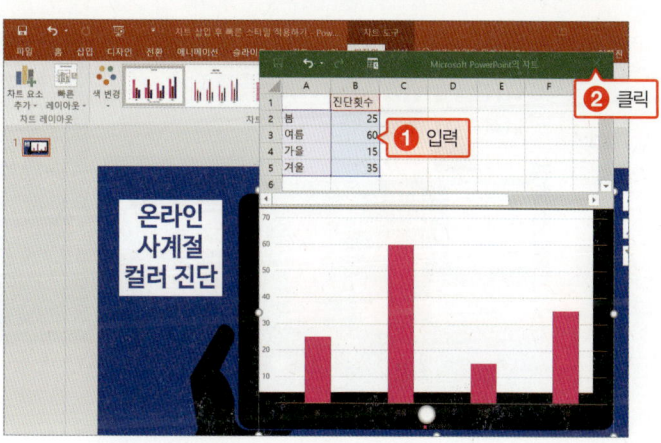

03 차트 레이아웃 변경하기

❶ [차트 도구] – [디자인] 탭 – [차트 레이아웃] 그룹 – [빠른 레이아웃]을 클릭합니다. ❷ [레이아웃 4]를 선택합니다. ❸ 차트 아래에 있는 범례 항목을 선택한 후 Delete 를 눌러 삭제합니다.

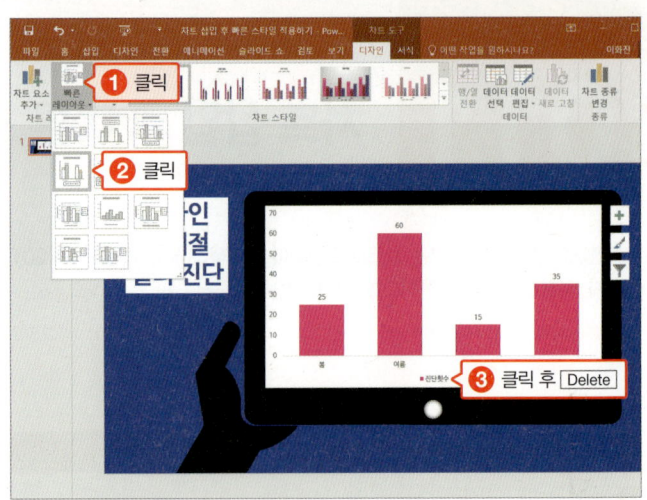

04 차트에 빠른 스타일 적용하기

❶ 차트를 선택하고 ❷ [차트 도구] – [디자인] 탭 – [차트 스타일] 그룹 – [자세히 ▾]를 클릭합니다.

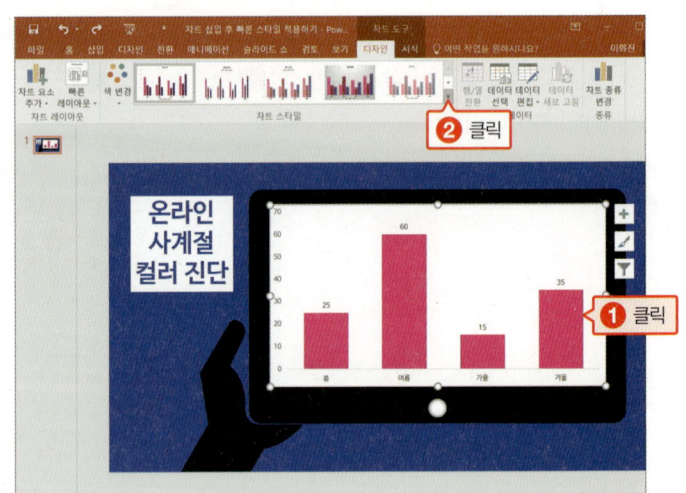

05

❶ 차트 스타일에서 [스타일 8]을 선택합니다. ❷ 세로축을 선택한 후 Delete 를 눌러 삭제합니다. ❸ 세로축 주 눈금선을 선택한 후 Delete 를 눌러 삭제합니다. 스타일이 적용된 차트의 값과 항목을 읽기 편하게 변경하여 차트를 완성합니다.

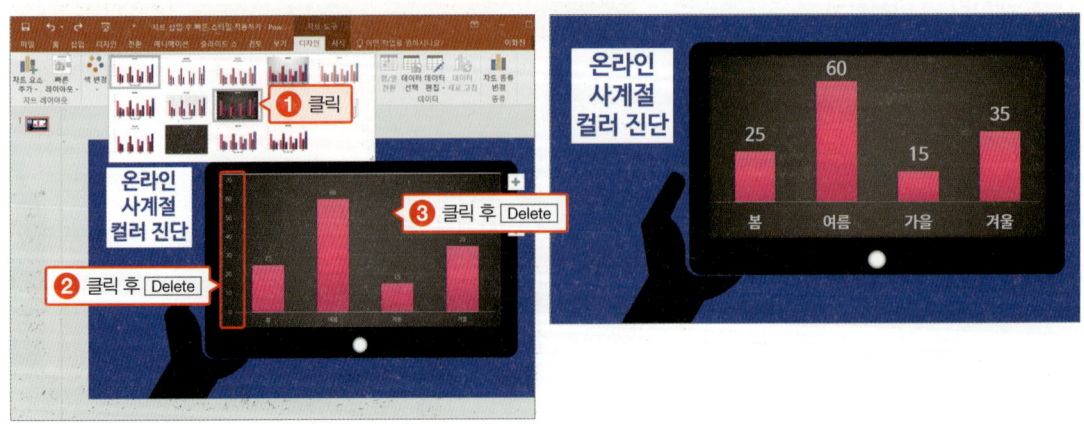

핵심기능실습

012

프레젠테이션 문서 열기 및 저장하기

파워포인트는 기본적으로 확장자가 *.pptx인 프레젠테이션 문서로 저장됩니다. 그 외에도 다양한 형식으로 파일을 저장할 수 있습니다.

실습 파일 | 파워포인트\1장\프레젠테이션 문서 열기 및 저장하기.pptx　**완성 파일** | 파워포인트\1장\프레젠테이션 문서 열기 및 저장하기_완성.pptx

01 파일 열기

❶ 프레젠테이션 문서를 열기 위해 [파일] 탭-[열기]를 선택합니다. ❷ [이 PC]를 선택하고 ❸ [찾아보기]를 선택합니다. ❹ [열기] 대화상자가 나타나면 [프레젠테이션 문서 열기 및 저장하기.pptx] 파일을 선택하고 ❺ [열기]를 클릭합니다.

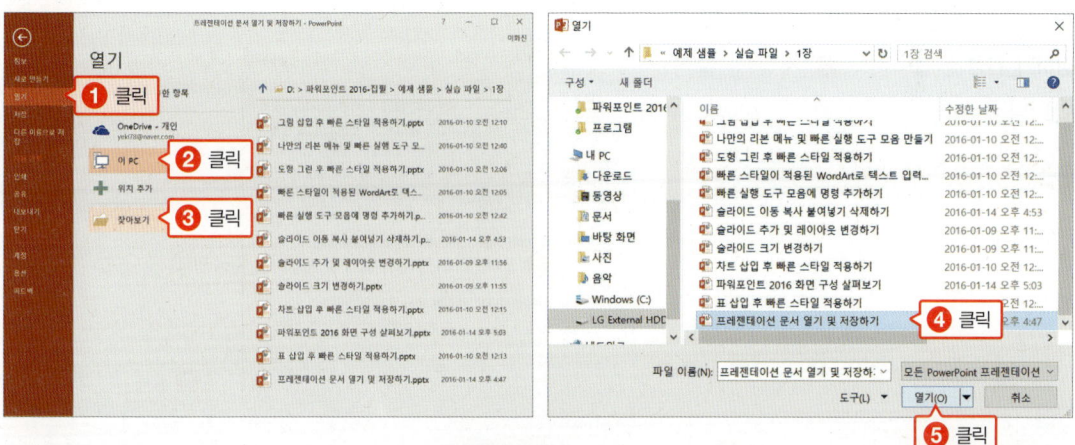

02 파일 저장하기

문서 수정 후 열린 파일을 저장하기 위해 [파일] 탭-[저장]을 선택합니다.

바로 통하는 TIP 저장 단축키는 Ctrl + S 입니다.

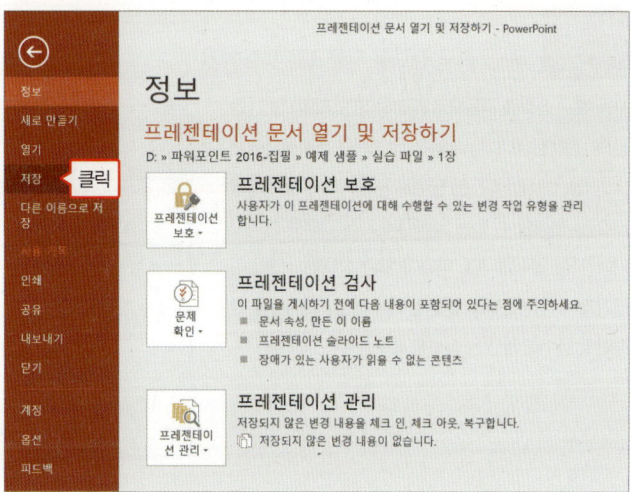

03 다른 이름으로 저장하기

불러온 파일은 이름이나 형식을 바꿔 다른 이름으로 저장할 수 있습니다. ❶ [파일] 탭-[다른 이름으로 저장]을 선택합니다. ❷ [이 PC]를 선택하고 ❸ [찾아보기]를 클릭합니다.

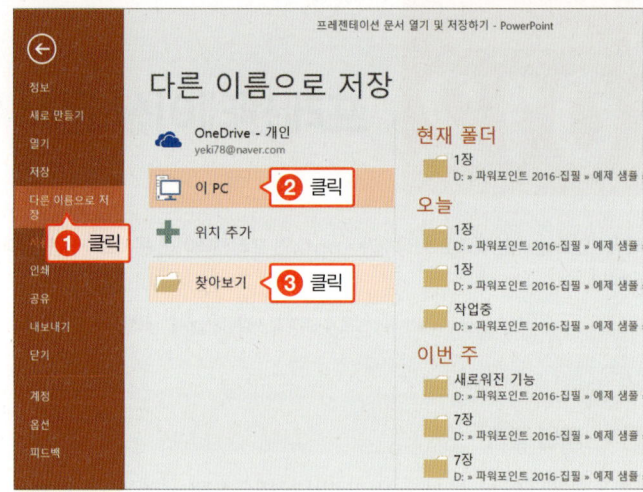

04 ❶ [다른 이름으로 저장] 대화상자가 나타나면 **프레젠테이션 문서 열기 및 저장하기_완성**을 입력하고 ❷ [저장]을 클릭합니다.

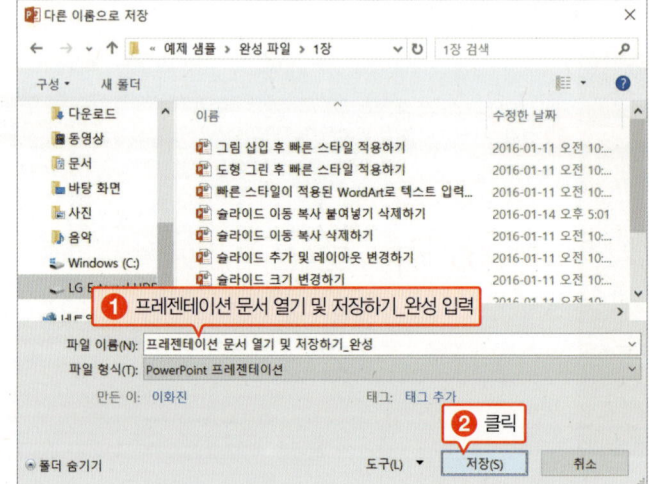

자동 복구 정보를 자동으로 저장하기

자동 복구 정보를 자동으로 저장하려면 [파일] 탭-[옵션]을 선택한 후 [PowerPoint 옵션] 대화상자에서 [저장]을 선택합니다. 분 단위로 [자동 복구 정보 저장 간격]을 설정할 수 있는 입력란에 시간 간격을 선택하거나 직접 입력합니다. 파일이 열린 상태에서 전원이 끊기거나 다른 문제가 발생한 경우에는 파일 저장 간격이 짧을수록 더 많은 정보를 복구할 수 있습니다.

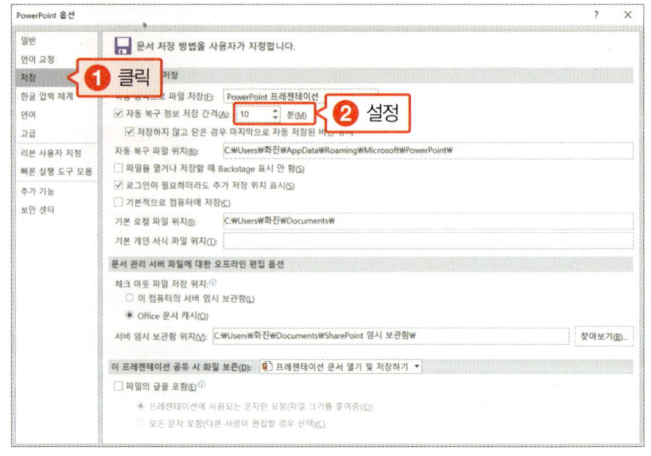

CHAPTER
02

프레젠테이션 슬라이드
배경 서식 만들기

프레젠테이션 주제에 어울리는 배경 서식 디자인은 프레젠테이션이 청중의 시선을 사로잡고 그들의 기억 속에 오래도록 남을 수 있게 도와줍니다. 프레젠테이션 내용과 대상, 상황에 맞는 테마 글꼴을 설정하고 브랜드 컬러를 중심으로 테마 색을 설정합니다. 프레젠테이션에 공통으로 적용되는 슬라이드 배경, 제목 서식, 로고, 번호 등을 슬라이드 마스터에서 작업합니다. 슬라이드 마스터를 사용하면 프레젠테이션을 쉽게 수정하고 편집할 수 있습니다. 잘 만든 슬라이드 배경은 테마로 저장하여 재활용할 수 있습니다.

013

새 테마 글꼴 만들기

프레젠테이션에서 사용할 글꼴은 주장하는 내용, 대상, 상황에 맞게 선택해야 합니다. 글꼴을 미리 설정해놓으면 슬라이드 작업에서 시간 낭비를 줄일 수 있습니다. 테마 글꼴에서 글꼴을 미리 설정해보겠습니다.

실습 파일 | 파워포인트\2장\새 테마 글꼴 만들기.pptx　　**완성 파일** | 파워포인트\2장\새 테마 글꼴 만들기_완성.pptx

---

🔊 한눈에 보기　　추천 무료 글꼴 사용하기

기업에서 무료로 배포하는 폰트를 잘 활용하면 프레젠테이션의 내용을 더 잘 전달할 수 있습니다. 주장하려는 내용이 무엇이고 어떤 대상을 프레젠테이션하는가에 따라서 글꼴의 선택이 달라집니다. 프레젠테이션을 하며 이성에 호소할 때는 딱딱한 고딕 계열의 글꼴을 선택하고, 감성에 호소할 때는 부드러운 명조 계열의 글꼴을 주로 선택합니다.

이성(HARD)적인 내용	감성(SOFT)적인 내용
맑은 고딕B	서울한강체
서울남산체EB	나눔명조
다음SB	나눔손글씨붓
나눔고딕EB	나눔손글씨펜

---

01 새 테마 글꼴 만들기

❶ [디자인] 탭-[적용] 그룹-[자세히⬚]를 클릭하고 ❷ [글꼴]-[글꼴 사용자 지정]을 선택합니다.

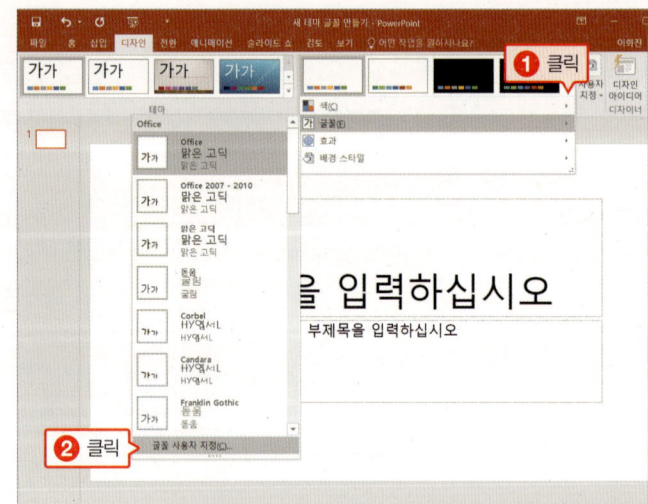

02 ❶ [새 테마 글꼴 만들기] 대화상자에서 프레젠테이션의 스타일에 맞게 [영어 글꼴]과 [한글 글꼴]의 제목 및 본문 글꼴을 변경합니다. ❷ [이름]에 **더원플러스**를 입력하고 ❸ [저장]을 클릭합니다.

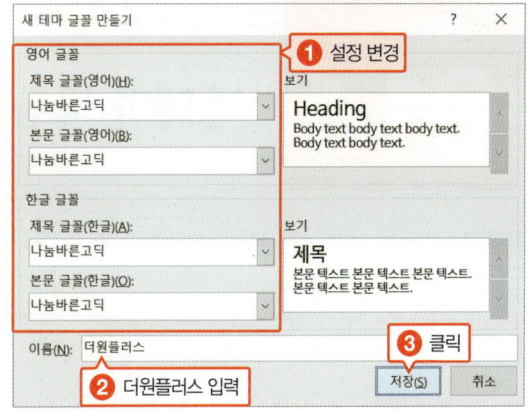

03 개체 틀의 글꼴이 변경되었습니다. 또한 새로 만든 글꼴이 사용자 지정 목록에 추가되었습니다.

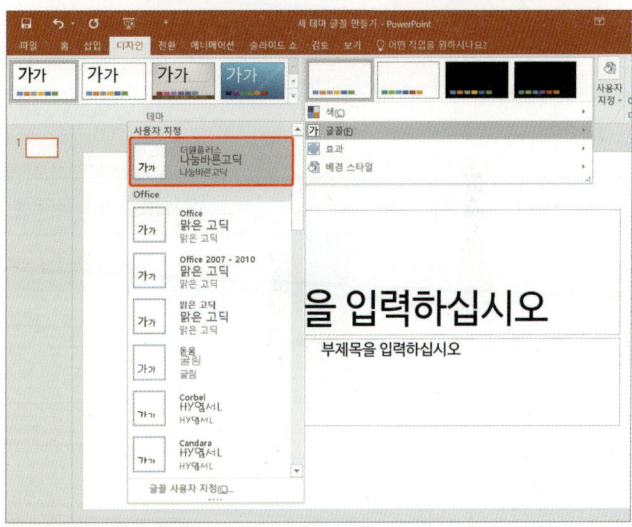

014

새 테마 색 만들기

프레젠테이션에서 사용할 색은 브랜드 컬러를 중심으로 전체 내용을 잘 표현할 수 있어야 합니다. 새 테마 색을 만들어보겠습니다.

실습 파일 | 파워포인트\2장\새 테마 색 만들기.pptx   **완성 파일** | 파워포인트\2장\새 테마 색 만들기_완성.pptx

---

📢 **한눈에 보기**   **브랜드 색 사용하기**

프레젠테이션의 전체적인 일관성을 좌우하는 가장 핵심적인 요소가 바로 색입니다. 색을 사용할 때의 기준은 브랜드입니다. 브랜드가 가지고 있는 색과 회사의 규정 색상을 잘 활용하면 그 회사만의 아이덴티티를 쉽게 표현할 수 있습니다. 브랜드 색을 기준으로 테마 색을 설정하면 색으로 프레젠테이션을 일관성 있게 만들 수 있습니다.

	더원플러스 브랜드 색	테마 색에 적용
	빨강(R) : 0, 녹색(G) : 118, 파랑(B) : 191	강조 1(1)
	빨강(R) : 0, 녹색(G) : 178, 파랑(B) : 89	강조 2(2)
	빨강(R) : 148, 녹색(G) : 148, 파랑(B) : 148	텍스트/배경–밝은 색 2(L)

---

01 새 테마 색 만들기

❶ [디자인] 탭–[적용] 그룹–[자세히 ⬇] 를 클릭하고 ❷ [색]–[색 사용자 지정] 을 선택합니다.

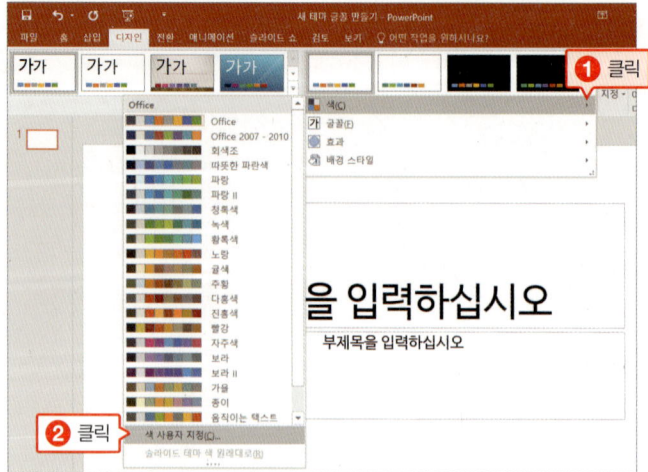

02 ❶ 새 테마 색 표를 참고하여 [새 테마 색 만들기] 대화상자에서 프레젠테이션의 스타일에 맞게 색을 변경합니다. ❷ [이름]에 **더원플러스**를 입력하고 ❸ [저장]을 클릭합니다.

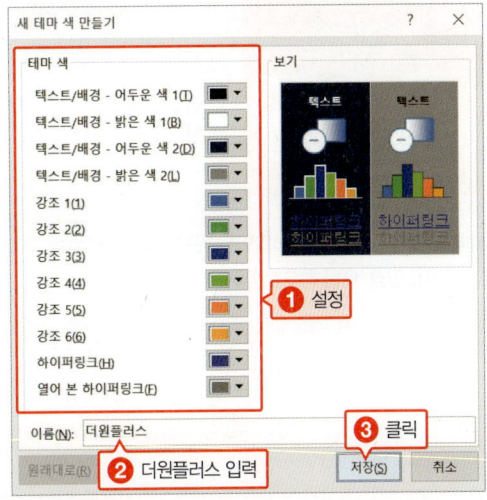

바로 통하는 TIP 새 테마 색은 다음의 표와 같이 구성합니다. [강조 1]에 적용한 색은 도형 채우기 색입니다. 따라서 [강조 1]에 색을 적용할 때는 가장 많이 사용하는 색을 선택하는 것이 좋습니다.

텍스트/배경 – 어두운 색 1 (T)	빨강(R) : 0, 녹색(G): 0, 파랑(B) : 0
텍스트/배경 – 밝은 색 1 (B)	빨강(R) : 255, 녹색(G) : 255, 파랑(B) : 255
텍스트/배경 – 어두운 색 2 (D)	빨강(R) : 0, 녹색(G) : 48, 파랑(B) : 96
텍스트/배경 – 밝은 색 2 (L)	빨강(R) : 148, 녹색(G) : 148, 파랑(B) : 148
강조 1(1)	빨강(R) : 0, 녹색(G) : 118, 파랑(B) : 191
강조 2(2)	빨강(R) : 0, 녹색(G) : 178, 파랑(B) : 89
강조 3(3)	빨강(R) : 12, 녹색(G) : 65, 파랑(B) : 154
강조 4(4)	빨강(R) : 128, 녹색(G) : 195, 파랑(B) : 65
강조 5(5)	빨강(R) : 254, 녹색(G) : 131, 파랑(B) : 75
강조 6(6)	빨강(R) : 255, 녹색(G) : 179, 파랑(B) : 0
하이퍼링크(H)	빨강(R) : 44, 녹색(G) : 71, 파랑(B) : 158
열어 본 하이퍼링크(F)	빨강(R) : 127, 녹색(G) : 127, 파랑(B) : 127

03 새로 만든 테마 색이 사용자 지정 목록에 추가되었습니다.

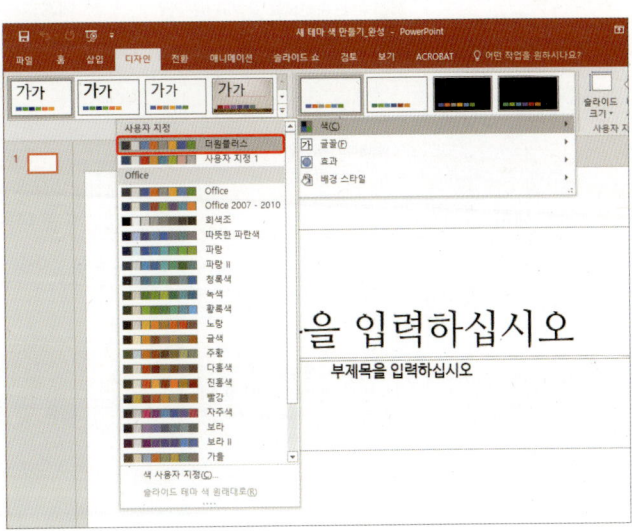

슬라이드 배경 서식 변경하기

슬라이드에 공통적으로 적용되는 배경이나 로고, 번호 등을 디자인하기 위해서는 슬라이드 마스터를 사용합니다. 단색, 그라데이션, 그림, 질감, 패턴 등으로 디자인할 수 있습니다.

실습 파일 | 파워포인트\2장\슬라이드 배경 서식 변경하기.pptx　**완성 파일 |** 파워포인트\2장\슬라이드 배경 서식 변경하기_완성.pptx

 **한눈에 보기**　**템플릿 디자인하기**

전체 슬라이드의 통일성을 좌우하는 템플릿을 디자인합니다. 템플릿의 기본 구성은 표지, 목차, 간지, 내지, 엔딩 이렇게 다섯 가지입니다. 미리 템플릿을 만들어 활용하면 작업 시간을 크게 줄일 수 있습니다.

템플릿 구성 슬라이드	
표지	프레젠테이션의 핵심 주제를 표현하는 슬라이드
목차	프레젠테이션을 어떤 내용 어떤 순서로 진행할지 표현하는 슬라이드
간지	내용을 구분하기 위해 내용 시작의 앞부분에 사용하는 슬라이드
내지	본문 내용의 배경이 되는 슬라이드
엔딩	결론 및 맺음말을 표현하는 슬라이드

01 슬라이드 마스터로 이동하기

최상위 슬라이드 마스터에는 모든 레이아웃에 공통으로 적용되는 요소를 넣습니다. 슬라이드 마스터로 이동해보겠습니다. [보기] 탭-[마스터 보기] 그룹-[슬라이드 마스터]를 클릭합니다.

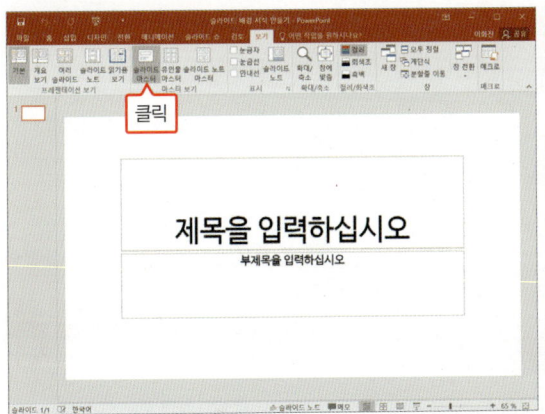
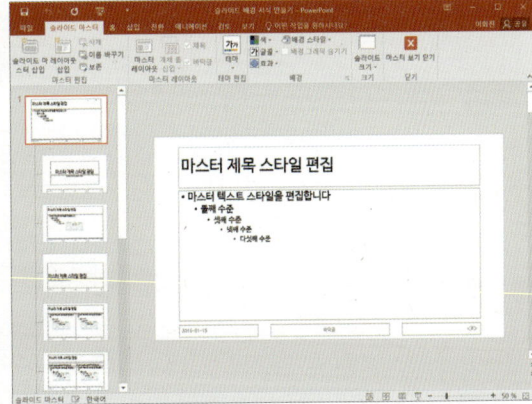

02 배경에 도형 그리기

❶ 최상위 슬라이드 마스터를 선택합니다. ❷ [삽입] 탭-[일러스트레이션] 그룹-[도형]을 클릭하고 ❸ [직사각형]을 선택합니다.

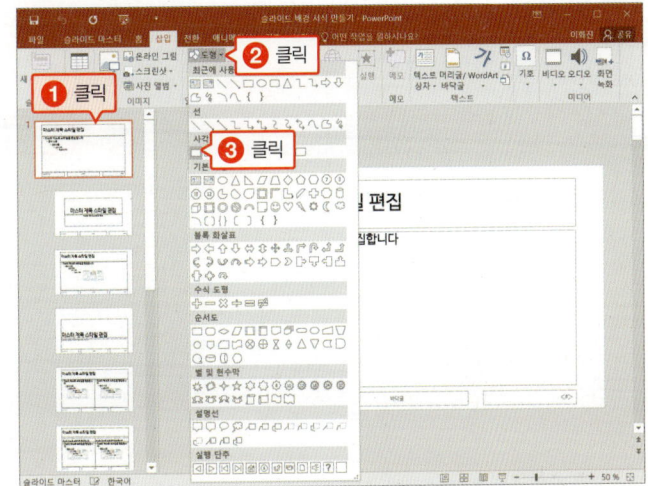

03 배경에 도형 그리기

화면 오른쪽 위에 사각형 두 개를 그립니다.

바로 통하는 TIP 도형 삽입 후 [그리기 도구] 탭-[크기] 그룹에서 [높이]와 [크기] 항목에 정확한 값을 입력할 수 있습니다.

사각형 1	진한 파랑, 강조 1	
사각형 2	진한 녹색, 강조 2	
크기	높이	0.4cm
	너비	2.6cm

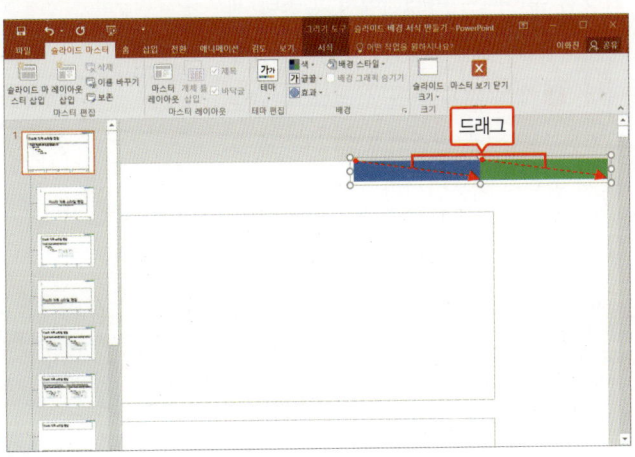

04 슬라이드 제목 앞에 선 그리기

❶ [삽입] 탭 - [일러스트레이션] 그룹 - [도형]을 클릭하고 ❷ [선]을 선택합니다.

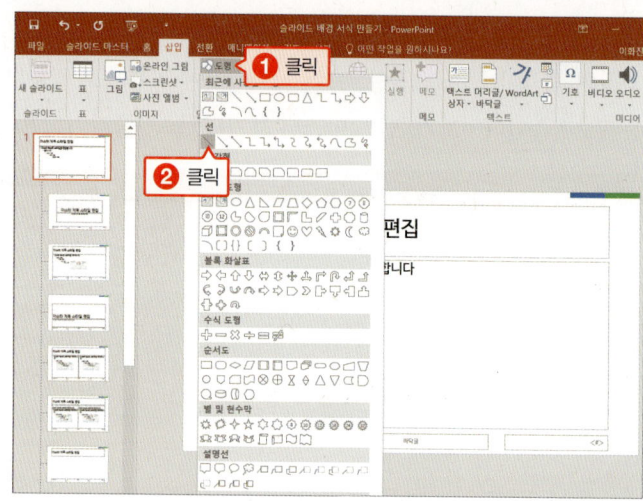

05 제목 개체 틀 앞에 선을 그립니다.

바로 통하는 TIP 선 서식은 다음과 같이 지정합니다.

높이	1.6cm
두께	3pt
색	회색-50%, 배경 2

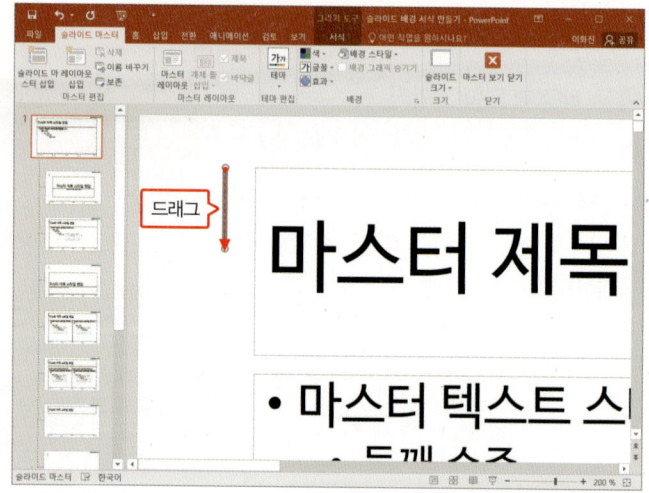

06 마스터 제목 스타일 편집하기

최상위 슬라이드 마스터에서 마스터 제목의 위치와 글꼴 크기를 수정해보겠습니다. ❶ 제목 개체 틀을 선택한 후 글꼴 크기를 [36pt]로 변경하고 ❷ 왼쪽에 그린 선 옆으로 이동합니다.

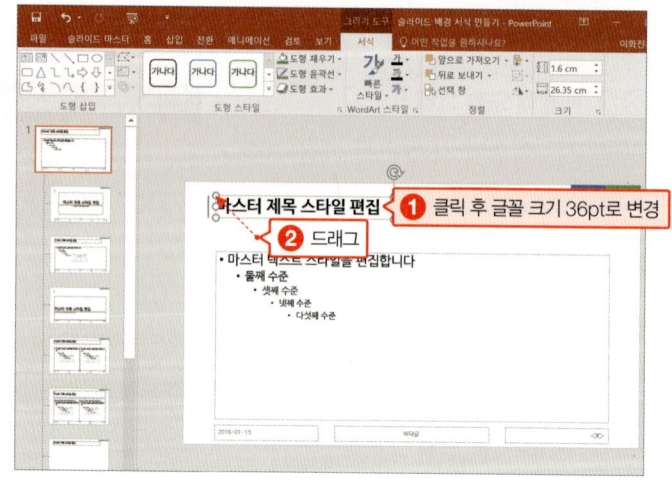

07 슬라이드 마스터 닫기

[슬라이드 마스터] 탭 – [닫기] 그룹 – [마스터 보기 닫기]를 클릭합니다.

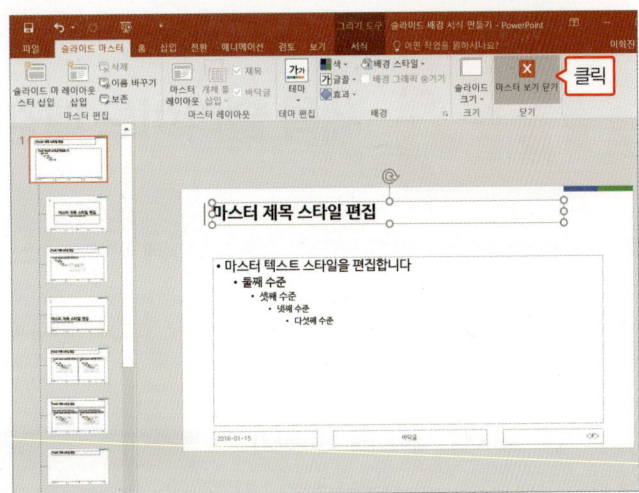

08 마스터의 디자인 요소가 슬라이드에 적용되었습니다.

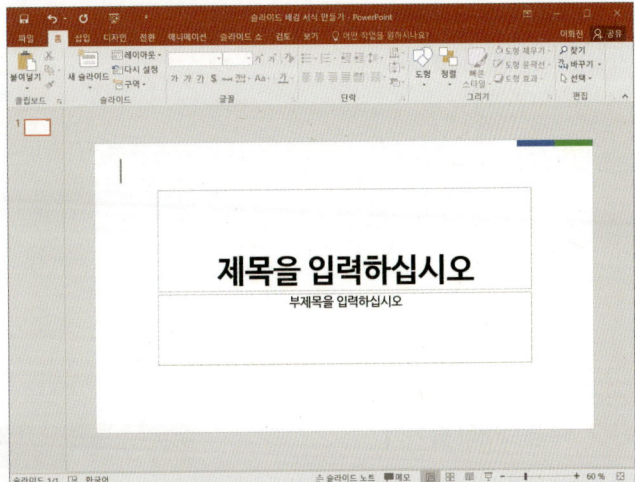

제목 슬라이드 배경 서식만 변경하기

슬라이드 마스터에서 배경 서식을 변경하면 모든 레이아웃에 공통으로 적용됩니다. 제목 슬라이드에만 다른 배경을 적용하려면 제목 레이아웃에서 배경 서식을 변경해야 합니다.

실습 파일 | 파워포인트\2장\제목 슬라이드 배경 서식만 변경하기.pptx **완성 파일** | 파워포인트\2장\제목 슬라이드 배경 서식만 변경하기_완성.pptx

01 제목 슬라이드 레이아웃 선택하기

❶ [보기] 탭 – [마스터 보기] 그룹 – [슬라이드 마스터]를 클릭해 슬라이드 마스터로 이동한 후 ❷ [제목 슬라이드 레이아웃]을 선택합니다.

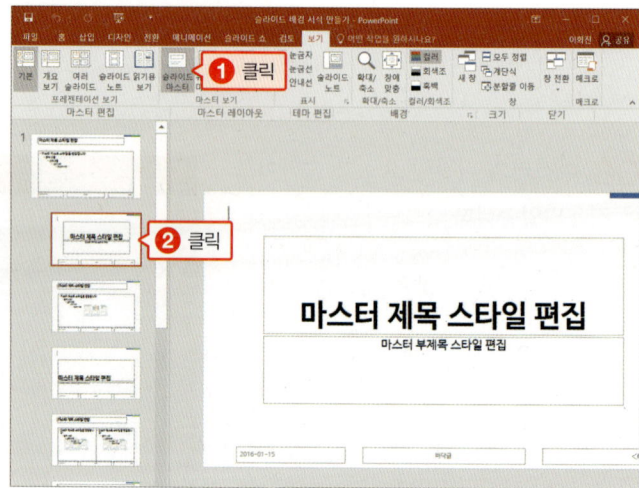

02 배경 그래픽 숨기기

[슬라이드 마스터] 탭 – [배경] 그룹 – [배경 그래픽 숨기기]에 체크 표시합니다.

[제목 슬라이드 레이아웃]에 배경 그래픽이 사라졌습니다.

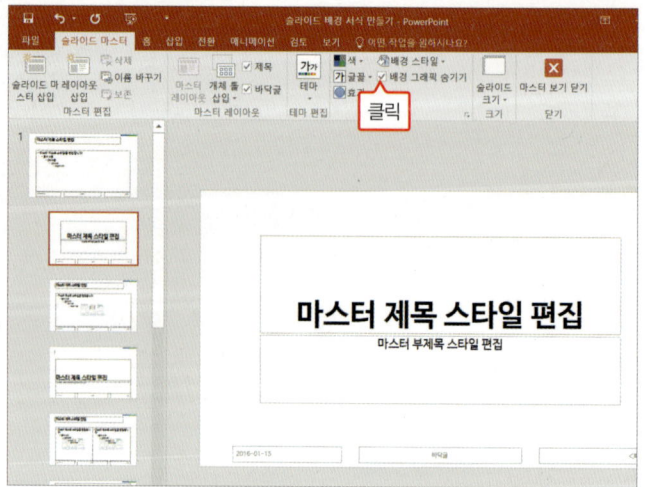

03 이미지 삽입하기

❶ [삽입] 탭 – [이미지] 그룹 – [그림]을 클릭합니다. ❷ [그림 삽입] 대화상자에서 [강사.jpg]를 선택한 후 ❸ [삽입]을 클릭합니다.

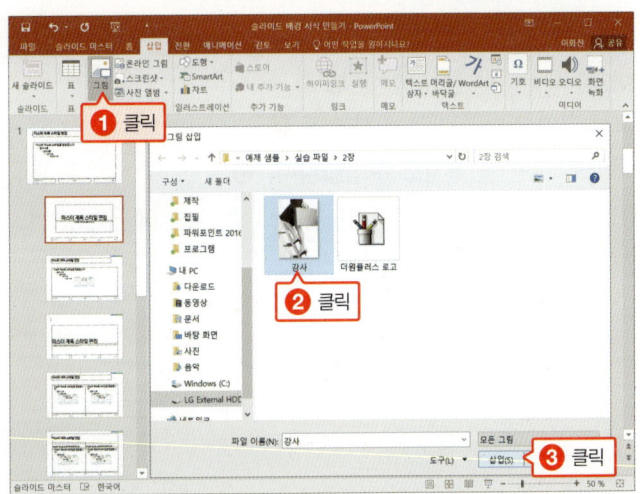

04 삽입된 이미지를 슬라이드 왼쪽에 배치합니다.

05 텍스트 개체 틀 편집하기

텍스트 개체 틀의 서식을 변경한 후 내용을 입력하여 제목 슬라이드 레이아웃을 완성합니다.

바로 통하는 TIP 텍스트 개체 서식은 다음과 같이 구성합니다.

	표지 제목	60pt
글꼴 크기	표지 부제목	30pt
	발표자 이름	32pt
	표지 제목	진한 녹색, 강조2
		진한 파랑, 강조1
글꼴 색	표지 부제목	회색–50%, 배경
	발표자 이름	회색–50%, 배경

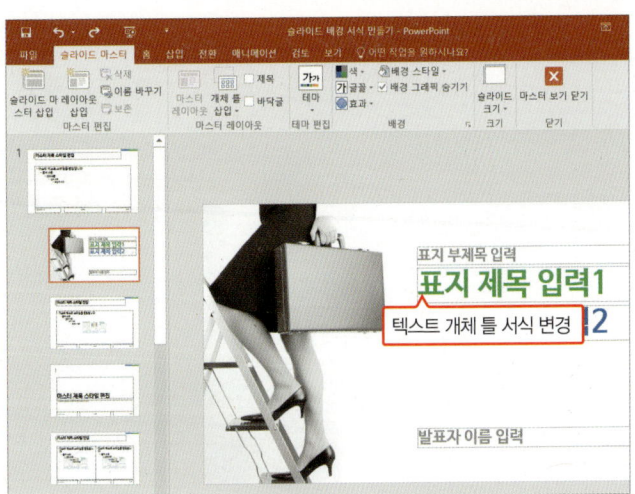

06 레이아웃 이름 바꾸기

❶ [슬라이드 마스터] 탭-[마스터 편집] 그룹-[이름 바꾸기]를 선택한 후 ❷ [레이아웃 이름]을 **표지**로 수정합니다. ❸ [슬라이드 마스터] 탭-[닫기] 그룹-[마스터 보기 닫기]를 클릭합니다.

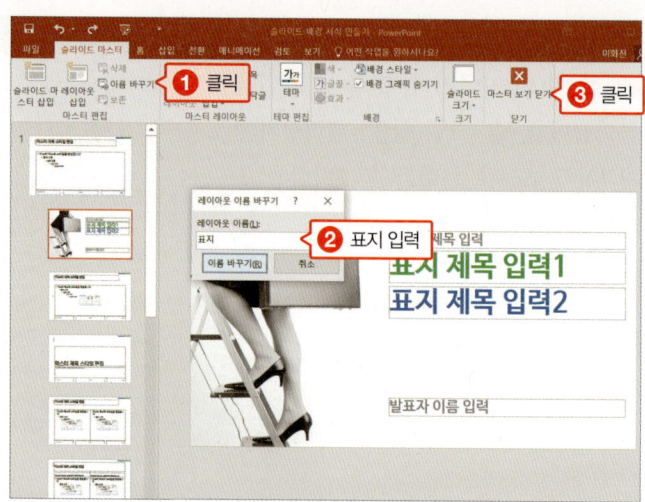

07 제목 슬라이드의 배경 서식이 변경되었습니다.

017 잘 만든 레이아웃을
슬라이드로 사용하기

슬라이드 마스터에서 만든 레이아웃은 실제 슬라이드로 삽입하는 단계를 거쳐야 사용할 수 있습니다. 잘 만든 레이아웃을 슬라이드로 불러오겠습니다.

실습 파일 | 파워포인트\2장\잘 만든 레이아웃을 슬라이드로 사용하기.pptx
완성 파일 | 파워포인트\2장\잘 만든 레이아웃을 슬라이드로 사용하기_완성.pptx

01 슬라이드 마스터 닫기

[슬라이드 마스터] 탭 – [닫기] 그룹 – [마스터 보기 닫기]를 클릭합니다. 슬라이드 화면으로 바뀌었습니다.

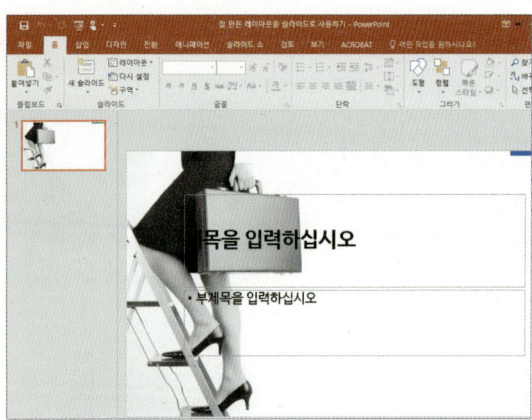

02 표지 레이아웃으로 변경하기

기존의 제목 레이아웃 서식으로 되어 있는 슬라이드를 표지 레이아웃으로 변경해보겠습니다. ❶ 슬라이드를 선택한 상태에서 [홈] 탭 – [슬라이드] 그룹 – [레이아웃]을 클릭합니다. ❷ [표지] 레이아웃을 선택합니다. 슬라이드의 레이아웃이 변경됩니다.

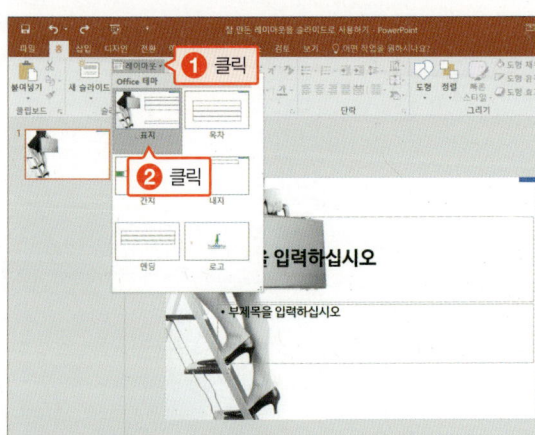

03 레이아웃이 다른 슬라이드 추가하기

❶ [홈] 탭 - [슬라이드] 그룹 - [새 슬라이드 ▾]를 클릭하고 ❷ [목차], [간지], [내지], [엔딩], [로고]를 차례대로 선택합니다.

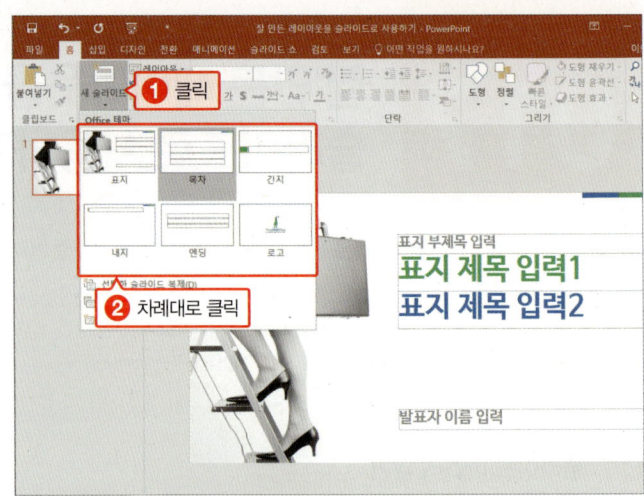

04 추가된 슬라이드에서 각각의 텍스트 개체 틀에 원하는 내용을 입력하여 슬라이드 화면을 완성합니다.

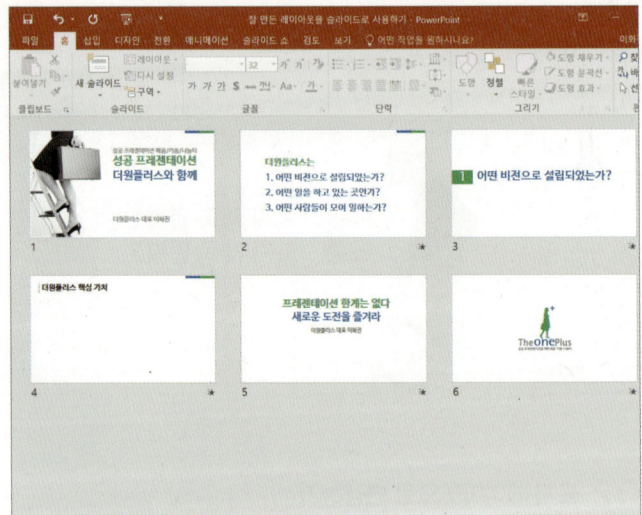

핵심기능실습 018

슬라이드에 번호 삽입하기

슬라이드에 번호를 표시하면 프레젠테이션에서 현재 위치를 쉽게 찾을 수 있습니다. [머리글/바닥글] 기능을 사용해 번호를 삽입하고 제목 슬라이드에만 번호를 삽입하지 않는 방법에 대해 알아보겠습니다.

실습 파일 | 파워포인트\2장\슬라이드에 번호 삽입하기.pptx　**완성 파일** | 파워포인트\2장\슬라이드에 번호 삽입하기_완성.pptx

01 슬라이드에 번호 삽입하기

원하는 슬라이드의 위치를 쉽게 찾을 수 있도록 슬라이드에 번호를 넣어보겠습니다. [삽입] 탭-[텍스트] 그룹-[슬라이드 번호]를 클릭합니다.

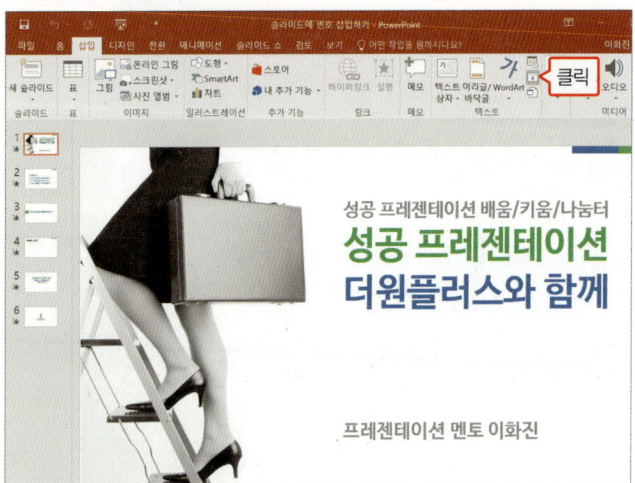

02 제목 슬라이드에 페이지 번호 표시하지 않기

❶ [머리글/바닥글] 대화상자의 [슬라이드] 탭에서 [슬라이드 번호], [제목 슬라이드에는 표시 안 함]에 체크 표시하고 ❷ [모두 적용]을 클릭합니다.

첫 번째 제목 슬라이드를 제외한 모든 슬라이드의 오른쪽 아래에 슬라이드 번호가 나타납니다.

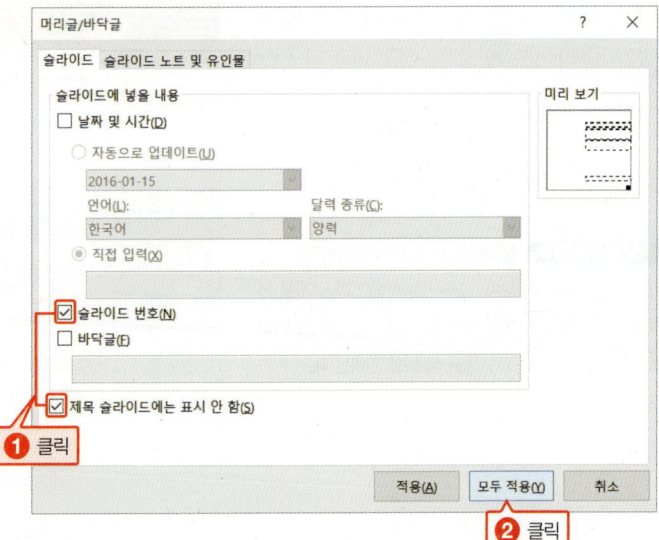

03 [2번 슬라이드]의 시작 번호가 1이 되도록 수정하기

슬라이드 축소판 창을 살펴보면 제목 슬라이드부터 슬라이드 번호가 1번으로 표시됩니다. [2번 슬라이드]가 1번으로 표시되도록 수정해보겠습니다. ❶ [2번 슬라이드]를 선택합니다. ❷ [디자인] 탭-[사용자 지정] 그룹-[슬라이드 크기]를 클릭하고 ❸ [사용자 지정 슬라이드 크기]를 선택합니다.

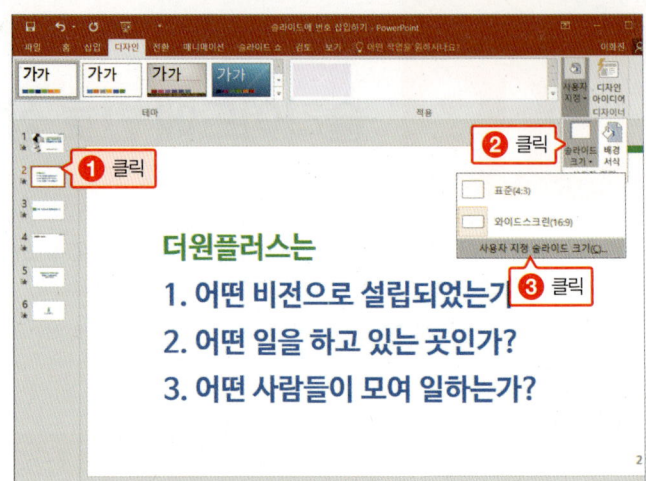

04 ❶ [슬라이드 크기] 대화상자의 [슬라이드 시작 번호]에 0을 입력하고 ❷ [확인]을 클릭합니다.

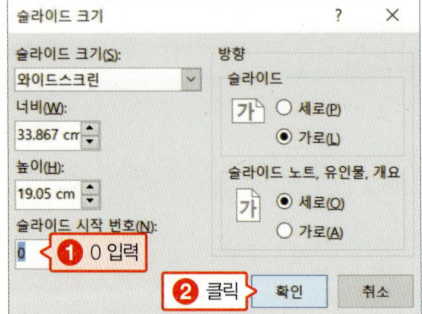

05 [2번 슬라이드]의 오른쪽 아래에 있는 슬라이드 번호가 1로 변경되었습니다.

첫 번째 제목 슬라이드는 0으로 표시됩니다.

바로 통하는 TIP 슬라이드 번호 서식 변경하기
[보기] 탭-[마스터 보기] 그룹-[슬라이드 마스터]를 클릭한 후 [슬라이드 번호] 개체 틀의 서식 및 위치를 변경합니다. 글꼴, 글꼴 크기, 글꼴 색 등을 원하는 대로 변경할 수 있습니다.

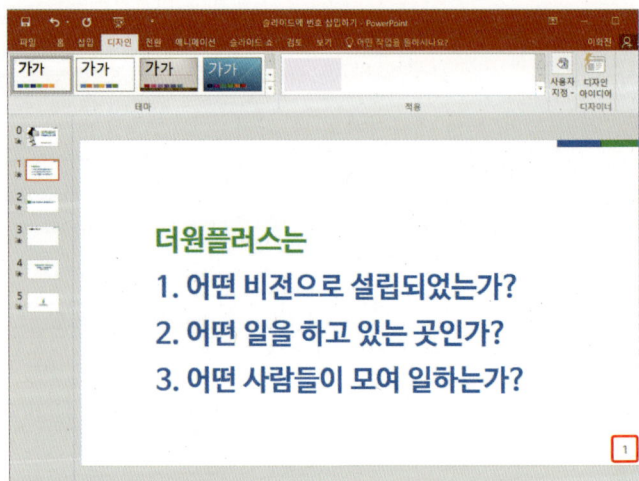

핵심기능실습 019

새 테마 저장하기

잘 만들어진 테마 글꼴, 테마 색 등이 적용된 테마 서식을 저장해서 필요할 때마다 사용할 수 있습니다. 새 테마를 저장하는 방법을 살펴보겠습니다.

실습 파일 | 파워포인트\2장\새 테마 저장하기.pptx **완성 파일** | 파워포인트\2장\새 테마 저장하기_완성.pptx

01 새 테마 저장하기

❶ [디자인] 탭 – [테마] 그룹 – [자세히 ▼]를 클릭합니다. ❷ [현재 테마 저장]을 선택합니다.

02 ❶ [현재 테마 저장] 대화상자의 [파일 이름]에 **더원플러스**를 입력하고 ❷ [저장]을 클릭합니다.

바로 통하는 TIP 새 테마를 저장할 때는 기본적으로 [Microsoft]–[Templates]–[Document Themes] 폴더 내에 저장됩니다.

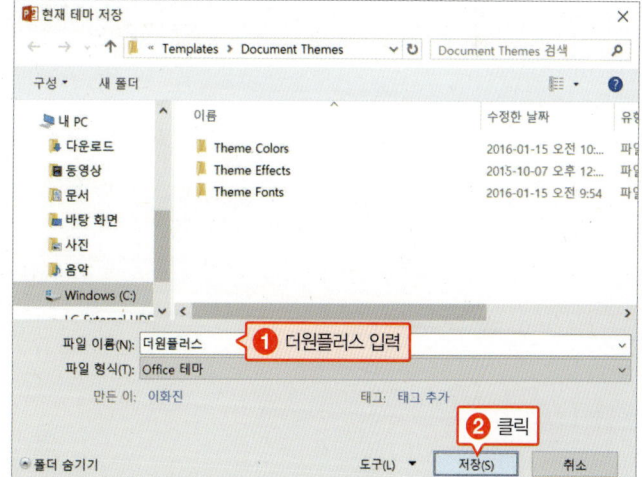

03 새로 저장한 테마 적용하기

새 문서를 만들고 더원플러스라는 테마
를 적용해보겠습니다. [디자인] 탭 – [테
마] 그룹 – [자세히 🔽]를 클릭하고 [사용
자 지정] 항목에서 [더원플러스] 테마를
선택합니다.

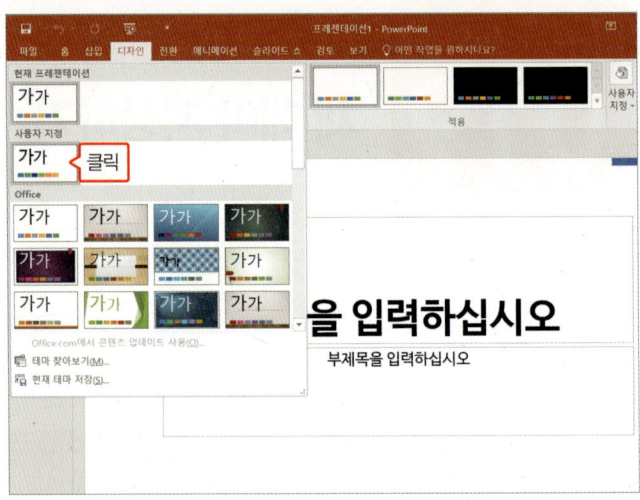

04 새 문서에 [더원플러스] 테마가 적
용되었습니다.

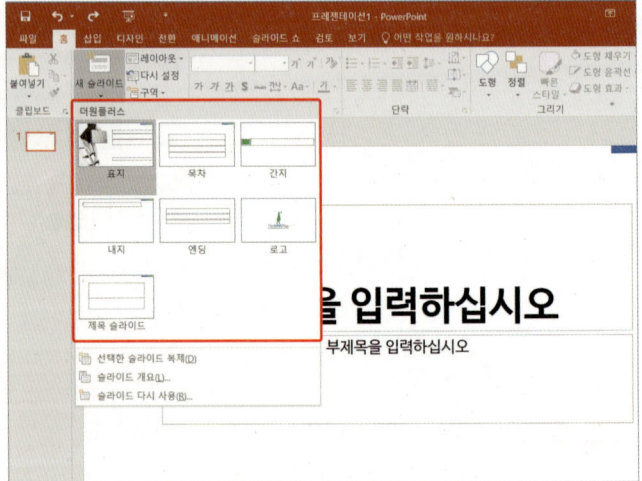

실습 파일 | 파워포인트\2장\기존 테마를 활용한 템플릿 만들기.pptx   **완성 파일** | 파워포인트\2장\기존 테마를 활용한 템플릿 만들기_완성.pptx

프레젠테이션에서 템플릿을 만들어 적용하면 전체적인 디자인에서 통일감을 줄 수 있습니다. 템플릿은 주제에 맞게 처음부터 하나하나 만들면 좋지만 초보자에게는 어려운 일이므로 이때는 기본으로 제공되는 테마를 활용하면 좋습니다. 새 프레젠테이션에 테마 하나를 적용한 후 슬라이드 마스터에서 테마 글꼴, 테마 색을 변경합니다. 그리고 불필요한 개체를 삭제하거나 필요한 개체를 삽입하여 템플릿을 완성합니다. 필요 없는 레이아웃을 삭제하는 것도 슬라이드 마스터에서 할 수 있습니다. 템플릿에 대표적으로 사용되는 표지와 내지를 만들어보겠습니다.

▲ 완성 파일

01 새 프레젠테이션에 [디자인] 탭 – [테마]그룹 – [교육 테마]를 적용합니다.

02 테마를 편집하기 위해 슬라이드 마스터 보기로 이동합니다. [보기] 탭 – [마스터 보기] 그룹 – [슬라이드 마스터]를 클릭합니다. [슬라이드 마스터] 탭 – [배경] 그룹 – [글꼴]을 클릭하고 [글꼴 사용자 지정]을 선택합니다. [새 테마 글꼴 만들기] 대화상자에서 다음과 같이 테마 글꼴을 변경합니다.

테마 글꼴	영어 글꼴	제목 글꼴	나눔스퀘어 Bold
		본문 글꼴	나눔스퀘어
	한글 글꼴	제목 글꼴	나눔스퀘어 Bold
		본문 글꼴	나눔스퀘어

03 [슬라이드 마스터] 탭 – [배경] 그룹 – [색]을 클릭한 후 [색 사용자 지정]을 선택합니다. [새 테마 색 만들기] 대화상자에서 다음과 같이 테마 색을 변경합니다.

테마 색	강조 1	빨강(R) : 237, 녹색(G) : 0, 파랑(B) : 130
	강조 2	빨강(R) : 59, 녹색(G) : 35, 파랑(B) : 123
	강조 3	빨강(R) : 24, 녹색(G) : 70, 파랑(B) : 156

04 [슬라이드 마스터] 탭 – [마스터 편집] 그룹 – [이름 바꾸기]를 클릭하여 제목 슬라이드 레이아웃의 이름을 **표지 레이아웃**으로 변경하고 슬라이드 디자인을 변경합니다. 제목 및 내용 레이아웃의 이름을 **내지 레이아웃**으로 변경하고 슬라이드 디자인을 변경합니다.

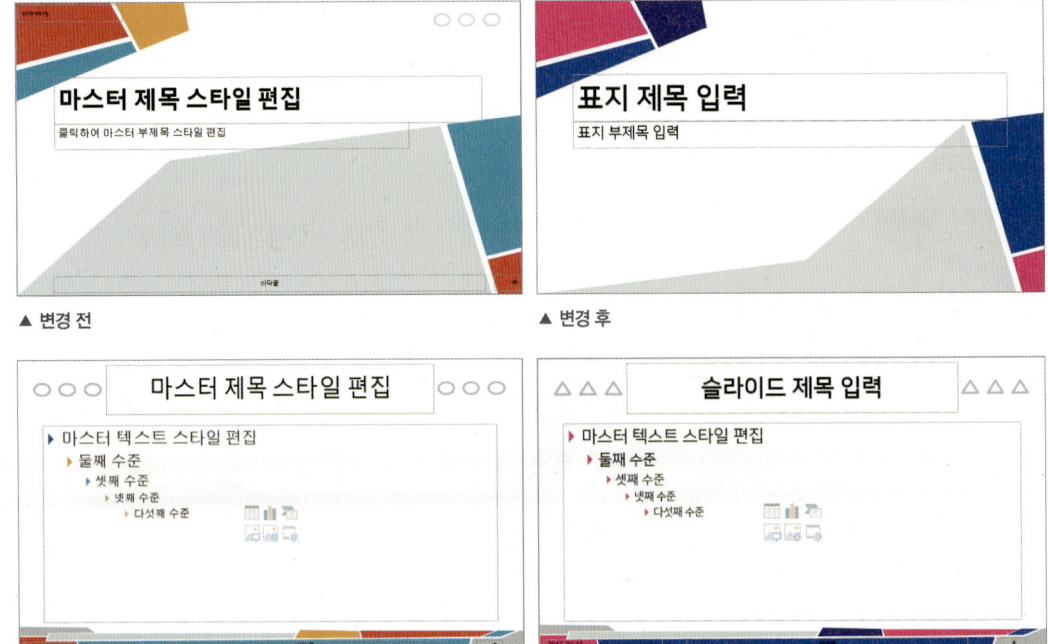

▲ 변경 전   ▲ 변경 후

▲ 변경 전   ▲ 변경 후

05 표지와 내지 레이아웃을 제외한 나머지 레이아웃은 삭제합니다. [마스터 보기 닫기]를 클릭해 마스터 보기를 닫고 [홈] 탭 – [슬라이드] 그룹 – [새 슬라이드]에서 원하는 슬라이드를 선택하여 표지와 내지 슬라이드를 추가합니다. 내용을 입력하여 슬라이드를 완성합니다.

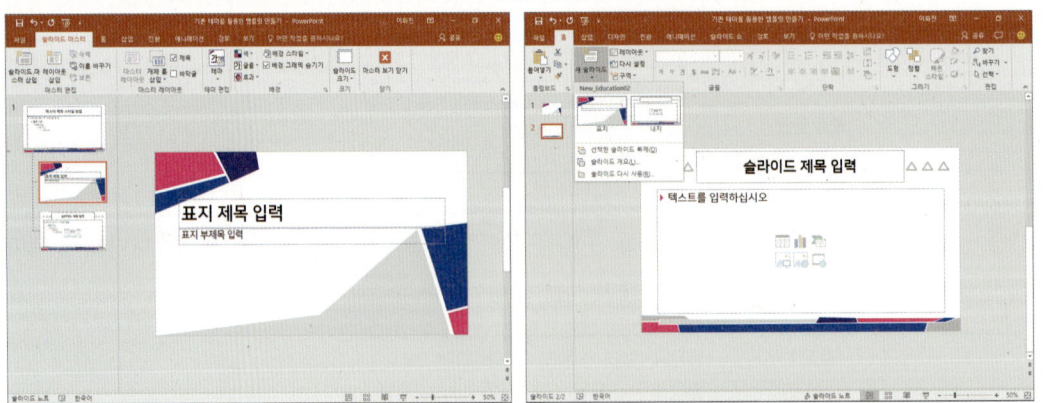

프레젠테이션 내용 작성 및 서식 지정하기

메시지 전달의 가장 기본 요소인 텍스트 작업에 대한 내용을 익혀보겠습니다. 슬라이드에 텍스트를 입력하고 입력한 텍스트의 서식을 자유롭게 변경할 수 있습니다. 텍스트는 많은 내용을 넣기보다는 간단명료하고 보기 좋게 정렬하는 작업이 중요합니다. 또한 정렬을 위한 글머리 기호의 활용 방법과 줄 및 단락 간격 조정에 대해서도 배웁니다. 정렬이 잘된 텍스트는 가독성이 높아져 청중이 내용을 보기 편리합니다.

핵심기능실습 020

슬라이드에 텍스트 입력하기

슬라이드에 텍스트를 입력하려면 개체 틀이나 텍스트 상자, 도형 등을 사용해야 합니다. 슬라이드에 다양한 방법으로 텍스트를 입력해보겠습니다.

실습 파일 | 파워포인트\3장\슬라이드에 텍스트 입력하기.pptx　**완성 파일** | 파워포인트\3장\슬라이드에 텍스트 입력하기_완성.pptx

01 개체 틀에 텍스트 입력하기

개체 틀에 텍스트를 입력해보겠습니다. 먼저 개체 틀을 선택합니다.

바로 통하는 TIP [1번 슬라이드]에서 표지 제목 입력이라는 텍스트가 쓰여 있는 상자가 개체 틀입니다.

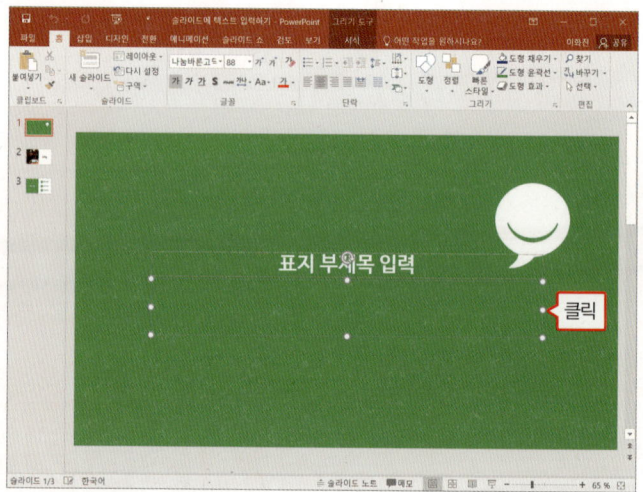

02 개체 틀에 **워킹맘드림센터**라고 입력합니다.

바로 통하는 TIP 개체 틀에서 텍스트를 편집할 때 사용하는 단축키

Ctrl + Enter : 다음 개체 틀로 이동. 마지막 개체 틀일 경우 새 슬라이드를 생성합니다.

Tab 또는 Alt + Shift + → : 수준 낮추기

Tab + Shift 또는 Alt + Shift + ← : 수준 높이기

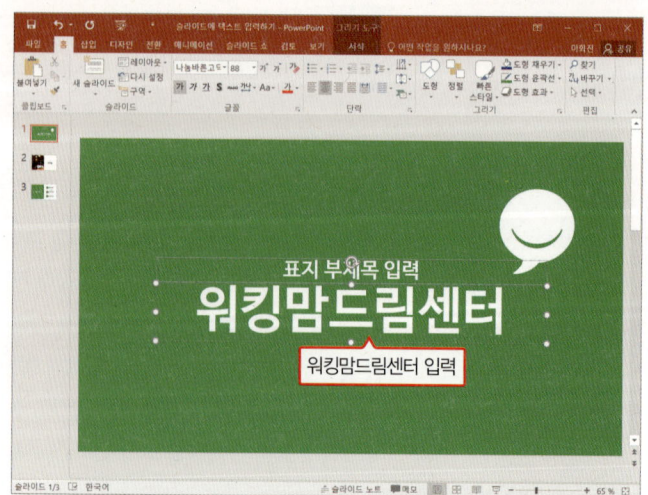

03 텍스트 상자에 텍스트 입력하기

'이화진'이라는 텍스트 위에 또 다른 텍스트 상자를 사용하여 텍스트를 입력해보겠습니다. ❶ [2번 슬라이드]를 선택하고 ❷ [삽입] 탭 – [텍스트] 그룹 – [텍스트 상자⬚]를 클릭한 후 ❸ [가로 텍스트 상자]를 선택합니다.

04 ❶ 텍스트를 입력할 위치에서 클릭합니다. ❷ 생성되는 텍스트 상자에 **워킹맘드림센터장**을 입력합니다.

05 도형에 텍스트 입력하기

도형에 텍스트를 입력해보겠습니다. ❶ [3번 슬라이드]를 선택하고 ❷ 웃고 있는 말풍선 도형을 선택한 후 **워**를 입력합니다. ❸ 아래쪽 말풍선 도형을 선택한 후 각각 **킹**과 **맘**을 입력하여 완성합니다.

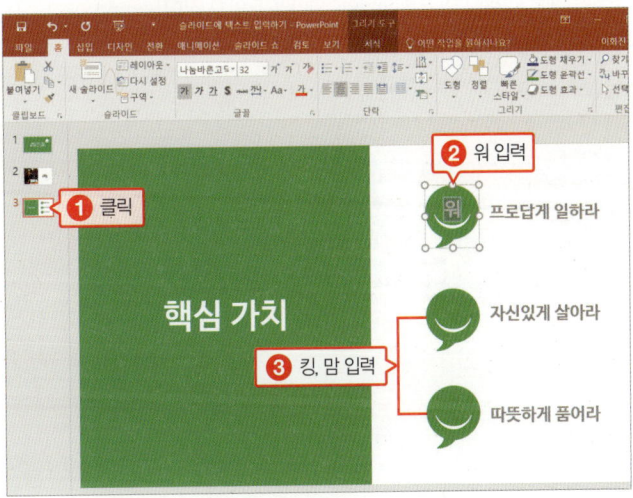

021 글꼴, 글꼴 크기, 글꼴 색 변경하기

핵심기능실습

글꼴 그룹에서는 글꼴, 글꼴 크기, 글꼴 색과 같은 텍스트의 서식을 변경할 수 있습니다. 적절한 텍스트 서식을 사용하면 슬라이드의 내용이 잘 드러납니다.

실습 파일 | 파워포인트\3장\글꼴 글꼴 크기 글꼴 색 변경하기.pptx **완성 파일** | 파워포인트\3장\글꼴 글꼴 크기 글꼴 색 변경하기_완성.pptx

O1 글꼴 변경하기

말풍선 도형에 입력되어 있는 글꼴을 변경해보겠습니다. ❶ 말풍선을 선택합니다. ❷ [홈] 탭-[글꼴] 그룹-[글꼴] 목록을 클릭한 후 ❸ [나눔명조 ExtraBold]를 선택합니다.

바로 통하는 TIP 변경할 글자를 드래그한 후 원하는 글꼴을 선택해도 됩니다.

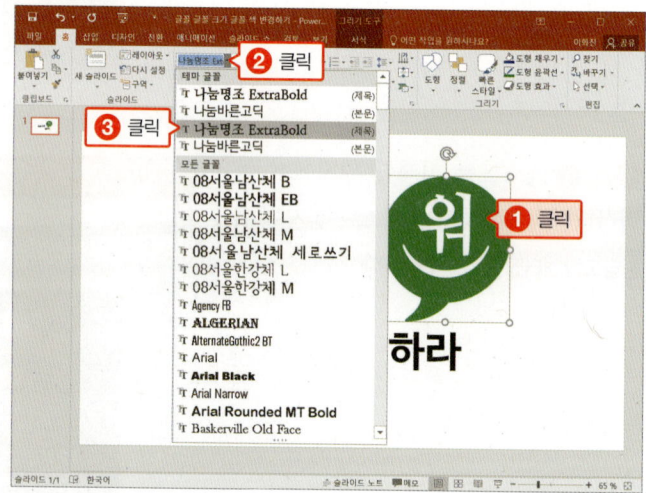

쉽고 빠른 파워포인트 NOTE

무료 폰트 다운로드해 사용하기

나눔명조는 윈도우 운영 체제에 포함되어 있지 않으나 인터넷에서 무료로 다운로드하여 사용할 수 있는 서체입니다. 네이버에서 나눔명조로 검색하거나 다운로드 페이지(http://hangeul.naver.com/2016/nanum)에서 다운로드합니다. 다운로드한 서체가 *.exe 파일인 경우 바로 설치하면 됩니다. 일반적인 폰트 파일의 경우 윈도우의 [시작▦]-[windows 시스템]-[제어판]을 클릭합니다. [제어판]이 나타나면 [모양 및 개인 설정]-[글꼴] 폴더에 넣습니다.

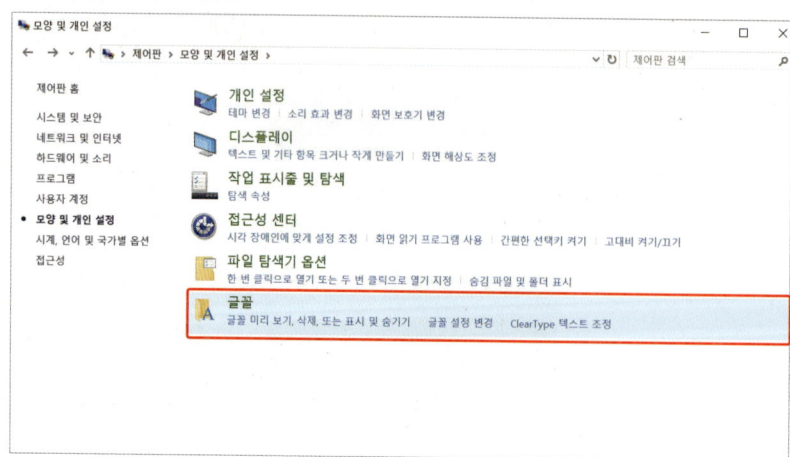

02 글꼴 크기 변경하기

슬라이드에 입력된 문장 중 '프로'의 글꼴 크기를 변경해보겠습니다. ❶ '프로' 글자를 드래그합니다. ❷ [홈] 탭-[글꼴] 그룹에서 글꼴 크기 목록을 클릭한 후 ❸ [96]을 선택합니다.

바로 통하는 TIP 글꼴 크기 조정 단축키

글꼴 크게 : Ctrl + Shift + > / Ctrl +]
글꼴 작게 : Ctrl + Shift + < / Ctrl + [

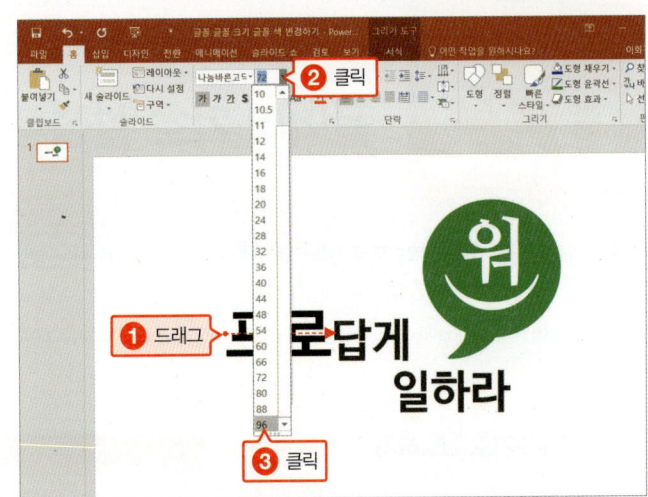

03 글꼴 색 변경하기

❶ '프로' 글자를 드래그합니다. ❷ [홈] 탭-[글꼴] 그룹-[글꼴 색]을 클릭하고 ❸ [진한 녹색, 강조 1]을 선택합니다.

022

글머리 기호 설정 및 서식 변경하기

글머리 기호는 많은 내용의 텍스트를 단락으로 구분하여 슬라이드를 보는 청중의 주목도를 높여줍니다. 단락에 글머리 기호를 설정하고 텍스트의 간격 조정 방법을 알아보겠습니다.

실습 파일 | 파워포인트\3장\글머리 기호 설정 및 서식 변경하기.pptx   **완성 파일** | 파워포인트\3장\글머리 기호 설정 및 서식 변경하기_완성.pptx

01 글머리 기호 삽입하기

❶ 여섯 개 교육 프로그램 항목의 텍스트 상자를 선택합니다. ❷ [홈] 탭-[단락] 그룹-[글머리 기호▾]를 클릭하고 ❸ 목록에서 [속이 찬 큰 둥근 글머리 기호]를 선택합니다.

텍스트 상자 내 여섯 개 항목 앞에 글머리 기호가 삽입됩니다.

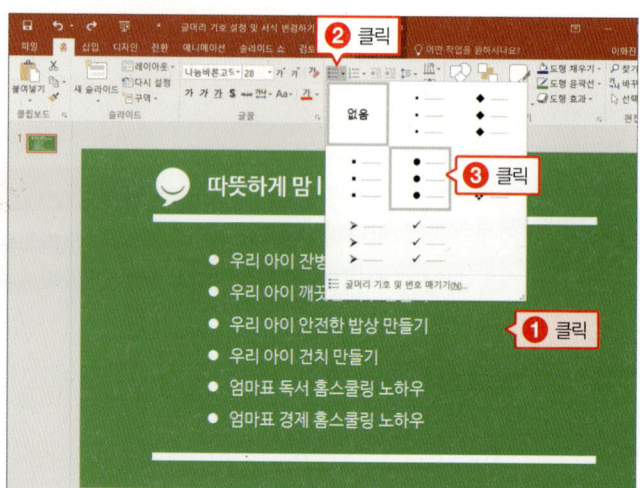

02 글머리 기호 크기 변경하기

❶ [홈] 탭-[단락] 그룹-[글머리 기호▾]를 클릭하고 ❷ [글머리 기호 및 번호 매기기]를 선택합니다. ❸ [글머리 기호 및 번호 매기기] 대화상자에서 [텍스트 크기]에 70을 입력하고 ❹ [확인]을 클릭합니다.

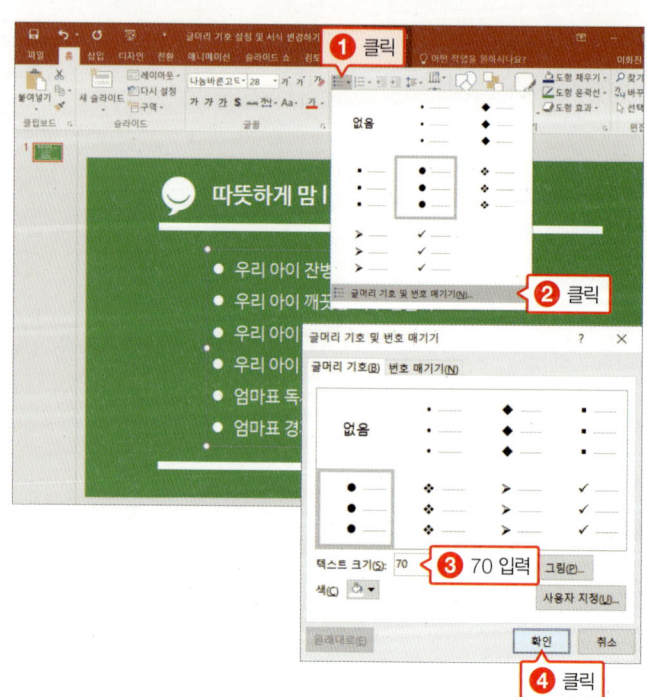

03 글머리 기호의 크기가 변경되었습니다.

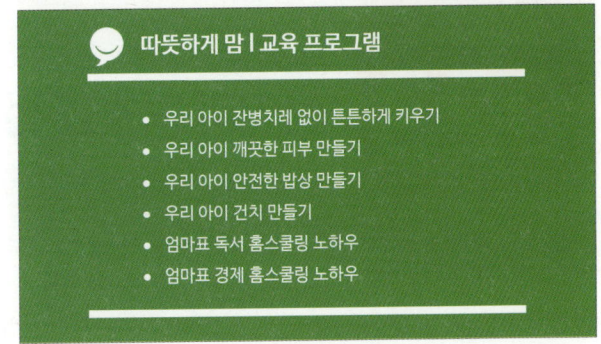

글머리 기호를 그림으로 변경하기

글머리 기호로 사용하고 싶은 그림이 있다면 이를 설정할 수 있습니다. [글머리 기호 및 번호 매기기] 대화상자에서 [그림]을 클릭합니다. [그림 삽입] 대화상자에서 원하는 그림을 불러온 후 [확인]을 선택하면 불러온 그림이 글머리 기호로 삽입됩니다.

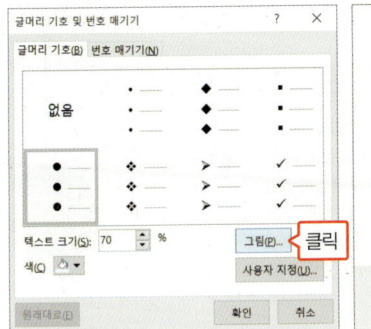
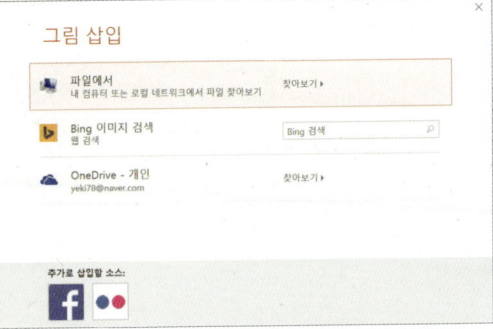

04 글머리 기호와 텍스트 사이의 간격 조정하기

글머리 기호의 위치가 고정되어 있으므로 텍스트의 시작 위치를 조정하면 그 사이의 간격을 조정할 수 있습니다. 눈금자를 표시하고 텍스트의 시작 위치를 조정해보겠습니다. ❶ [보기] 탭-[표시] 그룹-[눈금자]에 체크 표시합니다. ❷ 간격을 조정할 텍스트를 드래그하고 ❸ 상단 눈금자에 있는 [내어쓰기 △]를 눈금자의 1까지 드래그합니다.

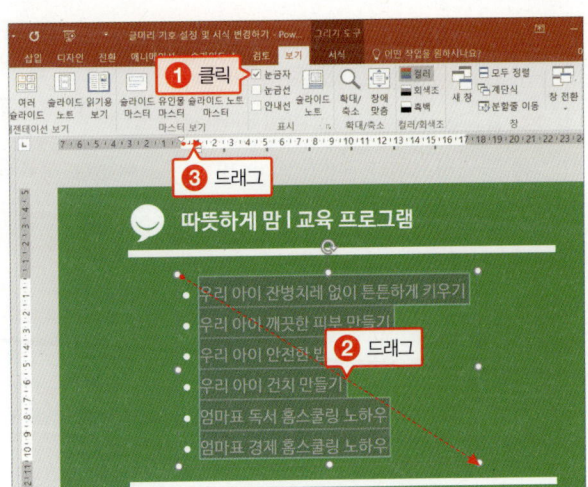

바로 통하는 TIP 내어쓰기 및 들여쓰기 아이콘

첫 줄 들여쓰기(▽) : 글머리 기호 및 번호 매기기의 시작 위치를 지정합니다.

내어쓰기(△) : 글머리 기호 다음의 텍스트 위치를 지정합니다.

왼쪽 들여쓰기(▢) : 첫 줄 들여쓰기와 내어쓰기 두 개의 아이콘이 간격을 유지한 상태에서 이동할 수 있습니다.

023 글머리 기호를 번호로 변경하기

순서가 있는 텍스트는 글머리 기호보다 번호로 구분하는 것이 보기에 좋습니다. 글머리 기호를 번호로 바꾸는 방법과 원하는 번호부터 시작하도록 시작 번호를 바꾸는 방법에 대해서 알아보겠습니다.

실습 파일 | 파워포인트\3장\글머리 기호를 번호로 변경하기.pptx **완성 파일** | 파워포인트\3장\글머리 기호를 번호로 변경하기_완성.pptx

01 글머리 기호를 번호로 변경하기

슬라이드에는 컨설팅 프로세스를 나타내는 항목이 표시되어 있습니다. 글머리 기호를 번호로 변경해보겠습니다. ❶ 네 개의 글머리 기호가 적용된 텍스트 상자를 선택합니다. ❷ [홈] 탭-[단락] 그룹-[번호 매기기⏷]를 클릭하고 ❸ 목록에서 [1) 2) 3)] 형식을 선택합니다.

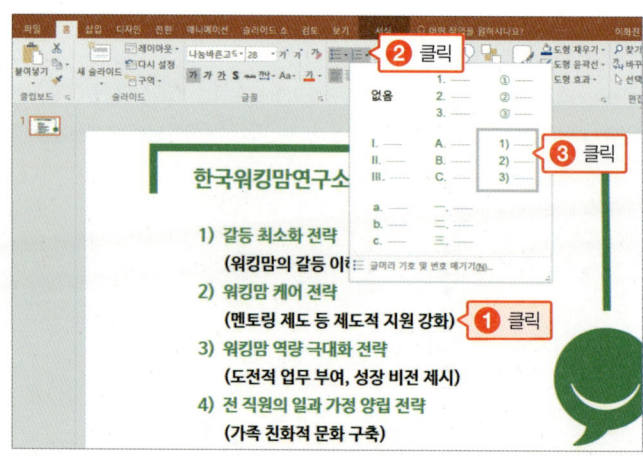

글머리 기호가 번호로 변경되었습니다.

02 시작 번호 변경하기

1부터 시작하는 번호를 5번으로 변경해보겠습니다. ❶ 텍스트 상자를 선택합니다. ❷ [홈] 탭-[단락] 그룹-[번호 매기기⏷]를 클릭하고 ❸ [글머리 기호 및 번호 매기기]를 선택합니다. ❹ [글머리 기호 및 번호 매기기] 대화상자의 [시작 번호]에 5를 입력한 후 ❺ [확인]을 클릭합니다.

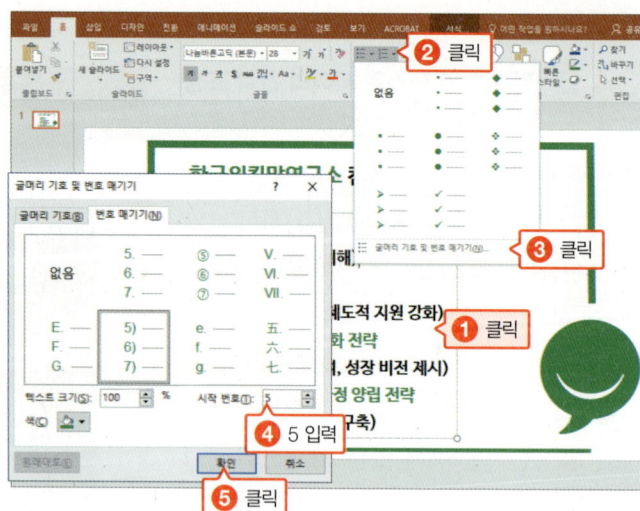

시작 번호가 5로 변경되었습니다.

024

줄 및 단락 간격 조정하기

입력한 텍스트의 줄 간격이 너무 좁으면 답답해 보이고 너무 넓으면 읽기 힘듭니다. 따라서 같은 내용을 구성하는 문단의 경우에 줄 간격을 좁히고 다른 내용이 시작하는 부분은 앞 문단과의 간격을 넓혀주는 것이 좋습니다. 텍스트의 줄 간격을 원하는 간격으로 세밀하게 조정하는 방법에 대해서 알아보겠습니다.

실습 파일 | 파워포인트\3장\줄 및 단락 간격 조정하기.pptx　　**완성 파일** | 파워포인트\3장\줄 및 단락 간격 조정하기_완성.pptx

01 줄 간격 넓히기

텍스트의 줄 간격을 조정하여 교육 프로그램의 분류와 해당 내용을 보기 좋게 수정해보겠습니다. ❶ '교육 프로그램'이 입력된 텍스트 상자를 선택합니다. ❷ [홈] 탭-[단락] 그룹-[줄 간격]을 클릭하고 ❸ [1.5]를 선택합니다.

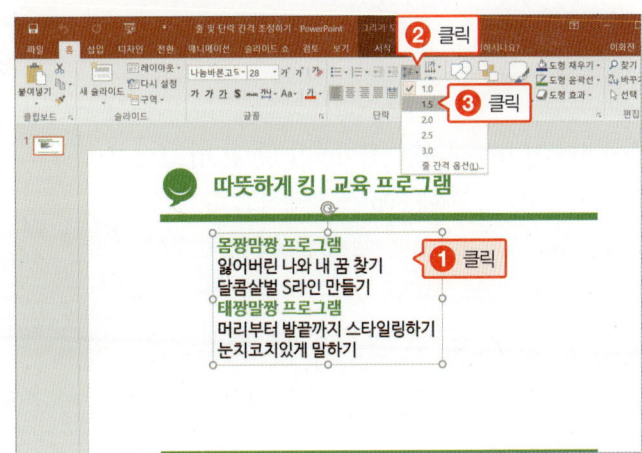

02 세밀하게 줄 간격 조정하기

❶ 교육 프로그램이 입력된 텍스트 상자를 선택합니다. ❷ [홈] 탭-[단락] 그룹-[줄 간격]을 클릭하고 ❸ [줄 간격 옵션]을 선택합니다. [단락] 대화상자의 [들여쓰기 및 간격] 탭에서 ❹ [간격]-[줄 간격]을 [고정] 으로 선택하고 ❺ [값]에 **45pt**를 입력한 후 ❻ [확인]을 클릭합니다.

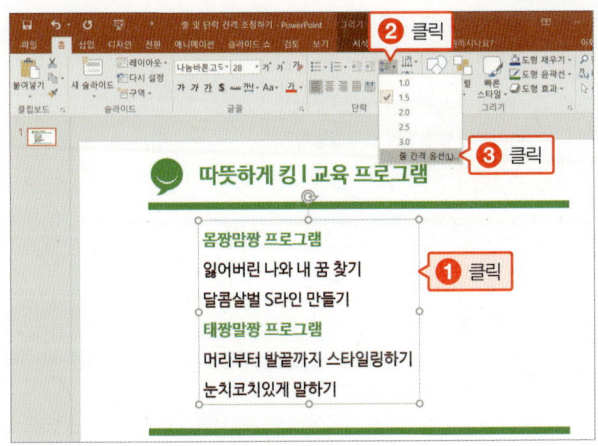

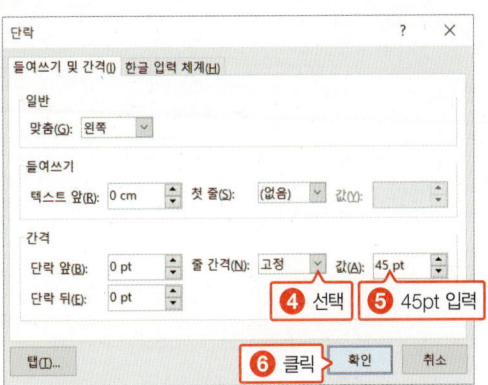

바로 통하는 TIP [줄 간격]을 [고정]으로 설정하면 포인트(pt) 값으로 세밀하게 조정할 수 있습니다. 값이 글꼴 크기보다 작은 경우 줄이 겹쳐 보일 수 있으므로 주의합니다.

O3 단락 간격 조정하기

단락 간격을 조정해보겠습니다. ❶ '몸짱 맘짱 프로그램'과 '태짱말짱 프로그램'의 하위 항목을 구분하기 위해 텍스트 상자를 선택합니다. ❷ [홈] 탭-[단락] 그룹-[줄 간격]을 클릭하고 ❸ [줄 간격 옵션]을 선택합니다.

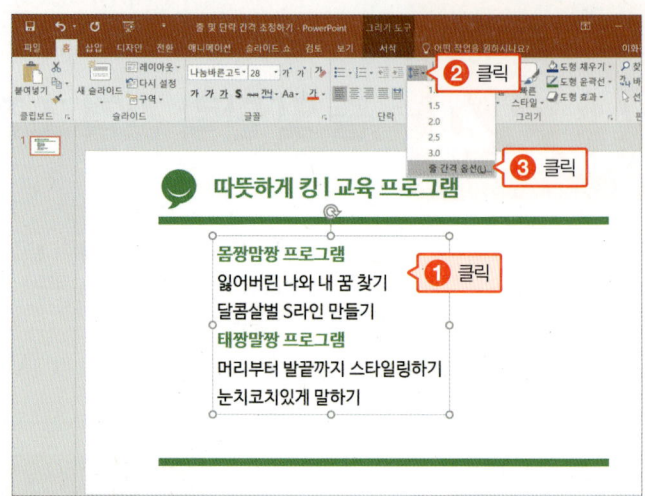

O4

[단락] 대화상자의 [들여쓰기 및 간격] 탭에서 ❶ [간격]-[단락 앞]에 **30pt**를 입력하고 ❷ [확인]을 클릭합니다.

O5

단락 간격이 넓어져 내용이 구분됩니다.

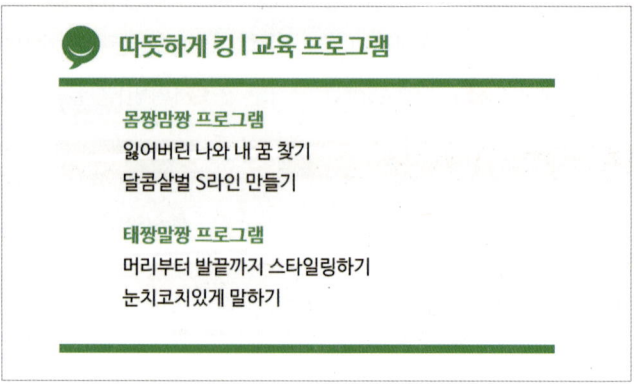

핵심기능실습 **025**

목록 수준 조정하기

같은 수준의 내용을 같은 모양으로 들여쓰거나 내어쓰면 상하위 개념을 구분하여 내용 파악이 쉬워집니다. [목록 수준 줄임/늘림] 기능으로 목록을 정리해보겠습니다.

실습 파일 | 파워포인트\3장\목록 수준 조정하기.pptx　**완성 파일** | 파워포인트\3장\목록 수준 조정하기_완성.pptx

01 들여쓰기

슬라이드 내용이 모두 같은 수준으로 정리되어 있습니다. 목록 수준을 조정하여 제목과 하위 내용을 구분해보겠습니다. ❶ '세미나 프로그램' 텍스트 아래에 있는 내용을 드래그합니다. ❷ [홈] 탭-[단락] 그룹-[목록 수준 늘림 ▣]을 클릭합니다.

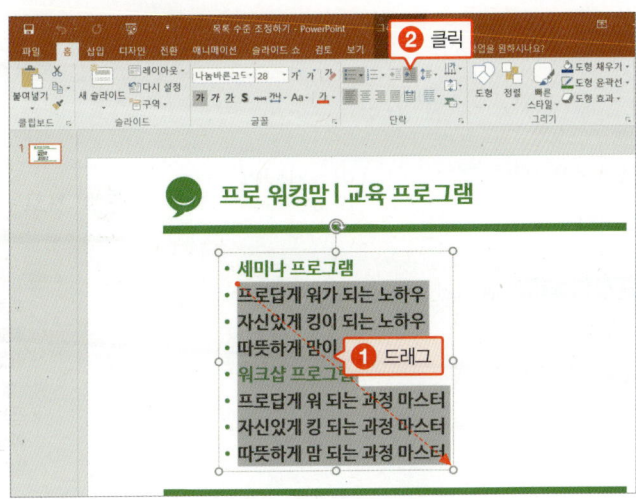

02 '세미나 프로그램' 부분을 제외한 내용이 한 칸 들여쓰기되었습니다.

바로 통하는 TIP 들여쓰기 단축키는 Tab 입니다.

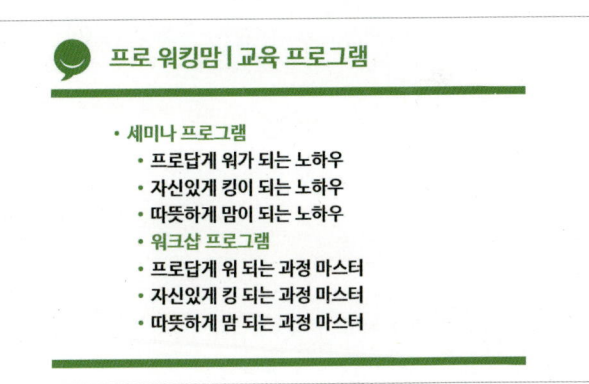

03 내어쓰기

'워크샵 프로그램' 부분은 제목 역할을 하므로 한 칸 앞으로 나오게 하여 그 다음 내용과 구분해야 합니다. ❶ '워크샵 프로그램'을 드래그합니다. ❷ [홈] 탭-[단락] 그룹-[목록 수준 줄임 ▣]을 클릭합니다.

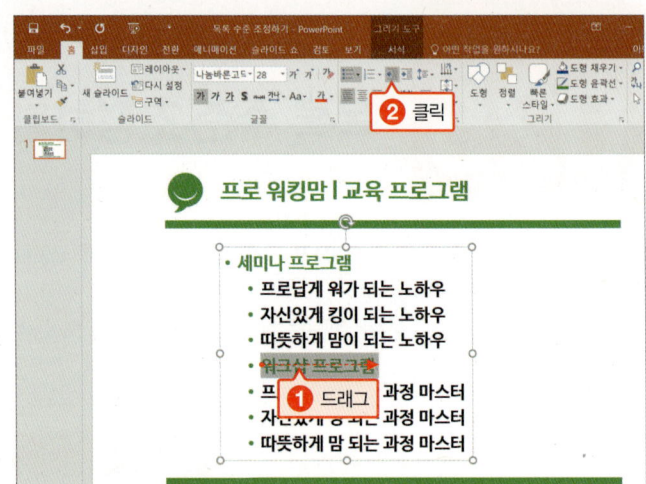

04 '워크샵 프로그램'이 내어쓰기되었습니다.

바로 통하는 **TIP** 내어쓰기 단축키는 Shift + Tab 입니다.

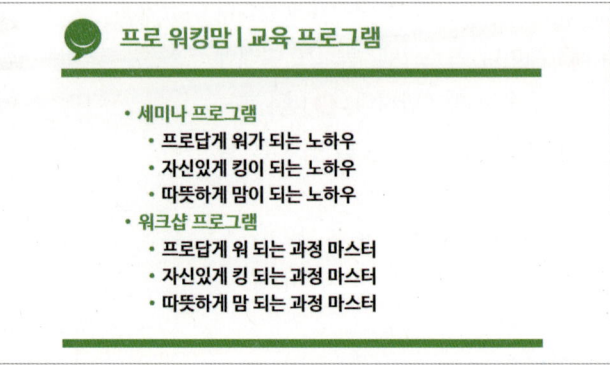

실습 파일 | 파워포인트 \ 3장 \ 텍스트를 활용한 슬라이드 디자인하기.pptx   완성 파일 | 파워포인트 \ 3장 \ 텍스트를 활용한 슬라이드 디자인하기_완성.pptx

텍스트는 내용을 전달하는 가장 기본적인 요소입니다. 텍스트 내용이 많은 경우에는 단락 및 줄 간격을 조정하여 내용을 보다 효과적으로 전달할 수 있습니다. 이때 강조하고 싶은 텍스트는 색을 변경해주면 더 보기 좋습니다.

▲ 완성 파일

01 분홍색 사각형을 선택한 후 **나다운 스타일 만들기(컨설팅 3단계)**를 입력합니다. 입력한 텍스트의 글꼴 크기를 [36pt]로 변경하고 [굵게]를 적용합니다.

02 화면 오른쪽에 상세 내용은 크게 세 개의 내용으로 구성되어 있습니다. [홈] 탭 - [단락] 그룹 - [번호 매기기]를 적용하여 세 개의 내용으로 구분합니다.

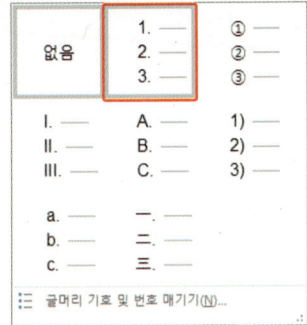

03 [홈] 탭 – [글꼴] 그룹에서 '1. 맘 스타일 만들기', '2. 맵 스타일 만들기', '3. 말 스타일 만들기'의 텍스트 색상을 [분홍, 강조 1]로 변경합니다. 전체 글꼴의 크기는 [24pt]로 변경하고 [굵게]를 적용합니다.

04 내용 구분을 위해 단락 간격을 변경합니다. [홈] 탭 – [단락] 그룹 – [단락 ◪] 표시 아이콘을 클릭하여 단락 앞의 간격만 [24pt]로 변경합니다. 읽기 편한 텍스트 화면이 완성됩니다.

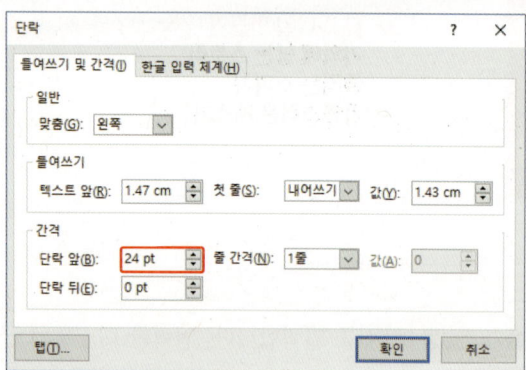

CHAPTER

04

프레젠테이션
시각화 및 서식
지정하기

프레젠테이션을 위한 슬라이드 작업에서 가장 활용도가 높은 시각화 작업에 대해 알아보겠습니다. 도형, 표, 차트, 이미지는 청중이 메시지를 더 쉽게 이해하고 오래도록 기억하게 만드는 필수 요소입니다. 메시지의 도해 표현은 SmartArt 그래픽으로 쉽게 해결할 수 있습니다. 또 스포이트로 화면에 보이는 색을 추출하여 도형이나 텍스트 개체에 똑같이 적용할 수 있습니다.

026

정원을 그리고 서식 지정하기

도형 그리기는 파워포인트에서 가장 기본적인 기능이며 중요한 작업입니다. 도형 작업에서 반드시 알아야하는 정방향 도형 그리기, 서식 변경, 정렬, 모양 변경에 대해 알아보겠습니다.

실습 파일 | 파워포인트\4장\정원 그리고 서식 지정하기.pptx **완성 파일** | 파워포인트\4장\정원 그리고 서식 지정하기_완성.pptx

01 '딴짓 90%'라는 텍스트에 정원을 그려보겠습니다. ❶[삽입] 탭-[일러스트레이션] 그룹-[도형]을 클릭하고 ❷[타원]을 선택합니다.

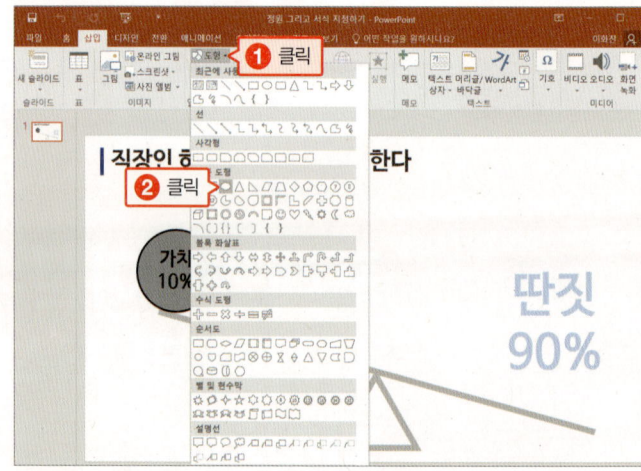

02 정원 그리기

텍스트의 중심을 클릭한 후 Ctrl + Shift 를 누른 상태에서 바깥쪽으로 드래그하여 텍스트를 감싸도록 정원을 그립니다.

바로 통하는 TIP 정방향 도형을 그릴 때는 Shift 를, 시작 지점이 중심이 되게 하려면 Ctrl 을 누른 상태에서 도형을 그립니다. 두 키를 같이 누른 상태에서 드래그하면 시작한 지점이 중심인 정방향 도형이 그려집니다.

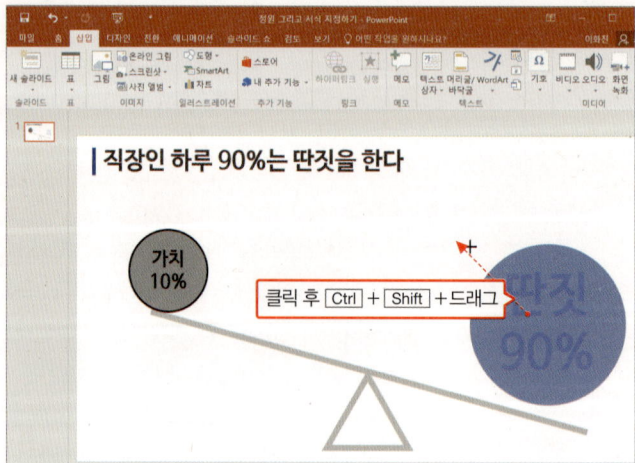

03 도형 순서 바꾸기

① 원을 텍스트보다 뒤로 보내기 위해
도형을 클릭합니다. ② [그리기 도구]-
[서식] 탭-[정렬] 그룹-[뒤로 보내기
🔳]를 클릭합니다.

도형이 텍스트 상자 뒤로 보내지면서 텍스트가 원 위
로 나타납니다.

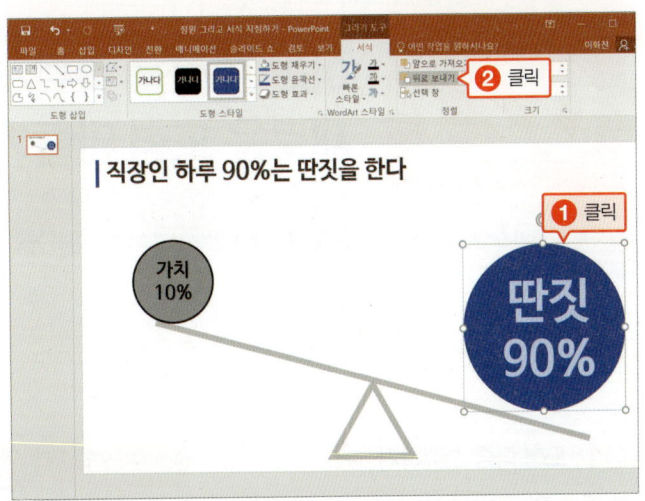

04 도형 채우기 변경하기

① 채우기 색을 변경하기 위해 도형을
선택합니다. ② [그리기 도구]-[서식]
탭-[도형 스타일] 그룹-[도형 채우기
🔳]를 클릭하고 ③ [진한 파랑, 강조 2]를
선택합니다.

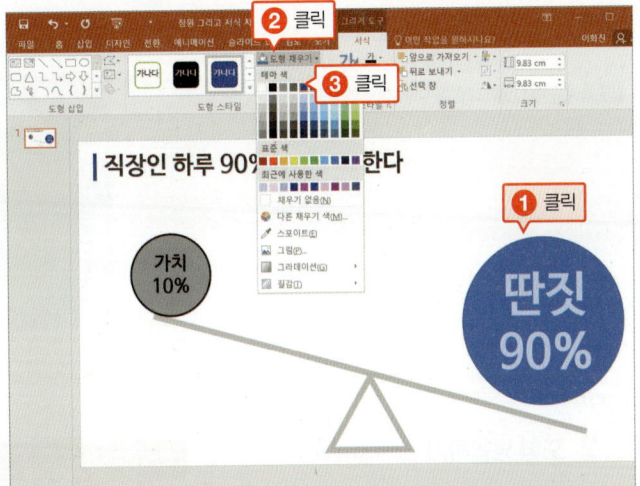

05 도형 윤곽선 변경하기

① 윤곽선을 변경하려는 도형을 선택합
니다. ② [그리기 도구]-[서식] 탭-[도
형 스타일] 그룹-[도형 윤곽선🔳]을 클
릭합니다. ③ [진한 파랑, 강조 2, 50%
더 어둡게]를 선택하고 ④ [두께]는 [6pt]
를 선택합니다.

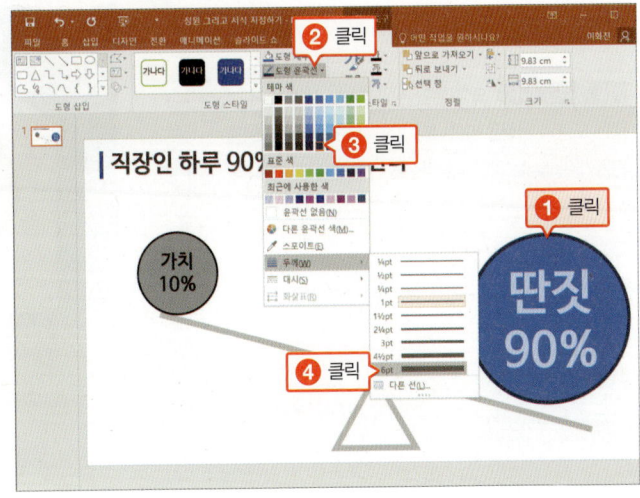

여러 도형을 병합하여 새로운 도형 만들기

원하는 도형의 모양을 손쉽게 그리는 방법에 대해 알아보겠습니다. 여러 개의 도형을 합치거나 하나의 도형에서 특정 도형의 모양을 빼 새로운 도형을 만들 수 있습니다.

실습 파일 | 파워포인트\4장\여러 도형을 병합하여 새로운 도형 만들기.pptx
완성 파일 | 파워포인트\4장\여러 도형을 병합하여 새로운 도형 만들기_완성.pptx

01 도형 다중 선택하기

집 모양을 이루고 있는 삼각형과 직사각형을 선택해보겠습니다. Ctrl 을 누른 상태에서 다중 선택합니다.

바로 통하는 TIP 도형을 다중 선택할 때는 Shift 를 눌러도 됩니다.

02 도형 병합하기

❶ [그리기 도구] - [서식] 탭 - [도형 삽입] 그룹 - [도형 병합]을 클릭하고 ❷ [병합]을 선택합니다.

바로 통하는 TIP 도형 병합 작업에서는 제일 먼저 선택한 도형의 서식을 따릅니다. 따라서 하얀색 집 도형을 만들기 위해서는 하얀색 삼각형을 먼저 선택해야 합니다

03 ❶ Ctrl 을 누른 상태에서 H 모양을 이루고 있는 직사각형 세 개를 각각 선택한 후 ❷ [그리기 도구]-[서식] 탭-[도형 삽입] 그룹-[도형 병합]을 클릭하고 ❸ [병합]을 선택합니다.

04 도형 빼기

❶ 집 모양 도형에서 원 모양을 빼기 위해 Ctrl 을 누른 상태에서 두 개의 도형을 각각 선택한 후 ❷ [그리기 도구]-[서식] 탭-[도형 삽입] 그룹-[도형 병합]을 클릭하고 ❸ [빼기]를 선택합니다.

바로 통하는 TIP 도형 빼기 작업에서는 제일 먼저 선택한 도형에서 위에 겹쳐진 도형의 모양을 뺍니다. 따라서 여기에서는 집 모양을 먼저 선택해야 합니다.

05 H 모양의 도형을 하나 복사한 후 그림과 같이 화면을 완성합니다.

028 도형의 크기 변경 및 수평 복사하기

도형의 크기를 일정한 비율로 변경하거나 복사할 수 있습니다. 또 이동할 때 수직이나 수평으로 이동할 수 있습니다.

실습 파일 | 파워포인트\4장\도형의 크기 변경 및 수평 복사하기.pptx　**완성 파일** | 파워포인트\4장\도형의 크기 변경 및 수평 복사하기_완성.pptx

---

01　도형 크기 변경하기

❶ 텍스트가 있는 모서리가 둥근 사각형의 오른쪽 테두리 선 중간에 있는 흰색 원을 클릭합니다. ❷ 마우스 왼쪽 버튼을 클릭한 상태에서 오른쪽으로 드래그합니다.

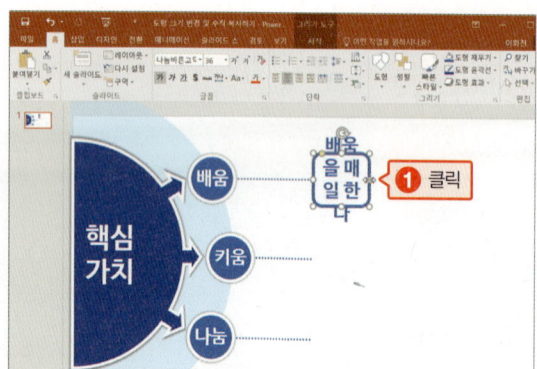

02　도형 수직 복사하기

❶ 복사할 도형을 선택한 후 ❷ Ctrl + Shift 를 누른 상태에서 아래로 드래그합니다. ❸ 한 번 더 Ctrl + Shift 를 누른 상태에서 아래로 드래그하여 도형을 수직 복사한 후 ❹ 그림과 같이 내용을 변경하여 슬라이드를 완성합니다.

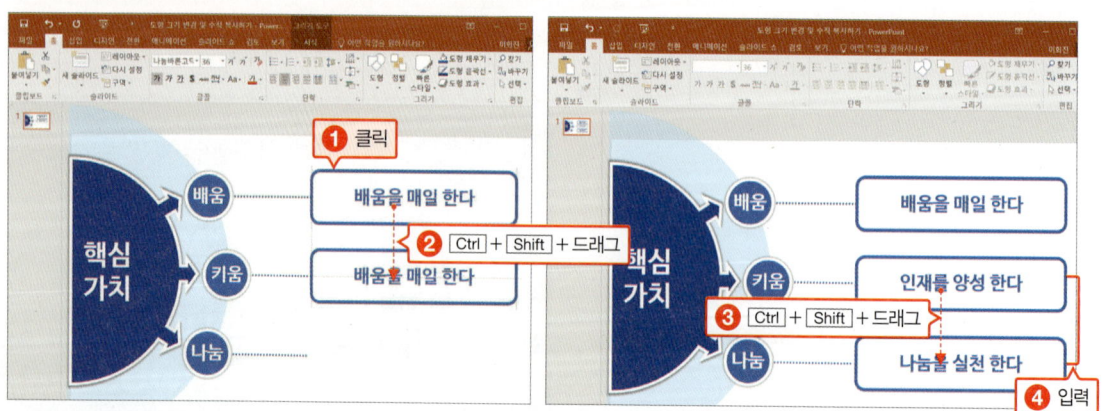

바로 통하는 TIP　도형을 복사하려면 Ctrl 을 누른 상태에서 드래그하고, 수직이나 수평으로 이동하려면 Shift 를 함께 누릅니다. 개체를 선택한 후 Ctrl 과 Shift 를 함께 누른 상태에서 드래그하면 수평이나 수직으로 이동하면서 개체가 복사됩니다.

균등한 간격으로 도형 정렬하기

스마트 가이드는 도형이나 다른 개체 등을 슬라이드 내에서 드래그하여 이동하거나 새로 삽입할 때 빨간색 점선으로 표시되어 균등한 간격과 상하좌우 중앙 정렬을 쉽게 할 수 있도록 도와줍니다.

실습 파일 | 파워포인트\4장\균등한 간격으로 도형 정렬하기.pptx　**완성 파일** | 파워포인트\4장\균등한 간격으로 도형 정렬하기_완성.pptx

01 '하기쉽게'라는 텍스트가 있는 말풍선을 가운데 이미지와 가운데 맞춤을 하여 배치합니다.

자동으로 나타나는 스마트 가이드를 확인할 수 있습니다.

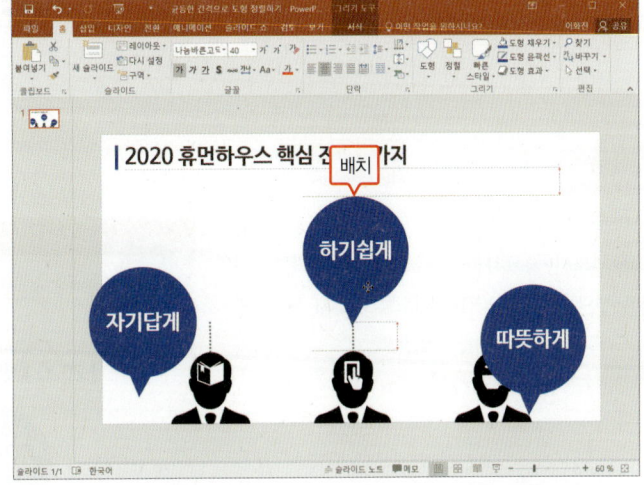

02 '자기답게'라는 말풍선을 '하기쉽게'라는 말풍선과 동일한 높이에 맞추고 첫 번째 이미지와 가운데 맞춤하여 배치합니다.

바로 통하는 TIP 맞추기 옵션을 일시적으로 무시하려면 Alt 를 누른 상태에서 개체를 드래그합니다.

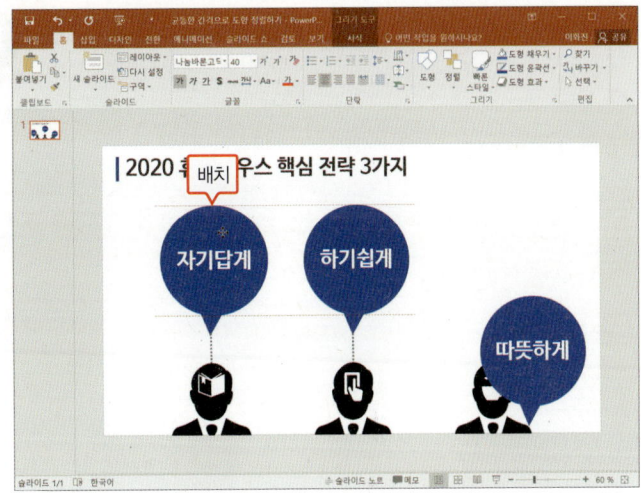

03 '따뜻하게'라는 말풍선을 다른 말
풍선과 동일한 높이로 맞춰 세 번째 이
미지 위로 배치합니다.

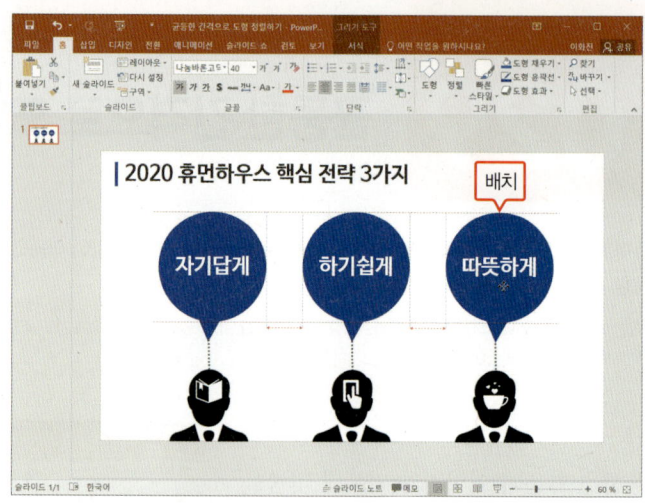

스마트 가이드 표시 해제하기

스마트 가이드 표시를 해제하려면 ① [보기] 탭-[표시]
그룹-[표시 ▣] 표시 아이콘을 클릭합니다. ② [눈금 및
안내선] 대화상자가 나타나면 [도형 맞춤 시 스마트 가
이드 표시]의 체크 표시를 해제합니다.

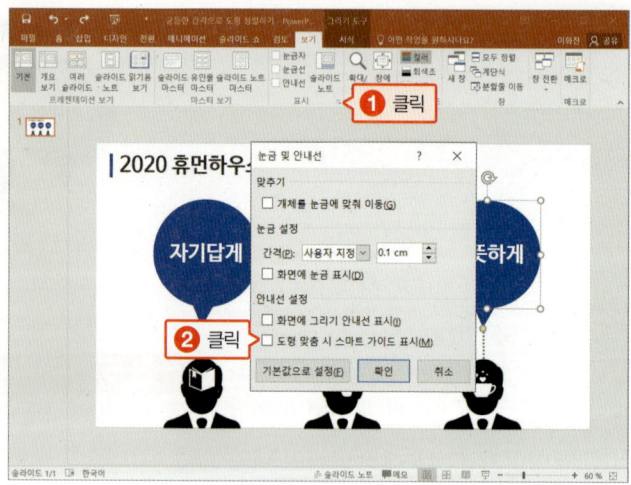

030

스포이트로 색을 추출해
도형에 적용하기

스포이트를 사용하면 슬라이드 창 어디서든 원하는 색을 추출해서 도형이나 텍스트 개체에 똑같이 적용할 수 있습니다. 추출한 색을 사용하면 일관성 있는 디자인을 만드는 데 유용합니다.

실습 파일 | 파워포인트\4장\스포이트로 색을 추출해 도형에 적용하기.pptx
완성 파일 | 파워포인트\4장\스포이트로 색을 추출해 도형에 적용하기_완성.pptx

01 스포이트 선택하기

슬라이드에 배치한 이미지에서 특정 색을 추출해 도형의 배경색으로 적용해보겠습니다. ❶ 색을 적용할 도형을 선택합니다. ❷ [그리기 도구]-[서식] 탭-[도형 스타일] 그룹-[도형 채우기 ▼]를 클릭하고 ❸ [스포이트]를 선택합니다.

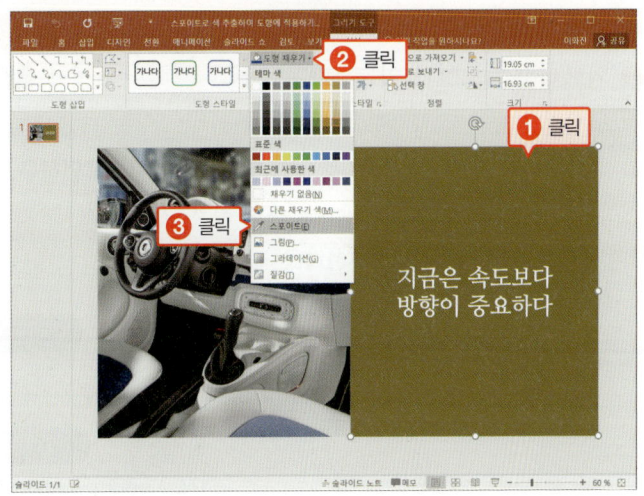

02 색 추출하기

원하는 색이 있는 곳에 스포이트를 가져간 후 클릭합니다. 추출한 색이 도형에 적용됩니다.

바로 통하는 TIP 색 위에 마우스 포인터를 올려놓으면 RGB(빨강, 녹색, 파랑) 색 좌표와 간략한 색 이름을 확인할 수 있습니다. 마우스 왼쪽 버튼을 누르지 않고 정확한 색을 추출하려면 Enter 나 Space Bar 를 누릅니다.

바로 통하는 TIP 슬라이드 화면 밖에 있는 색을 추출하려면 마우스 왼쪽 버튼을 클릭한 상태에서 추출하고자 하는 색이 있는 곳으로 스포이트를 드래그합니다. 마우스 왼쪽 버튼을 놓으면 색이 추출됩니다.

도형 서식을 다른 도형에
똑같이 적용하기

도형에 도형 채우기 및 도형 윤곽선을 적용하여 서식을 변경하고 도형 안에 텍스트 서식도 변경한 후 적용된 서식은 [서식 복사]를 이용해 다른 도형에 똑같이 적용할 수 있습니다. 편리한 [서식 복사] 기능에 대해 알아보겠습니다.

실습 파일 | 파워포인트\4장\도형 서식을 다른 도형에 똑같이 적용하기.pptx
완성 파일 | 파워포인트\4장\도형 서식을 다른 도형에 똑같이 적용하기_완성.pptx

01 도형 채우기

❶ '외모'라는 텍스트가 있는 오른쪽 아래 모서리가 둥근 직사각형을 선택합니다. ❷ [그리기 도구]-[서식] 탭-[도형 스타일] 그룹-[도형 채우기⏷]를 클릭하고 ❸ [흰색, 배경 1]을 선택합니다.

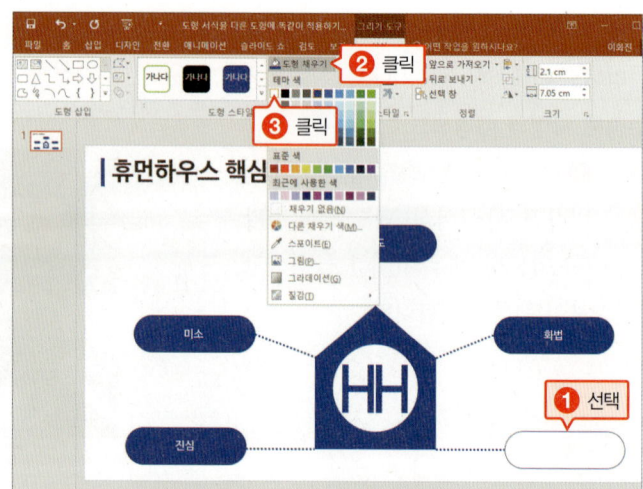

02 도형 윤곽선 변경하기

❶ [그리기 도구]-[서식] 탭-[도형 스타일] 그룹-[도형 윤곽선⏷]을 클릭하고 ❷ [두께]-[6pt]를 선택합니다.

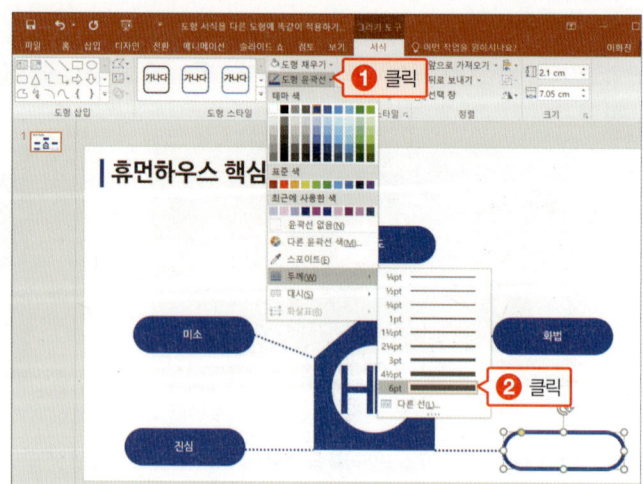

O3 글꼴 크기와 색 변경하기

❶ [홈] 탭-[글꼴] 그룹-[글꼴 색]을 클릭하고 ❷ [진한 파랑, 강조 1]을 선택합니다.

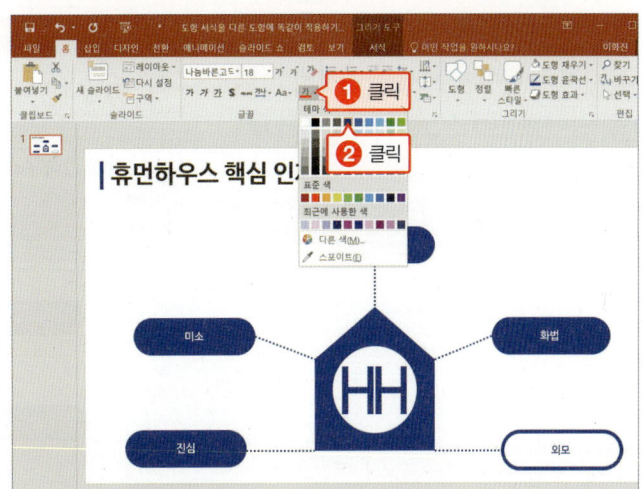

O4 [홈] 탭-[글꼴] 그룹-[글꼴 크기]에서 [36pt]를 선택합니다.

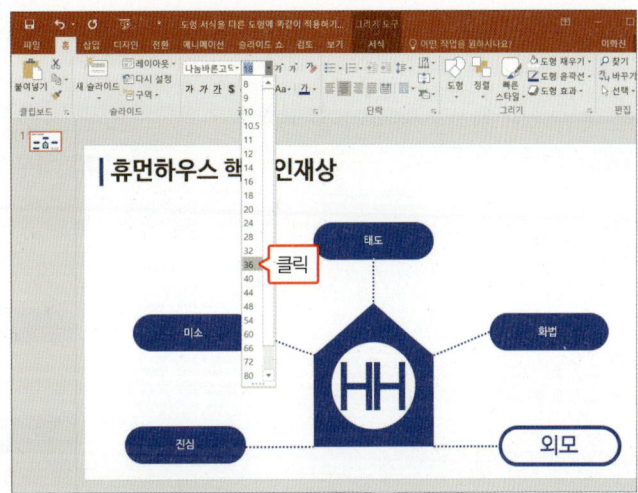

O5 [홈] 탭-[글꼴] 그룹-[굵게]를 클릭합니다.

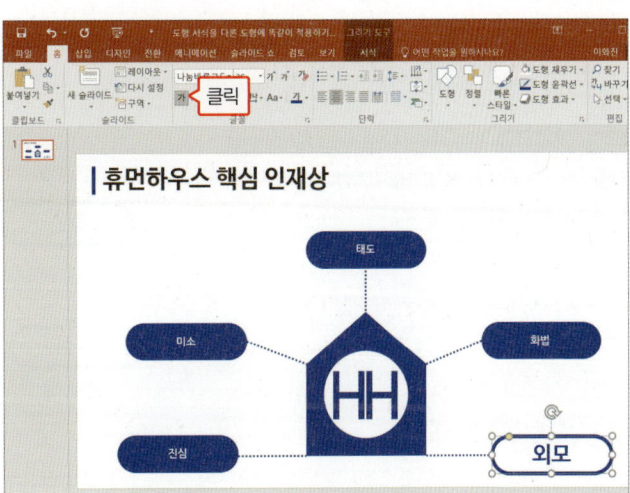

06 도형 서식 복사하기

❶ 서식이 변경된 도형을 선택하고 ❷ [홈] 탭-[클립보드] 그룹-[서식 복사 🖌] 를 클릭합니다.

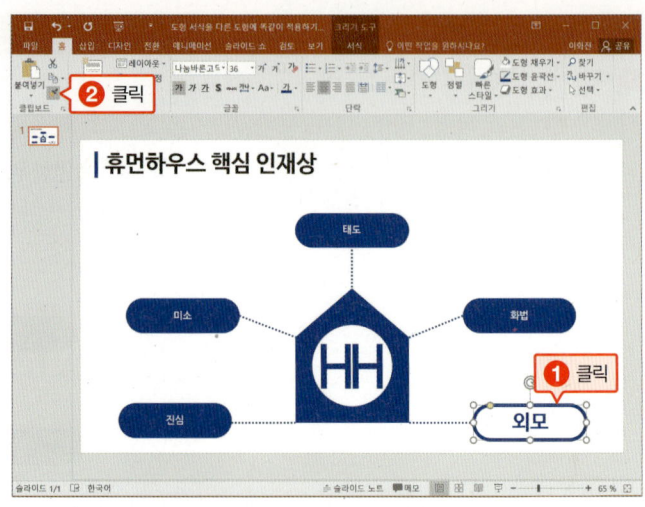

07 도형 서식 붙여넣기

마우스 포인터가 페인트 붓 🖌 모양으로 바뀝니다. 서식을 붙여 넣을 개체를 선택합니다.

복사한 도형 서식이 한 번에 적용됩니다.

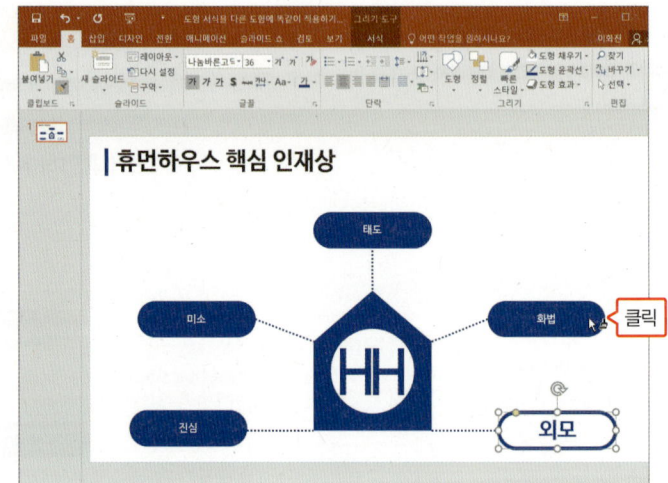

08 나머지 개체에도 같은 방법으로 도형 서식을 적용합니다.

바로 통하는 TIP 도형 서식 명령을 여러 개체에 반복 실행하려면 [서식 복사 🖌]를 더블클릭합니다. 서식 복사 를 중지하려면 ESC 를 누릅니다.

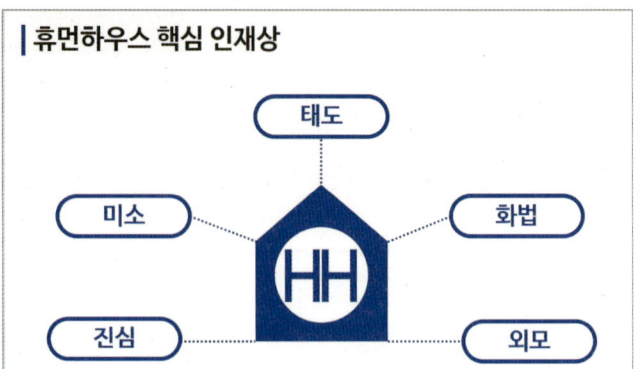

032

평면 도형을 입체 도형으로 만들기

3D 프로그램 없이도 손쉽게 입체 도형을 만들 수 있습니다. 재질과 조명, 그림자 등 다양한 효과를 적용해 입체 도형을 표현해보겠습니다.

실습 파일 | 파워포인트\4장\평면 도형을 입체 도형으로 만들기.pptx **완성 파일** | 파워포인트\4장\평면 도형을 입체 도형으로 만들기_완성.pptx

01 [도형 서식] 작업 창에서 입체 효과 적용하기

❶ 슬라이드의 정원을 선택합니다. ❷ [그리기 도구]-[서식] 탭-[도형 스타일] 그룹-[도형 서식▣] 표시 아이콘을 클릭합니다. ❸ 화면 오른쪽에 [도형 서식] 작업 창이 나타나면 [효과⬠]를 클릭하고 ❹ [3차원 서식] 항목을 선택합니다.

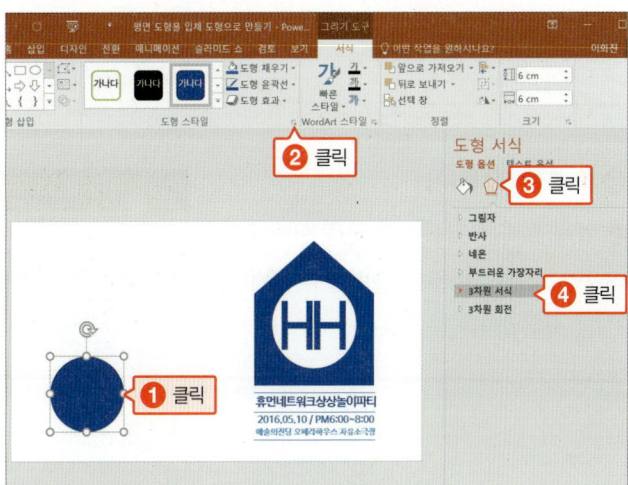

02 입체 효과를 다음과 같이 설정합니다.

바로 통하는 TIP 도형 서식을 다음과 같이 지정합니다.

위쪽 입체	너비	85pt
	높이	85pt
아래쪽 입체	너비	85pt
	높이	85pt
재질	투명하게	
조명	퍼지게	
각도	40도	

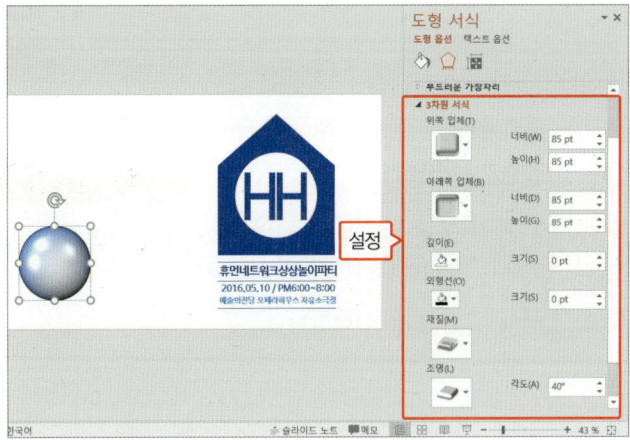

03 그림자 적용하기

❶ [도형 서식] 작업 창에서 [효과 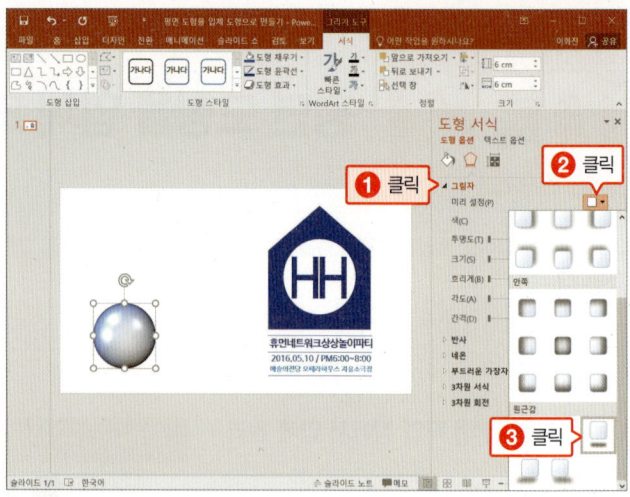]의 [그림자]를 선택합니다. ❷ [미리 설정] 을 클릭하고 ❸ [원근감] – [아래쪽]을 선택합니다.

04 도형 복사하기

❶ 입체 효과가 적용된 도형을 선택하고 마우스 오른쪽 버튼을 클릭한 후 ❷ [복사]를 선택합니다.

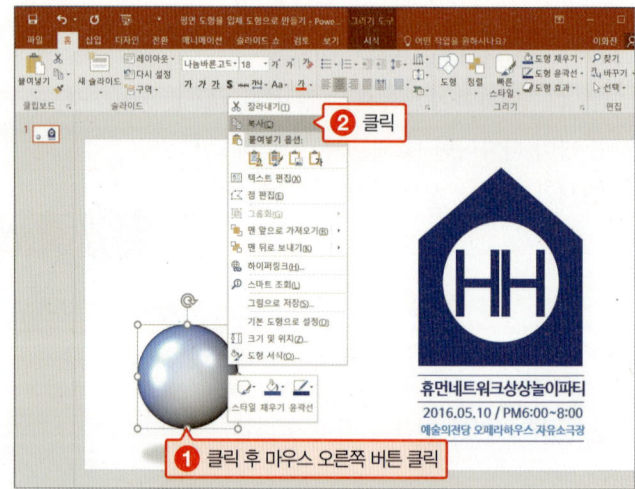

05 그림으로 붙여넣기

❶ 도형을 붙여 넣을 위치에서 마우스 오른쪽 버튼을 클릭합니다. ❷ [붙여넣기 옵션]에서 [그림 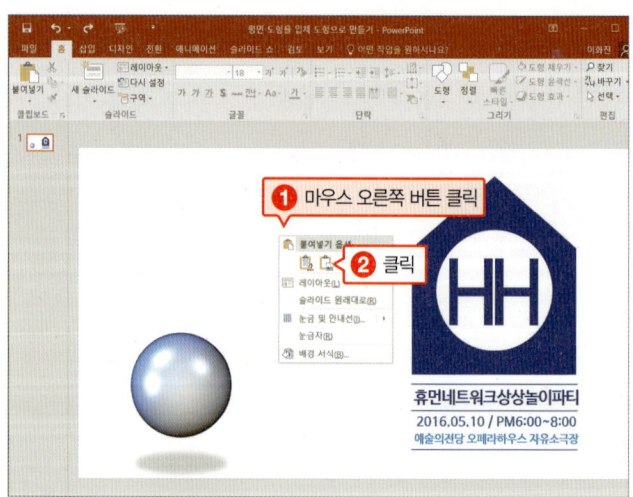]을 선택합니다.

06 도형 크기 줄이고 복사하기

❶ 붙여 넣은 도형을 선택합니다. ❷ Ctrl +Shift 를 누른 상태에서 사방의 흰 사각형 중 하나를 안쪽으로 드래그합니다.

도형 서식은 유지되면서 크기가 작아집니다.

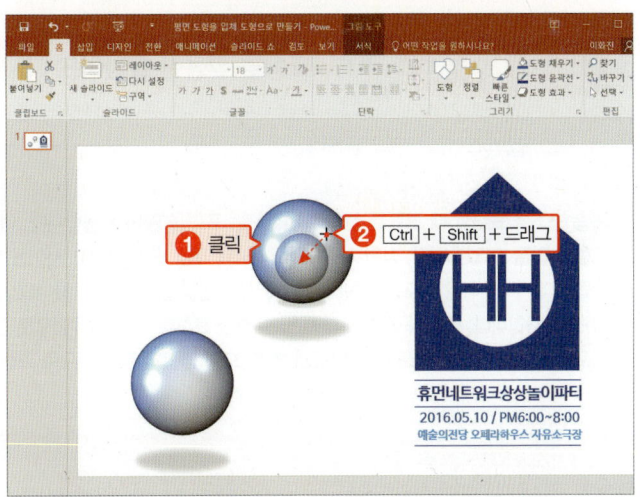

07 ❶ 붙여 넣은 도형을 클릭하고 ❷ Ctrl 을 누른 상태에서 복사할 위치로 드래그합니다.

도형이 복사됩니다.

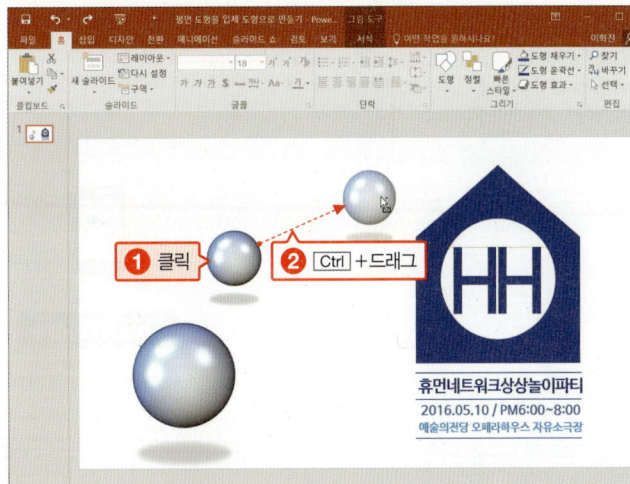

실습 파일 | 파워포인트 \ 4장 \ 도형을 활용한 슬라이드 디자인하기.pptx　**완성 파일** | 파워포인트 \ 4장 \ 도형을 활용한 슬라이드 디자인하기_완성.pptx

계층 구조를 표현할 때 도형을 선으로 연결하는 표현을 많이 사용합니다. 이때 도형 병합 기능을 활용하면 좀 더 다양한 표현의 도형을 만들 수 있습니다. 상위 개념 도형과 하위 개념 도형 그리고 사이를 연결하는 부분을 도형으로 그린 후 하나의 도형으로 만듭니다. 두 개 이상의 도형을 하나로 합치려면 [병합]을 사용하고 하나의 개체에서 다른 개체가 겹치는 부분을 빼고 싶으면 [빼기]를 사용합니다. 직선과 곡선이 함께 있는 선을 표현할 때는 자유형으로 선을 그리고 점 편집으로 부분을 수정합니다. 머릿속으로 상상하는 대부분의 도형은 파워포인트의 도형 병합과 점 편집으로 그릴 수 있습니다.

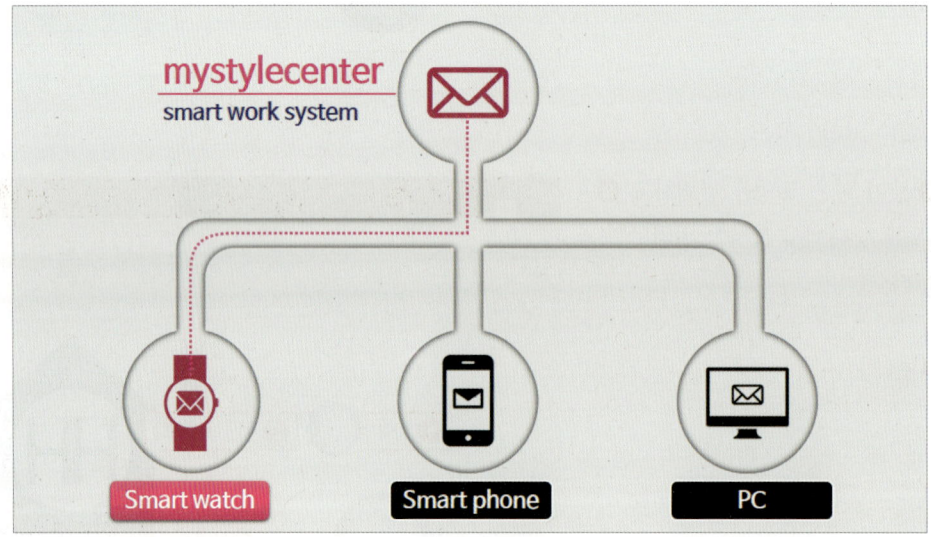

▲ 완성 파일

01 가로 곡선 길을 만들기 위해 [사각형 : 둥근 위쪽 모서리]를 크기가 다르게 두 개를 그려서 겹쳐놓습니다. 큰 도형에서 겹쳐진 작은 도형을 빼기 위해서 [그리기 도구]-[서식] 탭-[도형 삽입] 그룹-[도형 병합]-[빼기]를 선택합니다.

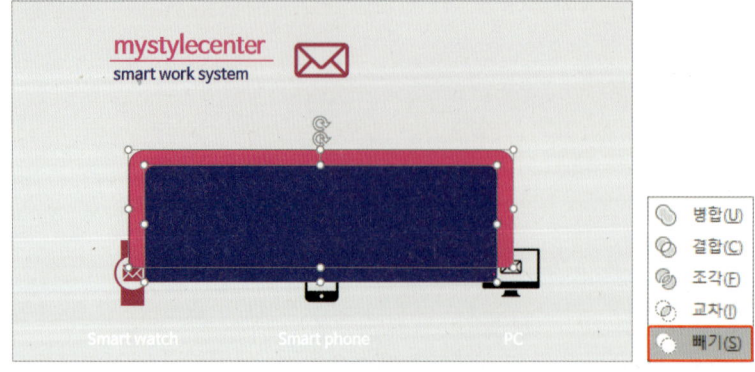

02 세로 길은 직사각형으로 그리고 각각의 아이콘이 위치할 자리는 정원을 그려줍니다. 그린 도형을 하나로 만들기 위해 전체 도형을 선택한 후 [도형 병합] – [병합]을 선택합니다.

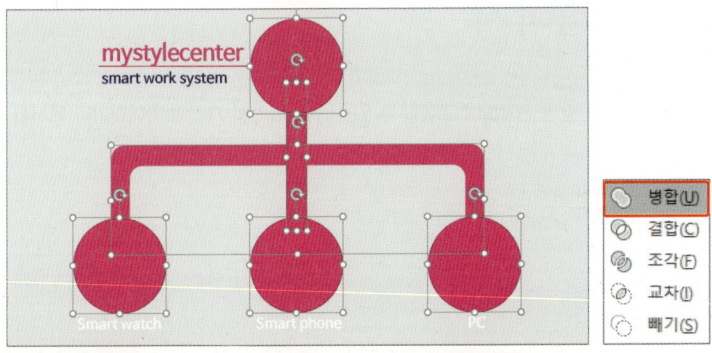

03 [그리기 도구] – [서식] 탭 – [도형 스타일] 그룹 – [도형 채우기] – [스포이트]를 사용하여 병합된 도형의 색을 배경색과 같게 설정합니다. 그림자 효과에서 [도형 효과] – [그림자] – [안쪽 : 가운데]를 적용합니다.

04 [그리기 도구] – [서식] 탭 – [정렬] 그룹 – [뒤로 보내기] – [맨 뒤로 보내기]를 선택하여 병합된 도형을 맨 뒤로 보냅니다.

05 아래쪽에 있는 세 개의 텍스트 상자 중 첫 번째만 선택한 후 [그리기 도구] – [서식] 탭 – [도형 스타일] 그룹 – [강한 효과 – 분홍, 강조 1]을 적용하고, 나머지는 [밝은 색 1 윤곽선, 색 채우기 – 검정, 어둡게 1]을 적용합니다.

06 상위 개념과 하위 개념을 연결하는 선을 자유형으로 그리고 점 편집으로 곡선 부분을 만듭니다. 점 편집은 [그리기 도구] – [서식] 탭 – [도형 삽입] 그룹 – [도형 편집] – [점 편집]을 선택하거나 선 위에서 마우스 오른쪽 버튼을 클릭한 후 [점 편집]을 선택해 사용할 수 있습니다.

033

SmartArt 그래픽 삽입 후
텍스트 입력하기

SmartArt 그래픽을 사용하면 다양한 레이아웃을 목적에 맞게 선택하여 표현할 수 있습니다. 따라서 자신의 아이디어나 메시지를 쉽고 빠르게 전달할 수 있습니다.

실습 파일 | 파워포인트\4장\SmartArt 그래픽 삽입 후 텍스트 입력하기.pptx
완성 파일 | 파워포인트\4장\SmartArt 그래픽 삽입 후 텍스트 입력하기_완성.pptx

📢 **한눈에 보기** | **자주 사용하는 도해 선택 시 고려 사항**

도해를 사용할 때는 전달하는 내용이 무엇이고 정보를 표시하고자 하는 방식이 있는지 생각해야 합니다. 파워포인트에서는 SmartArt 그래픽을 사용하면 쉽고 빠르게 원하는 도해를 만들 수 있습니다.

자주 사용하는 도해 패턴(SmartArt 그래픽)		
목록형		비순차적인 정보 표시
프로세스형		프로세스 또는 시간 표시 막대에 단계 표시
주기형		연속적인 프로세스 표시
계층 구조형		조직도 표시
관계형		연결 관계 표시
행렬형		부분과 전체의 관계 표시

피라미드형	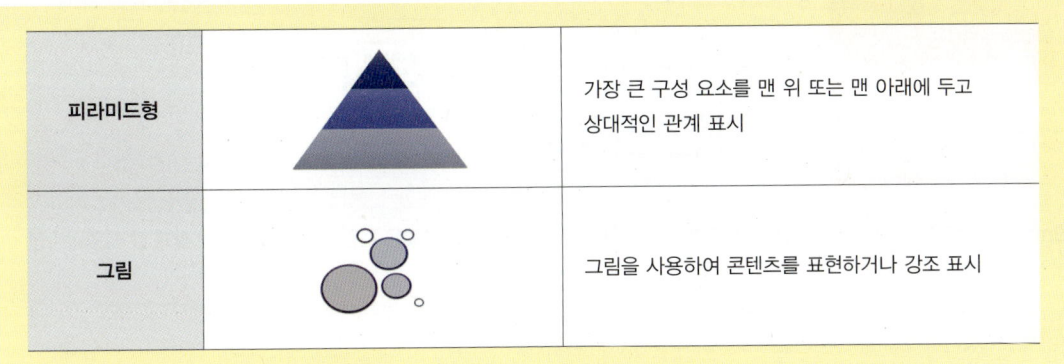	가장 큰 구성 요소를 맨 위 또는 맨 아래에 두고 상대적인 관계 표시
그림		그림을 사용하여 콘텐츠를 표현하거나 강조 표시

01 SmartArt 그래픽 삽입하기

❶ [삽입] 탭 – [일러스트레이션] 그룹 – [SmartArt]를 클릭합니다. ❷ [SmartArt 그래픽 선택] 대화상자에서 [목록형]을 선택하고 ❸ [세로 곡선 목록형]을 선택합니다. ❹ [확인]을 클릭합니다.

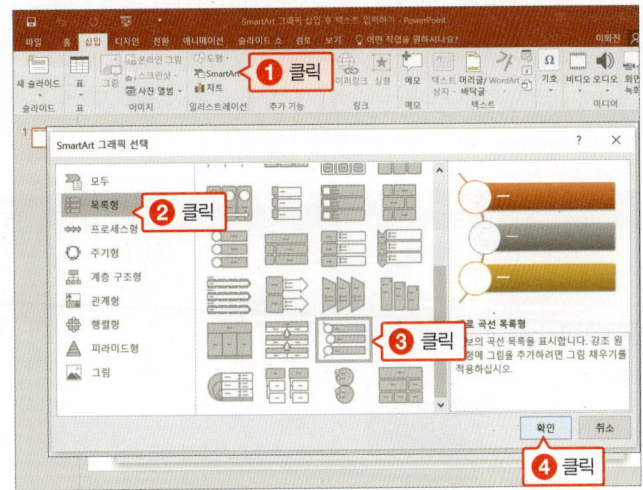

02 SmartArt 그래픽에 텍스트 입력하기

SmartArt 그래픽과 텍스트 입력 창이 나타납니다. ❶ 텍스트 입력 창에 **배움을 매일 한다, 인재를 양성 한다, 나눔을 실천 한다**를 각각 입력합니다. 텍스트가 자동으로 SmartArt 그래픽에 표시되면 ❷ 텍스트 창을 닫아 SmartArt 그래픽을 완성합니다.

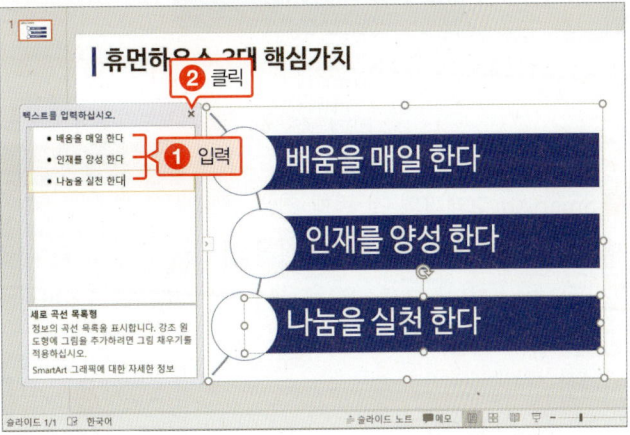

바로 통하는 TIP 텍스트 창을 나타내려면 SmartArt 그래픽 왼쪽 중간에 있는 화살표(◀) 또는 [SmartArt 도구] – [디자인] 탭 – [그래픽 만들기] 그룹 – [텍스트 창]을 클릭합니다. 텍스트 창을 여는 대신 SmartArt 그래픽의 도형을 선택한 후 텍스트를 직접 입력할 수도 있습니다.

핵심기능실습

034

SmartArt 그래픽 색상 및
스타일 변경하기

SmartArt 스타일은 선 스타일, 입체, 3차원 등을 비롯한 다양한 효과를 조합해놓은 것입니다. 이를 목적에 맞게 잘 적용하면 전문가 수준의 디자인을 손쉽게 만들 수 있습니다.

실습 파일 | 파워포인트\4장\SmartArt 그래픽 색상 및 스타일 변경하기.pptx
완성 파일 | 파워포인트\4장\SmartArt 그래픽 색상 및 스타일 변경하기_완성.pptx

01 SmartArt 그래픽의 색을 변경하고 3차원 효과 적용하기

❶ 슬라이드에서 SmartArt 그래픽을 선택합니다. ❷ [SmartArt 도구] – [디자인] 탭 – [SmartArt 스타일] 그룹 – [색 변경]을 클릭하고 ❸ [색상형 범위 – 강조색 2 또는 3]을 선택합니다. ❹ [SmartArt 도구] – [디자인] 탭 – [SmartArt 스타일] 그룹 – [자세히 ⬇]를 클릭하고 ❺ [강한 효과]를 선택합니다.

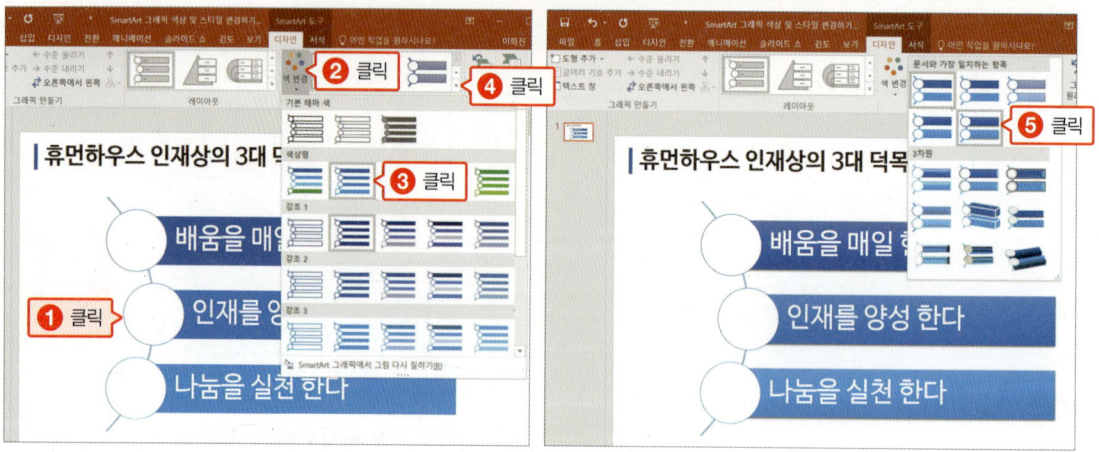

02 개별 서식 변경하기

❶ SmartArt 그래픽의 첫 번째 원을 선택합니다. ❷ [SmartArt 도구] – [서식] 탭 – [도형 스타일] 그룹 – [도형 채우기 ⬇]를 클릭하고 ❸ [진한 파랑, 강조 2]를 선택합니다.

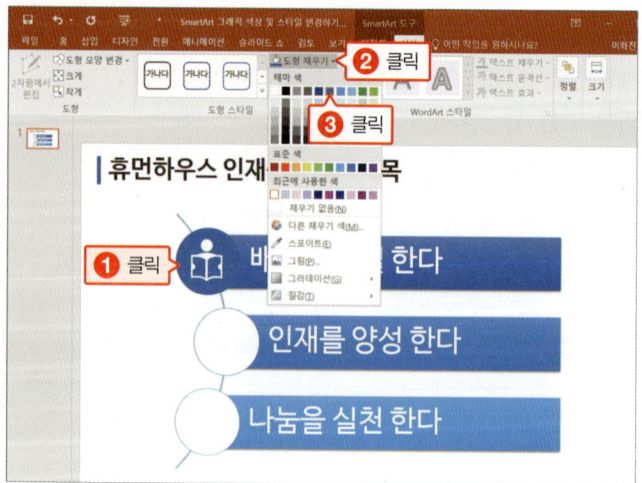

03 첫 번째 원이 선택된 상태에서 ❶ [도형 윤곽선[⧠]]을 클릭한 후 ❷ [흰색, 배경 1]을 선택하고 ❸ [두께] – [6pt]를 선택합니다. ❹ [도형 효과] – [그림자] – [바깥쪽] – [오프셋 가운데]를 선택합니다.

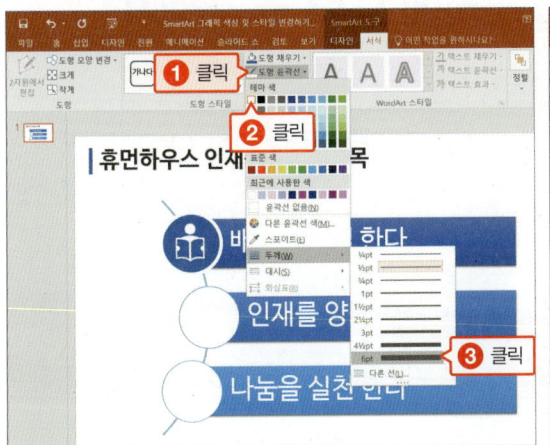
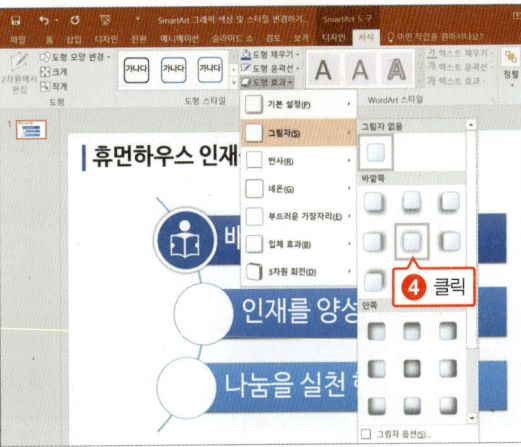

04 도형 모양 변경하기

❶ '배움을 매일 한다' 텍스트가 있는 직사각형을 선택합니다. ❷ [SmartArt 도구] – [서식] 탭 – [도형] 그룹 – [도형 모양 변경]을 클릭합니다. ❸ [사각형] – [모서리가 둥근 직사각형]을 선택합니다.

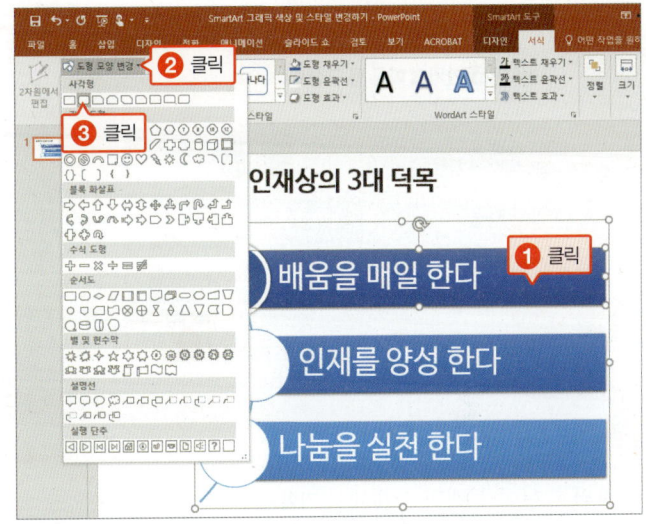

05 나머지 두 개의 원과 사각형도 서식을 변경하여 슬라이드를 완성합니다.

바로 통하는 TIP 다음과 같이 서식을 지정합니다.

두 번째 도형	채우기	옥색, 강조 3
	윤곽선	흰색
	두께	6pt
세 번째 도형	채우기	옥색, 강조 4
	윤곽선	흰색
	두께	6pt

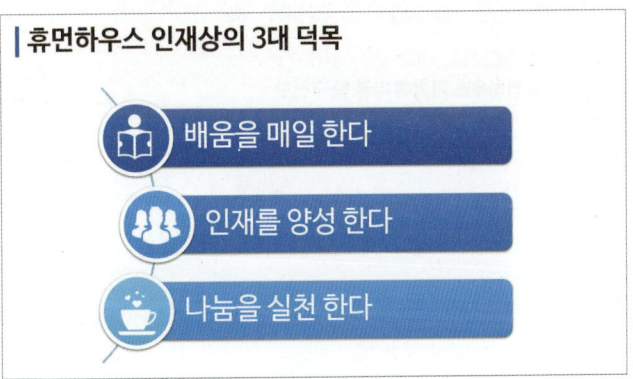

SmartArt 그래픽에 도형 추가하기

내용에 따라 기본 SmartArt 그래픽에 도형을 추가하거나 삭제할 수 있습니다. 또한 일반 도형처럼 모양을 각각 변경할 수도 있습니다.

실습 파일 | 파워포인트\4장\SmartArt 그래픽에 도형 추가하기.pptx   **완성 파일** | 파워포인트\4장\SmartArt 그래픽에 도형 추가하기_완성.pptx

01 도형 추가하기

❶ '전략팀' 텍스트가 있는 도형을 선택합니다. ❷ [SmartArt 도구] – [디자인] 탭 – [그래픽 만들기] 그룹 – [도형 추가☐]를 클릭하고 ❸ [뒤에 도형 추가]를 선택합니다.

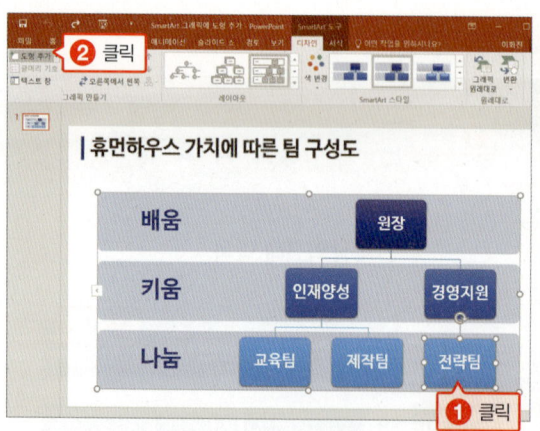
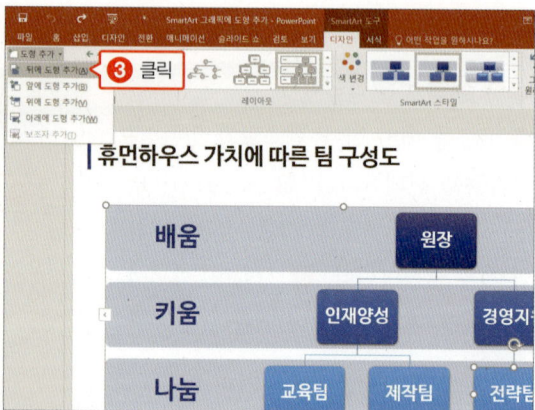

02 텍스트 입력하기

추가된 도형이 선택된 상태에서 **기획팀**을 입력합니다.

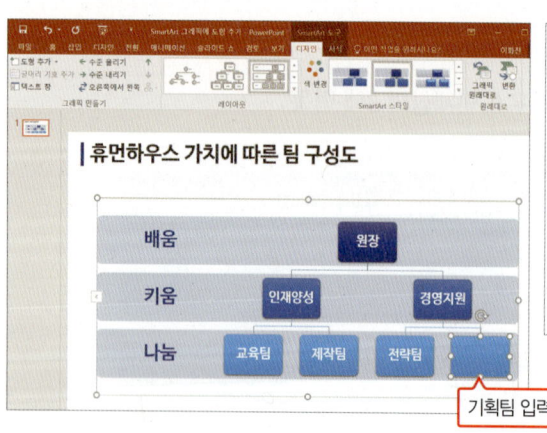
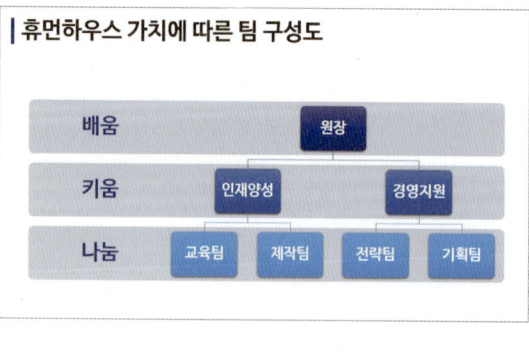

핵심기능실습 036

텍스트를 SmartArt 그래픽으로 변환하기

글머리 기호가 있는 텍스트를 빠르게 SmartArt 그래픽으로 변환할 수 있습니다. SmartArt 그래픽으로 변환 기능을 이용해 텍스트를 보기 좋게 꾸며보겠습니다.

실습 파일 | 파워포인트\4장\텍스트를 SmartArt 그래픽으로 변환하기.pptx
완성 파일 | 파워포인트\4장\텍스트를 SmartArt 그래픽으로 변환하기_완성.pptx

01 텍스트를 SmartArt 그래픽으로 변환하기

텍스트 상자에 입력한 내용을 SmartArt 그래픽으로 변경해보겠습니다. ① 슬라이드에서 본문 텍스트 상자를 선택합니다. ② [홈] 탭-[단락] 그룹-[SmartArt 그래픽으로 변환]을 클릭하고 ③ [기타 SmartArt 그래픽]을 선택합니다.

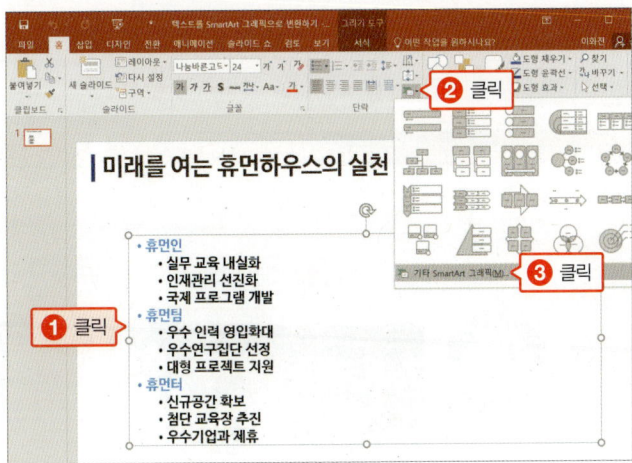

02 ① [SmartArt 그래픽 선택] 대화상자에서 [모두]-[그룹화된 목록형]을 선택하고 ② [확인]을 클릭합니다. SmartArt 그래픽 서식을 변경하여 슬라이드를 완성합니다.

그림을 SmartArt 그래픽으로 변환하기

글머리 기호가 있는 텍스트나 여러 개의 그림은 빠르게 SmartArt 그래픽으로 변환할 수 있습니다. [SmartArt 그래픽으로 변환] 기능을 이용하면 텍스트를 시각화하여 정보를 쉽게 전달할 수 있으며 그림 배열을 보기 좋게 수정할 수 있습니다.

실습 파일 | 파워포인트\4장\그림을 SmartArt 그래픽으로 변환하기.pptx **완성 파일** | 파워포인트\4장\그림을 SmartArt 그래픽으로 변환하기_완성.pptx

01 그림을 SmartArt 그래픽으로 변환하기

❶ Ctrl 을 누른 상태에서 슬라이드에 있는 그림 세 개를 각각 선택합니다. ❷ [그림 도구]-[서식] 탭-[그림 스타일] 그룹-[그림 레이아웃]을 클릭하고 ❸ [거품형 그림 목록형]을 선택합니다.

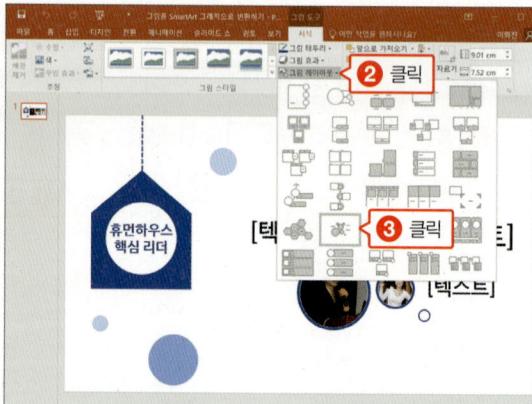

02 각각의 텍스트 상자에 내용을 입력한 후 슬라이드를 완성합니다.

실습 파일 | 파워포인트\4장\SmartArt 그래픽을 활용한 슬라이드 디자인하기.pptx
완성 파일 | 파워포인트\4장\SmartArt 그래픽을 활용한 슬라이드 디자인하기_완성.pptx

벌집 모양의 안정적인 육각형 구조로 확산 정보를 표현해보겠습니다. 이때 육각형의 조합으로 도해를 표현한 [교대 육각형] SmartArt 그래픽을 사용합니다. 색은 항목의 중요도를 구분하여 표현할 때 유용하므로 그려진 SmartArt 그래픽의 색과 스타일을 변경하여 완성도를 높여줍니다. 기본적으로 제공되는 SmartArt 그래픽을 도형으로 변환하면 더 다양한 표현을 적용할 수 있습니다.

▲ 완성 파일

01 [삽입] 탭－[일러스트레이션] 그룹－[SmartArt]를 클릭합니다. [교대 육각형]을 선택하여 SmartArt 그래픽을 슬라이드에 삽입합니다.

02 [SmartArt 도구]–[디자인] 탭–[SmartArt 스타일] 그룹–[색 변경]–[색 채우기 – 강조 5]로 색을 변경한 후 [강한 효과]를 적용합니다.

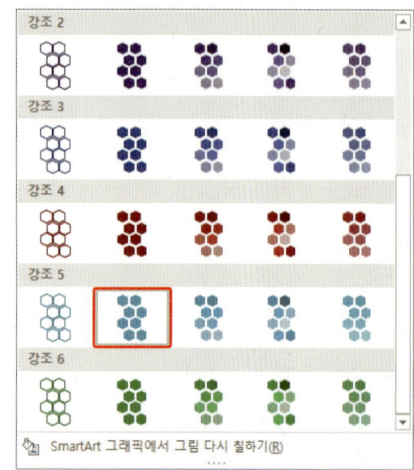 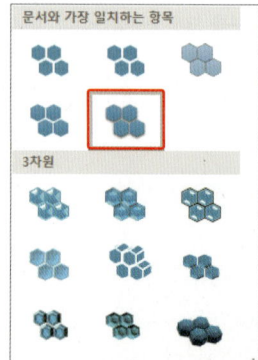

03 [SmartArt 도구]–[디자인] 탭–[원래대로] 그룹–[변환]–[도형으로 변환]을 선택합니다. SmartArt 그래픽을 도형으로 변환합니다.

04 [그리기 도구]–[서식] 탭–[정렬] 그룹–[그룹화]–[그룹 해제]를 선택하여 그룹을 해제한 후 왼쪽 빈 공간에 육각형을 하나 복사합니다.

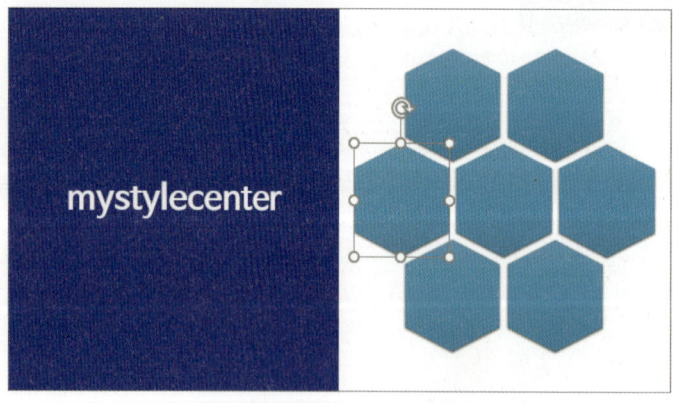

05 도형의 색을 변경하고 필요한 아이콘과 텍스트를 삽입하여 슬라이드를 완성합니다.

바로 통하는 TIP Office 365 버전에 따라 아이콘 기능이 활성화되지 않을 수 있습니다. 기본적으로 [삽입] 탭–[일러스트레이션] 그룹–[아이콘] 기능을 이용해 아이콘을 삽입할 수 있습니다.

표 디자인하기

표는 일목요연하게 내용을 정리할 수 있으므로 프레젠테이션에서 많이 사용합니다. 사용자가 원하는 대로 표의 테두리 색, 스타일, 두께 등을 지정할 수 있고 셀 색을 변경하거나 효과도 지정할 수 있습니다. 또한 표 내의 여러 셀을 병합하거나 하나의 셀을 여러 셀로 분할할 수도 있습니다.

실습 파일 | 파워포인트\4장\표 디자인하기.pptx　**완성 파일** | 파워포인트\4장\표 디자인하기_완성.pptx

01 표 테두리 색 및 두께 변경하기

슬라이드에 작성된 표를 원하는 스타일로 수정해보겠습니다. ❶ 슬라이드의 표를 선택합니다. ❷ [표 도구]-[디자인] 탭-[테두리 그리기] 그룹-[펜 두께]-[1pt]를 선택하고 ❸ [펜 색]은 [진한 파랑, 강조 1]을 선택합니다. ❹ [표 스타일] 그룹-[테두리□]를 클릭하고 ❺ [모든 테두리]를 선택합니다.

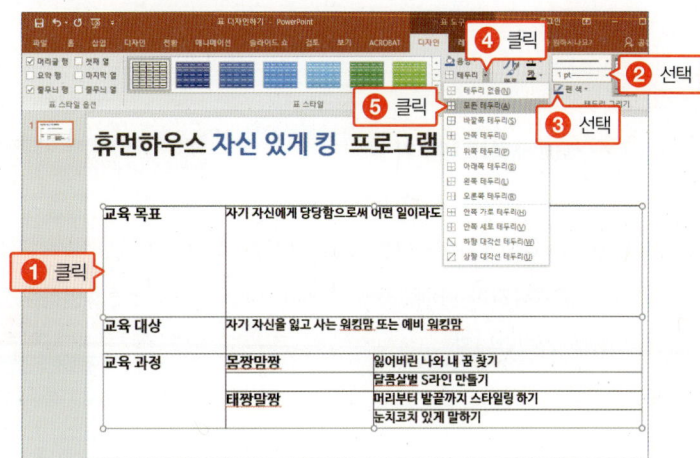

02 표 위쪽 테두리와 아래쪽 테두리 두껍게 하기

❶ 표를 선택합니다. ❷ [표 도구]-[디자인] 탭-[테두리 그리기] 그룹-[펜 두께]-[4.5pt]를 선택하고 [펜 색]은 [진한 파랑, 강조 1]을 선택합니다. ❸ [표 스타일] 그룹-[테두리□]를 클릭하고 ❹ [위쪽 테두리]를 선택합니다. ❺ 다시 [표 스타일] 그룹-[테두리□]를 클릭한 후 ❻ [아래쪽 테두리]를 선택합니다.

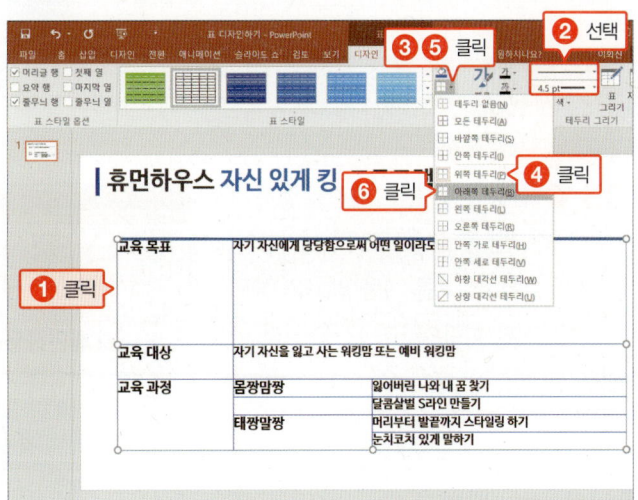

03 표 왼쪽 테두리와 오른쪽 테두리 지우기

❶ [표 도구]-[디자인] 탭-[테두리 그리기] 그룹-[지우개]를 클릭합니다. ❷ 표의 왼쪽 테두리와 오른쪽 테두리를 드래그합니다.

바로 통하는 TIP 지우개로 표의 선을 지울 때 드래그하여 표시되는 지우개의 경로가 점선인 경우에는 선이 지워지지 않습니다. 선 형태일 때만 지워집니다.

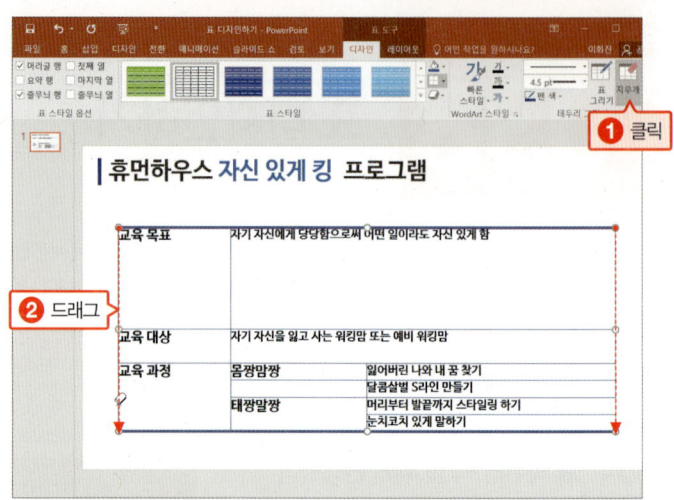

04 셀에 배경색 채우기

❶ 1열을 드래그한 후 ❷ [표 도구]-[디자인] 탭-[표 스타일] 그룹-[음영⋮]을 클릭하고 ❸ [진한 파랑, 강조 1, 40% 더 밝게]를 선택합니다.

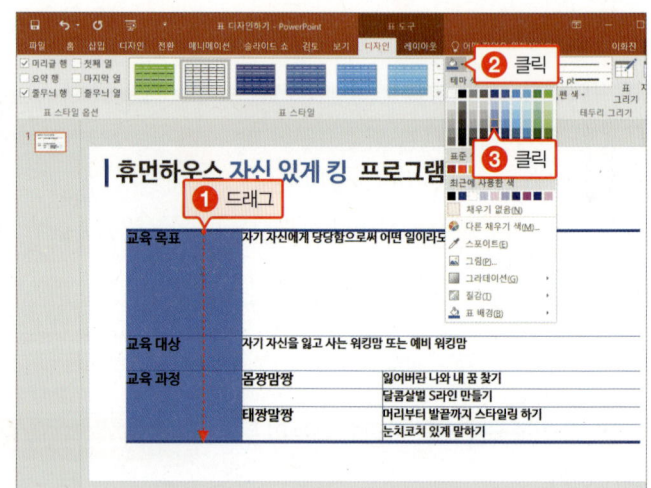

05 ❶ '몸짱맘짱'부터 '태짱말짱'까지 셀을 드래그한 후 ❷ [표 도구]-[디자인] 탭-[표 스타일] 그룹-[음영⋮]을 클릭하고 ❸ [진한 파랑, 강조 1, 60% 더 밝게]를 선택합니다.

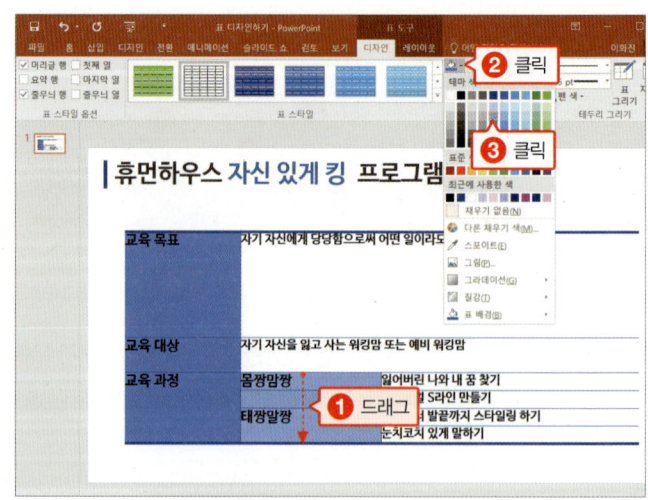

06 셀 병합하기

❶ '몸짱맘짱' 텍스트가 있는 셀부터 그 아래쪽 셀까지 드래그합니다. ❷ [표 도구]-[레이아웃] 탭-[병합] 그룹-[셀 병합]을 클릭합니다.

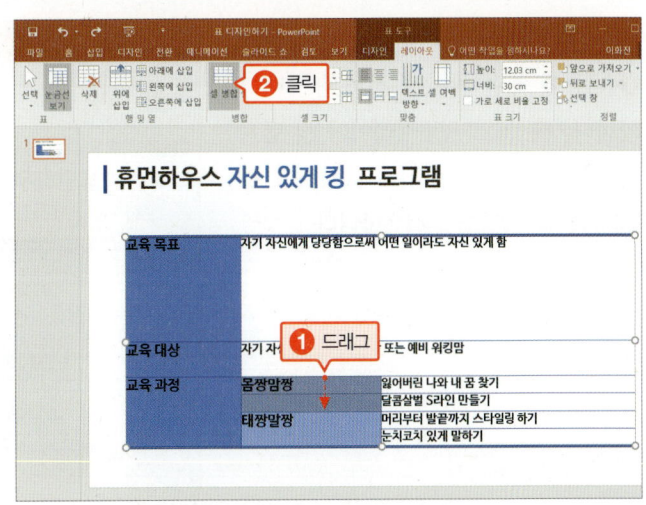

07 셀 안에 텍스트 위치 맞추기

❶ 표 전체를 선택하고 ❷ [표 도구]-[레이아웃] 탭-[맞춤] 그룹-[세로 가운데 맞춤⊟]을 클릭합니다.

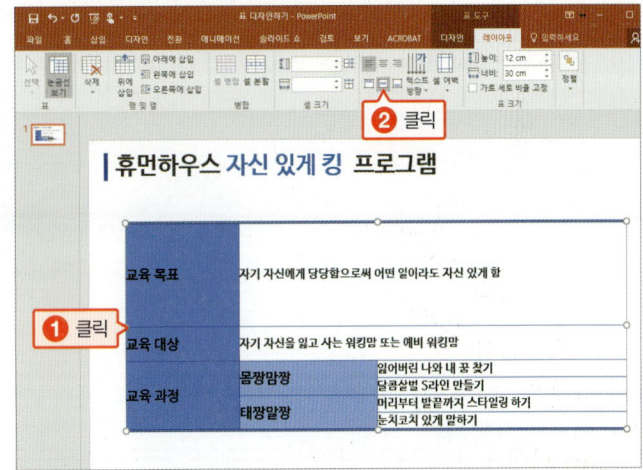

08 ❶ 구분 부분에 해당되는 셀을 Shift 를 누른 상태에서 드래그하고 ❷ [표 도구]-[레이아웃] 탭-[맞춤] 그룹-[가운데 맞춤≡]을 클릭합니다.

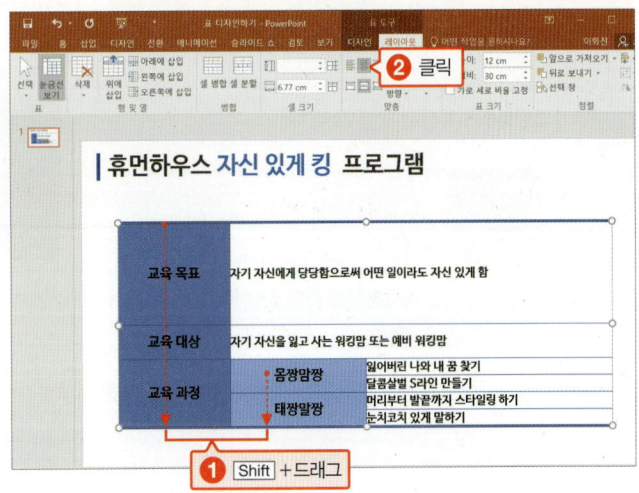

09 셀 여백 지정하기

❶ 내용에 해당하는 셀 전체를 드래그합니다. ❷ [표 도구]-[레이아웃] 탭-[맞춤] 그룹-[셀 여백]을 클릭하고 ❸ [사용자 지정 여백]을 선택합니다.

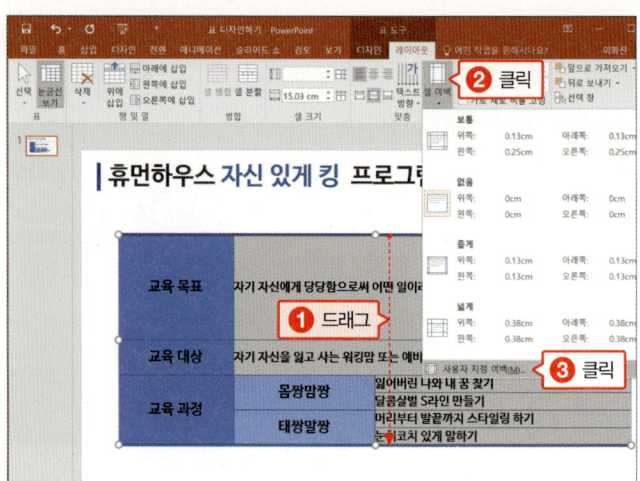

10

❶ [셀 텍스트 레이아웃] 대화상자에서 [안쪽 여백]-[왼쪽으로]에 **0.5**를 입력합니다. ❷ [확인]을 클릭합니다.

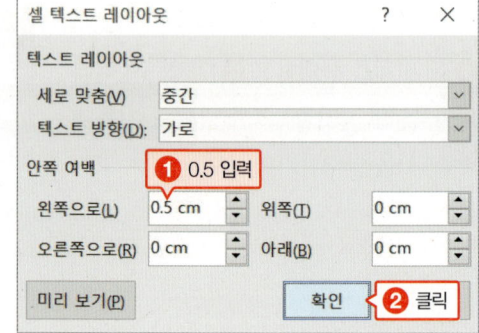

11 행 높이 같게 하기

❶ 1열을 드래그합니다. ❷ [표 도구]-[레이아웃] 탭-[셀 크기] 그룹-[행 높이 같게 ⊞]를 클릭합니다.

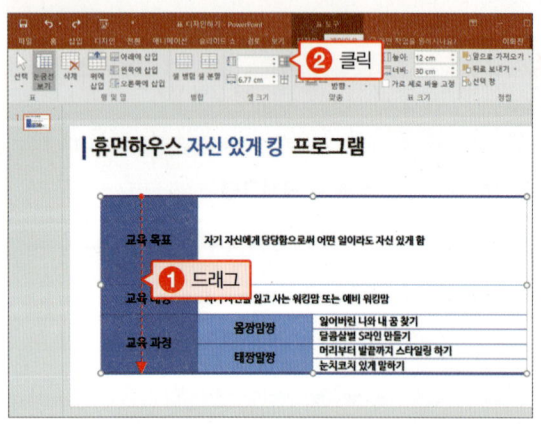

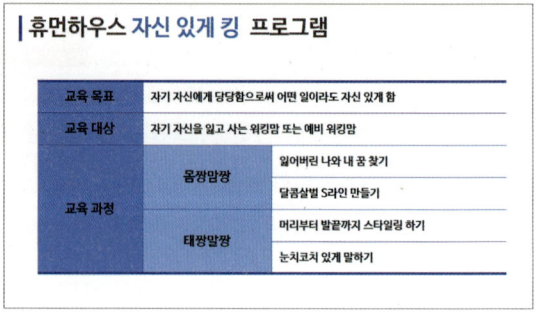

핵심기능실습 039 차트 디자인하기

프레젠테이션에서 수치 정보는 차트로 표현하는 것이 좋습니다. 사용자가 원하는 대로 차트를 디자인해보겠습니다.

실습 파일 | 파워포인트\4장\차트 디자인하기.pptx **완성 파일** | 파워포인트\4장\차트 디자인하기_완성.pptx

---

📢 한눈에 보기 | 차트 구성 요소 살펴보기

차트에는 계열, 축, 범례, 데이터 레이블 등 다양한 구성 요소가 있습니다. 차트를 선택하면 차트 영역 오른쪽에 차트 요소, 차트 스타일, 차트 필터가 표시됩니다. 간편하게 차트 요소를 추가, 제거하거나 차트 스타일을 선택할 수 있습니다. 차트 필터를 사용하면 원하는 데이터만 표시할 수 있습니다.

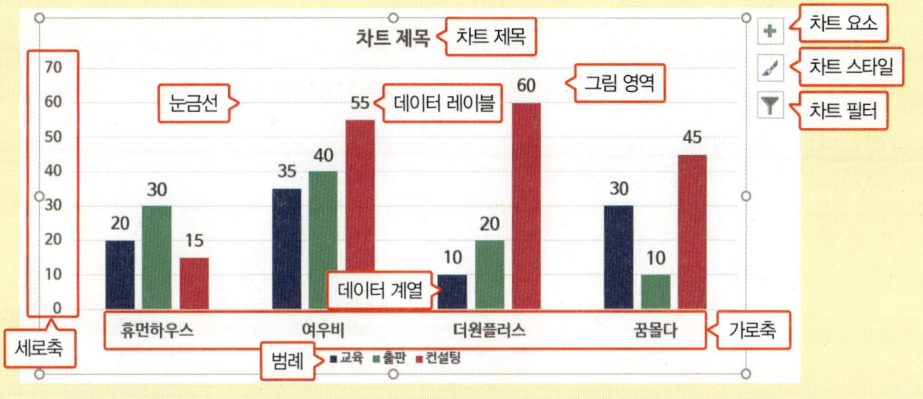

---

01 차트 레이아웃 변경하기

❶ 차트를 선택합니다. ❷ [차트 도구]-[디자인] 탭-[차트 레이아웃] 그룹-[빠른 레이아웃]을 클릭하고 ❸ [레이아웃 4]를 선택합니다.

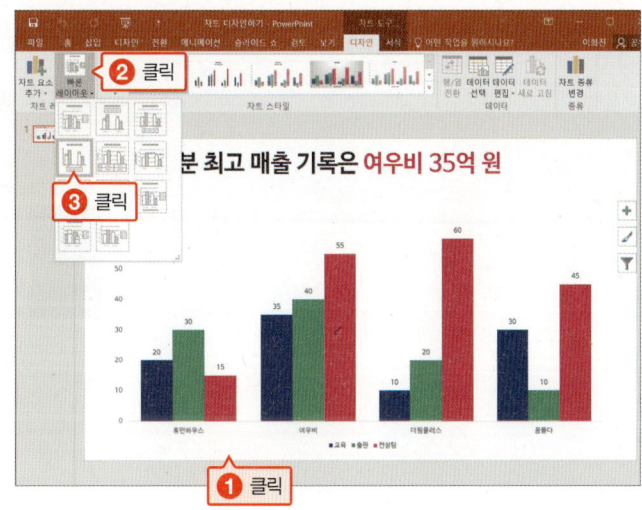

02 차트 범례 및 세로축 없애기

❶ [차트 요소 ➕]를 클릭합니다. ❷ [차트 요소]의 [범례], [축 ▶] – [기본 세로]의 체크 표시를 해제합니다.

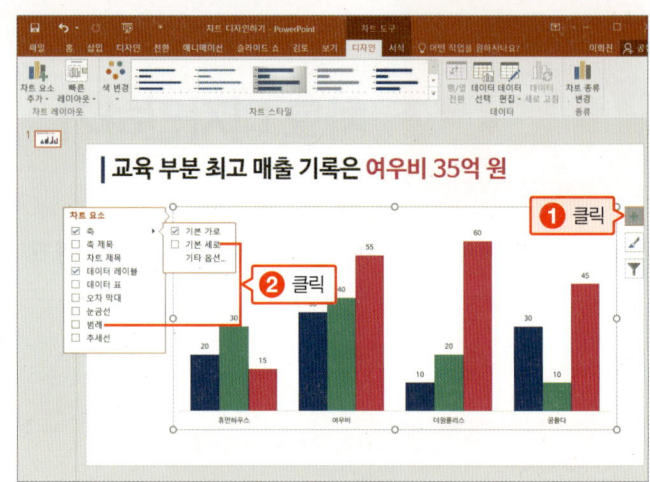

03 원하는 계열만 보이기

[차트 필터]를 이용하면 차트에 표시할 데이터 요소를 간편하게 선택할 수 있습니다. ❶ [차트 필터 ▼]를 클릭하고 ❷ [값]을 클릭합니다. ❸ [계열] 항목 중 [출판], [컨설팅]의 체크 표시를 해제한 후 ❹ [적용]을 클릭합니다.

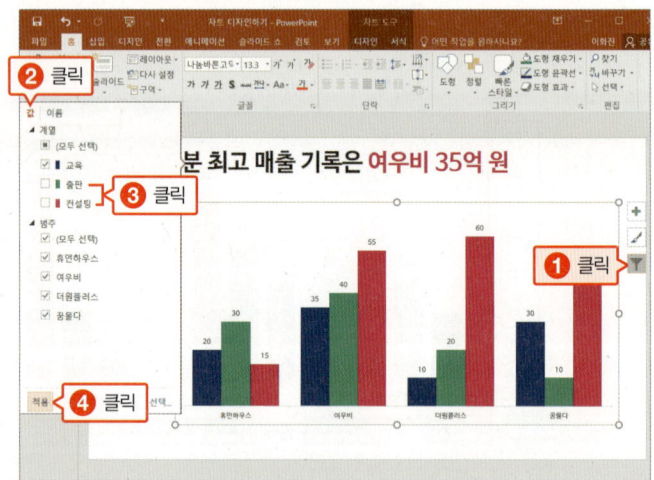

04

[교육]에 해당하는 막대만 표시됩니다.

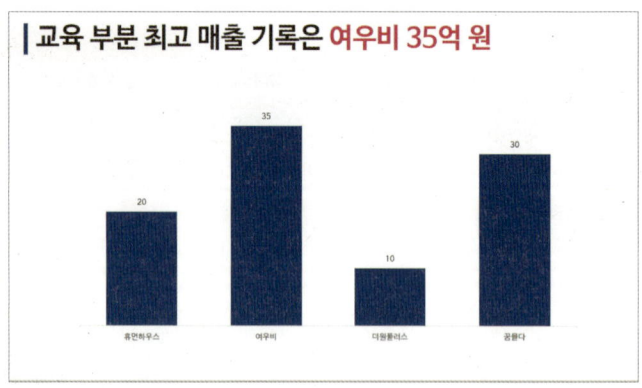

05 차트 종류 변경하기

세로 막대형 차트를 가로 막대형 차트로 변경해보겠습니다. ❶ 차트를 선택하고 ❷ [차트 도구]-[디자인] 탭-[종류] 그룹-[차트 종류 변경]을 클릭합니다. ❸ [차트 종류 변경] 대화상자에서 [가로 막대형]을 선택하고 ❹ [묶은 가로 막대형]을 선택합니다. ❺ [확인]을 클릭합니다.

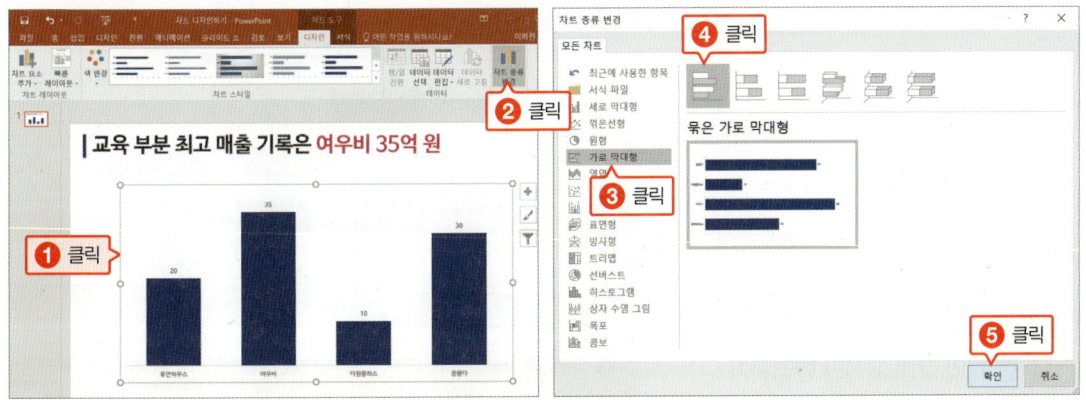

06 항목 글꼴 크기 변경하기

❶ 세로축의 항목을 선택합니다. ❷ [홈] 탭-[글꼴] 그룹-[글꼴 크기]를 [24pt]로 설정하고 ❸ [굵게]를 클릭합니다.

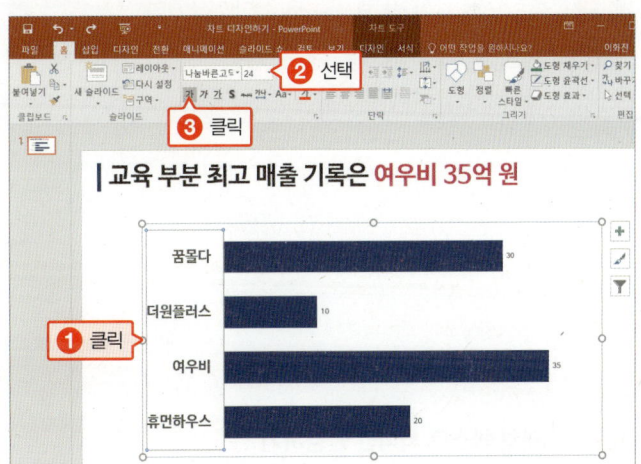

07 세로축 도형 윤곽선 없애기

❶ [차트 도구]-[서식] 탭-[도형 스타일] 그룹-[도형 윤곽선▼]을 클릭하고 ❷ [윤곽선 없음]을 선택합니다.

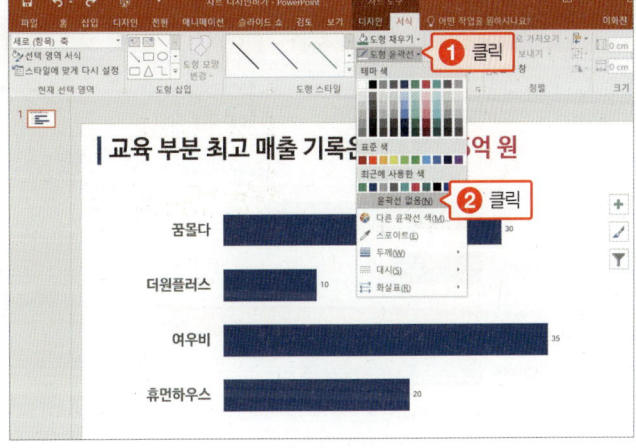

08 데이터 값의 글꼴 크기 변경하기

① 데이터 레이블을 선택합니다. ② [홈]
탭-[글꼴] 그룹-[글꼴 크기]를 [36pt]
로 설정하고 ③ [굵게]를 클릭합니다.

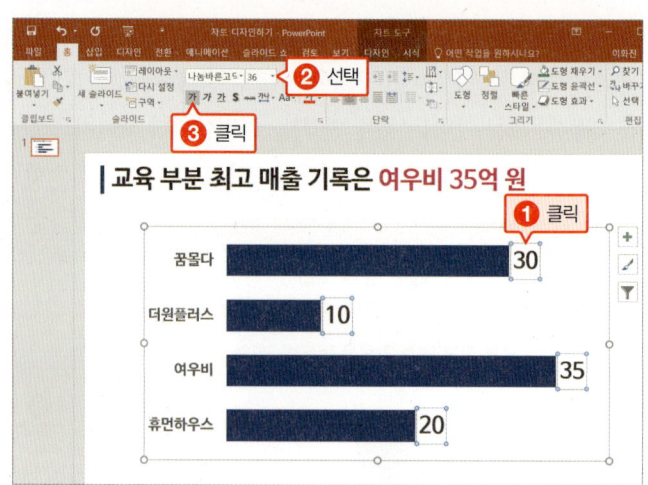

09 한 개의 막대 서식만 변경하기

① 여우비 막대를 두 번 클릭해 선택합니
다. ② [차트 도구]-[서식] 탭-[도형 스타
일] 그룹-[도형 채우기⬇]를 클릭하고
③ [분홍, 강조 3]을 선택합니다.

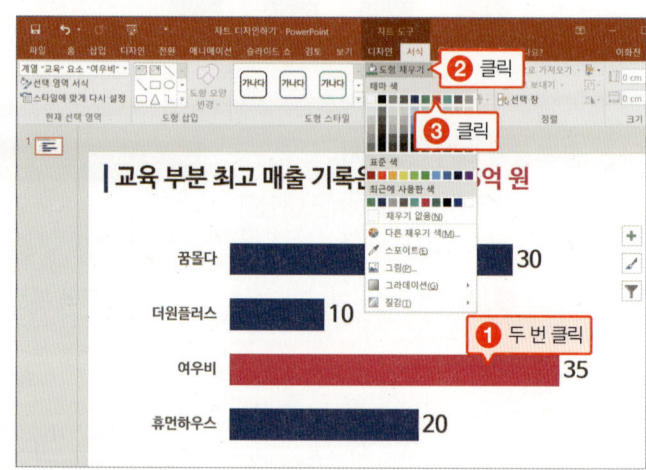

10 한 개의 텍스트 서식만 변경하기

① 여우비의 데이터 레이블을 두 번 클릭합니다. ② [차트 도구]-[서식] 탭-[WordArt 스타일] 그룹-[텍
스트 채우기⬇]를 클릭하고 ③ [분홍, 강조 3]을 선택합니다.

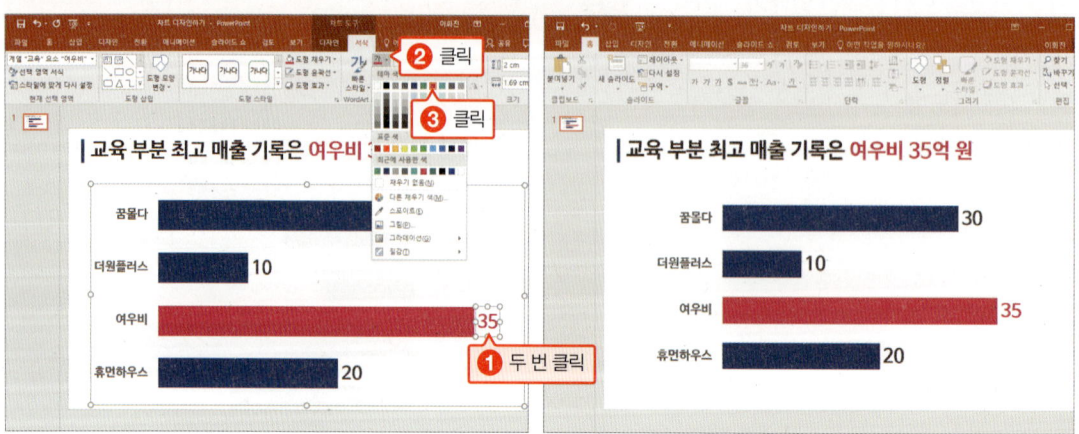

040

잘 만든 차트 서식 저장하고 재활용하기

다양한 서식을 적용해 멋지게 만든 차트를 서식으로 저장하여 언제든 다시 사용할 수 있습니다. 자주 쓰는 차트 서식을 저장하여 재활용하면 작업 시간이 절약됩니다.

실습 파일 | 파워포인트\4장\잘 만든 차트 서식 저장하고 재활용하기.pptx   **완성 파일** | 파워포인트\4장\잘 만든 차트 서식 저장하고 재활용하기_완성.pptx

01 차트 서식 저장하기

❶ [1번 슬라이드]에 있는 차트를 선택한 후 마우스 오른쪽 버튼을 클릭합니다.
❷ [서식 파일로 저장]을 선택합니다.

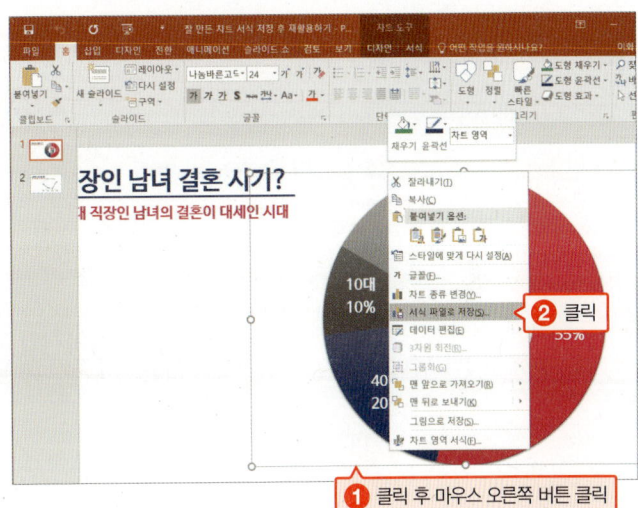

02 ❶ [차트 서식 파일 저장] 대화상자의 [파일 이름]에 **파이 그래프**를 입력하고 ❷ [저장]을 클릭합니다.

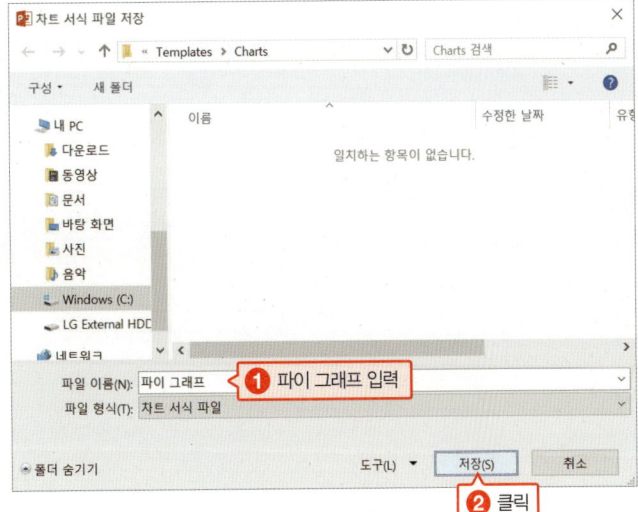

03 저장된 서식 파일 적용하기

❶ [2번 슬라이드]를 선택하고 ❷ 차트를 선택합니다. ❸ [차트 도구] – [디자인] 탭 – [종류] 그룹 – [차트 종류 변경]을 클릭합니다. ❹ [차트 종류 변경] 대화상자에서 [서식 파일]을 선택하고 ❺ [내 서식 파일]에서 [파이 그래프]를 선택한 후 ❻ [확인]을 클릭합니다.

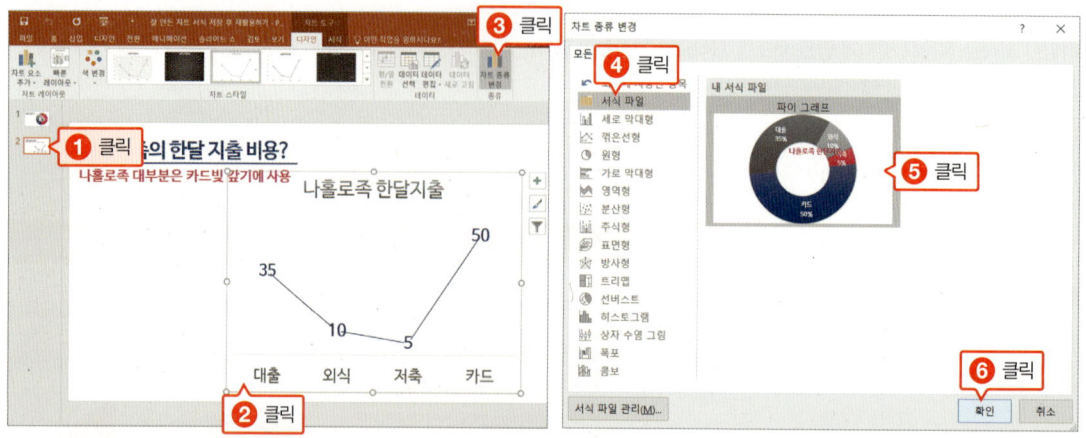

04 저장된 차트 서식 파일이 적용되어 차트 종류가 변경됩니다.

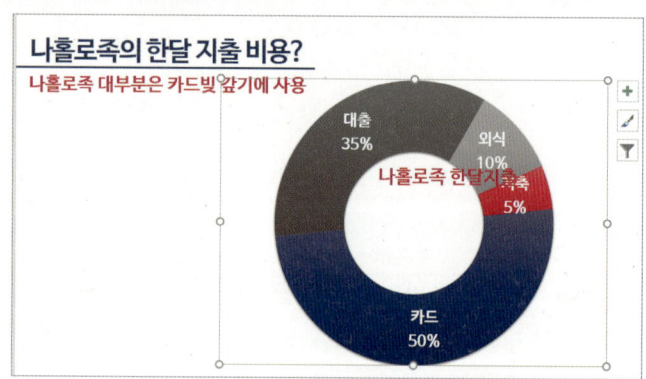

05 내용을 정리하여 보기 좋게 화면을 완성합니다.

실습 파일 | 파워포인트\4장\차트를 활용한 슬라이드 디자인하기.pptx   **완성 파일** | 파워포인트\4장\차트를 활용한 슬라이드 디자인하기_완성.pptx

시간에 따른 데이터의 흐름을 보기 위해서는 꺾은선 그래프를 사용합니다. 이미 주어진 차트가 막대인 경우에는 꺾은선형 차트로 변경하고 차트를 쉽게 이해할 수 있도록 데이터 레이블을 표시해줍니다. 강조하고 싶은 데이터 값은 글꼴 크기를 더 크게 수정합니다. 전달하고자 하는 내용을 차트를 보는 입장에서 쉽게 이해할 수 있도록 꼭 필요한 요소만 남기고 나머지는 삭제하여 차트를 단순하게 변형합니다.

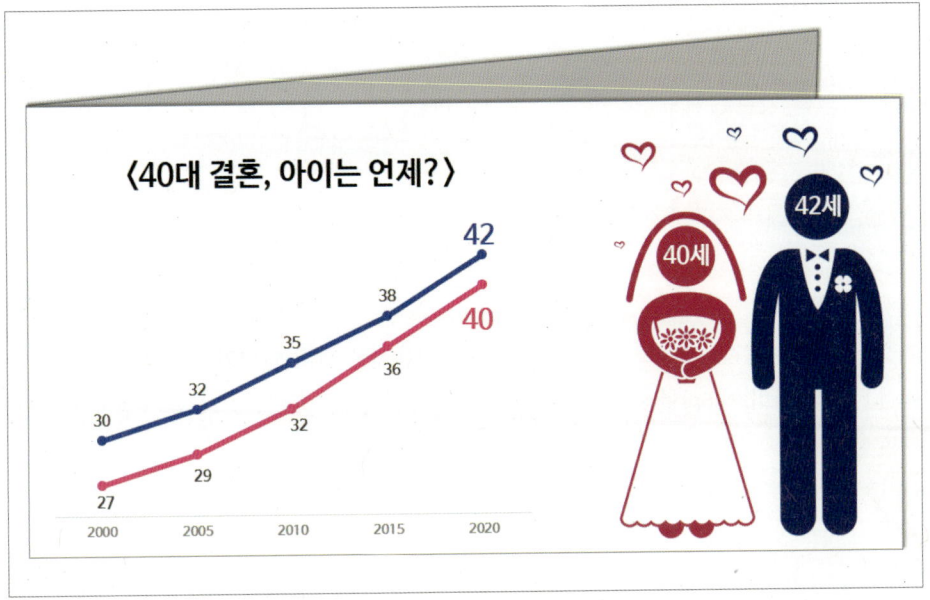

▲ 완성 파일

01 막대형 차트를 꺾은선형 차트로 변경해보겠습니다. 슬라이드의 차트를 선택하고 [차트 도구]-[디자인] 탭-[종류] 그룹-[차트 종류 변경]을 클릭한 후 [차트 종류 변경] 대화상자에서 [표식이 있는 꺾은선형]을 선택합니다.

02 [차트 요소 ➕]를 클릭한 후 [데이터 레이블]에 체크 표시하여 데이터 값을 표시해줍니다.

차트 요소
- ☑ 축
- ☐ 축 제목
- ☐ 차트 제목
- ☑ 데이터 레이블   ▶
- ☐ 데이터 표
- ☐ 오차 막대
- ☑ 눈금선
- ☐ 범례
- ☐ 추세선
- ☐ 양선/음선

03 Y축에서 마우스 오른쪽 버튼 클릭한 후 [축 서식]을 선택하고 [축 서식] 작업 창의 [축 옵션]에서 Y축의 [최소값]에 **25**, [최대값]에 **45**를 입력합니다.

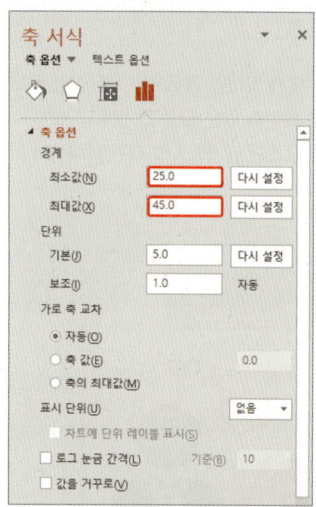

04 차트 영역에서 남자, 여자를 나타내는 두 개의 꺾은선을 각각 클릭한 후 [데이터 계열 서식] 작업 창에서 [선]의 [너비]에 **6pt**를 입력합니다.

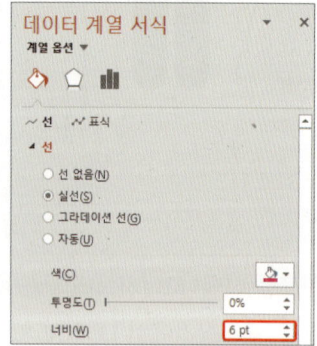

05 차트에서 남자, 여자를 표시하는 [범례]와 나이를 표시하는 [Y축], [눈금선]을 각각 클릭한 후 Delete 를 눌러 삭제합니다.

06 2020년에 해당하는 데이터 레이블을 두 번 클릭하여 글꼴 색과 크기를 변형합니다.

07 [차트 요소 ⊕]를 클릭한 후 [차트 제목]에 체크 표시합니다. **〈40대 결혼, 아이는 언제?〉**를 입력하여 슬라이드를 완성합니다.

핵심기능실습 041

온라인 그림 삽입하기

온라인에서 다양한 그림을 찾아서 슬라이드에 삽입할 수 있습니다. 내용에 적합한 그림을 삽입하면 실제 프레젠테이션을 할 때 내용을 더 잘 전달할 수 있습니다.

실습 파일 | 파워포인트\4장\온라인 그림 삽입하기.pptx **완성 파일** | 파워포인트\4장\온라인 그림 삽입하기_완성.pptx

01 온라인에서 그림 검색하기

❶ [삽입] 탭−[이미지] 그룹−[온라인 그림]을 클릭합니다. ❷ [그림 삽입] 대화상자에서 [Bing 이미지 검색]에 **스마트**를 입력한 후 Enter 를 누릅니다.

02 ❶ 검색 결과 중에서 원하는 그림을 클릭하고 ❷ [삽입]을 클릭합니다. ❸ 슬라이드의 적당한 위치에 배치합니다.

바로 통하는 TIP [온라인 그림]은 Microsoft의 Bing 검색 서비스 실시간 검색 결과입니다. 따라서 핵심기능실습 예제와 다른 이미지가 나올 수 있습니다.

042 그림의 특정 부분만 강조하기

전체 그림 중 특정 부분의 색만 남겨두고 나머지 배경은 회색조로 나타내거나 희미하게 만들어 표현하려는 내용을 강조할 수 있습니다. 이때 강조한 부분을 자연스럽게 표현하려면 그림 주변을 부드럽게 처리해야 합니다.

실습 파일 | 파워포인트\4장\그림의 특정 부분만 강조하기.pptx   **완성 파일** | 파워포인트\4장\그림의 특정 부분만 강조하기_완성.pptx

01 그림을 수평으로 이동 복사하기

그림의 특정 부분만 강조하기 위해 그림을 복사한 후 원본과 겹쳐두고 강조할 부분만 남긴 후 잘라내보겠습니다. ❶ 슬라이드의 그림을 클릭합니다. ❷ 그림을 수평 복사하기 위해 Ctrl + Shift 를 누른 상태에서 왼쪽으로 드래그합니다.

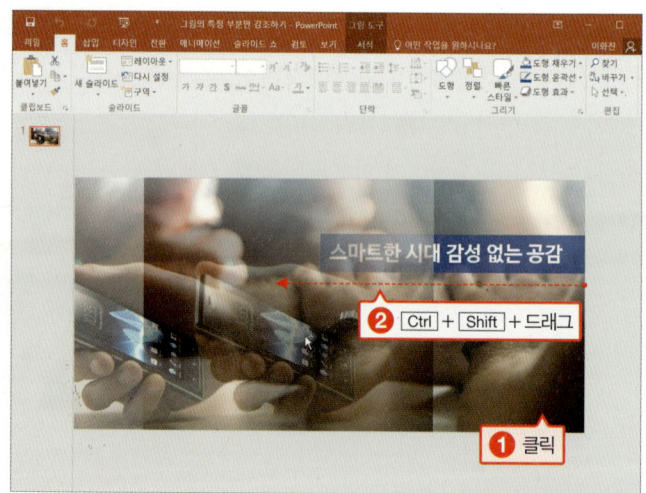

02 그림 색 변경하기

❶ 원본 그림을 선택합니다. ❷ [그림 도구]–[서식] 탭–[조정] 그룹–[색]을 클릭하고 ❸ [다시 칠하기]에서 [회색조]를 선택합니다.

바로 통하는 TIP 원본에 회색조를 적용하면 강조할 부분과 겹쳐두었을 때 주변부가 회색으로 표시되어 강조할 부분이 더욱 눈에 띕니다.

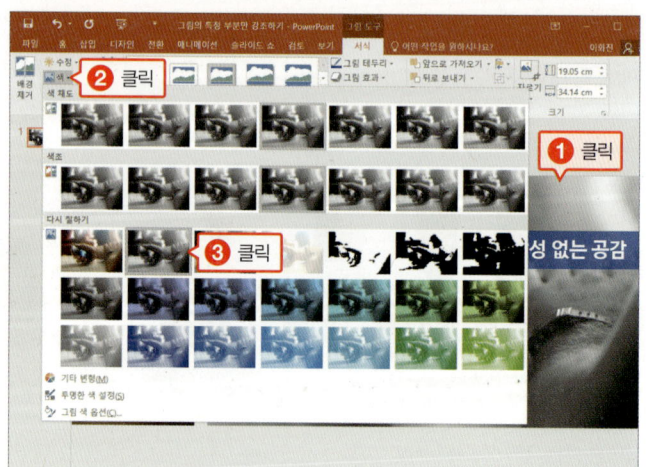

03 그림에서 원하는 부분만 남기고 자르기

❶ 복사한 그림을 원본과 겹치도록 드래그합니다. ❷ [그림 도구]-[서식] 탭-[크기] 그룹-[자르기]를 클릭합니다. ❸ 강조하고 싶은 부분만 남도록 그림 테두리에 생긴 꺽쇠를 드래그해 크기를 조절한 후 ❹ [자르기]를 클릭합니다.

바로 통하는 TIP 스마트 가이드 기능을 이용하면 복사한 그림과 원본 그림을 정확히 겹칠 수 있습니다.

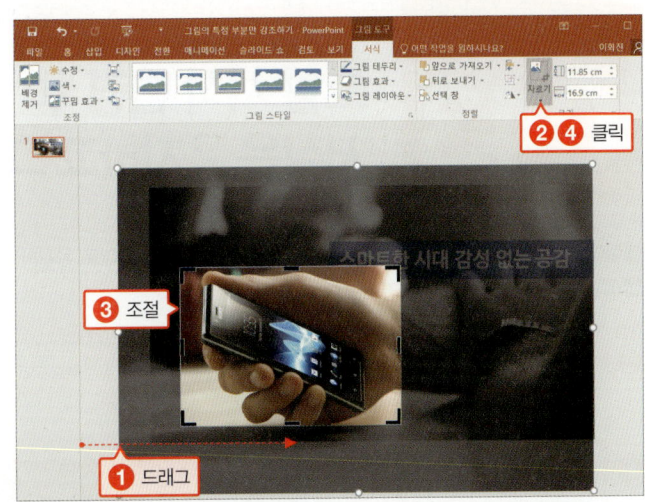

바로 통하는 TIP 잘라낸 그림을 텍스트 박스 아래에 배치하려면 마우스 오른쪽 버튼을 클릭한 후 [맨 뒤로 보내기]-[뒤로 보내기🖼]를 선택합니다.

04 잘린 그림의 주변을 부드럽게 처리하기

잘린 그림과 회색조로 변경한 원본 그림의 경계가 자연스럽지 않습니다. 잘린 그림의 주변을 부드럽게 처리해 원본 배경과 자연스럽게 어울리도록 수정해보겠습니다. ❶ 잘린 그림을 선택합니다. ❷ [그림 도구]-[서식] 탭-[그림 스타일] 그룹-[그림 효과]를 클릭하고 ❸ [부드러운 가장자리]-[50 포인트]를 선택합니다.

05 전체 그림 중 특정 부분의 색이 자연스럽게 강조되었습니다.

043 그림 서식 변경 후 서식은 유지하고 그림만 변경하기

테두리 및 그림자, 반사와 같은 그림 서식을 변경한 후 서식은 그대로 유지하고 그림만 변경할 수 있습니다. 다른 여러 개의 그림을 같은 서식으로 표현할 때 유용합니다.

실습 파일 | 파워포인트\4장\그림 서식 변경 후 서식은 유지하고 그림만 변경하기.pptx
완성 파일 | 파워포인트\4장\그림 서식 변경 후 서식은 유지하고 그림만 변경하기_완성.pptx

01 그림 테두리 색 변경하기

❶ 슬라이드에 있는 첫 번째 그림을 선택합니다. ❷ [그림 도구]-[서식] 탭-[그림 스타일] 그룹-[그림 테두리▣]를 클릭하고 ❸ [흰색, 배경 1]을 선택합니다.

02 그림 테두리 두께 변경하기

❶ [그림 도구]-[서식] 탭-[그림 스타일] 그룹-[그림 테두리]를 클릭하고 ❷ [두께]-[다른 선]을 선택합니다. ❸ [그림 서식] 작업 창에서 [선]-[너비]에 **20 pt**를 입력합니다.

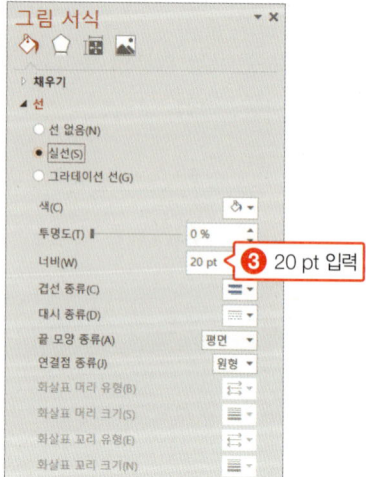

03 그림에 그림자 적용하기

❶ [그림 서식] 작업 창에서 [효과⬠] – [그림자]를 선택합니다. ❷ [미리 설정]을 클릭하고 ❸ [바깥쪽] – [오프셋 가운데]를 선택합니다.

04 그림 서식 복사하고 붙여넣기

❶ 서식이 적용된 그림을 선택하고 ❷ [홈] 탭 – [클립보드] 그룹 – [서식 복사]를 더블클릭합니다. ❸ 마우스 포인터가 페인트 붓🖌 모양이 되면 서식을 붙여 넣을 그림을 각각 선택합니다.

바로 통하는 TIP [서식 복사]를 작업을 중지하려면 ESC 를 누릅니다.

05 다른 그림으로 변경하기

그림에 적용한 서식은 유지한 채 그림만 변경해보겠습니다. ❶ 변경할 그림을 선택합니다. ❷ [그림 도구] – [서식] 탭 – [조정] 그룹 – [그림 바꾸기🖼]를 클릭합니다.

06 ❶ [그림 삽입] 대화상자에서 [파일에서] – [찾아보기]를 클릭합니다. ❷ [그림 삽입] 대화상자에서 [사과.jpg]를 선택하고 ❸ [삽입]을 클릭합니다.

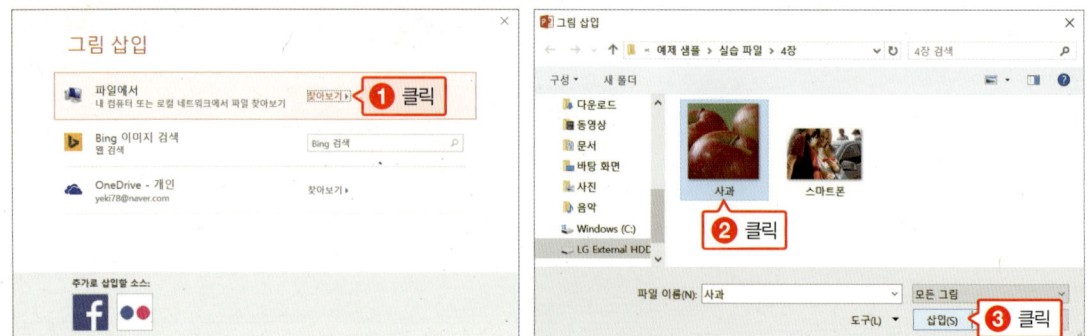

07 서식은 그대로 유지한 채 그림이 바뀌었습니다.

그림에서 불필요한 부분 제거하기

그림에서 불필요한 부분을 제거하여 그림을 슬라이드와 어울리게 표현할 수 있습니다. 그림에서 제거하는 부분과 남기는 부분의 색 구분이 분명할 때 [배경 제거] 기능이 더 깔끔하게 적용됩니다.

실습 파일 | 파워포인트\4장\그림에서 불필요한 부분 제거하기.pptx　**완성 파일** | 파워포인트\4장\그림에서 불필요한 부분 제거하기_완성.pptx

01 배경 제거하기

그림에서 불필요한 배경이 있으면 슬라이드가 복잡해 보이므로 이를 제거해보겠습니다. ❶ 슬라이드의 그림을 선택하고 ❷ [그림 도구]-[서식] 탭-[조정] 그룹-[배경 제거]를 클릭합니다.

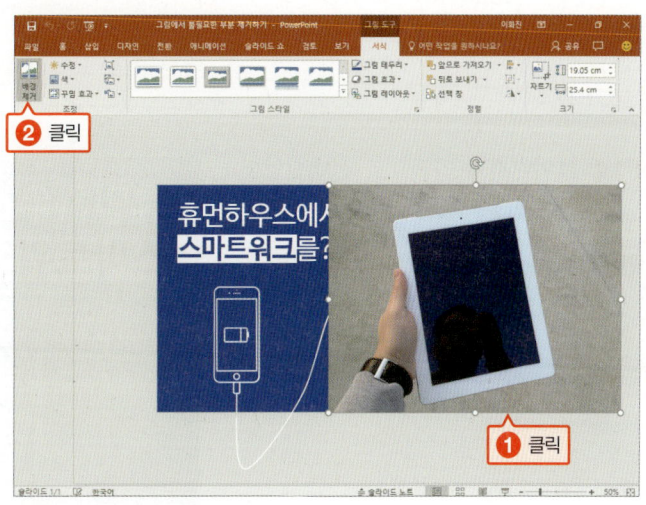

02
보라색으로 선택된 그림이 제거될 부분입니다. 그림에서 불필요한 부분만 선택되도록 조절해보겠습니다. ❶ [배경 제거] 탭-[고급 검색] 그룹-[보관할 영역 표시]를 클릭합니다. ❷ 마우스 포인터가 연필 ✎ 모양으로 바뀌면 보라색 부분에서 남기고 싶은 부분을 드래그하여 본래 이미지 색이 나오도록 합니다.

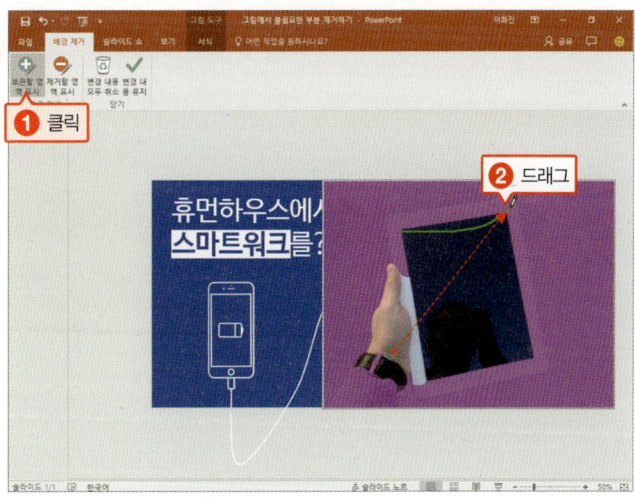

바로 통하는 TIP 그림에서 제거할 영역을 표시하고 싶을 때는 [제거할 영역 표시]를 클릭합니다. 마우스 포인터가 연필 모양으로 바뀌면 드래그하여 제거할 영역을 표시합니다.

03 그림에서 남기고 싶은 부분만 본래 이미지 색이 되었다면 [배경 제거] 탭 –[닫기] 그룹–[변경 내용 유지]를 클릭합니다.

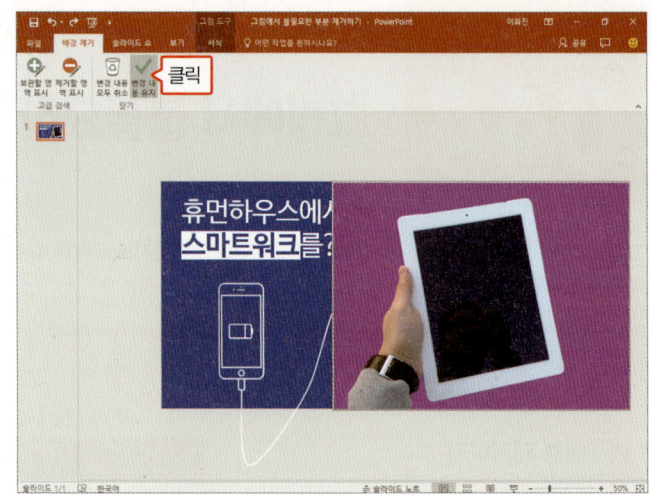

04 그림에서 보라색으로 선택되었던 부분이 제거되고 프레젠테이션에 필요한 그림만 남습니다.

045

그림을 원하는 모양으로 자르고
용량 줄이기

그림 자르기 기능을 사용하면 그림에서 필요한 부분만 잘라내어 표시할 수 있습니다. 그림을 자를 때는 다양한 도형 모양으로 자를 수 있으며 잘라낸 그림의 남은 부분만 문서에 저장하여 파일의 용량을 가볍게 줄일 수 있습니다.

실습 파일 | 파워포인트\4장\그림을 원하는 모양으로 자르고 용량 줄이기.pptx
완성 파일 | 파워포인트\4장\그림을 원하는 모양으로 자르고 용량 줄이기_완성.pptx

01 그림 삽입하기

❶ [삽입] 탭-[이미지] 그룹-[그림]을
클릭합니다. ❷ [그림 삽입] 대화상자에
서 [스마트폰.jpg]를 선택한 후 ❸ [삽입]
을 클릭합니다.

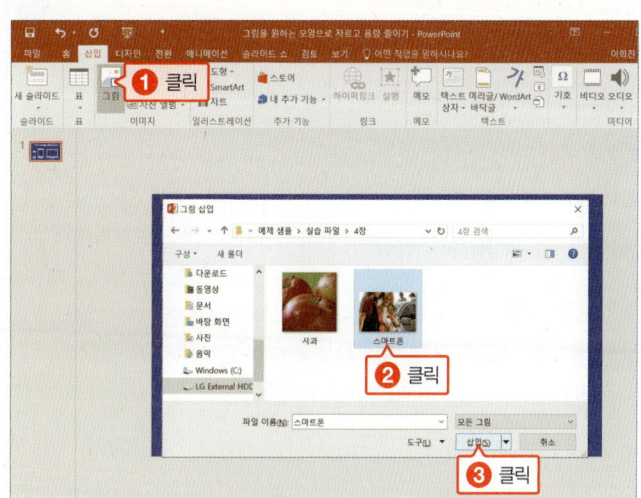

02 그림 자르기

❶ 슬라이드에 삽입된 그림을 선택하
고 ❷ [그림 도구]-[서식] 탭-[크기] 그
룹-[자르기]를 클릭합니다. ❸ 꺾쇠 모
양의 자르기 핸들을 드래그해 원하는 부
분만 남도록 영역을 조정합니다. ❹ 그
림 외의 부분을 클릭합니다.

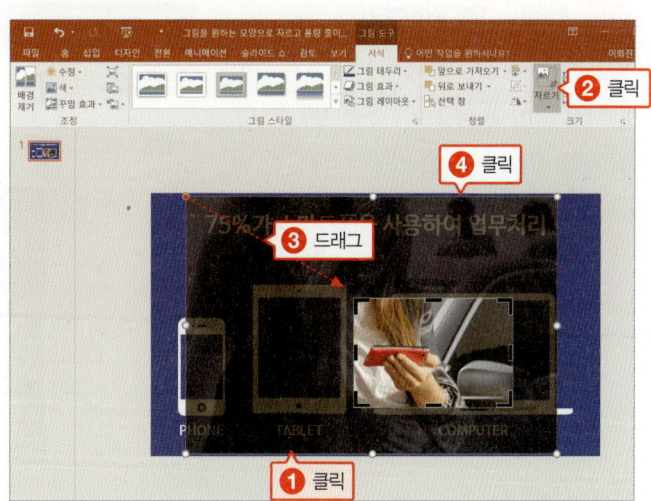

그림에서 필요한 부분만 남습니다.

바로 통하는 TIP 직사각형이 아닌 다른 모양으로 자르
려면 [그림 도구]-[서식] 탭-[크기] 그룹-[자르기]를
클릭한 후 [도형에 맞춰 자르기]에서 원하는 모양을 선택
합니다.

03 잘려진 그림 부분을 문서에서 완전히 삭제하여 보이는 부분만 유지해 문서의 용량을 줄여보겠습니다. ❶ 자르고 남은 부분의 그림을 선택하고 ❷ [그림 도구]-[서식] 탭-[조정] 그룹-[그림 압축ﬂ]을 클릭합니다.

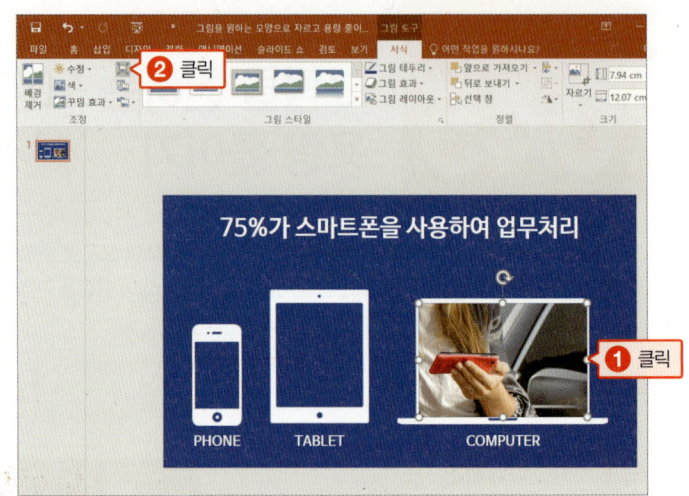

04 ❶ [그림 압축] 대화상자의 [압축 옵션]에서 [이 그림에만 적용]과 [잘려진 그림 영역 삭제]에 각각 체크 표시하고 ❷ [확인]을 클릭합니다.

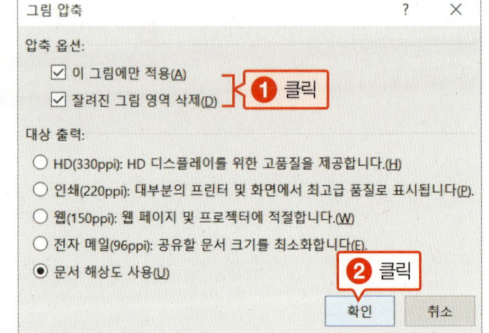

바로 통하는 TIP 파워포인트에서 자르기를 하면 슬라이드에서만 보이지 않는 것이므로 그림의 원본은 유지되고 용량 역시 그대로입니다. 용량을 줄이려면 [그림 압축]을 사용해 잘린 부분을 완전히 없애야 합니다.

05 압축한 그림 저장하기

원본 그림과 용량 차이를 비교하기 위해 잘려진 그림을 저장해보겠습니다. ❶ 그림을 선택합니다. ❷ 마우스 오른쪽 버튼을 클릭하고 ❸ [그림으로 저장]을 선택합니다.

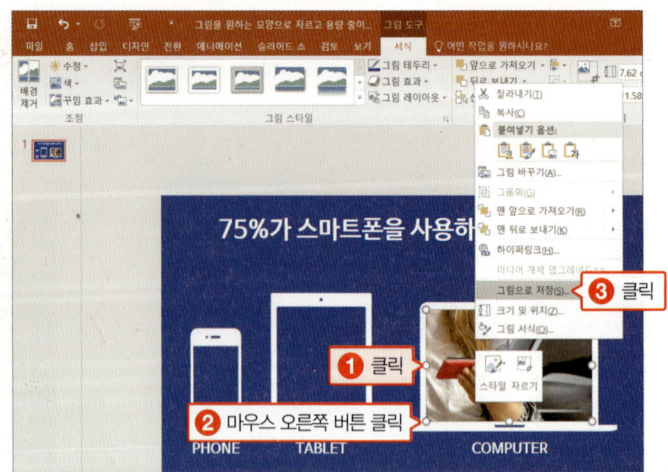

06 ❶ [그림으로 저장] 대화상자에서 [파일 이름]에 **스마트폰 정보**를 입력하고 ❷ [저장]을 클릭합니다.

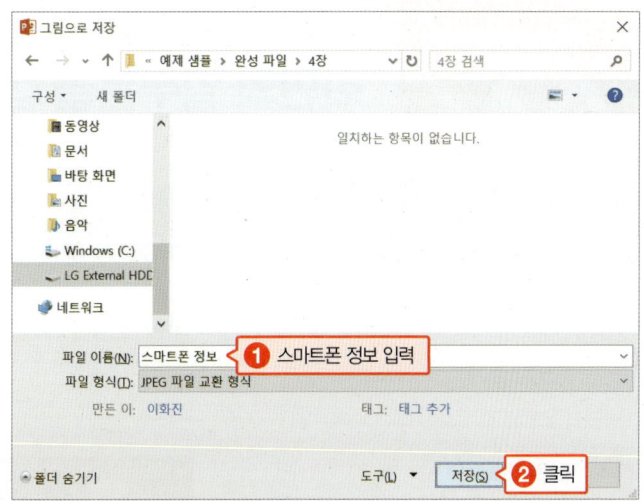

07 용량을 비교해보면 원본 그림 [스마트폰.jpg]는 6.21MB이고, 불필요한 부분을 자르고 크기를 줄인 그림 [스마트폰 정보.jpg]는 61.6KB로 용량이 크게 줄어들었습니다.

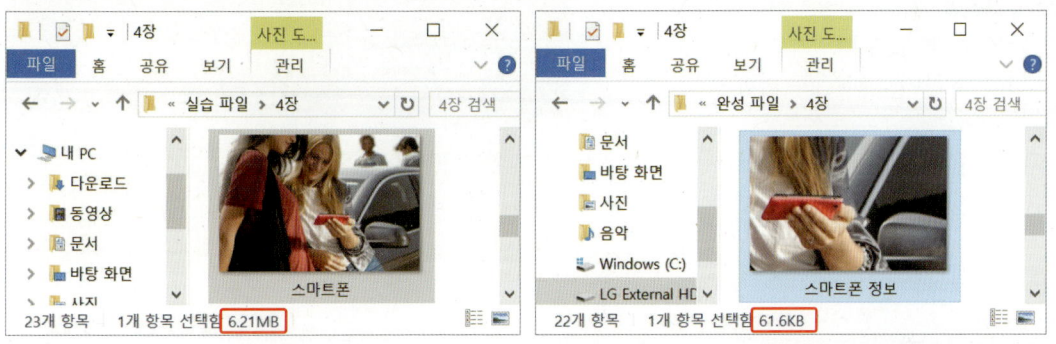

08 크기를 줄인 그림의 테두리 및 그림자를 적용하여 서식을 변경합니다. 옆으로 두 개를 더 복사한 후 화면에 어울리게 배치하여 슬라이드를 완성합니다.

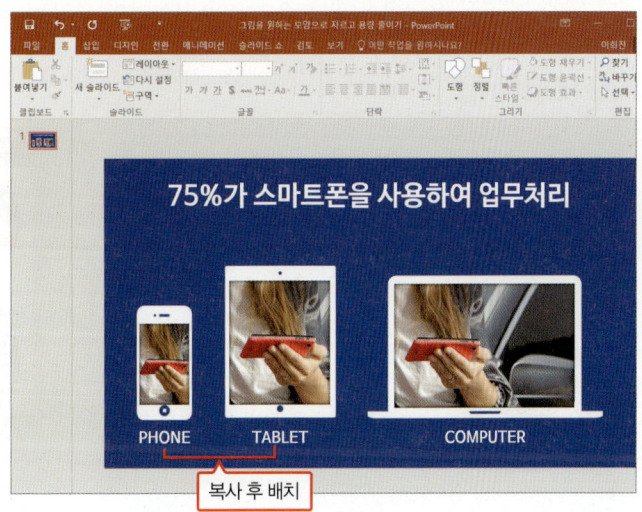

핵심기능실습 046

화면의 일부분을 캡처하여 슬라이드에 추가하기

현재 열려 있는 모든 창을 빠르게 캡처하여 파워포인트 슬라이드에 추가할 수 있습니다. 또한 열려 있는 창의 일부분만을 캡처하여 파워포인트 슬라이드에 가져올 수도 있습니다.

실습 파일 | 파워포인트\4장\화면의 일부분을 캡처하여 슬라이드에 추가하기.pptx
완성 파일 | 파워포인트\4장\화면의 일부분을 캡처하여 슬라이드에 추가하기_완성.pptx

01 화면 캡처하기

❶ [삽입] 탭 - [이미지] 그룹 - [스크린샷]을 클릭하고 ❷ [화면 캡처]를 선택합니다. 캡처할 웹 화면을 선택합니다.

바로 통하는 TIP [스크린샷] 기능은 현재 PC에 열려 있는 화면을 캡처하는 기능입니다. 꼭 웹 화면이 아니더라도 다른 화면으로 핵심기능실습을 진행할 수 있습니다.

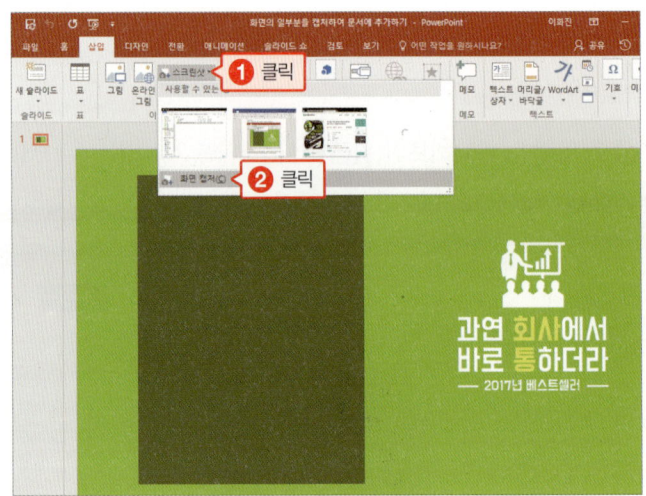

02

파워포인트를 실행하기 직전의 화면으로 바뀌었다가 화면이 흐린 상태로 변경됩니다. ❶ 이 상태에서 마우스 포인터가 십자형 ✚ 모양으로 바뀌면 캡처하려는 영역을 드래그합니다. 영역을 지정하여 캡처한 부분이 슬라이드에 추가됩니다. ❷ 추가된 캡처 이미지는 화면에 어울리게 크기를 조절하고 적당한 위치에 배치합니다.

프레젠테이션에 멀티미디어 삽입 및 서식 지정하기

프레젠테이션에서 오디오와 비디오는 내용을 역동적으로 만들어줍니다. 단순히 슬라이드에 오디오와 비디오를 삽입하는 것뿐만 아니라 특정 부분만 실행하는 것도 가능합니다. 또한 책갈피 기능을 사용하여 원하는 부분에 표시할 수 있습니다. 오디오를 원하는 슬라이드까지만 재생할 수 있으며 비디오는 마치 그림처럼 모양이나 색을 변경할 수도 있습니다. 다만, 비디오의 경우에는 지나치게 변형하여 내용을 왜곡하지 않도록 주의해야 합니다.

047

핵심기능실습

오디오 클립 삽입 후
특정 슬라이드까지 실행하기

오디오를 삽입한 슬라이드부터 특정 슬라이드까지 슬라이드 쇼가 실행되는 동안 오디오 파일을 재생할 수 있습니다. 이를 제어하려면 오디오 클립의 사용자 지정 애니메이션에서 효과 옵션을 지정해야 합니다.

실습 파일 | 파워포인트\5장\오디오 클립 삽입 후 특정 슬라이드까지 실행하기.pptx
완성 파일 | 파워포인트\5장\오디오 클립 삽입 후 특정 슬라이드까지 실행하기_완성.pptx

01 오디오 클립 삽입하기

슬라이드 쇼를 실행했을 때 특정 슬라이드에서 배경 음악이 재생되도록 오디오 클립을 삽입해보겠습니다. ❶ [1번 슬라이드]를 선택합니다. ❷ [삽입] 탭-[미디어] 그룹-[오디오]를 클릭하고 ❸ [내 PC의 오디오]를 선택합니다.

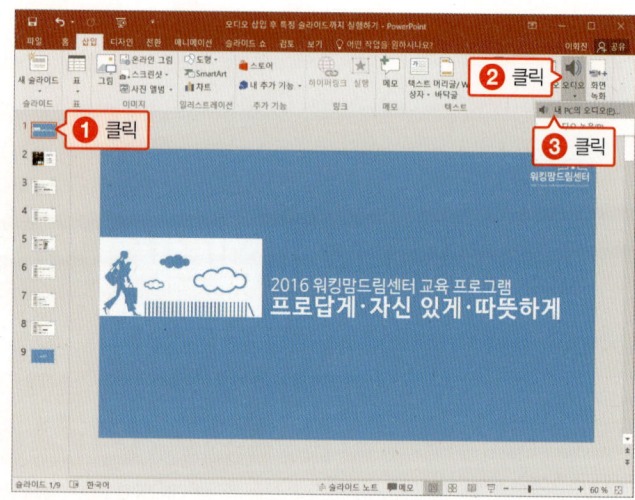

02

❶ [오디오 삽입] 대화상자가 열리면 파워포인트 폴더에서 [배경음악.mp3]를 선택하고 ❷ [삽입]을 클릭합니다.

바로 통하는 TIP [오디오 삽입] 대화상자의 [삽입] 옆에 있는 목록 버튼⊡을 클릭하면 삽입 관련 옵션을 지정할 수 있습니다.

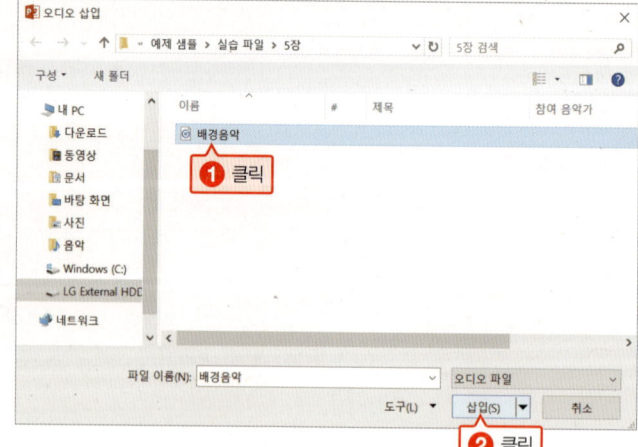

03 삽입한 오디오 클립에서 스피커 모양의 아이콘을 드래그하여 슬라이드 영역 밖 오른쪽 위로 이동합니다.

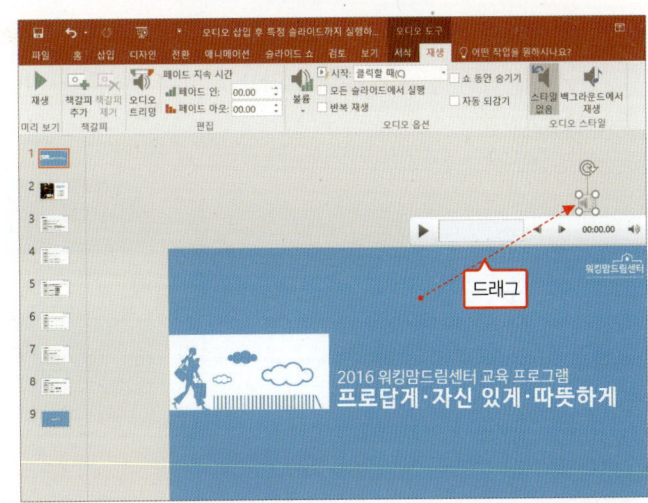

04 슬라이드 쇼 실행 시 오디오 클립 자동 실행하기

슬라이드 쇼가 시작될 때 오디오 클립이 자동으로 실행되도록 설정해보겠습니다. ❶ 오디오 클립을 선택합니다. ❷ [오디오 도구]−[재생] 탭−[오디오 옵션] 그룹−[시작] 목록을 클릭하고 ❸ [자동 실행]을 선택합니다.

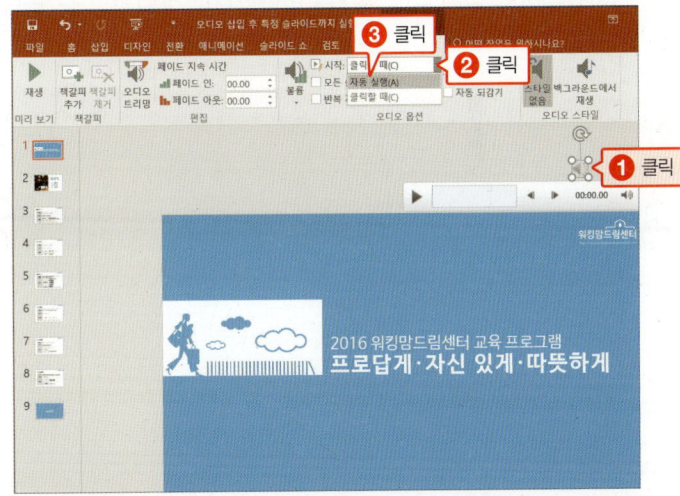

05 오디오 클립을 [2번 슬라이드]까지 실행하기

[애니메이션] 탭−[고급 애니메이션] 그룹에서 [애니메이션 창]을 클릭합니다.

06 ❶[애니메이션 창]에서 [오디오 클립 목록▼]을 클릭하고 ❷[효과 옵션]을 선택합니다.

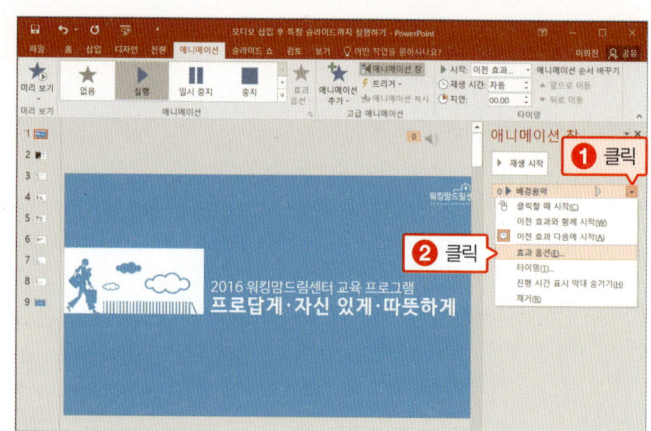

07 ❶[오디오 재생] 대화상자의 [효과] 탭에서 [재생 중지]-[지금부터]를 선택하고 ❷2를 입력합니다. ❸[확인]을 클릭합니다.

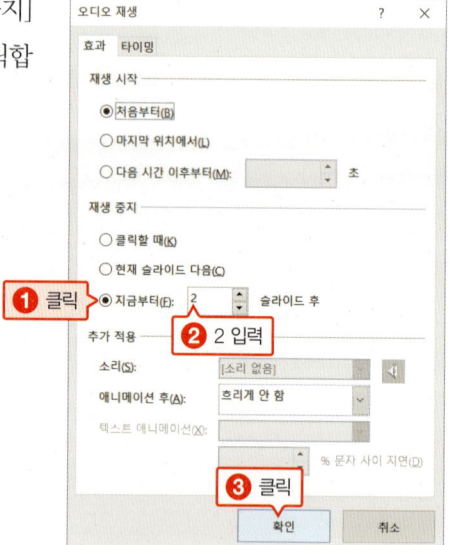

08 슬라이드 쇼 실행하기

[슬라이드 쇼] 탭-[슬라이드 쇼 시작] 그룹-[처음부터]를 클릭합니다. 슬라이드 쇼가 실행되면 오디오도 함께 실행됩니다. 실행되는 슬라이드부터 두 번째에 해당하는 [2번 슬라이드]까지 오디오 클립이 계속 실행되다가 세 번째인 [3번 슬라이드]에서 재생이 중지됩니다.

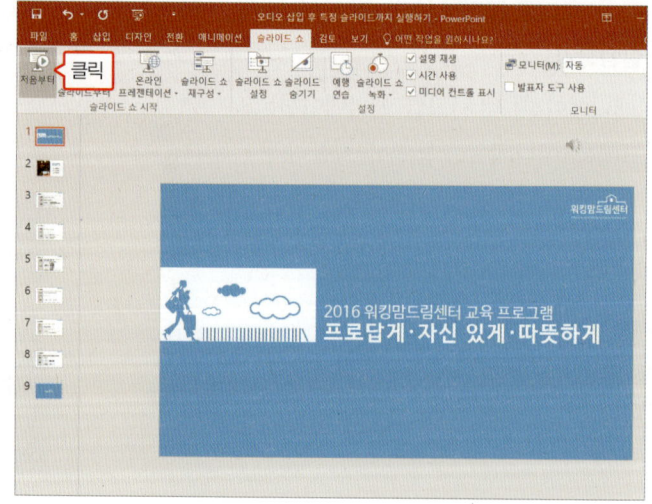

바로 통하는 TIP 빠른 실행 도구 모음에 있는 [슬라이드 쇼]를 클릭하거나 F5 를 누르면 처음부터 슬라이드 쇼가 실행됩니다.

048

전체 오디오 클립 중
원하는 부분만 남기기

슬라이드 내용과 관계없는 설명이 있거나 시간에 맞춰 오디오 길이를 줄여야 하는 경우에는 오디오 클립을 트리밍합니다. 이를 이용해 오디오의 시작과 종료 시간을 사용자가 지정할 수 있습니다.

실습 파일 | 파워포인트\5장\전체 오디오 클립 중 원하는 부분만 남기기.pptx
완성 파일 | 파워포인트\5장\전체 오디오 클립 중 원하는 부분만 남기기_완성.pptx

01 오디오 클립 트리밍하기

❶ [2번 슬라이드]를 선택하고 ❷ 슬라이드에 있는 오디오 클립을 선택합니다. ❸ [오디오 도구]-[재생] 탭-[편집] 그룹-[오디오 트리밍]을 클릭합니다.

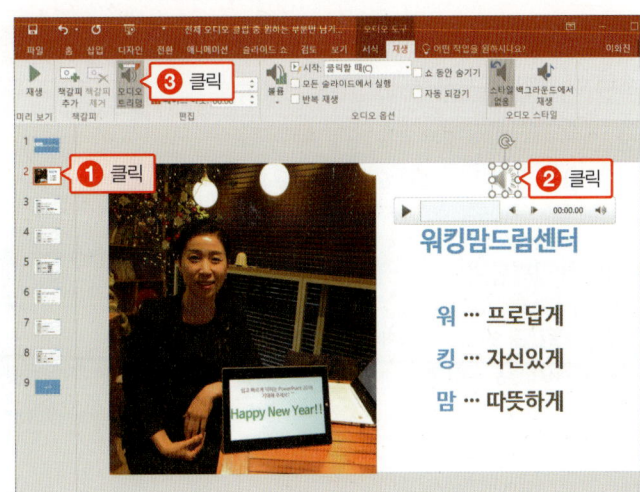

02 시작과 종료 지점 지정하기

❶ [오디오 맞추기] 대화상자에서 오디오 클립의 처음을 트리밍하기 위해 [시작 지점]을 [01:30]으로 드래그해 설정합니다. ❷ 오디오 클립의 끝을 트리밍하기 위해 [종료 지점]을 [02:30]으로 드래그해 설정합니다. ❸ [확인]을 클릭합니다. 오디오를 실행하여 확인합니다.

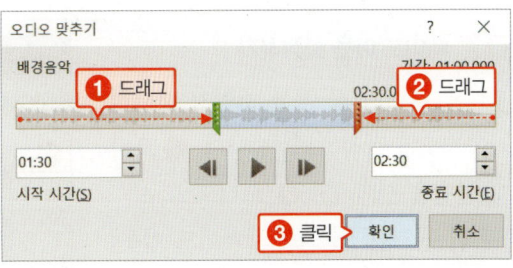

바로 통하는 TIP 트리밍을 위해 직접 시작 시간과 종료 시간을 입력하여 설정할 수도 있습니다. 이때 오디오 클립을 미리 재생하여 시작, 종료 시간을 확인한 후 트리밍 작업을 하면 효과적입니다.

부드럽게 시작하고 끝나는
오디오 클립 만들기

오디오를 편집할 때는 [페이드 인/아웃] 기능을 가장 많이 사용합니다. 오디오 클립의 소리가 점점 커지면서 시작하고 점점 작아지면서 부드럽게 종료되는 효과를 만들 수 있습니다.

실습 파일 | 파워포인트\5장\부드럽게 시작하고 끝나는 오디오 클립 만들기.pptx
완성 파일 | 파워포인트\5장\부드럽게 시작하고 끝나는 오디오 클립 만들기_완성.pptx

01 페이드 인 설정하기

오디오 클립의 시작 부분 소리가 서서히 커지도록 설정해보겠습니다. ❶ 오디오 클립을 선택하고 ❷ [오디오 도구]-[재생] 탭-[편집] 그룹-[페이드 인]에 01.00을 입력합니다.

> **바로 통하는 TIP** 오디오 클립을 재생하려면 오디오 컨트롤에서 재생 버튼을 누릅니다.

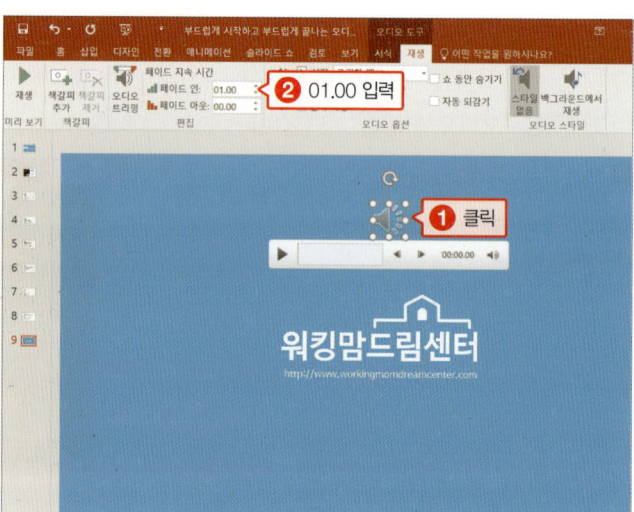

02 페이드 아웃 설정하기

오디오 클립의 끝 부분 소리가 서서히 작아지도록 설정해보겠습니다. ❶ 오디오 클립을 선택하고 ❷ [오디오 도구]-[재생] 탭-[편집] 그룹-[페이드 아웃]에 01.00을 입력합니다. ❸ [재생]을 클릭합니다.

페이드 인/아웃 처리되어 오디오가 부드럽게 시작하고 끝납니다.

> **바로 통하는 TIP** 페이드 인/아웃 입력란에 있는 [증가 ▲]/[감소 ▼]를 클릭하여 페이드 인/아웃 시간을 늘리거나 줄일 수 있습니다.

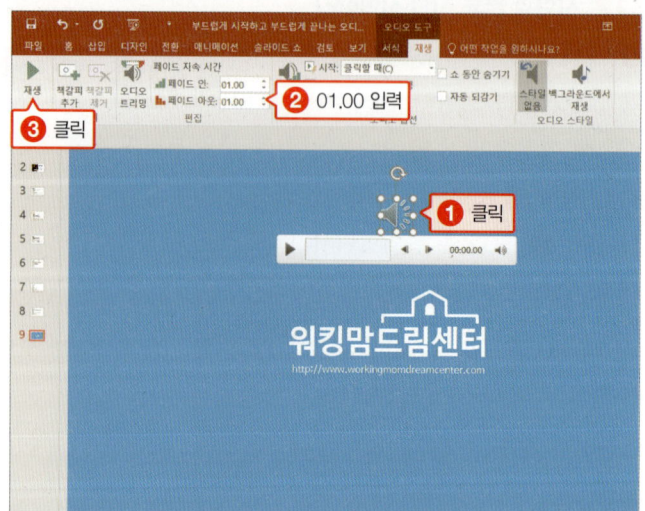

핵심기능실습
050

비디오 삽입 후
빠른 스타일 적용하기

슬라이드에 비디오를 삽입해 프레젠테이션 내용을 역동적으로 표현하면 청중의 시선을 사로잡을 수 있습니다. 내 PC의 비디오는
물론, 유튜브 같은 온라인상의 비디오도 쉽게 삽입할 수 있습니다.

실습 파일 | 파워포인트\5장\비디오 삽입 후 빠른 스타일 적용하기.pptx   **완성 파일** | 파워포인트\5장\비디오 삽입 후 빠른 스타일 적용하기_완성.pptx

01 비디오 삽입하기

❶ [삽입] 탭 – [미디어] 그룹 – [비디오]
를 클릭하고 ❷ [내 PC의 비디오]를 선
택합니다.

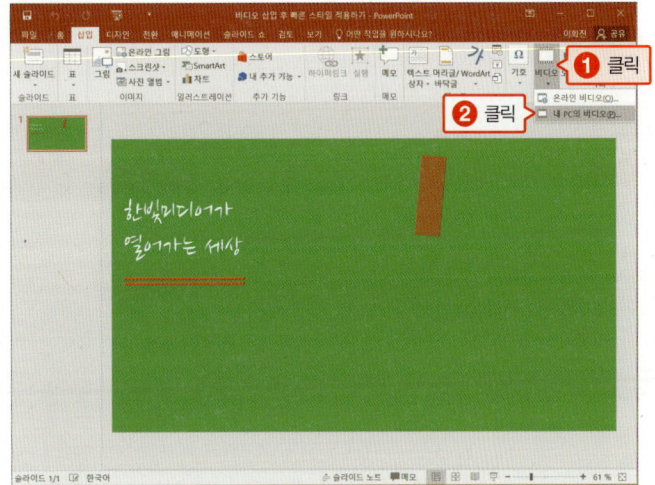

02 [비디오 삽입] 대화상자가 나타나
면 ❶ 파워포인트 폴더에서 [한빛미디
어.wmv]를 선택하고 ❷ [삽입]을 클릭
합니다.

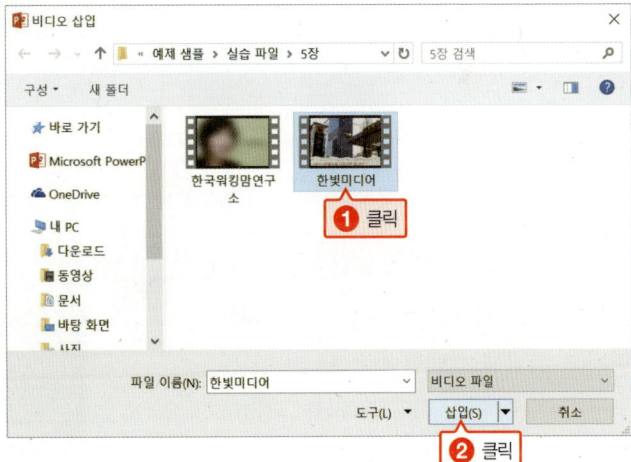

03 비디오 클립 크기 조정 및 빠른 스타일 적용하기

❶ 삽입된 비디오 클립을 선택합니다.
❷ 크기 조정 핸들로 크기를 조정한 후 주황색 스티커 아래로 위치를 이동합니다. ❸ [비디오 도구]-[서식] 탭-[비디오 스타일] 그룹-[자세히 ▤]를 클릭합니다.

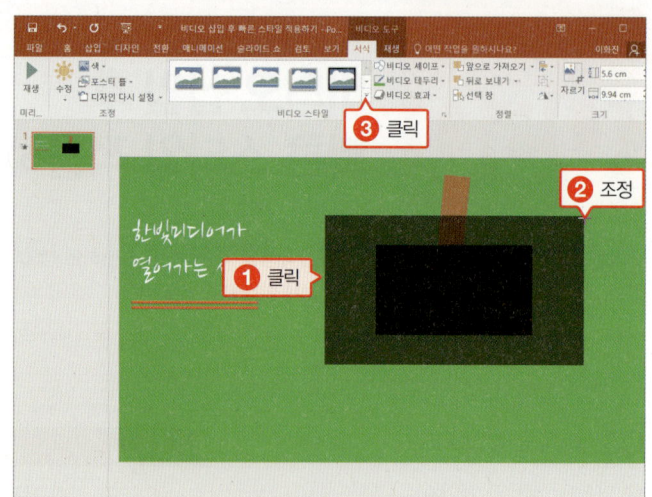

04 [일반]-[회전, 그라데이션]을 선택합니다.

비디오 클립에 빠른 스타일이 적용되어 화면 모양이 바뀝니다.

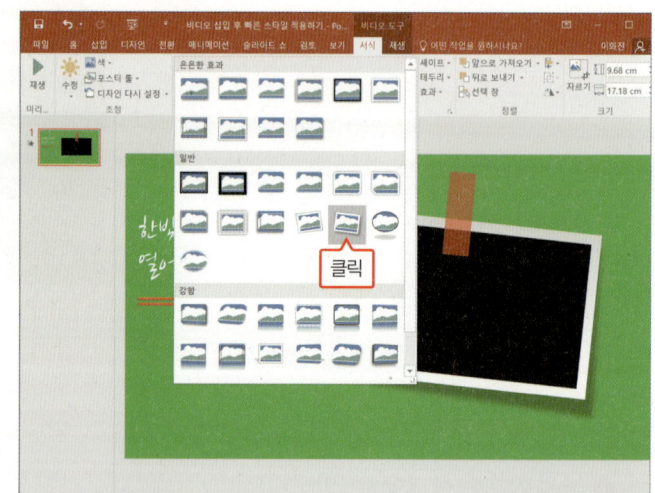

05 슬라이드 쇼 실행 시 자동으로 비디오 실행하기

슬라이드 쇼가 시작할 때 비디오 클립이 자동 재생되도록 설정해보겠습니다. ❶ 비디오 클립을 선택합니다. ❷ [비디오 도구]-[재생] 탭-[비디오 옵션] 그룹-[시작▾] 목록을 클릭하고 ❸ [자동 실행]을 선택합니다.

바로 통하는 TIP 파워포인트 2016 버전에서 비디오 클립을 삽입하면 기본적으로 [시작]이 [클릭할 때]로 설정되어 있습니다.

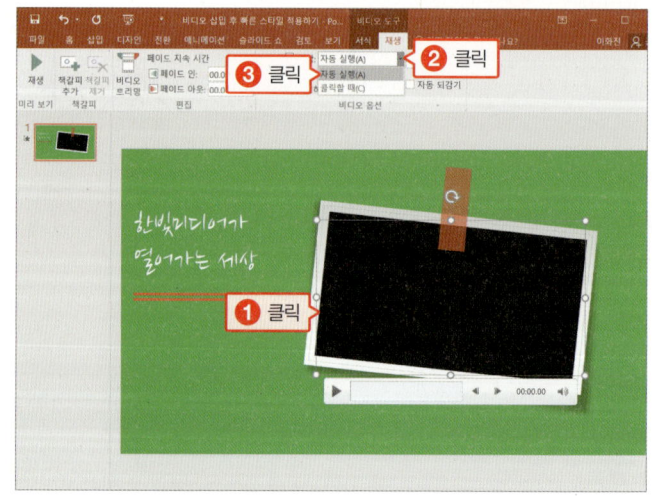

06 슬라이드 쇼 실행하기

[슬라이드 쇼] 탭-[슬라이드 쇼 시작]
그룹-[처음부터]를 클릭합니다. 슬라
이드 쇼가 실행되며 비디오 클립도 함께
실행됩니다.

바로 통하는 TIP 빠른 실행 도구 모음의 [슬라이드 쇼]
를 클릭하거나 F5 를 눌러도 첫 번째 슬라이드부터 슬라
이드 쇼를 실행할 수 있습니다.

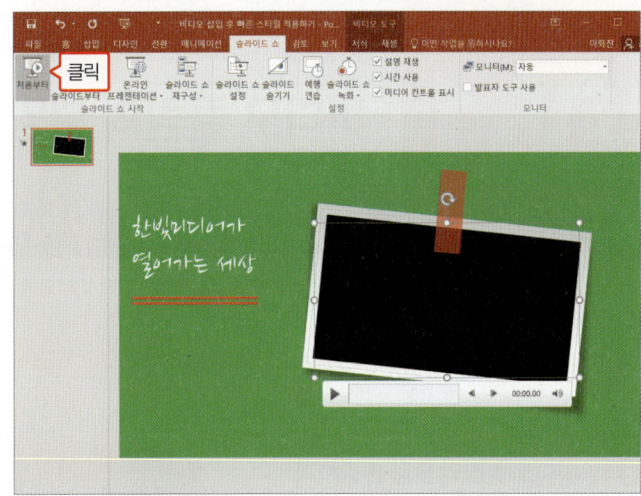

쉽고 빠른 파워포인트 NOTE

온라인에 있는 비디오 삽입하기

온라인에 있는 비디오를 삽입하려면 [삽입] 탭-[미디어] 그룹-[비디오]를 클릭한 후 [온라인 비디오]를 선택합니다. [비디오 삽입] 대화상자가
나타나면 원하는 비디오를 검색하여 슬라이드에 삽입합니다.

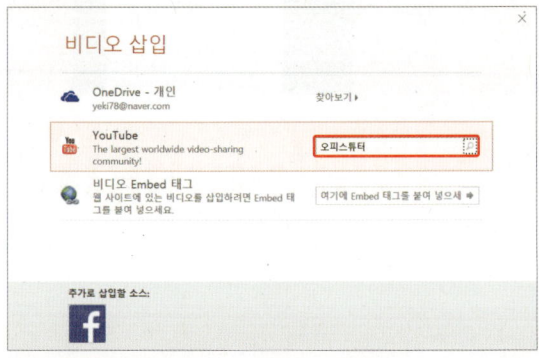

비디오 클립의 모양 및 서식 변경하기

비디오 클립도 그림을 수정하듯이 다양하게 서식을 변경할 수 있습니다. 비디오의 밝기 및 대비, 색, 모양 변경이 가능하고 그림자, 네온, 반사, 3차원 회전 같은 시각 효과도 적용할 수 있습니다. 이때 비디오에 너무 많은 변화를 주어 내용 전달에 방해가 되지 않도록 주의합니다.

실습 파일 | 파워포인트\5장\비디오 클립의 모양 및 서식 변경하기.pptx　**완성 파일** | 파워포인트\5장\비디오 클립의 모양 및 서식 변경하기_완성.pptx

01 비디오 클립의 모양 변경하기

사각형의 비디오 클립에 서식을 적용해 다양한 스타일로 꾸며보겠습니다. ❶ 슬라이드에 삽입된 비디오 클립을 선택합니다. ❷ [비디오 도구]-[서식] 탭-[비디오 스타일] 그룹-[비디오 셰이프]를 클릭하고 ❸ [기본 도형]-[구름]을 선택합니다.

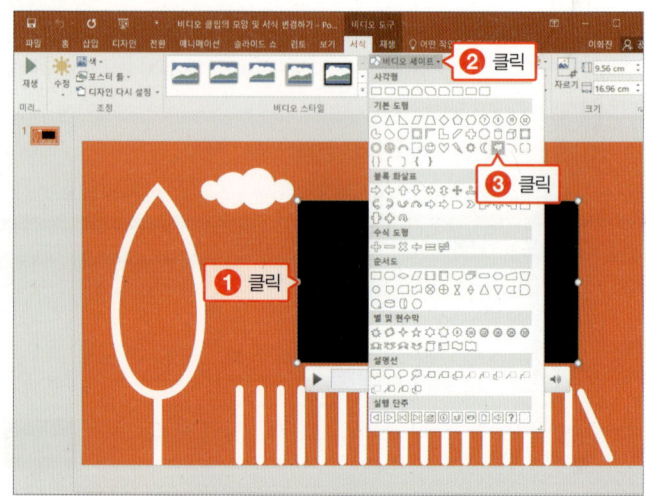

02 비디오 클립의 모양이 구름 형태로 변경되었습니다.

03 비디오 클립에 그림자 적용하기

❶ 비디오 클립을 선택합니다. ❷ [비디오 도구] - [서식] 탭 - [비디오 스타일] 그룹 - [비디오 효과]를 클릭하고 ❸ [그림자] - [바깥쪽] - [오프셋 가운데]를 선택합니다.

비디오 클립에 그림자가 적용됩니다.

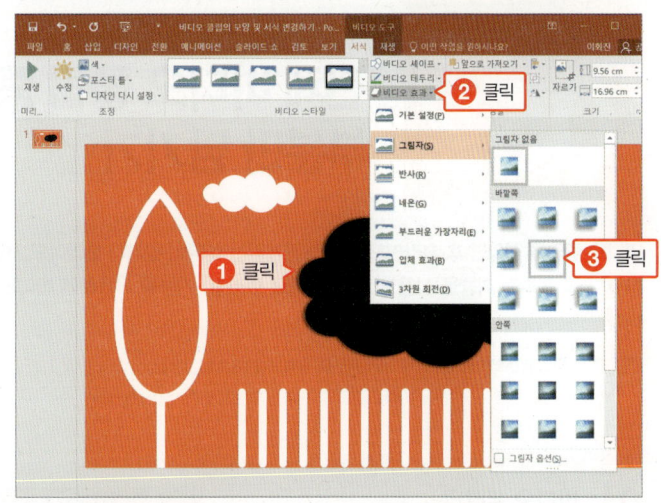

04 비디오 클립의 색 변경하기

❶ 비디오 클립을 선택합니다. ❷ [비디오 도구] - [서식] 탭 - [조정] 그룹 - [색]을 클릭하고 ❸ [빨강, 어두운 강조색 2]를 선택합니다.

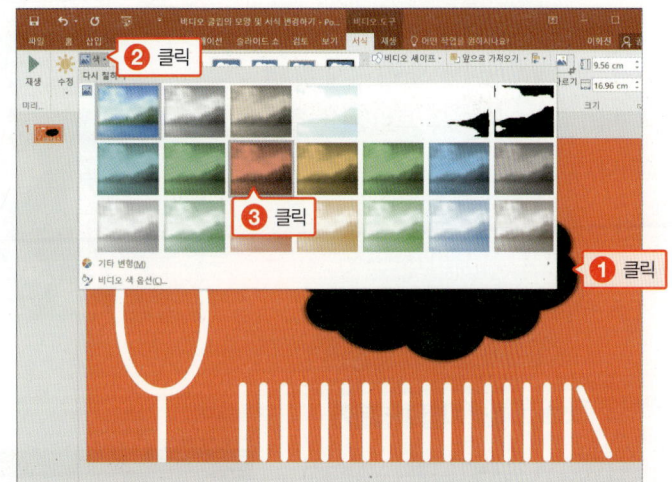

05 비디오 클립의 색이 변경되었습니다.

052

전체 비디오 클립 중 원하는 부분만 남기기

비디오 클립을 삽입한 후 슬라이드 내용과 관계없는 설명이 있거나 슬라이드 시간에 맞게 비디오 길이를 줄여야 하는 경우에는 비디오 클립 트리밍 기능을 사용합니다. [비디오 트리밍] 기능을 사용하면 비디오의 시작과 종료 시간을 사용자가 지정할 수 있습니다.

실습 파일 | 파워포인트\5장\전체 비디오 클립 중 원하는 부분만 남기기.pptx
완성 파일 | 파워포인트\5장\전체 비디오 클립 중 원하는 부분만 남기기_완성.pptx

01 비디오 트리밍

비디오 클립의 재생 시간을 조정해보겠습니다. ❶ 슬라이드의 비디오 클립을 선택하고 ❷ [비디오 도구]-[재생] 탭-[편집] 그룹-[비디오 트리밍]을 클릭합니다.

02 시작과 종료 지점 지정하기

❶ [비디오 맞추기] 대화상자에서 비디오 클립의 처음을 트리밍하기 위해 시작 지점을 [00:09.438]로 드래그해 설정합니다. ❷ 비디오 클립의 끝을 트리밍하기 위해 종료 지점을 [00:31.552]로 드래그해 설정합니다. ❸ [확인]을 클릭한 후 비디오를 실행하여 확인합니다.

바로 통하는 TIP 트리밍을 위해 시작 시간과 종료 시간을 입력해 직접 설정할 수도 있습니다. 이때 비디오 클립을 미리 재생하여 시작, 종료 시간을 확인한 후 트리밍 작업을 하면 효과적입니다.

053

비디오 클립에 특정 지점 지정하기

비디오 클립의 내용 중 특정 지점을 표시해놓으면 비디오 클립의 특정 지점을 빠르게 찾아낼 수 있습니다. [책갈피 추가] 기능을 사용하면 편리합니다.

실습 파일 | 파워포인트\5장\비디오 클립에 특정 지점 지정하기.pptx　**완성 파일** | 파워포인트\5장\비디오 클립에 특정 지점 지정하기_완성.pptx

01　비디오 클립에 책갈피 추가하기

❶ 슬라이드에 있는 비디오 클립을 선택합니다. ❷ 비디오 클립 아래의 컨트롤에서 [재생]을 눌러 표시하고 싶은 특정 지점을 찾습니다. ❸ 원하는 지점에 책갈피를 표시하기 위해 [비디오 도구]-[재생] 탭-[책갈피] 그룹-[책갈피 추가]를 클릭합니다.

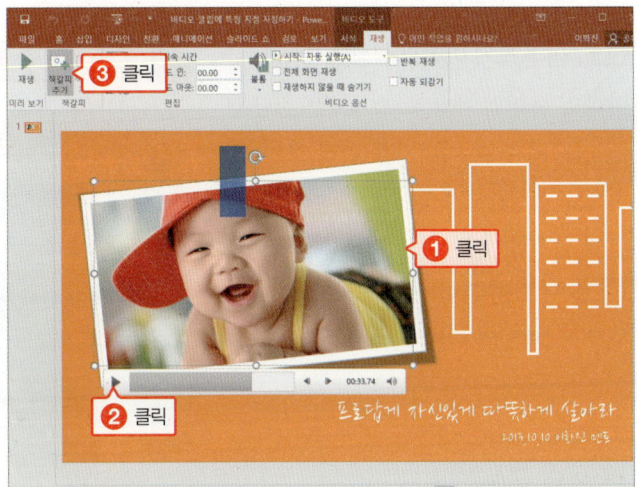

02 책갈피를 추가한 지점에 노란색 원이 표시됩니다.

바로 통하는 TIP 추가된 책갈피를 삭제하려면 시간 표시 막대에서 제거할 책갈피를 찾아 클릭한 후 [비디오 도구]-[재생] 탭-[책갈피] 그룹-[책갈피 제거]를 클릭합니다.

핵심기능실습

054

비디오 클립의 미리 보기 이미지 설정하기

미리 보기 화면을 설정해놓으면 청중이 비디오 내용을 쉽게 파악할 수 있습니다. 미리 보기 화면은 비디오 클립의 특정 화면 또는 저장된 이미지 파일을 이용해 설정합니다.

실습 파일 | 파워포인트\5장\비디오 클립의 미리 보기 이미지 설정하기.pptx
완성 파일 | 파워포인트\5장\비디오 클립의 미리 보기 이미지 설정하기_완성.pptx

01 미리 보기 이미지 설정하기

비디오 클립의 내용을 좀 더 잘 전달할 수 있도록 관련 이미지를 미리 보기 화면으로 설정해보겠습니다. ❶ 비디오 클립을 선택합니다. ❷ [비디오 도구]-[서식] 탭-[조정] 그룹-[포스터 틀]을 클릭하고 ❸ [파일의 이미지]를 선택합니다.

02 [그림 삽입] 대화상자에서 [파일에서]-[찾아보기]를 클릭합니다.

03 ❶ [그림 삽입] 대화상자에서 [워킹맘.jpg]를 선택합니다. ❷ [삽입]을 클릭합니다.

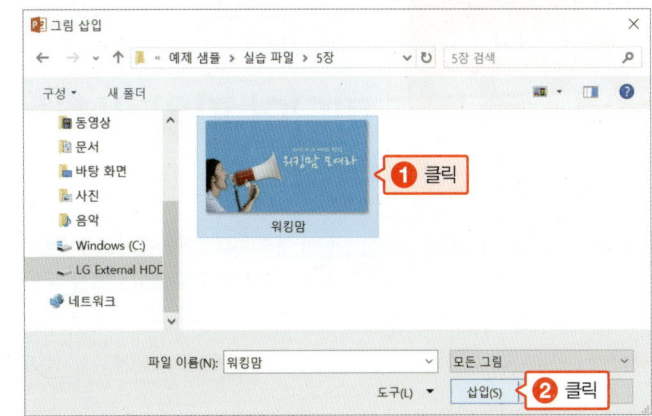

04 삽입한 그림이 포스터 틀로 적용되었습니다.

05 페이드 인 기능으로 비디오 클립 부드럽게 시작하기

비디오 클립이 서서히 시작되도록 설정해보겠습니다. ❶ 비디오 클립을 선택하고 ❷ [비디오 도구]-[재생] 탭-[편집] 그룹-[페이드 인]에 01.00을 입력합니다.

[재생]을 클릭하면 페이드 인 처리되어 비디오가 부드럽게 시작합니다.

바로 통하는 TIP 비디오 클립을 재생하려면 아래쪽의 비디오 컨트롤에서 [재생] 버튼을 누릅니다.

핵심기능실습 055

미디어 파일 압축하기

슬라이드에 비디오나 오디오 파일을 삽입한 경우 파워포인트 문서에 포함됩니다. 만약 미디어 파일의 용량이 크면 파워포인트 문서의 용량도 같이 커집니다. 문서 용량이 큰 경우 실행 속도 등이 느려질 수 있으므로 미디어 파일을 압축하여 저장하는 것이 좋습니다. 단, 파일 압축은 미디어 품질에 영향을 줄 수 있으므로 저장하기 전에 압축된 품질을 확인하고 저장하는 것이 좋습니다.

실습 파일 | 파워포인트\5장\미디어 파일 압축하기.pptx　　**완성 파일 |** 파워포인트\5장\미디어 파일 압축하기_완성.pptx

01 미디어 파일 압축하기

[파일] 탭-[정보]-[미디어 크기 및 성능]에서 프레젠테이션 파일에 포함된 미디어 용량의 합계를 확인할 수 있습니다. 현재 용량은 7.3MB입니다. 미디어 파일을 압축해보겠습니다. ❶ [미디어 압축]을 클릭하고 ❷ [저품질]을 선택합니다.

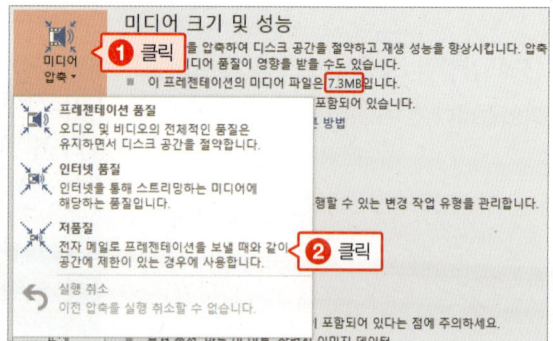

02 [미디어 압축] 대화상자가 열리고 압축 진행률이 보입니다. 압축이 끝나면 [닫기]를 클릭하여 대화상자를 닫습니다. 미디어 파일의 용량이 5.5MB로 줄어들었습니다.

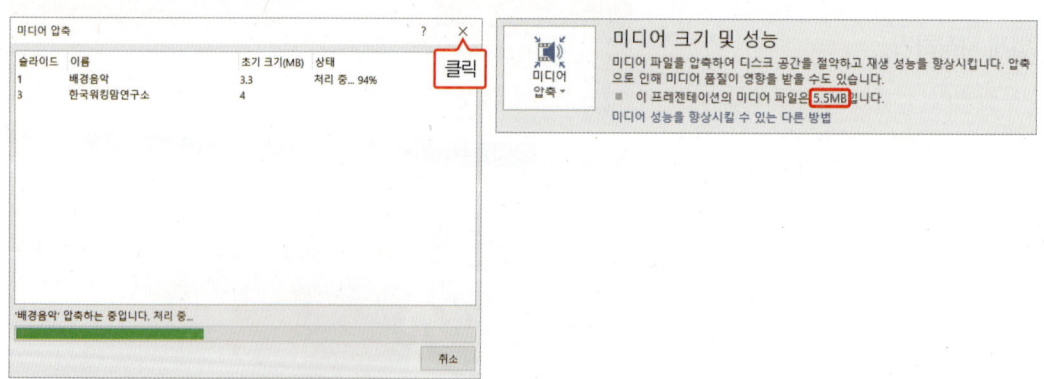

바로 통하는 TIP 압축된 미디어 파일을 원래대로 복구하려면 [파일] 탭-[정보]-[미디어 압축]-[실행 취소]를 선택합니다.

실습 파일 | 파워포인트\5장\동영상을 활용한 슬라이드 디자인하기.pptx **완성 파일** | 파워포인트\5장\동영상을 활용한 슬라이드 디자인하기_완성.pptx

슬라이드의 역동성을 더해주고 청중의 주목을 끌어낼 수 있도록 비디오를 편집해보겠습니다. 슬라이드에 비디오를 삽입할 때 가장 중요한 작업은 불필요한 부분을 잘라내는 것입니다. 비디오 표지를 만들고 표지와 비디오 실행 사이가 부드럽게 연결되도록 처리해줍니다. 파워포인트에서는 다른 비디오 편집 프로그램 없이도 쉽게 비디오를 편집할 수 있습니다.

▲ 완성 파일

01 [삽입] 탭-[미디어] 그룹-[비디오]-[내 PC의 비디오]를 선택하고 [파워포인트 2016.mp4] 비디오를 삽입합니다. 슬라이드의 검은 사각형 부분에 비디오 클립이 들어가도록 배치합니다. [비디오 도구]-[서식] 탭-[비디오 스타일] 그룹-[비디오 셰이프]에서 [사각형]-[모서리가 둥근 직사각형]을 선택합니다. 동영상 클립 왼쪽 위에 있는 노란색 핸들을 드래그하여 둥근 테두리를 적절하게 조절합니다. [비디오 효과]-[그림자]-[안쪽]-[안쪽 가운데]를 선택하여 비디오 클립에 스타일 효과를 줍니다.

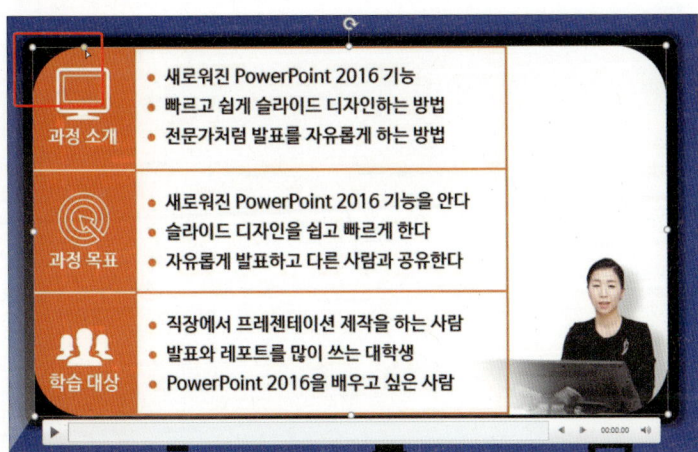

02 [비디오 도구] – [재생] 탭 – [편집] 그룹 – [비디오 트리밍]을 클릭하여 비디오 내용 중 목차 설명 부분부터 트리밍하여 삭제합니다.

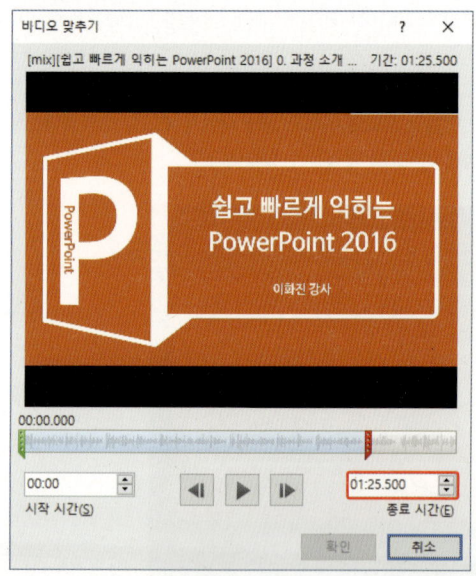

03 [비디오 도구] – [서식] 탭 – [조정] 그룹 – [포스터 틀] – [파일의 이미지]를 선택하여 비디오 앞쪽에 [파워포인트 2016.jpg] 표지를 넣어줍니다.

04 표지와 비디오 실행 사이를 부드럽게 연결하기 위해 [페이드 인]을 설정합니다. [비디오 도구] – [재생] 탭 – [편집] 그룹 – [페이드 인]에 **02.00**를 입력합니다.

05 슬라이드 쇼를 실행하여 비디오를 확인합니다.

CHAPTER
06

프레젠테이션 슬라이드 정리 및 저장하기

슬라이드를 정리하고 저장하는 방법에 대해서 알아보겠습니다. 프레젠테이션에서 슬라이드 제목이나 번호가 불분명하여 해당 슬라이드를 찾지 못하는 경우가 있습니다. 이때 슬라이드를 유사한 내용별로 구역을 나누어 정리하면 쉽고 빠르게 원하는 슬라이드를 찾을 수 있습니다. 정리가 끝나면 슬라이드를 저장합니다. PDF 문서로 저장하거나 슬라이드를 비디오 파일로 만들기, 그림 프레젠테이션 만들기 등 다양한 방법으로 저장할 수 있습니다.

슬라이드를 구역으로 나누어 정리하기

슬라이드가 여러 장인 프레젠테이션에서 슬라이드 제목이나 번호가 불분명해 해당 슬라이드의 위치를 찾기 어렵다면 파워포인트의 구역을 활용합니다. 이름이 지정된 구역을 사용하여 슬라이드 그룹을 추적하고, 공동 작업 중인 동료와 소유권을 명확하게 나눌 수 있도록 구역을 할당하는 작업도 가능합니다.

실습 파일 | 파워포인트\6장\슬라이드를 구역으로 나누어 정리하기.pptx　　**완성 파일** | 파워포인트\6장\슬라이드를 구역으로 나누어 정리하기_완성.pptx

01 구역 추가하기

❶ [여러 슬라이드 ▦]를 클릭합니다.
❷ 구역을 추가하고자 하는 [6번 슬라이드]와 [7번 슬라이드] 사이에서 마우스 오른쪽 버튼을 클릭하고 ❸ [구역 추가]를 선택합니다.

바로 통하는 TIP [기본]에서도 구역을 볼 수 있지만 정의한 논리적 범주를 통해 슬라이드를 구성하고 정렬할 때는 [여러 슬라이드]가 더 유용합니다. [여러 슬라이드] 상태로 만들려면 화면의 오른쪽 아래에 있는 [여러 슬라이드]를 클릭합니다.

바로 통하는 TIP 구역을 추가할 때는 [홈] 탭-[슬라이드] 그룹-[구역]을 클릭한 후 [구역 추가]를 선택해도 됩니다.

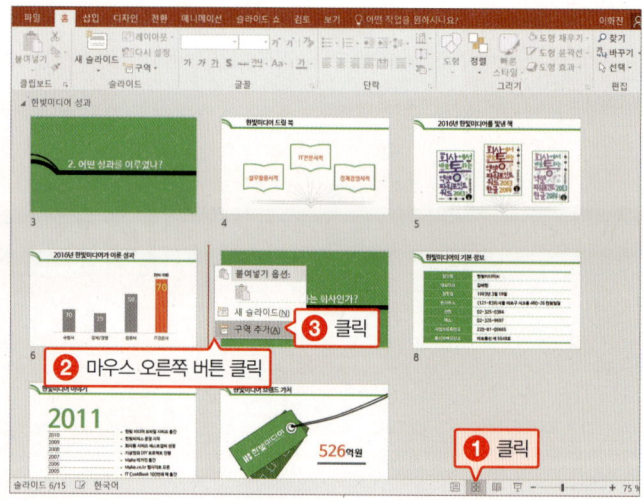

02 구역 이름 바꾸기

❶ [제목 없는 구역] 위에서 마우스 오른쪽 버튼을 클릭하고 ❷ [구역 이름 바꾸기]를 선택합니다. ❸ [구역 이름 바꾸기] 대화상자가 나타나면 [구역 이름]에 **한빛미디어가 하는 일**을 입력하고 ❹ [이름 바꾸기]를 클릭합니다.

바로 통하는 TIP 구역 이름을 바꿀 때는 [홈] 탭-[슬라이드] 그룹-[구역]을 클릭한 후 [구역 이름 바꾸기]를 선택해도 됩니다.

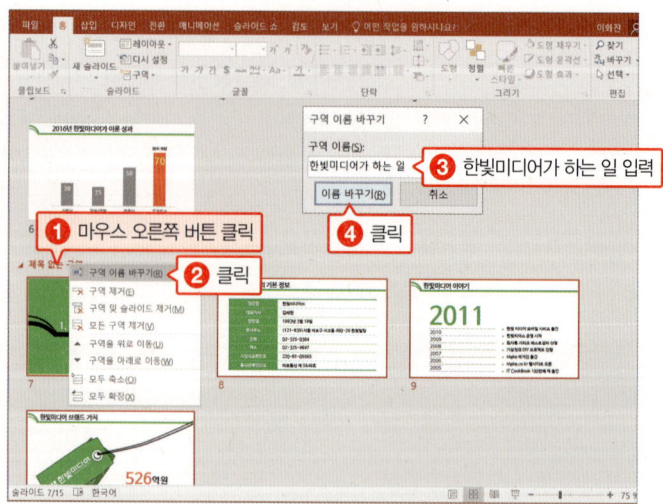

03 구역 이름이 '한빛미디어가 하는 일'로 변경되었습니다.

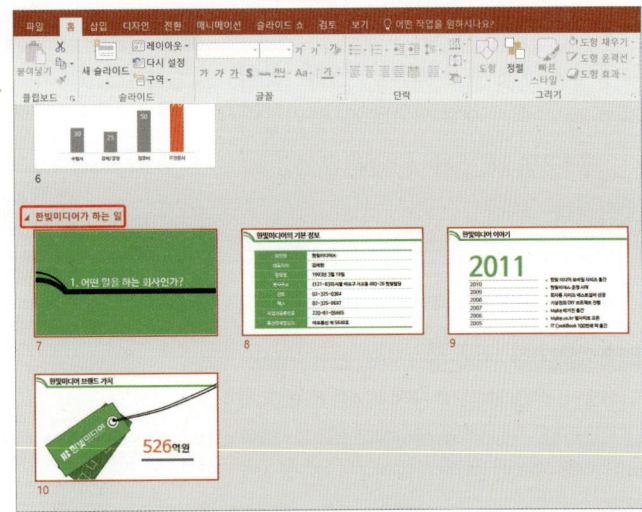

04 구역 이동하기

❶ 이동하고자 하는 [한빛미디어가 하는 일] 구역을 클릭하고 ❷ 마우스 오른쪽 버튼을 클릭합니다. ❸ [구역을 위로 이동]을 선택합니다.

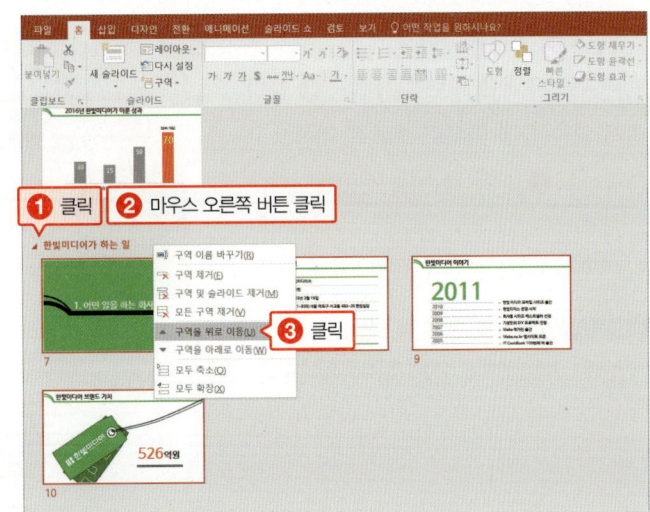

05 구역이 위로 이동하면서 슬라이드 순서도 변경되었습니다.

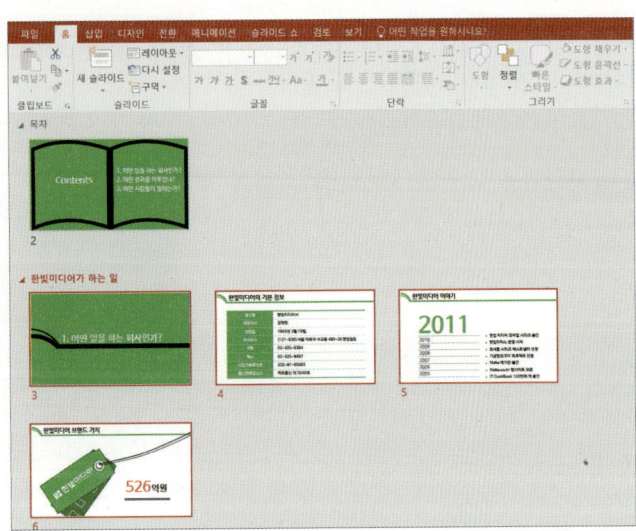

06 구역 삭제하기

❶ 불필요한 구역인 [로고] 구역을 클릭하고 ❷ 마우스 오른쪽 버튼을 클릭합니다. ❸ [구역 제거]를 선택해 구역을 삭제합니다.

구역이 제거되고 슬라이드는 그대로 남습니다.

바로 통하는 TIP 구역을 제거할 때는 [홈] 탭-[슬라이드] 그룹-[구역]을 클릭한 후 [구역 제거]를 선택해도 됩니다. 만들어진 모든 구역을 제거하려면 [홈] 탭-[슬라이드] 그룹-[구역]을 클릭한 후 [모든 구역 제거]를 선택합니다.

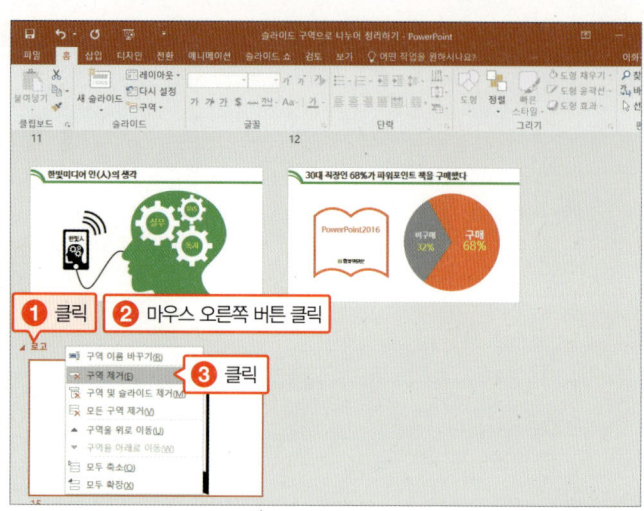

07 모든 구역 축소하기

모든 구역을 축소해보겠습니다. ❶ 임의의 구역 이름을 마우스 오른쪽 버튼으로 클릭하고 ❷ [모두 축소]를 선택합니다.

모든 구역이 축소되면서 구역 이름만 표시됩니다.

바로 통하는 TIP 모든 구역을 축소할 때는 [홈] 탭-[슬라이드] 그룹-[구역]을 클릭한 후 [모두 축소]를 선택해도 됩니다.

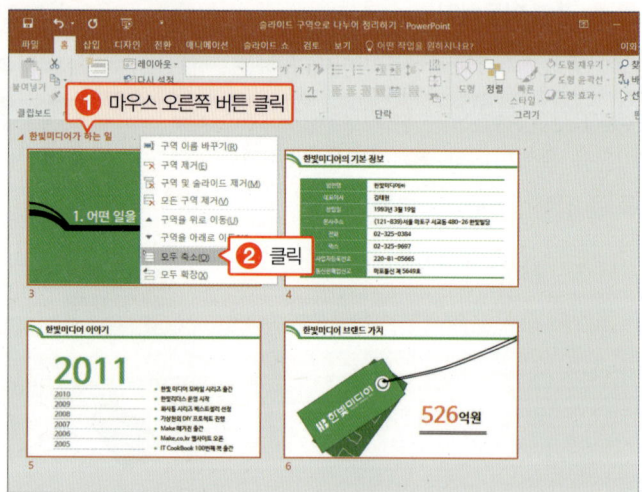

08 특정 구역만 확장하기

[한빛미디어 성과] 구역을 더블클릭합니다. 해당 구역이 확장됩니다.

바로 통하는 TIP 특정 구역만 축소하고 싶다면 확장된 해당 구역을 더블클릭합니다.

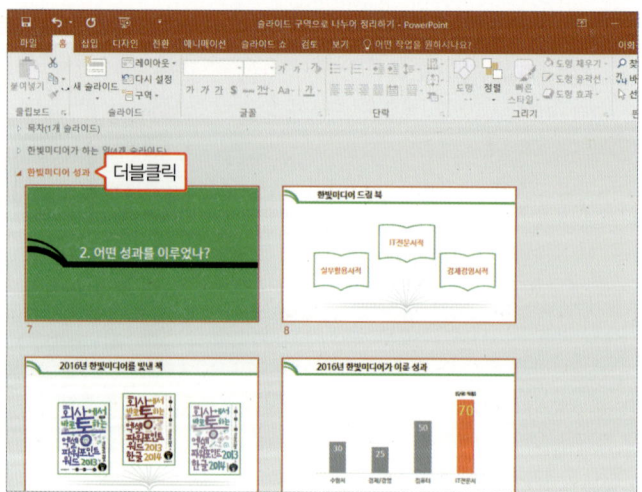

09 모든 구역 확장하기

모든 구역을 확장해보겠습니다. ❶ 임의의 구역 이름을 마우스 오른쪽 버튼으로 클릭하고 ❷ [모두 확장]을 선택합니다.

바로 통하는 TIP 모든 구역을 확장할 때는 [홈] 탭-[슬라이드] 그룹-[구역]을 클릭한 후 [모두 확장]을 선택해도 됩니다.

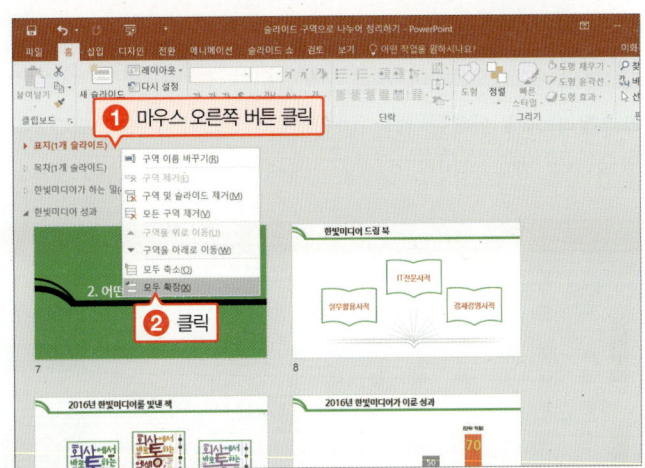

10 모든 구역이 확장되었습니다.

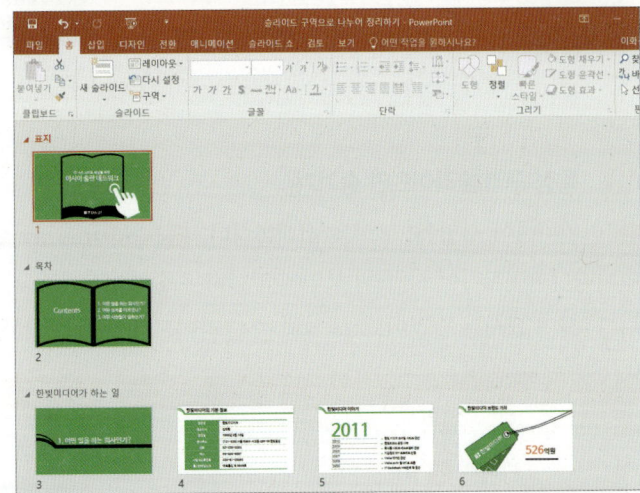

11 특정 구역 슬라이드만 인쇄하기

❶ [파일] 탭-[인쇄]를 선택하고 ❷ [설정]-[구역]에서 ❸ [한빛미디어가 하는 일]을 선택합니다. ❹ [인쇄]를 클릭하면 [한빛미디어가 하는 일]에 해당하는 슬라이드만 인쇄됩니다.

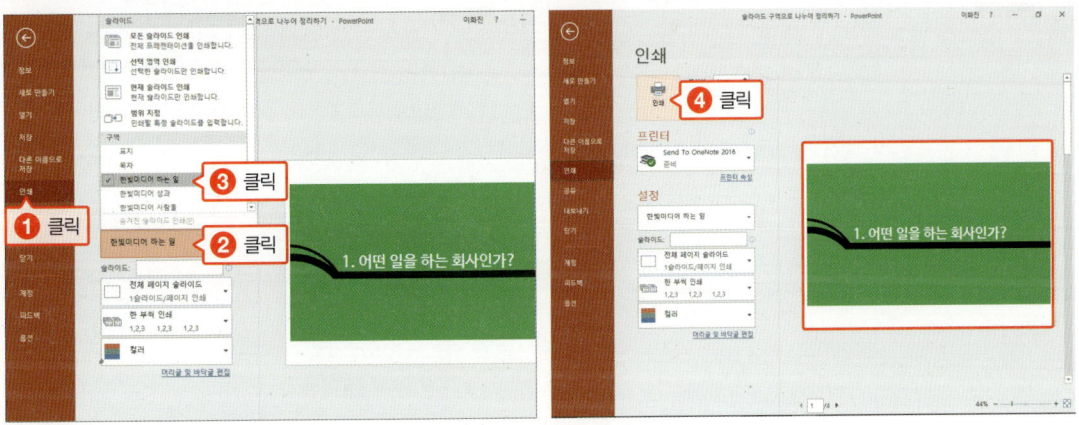

12 특정 구역 슬라이드만 화면 전환하기

❶ [한빛미디어 성과] 구역을 선택합니다. ❷ [전환] 탭 – [슬라이드 화면 전환] 그룹 – [자세히 ▾]를 클릭한 후 [갤러리]를 선택합니다. [한빛미디어 성과] 구역에 해당하는 슬라이드에 [갤러리] 화면 전환 효과가 적용됩니다. 각 슬라이드 오른쪽 아래에 화면 전환 효과가 적용되었다는 별 모양이 표시됩니다.

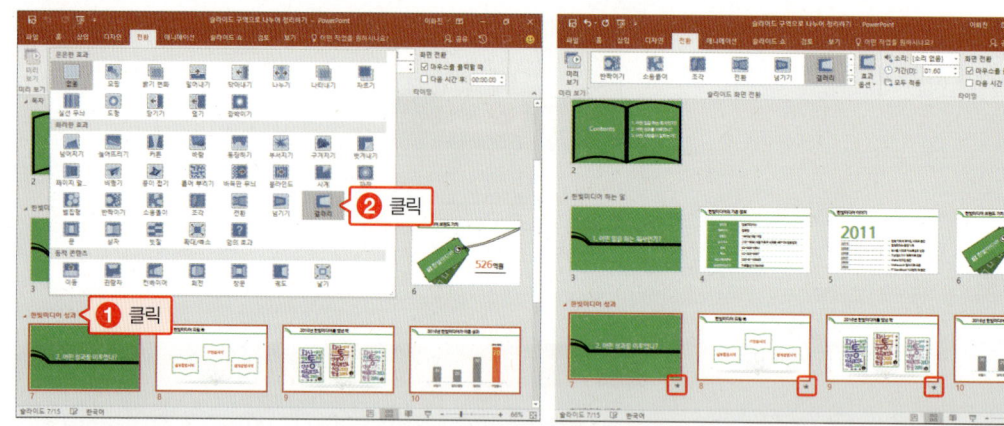

13 특정 구역 슬라이드만 숨기기

❶ [한빛미디어 사람들] 구역을 선택합니다. ❷ [슬라이드 쇼] 탭–[설정] 그룹 – [슬라이드 숨기기]를 클릭합니다. [한빛미디어 사람들] 구역에 해당하는 슬라이드가 흐리게 변하고 아래쪽 번호에 사선 표시가 생깁니다. 사선 표시는 슬라이드 쇼 실행 시 슬라이드가 보이지 않는다는 의미입니다.

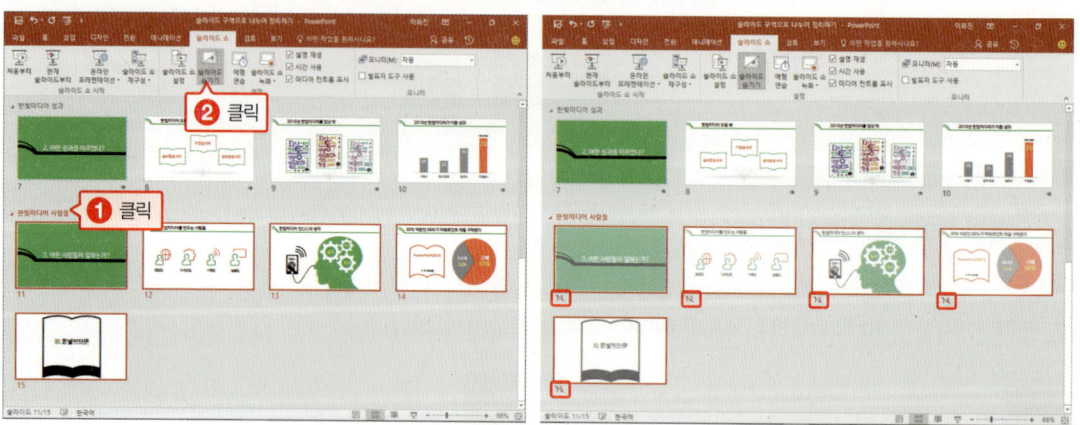

프레젠테이션 저장하기

프레젠테이션을 저장할 때 내 PC뿐만 아니라 마이크로소프트의 클라우드 서비스인 OneDrive에 파일을 저장하여 다른 사용자와 쉽게 공유하고 작업할 수 있습니다.

실습 파일 | 파워포인트\6장\프레젠테이션 저장하기.pptx   **완성 파일** | 파워포인트\6장\한빛미디어 소개서.pptx

01 내 PC에 파일 저장하기

❶ [파일] 탭 – [다른 이름으로 저장]을 선택하고 ❷ [이 PC] – [찾아보기]를 클릭합니다. [다른 이름으로 저장] 대화상자에서 ❸ [파일 이름]에 **한빛미디어 소개서**를 입력하고 ❹ [파일 형식]을 [PowerPoint 프레젠테이션]으로 선택한 후 ❺ [저장]을 클릭합니다.

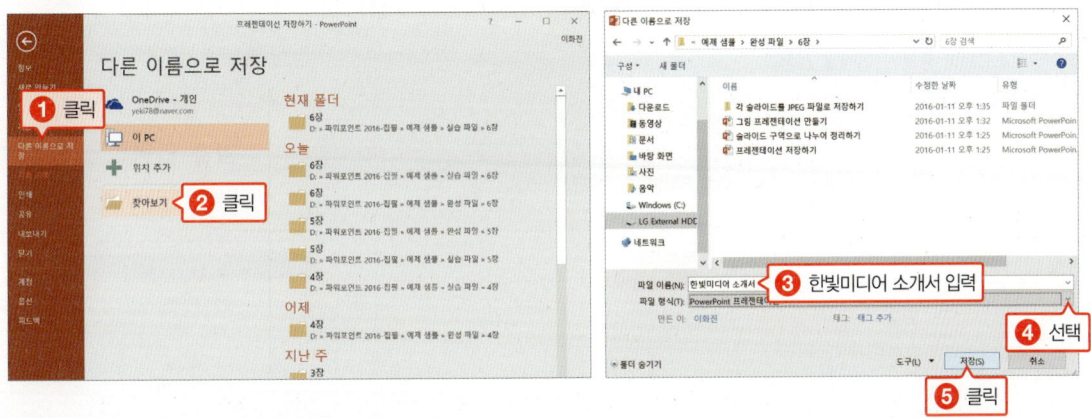

02 [OneDrive – 개인]에 파일 저장하기

❶ [파일] 탭 – [다른 이름으로 저장]을 선택하고 ❷ [OneDrive – 개인] – [찾아보기]를 클릭합니다. [다른 이름으로 저장] 대화상자에서 ❸ [파일 이름]에 **한빛미디어 소개서**를 입력하고 ❹ [파일 형식]을 [PowerPoint 프레젠테이션]으로 선택한 후 ❺ [저장]을 클릭합니다.

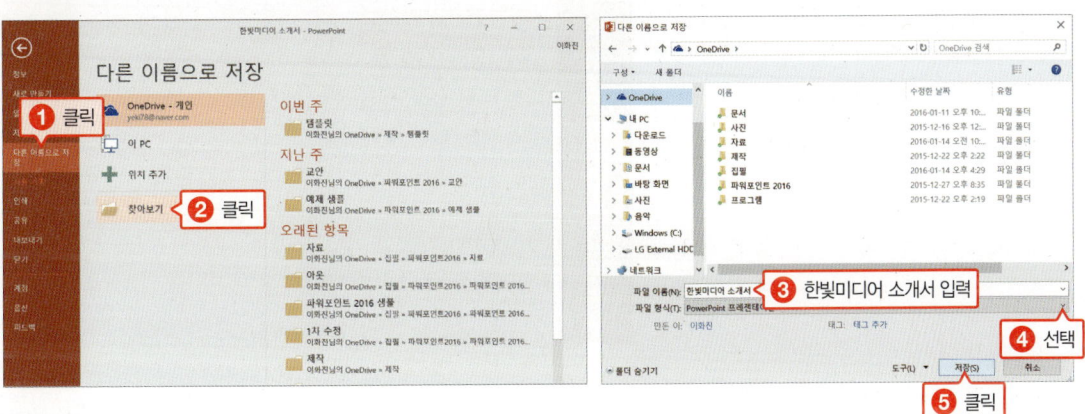

안전한 클라우드 저장 공간 OneDrive

OneDrive는 마이크로소프트의 클라우드 서비스로 파일을 저장하거나 저장된 파일을 열 수 있습니다. 온라인뿐 아니라 PC에 동기화하면 오프라인상에서도 자유롭게 파일을 활용할 수 있습니다. 다른 사람과 어디서나 파일을 손쉽게 공유할 수 있어서 협업이 용이합니다. OneDrive를 사용하기 위해서는 마이크로소프트 계정이 있어야 합니다.

파워포인트에서 OneDrive를 사용하려면 [파일] 탭–
[계정]을 선택하고 [로그인]을 클릭합니다

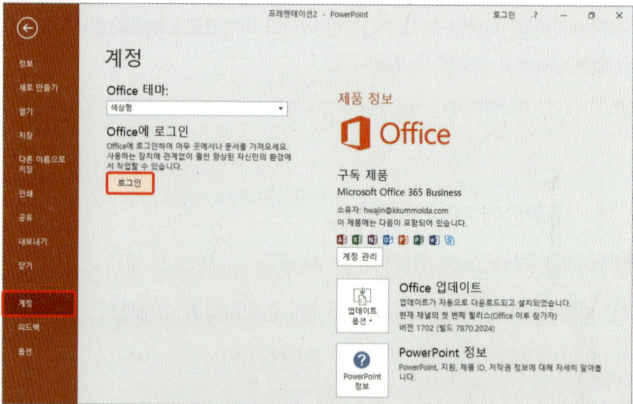

마이크로소프트에 등록된 이메일 계정과
암호를 입력합니다.

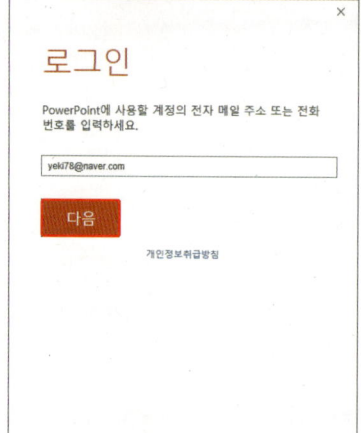

[다른 이름으로 저장]을 클릭하면 [OneDrive – 개인]
이 추가된 것을 확인할 수 있습니다.

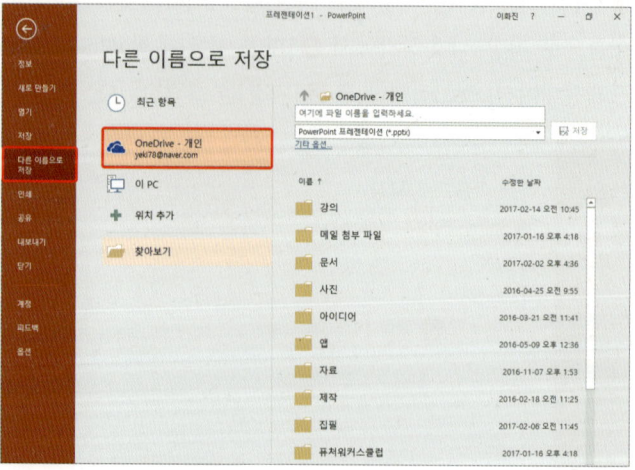

058

PDF 문서 만들기

PDF 형식의 파일은 문서를 온라인에서 보거나 인쇄했을 때도 사용자가 의도한 서식이 유지되므로 서식 그대로 파일을 공유할 수 있습니다. 상업용 인쇄 방법을 사용하여 복제되는 문서에서도 PDF 문서는 서식을 선명하게 인쇄할 수 있어 매우 유용합니다. 단, PDF 문서는 나중에 편집이 어려우므로 반드시 원본 PPT 파일을 보관하고 있어야 합니다.

실습 파일 | 파워포인트\6장\PDF 문서 만들기.pptx   **완성 파일** | 파워포인트\6장\PDF 문서 만들기.pdf

01 PDF 문서 만들기

❶ [파일] 탭-[내보내기]를 선택합니다.

❷ [PDF/XPS 문서 만들기]를 선택하고

❸ [PDF/XPS 만들기]를 클릭합니다.

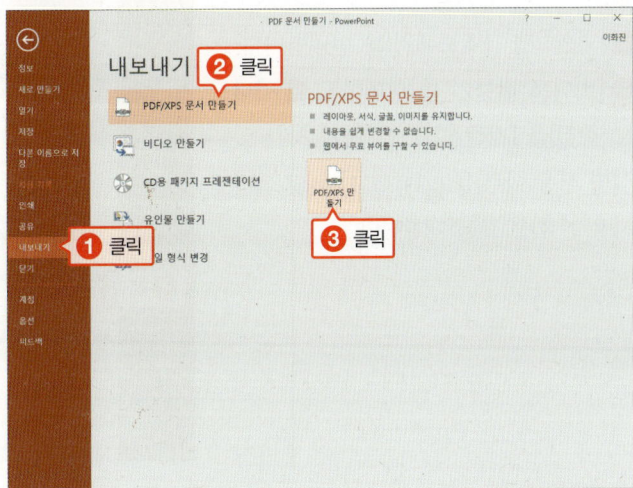

02 ❶ [PDF 또는 XPS로 게시] 대화상자에서 [파일 이름]에 **PDF 문서 만들기**를 입력하고 ❷ [게시]를 클릭합니다.

전체 슬라이드 내용이 PDF 형식으로 변경됩니다.

바로 통하는 TIP PDF Reader가 설치되어 있어야 PDF 파일을 볼 수 있습니다.

바로 통하는 TIP [PDF 또는 XPS로 게시] 대화상자에서 [옵션]을 클릭하면 PDF 문서의 범위 및 게시 형태를 사용자가 원하는 대로 설정할 수 있습니다.

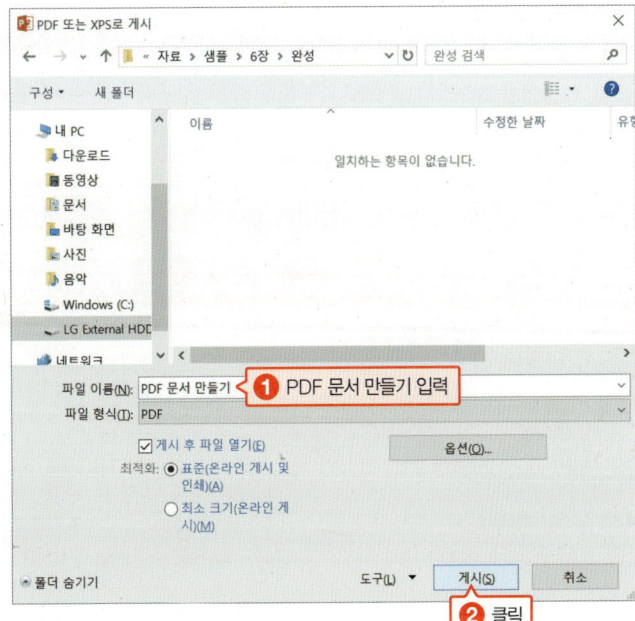

비디오 파일 만들기

프레젠테이션을 위해 슬라이드를 만든 후 비디오로 저장할 수 있습니다. 슬라이드를 비디오로 저장하면 파일을 쉽게 배포할 수 있으며 파일을 받은 사람은 파워포인트 프로그램 없이도 내용을 확인할 수 있습니다.

실습 파일 | 파워포인트\6장\비디오 파일 만들기.pptx **완성 파일 |** 파워포인트\6장\비디오 파일 만들기.mp4

01 비디오로 저장하기

❶ [파일] 탭-[내보내기]를 선택합니다.
❷ [비디오 만들기]를 선택하고 ❸ 비디오 품질을 [저품질]로, [기록된 시간 및 설명 사용 여부]를 [기록된 시간 및 설명 사용 안 함]으로 선택합니다.

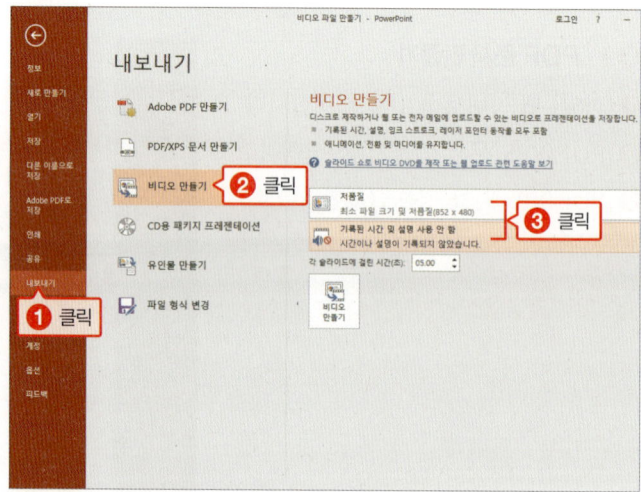

쉽고 빠른
**파워포인트
NOTE**
비디오 저장 설정하기

슬라이드를 비디오로 저장할 때 비디오 품질을 설정하고 시간이나 설명을 기록할 수 있습니다.

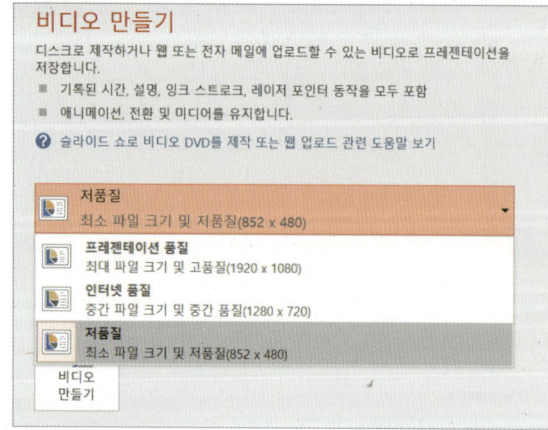

▲ 비디오 품질 설정 옵션

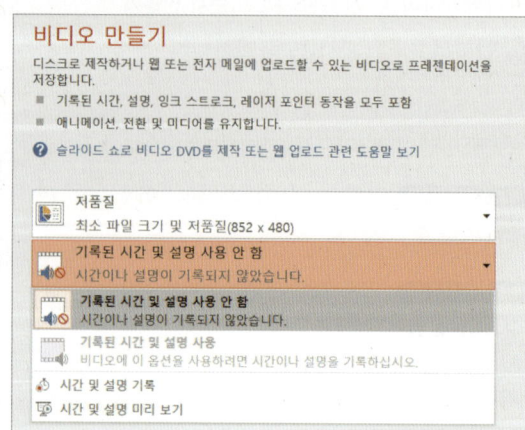

▲ 시간 및 설명 기록 옵션

02 비디오 재생 시 각각의 슬라이드를 2초씩 보여주면서 화면이 재생되도록 설정해보겠습니다. ❶ [각 슬라이드에 걸린 시간]에 **02.00**을 입력하고 ❷ [비디오 만들기]를 클릭합니다.

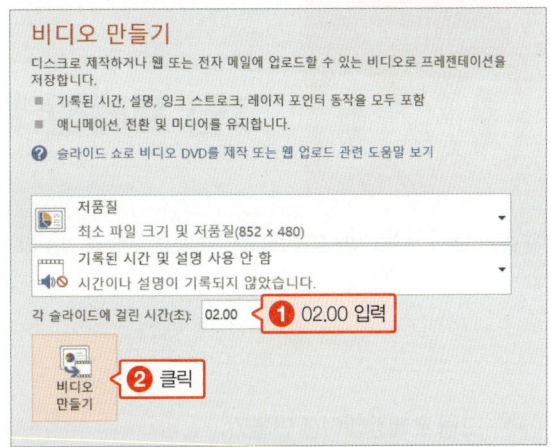

03 ❶ [다른 이름으로 저장] 대화상자에서 [파일 이름]에 **비디오 파일 만들기**를 입력하고 ❷ [비디오 형식]을 [MPEG-4 비디오]로 선택한 후 ❸ [저장]을 클릭합니다.

바로 통하는 TIP 파워포인트 2016 버전에서는 압축률이 좋은 MPEG-4 비디오가 기본 파일 형식(*.mp4)이지만 Windows Media 비디오 형식(*.wmv)으로도 저장할 수 있습니다.

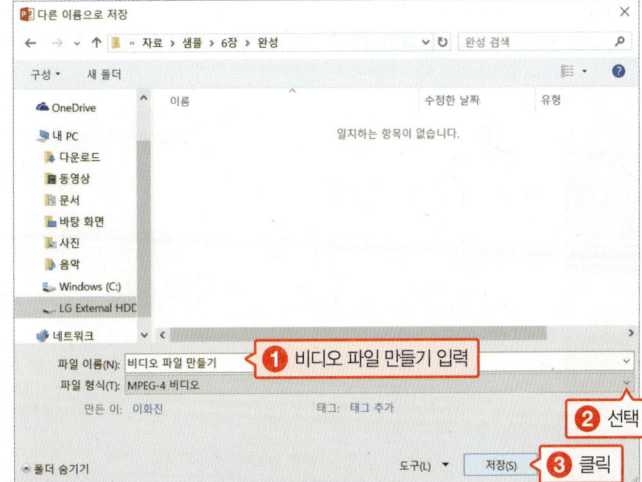

04 저장된 비디오 파일이 Windows Media Player에서 실행되는 것을 확인할 수 있습니다.

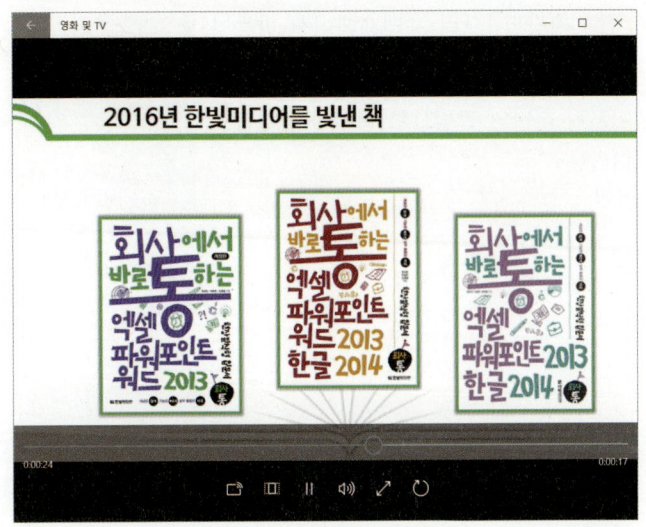

핵심기능실습
060

그림 프레젠테이션 만들기

각 슬라이드의 개체와 텍스트를 하나의 그림으로 만들 수 있습니다. 그림 프레젠테이션의 개별 슬라이드는 유지되나 개체를 변형할 수 없고 내용만 확인할 수 있습니다.

실습 파일 | 파워포인트\6장\그림 프레젠테이션 만들기.pptx　　**완성 파일** | 파워포인트\6장\그림 프레젠테이션 만들기_완성.pptx

O1 그림 프레젠테이션 만들기

❶ [파일] 탭 – [내보내기]를 선택하고 ❷ [파일 형식 변경]을 선택합니다. ❸ [PowerPoint 그림 프레젠테이션]을 선택하고 ❹ [다른 이름으로 저장]을 클릭합니다. ❺ [다른 이름으로 저장] 대화상자에서 [파일 이름]에 **그림 프레젠테이션 만들기_완성**을 입력하고 ❻ [저장]을 클릭합니다.

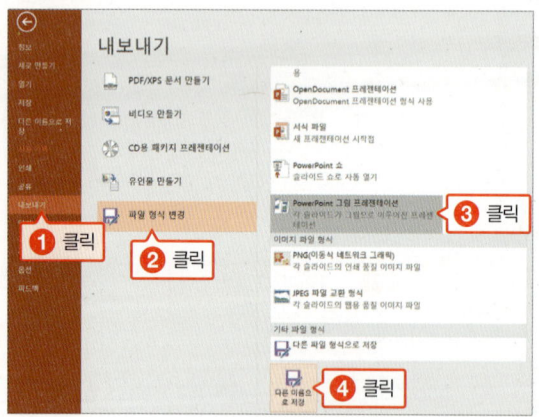

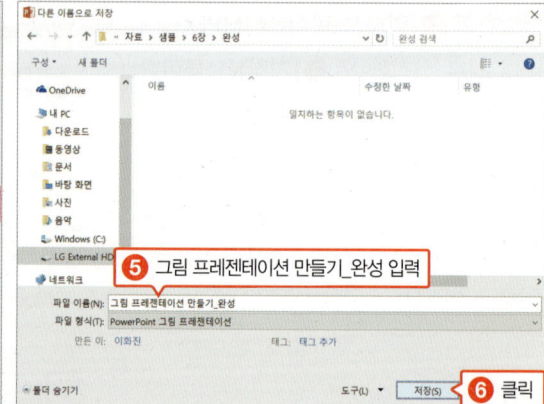

O2 저장된 [그림 프레젠테이션 만들기_완성.pptx] 파일을 열어보면 각 슬라이드가 하나의 그림으로 이루어져 있습니다.

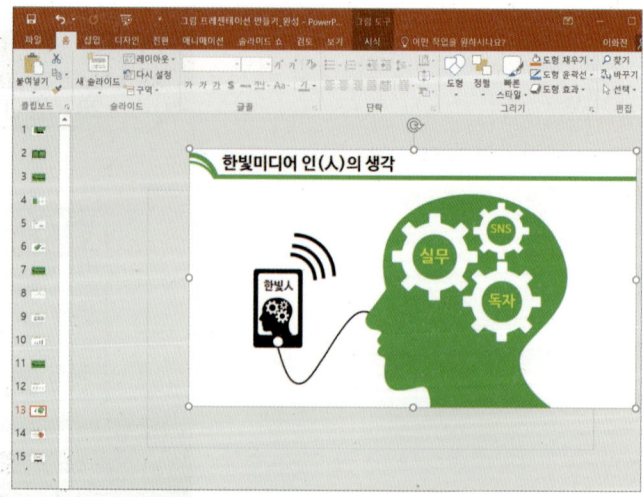

핵심기능실습 061 각 슬라이드를 JPEG 파일로 저장하기

각각의 슬라이드를 JPEG 파일로 저장하여 자유롭게 활용할 수 있습니다. 파워포인트 프로그램 없이도 이미지 파일로 프레젠테이션 내용을 간편하게 확인할 수 있습니다.

실습 파일 | 파워포인트\6장\각 슬라이드를 JPEG 파일로 저장하기.pptx
완성 파일 | 파워포인트\6장\각 슬라이드를 JPEG 파일로 저장하기\슬라이드1~15.jpg

01 ❶ [파일] 탭-[내보내기]를 선택합니다. ❷ [파일 형식 변경]을 선택하고 ❸ [JPEG 파일 교환 형식]을 선택한 후 ❹ [다른 이름으로 저장]을 클릭합니다. ❺ [다른 이름으로 저장] 대화상자에서 [파일 이름]에 **각 슬라이드를 JPEG 파일로 저장하기**를 입력하고 ❻ [저장]을 클릭합니다. ❼ 내보낼 슬라이드를 묻는 메시지가 나타나면 [모든 슬라이드]를 클릭하고 ❽ 저장 경로를 표시하는 메시지에서 [확인]을 클릭합니다.

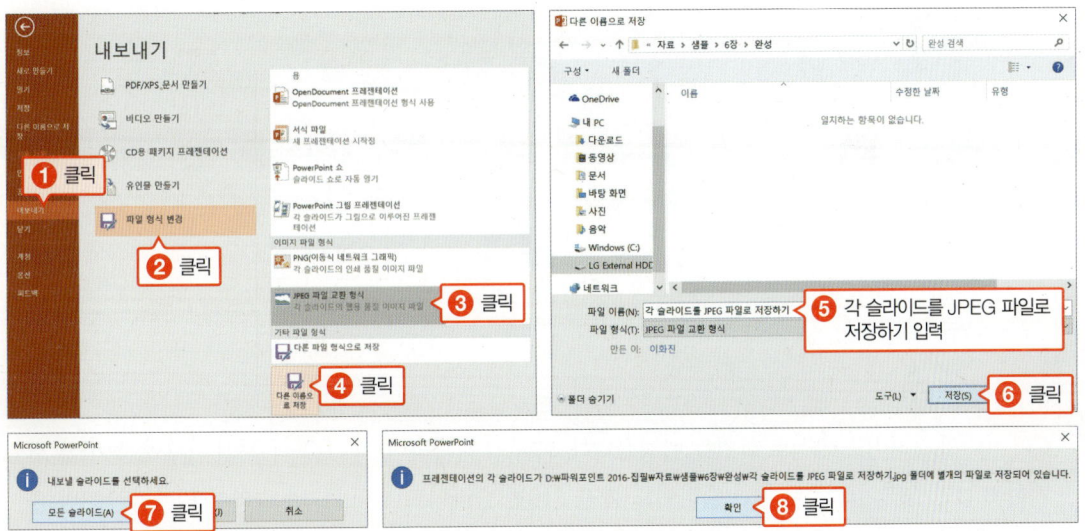

02 생성된 폴더에 각각의 슬라이드가 JPEG 이미지 파일로 저장되었습니다.

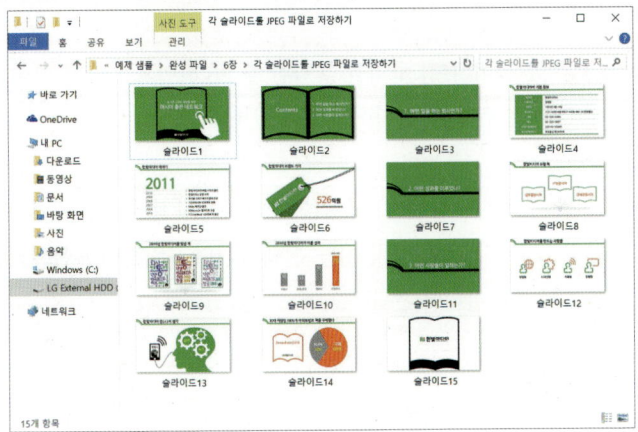

실습 파일 | 파워포인트\6장\내용별로 슬라이드 구역을 나누고 편집하기.pptx
완성 파일 | 파워포인트\6장\내용별로 슬라이드 구역을 나누고 편집하기_완성.pptx

인쇄나 슬라이드 전환 등 원하는 작업을 간편히 실행할 수 있도록 내용별로 구역을 나눠보겠습니다. 슬라이드 구역을 나누려면 구역을 나누고 싶은 슬라이드 사이에서 [구역 추가]를 설정합니다. 구역의 이름을 지정해놓으면 슬라이드를 간편하게 관리할 수 있으며 구역 이름만 클릭해도 해당 구역의 모든 슬라이드에 같은 효과를 적용할 수 있습니다. 슬라이드 양이 많을 때는 구역을 나눠서 작업하는 것이 좋습니다.

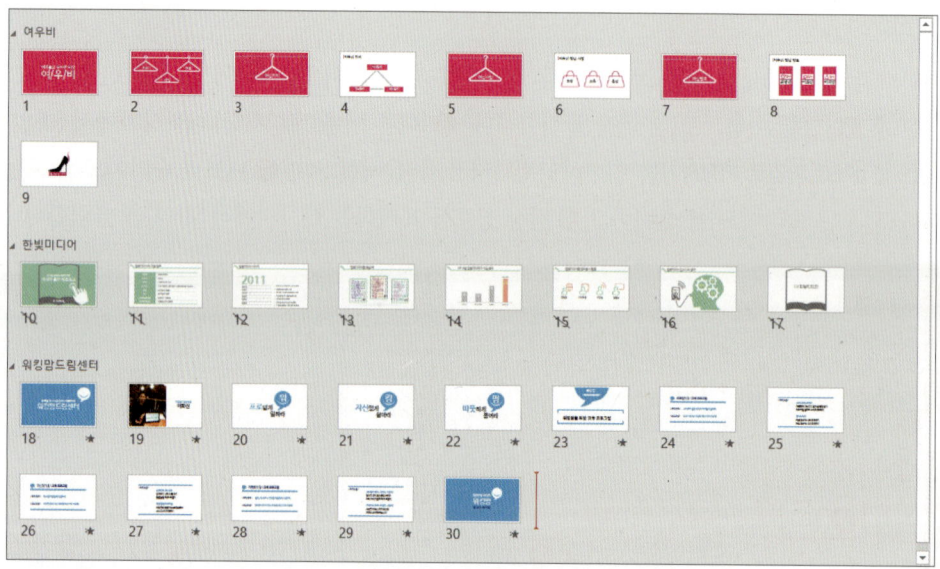

▲ 완성 파일

01 [여러 슬라이드 ▦]로 화면을 변경합니다. [홈] 탭 - [슬라이드] 그룹 - [구역] - [구역 추가]를 선택하고 [1번 슬라이드]부터 [9번 슬라이드]까지, [10번 슬라이드]부터 [17번 슬라이드]까지, [18번 슬라이드]부터 [30번 슬라이드]까지 세 개의 구역으로 나눕니다. [홈] 탭 - [슬라이드] 그룹 - [구역] - [구역 이름 바꾸기]를 선택하고 각 구역의 이름을 각각 **여우비, 한빛미디어, 워킹맘드림센터**로 변경합니다.

02 [한빛미디어] 구역을 클릭한 후 [슬라이드 쇼] 탭 - [설정] 그룹 - [슬라이드 숨기기]를 클릭해 [한빛미디어] 구역을 [슬라이드 숨기기]합니다.

03 [워킹맘드림센터] 구역을 클릭한 후 [전환] 탭 - [슬라이드 화면 전환] 그룹의 [자세히 ▾]를 클릭하고 [페이지 말아 넘기기]를 선택합니다. [워킹맘드림센터] 구역에 [페이지 말아 넘기기] 화면 전환 효과를 적용합니다.

CHAPTER

07

프레젠테이션
발표 준비 및 발표하기

발표자의 말과 청중의 시선을 동기화하는 가장 좋은 방법은 개체에 애니메이션을 적용하는 것입니다. 이때 애니메이션은 과하지 않게 적절히 사용하는 것이 중요합니다. 과한 애니메이션은 오히려 청중의 인상을 찌푸리게 만드니 주의하기 바랍니다. 예행 연습을 통해 소요 시간을 확인하고 발표 전에 슬라이드 쇼를 설정해두면 전문가처럼 자연스럽게 발표할 수 있습니다.

062

개체에 애니메이션 적용하기

발표자의 말과 청중의 시선을 적절하게 동기화할 수 있는 가장 좋은 방법은 개체에 애니메이션을 적용하는 것입니다. 목적에 맞게 애니메이션을 사용하여 청중의 시선을 끌어보기 바랍니다.

실습 파일 | 파워포인트\7장\개체에 애니메이션 적용하기.pptx **완성 파일** | 파워포인트\7장\개체에 애니메이션 적용하기_완성.pptx

01 텍스트에 애니메이션 적용하기

빈 화면에서 텍스트가 나타나는 모양으로 애니메이션을 적용해보겠습니다. ❶ 텍스트 상자를 선택하고 ❷ [애니메이션] 탭-[애니메이션] 그룹-[자세히 ⊡]를 클릭합니다. ❸ 애니메이션 목록에서 [나타내기]-[닦아내기]를 선택합니다.

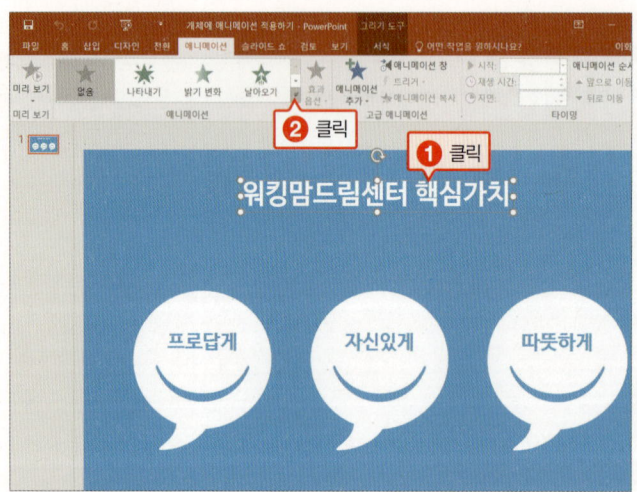

02 애니메이션 효과 옵션 변경하기

텍스트에 적용된 닦아내기 애니메이션의 방향을 변경해보겠습니다. ❶ 텍스트를 선택합니다. ❷ [애니메이션] 탭-[애니메이션] 그룹-[효과 옵션]을 클릭하고 ❸ [왼쪽에서]를 선택합니다.

텍스트가 왼쪽부터 나타나는 애니메이션으로 옵션이 변경됩니다.

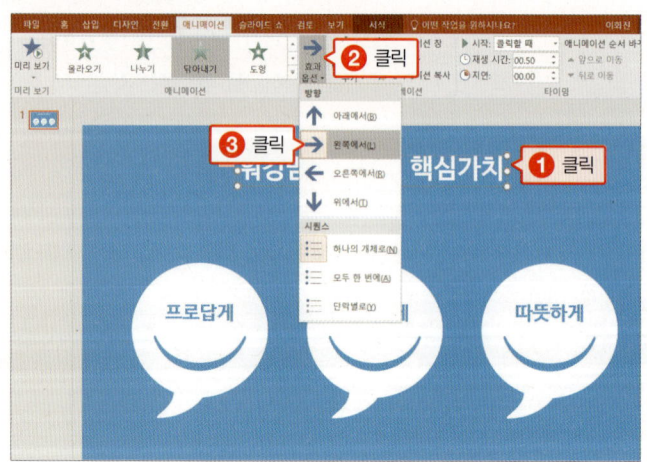

03 세 개의 개체에 같은 애니메이션 적용하기

세 개의 말풍선이 점점 커지면서 슬라이드에 나타나도록 설정해보겠습니다. ❶ 세 개의 말풍선 개체를 Ctrl 을 누른 상태에서 각각 선택합니다. ❷ [애니메이션] 탭-[애니메이션] 그룹-[자세히▾]를 클릭하고 ❸ 애니메이션 목록에서 [나타내기]-[확대/축소]를 선택합니다.

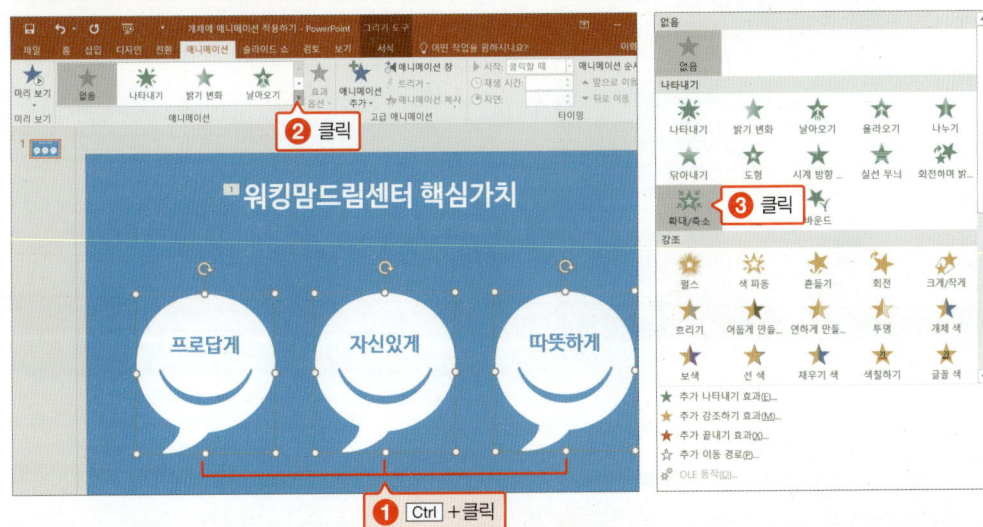

04 애니메이션 시작 방법 변경하기

❶ 세 개의 말풍선이 선택된 상태에서 [애니메이션] 탭-[타이밍] 그룹-[시작▾] 목록을 클릭하고 ❷ [클릭할 때]를 선택합니다.

바로 통하는 TIP 애니메이션 재생 시간을 지정하기 위해서 [애니메이션] 탭-[타이밍] 그룹에서 [재생 시간]을 지정합니다.

05 애니메이션 창 열기

[애니메이션] 탭 – [고급 애니메이션] 그룹 – [애니메이션 창]을 클릭합니다. 화면 오른쪽에 [애니메이션 창]이 활성화됩니다. 지금까지 개체에 적용한 애니메이션 목록이 나타납니다.

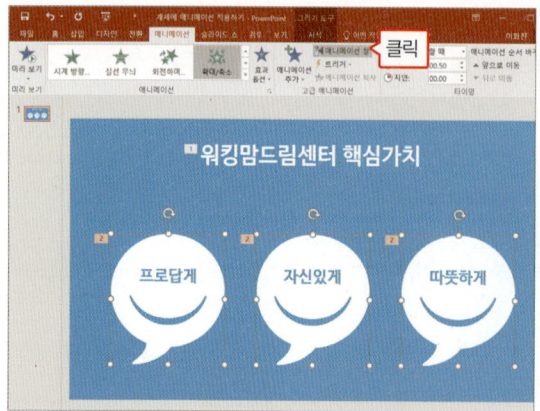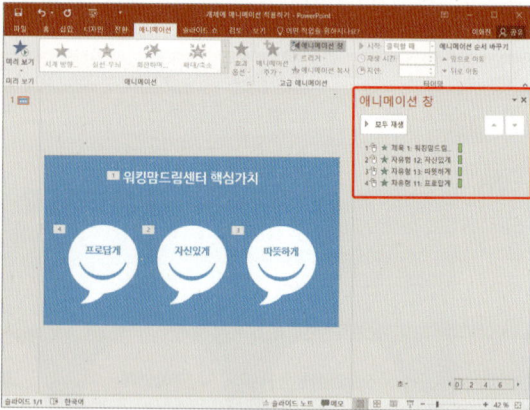

06 애니메이션 순서 변경하기

❶ [애니메이션 창]에서 네 번째 목록을 선택하고 ❷ [앞으로 이동 ⌃] 버튼을 두 번 클릭합니다. 애니메이션 시작 순서가 변경되었습니다.

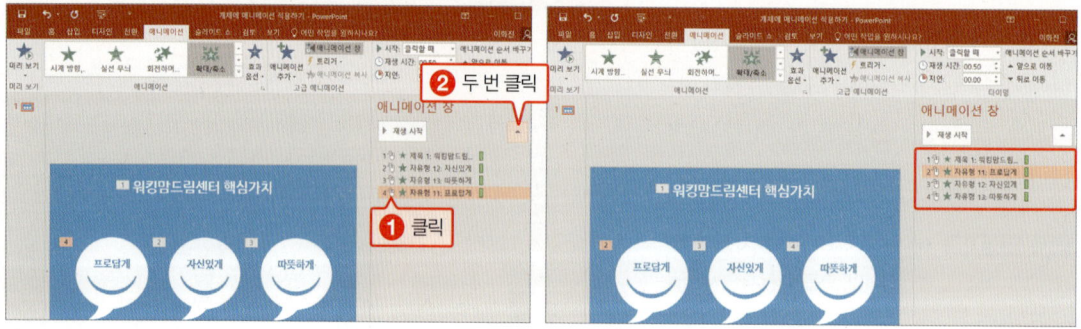

바로 통하는 TIP 말풍선의 애니메이션 실행 순서가 왼쪽부터 2, 3, 4 순서로 표시된다면 이 단계는 생략해도 됩니다.

07 애니메이션 실행하기

[슬라이드 쇼] 탭 – [슬라이드 쇼 시작] 그룹에서 [처음부터] 또는 [현재 슬라이드부터]를 클릭합니다.

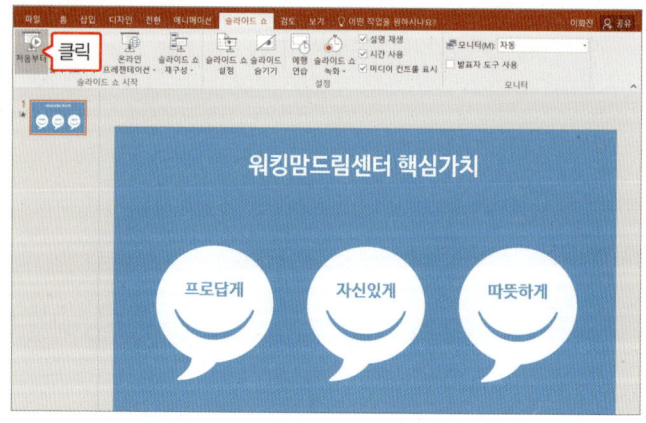

슬라이드 쇼가 실행되면 개체에 적용된 애니메이션 효과를 확인할 수 있습니다.

바로 통하는 TIP 슬라이드 쇼를 끝내려면 [ESC]를 누릅니다.

063
애니메이션 추가하고
다른 개체에 똑같이 적용하기

한 개체에 두 개 이상의 애니메이션을 적용할 수 있습니다. 추가된 애니메이션은 기존 애니메이션 뒤로 적용됩니다. 적용한 여러 애니메이션을 다른 개체에도 적용할 수 있습니다.

실습 파일 | 파워포인트 \ 7장 \ 애니메이션 추가하고 다른 개체에 똑같이 적용하기.pptx
완성 파일 | 파워포인트 \ 7장 \ 애니메이션 추가하고 다른 개체에 똑같이 적용하기_완성.pptx

01 애니메이션 창 열기

슬라이드 내 세 개의 말풍선에 동일한 애니메이션 효과를 적용하려고 합니다. 첫 번째 말풍선에 애니메이션 효과를 적용한 후 복사해 다른 개체에 애니메이션을 붙여 넣어보겠습니다. [애니메이션] 탭-[고급 애니메이션] 그룹-[애니메이션 창]을 클릭합니다.

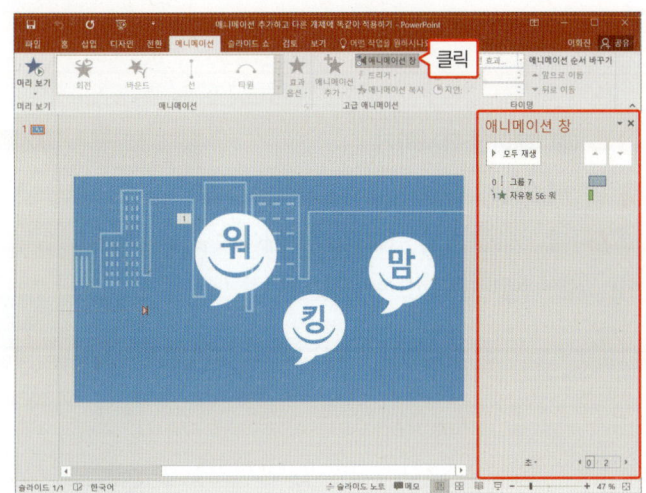

02 애니메이션 추가하기

❶ '워' 텍스트가 있는 말풍선을 선택합니다. ❷ [애니메이션] 탭-[고급 애니메이션] 그룹-[애니메이션 추가]를 클릭하고 ❸ [강조]-[펄스]를 선택합니다.

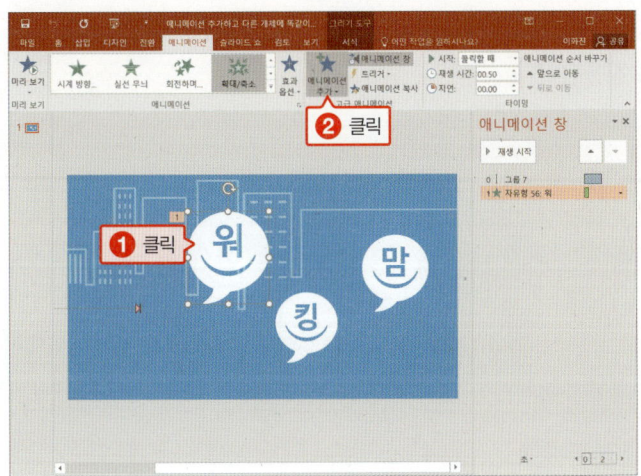

O3 시작 방법 변경하기

❶ [애니메이션] 탭-[타이밍] 그룹-[시작▼] 목록을 클릭하고 ❷ [이전 효과 다음에]를 선택합니다.

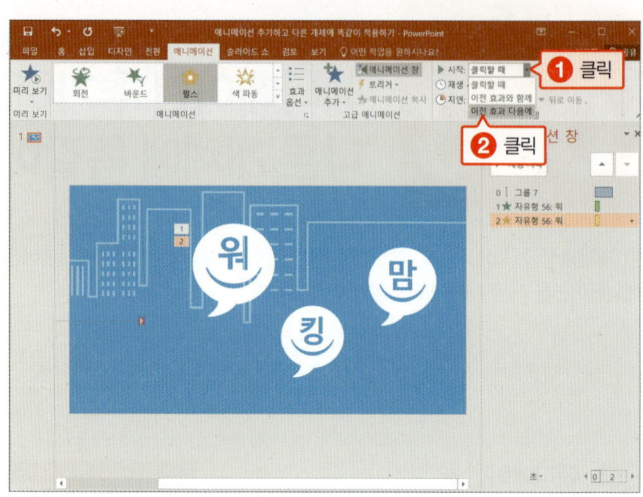

O4 애니메이션 복사하기

❶ '워' 텍스트가 있는 말풍선을 선택하고 ❷ [애니메이션] 탭-[고급 애니메이션] 그룹-[애니메이션 복사]를 클릭합니다.

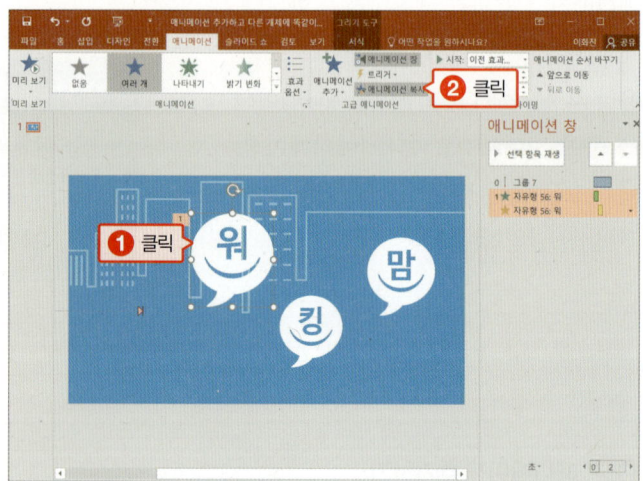

O5 복사한 애니메이션 효과를 다른 개체에 붙여넣기

마우스 포인터가 붓 모양으로 변경되면 복사한 애니메이션 효과를 붙여 넣을 개체인 '킹' 텍스트가 있는 말풍선을 선택합니다. 애니메이션이 바로 적용됩니다.

06 같은 방법으로 나머지 '맘' 텍스트가 있는 말풍선도 애니메이션을 복사해 붙여 넣습니다.

바로 통하는 TIP 여러 개체에 같은 애니메이션을 적용하려면 [애니메이션 복사]를 더블클릭합니다.

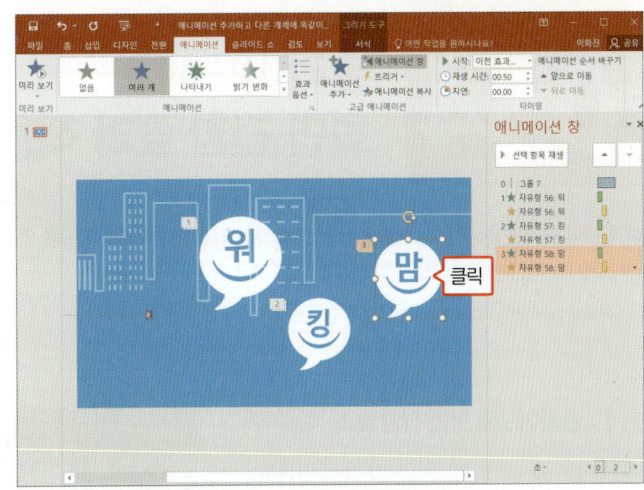

07 애니메이션 실행하기

[슬라이드 쇼] 탭-[슬라이드 쇼 시작] 그룹-[처음부터]를 클릭합니다.

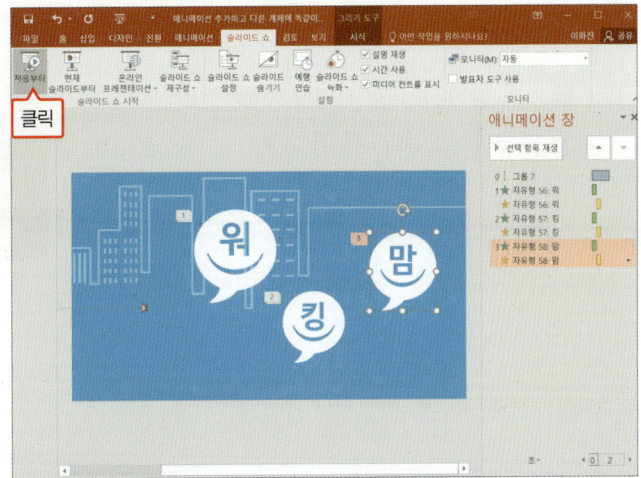

08 슬라이드 쇼가 실행되면 개체에 적용된 애니메이션 효과를 확인할 수 있습니다.

슬라이드에
화면 전환 효과 적용하기

화면 전환 효과는 슬라이드 쇼 실행 시 현재 슬라이드에서 다음 슬라이드로 넘어갈 때의 슬라이드 애니메이션을 말합니다. 파워포인트 2016 버전에서는 이전에 없던 모핑 전환 효과가 추가되었습니다.

실습 파일 | 파워포인트\7장\슬라이드에 화면 전환 효과 적용하기.pptx   **완성 파일** | 파워포인트\7장\슬라이드에 화면 전환 효과 적용하기_완성.pptx

01 슬라이드에 화면 전환 효과 적용하기

슬라이드를 넘길 때 전환 효과를 적용하면 청중의 시선을 사로잡을 수 있습니다. 슬라이드에 전환 효과를 적용하고 전환 시간 및 효과 옵션을 설정해보겠습니다. ❶ [2번 슬라이드]를 선택하고 ❷ [전환] 탭-[슬라이드 화면 전환] 그룹-[자세히 ▼]를 클릭합니다.

02 [화려한 효과]-[바람]을 선택합니다.

바로 통하는 TIP 화면 전환 효과를 선택하면 슬라이드 창에 미리 보기가 제공되므로 원하는 전환 효과를 쉽게 확인할 수 있습니다.

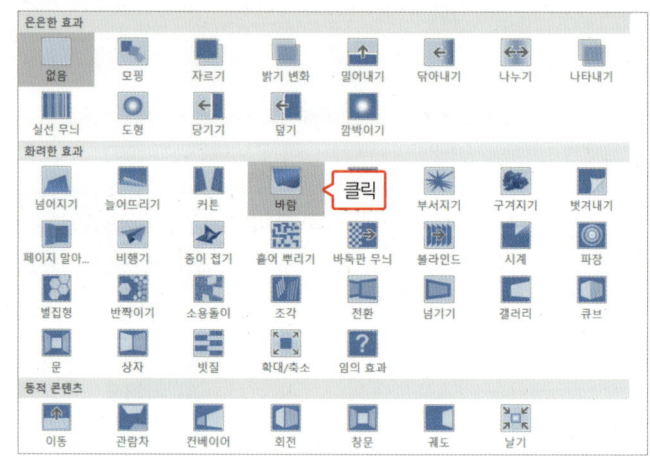

03 전환 길이 지정하기

[전환] 탭-[타이밍] 그룹-[기간]에 **02.25**를 입력합니다.

04 효과 옵션 변경하기

❶ [전환] 탭-[슬라이드 화면 전환] 그룹-[효과 옵션]을 클릭하고 ❷ [왼쪽으로]를 선택합니다.

앞의 슬라이드가 바람에 날리듯 오른쪽에서 왼쪽으로 넘어가는 전환 효과가 적용됩니다.

05 화면 전환 효과 실행하기

[슬라이드 쇼] 탭-[슬라이드 쇼 시작] 그룹-[현재 슬라이드부터]를 클릭합니다.

06 슬라이드 쇼가 실행되며 다음 슬라이드로 넘어갈 때 적용한 화면 전환 효과가 나타납니다.

모핑 전환 효과 적용하기

파워포인트 2016에는 슬라이드 개체에 변형, 개체 이동 애니메이션을 손쉽게 만들 수 있는 새로운 전환 유형으로 모핑 전환 효과가 추가되었습니다. 모핑 전환을 효과적으로 사용하려면 공통된 개체가 하나 이상 포함된 두 개의 슬라이드가 있어야 합니다. 가장 쉬운 방법은 슬라이드를 복제한 후 두 번째 슬라이드의 개체를 다른 위치로 이동하거나 한 슬라이드의 개체를 [복사], [붙여넣기]를 하고 슬라이드에 추가하는 것입니다. 두 번째 슬라이드를 선택한 후 모핑 전환 효과를 적용할 수 있습니다.

실습 파일 | 파워포인트\7장\모핑 전환 효과 적용하기.pptx **완성 파일** | 파워포인트\7장\모핑 전환 효과 적용하기_완성.pptx

01 ① [3번 슬라이드]를 선택합니다. ② Ctrl+D를 클릭하여 [3번 슬라이드]를 복제한 후 똑같은 슬라이드를 하나 더 만듭니다. ③ 복제한 [4번 슬라이드]를 선택합니다. ④ 슬라이드 안에 있는 개체의 위치를 바꿔줍니다. [4번 슬라이드]를 선택한 상태에서 ⑤ [전환] 탭-[슬라이드 화면 전환] 그룹-[모핑]을 클릭합니다.

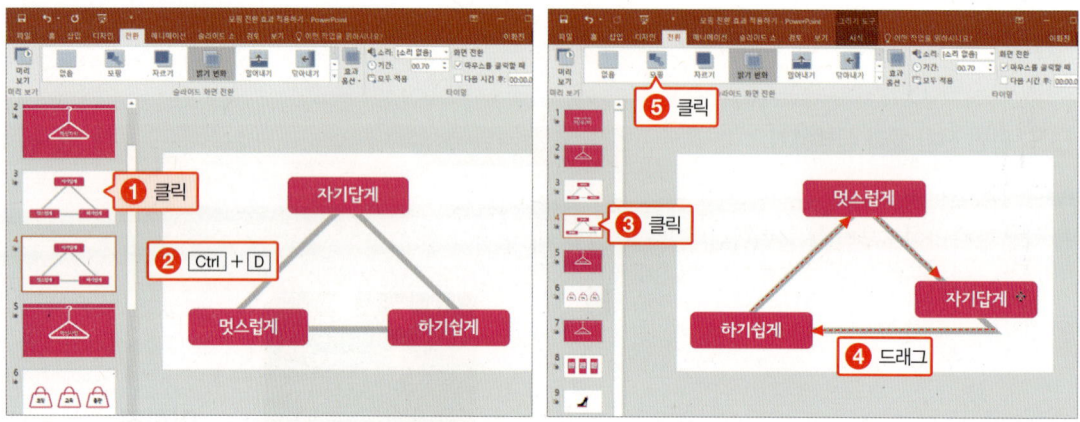

02 [3번 슬라이드]에서 [현재 슬라이드부터]로 슬라이드 쇼를 시작해 슬라이드 넘겨보면 [4번 슬라이드]에 적용된 모핑 전환 효과를 확인할 수 있습니다.

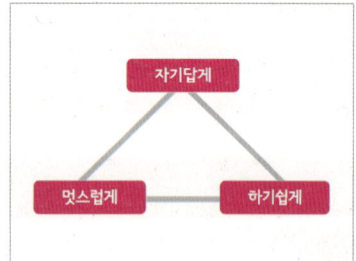
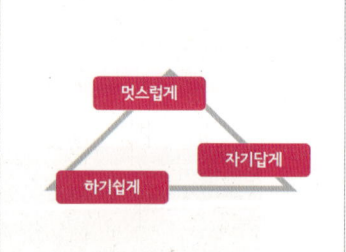
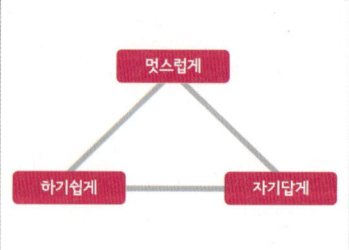

065 슬라이드 쇼 설정하기

프레젠테이션 발표 시 사용자가 원하는 대로 진행하기 위해 슬라이드 쇼를 설정합니다. 발표 전 목적에 맞게 설정해두면 청중에게 프로답다는 느낌을 심어줄 수 있습니다.

실습 파일 | 파워포인트\7장\슬라이드 쇼 설정하기.pptx   **완성 파일** | 파워포인트\7장\슬라이드 쇼 설정하기_완성.pptx

01 슬라이드 쇼 설정하기

[슬라이드 쇼] 탭-[설정] 그룹-[슬라이드 쇼 설정]을 클릭합니다.

02 ❶ [쇼 설정] 대화상자에서 [슬라이드 표시]의 [시작]에 6을 입력하고 ❷ [끝]에 12를 입력합니다. ❸ [표시 옵션]에서 [애니메이션 없이 보기]에 체크 표시하고 ❹ [확인]을 클릭합니다.

슬라이드에 적용된 애니메이션이 슬라이드 쇼에서 실행되지 않습니다.

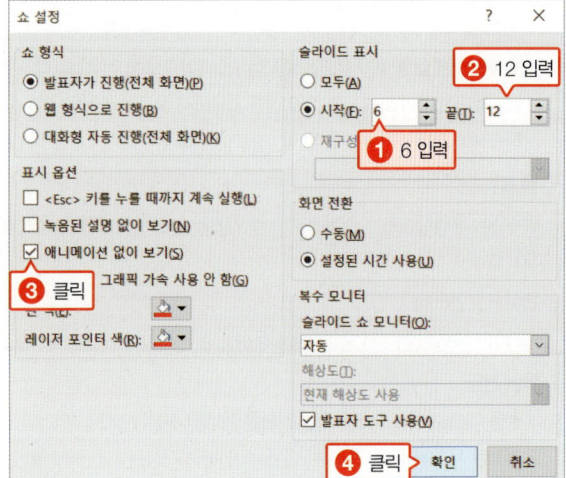

[쇼 설정] 대화상자의 구성 요소 알아보기

[슬라이드 쇼] 탭-[설정] 그룹-[슬라이드 쇼 설정]을 클릭하면 [쇼 설정] 대화상자가 나타납니다. 이 옵션을 조정해서 슬라이드 쇼를 최적화할 수 있습니다.

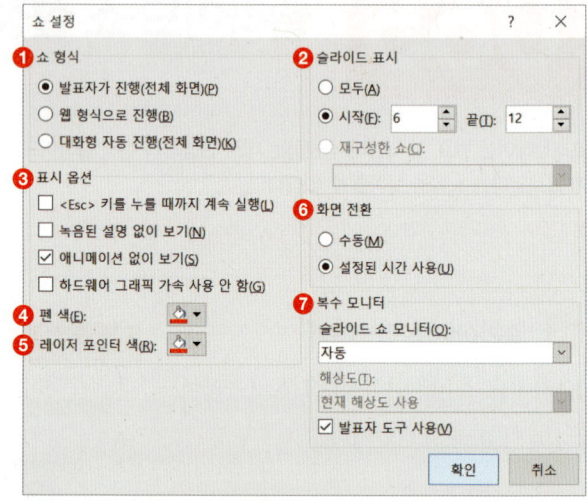

① **쇼 형식**

- **발표자가 진행(전체 화면)** : 일반적인 쇼 보기 상태로 발표자가 Enter 를 누르거나 클릭하면 다음 슬라이드로 전환됩니다.
- **웹 형식으로 진행** : 슬라이드 쇼를 [읽기용 보기]에서 진행합니다. 웹 페이지처럼 표시합니다.
- **대화형 자동 진행(전체 화면)** : 슬라이드 쇼에서 Enter 를 누르거나 클릭은 전혀 사용할 수 없으며, 하이퍼링크로 설정된 개체를 클릭하여 슬라이드 쇼를 진행합니다.

② **슬라이드 표시**

- **모두** : 프레젠테이션 내의 모든 슬라이드를 보여줍니다.
- **시작/끝** : 시작 슬라이드와 끝 슬라이드를 지정합니다.
- **재구성한 쇼** : [슬라이드 쇼 재구성]에서 재구성한 슬라이드 쇼로 프레젠테이션을 진행합니다.

③ **표시 옵션**

- **ESC 를 누를 때까지 계속 실행** : 슬라이드 쇼를 반복 실행하도록 설정할 수 있습니다.
- **녹음된 설명 없이 보기** : 설명 녹음 없이 슬라이드 쇼를 진행합니다.
- **애니메이션 없이 보기** : 애니메이션을 사용하지 않고 슬라이드 쇼를 진행합니다.
- **하드웨어 그래픽 가속 사용 안 함** : 하드웨어 그래픽 가속의 사용 여부를 선택합니다.

④ **펜 색**

슬라이드 쇼에서 Ctrl + P 를 누르면 펜 기능을 실행해 밑줄이나 코멘트를 표시할 수 있는데, 이때 펜의 기본 색상을 지정해줍니다. 기본 값은 빨간색입니다.

⑤ **레이저 포인터 색**

슬라이드 쇼에서 레이저 포인터를 사용하는 경우 레이저 포인터의 색상을 지정해줍니다. 기본 값은 빨간색입니다.

⑥ **화면 전환**

- **수동** : 발표자의 조작으로 화면 전환을 실행합니다.
- **설정된 시간 사용** : 화면 전환 시간을 지정하여 지정된 시간 후에 화면 전환을 실행합니다.

⑦ **복수 모니터**

- **슬라이드 쇼 모니터** : 복수 모니터 혹은 프로젝터 사용 시 슬라이드 쇼가 표시될 모니터를 선택합니다.
- **해상도** : 모니터 해상도를 선택합니다.
- **발표자 도구 사용** : 발표자 도구 사용 여부를 선택합니다.

슬라이드 쇼 재구성하기

전체 슬라이드 중 일부 슬라이드만 사용해 슬라이드 쇼를 재구성할 수 있습니다. 이렇게 하면 갑자기 발표 시간이 짧아져도 당황하지 않고 미리 짧은 시간용으로 만들어놓은 슬라이드 쇼로 발표할 수 있습니다.

실습 파일 | 파워포인트\7장\슬라이드 쇼 재구성하기.pptx **완성 파일** | 파워포인트\7장\슬라이드 쇼 재구성하기_완성.pptx

01 슬라이드 쇼 재구성하기

전체 슬라이드 구성에 변화를 주지 않고 원하는 슬라이드만 선별해 보여줄 수 있도록 슬라이드 쇼를 재구성해보겠습니다. ❶ [슬라이드 쇼] 탭-[슬라이드 쇼 시작] 그룹-[슬라이드 쇼 재구성]을 클릭하고 ❷ [쇼 재구성]을 선택합니다.

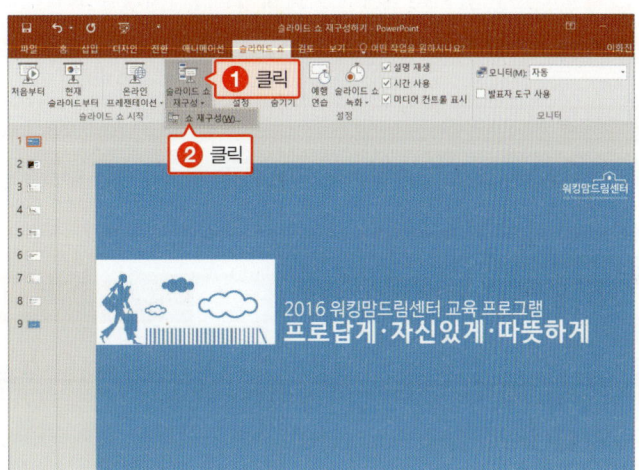

02 ❶ [쇼 재구성] 대화상자에서 [새로 만들기]를 클릭합니다. ❷ [쇼 재구성 하기] 대화상자의 [슬라이드 쇼 이름]에 **워킹맘 교육 프로그램**을 입력합니다. ❸ [프레젠테이션에 있는 슬라이드] 중 [3~5번 슬라이드]에 체크 표시하고 ❹ [추가]를 클릭합니다.

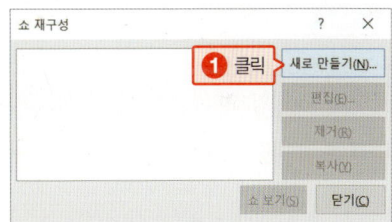

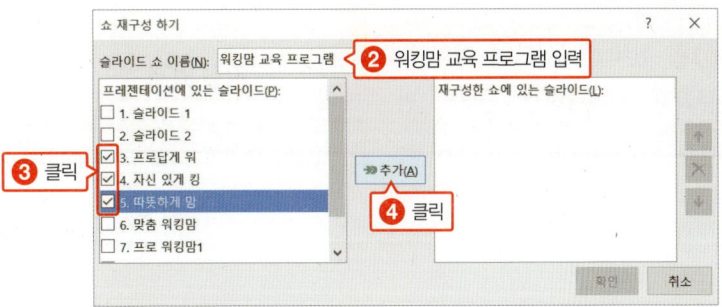

03 [재구성한 쇼에 있는 슬라이드]에 [3~5번 슬라이드]가 추가된 것을 확인하고 [확인]을 클릭합니다.

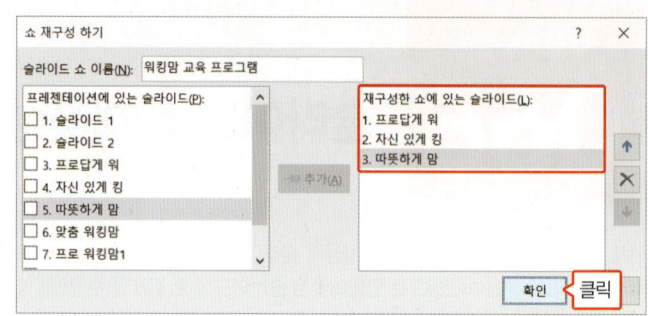

04 [쇼 재구성] 대화상자의 목록에 추가된 [워킹맘 교육 프로그램]을 확인한 후 [닫기]를 클릭합니다.

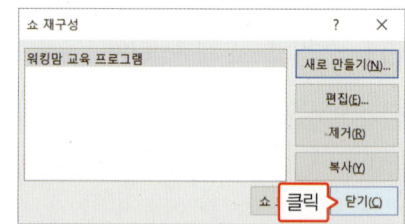

05 **재구성한 슬라이드 쇼 실행하기**

❶ [슬라이드 쇼] 탭 – [슬라이드 쇼 시작] 그룹 – [슬라이드 쇼 재구성]을 클릭하고 ❷ [워킹맘 교육 프로그램]을 선택합니다.

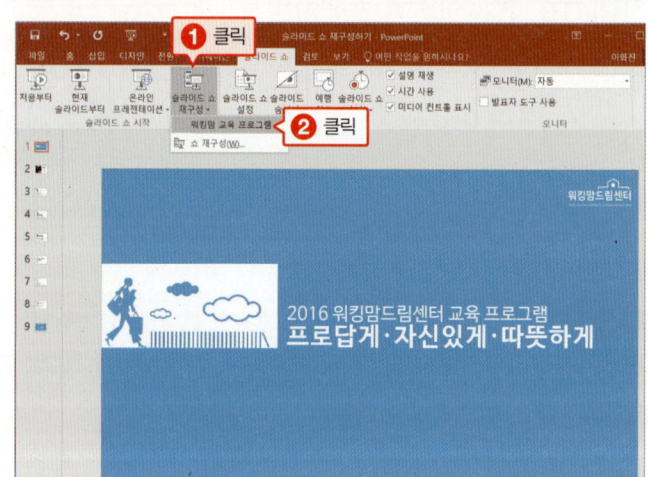

06 전체 슬라이드 중 [워킹맘 교육 프로그램]에 해당하는 슬라이드만 슬라이드 쇼에 나타납니다.

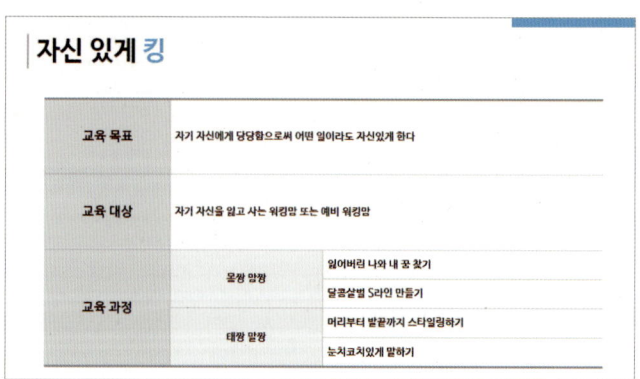

발표 원고 작성하고 인쇄하기

슬라이드 노트 창에 프레젠테이션 발표 시 필요한 원고 내용을 간략하게 요약하여 작성합니다. 이렇게 작성한 내용은 발표자 도구를 사용하거나 인쇄하여 발표 또는 리허설 때 참고할 수 있습니다.

실습 파일 | 파워포인트\7장\발표 원고 작성하고 인쇄하기.pptx　**완성 파일** | 파워포인트\7장\발표 원고 작성하고 인쇄하기_완성.pptx

---

📣 **한눈에 보기**　**슬라이드 노트 보기**

전체 페이지 형식의 발표 노트를 보고 작업하려면 [슬라이드 노트 보기]를 선택해서 보는 것이 좋습니다. [보기] 탭-[프레젠테이션 보기] 그룹-[슬라이드 노트]를 클릭합니다.

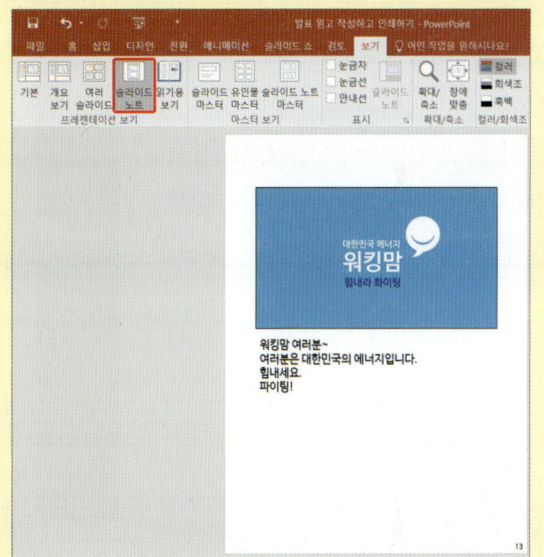

---

01 슬라이드 노트 창 열기

슬라이드 노트 창을 이용해 발표할 내용을 간단히 정리해보겠습니다. ❶ [13번 슬라이드]를 선택하고 ❷ 슬라이드 아래에서 [슬라이드 노트]를 클릭합니다.

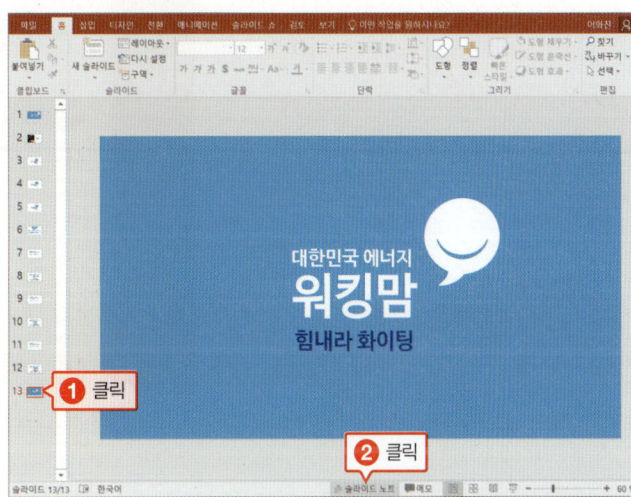

02 슬라이드 노트 창이 나타납니다. 슬라이드 노트 창에 원하는 발표 내용을 입력합니다.

03 슬라이드 노트 인쇄하기

❶ [파일] 탭-[인쇄]를 선택합니다. ❷ [설정]에서 [전체 페이지 슬라이드]를 선택하고 ❸ [인쇄 모양]-[슬라이드 노트]를 선택합니다.

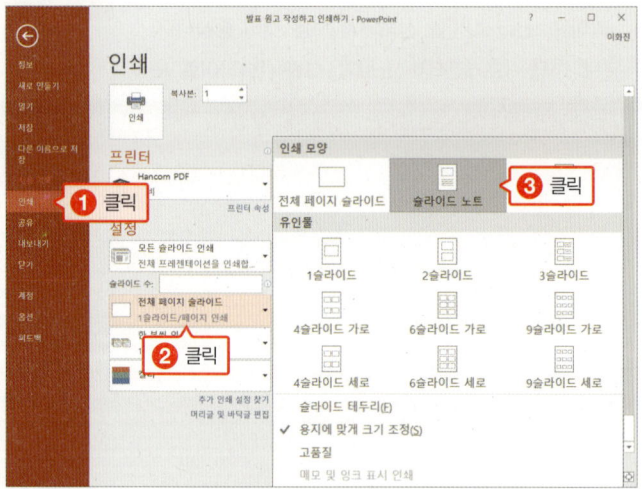

04 [인쇄]를 클릭합니다. 슬라이드 하단에 슬라이드 노트가 함께 인쇄됩니다.

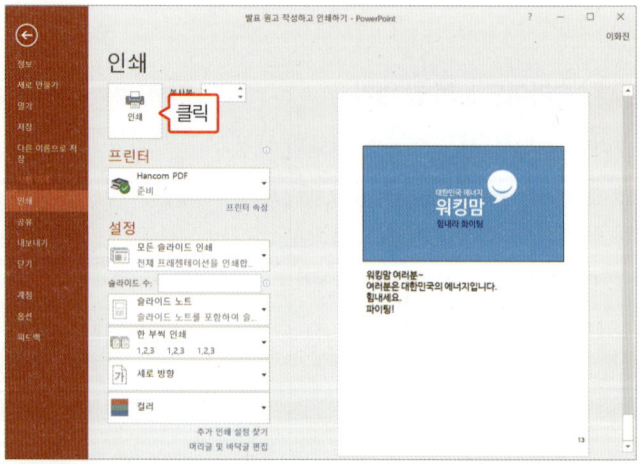

068 청중 유인물 만들고 인쇄하기

청중에게 배포할 유인물의 레이아웃은 유인물 마스터에서 설정합니다. 청중에게 배포할 유인물에도 디자인을 적용하면 전문가다운 느낌을 줄 수 있습니다.

실습 파일 | 파워포인트\7장\청중 유인물 만들고 인쇄하기.pptx   **완성 파일** | 파워포인트\7장\청중 유인물 만들고 인쇄하기_완성.pptx

01 유인물 레이아웃 설정하기

청중에게 배포할 유인물 인쇄 시 배포 단체, 날짜, 로고 등이 표시되도록 유인물 레이아웃을 수정해보겠습니다. [보기] 탭-[마스터 보기] 그룹-[유인물 마스터]를 클릭합니다. 유인물 마스터 보기로 전환됩니다.

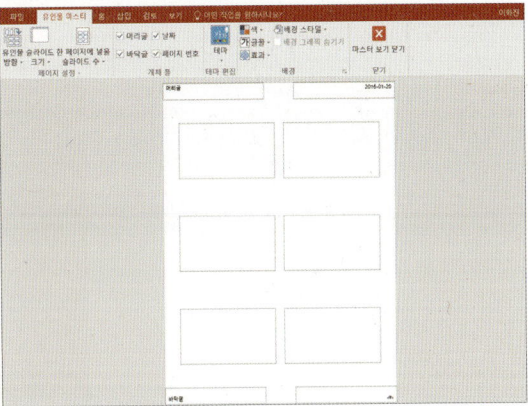

02

❶ 왼쪽 위 [머리글] 개체 틀에 **워킹맘드림센터**를 입력하고 ❷ 오른쪽 위 [머리글] 개체 틀에 원하는 날짜를 입력합니다. ❸ 왼쪽 아래의 [바닥글] 개체 틀을 삭제하고 ❹ 가운데 아래에 [워킹맘드림센터 로고.jpeg]를 삽입합니다. ❺ 오른쪽 아래에 [슬라이드 번호] 개체 글꼴 서식을 원하는 글꼴로 변경합니다.

바로 통하는TIP 로고 삽입은 [삽입] 탭-[이미지] 그룹-[그림]을 이용합니다. 로고 삽입 후 로고의 크기와 위치를 적절히 조정합니다.

03 유인물 인쇄하기

❶ [파일] 탭 - [인쇄]를 선택합니다. ❷ [설정]에서 [전체 페이지 슬라이드]를 선택하고 ❸ [인쇄 모양]에서 [유인물] - [3슬라이드]를 선택합니다.

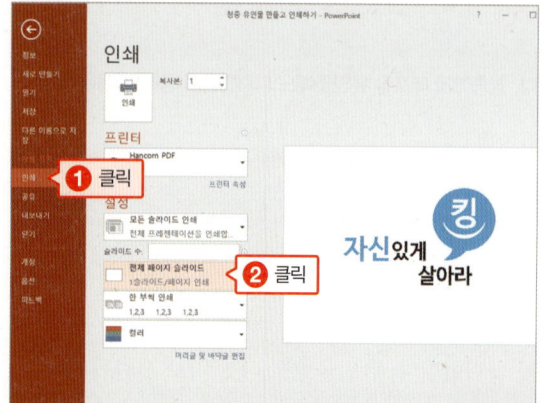

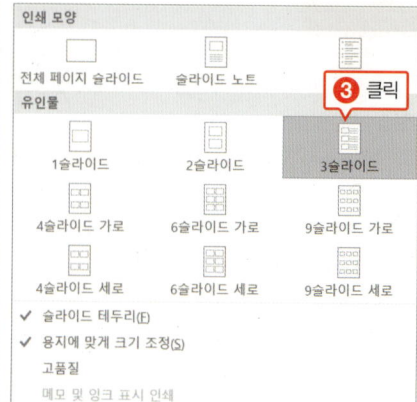

04 [인쇄]를 클릭합니다. 유인물 마스터에서 적용한 레이아웃 모양대로 인쇄됩니다.

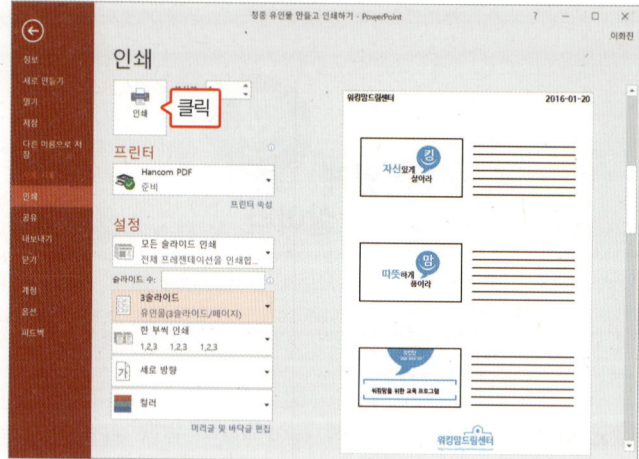

유인물에 페이지 번호 삽입하기

[삽입] 탭 - [텍스트] 그룹 - [슬라이드 번호 삽입]을 클릭합니다. ① [머리글/바닥글] 대화상자에서 [슬라이드 노트 및 유인물] 탭을 클릭합니다. ② [페이지 번호]에 체크 표시합니다.

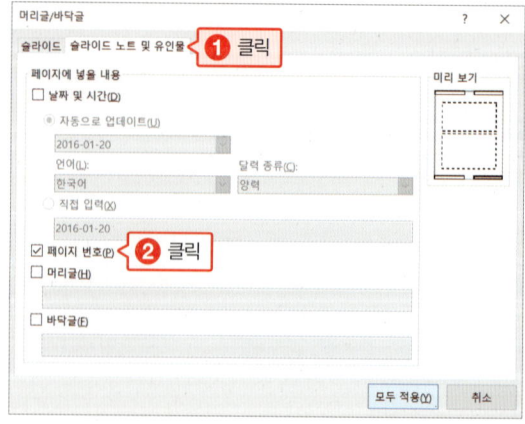

핵심기능실습

069

발표 전 예행 연습하기

프레젠테이션 발표 전에 각 슬라이드에 소요되는 시간을 미리 확인하는 것은 매우 중요합니다. 이때 예행 연습 기능을 사용하면 편리합니다.

실습 파일 | 파워포인트\7장\발표 전 예행 연습하기.pptx   **완성 파일** | 파워포인트\7장\발표 전 예행 연습하기_완성.pptx

01 ❶ [1번 슬라이드]를 선택하고 ❷ [슬라이드 쇼] 탭 – [설정] 그룹 – [예행 연습]을 클릭합니다.

02 슬라이드 쇼가 실행되며 화면 왼쪽 위에 [녹화] 대화상자가 나타납니다. 실제 발표 원고를 이용해 발표를 연습해 봅니다. Enter 를 눌러 슬라이드를 넘깁니다.

바로 통하는 TIP [녹화] 대화상자의 왼쪽 시간은 쇼가 진행되고 있는 현재 슬라이드의 시간이고, 오른쪽은 전체 녹화된 슬라이드 쇼의 누적된 시간입니다.

03 슬라이드 쇼가 끝까지 실행되면 마지막에 사용 시간 및 저장 여부를 묻는 메시지가 나타납니다. [예]를 클릭합니다.

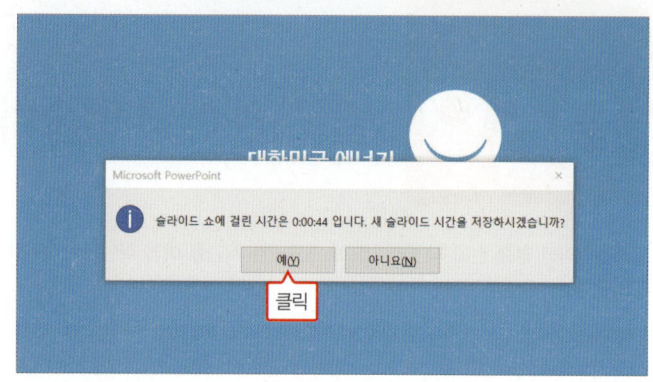

04 여러 슬라이드 보기 화면으로 보면 각각의 슬라이드를 발표하는 데 사용된 시간이 표시됩니다.

070

슬라이드 쇼 시작하기

프레젠테이션을 하기 위해서는 슬라이드 쇼를 실행해야 합니다. 처음부터 슬라이드 쇼를 시작할 수도 있고, 선택된 슬라이드부터 시작할 수도 있습니다. 슬라이드 쇼를 시작하는 다양한 방법에 대해서 알아보겠습니다.

실습 파일 | 파워포인트\7장\슬라이드 쇼 시작하기.pptx   **완성 파일** | 없음

01 첫 번째 슬라이드부터 슬라이드 쇼 하기

[슬라이드 쇼] 탭-[슬라이드 쇼 시작] 그룹-[처음부터]를 클릭합니다. 첫 번째 슬라이드부터 쇼가 시작됩니다.

 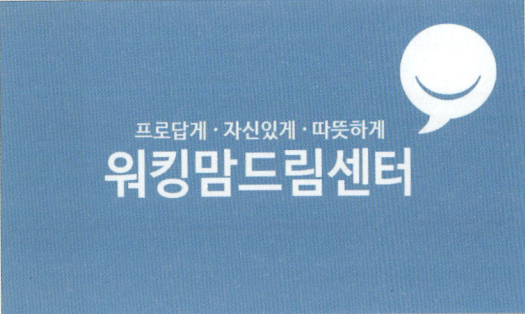

바로 통하는 TIP 첫 번째 슬라이드부터 쇼를 시작하려면 빠른 실행 도구 모음의 [처음부터 시작]을 클릭하거나 F5 를 눌러도 됩니다.

02 Enter 를 눌러 슬라이드를 넘깁니다. 마지막 슬라이드 다음에 나타나는 화면을 클릭하거나 Enter 를 눌러 기본 보기 화면으로 돌아옵니다.

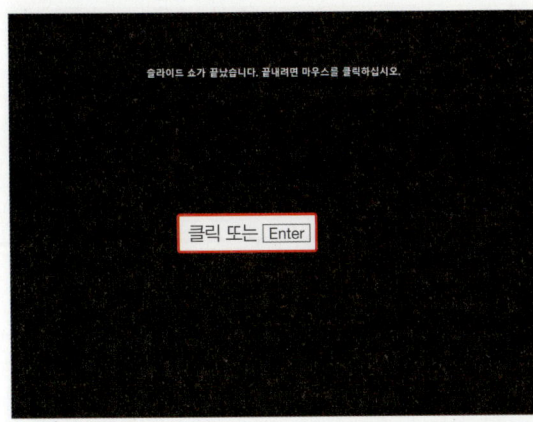 

바로 통하는 TIP 슬라이드 쇼 도중에 끝내려면 Esc 를 누릅니다.

03 현재 슬라이드부터 슬라이드 쇼 시작하기

❶ [6번 슬라이드]를 선택하고 ❷ [슬라이드 쇼] 탭-[슬라이드 쇼 시작] 그룹-[현재 슬라이드부터]를 클릭합니다.

바로 통하는 TIP 현재 슬라이드부터 슬라이드 쇼를 하려면 화면 오른쪽 아래에 있는 [슬라이드 쇼]를 클릭하거나 Shift + F5 를 눌러도 됩니다.

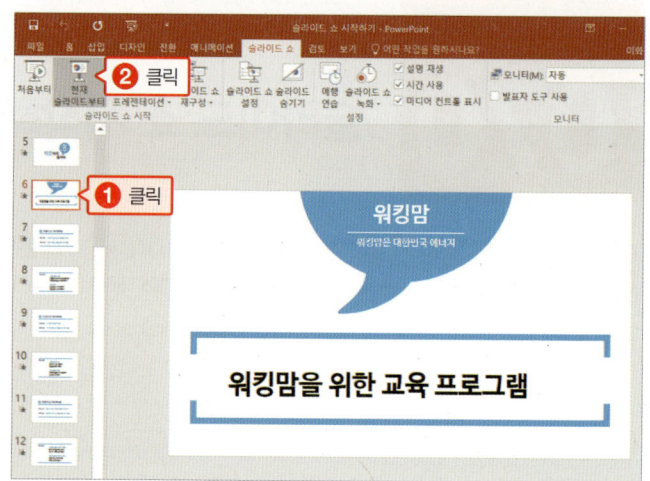

04 Enter 를 눌러 슬라이드를 넘깁니다. 마지막 슬라이드 다음에 나타나는 검은 화면을 클릭하거나 Enter 를 눌러 기본 보기 화면으로 돌아옵니다.

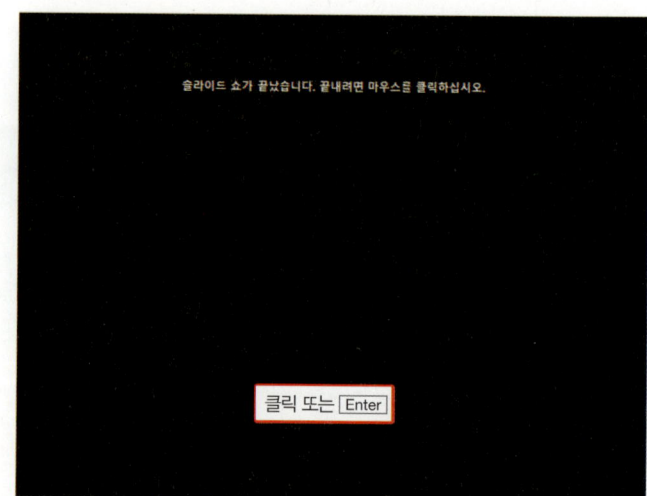

05 기본 화면에서 선택된 슬라이드 화면이 보입니다.

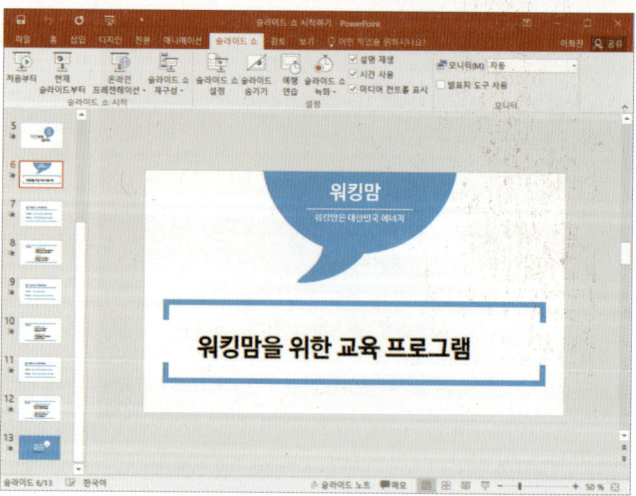

071 발표자 도구를 사용하여 발표하기

컴퓨터나 노트북 모니터 외에 프로젝터나 TV가 2대 이상 연결되어 있다면 발표자 도구를 사용해 청중에게는 슬라이드만 나타나게 하고 발표자의 화면에는 다음 슬라이드, 발표자 노트, 타이머 등의 미리 보기를 표시할 수 있습니다. 발표자 도구를 이용해 발표자는 자연스럽게 프레젠테이션을 진행할 수 있습니다.

실습 파일 | 파워포인트\7장\발표자 도구를 사용하여 발표하기.pptx **완성 파일** | 없음

📢 **한눈에 보기** **발표자 도구 구성 살펴보기**

슬라이드 쇼를 실행할 때 나타나는 발표자 도구는 발표자에게만 보입니다. 발표자 도구에서는 현재 슬라이드 및 다음 슬라이드의 내용을 확인하거나 슬라이드에 추가한 노트 내용을 미리 볼 수 있는 기능 등이 제공됩니다.

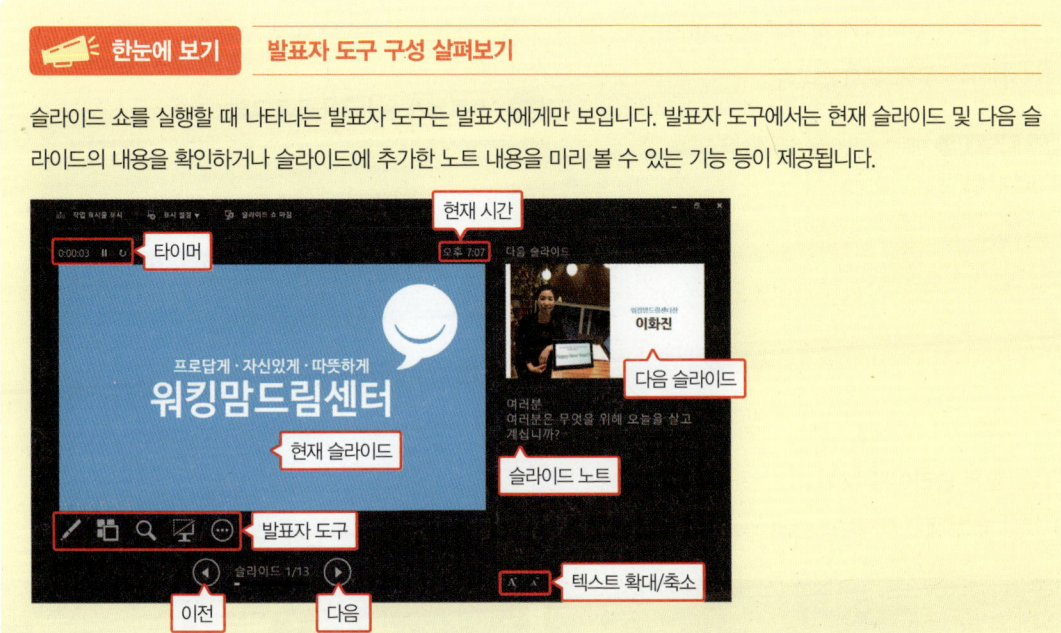

---

01 발표자 도구 표시하기

❶ **F5**를 클릭하여 슬라이드 쇼를 실행합니다. ❷ 화면 왼쪽 아래에 있는 컨트롤 막대에서 [슬라이드 쇼 옵션 더 보기] 버튼을 클릭하고 ❸ [발표자 도구 표시]를 선택합니다. 발표자 도구 화면으로 바뀝니다.

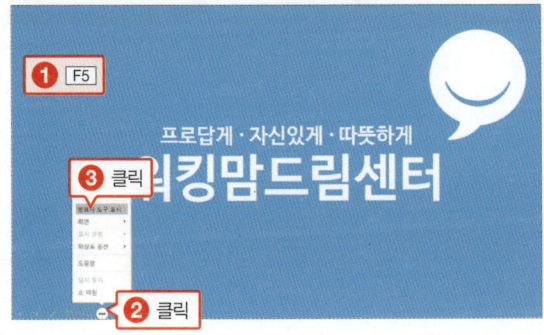

O2 펜으로 주석 달기

발표자 도구의 펜 기능을 이용하면 슬라이드에 중요한 내용을 펜으로 표시하면서 프레젠테이션을 할 수 있습니다. ❶ 발표자 도구에서 [펜 및 레이저 포인터 도구]를 클릭하고 ❷ [형광펜]을 선택합니다.

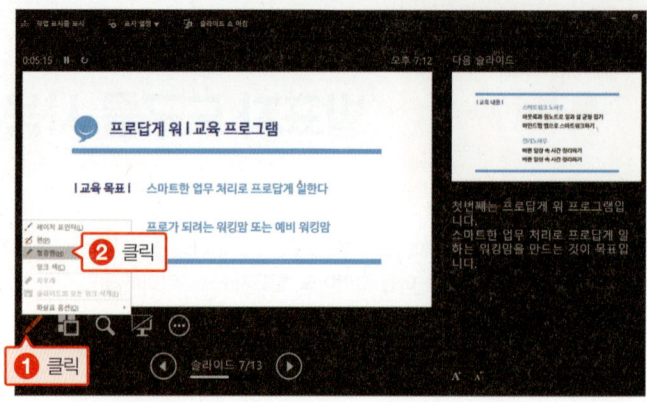

O3 마우스 포인터가 형광펜으로 변경되면 원하는 곳에 표시합니다.

바로 통하는 TIP 마우스 포인터를 본래 화살표 모양으로 변경하려면 Ctrl + A 를 누릅니다.

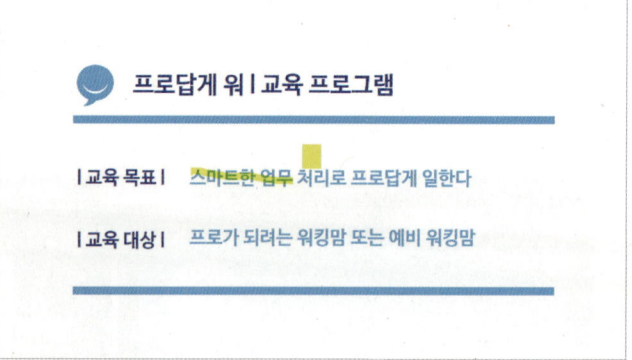

O4 모든 슬라이드 보기

발표자 도구에서 [모든 슬라이드 보기]를 클릭합니다. 모든 슬라이드를 확인할 수 있습니다.

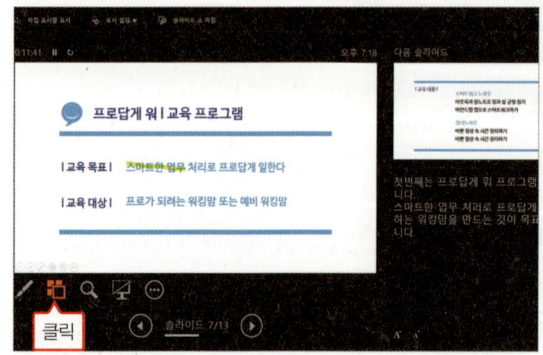

05 다음 슬라이드로 넘기기

화면 아래쪽에 있는 슬라이드 넘기기 버튼 중 [다음]을 클릭합니다. 다음 슬라이드로 넘어갑니다.

06 슬라이드 특정 부분 확대하기

❶ 발표자 도구에서 [슬라이드 확대]를 클릭합니다. ❷ 확대하려는 부분에 마우스 포인터를 놓고 클릭합니다.

07 해당 부분이 확대됩니다.

08 다시 본래의 상태로 돌아오려면 발표자 도구에서 [축소]를 클릭합니다. 확대 전 상태로 돌아옵니다.

09 화면을 검정으로 만들기

발표자 도구에서 [슬라이드 쇼를 검정으로 설정/취소]를 클릭합니다. 화면이 검정색으로 변경됩니다.

바로 통하는 TIP 본래의 상태로 돌아오려면 [슬라이드 쇼 검정으로 설정/취소]를 다시 클릭합니다.

10 슬라이드 쇼 마치기

화면의 위쪽에 있는 [슬라이드 쇼 마침]을 클릭합니다. 기본 보기 화면으로 돌아옵니다.

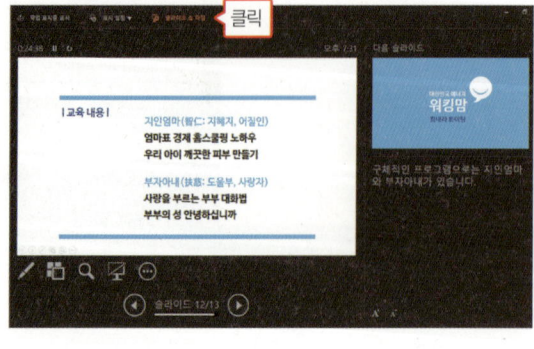 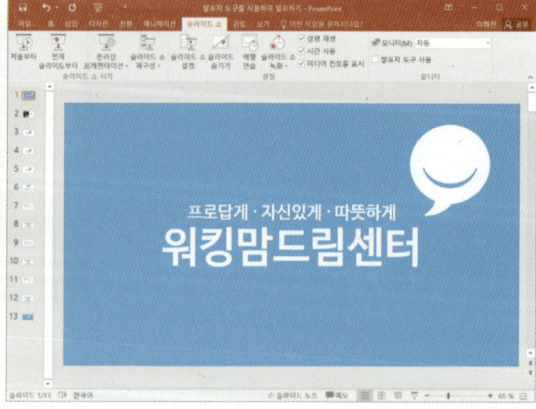

슬라이드 쇼 녹화하기

슬라이드 쇼가 실행되는 동안 재생되는 오디오 설명, 레이저 포인터 동작, 애니메이션을 녹화할 수 있습니다. 프레젠테이션에 참석하지 못했더라도 녹화한 파일을 보면서 발표 내용을 그대로 보고 들을 수 있습니다.

실습 파일 | 파워포인트\7장\슬라이드 쇼 녹화하기.pptx　　**완성 파일** | 파워포인트\7장\슬라이드 쇼 녹화하기_완성.pptx

01 슬라이드 쇼 녹화하기

❶ [슬라이드 쇼] 탭-[설정] 그룹-[슬라이드 쇼 녹화 ▾]를 클릭하고 ❷ [처음부터 녹음 시작]을 선택합니다. ❸ [슬라이드 쇼 녹화] 대화상자에서 [녹화 시작]을 클릭합니다.

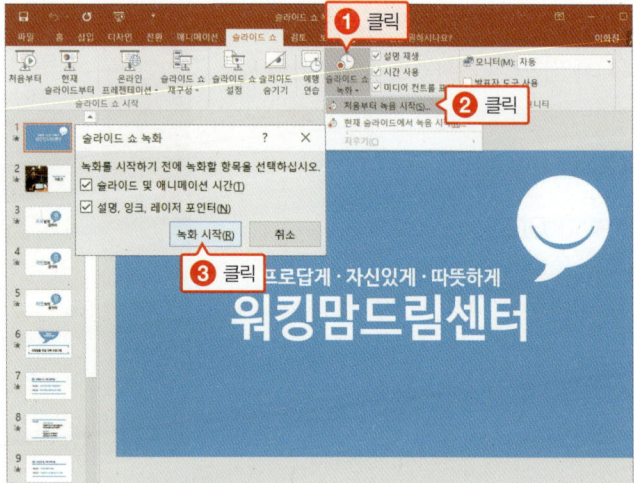

02 화면 왼쪽 위에 [녹화] 대화상자가 나타나고 녹화되는 시간과 누적된 시간이 보입니다. 슬라이드 쇼가 끝난 후 각 슬라이드에는 발표 내용이 녹음된 오디오 파일이 생성됩니다. 슬라이드 창에서 재생하면 프레젠테이션 내용을 확인할 수 있습니다.

바로 통하는 TIP 슬라이드 쇼를 실행하면 설명 녹음과 함께 화면 전환 효과가 자동으로 적용되면서 넘어가는 것을 확인할 수 있습니다.

핵심기능실습

073

온라인으로
프레젠테이션 진행하기

무료 서비스인 Office Presentation Service를 사용하면 파워포인트에서 온라인으로 프레젠테이션을 진행할 수 있습니다. 온라인에 접속할 수 있다면 어디서나 프레젠테이션을 볼 수 있습니다.

실습 파일 | 파워포인트\7장\온라인으로 프레젠테이션 진행하기.pptx **완성 파일** | 파워포인트\7장\온라인으로 프레젠테이션 진행하기_완성.pptx

01 온라인 프레젠테이션 시작하기

❶ [파일] 탭–[공유]를 선택합니다. ❷ [온라인 프레젠테이션]을 선택하고 ❸ [온라인 프레젠테이션]을 클릭합니다.

바로 통하는 TIP [온라인 프레젠테이션]은 [슬라이드 쇼] 탭–[슬라이드 쇼 시작] 그룹–[온라인 프레젠테이션]을 클릭해도 됩니다.

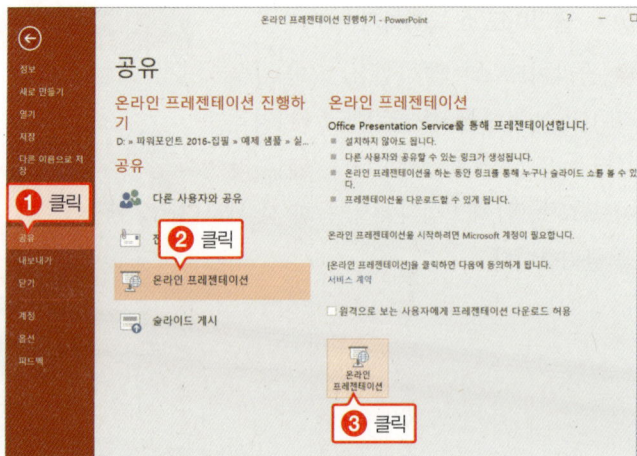

02 [온라인 프레젠테이션] 대화상자가 나타납니다. ❶ [연결]을 클릭하면 Office Presentation Service에 연결 한 후 링크 주소가 활성화됩니다. ❷ [링크 복사]를 클릭합니다.

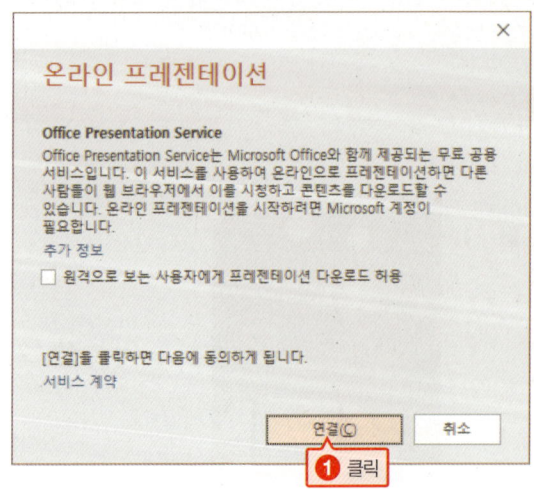

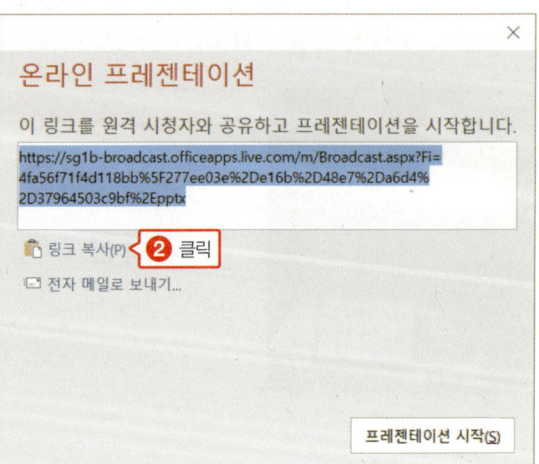

03 복사한 링크 주소를 웹 페이지 주소 창에 붙여넣습니다.

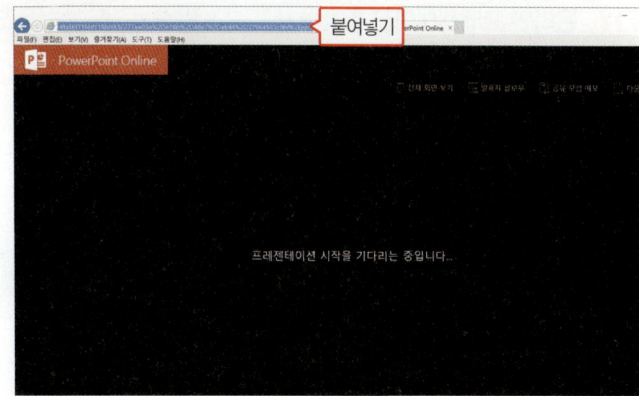

04 다시 파워포인트로 돌아와 [프레젠테이션 시작]을 클릭합니다.

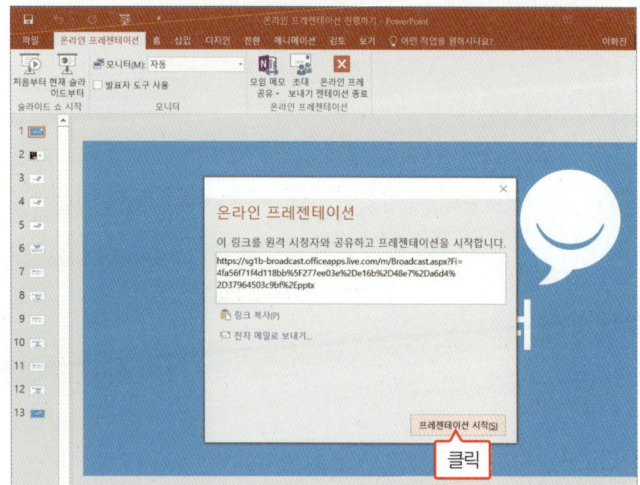

05 발표자의 슬라이드 쇼 화면과 온라인상에서 시청자의 화면이 똑같이 나타납니다. Esc 를 눌러 슬라이드 쇼에서 나옵니다.

06 온라인 프레젠테이션 종료하기

❶ [온라인 프레젠테이션] 탭 - [온라인 프레젠테이션] 그룹 - [온라인 프레젠테이션 종료]를 클릭합니다. ❷ 종료할 것인지 묻는 메시지가 나타나면 [온라인 프레젠테이션 종료]를 클릭합니다.

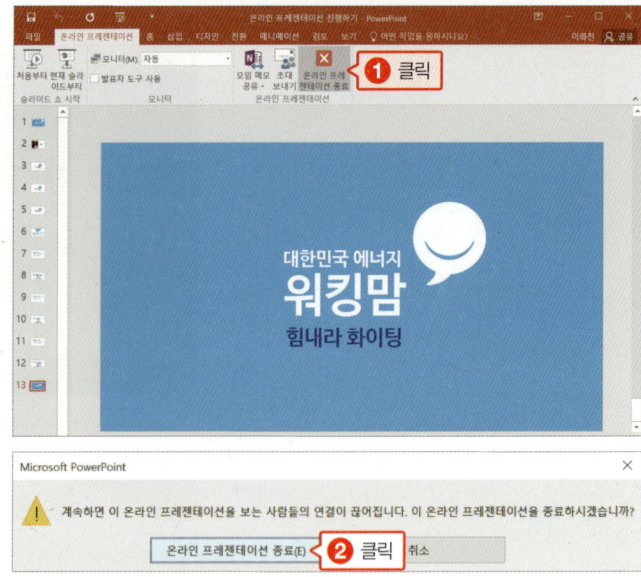

07 온라인 프레젠테이션이 종료되었습니다.

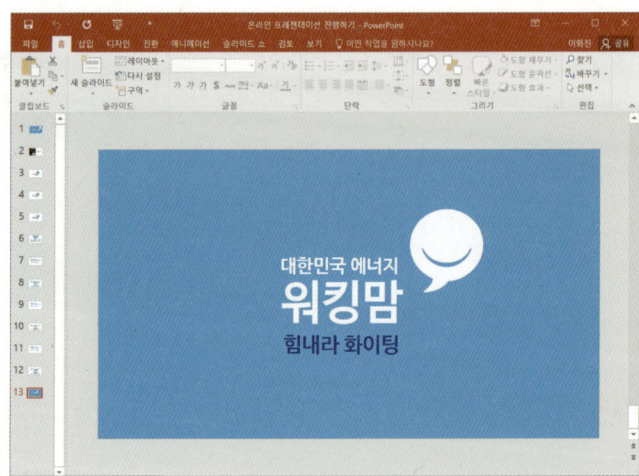

08 온라인 시청자의 화면에는 '프레젠테이션이 끝났습니다'라는 메시지가 나타납니다.

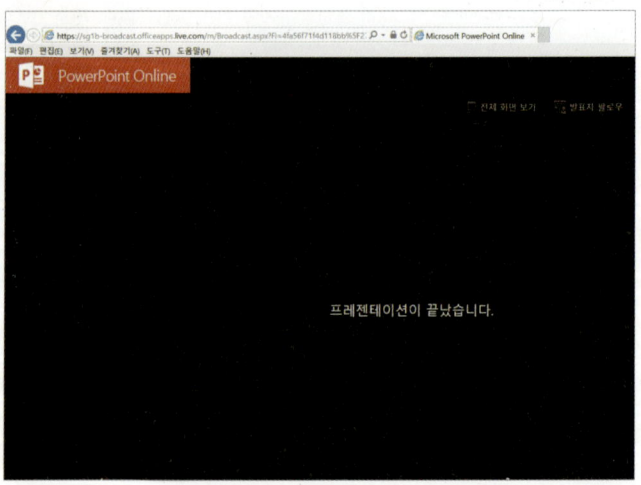

회사에서 바로 통하는 실습 예제 다운로드하기

이 책에 사용된 모든 실습 및 완성 예제 파일은 한빛미디어 홈페이지(www.hanbit.co.kr/media)에서 다운로드할 수 있습니다. 예제 파일은 따라 하기를 진행할 때마다 사용되므로 컴퓨터에 복사해두고 활용합니다.

1 한빛미디어 홈페이지(www.hanbit.co.kr/media)로 접속합니다. 로그인 후 화면 오른쪽 아래에서 [자료실] 버튼을 클릭합니다.

2 자료실 도서 검색란에 도서명을 입력하고, 찾는 도서의 제목 부분을 클릭합니다.

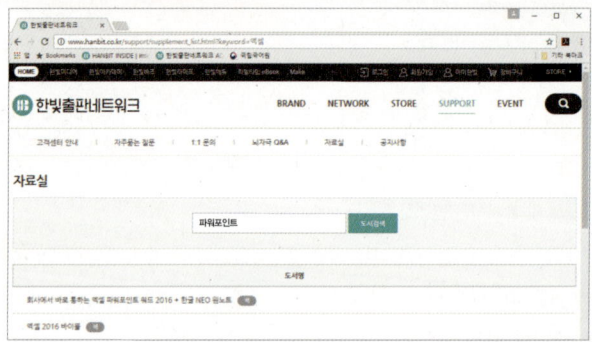

3 선택한 도서 정보가 표시되면 [다운로드] 아이콘을 클릭합니다.

다운로드한 예제 파일은 일반적으로 [다운로드] 폴더에 저장되며, 사용하는 웹브라우저 설정에 따라 저장 위치가 달라질 수 있습니다.

독자 Q&A 학습하다 부딪히는 문제는 한빛미디어 홈페이지(www.hanbit.co.kr/media)에서 화면 왼쪽 아래에 있는 [지원] 버튼을 클릭해 문의하거나 저자 이메일로 보내 쉽게 해결할 수 있습니다.

회사에서 바로 통하는

현장밀착형 입문서

엑셀
파워포인트 2016
한글 NEO

개념은 **쉽게**
기능은 **빠르게**
실무활용은 **바로**

전미진·이화진·신면철 지음

한글편

B 한빛미디어
Hanbit Media, Inc.

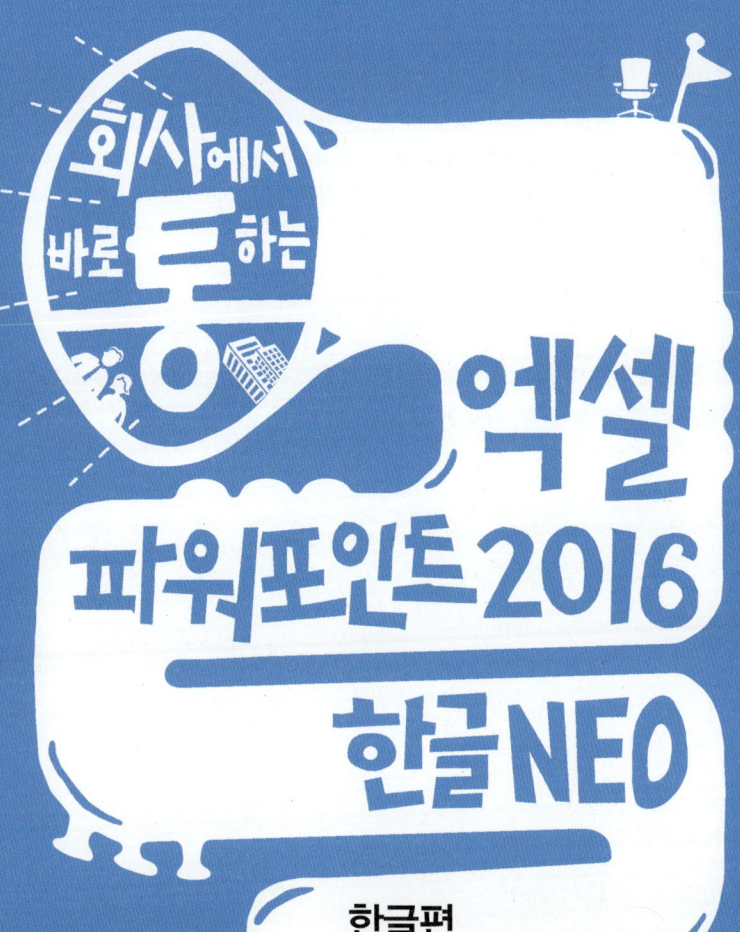

회사에서 바로 통하는

엑셀 파워포인트 2016 한글 NEO

한글편

전미진 · 이화진 · 신면철 지음

한빛미디어
Hanbit Media, Inc.

지은이 **전미진** (smileimp@naver.com)

삼성전자, 삼성항공, 삼성코닝, 삼성멀티캠퍼스, 삼성석유화학, 대우건설, 서울통신, 지역난방공사, 농협대학, 한양대학, 유니텔캠퍼스, 효성그룹, 대우기술원, 국민건강보험공단 등에서 업무 개선을 위한 엑셀과 파워포인트, 프로그래밍 관련 강의를 진행했습니다. 현재 한화토탈, 인키움, 경기중소기업센터 등에서 강의하고 있으며, 저서로는 《회사에서 바로 통하는 엑셀 2016 FOR STARTERS》(한빛미디어, 2017), 《회사에서 바로 통하는 엑셀 실무 강의》(한빛미디어, 2016), 《회사에서 바로 통하는 엑셀+파워포인트+워드 2016&한글 NEO》(한빛미디어, 2016) 등이 있습니다.

지은이 **이화진** (hwajin@kkummolda.com)

삼성물산, 삼성증권, 삼성생명, KT, 포스코, 농협, 마이크로소프트, 아모레퍼시픽, 유한킴벌리, LG인화원, 한국MSD, 해양경찰청, 국회사무처, 경희대학교, 인하대학교 등에서 프레젠테이션 제작 및 강의를 진행했습니다. 현재 꿈몰다 대표, 나다운스타일연구소 대표, 오피스튜터 프레젠테이션 강사, 한국워킹맘연구소 이사, 극동대학교 외래 교수로 활동하고 있습니다. 저서로는 《회사에서 바로 통하는 파워포인트 2016 FOR STARTERS》(한빛미디어, 2017), 《회사에서 바로 통하는 엑셀+파워포인트+워드 2016&한글 NEO》(한빛미디어, 2016) 등이 있습니다.

지은이 **신면철** (bavo@paran.com)

(주)익스터디 대표이사, 두목넷 사무자동화 부분 대표 강사로 IT 자격증 분야에서 '왕두목'이라는 애칭으로 활발히 활동하고 있습니다. 경기공업대학 외래 교수, 철도대학 특강 교수로 강의했습니다. 저서로는 《회사에서 바로 통하는 한글 NEO FOR STARTERS》(한빛미디어, 2017), 《회사에서 바로 통하는 엑셀+파워포인트+워드 2016&한글 NEO》(한빛미디어, 2016) 등이 있습니다.

회사에서 바로 통하는
엑셀+파워포인트 2016&한글 NEO – 한글편

초판발행 2017년 7월 12일

지은이 전미진, 이화진, 신면철 / **펴낸이** 김태헌
펴낸곳 한빛미디어(주) / **주소** 서울시 마포구 양화로 7길 83 한빛미디어(주) 실용출판부
전화 02 – 336 – 7129 / **팩스** 02 – 336 – 7124
등록 1999년 6월 24일 제10 – 1779호 / **ISBN** 978-89-6848-336-3 14000

총괄 임규근 / **책임편집** 전정아 / **기획** 배윤미 / **편집** 박지수
디자인 내지 천승훈, 표지 오필민 / **전산편집** 오정화
영업 김형진, 김진불, 조유미 / **마케팅** 박상용, 송경석, 조승모, 변지영

이 책에 대한 의견이나 오탈자 및 잘못된 내용에 대한 수정 정보는 한빛미디어(주)의 홈페이지나 아래 이메일로 알려주십시오.
잘못된 책은 구입하신 서점에서 교환해 드립니다. 책값은 뒤표지에 표시되어 있습니다.
한빛미디어 홈페이지 www.hanbit.co.kr / 이메일 ask@hanbit.co.kr

지금 하지 않으면 할 수 없는 일이 있습니다.
책으로 펴내고 싶은 아이디어나 원고를 메일(writer@hanbit.co.kr)로 보내주세요.
한빛미디어(주)는 여러분의 소중한 경험과 지식을 기다리고 있습니다.

자랑스러운 토종 국산 워드프로세서 한글 NEO

회사에서 어떤 업무를 맞게 되든지 꼭 사용하는 소프트웨어 중 하나가 워드프로세서입니다. 그중에서도 한글 NEO는 국산 소프트웨어의 대표 주자로서 꾸준한 관심과 사랑을 받고 있습니다. 전 세계에서 자국 워드프로세서를 보유하고 있으며 사용률까지 높은 국가는 우리나라뿐입니다. 컴퓨터를 처음 접했던 학창 시절, 과제를 하며 한글을 처음 만났던 그 신기함이 아직도 기억납니다. 시간이 흐르면서 조금씩 발전하는 한글은 마치 함께 성장하는 친구 같습니다. 이렇게 오랜 친구를 소개할 수 있는 기회를 준 한빛미디어에 감사 인사를 드립니다.

'핵심기능실습'으로 문서 작성의 기본기를 다져라!

이 책은 한글에서 입력하고 문서 편집하기, 글꼴과 문단, 쪽 꾸미고 도형 및 개체 활용하기, 표 꾸미기 등 실무를 할 때 꼭 필요한 핵심기능 49개로 구성했습니다. 이제 막 한글에 입문한 사용자라면 CHAPTER 01과 CHAPTER 02에서 한글을 다루는 데 필요한 기본기를 다지고 전반적인 한글 NEO의 화면 구성과 기능을 익힐 수 있습니다. CHAPTER 03부터 CHAPTER 07까지는 기본기를 바탕으로 워드프로세서 한글의 다양한 기능을 빠르게 습득할 수 있도록 구성했습니다. 실무 중 헷갈리기 쉬운 내용이나 알아두면 좋은 내용은 '쉽고 빠른 한글 NOTE'에 상세히 담았으므로 학습할 때 참고해주기 바랍니다.

실무 예제로 익혀 문서 작업의 달인이 된다!

이 책의 내용을 순서대로 학습하고 독자 여러분의 실제 업무 문서에 적용하는 작업을 반복하다 보면 머지않아 한글 달인에 가까워질 수 있으리라 생각합니다. 기초 기능 학습과 실무 활용은 실력을 쌓을 수 있는 가장 좋은 방법입니다. 이 책과 함께 외산 워드프로세서에 지원하지 않는 쉽고 간편한 한글 NEO의 기능별 세부 설정을 마음껏 즐겨보기 바랍니다.

2017년 7월
신면철

핵심기능실습으로 업무에 바로 써먹는
한글 기능만 빠르게 익힌다!

☀ **회사에서 바로 통하는 현장밀착형 3단계 학습 전략**

STEP 03

STEP 02

STEP 01

한눈에 보기

핵심기능실습을 시작하기 전에 꼭 알아두어야 할 한글 개념 설명이나 이론 학습이 필요한 부분을 소개합니다.

핵심기능실습

실무에서 꼭 필요한 49가지 한글의 핵심기능을 빠르게 익혀 업무에 효율적으로 활용하는 방법을 배웁니다.

혼자해보기

완성 파일 미리 보기와 힌트를 살펴보면서 핵심기능실습에서 배운 내용을 다시 한 번 복습합니다.

바로 통하는 TIP

따라 하기 과정에서 헷갈리기 쉬운 내용을 팁으로 수록했습니다.

쉽고 빠른 한글 NOTE

학습에 유용한 정보, 알고 넘어가면 좋을 참고 사항을 상세히 소개합니다.

최적화된 실무 예제로
한글을 단숨에 마스터한다!

☀ **일 잘하는 직장인이 꼭 알아야 할 한글 핵심기능 49**

회사에서 바로 통하는 키워드	문서 저장, 문서 암호, 자동 저장 설정, 한자 입력, 한자 사전에 단어 등록, 메모, 책갈피, 하이퍼링크, 맞춤법 검사, 문서 번역, 클립보드, 글꼴 꾸미기, 형광펜, 강조점, 취소선, 자간, 장평, 글자 모양 복사, 줄 간격, 문단 여백 설정, 들여쓰기, 내어쓰기, 개요 번호, 문단 번호, 스타일 적용, 스타일 편집, 스타일 추가, 찾아 바꾸기, 문단 꾸미기, 편집 용지 설정, 머리말, 꼬리말, 쪽 번호, 조판 부호, 다단, 페이지 구역, 각주, 미주, 차례, 그림 캡션, 그림 삽입, 그림 위치 설정, 그림 꾸미기, 클립아트 삽입, 도형 꾸미기, 모양 복사, 표 삽입, 표 크기 조절, 표 이동, 줄/칸 삽입, 줄/칸 삭제, 셀 합치기, 셀 나누기, 표 나누기, 표 붙이기, 표 오름차순 정렬, 표 내림차순 정렬
회사에서 바로 통하는 실무 예제	계약직 연봉 계약서, 지출결의서, 근로 계약서, 위임장, 부서별 업무분장, 부동산 임대차 계약서, 감리 계약서, 희망퇴직자모집공고, 물품공급계약서, 임시주주총회 소집통지서, 상가 분양 계약서, 재직증명서, 납부신청서, 검사 결과 안내문, 물품구매 내역서, 채권가압류 신청서, 친목 체육대회 제안서, 행사 안내서, 주간 업무 계획서, 차입금 내역표

핵심기능실습

한글을 다룰 때 반드시 알아야 할 기본 기능과 활용 방법을 소개합니다. 핵심기능을 따라 하면서 기본 기능을 충실히 익힐 수 있습니다.

실습 파일 & 완성 파일

한글 기능을 익히는 데 최적화된 예제만 선별해 수록했습니다. 예제를 따라 한 후 결과를 비교해볼 수 있습니다.

실행 결과 보기

단계별 따라 하기 완료 후 확인할 수 있는 실행 결과 및 주요 변화 내용을 한 번 더 설명해줍니다.

핵심기능실습 003 자동 저장 설정하기

한글 NEO 버전에는 정전이나 프로그램 이상 때문에 문서가 비정상적으로 종료될 경우를 대비해 문서를 자동 저장하는 기능이 있습니다. 자동 저장 기능 설정 시 저장 시간을 너무 짧게 설정하면 작업에 방해가 되므로 자동 저장 시간을 적당히 설정합니다.

실습 파일 | 한글\1장\자동 저장 설정하기.hwp 완성 파일 | 없음

01 문서별로 자동 저장 옵션 설정하기 사용자가 일정 시간 동안 작업하지 않을 때, 혹은 일정 시간마다 자동 저장하도록 설정하면 예기치 않은 상황으로부터 문서를 보호할 수 있습니다. ❶ 서식 도구 상자에서 [저장하기]의 내림 단추를 클릭하고 ❷ [다른 이름으로 저장하기]를 선택합니다. ❸ [다른 이름으로 저장하기] 대화상자에서 [도구]의 내림단추를 클릭하고 ❹ [저장 설정]을 선택합니다.

[저장 설정] 대화상자가 나타납니다.

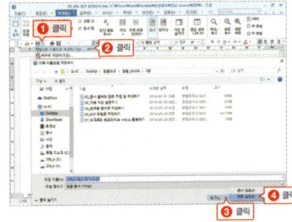

02 ❶ [저장 설정] 대화상자에서 [무조건 자동 저장]을 [30분], [쉴 때 자동 저장]을 [300초]로 설정하고 ❷ [설정]을 클릭합니다.

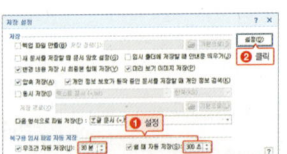

02 블록 설정해 문단 복사하기 예제 문서에서 총무 담당의 분장 업무 중 빨간 글씨로 적힌 내용을 아래쪽 인사 담당 부분으로 이동해보겠습니다. ❶ 이동할 문단을 드래그해 블록 설정하고 ❷ [편집] 메뉴를 클릭한 후 ❸ [오려두기]를 클릭합니다.

오려 낸 내용이 [클립보드] 작업 창에 복사됩니다.

03 문단 붙여넣기 ❶ 인사 담당의 빈칸을 클릭하고 ❷ [클립보드] 작업 창에서 앞서 복사한 내용을 클릭합니다.

인사 담당란에 오려둔 내용이 붙여 넣어집니다.

바로 통하는 TIP [클립보드] 작업 창을 이용하는 이유는 여기에 저장된 내용들이 순서대로 보이므로 이전에 복사하거나 오려둔 내용들도 문서에 추가할 수 있기 때문입니다. 바로 직전에 복사하거나 오려낸 내용은 단축키 Ctrl + V 로 붙여 넣을 수 있습니다.

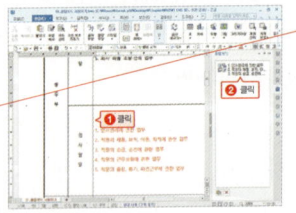

바로 통하는 TIP

예제 실습 중 헷갈리기 쉬운 부분을 정리해줍니다.

쉽고 빠른 한글 NOTE

한글을 다루는 데 필요한 유용한 정보, 알고 넘어가면 좋을 참고 사항을 상세히 소개합니다.

쉽고 빠른 한글 NOTE 마우스로 끌어 문단 이동하기

내용을 단순히 이동할 경우에는 굳이 클립보드를 이용하지 않고 마우스 드래그 앤 드롭으로도 쉽게 실행할 수 있습니다. ① 이동할 문장이나 문단을 블록으로 설정한 후 ② 선택한 영역을 마우스 왼쪽 버튼으로 클릭한 채 이동할 위치로 드래그 앤 드롭합니다.

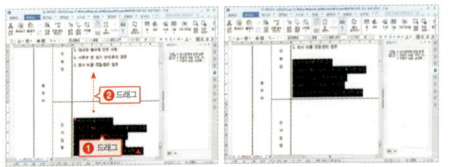

한눈에 보기

한글의 개념 및 이론 학습이 필요한 부분을 핵심기능실습 전에 미리 확인할 수 있습니다.

따라 하기 단계별 제목

핵심기능실습의 각 과정을 단계별 제목으로 표시하여 작업의 순서를 한눈에 파악할 수 있습니다.

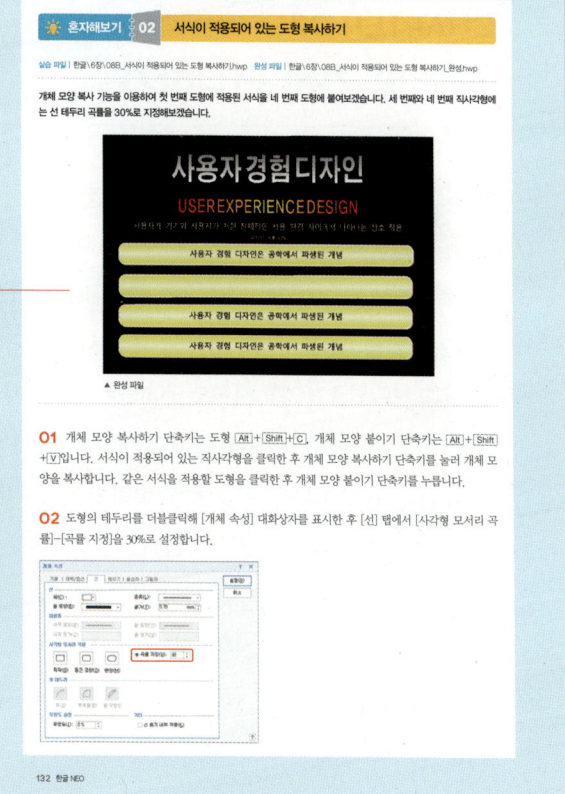

혼자해보기

핵심기능실습에서 배운 내용을 복습할 수 있습니다.

CHAPTER 01
한글 NEO 기본기 다지기

CHAPTER 02
입력 및 기본 편집하기

CHAPTER 03
문서 편집과 글꼴 꾸미기

CHAPTER 04
문단 꾸미기

CHAPTER 05
쪽 꾸미기

PART

03

한글

한글 NEO
기본기 다지기

한글 NEO 버전의 기능을 본격적으로 익히기 전에 화면 구성과
각 부분의 명칭을 익혀보겠습니다. 한글 NEO 버전을 실행하고
종료하는 방법부터 환경 설정 및 화면 확대/축소와 보기 옵션,
새 문서를 만들고 저장하는 방법 및 문서에 암호를 지정하고
해제하는 방법 등을 알아보겠습니다.

들어가기전에

000

한글 NEO 기본 화면 구성 살펴보기

한글 NEO 버전의 기본 화면 구성은 다양한 형태로 변경할 수 있습니다. 기본 도구 모음은 펼침 메뉴의 기능 중에서 자주 사용하는 기능만 쉽게 사용할 수 있도록 모아놓은 것입니다. 먼저 초기 화면 구성에 대해 알아보겠습니다.

한글 NEO 화면 구성 살펴보기

한글 NEO의 작업 창 상단에는 '메뉴 탭'과 '기본 도구 상자', '서식 도구 상자'가 배치되어 있어 사용자가 빠르고 편리하게 명령을 실행할 수 있도록 도와줍니다. 본문의 상단과 좌측에는 문서 편집을 정확하고 세심하게 할 수 있도록 돕는 눈금자가 배치되어 있습니다. 문서 창 하단의 '상황선'에서는 현재 편집 위치, 보기 설정 등을 확인할 수 있어 간편하게 화면 위치나 확대/축소 비율 등을 변경할 수 있습니다.

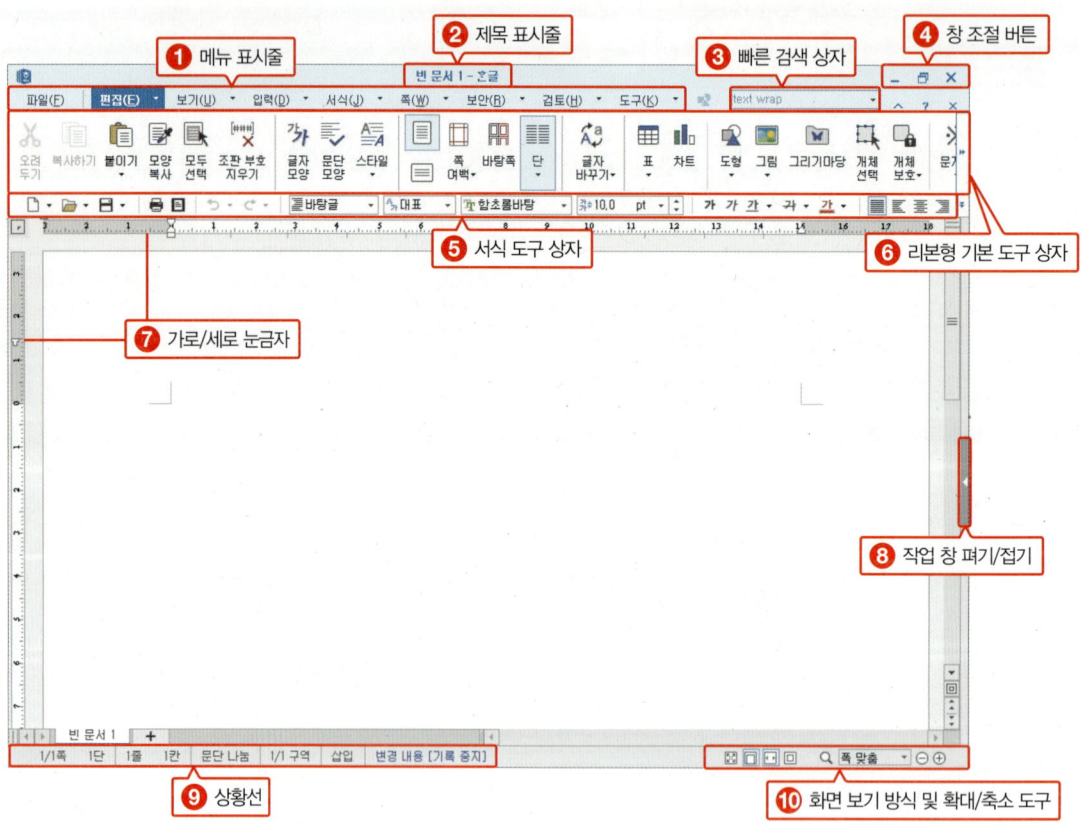

❶ 메뉴 표시줄 : 탭 방식으로 메뉴가 표시되며, 한글 2007 이전 버전과 같은 펼침 메뉴도 함께 제공됩니다.

❷ 제목 표시줄 : 현재 작업 중인 문서의 이름이 표시됩니다.

❸ 빠른 검색 상자 : 찾기 도구를 이용하지 않고도 문서 내용을 빠르게 찾을 수 있습니다.

❹ 창 조절 버튼 : 작업 중인 창을 닫거나 창의 크기를 수정할 때 사용합니다. 최소화, 전체 화면으로 보기, 닫기 중에서 선택할 수 있습니다.

❺ 서식 도구 상자 : 문서 작성 시 가장 자주 사용되는 새 문서, 문서 열기, 저장, 인쇄 등의 메뉴와 글꼴 서식, 문단 서식 등에 관련된 도구들이 아이콘 형태로 표시되어 있습니다.

❻ 리본형 기본 도구 상자 : 자주 사용하는 기능이 아이콘 형태로 표시되어 있어 빠르게 메뉴를 찾고 실행할 수 있습니다.

❼ 가로/세로 눈금자 : 문서의 상하좌우 여백, 도형이나 표의 위치와 크기, 문단 여백 등을 확인할 수 있습니다.

❽ 작업 창 펴기/접기 : 사전, 개요, 빠른 실행, 쪽, 모양, 클립보드 등의 작업을 할 때 별도의 메뉴를 클릭하지 않고도 빠르게 사용할 수 있습니다.

❾ 상황선 : 현재 문서의 페이지 수, 커서의 현재 위치, 문자의 삽입/수정 상태, 변경 내용 기록 등의 상태가 표시됩니다.

❿ 화면 보기 방식 및 확대/축소 도구 : 화면 보기 방식을 쪽 윤곽, 쪽 맞춤, 폭 맞춤 중에서 선택할 수 있고, 화면을 확대하거나 축소할 수 있습니다.

쉽고 빠른 한글 NOTE 단축 메뉴에서 도구 상자 접기/펴기

메뉴 표시줄의 빈 공간에서 마우스 오른쪽 버튼을 클릭하면 그림과 같이 단축 메뉴가 나타납니다. [도구 상자 접기/펴기]를 선택하여 적용할 수 있습니다.

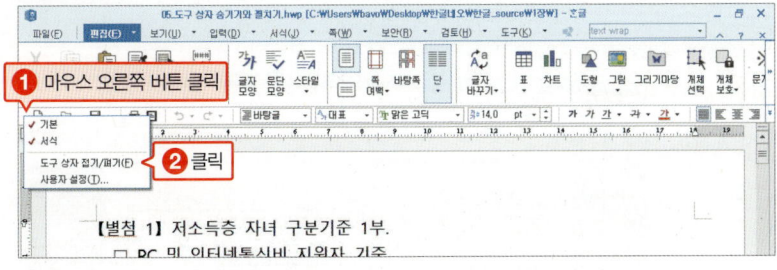

한글 NEO 버전의 새로운 기능 살펴보기

한글은 국내에서 가장 널리 사용되고 인정받는 프로그램입니다. 출시 이후부터 꾸준히 업데이트되면서 오피스 문서 제작을 지원해왔습니다. 한글 NEO 버전에서는 어떤 기능이 업데이트되었는지 꼼꼼하게 살펴보겠습니다.

동영상 문서 삽입

웹사이트에 게시된 동영상을 문서에 포함하지 않고도 바로 재생할 수 있습니다. YouTube 영상을 삽입하고 재생하기 위해서는 Adobe Flash Player Plug-in이 설치되어 있어야 합니다.

편집 화면 회색조 보기

컬러 인쇄가 불필요할 경우 양질의 회색조 인쇄물을 출력할 수 있도록 화면과 미리 보기 화면에서 결과물을 회색조로 볼 수 있습니다.

소책자 모양으로 인쇄하기

여러 쪽으로 구성된 문서를 소책자로 인쇄할 수 있습니다. 쪽 순서가 자동으로 재배열되어 인쇄됩니다.

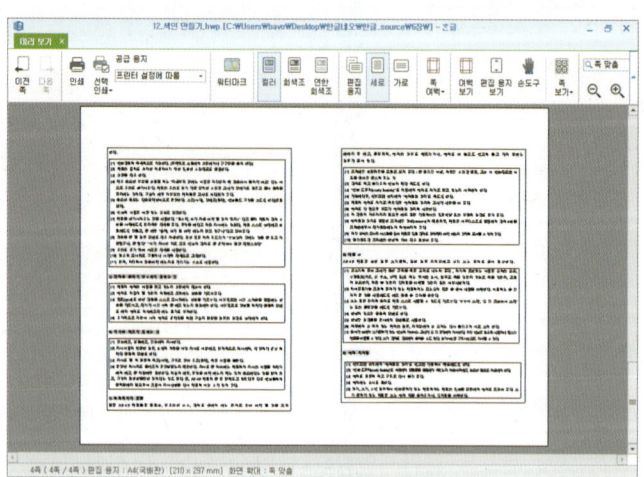

줄 번호 매기기

문서 전체 또는 일부에 줄 번호를 표시하거나 숨길 수 있습니다. 줄 번호를 사용하면 문서의 각 줄 앞에 번호가 표시되어 한 쪽에 포함된 줄 수를 쉽게 확인할 수 있습니다.

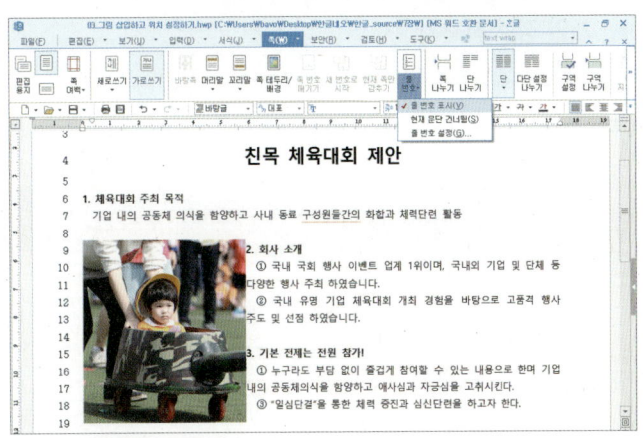

실시간 사전 검색 및 상용구 입력 기능

단어를 입력하는 동시에 단어의 뜻을 검색하고 등록된 상용구를 지체 없이 선택하여 입력할 수 있는 기능이 추가되었습니다. 실시간 사전을 사용하기 위해서는 프로그램을 설치할 때 한컴 사전을 미리 설치해야 합니다. 실시간 상용구 검색 기능 또한 사전 상용구를 등록한 후 사용할 수 있습니다.

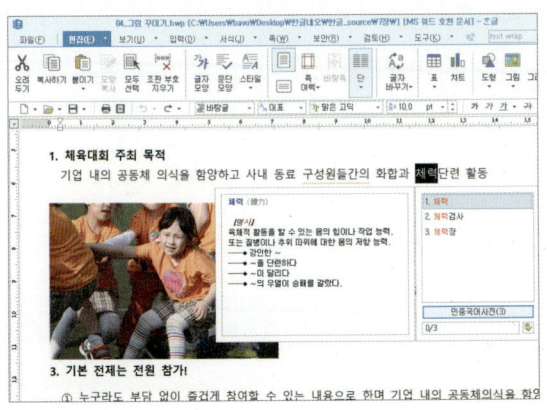

▲ 실시간 사전　　　　　　　▲ 실시간 상용구

다국어 번역 기능

다양한 언어로 번역 기능을 제공합니다. 본문은 물론 머리말, 꼬리말, 미주, 각주, 메모까지 선택한 글자를 원하는 언어로 번역해줍니다. 번역 가능한 언어로는 영어, 일본어, 중국어, 아랍어, 독일어, 스페인어, 러시아어 등이 있습니다.

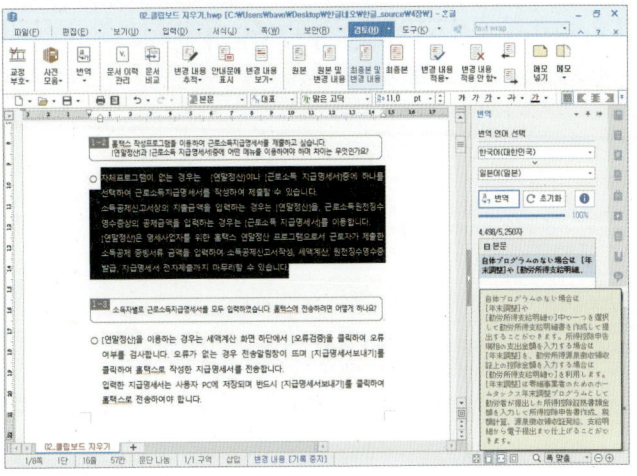

● 개인 정보 바꾸기

문서에 포함된 개인 정보를 찾아서 사용
자가 설정한 형태로 간단하고 빠르게 변
환하는 기능을 제공하여 문서 내의 개인
정보를 보호할 수 있습니다.

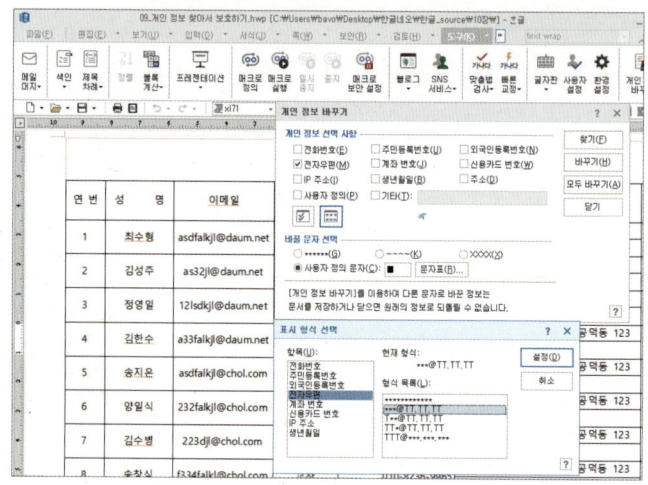

● PDF 문서를 오피스 문서로 변환

보안이 되어 있지 않은 PDF 문서를 오피스 문서로 불러와 편집할 수 있습니다.

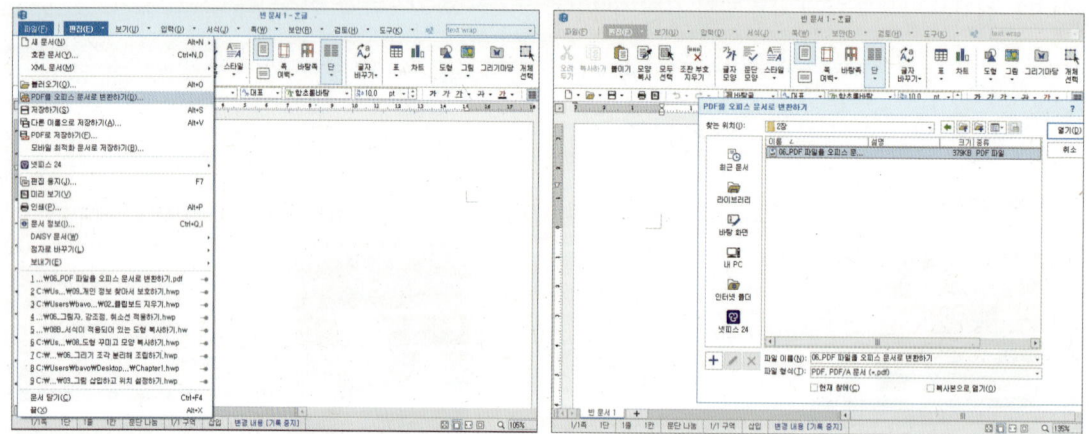

● 개방형 파일 포맷 지원

KS 표준 문서 HWPX를 지원합니다. 또한 글로벌 문서 표준 ODF뿐만 아니라 글로벌 문서 표준인
OOXML 파일과 호환성을 높였습니다.

핵심기능실습

001 새 문서 만들어 저장하기

한글 NEO 버전을 실행하면 빈 문서가 표시되며 바로 새로운 문서를 만들 수 있습니다. 새 문서를 만들고 저장하거나 다른 이름으로 저장하는 방법을 알아보겠습니다.

실습 파일 | 없음 완성 파일 | 없음

01 새 탭으로 새 문서 만들기(단축키 Ctrl + Alt + T)

새 창을 열지 않고 현재 열려 있는 작업 창에 탭을 추가하여 새 문서를 작성하는 방법입니다. 한 문서 파일에 여러 개의 문서를 탭 형식으로 배열해 다른 문서로 전환하거나 참조를 빠르게 처리할 수 있습니다. ❶ 서식 도구 상자에서 [새 문서]의 내림 단추를 클릭하고 ❷ [새 탭]을 선택합니다.

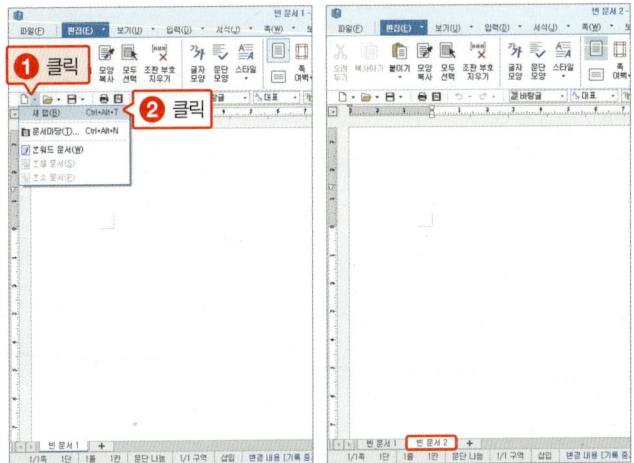

[빈 문서 1] 탭의 오른쪽에 새 탭이 추가됩니다.

바로 통하는TIP [파일] 메뉴-[새 문서]-[새 탭]을 선택해도 되지만 단축키를 사용하면 좀 더 편리하게 새 문서를 만들 수 있습니다.

02 저장하기(단축키 Alt + S)

❶ 서식 도구 상자에서 [저장하기]를 클릭하고 ❷ [다른 이름으로 저장하기] 대화상자의 [저장 위치]에서 저장할 위치를 선택합니다. ❸ [파일 이름]에 **저장하기**를 입력하고 ❹ [저장]을 클릭합니다.

[빈 문서 2] 탭이 '저장하기.hwp'로 저장됩니다.

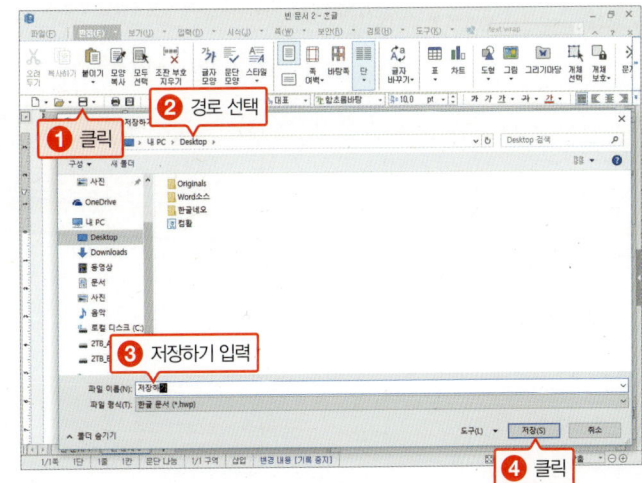

바로 통하는TIP 문서를 저장하지 않은 상태로 [파일] 메뉴-[끝]을 선택하거나 단축키 Alt + X 를 눌러서 문서를 종료하면 [끝] 대화상자가 나타나 [빈 문서 1] 탭을 저장할지 물어봅니다. 저장 여부를 선택한 후 문서를 닫습니다. 새 탭을 이용하면 문서 창을 여러 개 열지 않고 한 창에서 새 문서를 작성할 수 있다는 장점이 있으나 각각의 탭은 별개의 문서이므로 종료 시에는 탭별로 저장해야 합니다.

현재 문서를 다른 이름으로 저장하기

현재 편집 중인 문서 파일을 그대로 두고 작업 내용을 새로운 파일로 저장하려면 [다른 이름으로 저장하기]를 사용합니다. 예를 들어 한글에서 기본으로 제공하는 이력서 서식 문서를 불러와 개인 이력서를 작성했다면 한글에서 불러온 서식 파일을 그대로 두고 별도의 파일로 저장할 수 있습니다.

파일의 저장 위치, 저장할 파일 이름, 파일 형식 등은 [다른 이름으로 저장하기] 대화상자에서 새롭게 설정할 수 있습니다.

① 서식 도구 상자에서 [저장하기]의 내림 단추를 클릭하고 ② [다른 이름으로 저장하기]를 선택합니다(단축키 Alt + V). ③ [다른 이름으로 저장하기] 대화상자의 [저장 위치]에서 저장할 위치를 선택합니다. ④ [파일 이름]에 **다른이름으로**를 입력하고 ⑤ [저장]을 클릭합니다.

'다른이름으로'라는 파일명으로 저장되면서 문서 탭 이름도 [빈 문서 2] 탭에서 [다른이름으로] 탭으로 변경됩니다.

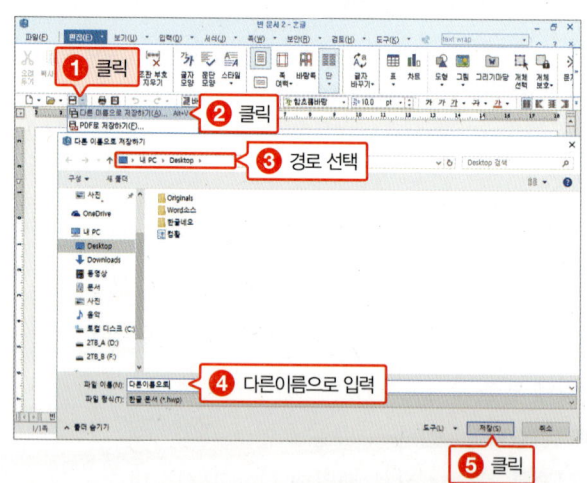

문서 불러와 암호 지정 및 해제하기

이미 저장해둔 문서는 언제라도 필요할 때 불러와 인쇄하거나 재편집하여 사용할 수 있습니다. 또한 문서에 암호를 지정해 이를 입력해야 문서를 열 수 있도록 설정해보겠습니다.

실습 파일 | 한글\1장\문서 불러와 암호 지정 및 해제하기.hwp **완성 파일** | 없음

01 문서 불러오기(단축키 Alt + O)

저장한 문서를 다시 편집하기 위해 불러오려면 ❶ 서식 도구 상자에서 [불러오기]를 클릭합니다. ❷ 예제 폴더에서 실습에 사용할 [02_문서 불러와 암호 지정 및 해제하기.hwp] 파일을 선택하고 ❸ [열기]를 클릭합니다.

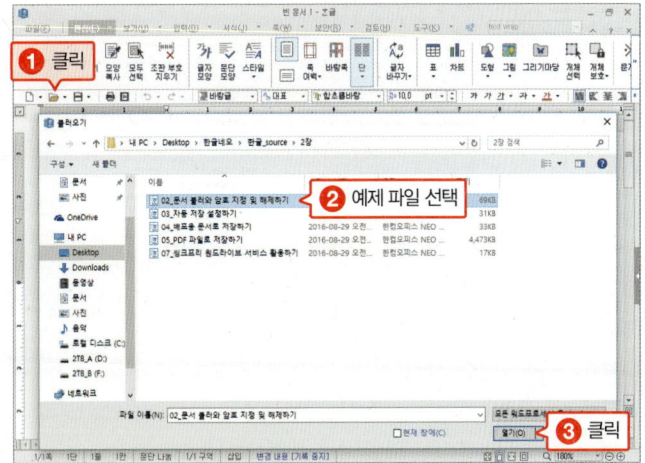

02 사단법인 설립 등기 신청서 양식 문서가 열립니다.

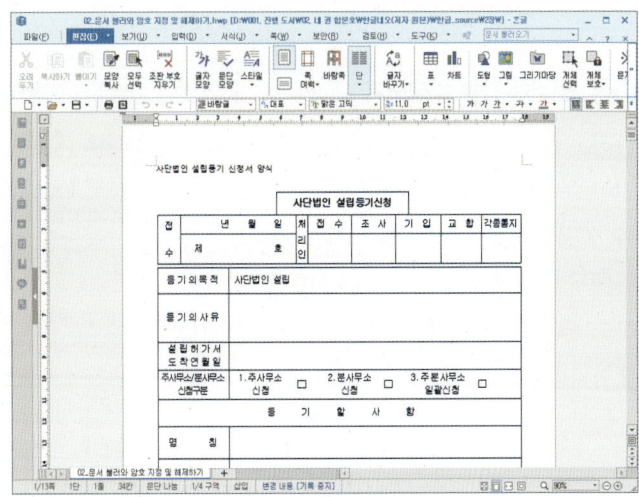

[파일] 메뉴–[불러오기]를 선택하거나 단축키 Alt + O, 또는 서식 도구 상자에서 [불러오기]를 클릭하면 [불러오기] 대화상자가 나타납니다. 문서가 저장된 폴더 위치를 지정하여 파일을 찾거나, 불러올 파일의 형식을 지정하여 관련 파일만 표시한 후 문서를 선택할 수 있습니다. 최근에 편집한 문서는 [불러오기] 대화상자의 왼쪽 메뉴 영역에서 [최근 문서]를 클릭해 최근에 사용한 문서를 빠르게 불러올 수 있습니다.

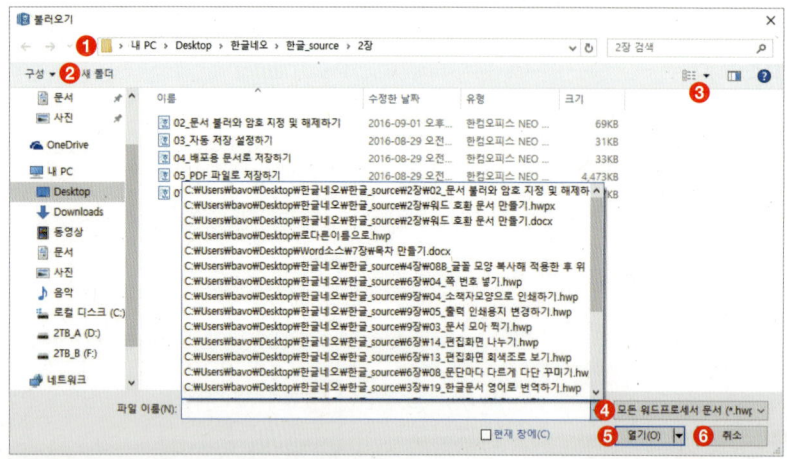

① **찾는 위치** : 문서를 찾을 해당 위치(폴더)를 선택합니다.

② **새 폴더** : 현재 폴더 아래에 새 폴더를 생성합니다.

③ **보기** : 목록에 파일이 표시되는 방식을 다양하게 지정할 수 있습니다.

④ **파일 형식** : [불러오기] 대화상자에 표시할 파일 형식을 선택합니다. 한글 문서뿐만 아니라 다양한 형식의 문서를 선택할 수 있습니다.

⑤ **열기** : 파일을 선택하고 [열기]를 클릭하면 선택한 문서가 열립니다.

⑥ **취소** : [불러오기] 대화상자를 닫습니다.

O3 문서에 암호 설정하기

불러온 문서 파일에 암호를 지정하여 타인이 무단으로 문서를 열람하지 못하도록 설정해보겠습니다. ❶ 서식 도구 상자에서 [저장하기]의 내림 단추를 클릭하고 ❷ [다른 이름으로 저장하기]를 선택합니다.

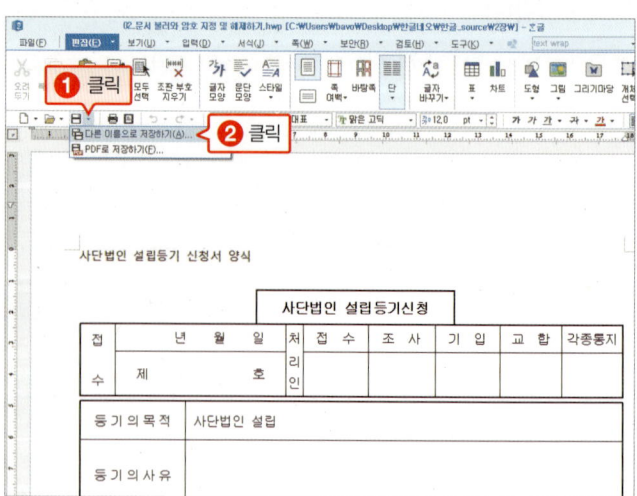

04 ❶ [다른 이름으로 저장하기] 대화상자의 [저장 위치]에서 저장할 위치를 선택합니다. ❷ [도구]의 내림 단추를 클릭하고 ❸ [문서 암호]를 선택합니다. [문서 암호 설정] 대화상자가 나타나면 ❹ [문서 암호/암호 확인]에 **12345**를 동일하게 입력하고 ❺ [설정]을 클릭합니다.

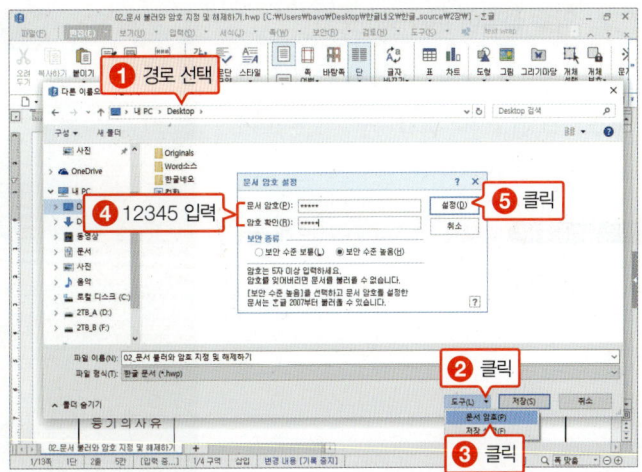

05 [저장]을 클릭해 문서를 저장합니다.

지정한 폴더에 암호가 설정된 '02_문서 불러와 암호 지정 및 해제하기.hwp' 파일이 저장되었습니다.

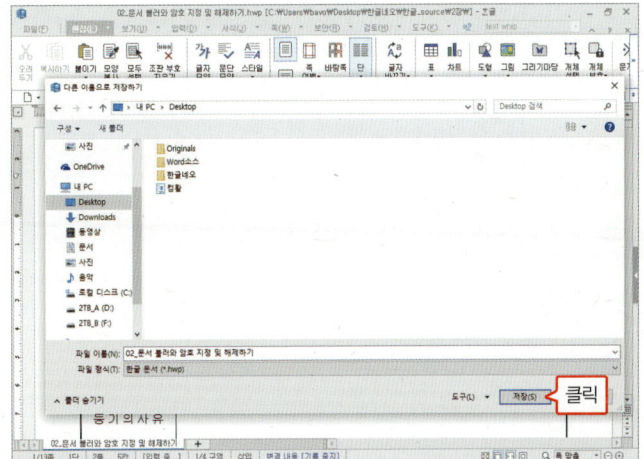

쉽고 빠른 한글 NOTE **[문서 암호 설정] 대화상자 알아보기**

[문서 암호 설정] 대화상자에서 다섯 자 이상 입력하면 암호가 설정됩니다. 입력한 암호를 정확하게 입력하지 않으면 파일을 열 수 없으므로 주의해야 합니다.

① **문서 암호** : 암호로 설정할 다섯 자 이상의 문자를 입력하는 항목입니다.
② **암호 확인** : [문서 암호]에 입력한 암호를 다시 한 번 입력하여 암호를 정확히 입력했는지 확인합니다.
③ **보안 종류** : [보안 수준 보통], [보안 수준 높음]을 제공합니다. 한글 2007 이하의 문서에서 파일을 불러오고 싶다면 [보안 수준 보통]을 선택합니다.

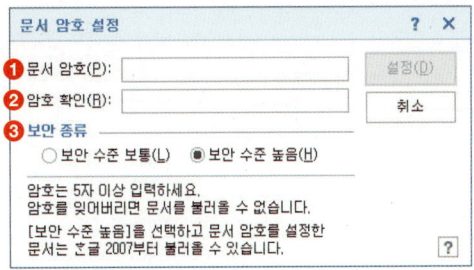

06 암호 설정한 문서 불러오기

암호가 제대로 설정되었는지 문서를 다
시 불러와 확인해보겠습니다. 저장한 파
일을 더블클릭하여 실행합니다.

바로 통하는 TIP 서식 도구 상자에서 [불러오기] 메뉴
를 이용해도 됩니다.

07 [문서 암호] 대화상자가 나타나면
❶ 앞서 설정한 암호인 **12345**를 입력하
고 ❷ [확인]을 클릭합니다.

입력한 암호가 맞으면 문서가 정상적으로 열립니다.
암호를 잘못 입력하면 오류 메시지가 나타나면서 문
서가 열리지 않습니다.

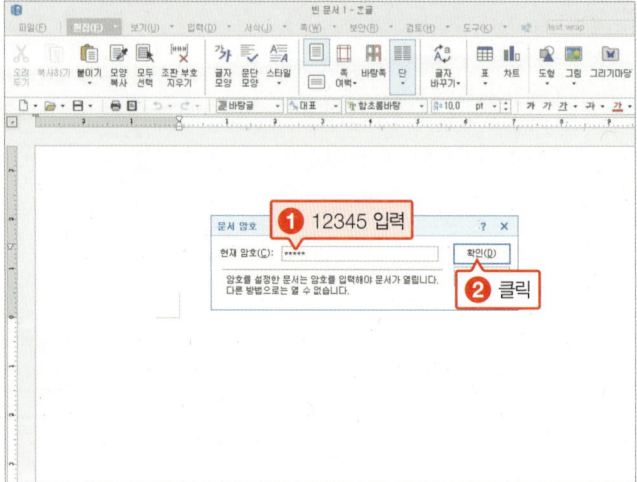

핵심기능실습

003 자동 저장 설정하기

한글 NEO 버전에는 정전이나 프로그램 이상 때문에 문서가 비정상적으로 종료될 경우를 대비해 문서를 자동 저장하는 기능이 있습니다. 자동 저장 기능 설정 시 저장 시간을 너무 짧게 설정하면 작업에 방해가 되므로 자동 저장 시간을 적당히 설정합니다.

실습 파일 | 한글\1장\자동 저장 설정하기.hwp **완성 파일 |** 없음

01 문서별로 자동 저장 옵션 설정하기

사용자가 일정 시간 동안 작업하지 않을 때, 혹은 일정 시간마다 자동 저장하도록 설정하면 예기치 않은 상황으로부터 문서를 보호할 수 있습니다. ❶ 서식 도구 상자에서 [저장하기]의 내림 단추를 클릭하고 ❷ [다른 이름으로 저장하기]를 선택합니다. ❸ [다른 이름으로 저장하기] 대화상자에서 [도구]의 내림단추를 클릭하고 ❹ [저장 설정]을 선택합니다.

[저장 설정] 대화상자가 나타납니다.

02 ❶ [저장 설정] 대화상자에서 [무조건 자동 저장]을 [30분], [쉴 때 자동 저장]을 [300초]로 설정하고 ❷ [설정]을 클릭합니다.

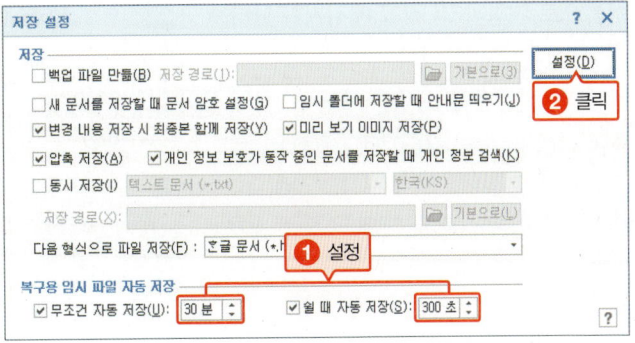

쉽고 빠른 한글 NOTE [저장 설정] 대화상자 알아보기

[저장 설정] 대화상자에서는 문서를 저장할 환경을 미리 설정한 후 적용할 수 있습니다.

① **백업 파일 만듦** : 문서를 저장할 때 백업 파일을 별도로 저장합니다.

② **새 문서를 저장할 때 문서 암호 설정** : 새 문서로 저장할 때마다 [문서 암호 설정] 대화상자가 자동으로 나타나 암호를 설정할 수 있습니다.

③ **임시 폴더에 저장할 때 안내문 띄우기** : 임시 폴더에서 불러온 파일을 임시 폴더에 저장하는 경우 문서가 삭제될 수 있으므로 다른 위치에 저장하는 것이 좋다는 안내문을 보여줍니다.

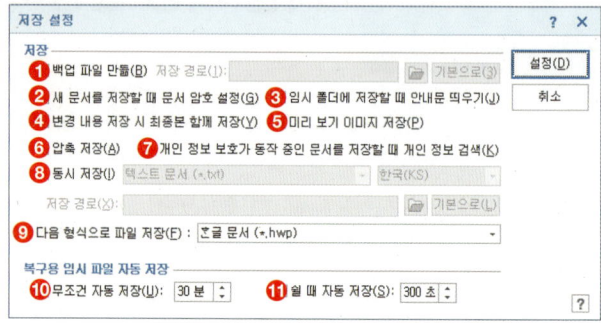

④ **변경 내용 저장 시 최종본 함께 저장** : 변경 내용을 저장할 때 마지막 문서를 함께 저장하고 싶다면 이 항목을 선택합니다.

⑤ **미리 보기 이미지 저장** : [불러오기] 대화상자의 미리 보기 창에 나타난 이미지를 문서에 저장합니다. 이 항목을 선택하면 미리 보기 속도가 빨라집니다.

⑥ **압축 저장** : 문서를 압축해서 저장합니다.

⑦ **개인 정보 보호가 동작 중인 문서를 저장할 때 개인 정보 검색** : 개인 정보 보호가 포함된 문서를 다른 이름으로 저장할 때 문서에 개인 정보가 포함되어 있으면 자동으로 개인 정보를 검색합니다.

⑧ **동시 저장** : 문서를 저장할 때 다른 형식의 파일로 동시에 저장할 수 있습니다.

⑨ **다른 형식으로 파일 저장** : 저장할 문서의 형식을 다르게 변경할 수 있습니다.

⑩ **무조건 자동 저장** : 문서를 작성할 때 일정한 시간마다 무조건 자동 저장합니다. 1분～60분 사이의 값을 지정할 수 있습니다.

⑪ **쉴 때 자동 저장** : 문서 작성 중 일정 시간 이상 작업하지 않을 때 자동 저장합니다. 1초～360초 사이의 값을 지정할 수 있습니다.

---

03 ❶ [다른 이름으로 저장하기] 대화상자에서 [저장]을 클릭합니다. ❷ [다른 이름으로 저장하기] 경고 메시지가 나타나면 [예]를 클릭합니다.

문서가 저장되고 자동 저장 시간이 설정됩니다. [도구] 메뉴-[환경 설정]을 선택한 후 [환경 설정] 대화상자의 [편집] 탭에서 설정 내용을 확인할 수 있습니다.

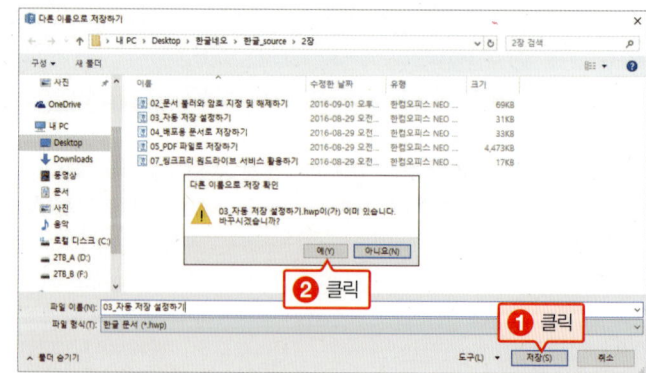

CHAPTER

02

입력 및 기본 편집하기

문서에 특수 문자나 단위 기호, 한자 등을 입력하는 방법에 대해 알아보겠습니다. 자주 사용하는 한자 단어를 한자 사전에 등록하는 기능과 실수하기 쉬운 오타와 맞춤법에 어긋나는 단어를 찾아 정확하게 수정하는 맞춤법 검사 기능도 살펴보겠습니다. 이런 기능을 잘 활용하면 문서를 작성할 때 매우 유용합니다.

핵심기능실습 004

한자 입력 및 변환하기

한글을 한자로 변환하는 방법에는 여러 가지가 있습니다. 한글 음이나 부수, 획수로 찾기, 한자 사전에서 찾아 변환하는 방법 등 상황에 맞게 편리한 방법을 사용합니다.

실습 파일 | 한글\2장\한자 입력 및 변환하기.hwp **완성 파일** | 한글\2장\한자 입력 및 변환하기_완성.hwp

O1 한글을 한자로 변환하기(단축키 F9)

한글에서 한자, 한자에서 한글 변환은 글자나 단어 단위로 할 수 있습니다. 문서의 제목으로 사용된 계약직 연봉 계약서 중 '계약직'을 한자로 변환해보겠습니다. 한자로 변환할 단어인 '계약직'을 드래그하여 선택합니다.

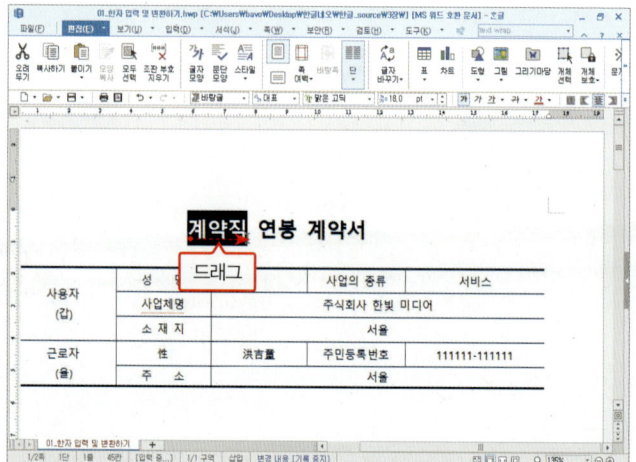

O2 한자로 바꾸기

❶ F9 또는 한자 를 누릅니다. ❷ [한자로 바꾸기] 대화상자의 [한자 목록]에 제시된 한자 중 [契約]을 선택하고 ❸ [바꾸기]를 클릭합니다.

'계약직'이 '契約직'으로 변경됩니다.

바로 통하는 TIP 한자로 변환할 단어인 '계약직'에서 '계약'만 선택되는 이유는 '계약직'이라는 단어가 사전에 등록되어 있지 않기 때문입니다. 이 단계에서는 한자 사전에 이미 입력되어 있는 '계약'만 변환하고 '직'은 다음 단계에서 일반 한자로 찾아 변환합니다.

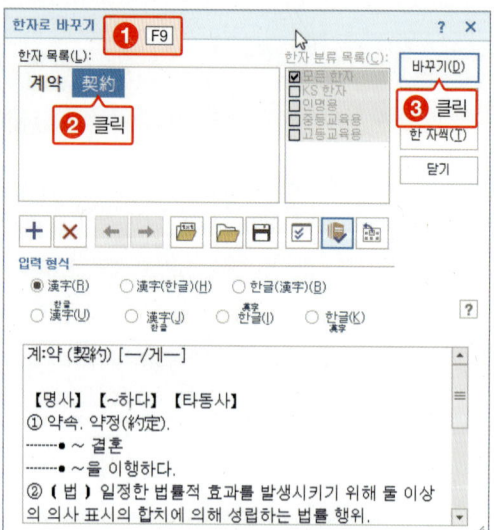

03 사전에 없는 글자를 한자로 변환하기

사전에 등록된 단어가 아닌 '직'은 글자 단위로 따로 변환해야 합니다. [한자로 바꾸기] 대화상자의 [한자 목록]에 '직'이라는 음을 가진 한자가 제시됩니다. [자전 보이기]가 기본으로 선택되어 있으므로 선택한 한자의 뜻을 보면서 알맞은 한자를 선택할 수 있습니다. ❶ '직분'이라는 의미를 가진 [職]을 선택하고 ❷ [바꾸기]를 클릭합니다.

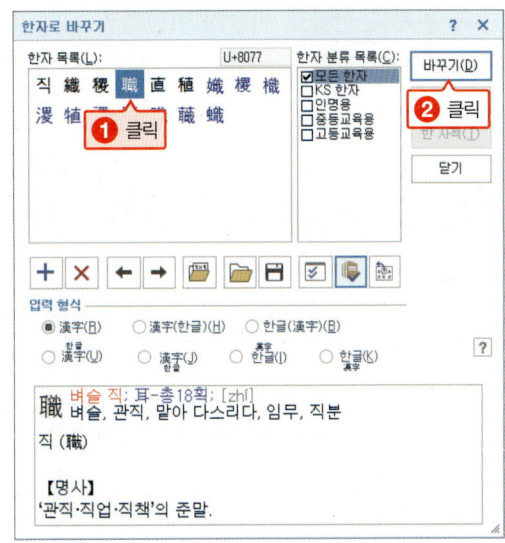

'契約職'이 '契約職'으로 변경됩니다.

바로 통하는 TIP [자전 보이기 🔲]를 클릭하면 [한자로 바꾸기] 대화상자 하단에 자전이 펼쳐집니다.

쉽고 빠른 한글 NOTE

[한자로 바꾸기] 대화상자 알아보기

한자로 변환할 한글 단어나 글자 뒤에서 한자를 누르면 [한자로 바꾸기] 대화상자가 나타납니다. 선택 가능한 한자 목록을 확인할 수 있으며 입력 형식을 설정할 수 있습니다.

① **한자 목록** : 한자 사전에 수록된 한자 중 선택 가능한 한자가 나타납니다. 한자는 다양한 뜻을 가지고 있으므로 자전에서 뜻을 확인한 후 정확히 선택합니다.

② **바꾸기** : 선택한 한자로 변환합니다.

③ **지나가기** : 선택한 단어를 한자로 변경하지 않을 때 클릭합니다.

④ **한 자씩** : 한자 사전에 등록되어 있지 않아 단어 단위로 제시되지 않을 때는 사용자가 직접 한자를 선택해 한 자씩 변환합니다.

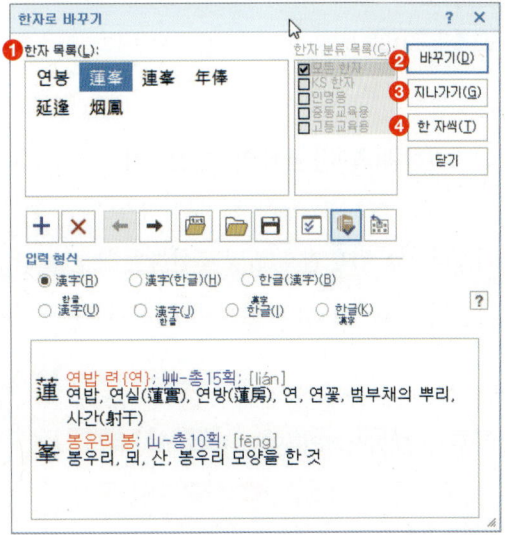

04 한자를 한글로 변환하기(단축키 Alt + F9)

한자로 입력된 근로자 성명 '洪吉童'을 한글로 변환해보겠습니다. ❶ 한글로 변환할 단어인 '洪吉童'을 드래그합니다. ❷ [편집] 메뉴 - [글자 바꾸기]의 내림 단추를 클릭하고 ❸ [한글로 바꾸기]를 선택합니다(단축키 Alt + F9).

[한글로 바꾸기] 대화상자가 나타납니다.

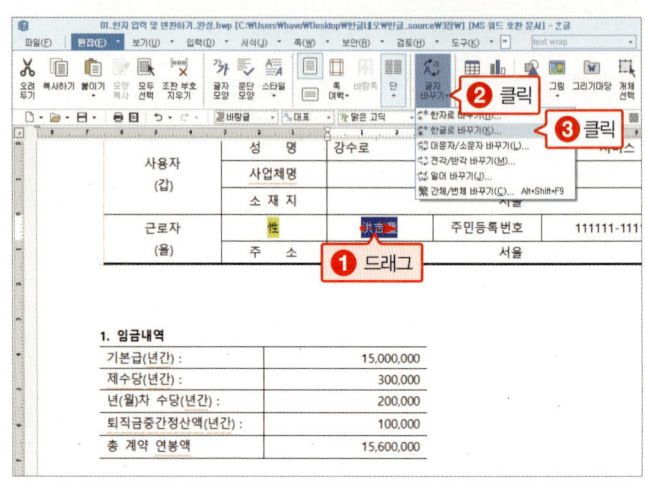

05

❶ [한글로 바꾸기] 대화상자의 [바꿀 방법]에서 [漢字를 한글로]에 체크 표시하고 ❷ [표시 방식]에서 [한글]을 클릭한 후 ❸ [바꾸기]를 클릭합니다.

'洪吉童'이 '홍길동'으로 변경됩니다.

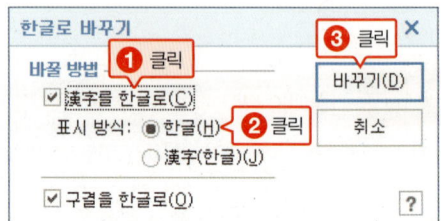

바로 통하는TIP [한글로 바꾸기] 대화상자의 [표시 방식]에서 [漢字(한글)]을 선택하면 '洪吉童(홍길동)'으로 한자와 한글이 병기됩니다.

06 [한글(漢字)] 형식으로 변경하기

한글과 한자를 병기해야 할 때가 있습니다. '퇴직금' 뒤에 괄호를 넣고 한자를 함께 표시해보겠습니다. ❶ 한글과 한자를 병기할 단어인 '퇴직금'을 드래그합니다. ❷ F9 또는 한자 를 누르고 ❸ [한자로 바꾸기] 대화상자의 [입력 형식]에서 [한글(漢字)]를 클릭한 후 ❹ [바꾸기]를 클릭합니다.

'퇴직금'이 [한글(漢字)] 표시 형식인 '퇴직금(退職金)'으로 변경됩니다.

바로 통하는TIP [한자로 바꾸기] 대화상자의 [입력 형식]에서 한자의 표기 방식을 선택할 수 있습니다. 한자만 입력하거나 한글과 한자를 병기하고, 또는 한글이나 한자를 첨자 스타일로 변환해 입력할 수 있습니다.

07 한자 새김 입력하기(단축키 Ctrl + Shift + F9)

[한자 새김 입력]은 한자의 뜻과 음(새김)을 모두 입력해 찾는 방법입니다. 문서에는 근로자의 '성명' 입력란에 '性'만 입력되어 있습니다. '이름 명'을 새김으로 찾아 한자를 입력해보겠습니다. ❶ '性' 뒤를 클릭합니다. ❷ [입력] 메뉴의 목록 단추를 클릭하고 ❸ [한자 입력]–[한자 새김 입력]을 선택합니다(단축키 Ctrl + Shift + F9).

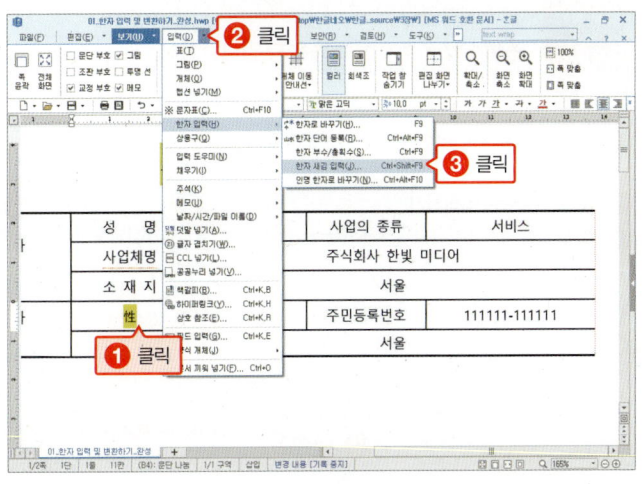

08

❶ [한자 새김 입력] 대화상자가 나타나면 [뜻과 음]에 **이름명**을 입력하고 ❷ [넣기]를 클릭합니다.

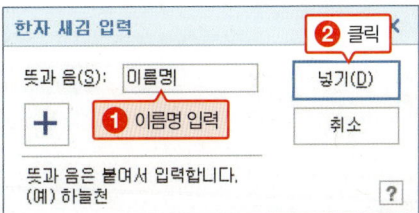

09 새김 입력 확인하기

이름 명에 해당하는 한자인 '名'이 입력됩니다.

계약직 연봉 계약서

성 명	강수로	사업의 종류	서비스
사업체명		주식회사 한빛 미디어	
소 재 지		서울	
性名	洪吉童	주민등록번호	111111-111111
주 소		서울	

바로 통하는 TIP '새김'의 사전적 의미는 '한자를 읽을 때 음만 읽는 것이 아니라 음 앞에 뜻을 풀이해 놓다'라는 것으로, 사용자가 입력하고 싶은 한자의 뜻과 음을 대화상자에 직접 입력하여 문서에 한자를 삽입하는 방법입니다. 뜻과 음을 입력할 때는 붙여서 입력합니다.

총획수와 부수 이용해서 한자 입력하기

한글에서는 일반 한자 사전에서 한자를 찾는 방식인 총획수와 부수를 이용하는 방법을 통해 한자를 입력할 수 있습니다. 입력할 한자의 음을 정확히 알지 못할 때는 이 방법을 사용해 입력합니다.

01 총획수로 한자 입력하기

① 한자를 찾을 '일' 뒤를 클릭하고 ② 단축키 Ctrl + F9 를 눌러 [한자 부수/획수로 입력] 대화상자를 실행합니다. ③ 日(해 일)을 입력할 예정이므로 [부수 획수]에서 [4]를 선택합니다. ④ [부수 목록]에서 [日(해 일)]을 선택하고 ⑤ [넣기]를 클릭합니다. '일'이 '日'로 변경됩니다.

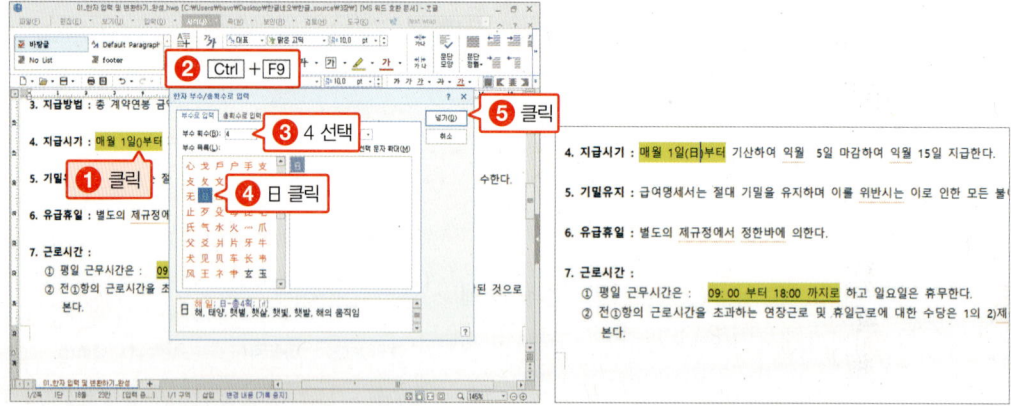

02 부수로 한자 입력하기

① 부수로 한자를 찾을 '익월' 뒤를 클릭하고 ② 단축키 Ctrl + F9 를 눌러 [한자 부수/획수로 입력] 대화상자를 실행합니다. ③ 부수에 羽(깃 우)를 입력할 예정이므로 [부수 획수]에서 [6]을 선택합니다. ④ [羽(깃 우)]를 선택하고 ⑤ [나머지 획수]에서 [5]를 선택합니다. ⑥ [翌(다음날 익)]을 선택하고 ⑦ [넣기]를 클릭합니다. '익월' 중 '익'이 '翌'으로 변경됩니다.

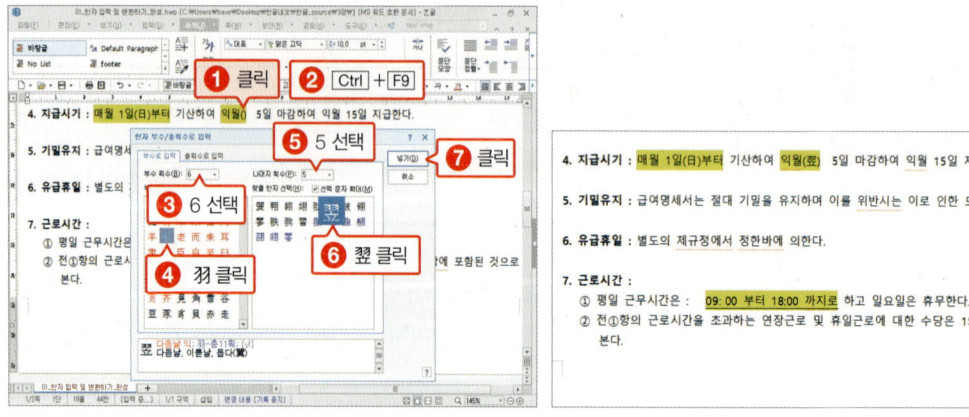

핵심기능실습 005

한자 사전에 자주 사용할 단어 직접 등록하기

한자 사전이 모든 단어를 포함하고 있지는 않습니다. 따라서 업무 환경에 따라 자주 쓰는 한자를 사전에 등록해두고 편하게 사용합니다.

실습 파일 | 한글\2장\한자 사전에 자주 사용할 단어 직접 등록하기.hwp　**완성 파일** | 한글\2장\한자 사전에 자주 사용할 단어 직접 등록하기_완성.hwp

01 한자 단어 등록하기(단축키 [Ctrl] + [Alt] + [F9])

예제 문서의 근로자 항목에서 한글로 입력된 '가족관계등록부'를 한자로 변환하고 한자 사전에 추가해보겠습니다. ❶ '가족관계등록부'를 드래그해 선택합니다. ❷ [입력] 메뉴의 펼침 단추를 클릭하고 ❸ [한자 입력]-[한자 단어 등록]을 선택합니다(단축키 [Ctrl] + [Alt] + [F9]).

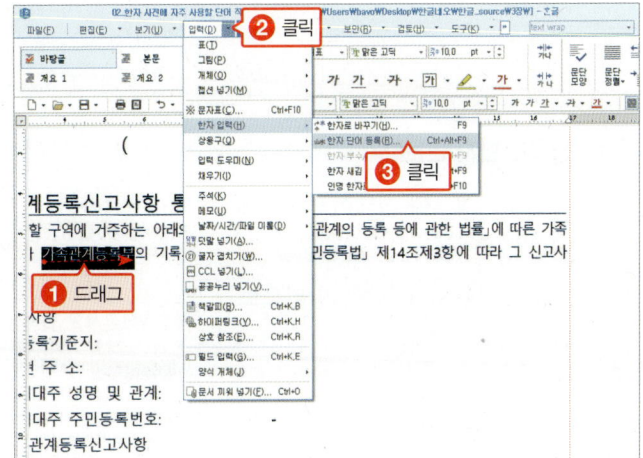

02

[한자 단어 등록] 대화상자에서 [등록할 한자 단어]의 [한글]과 [한자]에는 '가족관계등록부'가 입력되어 있습니다. ❶ [등록할 한자 단어]에서 [한자]의 '가족관계'를 드래그해 선택합니다. ❷ [한자로]를 클릭하거나 [F9]를 누릅니다.

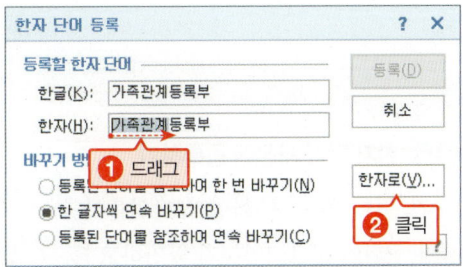

03 [한자로 바꾸기] 대화상자가 나타납니다. ❶ [한자 목록]에서 [家族關係]를 선택하고 ❷ [바꾸기]를 클릭합니다.

'가족관계'가 '家族關係'로 변환됩니다.

바로 통하는 TIP [바꾸기]를 클릭하면 한 글자씩 변환됩니다. 단어 범위를 선택하고 F9 를 누르거나 한자 를 누릅니다.

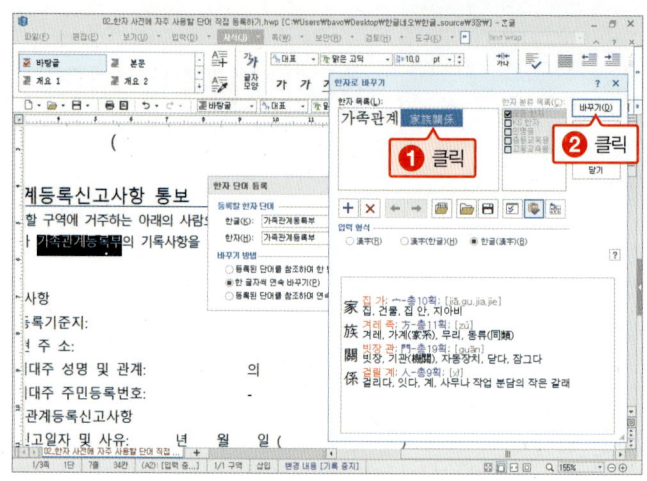

04 등록부 한자 변환하기

❶ '등록부'를 드래그해 선택하고 ❷ F9 를 누릅니다. ❸ [登錄]을 선택하고 ❹ [바꾸기]를 클릭합니다. 같은 방법으로 '부'를 '簿'로 변환합니다.

'가족관계등록부'가 '家族關係登錄簿'로 변환됩니다.

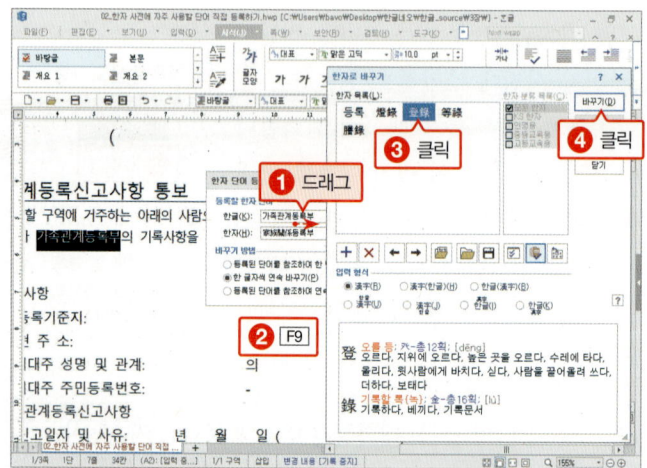

05 한자 단어 사전에 등록하기

[한자 단어 등록] 대화상자로 되돌아와 한자 변환이 완료되었는지 확인하고 [등록]을 클릭합니다.

한자 사전에 '家族關係登錄簿(가족관계등록부)'가 등록됩니다.

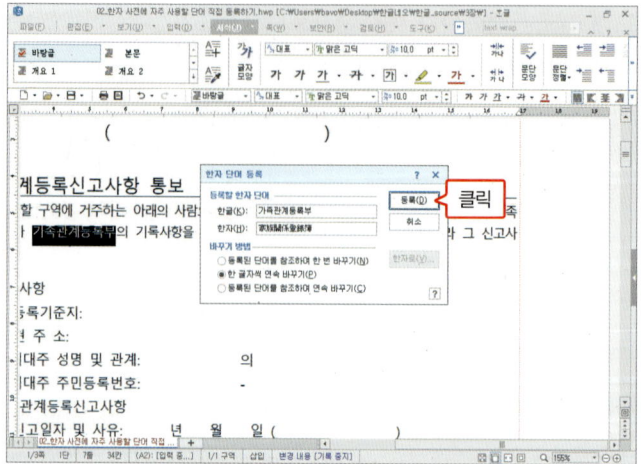

[한자 단어 등록] 대화상자 알아보기

현재 한자 사전에 등록되어 있지 않은 단어를 사용자가 사전에 추가할 때 사용합니다.

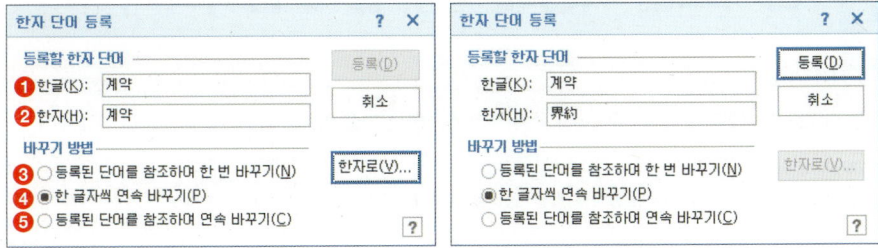

① **한글** : 등록할 한자음을 입력합니다.

② **한자** : 등록할 한자음을 한자로 변환하여 입력합니다. 우선 한글로 단어를 입력하고 [한자로]를 클릭하거나 [한자]를 눌러 [한자로 바꾸기] 대화상자를 불러온 후 [한자 목록]에서 한자를 찾아 변환합니다.

③ **등록된 단어를 참조하여 한 번 바꾸기** : [한글] 입력란에 입력된 한글을 한자로 바꿉니다. 한 번에 한 글자씩만 변환합니다.

④ **한 글자씩 연속 바꾸기** : [한글] 입력란에 입력된 한글을 한자로 바꿀 때 한 번에 한 글자씩 연속적으로 변환합니다.

⑤ **등록된 단어를 참조하여 연속 바꾸기** : [한글] 입력란에 입력된 한글을 한자 사전에 등록된 단어를 참조하여 한 단어씩 연속적으로 변환합니다.

06 등록한 한자 사전 사용하기

❶ 본문의 '가족관계등록부'를 드래그해 선택하고 ❷ [한자] 또는 [F9]를 누릅니다. ❸ [한자로 바꾸기] 대화상자에서 앞서 등록한 [家族關係登錄簿(가족관계등록부)]를 선택하고 ❹ [바꾸기]를 클릭해 한자로 변환합니다.

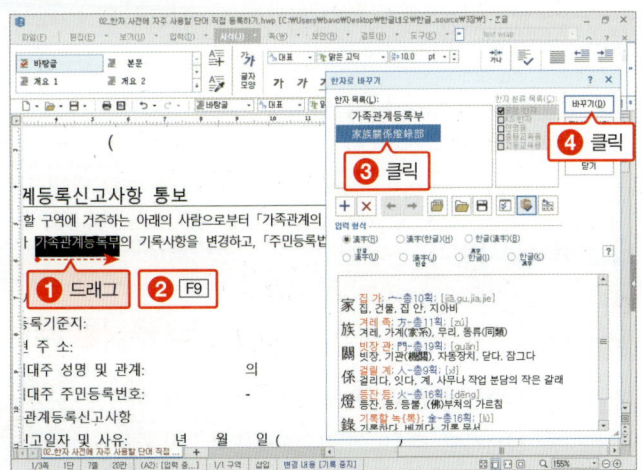

바로 통하는 TIP 한자어를 잘못 등록한 경우에는 [한자로 바꾸기] 대화상자의 [한자 목록]에서 한자를 선택한 후 [단어 지우기 ✕]를 클릭합니다. 한자 사전에서 단어가 삭제됩니다.

핵심기능실습

006 문자표를 이용해 특수 문자 입력하기

문서에 특수 문자를 입력하는 다양한 방법에 대해 살펴보겠습니다. [문자표 입력] 대화상자를 이용해 빠르게 특수 문자를 찾고 추가해보겠습니다.

실습 파일 | 한글\2장\문자표를 이용해 특수 문자 입력하기.hwp 완성 파일 | 한글\2장\문자표를 이용해 특수 문자 입력하기_완성.hwp

01 문자표를 이용해 특수 문자 입력하기(단축키 Ctrl + F10)

지출결의서 앞에 특수 문자 '■'를 입력해보겠습니다. ❶ '지출결의서' 앞을 클릭하고 ❷ [입력] 메뉴를 클릭합니다. ❸ [문자표]의 내림 단추를 클릭하고 ❹ [문자표]를 선택합니다.

[문자표 입력] 대화상자가 나타납니다.

바로 통하는 TIP [입력] 메뉴–[문자표]를 클릭하면 최근에 사용한 문자가 자동으로 입력됩니다.

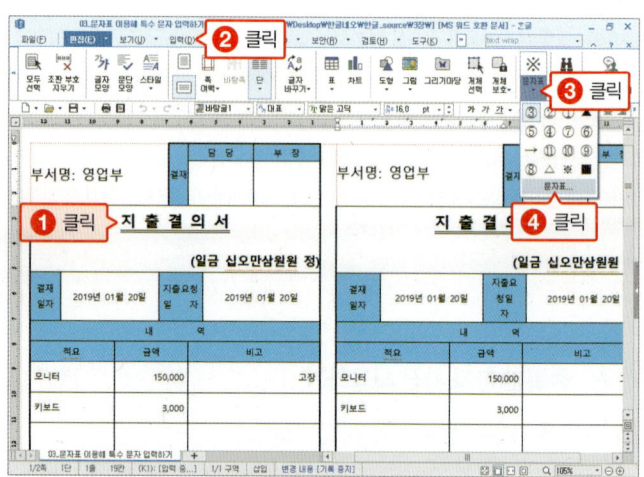

02 특수 문자 찾기

❶ [문자표 입력] 대화상자의 [사용자 문자표] 탭을 클릭하고 ❷ [문자 영역]–[기호2]를 선택합니다. ❸ [문자 선택]에서 [■]를 선택하고 ❹ [넣기]를 클릭합니다.

'지출결의서' 앞에 '■'가 입력됩니다.

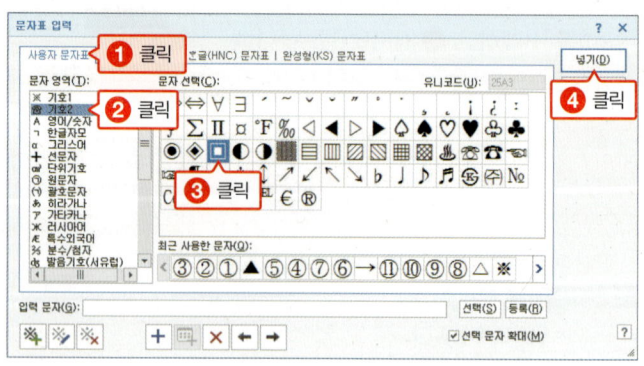

03 원문자 입력하기

적요란의 항목 앞에 원문자 번호를 입력해보겠습니다. ❶ '모니터' 앞을 클릭하고 ❷ 단축키 Ctrl + F10을 누릅니다. ❸ [문자표 입력] 대화상자의 [사용자 문자표] 탭 - [문자 영역] - [원문자]를 선택합니다. ❹ [문자 선택]에서 [①]을 선택하고 ❺ [넣기]를 클릭합니다.

'모니터' 앞에 원문자 '①'이 입력됩니다.

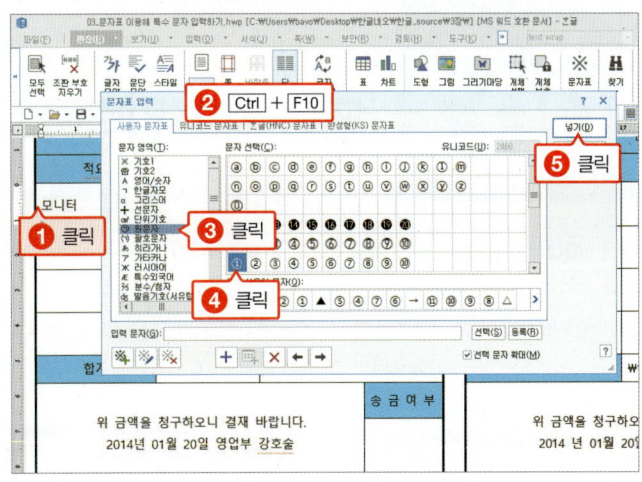

04 화살표 입력하기

비고란에는 화살표 기호를 입력해보겠습니다. ❶ 비고란의 '고장' 앞을 클릭하고 ❷ 단축키 Ctrl + F10을 누릅니다. ❸ [문자표 입력] 대화상자의 [사용자 문자표] 탭 - [문자 영역] - [화살표]를 선택합니다. ❹ [문자 선택]에서 [➲]를 선택하고 ❺ [넣기]를 클릭합니다.

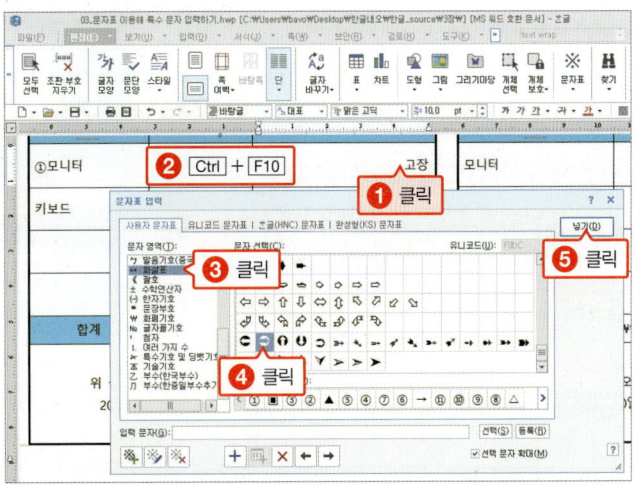

05 입력 확인하기

지출결의서 앞에 '■', 모니터 앞에 '①', 고장 앞에 '➲' 특수 문자가 모두 입력되었습니다.

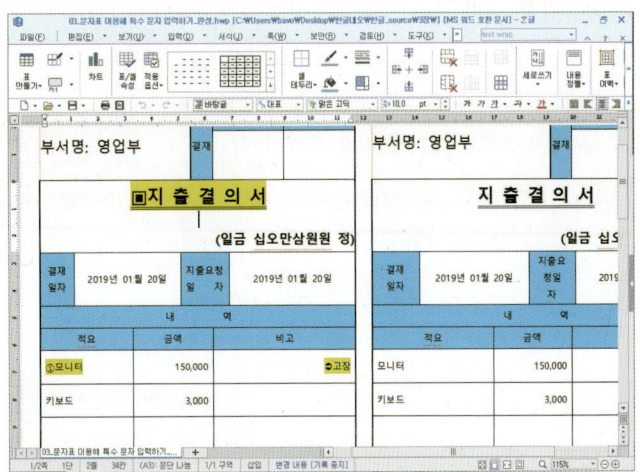

핵심기능실습 007

단위 기호 입력하기

한글 NEO에서는 기본 단위 기호를 문자표로 제공합니다. cm, cm², kg과 같은 길이, 면적, 무게 단위, $, ¥과 같은 화폐 단위 등을 쉽게 입력할 수 있습니다.

실습 파일 | 한글\2장\단위 기호 입력하기.hwp **완성 파일 |** 한글\2장\단위 기호 입력하기_완성.hwp

01 cm 입력하기

단위환산표/환율비교표 문서에서 길이 표의 빈칸에 해당 단위 기호를 입력해보 겠습니다. ❶ 길이 표에서 cm란의 ( ) 안 쪽을 클릭하고 ❷ 단축키 Ctrl + F10 을 누릅니다. ❸ [문자표 입력] 대화상자의 [사용자 문자표] 탭을 클릭하고 ❹ [문자 영역] – [단위기호]를 선택합니다. ❺ [문 자 선택]에서 [cm]를 선택하고 ❻ [넣기] 를 클릭합니다.

( ) 안에 'cm'가 입력됩니다.

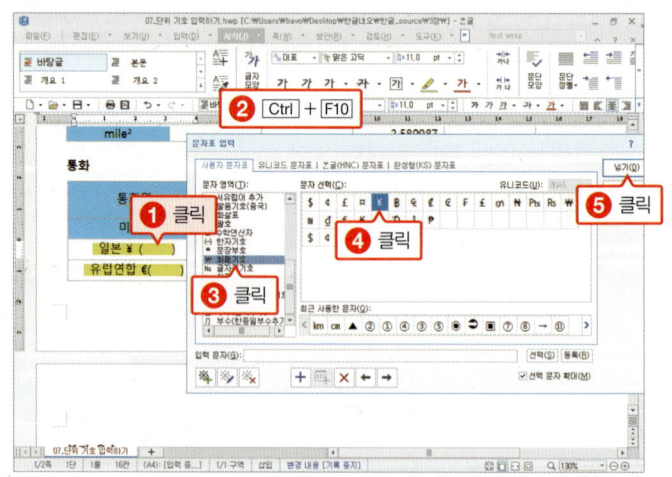

02 통화 단위 입력하기

단위환산표/환율비교표 문서에서 통화 표의 빈칸에 해당 단위 기호를 입력해 보겠습니다. 통화와 관련된 화폐 단위 도 [문자표 입력] 대화상자에서 찾아 입 력할 수 있습니다. ❶ 통화 표에서 일본 ¥란의 ( ) 안쪽을 클릭하고 ❷ 단축키 Ctrl + F10 을 누릅니다. ❸ [문자표 입 력] 대화상자에서 [문자 영역]–[화폐기 호]를 선택하고 ❹ [¥]을 선택한 후 ❺ [넣기]를 클릭합니다.

( ) 안에 통화 단위인 '¥'이 입력됩니다.

핵심기능실습 008

메모 사용하기

메모 기능은 문서 작성 중 중요한 단어나 문구에 첨삭을 붙이거나 참고할 만한 내용을 적어두는 기능입니다. 만약 누군가와 공동으로 작업하는 문서라면 상대방에게 전달할 사항을 남길 때도 사용할 수 있습니다.

실습 파일 | 한글\2장\메모 사용하기.hwp **완성 파일** | 한글\2장\메모 사용하기_완성.hwp

01 메모 삽입하기

다른 사용자와 공동으로 작업하는 문서에 메모를 삽입해 전달 사항을 남겨보겠습니다. ❶ [쪽 윤곽]을 클릭하고 ❷ 본문 첫째 줄의 '갑'을 드래그합니다. ❸ 마우스 오른쪽 버튼을 클릭한 후 단축 메뉴에서 [메모 넣기]를 선택합니다.

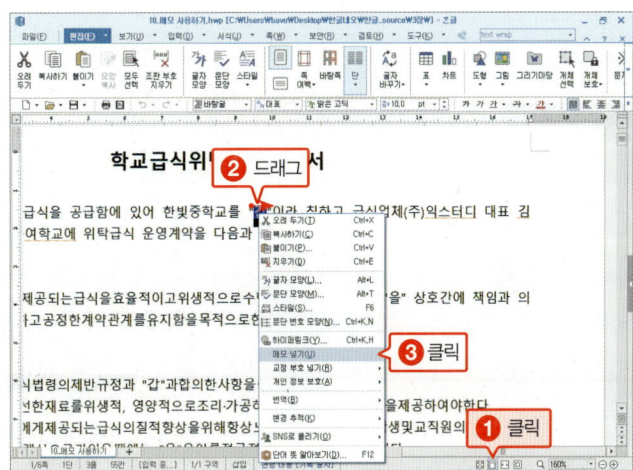

> **바로 통하는 TIP** 메모는 쪽 윤곽이 활성화되어야 볼 수 있습니다. 이미 편집 화면에 쪽 윤곽이 활성화되어 있다면 [쪽 윤곽]은 클릭하지 않습니다.

02 메모에 전달 사항 남기기

메모에 '갑', '을'이 바뀐 것이 아닐까요?를 입력합니다.

해당 위치에 메모가 삽입되었습니다.

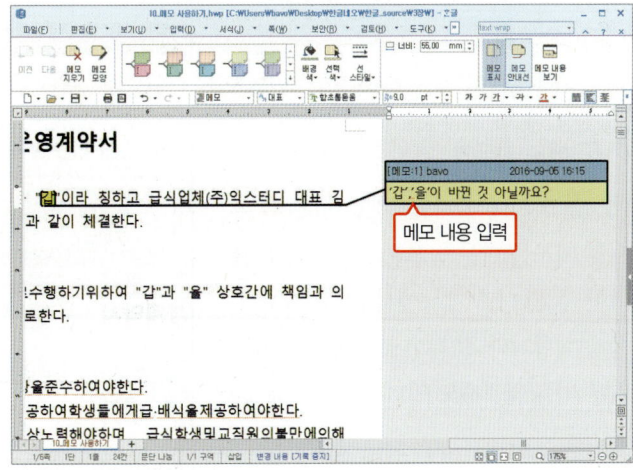

> **바로 통하는 TIP** 메모가 삽입되면 그 위치의 단어와 메모가 안내선으로 연결됩니다. 메모가 어느 단어에 삽입되었는지 쉽게 확인할 수 있습니다.

03 메모 숨기기

삽입한 메모가 거추장스럽다면 작업하는 동안 숨겼다가 원할 때 다시 표시할 수 있습니다. ❶ 메모가 표시된 상태에서 내용이 입력된 메모를 클릭합니다. ❷ [메모] 메뉴-[메모 표시]를 클릭합니다.

메모가 숨겨져 화면에서 사라집니다.

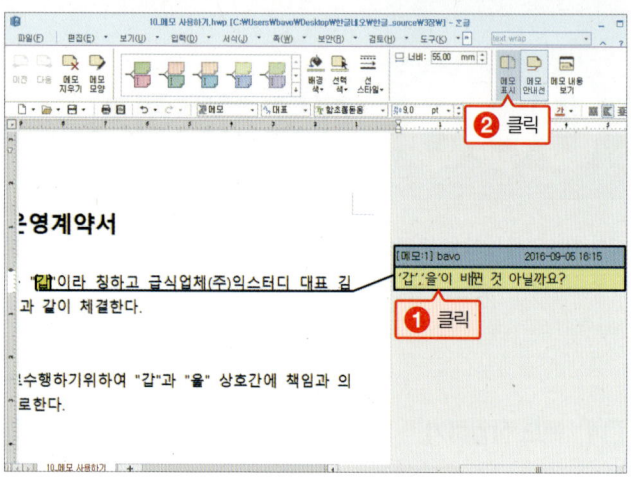

바로 통하는 TIP [메모] 메뉴는 메모를 선택했을 때 활성화되어 나타납니다.

04 메모 표시하기

숨긴 메모를 간단하게 다시 표시하는 방법을 살펴보겠습니다. ❶ [검토] 메뉴의 펼침 단추를 클릭하고 ❷ [메모 보이기/숨기기]를 선택합니다.

숨겨졌던 메모가 다시 화면에 나타납니다.

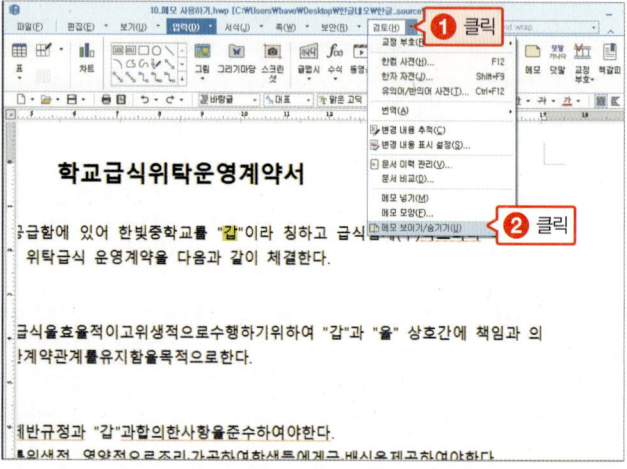

05 메모 지우기

메모를 문서에서 지워보겠습니다. ❶ 삭제할 메모를 마우스 오른쪽 버튼으로 클릭한 후 ❷ 단축 메뉴에서 [메모 지우기]를 선택합니다. 또는 [메모] 메뉴-[메모 지우기]를 클릭해도 됩니다.

삽입되었던 메모가 삭제됩니다.

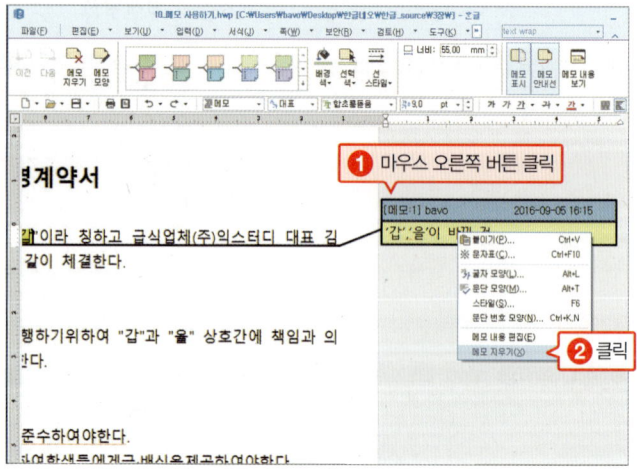

책갈피/하이퍼링크 이용하기

긴 문서를 작성하다 특정 위치로 이동할 때 스크롤만 사용하면 불편한 경우가 많습니다. 책갈피나 하이퍼링크 기능을 이용하면 손쉽게 원하는 곳을 찾거나 해당 위치로 이동할 수 있습니다.

실습 파일 | 한글\2장\책갈피 하이퍼링크 이용하기.hwp   완성 파일 | 한글\2장\책갈피 하이퍼링크 이용하기_완성.hwp

O1 책갈피 추가하기(단축키 Ctrl + K, B)

페이지가 많은 문서에서 자주 찾아봐야 할 위치에 책갈피를 표시하여 현재의 커서 위치와 상관없이 해당 위치를 편리하게 찾아갈 수 있도록 설정해보겠습니다. ❶ 스크롤바를 내려 3쪽에 있는 '1. 제도개요'를 드래그합니다. ❷ [입력] 메뉴를 클릭하고 ❸ [책갈피]를 클릭합니다.

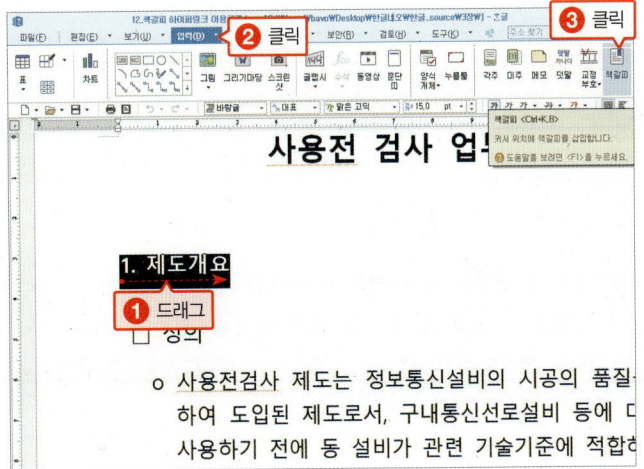

O2 [책갈피] 대화상자에서 [넣기]를 클릭합니다.

[책갈피 목록]에 '1. 제도개요' 이름으로 책갈피가 추가됩니다.

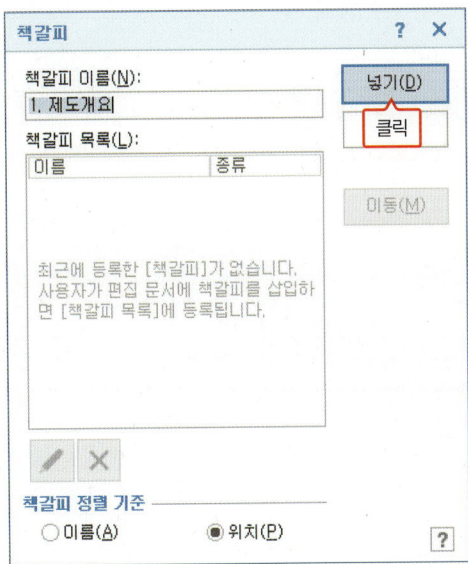

O3 다른 쪽에서 책갈피를 추가한 위치로 이동해보겠습니다. ❶ 문서의 1쪽으로 이동하기 위해 단축키 [Ctrl]+[Page up]을 누릅니다. ❷ [입력] 메뉴-[책갈피]를 클릭합니다(단축키 [Ctrl]+[K], [B]). ❸ [책갈피] 대화상자의 [책갈피 목록]에서 책갈피로 추가해둔 [1. 제도개요]를 선택하고 ❹ [이동]을 클릭합니다.

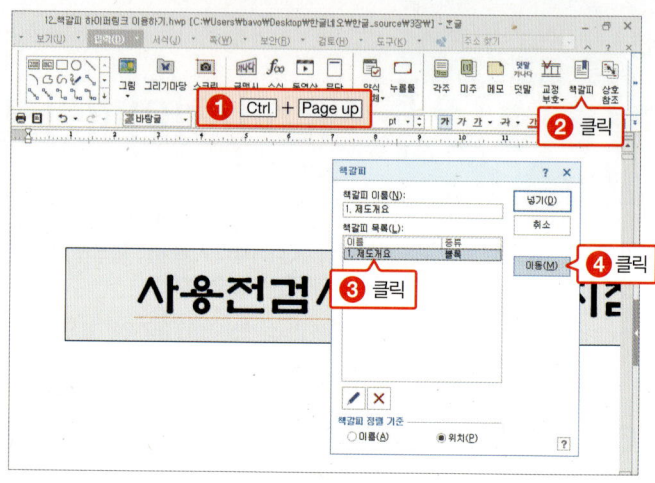

책갈피가 삽입된 3쪽의 '1. 제도개요' 위치로 커서가 이동합니다.

바로 통하는 TIP 단축키 [Ctrl]+[Page up]을 누르면 문서의 첫 페이지로, [Ctrl]+[Page down]을 누르면 문서의 마지막 페이지로 이동합니다.

쉽고 빠른 한글 NOTE [책갈피] 대화상자 알아보기

[책갈피] 대화상자에서는 새로운 책갈피를 추가하거나 기존의 책갈피를 편집, 수정, 삭제할 수 있습니다. 책갈피를 여러 개 추가했다면 이름 혹은 위치 순서로 정렬해서 볼 수 있습니다. 책갈피 목록에서 책갈피 이름을 선택한 후 [이동]을 클릭하면 해당 위치로 커서가 이동합니다.

① **책갈피 이름** : 책갈피로 사용할 이름을 입력합니다.

② **책갈피 목록** : 문서에 추가한 책갈피가 나타납니다.

③ **책갈피 정렬 기준** : 이름 또는 위치 순서로 정렬을 변경할 수 있습니다.

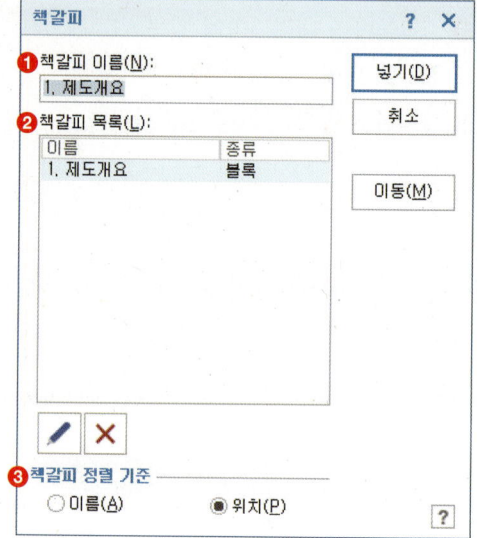

04 하이퍼링크 추가하기

하이퍼링크를 추가한 단어를 클릭하면 작성 중인 문서 내에 설정해둔 위치로 이동할 수 있을 뿐 아니라 인터넷 웹페이지, 전자우편 프로그램 등으로도 바로 연결할 수 있습니다. ❶ 2쪽의 목차에서 '제도개요'를 드래그하여 선택합니다. ❷ [입력] 메뉴-[하이퍼링크]를 클릭합니다.

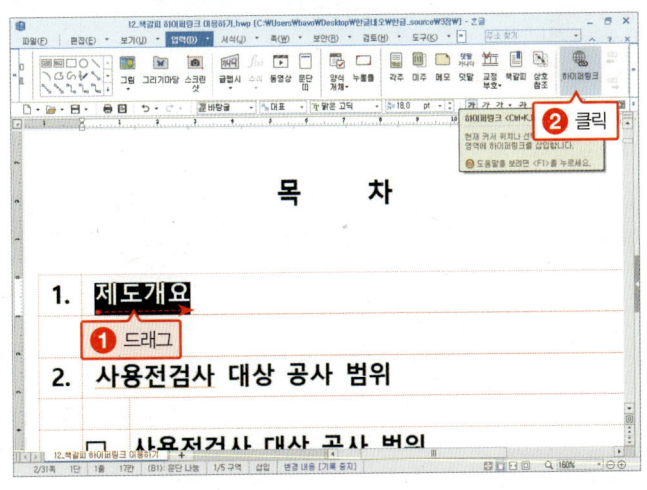

[하이퍼링크] 대화상자가 나타납니다.

05 하이퍼링크 대화상자

❶ [하이퍼링크] 대화상자의 [연결 대상] 선택 창에서 앞서 설정한 책갈피인 [1. 제도개요]를 선택하고 ❷ [넣기]를 클릭합니다.

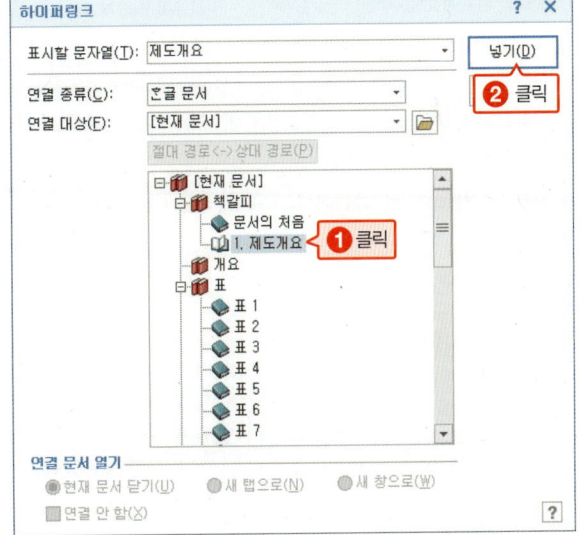

책갈피를 설정한 3쪽 본문 '1. 제도개요'로 이동할 수 있는 하이퍼링크가 추가됩니다. 2쪽 목차에서 '제도개요'를 클릭하면 3쪽의 본문에 해당하는 '1. 제도개요'로 커서가 이동합니다.

06 하이퍼링크 확인하기

하이퍼링크가 적용된 글자는 그림과 같이 글자 색이 파란색으로 변경되며 밑줄이 나타납니다.

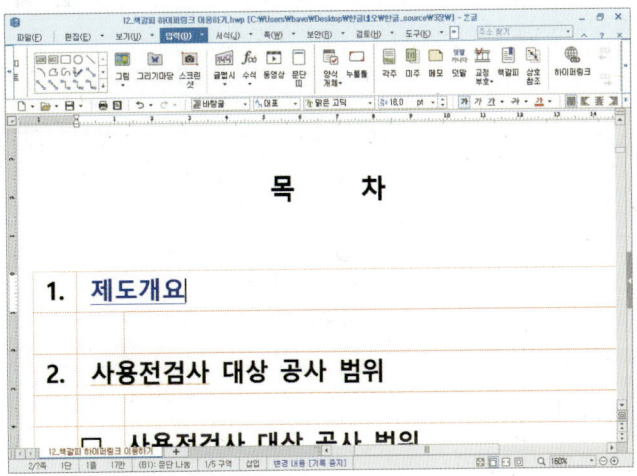

하이퍼링크만 설정되고 방문 이력이 없는 경우에는 글자 색이 파란색으로 표시되며, 클릭해서 이동한 이력이 있는 경우에는 보라색으로 나타납니다.

[하이퍼링크] 대화상자 알아보기

블록 설정한 단어나 문구에 하이퍼링크를 설정할 때 나타나는 대화상자입니다. 같은 문서 내에서 이동할 수 있을 뿐만 아니라 외부 문서나 웹사이트로도 쉽게 이동할 수 있습니다.

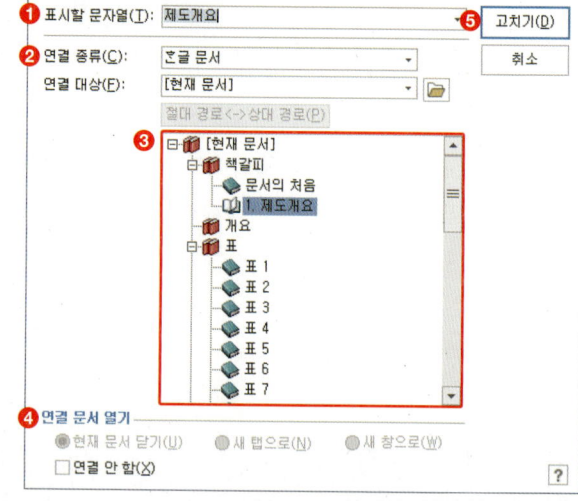

① **표시할 문자열** : 하이퍼링크를 표시할 문자열을 입력합니다. 문서 내에서 하이퍼링크를 설정한 단어를 블록으로 설정하고 대화상자를 불러오면 블록 설정한 부분이 이름으로 자동 입력됩니다. 이 이름을 변경하면 문서에서도 해당 텍스트가 수정되어 하이퍼링크가 적용됩니다.

② **연결 종류** : 하이퍼링크로 연결할 대상을 선택합니다. 한글 문서, 웹 주소, 전자우편 주소, 외부 어플리케이션 문서(다른 경로에 있는 외부 문서) 중에서 선택할 수 있습니다.

③ **연결 대상 선택 창** : [연결 종류]를 [한글 문서]나 [웹 주소]로 선택한 경우에 [연결 대상] 선택 창에서 하이퍼링크로 이동할 개체나 주소를 선택할 수 있습니다. [연결 종류]를 [웹 주소]로 선택하면 인터넷 익스플로러의 즐겨찾기에 등록된 웹사이트 목록이 표시되어 간편하게 하이퍼링크를 연결할 수 있습니다.

④ **연결 문서 열기** : 하이퍼링크에 연결된 문서를 여는 방식을 선택합니다. 현재 문서를 닫고 연결된 문서를 불러오거나 새 탭으로, 혹은 새 창으로 문서를 열 수 있습니다.

⑤ **넣기/고치기** : 하이퍼링크를 설정하고 문서에 적용할 때 [넣기]를 클릭합니다. [고치기]는 이미 적용된 하이퍼링크를 수정할 때 사용합니다.

---

07 하이퍼링크 지우기

① 하이퍼링크가 적용된 단어 위에서 마우스 오른쪽 버튼을 클릭합니다. ② 단축 메뉴에서 [하이퍼링크 지우기]를 선택하면 하이퍼링크가 지워집니다.

바로 통하는 TIP 하이퍼링크를 고치려면 같은 방법으로 단축 메뉴에서 [하이퍼링크 고치기]를 선택하면 됩니다.

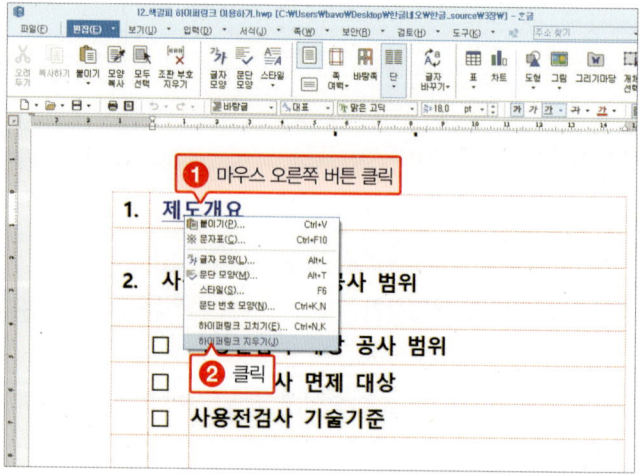

010

맞춤법 검사하기

한글 NEO에서는 맞춤법을 쉽게 검사하고 오탈자를 빠르게 찾을 수 있도록 맞춤법 검사기와 맞춤법 도우미를 제공합니다. 사전과 비교해서 맞춤법이 어긋날 경우 올바른 단어를 제시하거나 빨간색 밑줄을 표시해 틀린 부분을 확인하도록 도와줍니다.

실습 파일 | 한글\2장\맞춤법 검사하기.hwp   **완성 파일** | 한글\2장\맞춤법 검사하기_완성.hwp

01 근로 계약서가 작성된 문서에서 맞춤법 검사기를 이용해 오탈자를 찾아 수정해보겠습니다. ❶ 문서의 첫 행 '근롱 계약서' 앞을 클릭합니다. ❷ [도구] 메뉴를 클릭하고 ❸ [맞춤법 검사]를 클릭합니다. ❹ [맞춤법 검사/교정] 대화상자에서 [바꿀 말]에 **근로**를 입력하고 ❺ [바꾸기]를 클릭합니다.

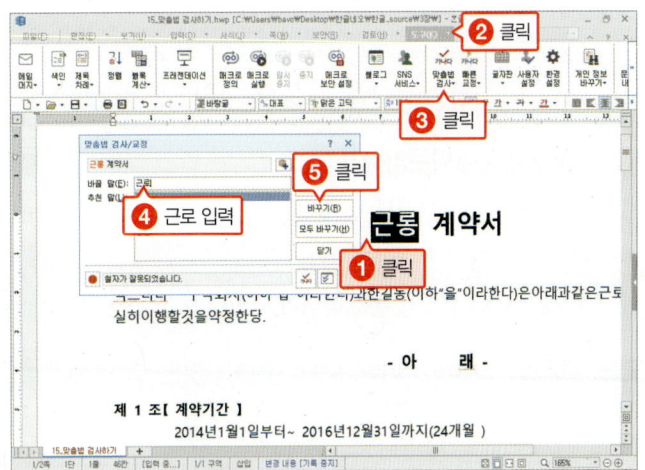

'근롱 계약서'가 '근로 계약서'로 수정됩니다.

쉽고 빠른 한글 NOTE **[맞춤법 검사/교정] 대화상자 알아보기**

맞춤법 검사를 실행하면 현재 커서가 놓여 있는 곳부터 문서 끝까지 맞춤법 검사가 실행됩니다. 문서의 일부만 맞춤법 검사를 하려면 블록을 설정한 후 실행합니다. 맞춤법에 맞지 않는 단어가 검색되어 [맞춤법 검사/교정] 대화상자가 나타나면 [바꿀 말]이나 [추천 말]에 나타난 단어 중 적합한 말을 선택합니다.

① **시작** : 맞춤법 검사를 시작합니다. 항목이 있으면 [지나감]으로 표시됩니다.

② **바꿀 말** : 맞춤법에 어긋나는 경우 나타납니다.

③ **추천 말** : 맞춤법 사전의 내용을 검색해 맞춤법에 맞는 추천 말을 표시합니다.

④ **계속 지나감** : 맞춤법 검사기에서는 오류로 인식되지만 맞춤법에 맞는 경우 선택합니다.

⑤ **바꾸기** : [추천 말] 목록에서 맞는 말을 선택하고 [바꾸기]를 클릭하면 선택한 단어로 변경됩니다.

⑥ **모두 바꾸기** : 맞춤법에 어긋나는 단어를 모두 바꿉니다.

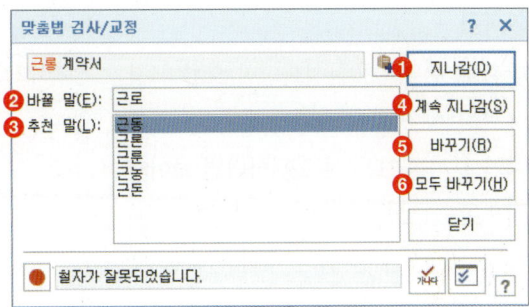

02

맞춤법이 수정되면 자동으로 다음 오류 단어로 이동합니다. 맞춤법 검사에서는 회사 이름 같은 고유 명사도 오류로 인식하는데, 이때는 [지나감]을 클릭해 넘어갑니다. [바꾸기]와 [지나감]을 이용해 문서 전체의 맞춤법을 확인하고 수정합니다.

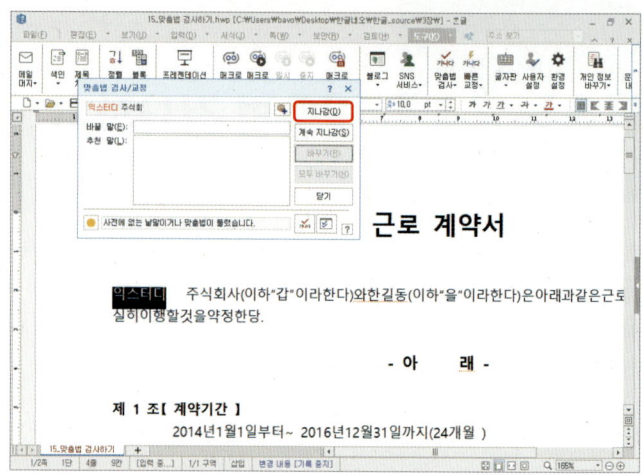

03 맞춤법 검사 마무리하기

맞춤법 검사가 끝나면 맞춤법을 계속 검사할지 묻는 메시지가 나타납니다. [취소]를 클릭해 맞춤법 검사를 종료합니다.

바로 통하는 TIP 현재 커서 위치부터 맞춤법 검사를 시작했으므로 문서의 처음부터 맞춤법 검사를 계속할지 물어봅니다. 계속 검사를 진행하거나 맞춤법 검사를 취소합니다.

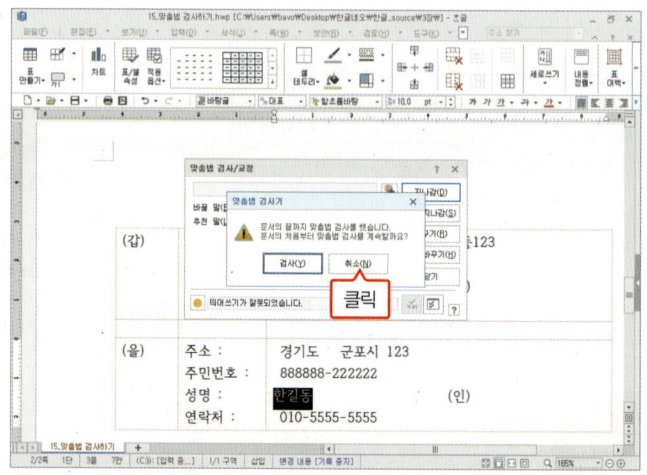

04 맞춤법 도우미 동작 활성화/비활성화하기

맞춤법 도우미가 활성화되면 오류 문장에 빨간색 밑줄이 나타납니다. 이런 표시가 문서를 보는 데 불편하다면 보이지 않도록 설정할 수 있습니다. ❶ [도구] 메뉴-[맞춤법 검사]의 내림 단추를 클릭하고 ❷ [맞춤법 도우미 동작]을 선택해 체크 표시를 해제합니다.

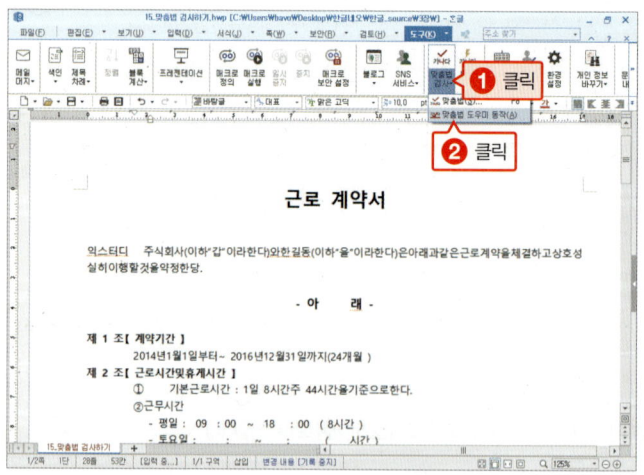

맞춤법 검사 도우미가 비활성화되면서 오류 문자에 표시된 빨간 밑줄이 사라집니다.

011 한글 문서를 영어로 번역하기

한글 NEO 버전에 새롭게 추가된 기능으로, 문서를 다른 언어로 번역할 수 있습니다. 기대 수준에는 미치지 못하지만 간단한 문장을 번역할 때 유용하게 사용할 수 있습니다.

실습 파일 | 한글\2장\한글 문서를 영어로 번역하기.hwp **완성 파일** | 한글\2장\한글 문서를 영어로 번역하기_완성.hwp

01 한글 문서 영문으로 번역하기

문서의 3쪽에 삽입된 위임장을 영어로 번역해보겠습니다. ❶ 번역할 문단을 드래그하여 선택합니다. ❷ [검토] 메뉴를 클릭하고 ❸ [번역]의 내림 단추를 클릭한 후 ❹ [선택 영역 번역]을 선택합니다.

[번역] 작업 창이 나타납니다.

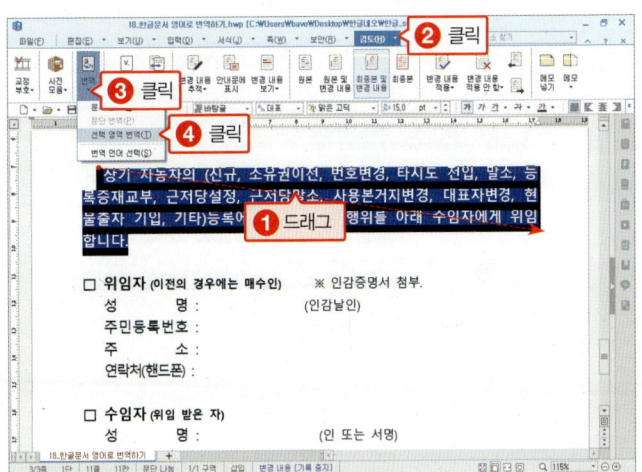

02 번역하고 문서에 삽입하기

❶ [번역] 작업 창에서 번역 언어를 [한국어(대한민국)], [영어(미국)]으로 설정합니다. ❷ [번역]을 클릭합니다. ❸ [번역] 작업 창의 [본문]에서 번역 완료된 영문 오른쪽의 내림 단추를 클릭하고 ❹ [문단 아래 삽입]을 선택합니다. ❺ [작업 창 접기/펴기]를 클릭하여 작업 창을 닫습니다.

선택 문단의 아래쪽에 번역된 영문이 추가됩니다.

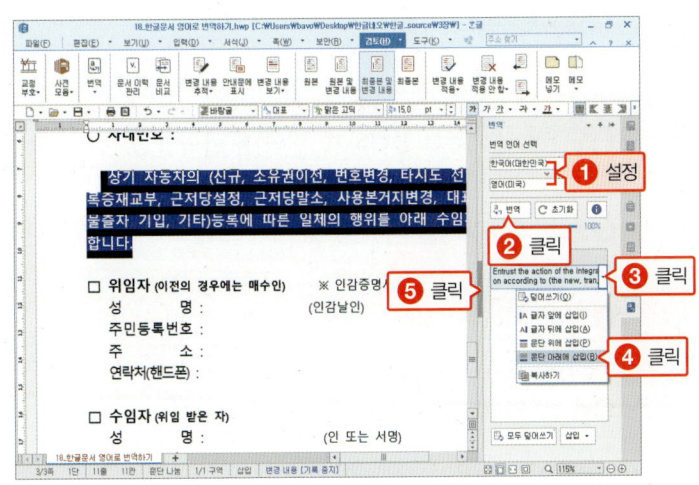

바로 통하는 TIP 번역 기능은 일일 사용량이 정해져 있습니다. 정확한 번역량은 공지되지 않았으나 일일 번역량을 초과하면 오류 메시지가 표시됩니다.

실습 파일 | 한글\2장\영문 이력서를 한글로 번역하기.hwp   **완성 파일** | 한글\2장\영문 이력서를 한글로 번역하기_완성.hwp

번역 기능을 이용해 영문 이력서의 일부 문단을 한글로 번역해보겠습니다.

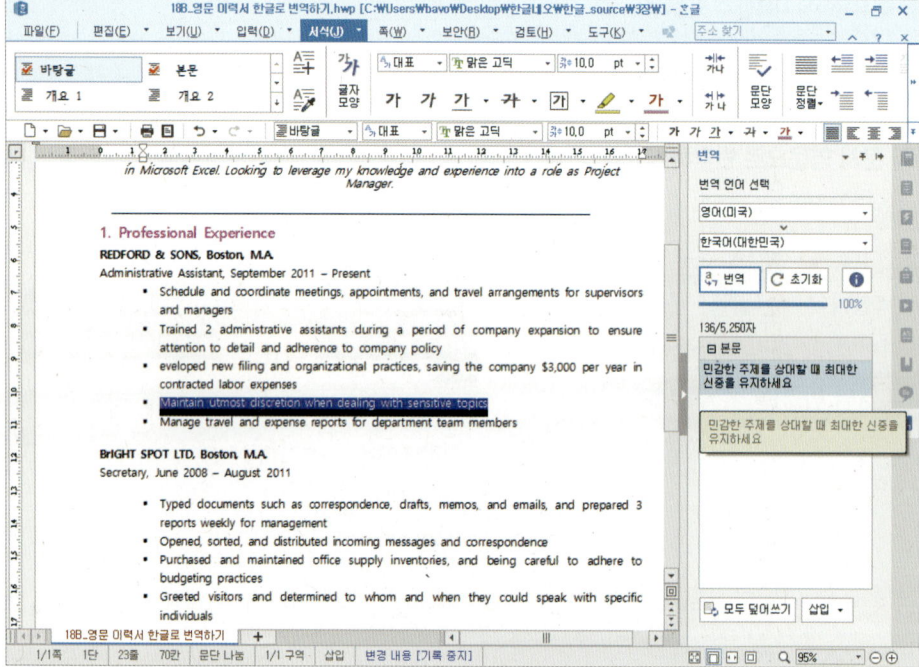

▲ 완성 파일

01 [검토] 메뉴를 클릭하고 [번역]을 클릭한 후 [번역] 작업 창을 엽니다.

02 번역할 문장을 더블클릭하거나 드래그하여 선택합니다.

03 [번역] 작업 창에서 번역할 언어를 선택합니다.

04 [번역]을 클릭하여 문서를 번역합니다.

05 번역된 항목에 마우스 포인터를 올려보면 번역된 전체 문장을 풍선 도움말 형태로 볼 수 있습니다.

문서 편집과
글꼴 꾸미기

글꼴은 문서를 이루는 기본 요소입니다. 글꼴, 글자 색, 장평, 자간 등을 적절히 조정해야 가독성 있는 문서를 만들 수 있습니다. 특정 글자나 단어에 그림자, 강조점, 음영 등을 적절히 사용해 돋보이게 만드는 방법에 대해서도 알아봅니다.

012 클립보드 사용하기

클립보드는 복사하거나 잘라낸 내용을 잠시 보관하는 임시 기억 장소입니다. 이 내용을 확인하면서 선별해 사용할 수 있으므로 같은 내용을 여러 번 붙여 넣거나 몇 가지 내용을 번갈아 복사해야 할 때 무척 편리합니다.

실습 파일 | 한글\3장\클립보드 사용하기.hwp　　**완성 파일** | 한글\3장\클립보드 사용하기_완성.hwp

01 클립보드 작업 창 펴기

예제 문서를 좀 더 쉽게 편집하기 위해 클립보드를 사용해보겠습니다. [클립보드] 작업 창을 사용하면 저장한 내용을 직접 보면서 문서에 추가할 수 있습니다. ❶ 문서 오른쪽에 있는 [작업 창 접기/펴기]를 클릭하고 ❷ 작업 창 도구에서 [클립보드]를 클릭합니다.

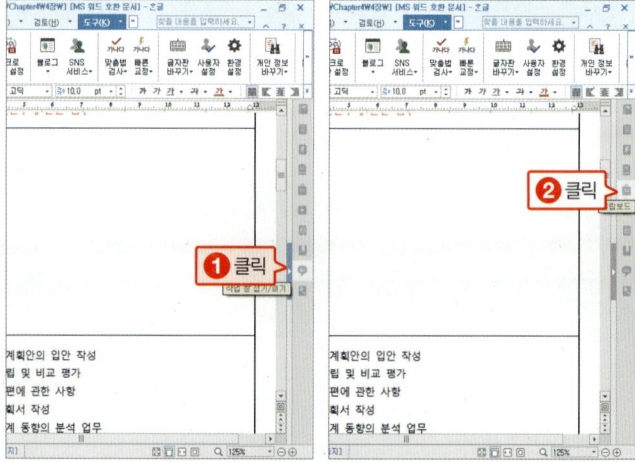

[클립보드] 작업 창이 활성화됩니다.

쉽고 빠른 한글 NOTE

[클립보드] 작업 창 알아보기

복사할 내용을 차례로 여러 개 저장해두었다가 원하는 내용을 붙여 넣을 때 [클립보드] 작업 창을 사용할 수 있습니다.

① **작업 창 메뉴** : 작업 창 메뉴를 클릭하면 우측의 작업 창 메뉴를 펼침 메뉴 형태로 별도 표시해 전환할 수 있습니다.

② **작업 창 고정/자동 숨기기** : 클릭할 때마다 작업 창 고정과 자동 숨기기가 전환됩니다. 고정 상태에서는 작업 창이 항상 열려 있으며, 자동 숨기기 상태에서는 문서 본문을 클릭하면 작업 창이 자동으로 접히고 마우스 포인터를 작업 창 쪽으로 이동하면 작업 창이 펼쳐집니다.

③ **작업 창 접기** : 작업 창을 접습니다.

④ **작업 창 접기/펴기** : 작업 창을 접고 펼 수 있습니다.

⑤ **모두 붙이기** : 현재 [클립보드] 작업 창에 저장된 내용을 문서에 모두 붙여 넣습니다.

⑥ **모두 지우기** : [클립보드] 작업 창에 저장된 내용을 모두 지웁니다.

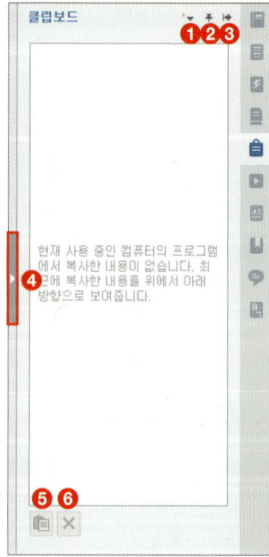

02 블록 설정해 문단 복사하기

예제 문서에서 총무 담당의 분장 업무 중에서 빨간 글씨로 적힌 내용을 아래쪽 인사 담당 부분으로 이동해보겠습니다. ❶ 이동할 문단을 드래그하여 선택하고 ❷ [편집] 메뉴를 클릭한 후 ❸ [오려두기]를 클릭합니다.

오려낸 내용이 [클립보드] 작업 창에 복사됩니다.

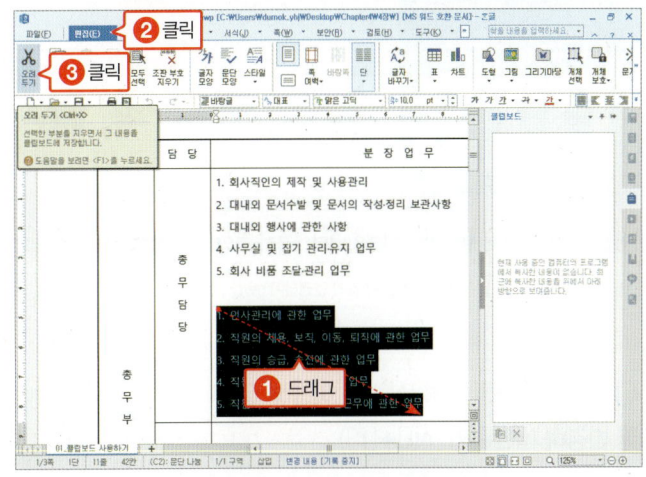

03 문단 붙여넣기

❶ 인사 담당의 빈칸을 클릭하고 ❷ [클립보드] 작업 창에서 앞서 복사한 내용을 클릭합니다.

인사 담당란에 오려둔 내용이 붙여 넣어집니다.

바로 통하는 TIP [클립보드] 작업 창을 이용하는 이유는 이곳에 저장된 내용들이 순서대로 보이므로 이전에 복사하거나 오려둔 내용도 문서에 추가할 수 있기 때문입니다. 바로 직전에 복사하거나 오려낸 내용은 단축키 Ctrl + V로 붙여 넣을 수 있습니다.

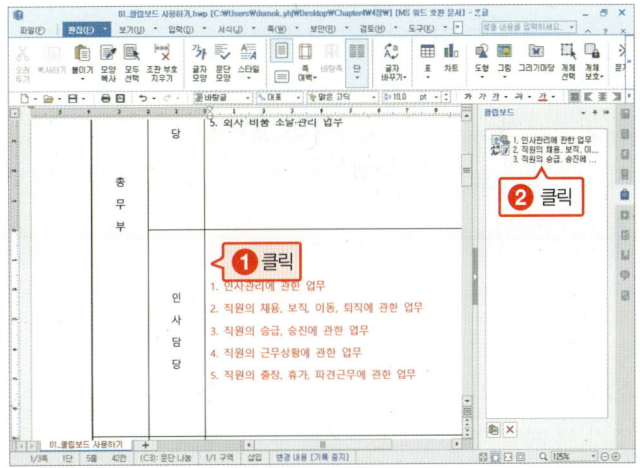

쉽고 빠른 한글 NOTE **마우스로 끌어 문단 이동하기**

내용을 단순히 이동할 경우에는 굳이 클립보드를 이용하지 않고 마우스 드래그 앤 드롭으로도 쉽게 실행할 수 있습니다. ① 이동할 문장이나 문단을 블록으로 설정한 후 ② 선택한 영역을 마우스 왼쪽 버튼으로 클릭한 채 이동할 위치로 드래그 앤 드롭합니다.

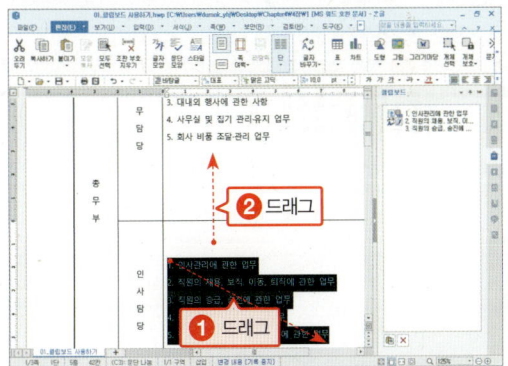
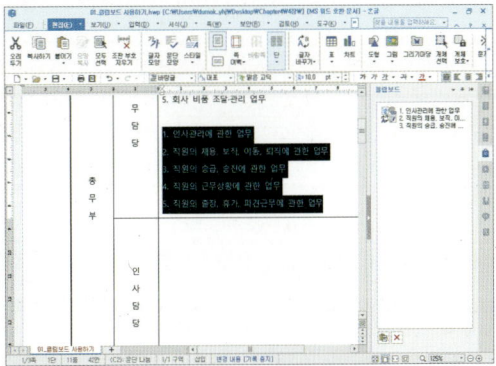

글꼴, 글자 색, 글자 크기 변경하기

글꼴 꾸미기는 문서 꾸미기의 기본입니다. [글자 모양] 대화상자, [서식] 메뉴의 도구 등을 이용해 글자 모양을 변경해보겠습니다.

실습 파일 | 한글\3장\글꼴, 글자 색, 글자 크기 변경하기.hwp **완성 파일** | 한글\3장\글꼴, 글자 색, 글자 크기 변경하기_완성.hwp

01 [글자 모양] 대화상자를 이용해 글꼴 변경하기(단축키 Alt + L)

문서 제목인 '한빛신문'의 글꼴 서식을 [글자 모양] 대화상자에서 변경해보겠습니다. 글꼴뿐만 아니라 글자 크기, 색, 속성 등도 바꿀 수 있습니다. ❶ '한빛신문'을 드래그해 선택하고 ❷ [서식] 메뉴의 펼침 단추를 클릭하고 ❸ [글자 모양]을 선택합니다.

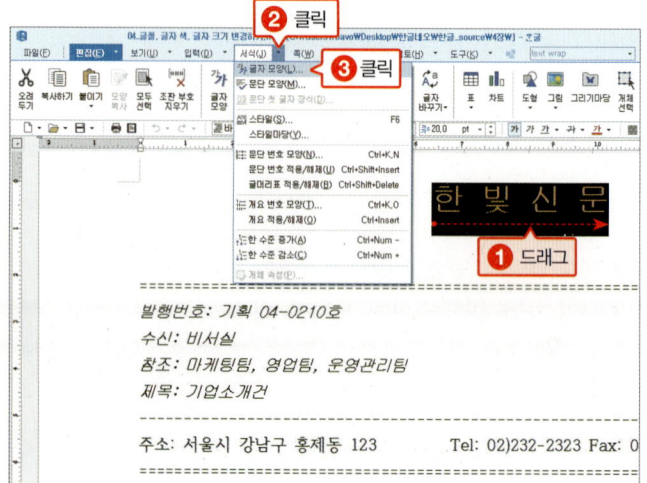

02

[글자 모양] 대화상자가 나타나면 ❶ [기준 크기]에 **20**을 입력하고 ❷ [글꼴]-[굴림체]를 선택합니다. ❸ [속성]-[진하게], ❹ [글자 색]-[검은 바다색]을 선택한 후 ❺ [설정]을 클릭합니다.

글꼴과 속성, 글자 색이 변경되었습니다.

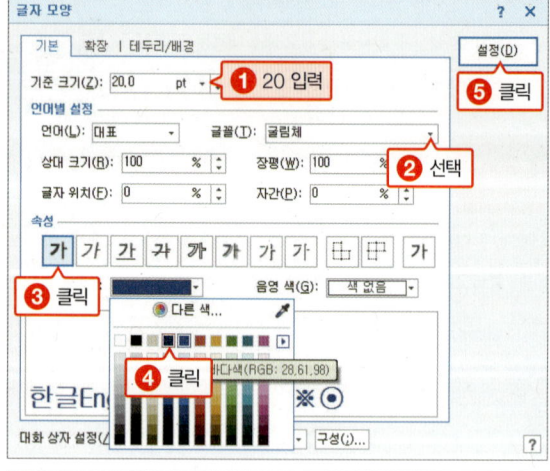

[글자 모양] 대화상자의 [기본] 탭 알아보기

[글자 모양] 대화상자의 [기본] 탭에서는 글꼴, 크기, 장평 및 자간, 색 등을 설정할 수 있습니다. 변경할 글자를 드래그한 후 [서식] 메뉴-[글자 모양]을 선택하거나 단축키 [Alt]+[L]을 누릅니다. 대화상자 내 미리 보기 화면에서 글자 모양을 확인하면서 다양한 서식을 적용할 수 있습니다.

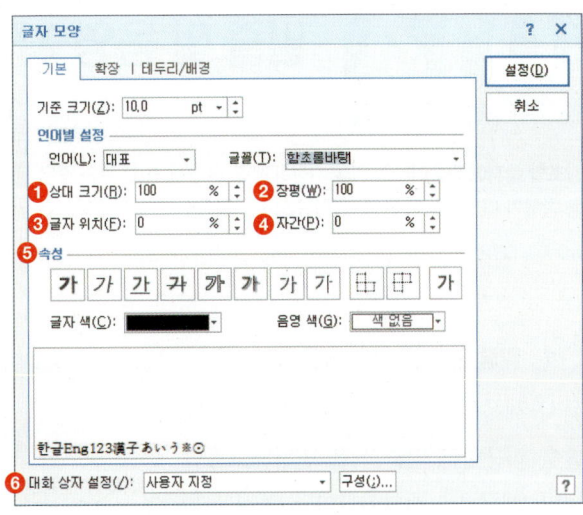

① **상대 크기** : 기준 크기에 대한 각 언어별 글자 크기를 정합니다. 한 문서 내에서 한글과 영문, 한자를 함께 쓸 때는 글꼴 크기가 서로 다른 경우가 많은데, 이때 각 언어별로 적당한 상대 크기를 정해놓으면 편리합니다. 기본 기준 크기는 100%입니다.

② **장평** : 크기는 그대로 유지하면서 글자의 가로 폭을 줄이거나 늘려서 글자 모양에 변화를 줄 때 사용합니다.

③ **글자 위치** : 기본 선을 기준으로 글자를 위나 아래로 움직입니다.

④ **자간** : 글자와 글자 사이의 간격을 조절합니다.

⑤ **속성** : 글꼴에 굵기, 기울이기, 밑줄, 외곽선, 그림자, 첨자 등을 설정합니다.

⑥ **대화 상자 설정** : 설정 패턴이 정형화되어 있는 경우 그 값을 파일로 저장해두었다가 필요할 때 선택하여 사용할 수 있는 기능입니다.

---

03 [서식] 메뉴의 도구를 이용해 글꼴 변경하기

[서식] 메뉴의 도구를 이용하면 좀 더 빠르게 글자 모양을 꾸밀 수 있습니다. ❶ 글자 모양을 변경할 범위를 드래그합니다. ❷ [서식] 메뉴를 클릭하고 ❸ [글꼴]-[굴림], ❹ [크기]-[11]을 선택한 후 ❺ [진하게]를 클릭합니다. ❻ [글꼴 색]-[바다색]을 선택합니다.

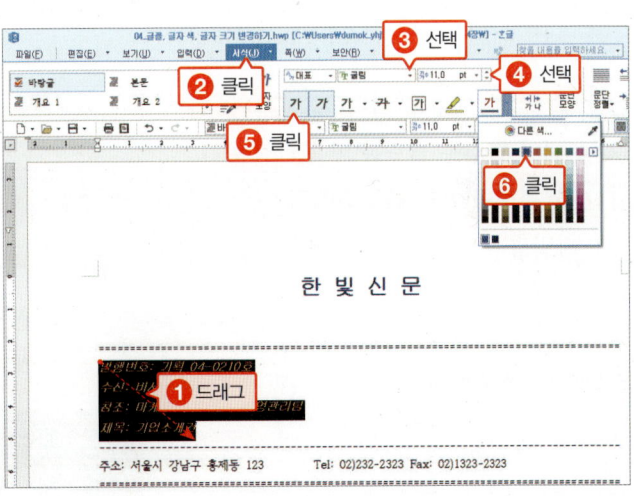

글꼴과 크기, 속성, 색 등이 변경됩니다.

바로 통하는 TIP 글꼴 서식은 메뉴 하단에 위치한 서식 도구 상자를 이용해 설정할 수도 있습니다.

핵심기능실습 014

밑줄 및 음영 지정하기

강조할 글자에 밑줄이나 음영을 지정하면 좀 더 눈에 띄고 보기 좋은 문서를 작성할 수 있습니다. 밑줄은 선, 파선, 점선, 이중 실선 등 종류가 다양하고 색 변경도 가능합니다. 음영과 테두리 색 역시 문서에 어울리게 골라 적용할 수 있습니다.

실습 파일 | 한글\3장\밑줄 및 음영 지정하기.hwp **완성 파일** | 한글\3장\밑줄 및 음영 지정하기_완성.hwp

01 밑줄 및 밑줄 색상 적용하기

문서 제목인 '아기모델 선발 대회'에 밑줄을 적용하고 밑줄 색을 변경해보겠습니다. 제목을 드래그합니다.

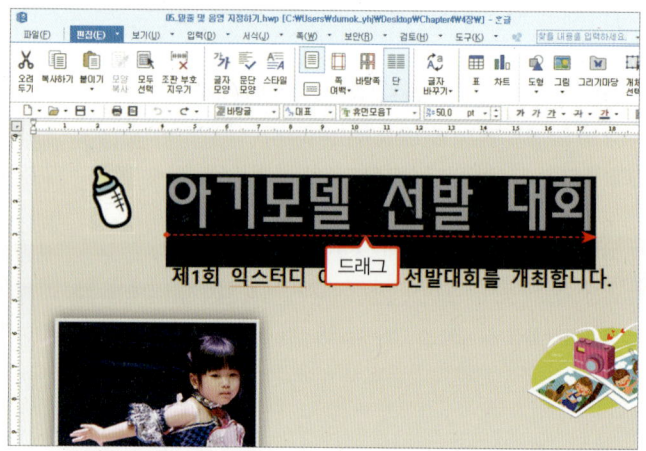

02 ❶ [서식] 메뉴를 클릭하고 ❷ [밑줄]의 내림 단추를 클릭한 후 ❸ [원형 점선]을 선택합니다. ❹ [밑줄]의 내림 단추-[밑줄 색]-[하양 70% 어둡게]를 선택합니다.

문서 제목에 밑줄이 적용됩니다.

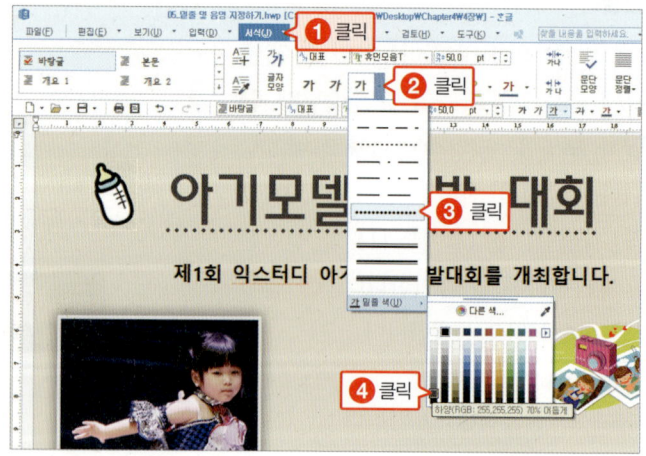

바로 통하는 TIP 글자에 다양한 밑줄과 음영을 지정한 예입니다.

❶ 실선 밑줄 ❷ 파선 밑줄 ❸ 점선 밑줄 ❹ 원형 점선 밑줄 ❺ 진달래색 음영 ❻ 에메랄드 블루 음영 &원형 점선 위아래

03 글자 음영 및 테두리 지정하기(단축키 Alt + L)

문서 본문 첫 번째 줄에 음영과 테두리를 지정해보겠습니다. ❶ 본문의 '제1화~개최합니다.'를 드래그하고 ❷ [서식] 메뉴의 펼침 단추를 클릭한 후 ❸ [글자 모양]을 선택합니다.

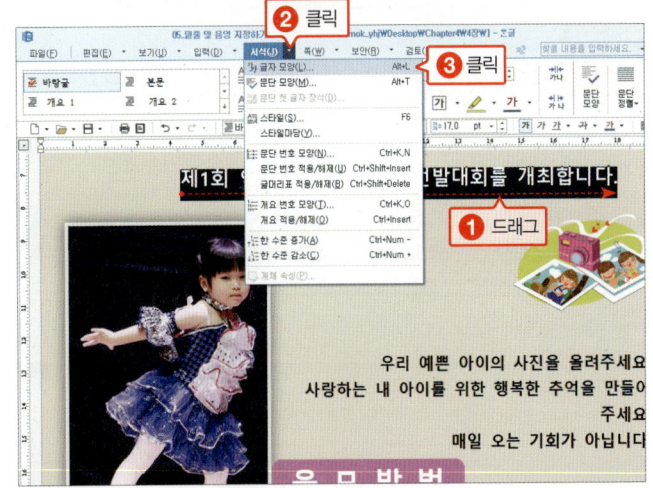

04 글자 모양 변경하기

❶ [글자 모양] 대화상자에서 [기본] 탭의 [음영 색]을 클릭하고 ❷ 색상 표에서 [색상 테마]를 클릭합니다. ❸ 색상 테마에서 [꿈]을 선택하고 ❹ [(RGB: 76, 198, 169) 80% 밝게]를 선택합니다.

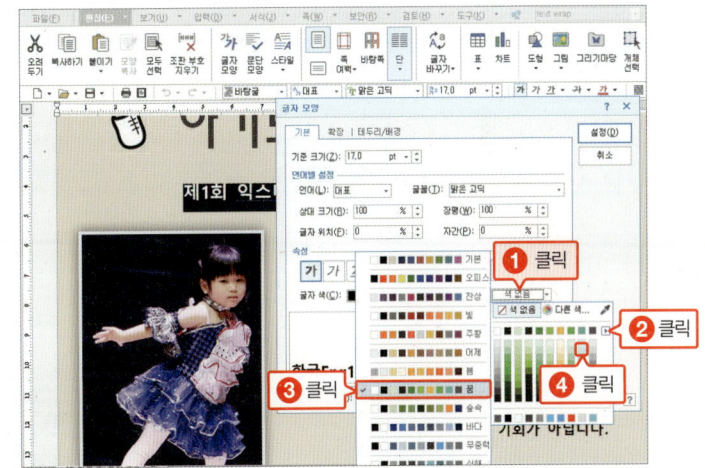

05 테두리/배경 설정하기

❶ [글자 모양] 대화상자에서 [테두리/배경] 탭을 클릭합니다. ❷ [테두리]에서 [종류] – [점선], ❸ [굵기] – [0.5mm], ❹ [색] – [(RGB: 8, 33, 8) 60% 밝게]를 선택합니다. ❺ 테두리 서식을 적용하기 위해 테두리 모양에서 [모두]를 클릭한 후 ❻ [설정]을 클릭합니다.

본문에 음영 및 테두리가 적용됩니다.

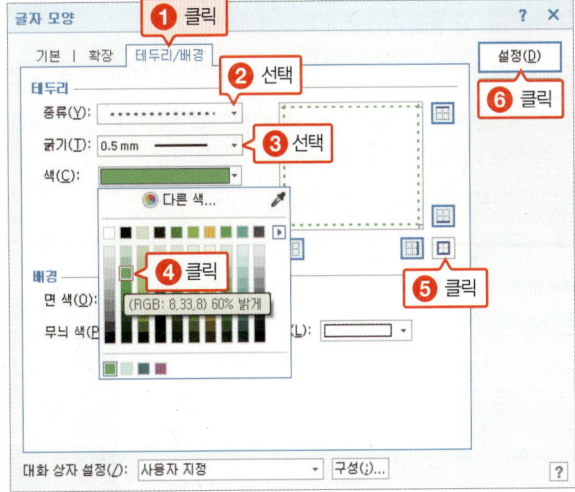

[글자 모양] 대화상자의 [테두리/배경] 탭 알아보기

[글자 모양] 대화상자의 [테두리/배경] 탭에서는 글자에 적용한 테두리의 종류, 굵기, 색 및 무늬 색 등을 설정합니다. 대화상자 내 미리 보기 화면을 확인하면서 다양한 테두리 및 무늬 모양을 선택해 적용할 수 있습니다.

① **테두리** : 글자에 적용한 테두리의 종류, 굵기, 색을 설정합니다.

② **테두리 적용 상자** : 글자에 테두리를 어떤 위치에 적용할지 선택합니다. 위, 아래, 좌, 우를 각각 선택하거나 모든 위치를 한 번에 선택할 수 있습니다.

③ **배경** : 글자에 적용한 배경에 면 색, 무늬 색, 무늬 모양을 설정합니다.

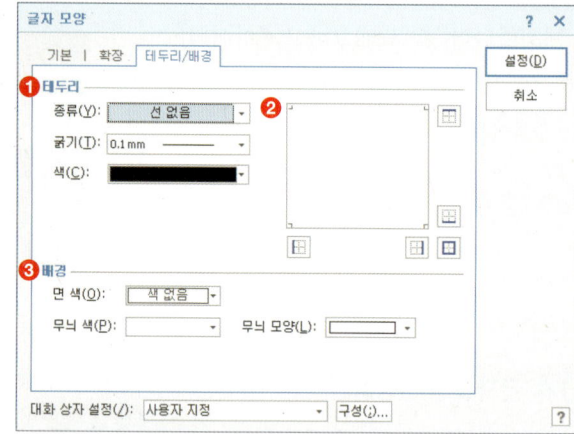

---

06 음영 및 테두리가 설정되었습니다.

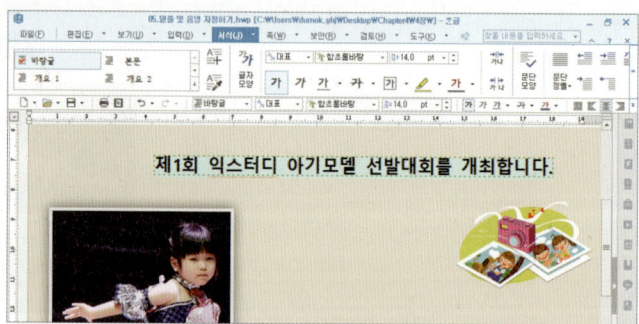

형광펜 기능으로 문장 강조하기

형광펜 기능은 문서의 특정 부분을 강조할 때 사용합니다. 형광펜 기능은 화면에서만 보이고 인쇄는 되지 않습니다.

① 강조할 문단을 드래그하고 ② [서식] 메뉴를 클릭합니다. ③ [형광펜]의 내림 단추를 클릭하고 ④ [색상 테마]를 클릭합니다. ⑤ 색상 테마에서 [바다]를 선택하고 ⑥ [(RGB: 12, 134, 203) 60% 밝게]를 선택합니다.

형광펜을 취소하려면 형광펜이 지정된 범위를 드래그하고 [형광펜]의 내림 단추를 클릭한 후 [색 없음]을 클릭합니다.

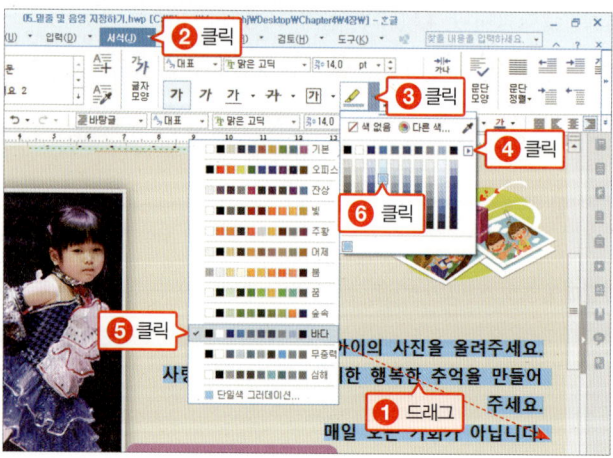

015 그림자, 강조점, 취소선 적용하기

그림자, 강조점 등을 넣어 글자를 강조하거나 작성한 문장에 취소선을 적용해 문서를 꾸며보겠습니다. 강조점은 글자 위에 점을 찍어 강조하는 역할을, 취소선은 불필요하거나 생략해야 하는 부분을 알려주는 역할을 합니다.

실습 파일 | 한글\3장\그림자, 강조점, 취소선 적용하기.hwp   **완성 파일** | 한글\3장\그림자, 강조점, 취소선 적용하기_완성.hwp

---

01 글자에 그림자 지정하기

예제 문서의 글자에 그림자를 적용해 눈에 띄도록 표현해보겠습니다. ❶ '응모 방법'을 드래그하고 ❷ 단축키 Alt + L 을 누릅니다.

[글자 모양] 대화상자가 나타납니다.

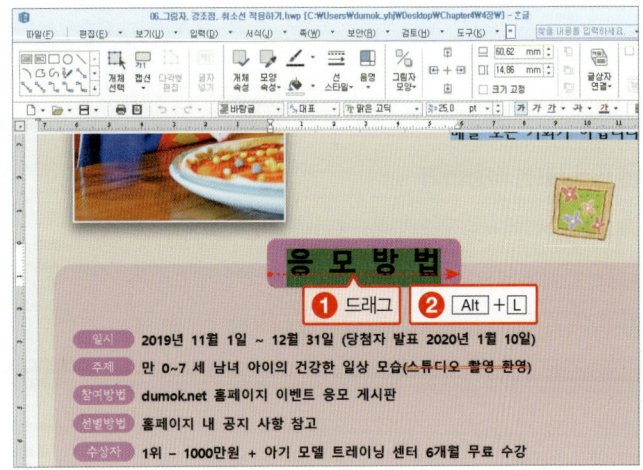

02 ❶ [글자 모양] 대화상자의 [확장] 탭을 클릭하고 ❷ [그림자] – [연속]을 클릭합니다. ❸ [색]을 클릭하고 ❹ [색상 테마]를 클릭합니다. ❺ 색상 테마에서 [바다]를 선택하고 ❻ [(RGB: 9, 46, 153) 40% 밝게]를 선택한 후 ❼ [설정]을 클릭합니다.

03 그림자가 적용된 모양을 확인합니다.

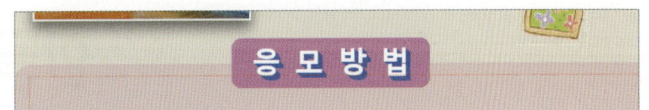

❶ 비연속 그림자 ❷ 연속 그림자 ❸ 강조점 ❹ 취소선

04 글자에 강조점 지정하기

글자가 두드러져 보이도록 강조점을 적
용해보겠습니다. ❶ '당첨자 발표'를 드래
그하고 ❷ 단축키 Alt + L 을 누릅니다.

[글자 모양] 대화상자가 나타납니다.

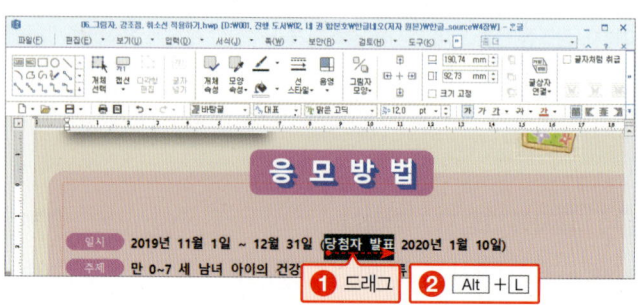

05 강조점 적용하기

❶ [확장] 탭에서 [강조점]을 클릭하고 ❷ 원하는 모
양을 선택합니다. 여기에서는 글자 위에 검은 점
하나가 찍힌 모양을 선택했습니다. ❸ [설정]을 클
릭합니다.

강조점이 적용됩니다.

> 일시 2019년 11월 1일 ~ 12월 31일 (당첨자 발표 2020년 1월 10일)
> 주제 만 0~7 세 남녀 아이의 건강한 일상 모습(스튜디오 촬영 환영)

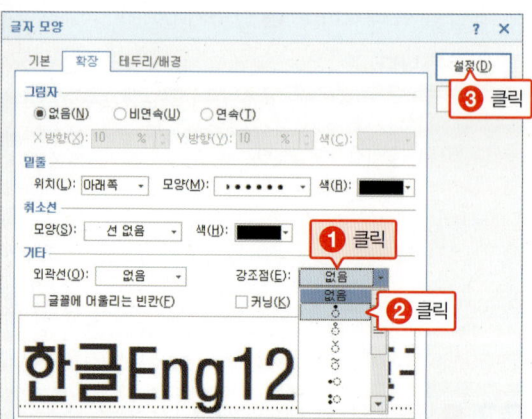

쉽고 빠른 한글 NOTE

[글자 모양] 대화상자의 [확장] 탭 알아보기

[글자 모양] 대화상자의 [확장] 탭에서는 글자의 그림자, 밑줄, 취소선, 외곽선, 강조점 등을 설정합니다.

① **그림자** : 글자의 그림자 모양을 [없음], [비연속], [연속] 중에 선택
하여 설정합니다.

② **밑줄** : 밑줄의 위치, 모양, 색을 선택합니다.

③ **취소선** : 취소선의 모양과 색을 선택합니다.

④ **글꼴에 어울리는 빈칸** : 글자 사이 빈칸의 폭을 현재 입력하는
글꼴이 가지고 있는 본래의 폭으로 나타냅니다. 이 항목에 체크
표시가 되어 있지 않으면 빈칸의 폭을 글자 크기의 1/2로 설정
합니다.

⑤ **커닝** : 영문을 입력할 때 연속되는 두 글자 사이의 간격을 자동
으로 보기 좋게 조정합니다.

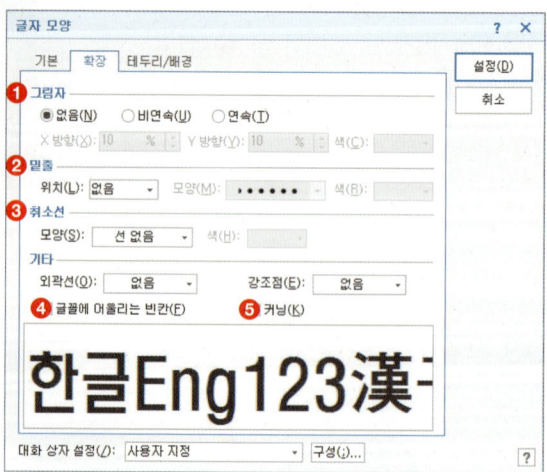

06 글자에 취소선 적용하기

글자가 취소되었거나 삭제된 내용이라는 것을 나타내기 위해 취소선을 적용해 보겠습니다. ❶ '(스튜디오 촬영 환영)'을 드래그하여 선택하고 ❷ 단축키 Alt +ㄴ을 누릅니다.

[글자 모양] 대화상자가 나타납니다.

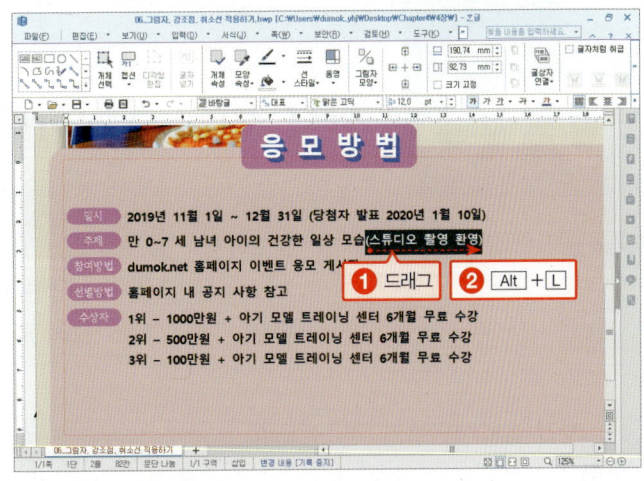

07 취소선 색 변경하기

❶ [확장] 탭의 [취소선] – [모양]을 클릭하여 [이중 실선]을 선택합니다. ❷ [색]에서 [색상 테마] – [오피스], ❸ [빨강]을 선택하고 ❹ [설정]을 클릭합니다.

08 취소선이 적용됩니다.

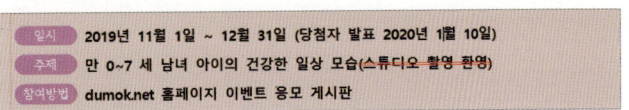

바로 통하는 TIP 취소선을 해제할 때는 취소선이 적용된 범위를 드래그하여 선택한 후 [서식] 메뉴 – [취소선]을 클릭합니다.

016 자간, 장평 조정하기

글자와 글자 사이의 간격을 자간, 글자의 세로 길이 대비 가로 폭의 비율을 장평이라고 합니다. 자간과 장평을 잘 조절하면 보기 좋은 글꼴 스타일을 문서에 적용할 수 있습니다. 글자 간격과 장평을 조정하는 방법을 알아보겠습니다.

실습 파일 | 한글\3장\자간과 장평 조정하기.hwp　　**완성 파일** | 한글\3장\자간과 장평 조정하기_완성.hwp

01 자간 넓히기(단축키 Alt + shift + W)

글자의 자간은 [글자 모양] 대화상자에서 정확한 수치를 입력해 조정할 수 있습니다. 문서 제목의 글자 간격을 조정해보겠습니다. ❶ '위임장'을 드래그하고 ❷ 단축키 Alt + L을 누릅니다.

[글자 모양] 대화상자가 나타납니다.

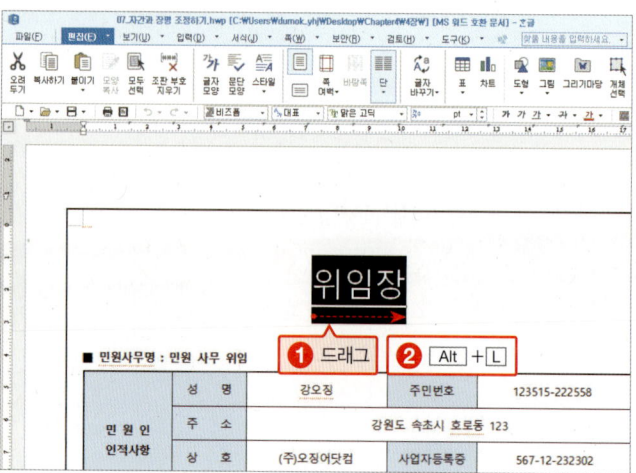

02 자간 값 변경하기

❶ [기본] 탭의 [자간]에 **50**을 입력하고 ❷ [설정]을 클릭합니다.

자간이 넓게 수정됩니다.

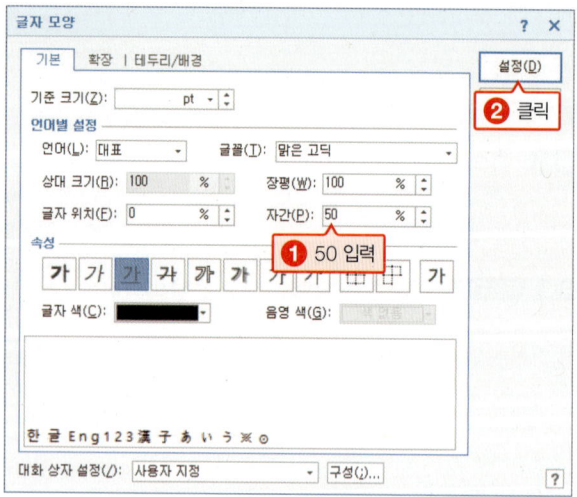

바로 통하는 TIP 자간을 조절한 예입니다. 자간은 글자 크기를 100%로 보고 글자 크기만큼 글자 간격을 띄워줍니다. 기본 값은 0%이며 −50%~50% 사이에서 설정할 수 있습니다.

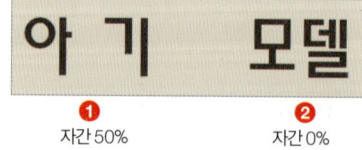

❶ 자간 50%　　❷ 자간 0%

03 도구 모음 이용해 자간 좁히기

도구 모음에서 설정 값을 조금씩 변경하면서 자간을 조정하는 방법도 있습니다. ❶ '위임장'을 드래그해 선택하고 ❷ [서식] 메뉴를 클릭한 후 ❸ [글자 자간 좁게]를 클릭합니다. 도구를 클릭할 때마다 자간이 1%씩 줄어듭니다.

바로 통하는 TIP 단축키 Alt + shift + N 을 누르면 자간이 1%씩 좁아지고 Alt + shift + W 를 누르면 자간이 1%씩 넓어집니다.

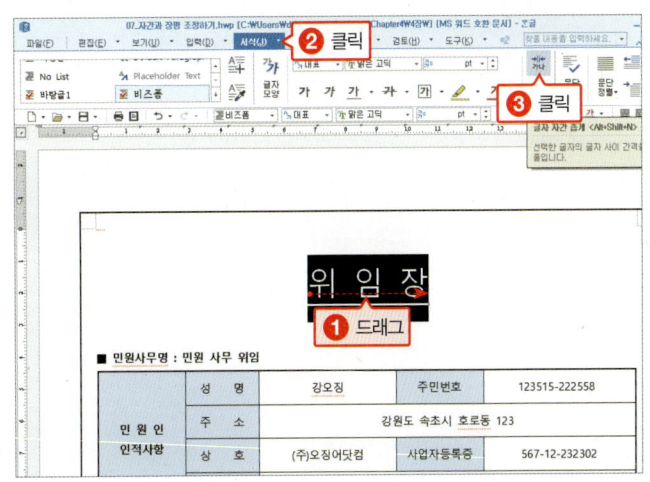

04 장평 늘리기

장평은 한 글자를 기준으로 가로 너비를 늘리거나 줄이는 기능입니다. [글자 모양] 대화상자를 이용해 문서 제목의 장평을 조절해보겠습니다. ❶ '위임장'을 드래그해 선택하고 ❷ [서식] 메뉴-[글자 모양]을 클릭합니다.

[글자 모양] 대화상자가 나타납니다.

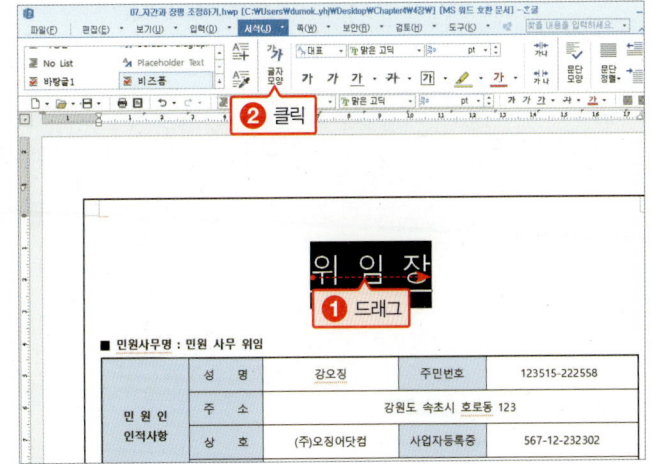

05 장평 값 변경하기

❶ [글자 모양] 대화상자에서 [기본] 탭의 [장평]에 **150**을 입력하고 ❷ [설정]을 클릭합니다.

바로 통하는 TIP 장평의 범위는 50%~200% 사이에서 설정할 수 있습니다.

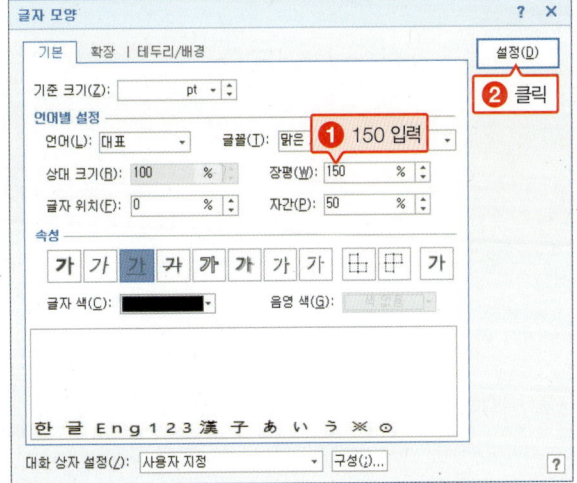

06 글자의 장평이 수정되었습니다.

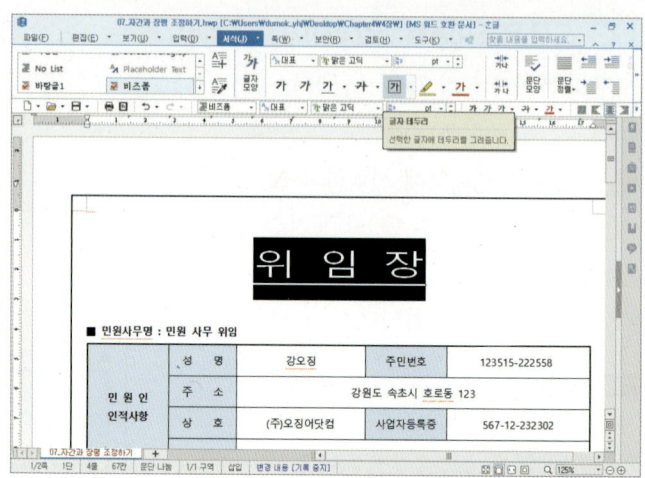

바로 통하는 TIP 장평을 조절한 예입니다. 장평은 글자의 가로 세로 비율을 1:1로 보고 비율에 맞추어 가로 길이를 조절해줍니다. 기본 값은 100%입니다.

❶ 장평 200%　　　❷ 장평 100%

017 글자 모양 복사하기

글자 모양을 복사해 동일한 글자로 변환하거나 간편하게 문단 모양, 스타일 등을 변경할 때 사용합니다.

실습 파일 | 한글\2장\글자 모양 복사하기.hwp　**완성 파일** | 한글\2장\글자 모양 복사하기_완성.hwp

01 글자 모양 복사하기(단축키 Alt + C)

예제 문서에서 상위 항목의 제목에 사용한 글자 모양을 하위 항목에도 동일하게 적용해보겠습니다. ❶ 글자 모양을 복사할 '1. 부동산의 표시' 앞 부분을 클릭합니다. 드래그하지 않고 커서만 위치시킵니다. ❷ [편집] 메뉴를 클릭하고 ❸ [모양 복사]를 클릭합니다.

[모양 복사] 대화상자가 나타납니다.

02 ❶ [모양 복사] 대화상자에서 [글자 모양]을 선택하고 ❷ [복사]를 클릭합니다.

글자 모양이 복사됩니다.

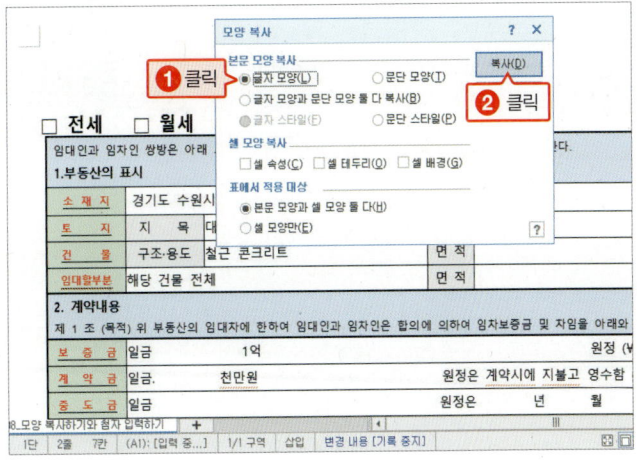

[모양 복사] 대화상자 알아보기

문서를 만들다 보면 같은 스타일을 적용해 글자나 문단을 꾸며야 하는 경우가 많은데, 이때 일일이 서식을 찾아 적용하려면 번거롭습니다. [모양 복사] 기능을 사용하면 본문에 사용된 글자 서식뿐 아니라 문단 서식까지 복사해 원하는 부분에 똑같이 적용할 수 있습니다.

① **본문 모양 복사** : 글자 모양, 문단 모양, 글자 모양과 문단 모양 둘 다 복사, 글자 스타일, 문단 스타일 중 복사할 모양을 선택합니다.

② **셀 모양 복사** : 표 안에서만 사용할 수 있는 옵션으로 커서 위치의 글자나 문단 모양, 스타일뿐만 아니라 현재 셀의 셀 속성이나 선 모양, 셀 배경까지 함께 복사해 다른 셀에 그대로 덮어쓸 수 있습니다.

③ **표에서 적용 대상** : 본문 모양과 셀 모양을 둘 다 복사할지, 셀 모양만 복사할지를 설정합니다.

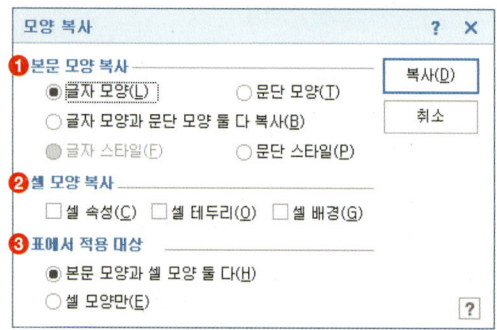

O3 글자 모양 붙여넣기(단축키 Alt + C)

❶ 복사한 글자 모양을 적용할 범위를 드래그합니다. ❷ [편집] 메뉴 – [모양 복사]를 클릭합니다(단축키 Alt + C).

'1. 부동산의 표시'에서 복사한 글자 모양대로 하위 항목의 글자 모양 및 서식 스타일이 변경됩니다.

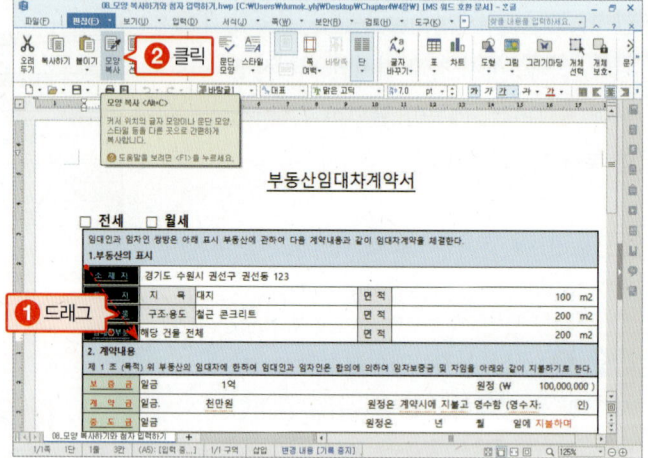

CHAPTER 04

문단 꾸미기

한글 NEO 버전으로 문서를 작성하는 가장 큰 이유 중 하나는 문단을 꾸며서 통일된 형태의 문서를 완성하는 데 있습니다. 문단 앞에 번호를 넣거나 번호 서식을 간단히 변경하는 기능, 들여쓰기, 내어쓰기, 문단 줄 간격 조정 기능 등을 사용해 문단을 정돈해보겠습니다. 나아가 특정 문단을 강조하여 체계적이고 통일된 문서를 만드는 방법에 대해서 알아보겠습니다.

018 줄 간격 및 문단 여백 설정하기

문서 내에는 글을 넣을 범위가 한정되어 있습니다. 범위에 넣을 글이 많을 때는 줄 간격을 줄이고, 반대일 경우에는 줄 간격을 늘려 편집해야 합니다. 줄 간격 및 문단 여백 등을 조절해 문단을 꾸미는 방법을 알아보겠습니다.

실습 파일 | 한글\4장\줄 간격 및 문단 여백 설정하기.hwp **완성 파일** | 한글\4장\줄 간격 및 문단 여백 설정하기_완성.hwp

01 줄 간격 조절하기(단축키 Alt + T)

예제 문서 1쪽의 내용을 화면에 꽉 차게 편집해보겠습니다. ❶ 줄 간격을 조절할 세 개 문단을 드래그하여 선택합니다. ❷ [서식] 메뉴를 클릭하고 ❸ [문단 모양]을 클릭합니다.

[문단 모양] 대화상자가 나타납니다.

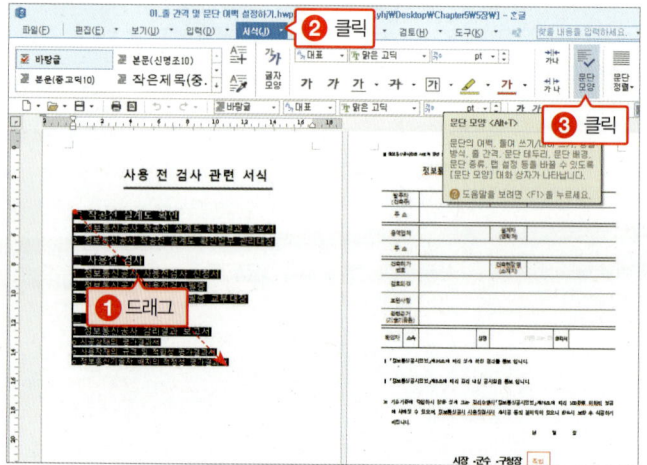

02 줄 간격 수정하기

❶ [문단 모양] 대화상자의 [기본] 탭에서 [간격]-[줄 간격]에 180을 입력하고 ❷ [설정]을 클릭합니다.

기본 줄 간격은 160이므로 줄 간격이 넓어집니다.

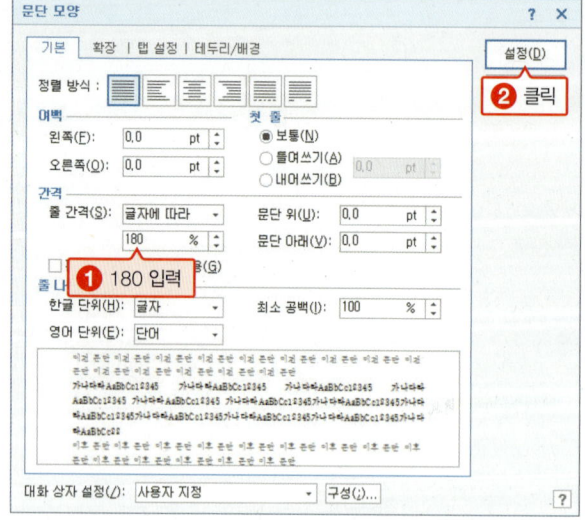

03 수정한 줄 간격이 적당한지 확인합니다.

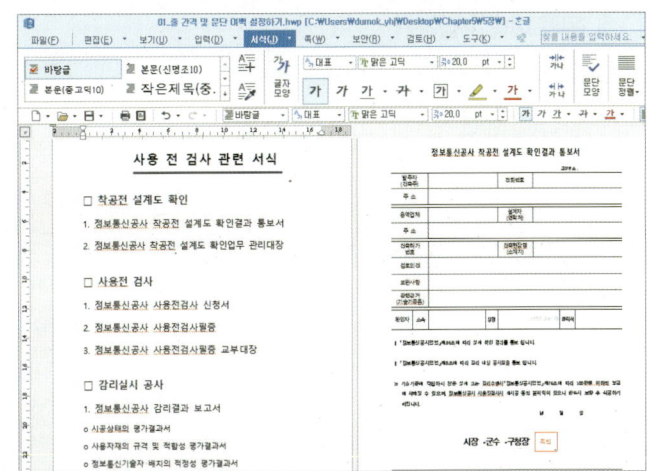

04 서식 도구 상자에서 줄 간격 조절하기

서식 도구 상자의 [줄 간격] 설정 도구에서 직접 줄 간격을 입력해도 됩니다. 줄 간격을 조금 더 넓혀보겠습니다. [줄 간격]에 **190**을 입력합니다.

줄 간격이 넓어집니다.

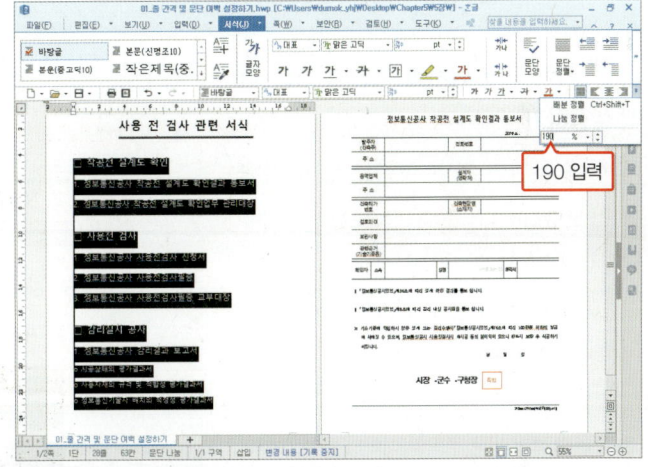

05 [문단 모양] 대화상자를 이용해 문단 여백 설정하기

문단의 왼쪽과 오른쪽 여백을 설정할 수 있습니다. 첫 번째 문단의 하위 항목이 제목보다 들어가 보이도록 왼쪽 여백을 조금 늘려보겠습니다. ❶ '1. 정보통신공사~관리대장'을 드래그하여 선택하고 ❸ 단축키 [Alt]+[T]를 누릅니다.

[문단 모양] 대화상자가 나타납니다.

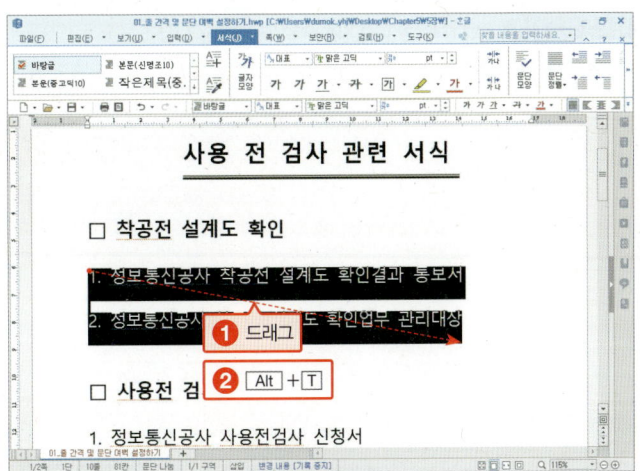

06 왼쪽 여백 수정하기

❶ [문단 모양] 대화상자의 [기본] 탭에서 [여백]–[왼쪽]에 20을 입력하고 ❷ [설정]을 클릭합니다.

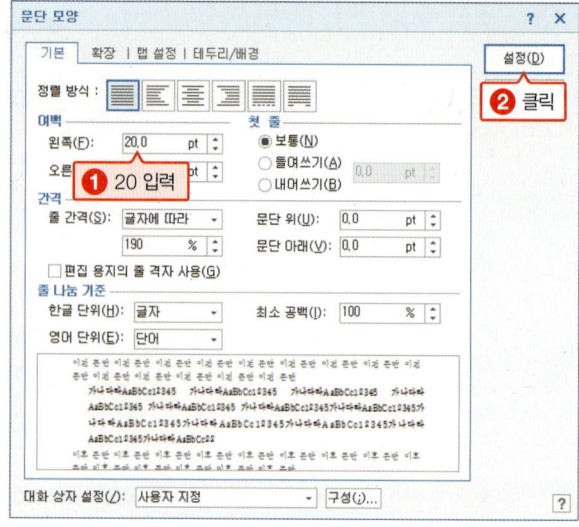

왼쪽 여백이 늘어나서 제목보다 오른쪽으로 더 들어가 보입니다.

07 서식 도구 상자를 이용해 문단 여백 설정하기

두 번째 문단의 하위 항목도 왼쪽 여백을 늘려보겠습니다. ❶ '1. 정보통신공사~교부대장'을 드래그하여 선택하고 ❷ [서식] 메뉴를 클릭한 후 ❸ [왼쪽 여백 늘리기]를 클릭합니다.

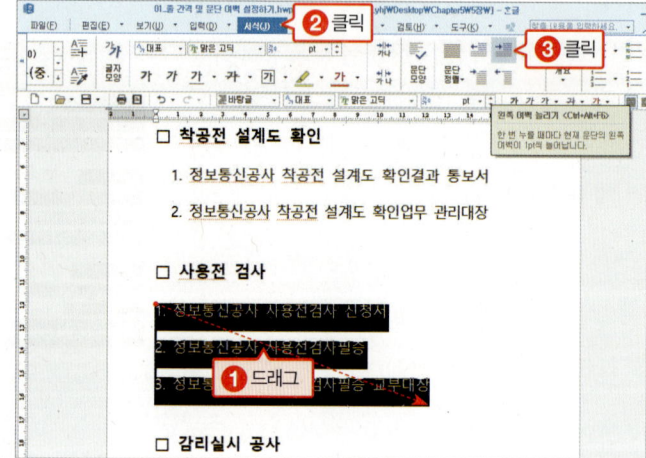

[왼쪽 여백 늘리기]를 클릭할 때마다 왼쪽 여백이 1pt씩 증가합니다.

바로 통하는 TIP 기본 글꼴 크기 10pt를 기준으로 여백 10pt는 한글 한 글자만큼의 여백을 의미합니다. 즉 여백을 20pt로 설정하면 한글 두 글자만큼의 여백이 확보됩니다.

019

들여쓰기와 내어쓰기

문단 첫 줄을 몇 칸 비워두고 쓰는 방식을 들여쓰기라 하며, 새 문단의 시작을 시각적으로 알리는 역할을 합니다. 이와 반대로 첫 줄을 다른 줄보다 당겨서 쓰는 방식을 내어쓰기라고 합니다. 내어쓰기는 주로 번호로 시작하는 문단에서 자주 사용합니다.

실습 파일 | 한글\4장\들여쓰기와 내어쓰기.hwp **완성 파일** | 한글\4장\들여쓰기와 내어쓰기_완성.hwp

01 문단 첫 줄 들여쓰기(단축키 Ctrl + F6)

예제 문서의 첫 번째 문단에 첫 줄 들여쓰기를 적용해보겠습니다. ❶ 첫 번째 문단을 드래그하여 선택합니다. ❷ [서식] 메뉴를 클릭하고 ❸ [문단 모양]을 클릭합니다(단축키 Alt + T).

[문단 모양] 대화상자가 나타납니다.

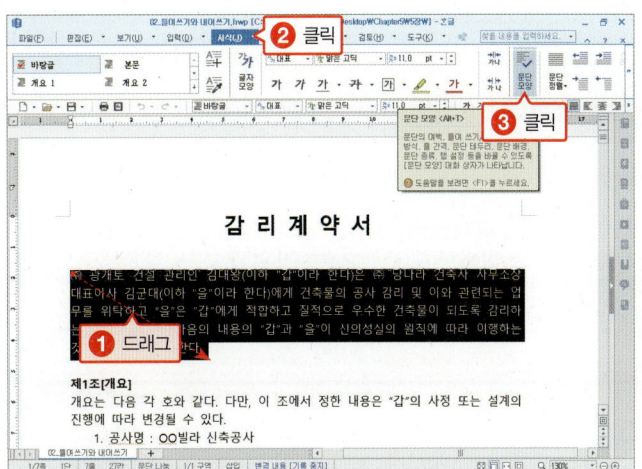

02 들여쓰기 설정하기

❶ [문단 모양] 대화상자의 [기본] 탭에서 [첫 줄]-[들여쓰기]를 선택하고 ❷ [설정]을 클릭합니다.

첫 줄 들여쓰기가 적용됩니다.

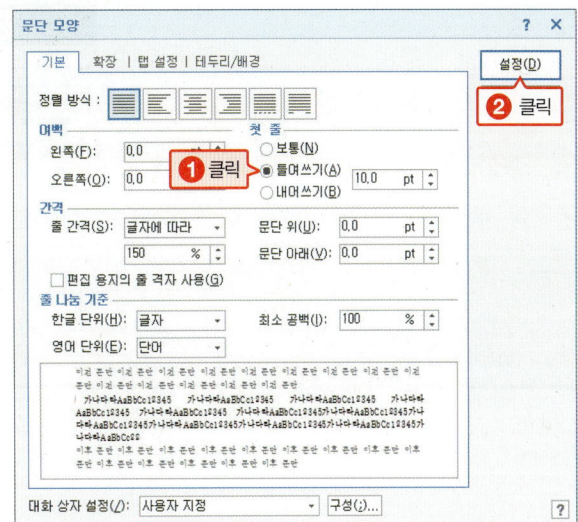

바로 통하는 TIP 들여쓰기 10pt는 글꼴 크기 10pt인 한글 기준으로 한 글자 너비를 의미합니다. 들여쓰기와 내어쓰기는 일반적으로 한 글자씩 적용하므로 기본 값으로 10pt가 설정되어 있습니다. 물론 이 수치는 원하는 대로 설정할 수 있습니다.

03 문단 첫 줄 내어쓰기(단축키 Ctrl + F5)

다시 첫 번째 문단에 첫 줄 내어쓰기를 적용해보겠습니다. ❶ 첫 번째 문단을 드래그하고 ❷ [서식] 메뉴-[첫 줄 내어쓰기]를 클릭합니다.

[첫 줄 내어쓰기]를 클릭할 때마다 1pt씩 내어쓰기가 적용됩니다.

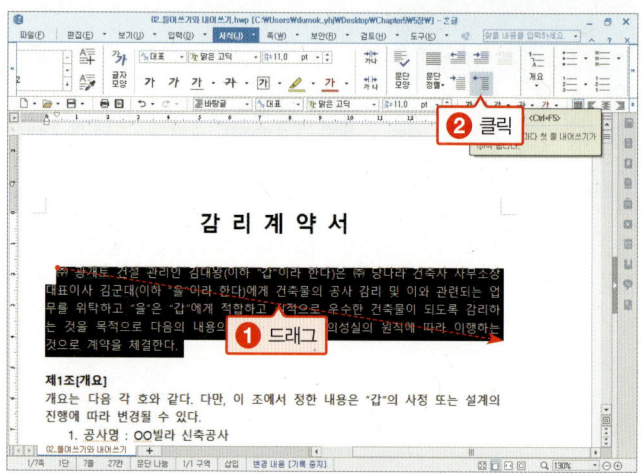

바로 통하는 TIP 들여쓰기와 내어쓰기는 일반적으로 최소 10pt를 지정하므로 [문단 모양] 대화상자에서 설정하는 것이 편리합니다. 그 외에 문단 꾸미기와 관련된 세부 설정은 도구 모음이나 단축키를 이용해 조절하는 것이 편리합니다.

04 [첫 줄 내어쓰기]로 20pt를 적용했습니다.

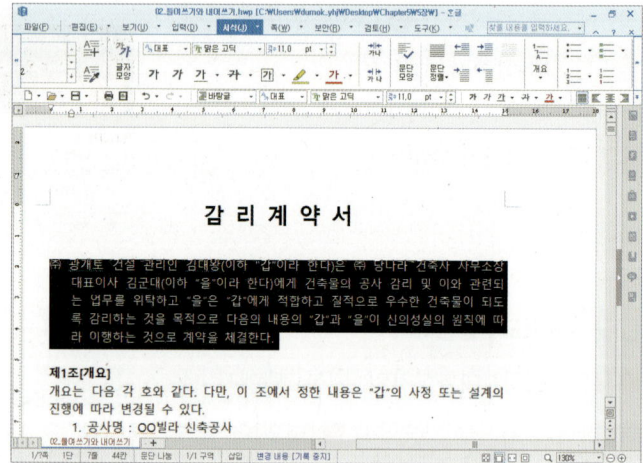

핵심기능실습 020

개요 번호와 문단 번호 활용하기

개요 번호와 문단 번호를 적용하여 문서를 정돈해보겠습니다. 사실 두 요소는 기능적으로 큰 차이가 없습니다. 다만 개요 번호를 사용하면 구역 나누기 기능으로 문서의 구역을 나눴을 때 구역 기준으로 번호를 다시 지정할 수 있습니다.

실습 파일 | 한글\4장\개요 번호와 문단 번호 활용하기.hwp **완성 파일** | 한글\4장\개요 번호와 문단 번호 활용하기_완성.hwp

01 개요 번호 지정하기(단축키 Ctrl + K, O)

예제 문서는 각 행의 글자 모양과 크기 등이 유사하게 편집되어 있어 문서 전체의 개요를 알아보기 어렵습니다. 개요 번호를 적용해 문서 전체의 구조를 한눈에 알아볼 수 있도록 수정해보겠습니다. ❶ 개요 번호를 지정할 문서의 첫 번째 행을 클릭합니다. 문장을 블록 설정할 필요 없이 커서만 위치시킵니다. ❷ [서식] 메뉴의 펼침 단추를 클릭하고 ❸ [개요 번호 모양]을 선택합니다.

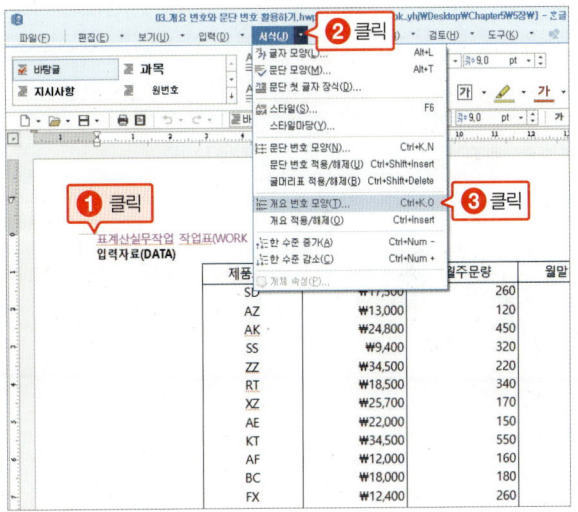

02 ❶ [개요 번호 모양] 대화상자의 [개요 번호 모양] 목록에서 첫 번째 항목을 선택하고 ❷ [1수준 시작 번호]에 3을 입력합니다. [1수준 시작 번호]는 개요 번호가 시작될 번호를 설정하는 항목입니다. ❸ [설정]을 클릭합니다.

커서가 있던 문장에 개요 번호 '3'이 적용됩니다.

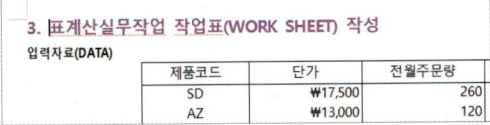

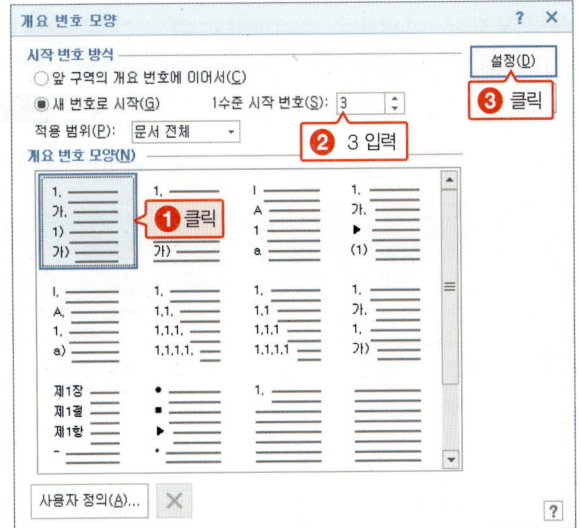

03 개요 번호 수준 변경하기

예제 문서의 두 번째 행에는 첫 번째 행의 하위 수준으로 개요 번호를 표시해 보겠습니다. ❶ 두 번째 행을 클릭합니다. ❷ [서식] 메뉴-[개요]를 클릭합니다. 앞서 지정한 개요 수준의 다음 번호인 '4'가 자동으로 적용됩니다. ❸ 그 상태로 [서식] 메뉴-[한 수준 감소]를 클릭합니다.

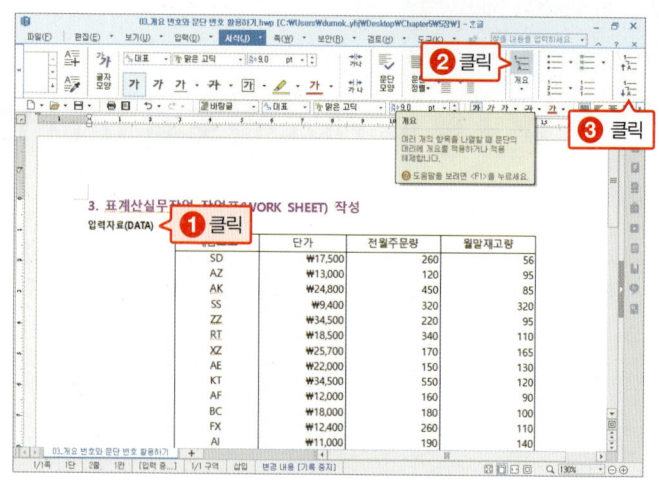

04

개요 수준이 한 단계 감소되어 '가'가 입력되었습니다. 개요 수준의 모양은 앞서 설정한 [개요 번호 모양] 테마에 따라 자동 변경됩니다.

3. 표계산실무작업 작업표(WORK SHEET) 작성
가. 입력자료(DATA)

제품코드	단가	전월주문량	월말재고량
SD	₩17,500	260	56
AZ	₩13,000	120	95
AK	₩24,800	450	85
SS	₩9,400	320	320
ZZ	₩34,500	220	95
RT	₩18,500	340	110

05 문단 번호 지정하기

'작성조건'이 있는 문서 중간 위치로 이동하여 문단 번호를 표시해보겠습니다. ❶ '제목서식~이용함'을 드래그하고 ❷ [서식] 메뉴-[문단 번호]를 한 번 클릭합니다.

개요 번호가 선택 범위에 적용되어 '1', '2'가 추가됩니다.

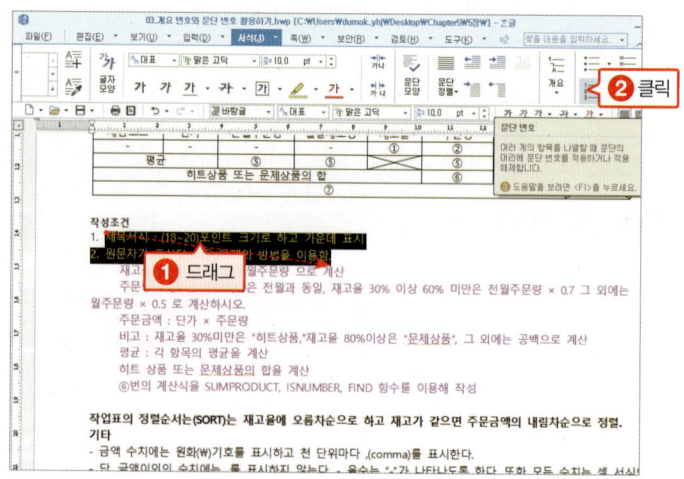

바로 통하는 TIP 한 행에만 문단 번호를 적용할 경우에는 개요 번호와 마찬가지로 해당 행에 커서만 이동시켜도 됩니다. 이 경우에는 인접한 두 행에 같은 수준의 문단 번호를 한 번에 적용하기 위해 드래그하여 블록을 설정했습니다.

06 하위 항목에도 문단 번호 표시하기

❶ '재고율~작성'을 드래그하고 ❷ [서식] 메뉴-[문단 번호]를 클릭합니다.

문단 번호가 추가됩니다.

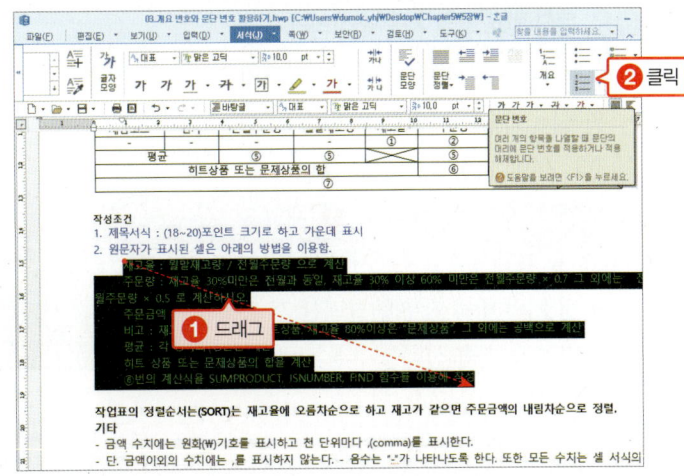

07 문단 번호 수준 변경하기

블록이 설정된 상태로 [서식] 메뉴-[한수준 감소]를 클릭합니다.

문단 번호 수준이 한 단계 감소되어 '가', '나', '다' 등으로 추가됩니다.

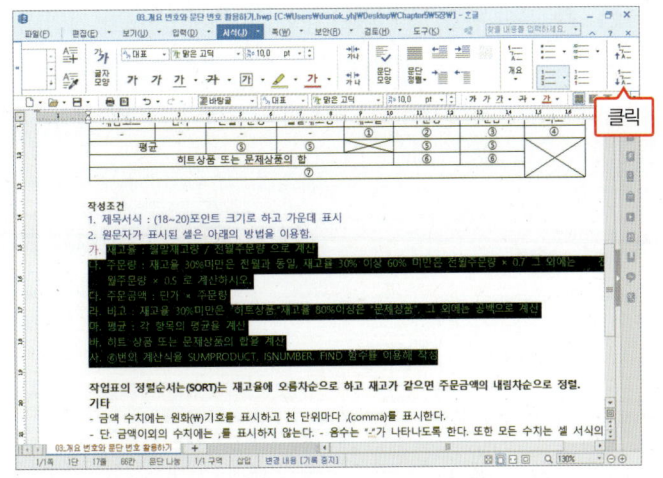

08 문단 왼쪽 여백 설정하기

❶ [문단 모양] 대화상자를 불러오기 위해 단축키 Alt+T를 누릅니다. ❷ [문단 모양] 대화상자에서 [여백]-[왼쪽]에 20을 입력하고 ❸ [설정]을 클릭합니다.

문단 번호 '2수준'의 왼쪽에 여백이 적용됩니다.

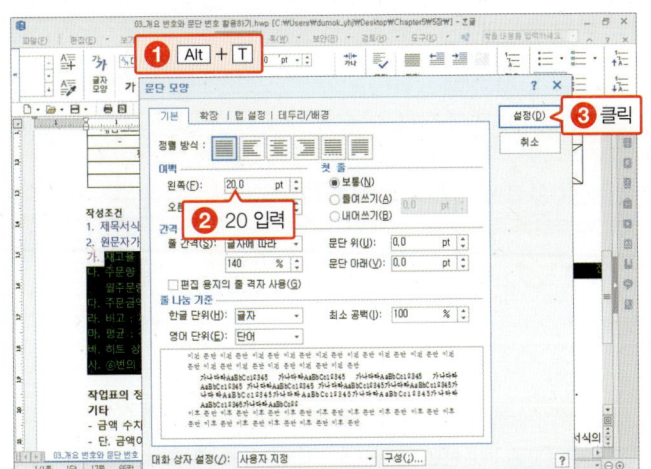

09 문단 번호 모양 사용자 정의하기

번호 모양은 지정된 테마 외에도 사용자가 원하는 모양으로 직접 변경할 수 있습니다. 이미 지정되어 있는 문단 번호의 모양을 바꿔보겠습니다. ❶ '재고율 ~작성'을 드래그하고 ❷ [서식] 메뉴-[문단 번호]의 내림 단추를 클릭한 후 ❸ [문단 번호 모양]을 선택합니다.

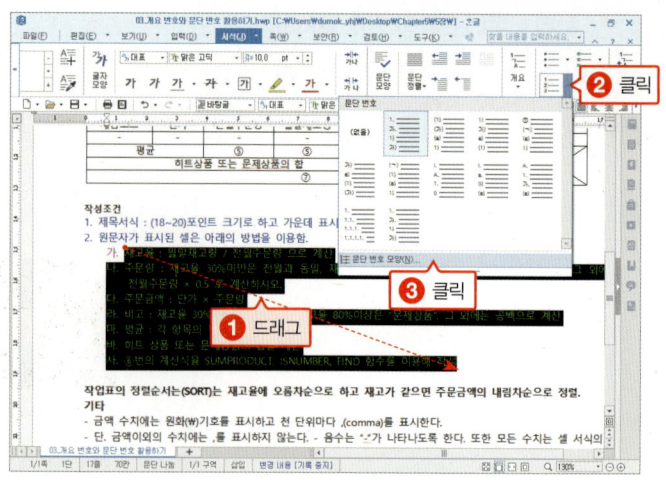

10 ❶ [문단 번호/글머리표] 대화상자에서 [사용자 정의]를 클릭합니다. ❷ [문단 번호 사용자 정의 모양] 대화상자의 [번호 서식]에서 ^2 뒤의 마침표를 삭제합니다. ❸ [번호 모양]은 [①,②,③]으로 선택하고 ❹ [설정]을 클릭합니다. ❺ [문단 번호/글머리표] 대화상자로 돌아와 다시 [설정]을 클릭합니다.

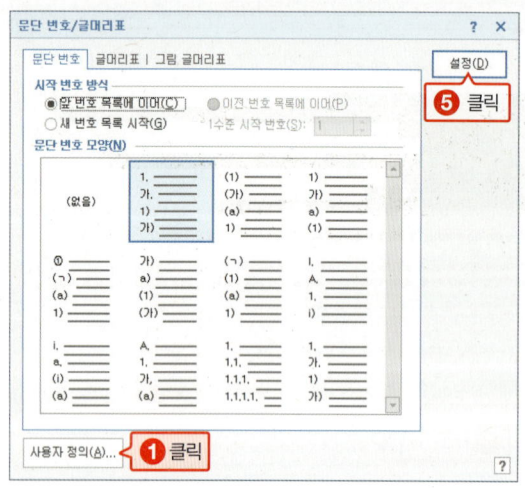

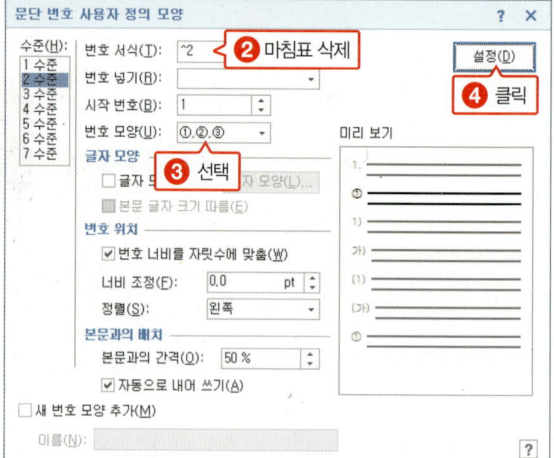

11 변경된 문단 모양을 확인합니다.

작성조건
1. 제목서식 : (18~20)포인트 크기로 하고 가운데 표시
2. 원문자가 표시된 셀은 아래의 방법을 이용함.
　① 재고율 : 월말재고량 / 전월주문량 으로 계산
　② 주문량 : 재고율 30%미만은 전월과 동일, 재고율 30% 이상 60% 미만은 전월주문량 × 0.7
　　전월주문량 × 0.5 로 계산하시오.
　③ 주문금액 : 단가 × 주문량
　④ 비고 : 재고율 30%미만은 "히트상품,"재고율 80%이상은 "문제상품", 그 외에는 공백으로 계산
　⑤ 평균 : 각 항목의 평균을 계산
　⑥ 히트 상품 또는 문제상품의 합을 계산
　⑦ ⑥번의 계산식을 SUMPRODUCT, ISNUMBER, FIND 함수를 이용해 작성

바로 통하는 TIP 개요 번호나 문단 번호가 지정된 행에서 [Enter]를 누르면 같은 수준의 다음 번호가 자동으로 새 문단에 입력됩니다.

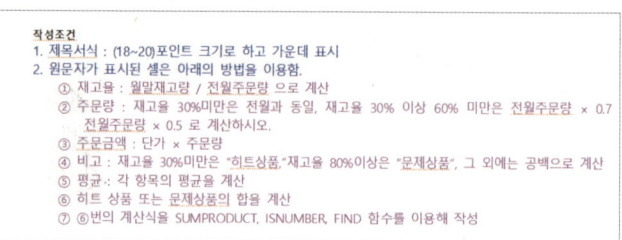

021 스타일 적용하기

스타일이란 문서에서 사용되는 다양한 형태의 글꼴, 문단 등을 미리 설정해놓은 틀입니다. 편집 중인 문서를 일관성 있게 작성하도록 예제 문서에 다양한 스타일을 적용해보겠습니다.

실습 파일 | 한글\4장\스타일 적용하기.hwp **완성 파일** | 한글\4장\스타일 적용하기_완성.hwp

01 서식 도구 모음에서 스타일 적용하기

예제 문서인 모집 공고문에는 제목, 글머리표 등의 스타일이 미리 설정되어 있습니다. 설정된 스타일을 문서에 적용해보겠습니다. ❶ 제목 스타일을 적용할 '희망퇴직자모집공고'의 앞부분을 클릭하고 ❷ [서식] 메뉴를 클릭한 후 ❸ 스타일 창에서 [제목]을 선택합니다.

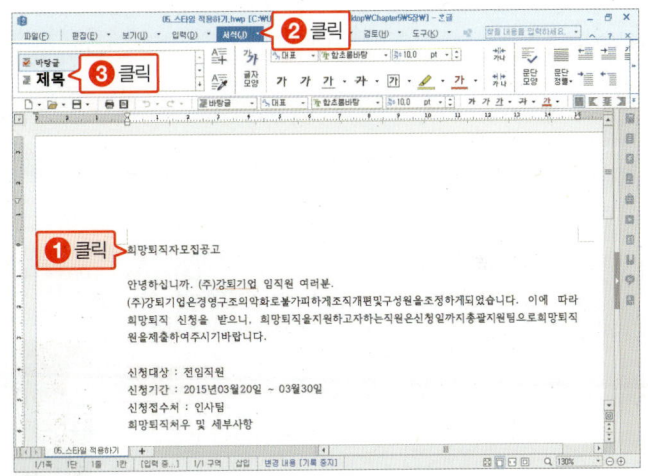

02 문서에 적용된 스타일 확인하기

제목 행에 스타일이 적용되었습니다. [서식] 메뉴의 스타일 창을 보면 적용한 스타일에 음영이 표시되었습니다. 특정 문장이나 문단에 어떤 스타일이 적용되었는지 확인하고 싶다면 스타일 창을 확인합니다.

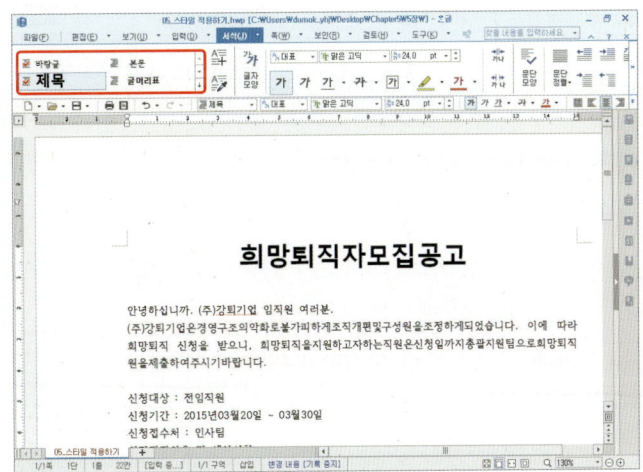

03 작업 창에서 스타일 적용하기

화면 오른쪽의 작업 창에 [스타일] 작업 창을 열어놓고 스타일을 적용해보겠습니다. ❶ 문서 오른쪽의 [작업 창 접기/펴기]를 클릭하고 ❷ 작업 창 도구에서 [스타일]을 클릭합니다.

[스타일] 작업 창이 활성화됩니다.

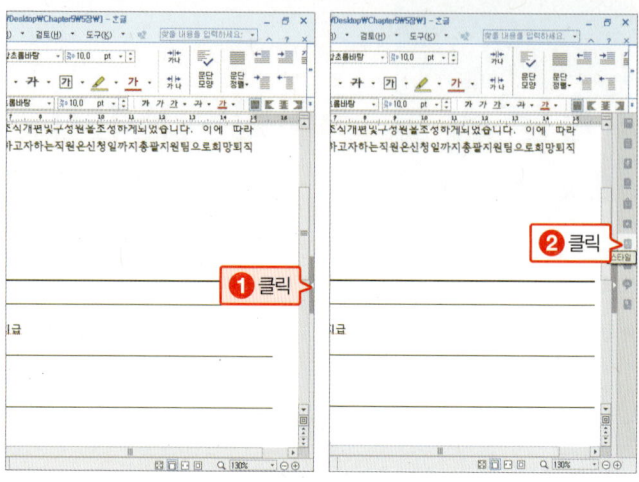

04 ❶ 스타일을 적용할 첫 번째 열을 드래그하고 ❷ [스타일] 작업 창에서 [표 안]을 선택합니다.

미리 설정된 표 스타일이 문서에 적용됩니다.

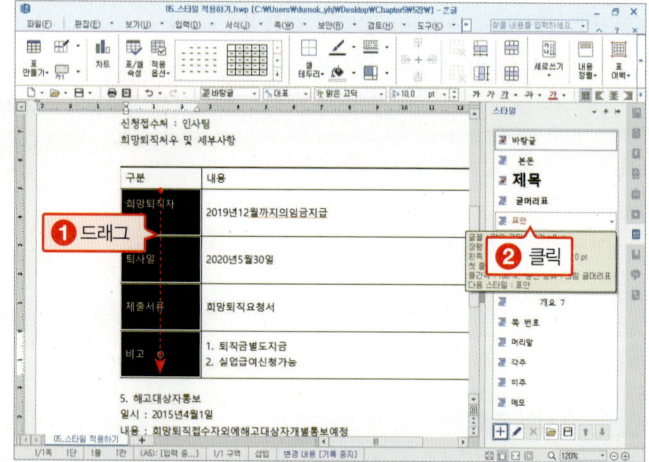

05 단축키로 스타일 적용하기

단축키로 스타일을 적용할 수 있습니다. [스타일] 대화상자에서 스타일의 단축키를 확인하고 적용해보겠습니다. ❶[서식] 메뉴의 펼침 단추를 클릭하고 ❷[스타일]을 선택합니다(단축키 F6).

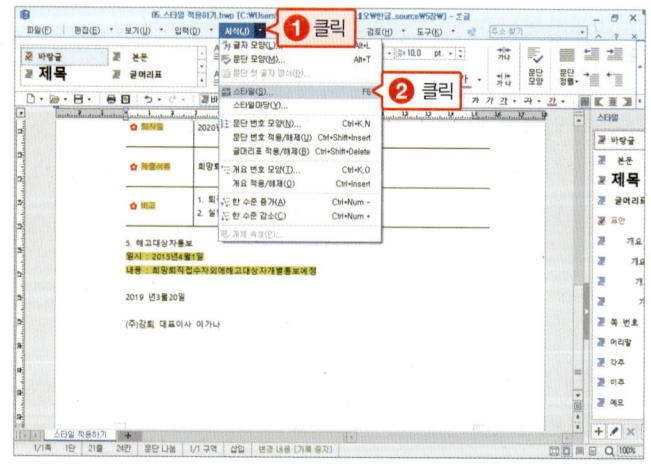

06 [스타일] 대화상자에는 각 스타일의 상세 정보와 단축키 정보가 나타납니다. 여기에서 적용하려는 글머리표 스타일의 단축키는 Ctrl + 4 입니다. 단축키를 확인했으면 [취소]를 클릭해 다시 본문으로 돌아옵니다.

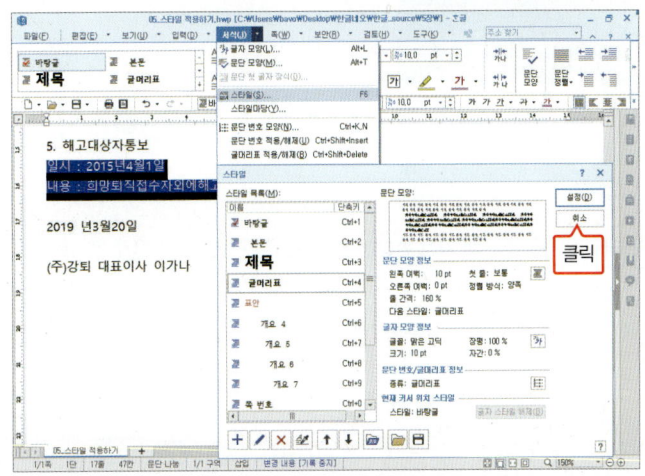

바로 통하는 TIP [스타일 목록]에서 첫 번째 스타일의 단축키는 Ctrl + 1 입니다. 네 번째에 있는 글머리표 스타일의 단축키는 Ctrl + 4 입니다. 굳이 [스타일] 대화상자에서 확인하지 않더라도 스타일 단축키는 스타일 순서에 따라 지정된다는 것을 알 수 있습니다.

07 '해고대상자통보'의 하위 항목에 글머리표 스타일을 적용해보겠습니다. ❶ '일시~통보예정'을 드래그하여 선택하고 ❷ 단축키 Ctrl + 4 를 누릅니다.

미리 설정된 [글머리표] 스타일이 문서에 적용됩니다. 문단 전체를 블록으로 설정하지 않아도 해당 스타일이 문단 전체에 적용됩니다.

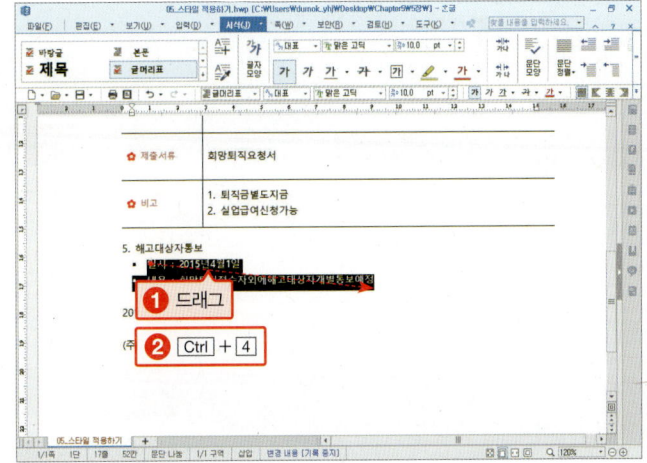

022 스타일 편집하기

스타일을 사용했을 때 가장 편리한 점은 스타일 편집만으로 전체 문서의 해당 스타일 모양을 한꺼번에 변경할 수 있다는 것입니다. 현재 지정된 스타일의 문단 모양과 글자 모양 등을 바꿔 편집해보겠습니다.

실습 파일 | 한글\4장\스타일 편집하기.hwp **완성 파일** | 한글\4장\스타일 편집하기_완성.hwp

01 스타일 편집하기

모집 공고문에는 [제목], [글머리표] 등의 스타일이 미리 설정되어 있습니다. 스타일을 편집해보겠습니다. ❶ [서식] 메뉴의 펼침 단추를 클릭하고 ❷ [스타일]을 선택합니다(단축키 F6).

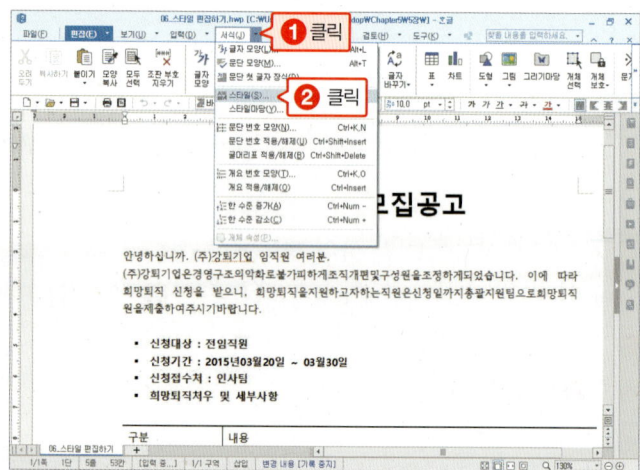

02 문단 모양 변경하기

본문의 '신청대상~세부사항' 부분에 적용된 [글머리표] 스타일을 편집해보겠습니다. 이미 적용되어 있는 스타일을 편집하기 때문에 이 부분을 블록 설정할 필요 없이 [스타일] 대화상자에서 바로 편집합니다. ❶ [스타일] 대화상자에서 변경할 스타일인 [글머리표] 스타일을 선택합니다. ❷ [스타일 편집하기]를 클릭하고 ❸ [스타일 편집하기] 대화상자에서 [문단 모양]을 클릭합니다.

[문단 모양] 대화상자가 나타납니다.

03 문단 모양 스타일 편집하기

글머리표 스타일에 적용된 문단 스타일을 편집합니다. [기본] 탭에서 [여백] - [왼쪽]에 **10**을 입력합니다.

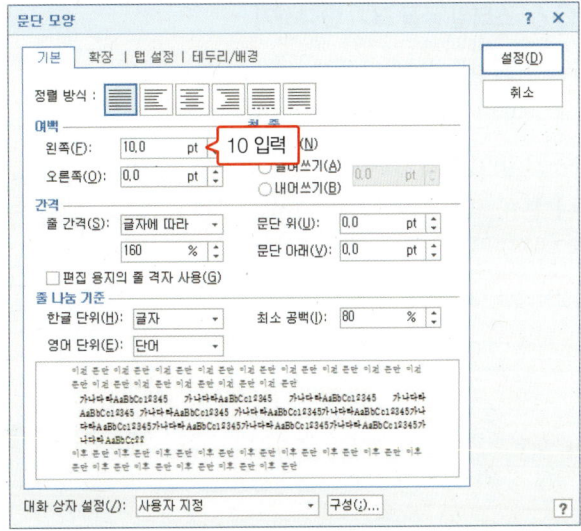

04 문단 테두리 변경하기

❶ [테두리/배경] 탭을 클릭하고 ❷ [면 색]을 클릭한 후 ❸ [검정 90% 밝게]를 선택합니다. ❹ [설정]을 클릭합니다.

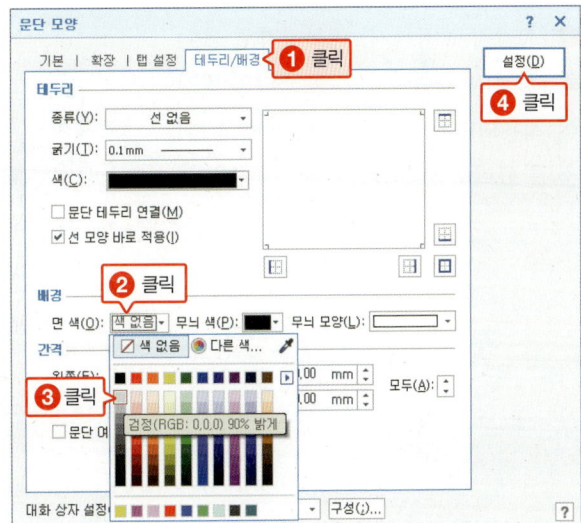

05 스타일 글자 모양 변경하기

[스타일 편집하기] 대화상자에서 [글자 모양]을 클릭합니다.

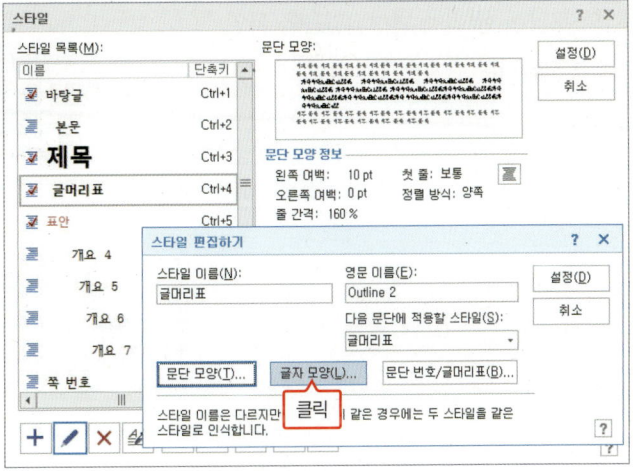

06 스타일 글꼴 크기 변경하기

[글자 모양] 대화상자에서 [글머리표] 스타일에 적용된 글자 스타일을 편집합니다. ❶ [기준 크기]에 11을 입력하고 ❷ [설정]을 클릭합니다.

[글자 모양] 대화상자가 닫힙니다.

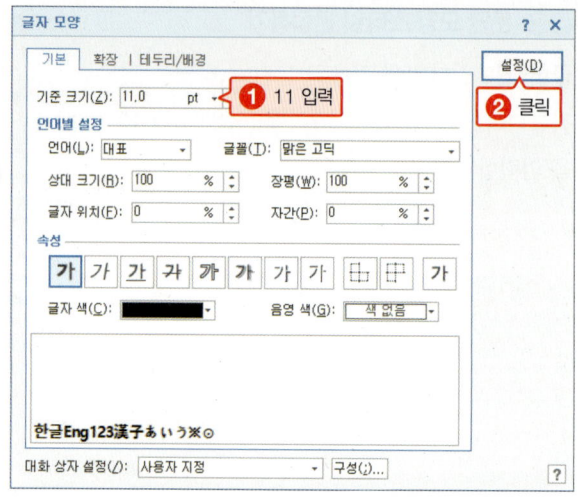

07 스타일 편집 마무리하기

❶ [스타일 편집하기] 대화상자로 돌아와 [설정]을 클릭합니다. ❷ 스타일 변경이 적용되면 [스타일] 대화상자에서 [취소]를 클릭해 창을 닫습니다.

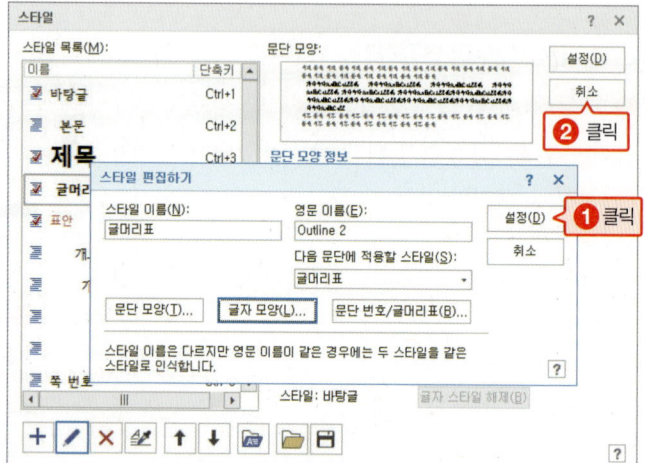

08 스타일 변경 내용 확인하기

스타일을 편집하면 본문에 적용된 스타일의 모양이 한 번에 변경되었음을 확인할 수 있습니다.

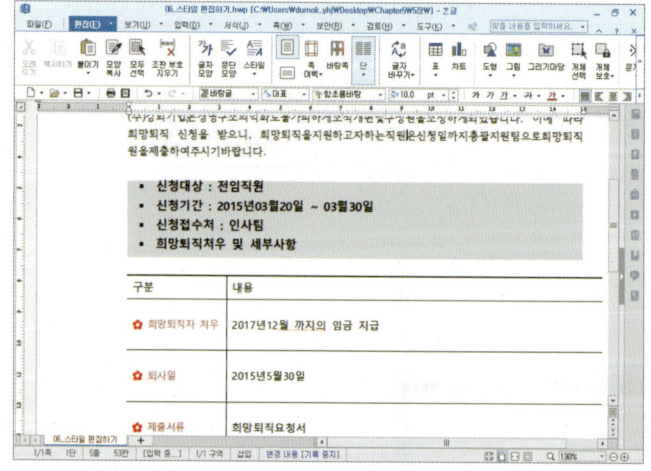

023 스타일 추가하기

새로운 스타일을 추가하고 단축키를 변경해보겠습니다. 단축키는 10개까지만 지정할 수 있으므로 가장 많이 사용하는 스타일에 단축키를 할당해두는 것이 좋습니다.

실습 파일 | 한글\4장\스타일 추가하기.hwp　　**완성 파일 |** 한글\4장\스타일 추가하기_완성.hwp

01 스타일 추가하기

예제 문서에는 [제목], [글머리표] 등의 스타일이 미리 설정되어 있습니다. 이 외에 새로운 스타일을 추가하고 문서에 적용해보겠습니다. ❶ F6 을 눌러 [스타일] 대화상자가 열리면 ❷ [스타일 추가하기]를 클릭합니다.

[스타일 추가하기] 대화상자가 나타납니다.

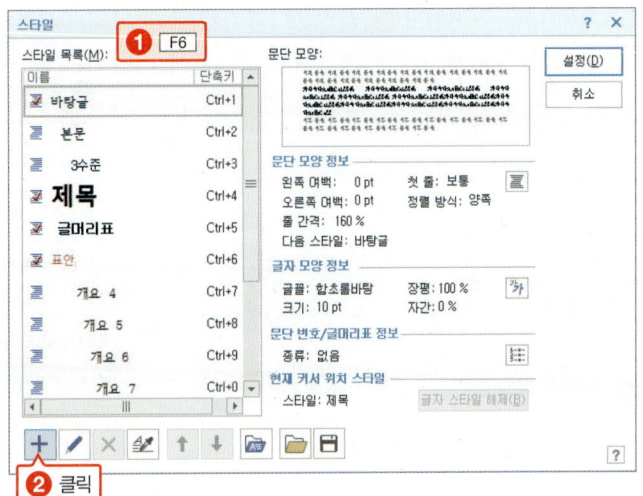

02 스타일 이름 설정하기

❶ [스타일 추가하기] 대화상자에서 [스타일 이름]에 **3수준**을 입력합니다. ❷ [스타일 종류]-[문단]을 선택하고 ❸ [문단 모양]을 클릭합니다.

[문단 모양] 대화상자가 나타납니다.

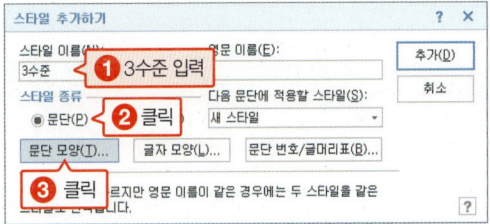

03 문단 스타일 편집하기

❶ [여백]-[왼쪽]에 30을 입력하고 ❷ [설정]을 클릭하여 [문단 모양] 대화상자를 닫습니다.

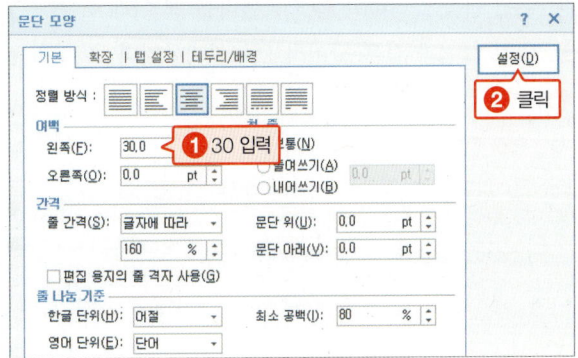

04 글자 모양 수정하기

[스타일 추가하기] 대화상자로 돌아와 [글자 모양]을
클릭합니다.

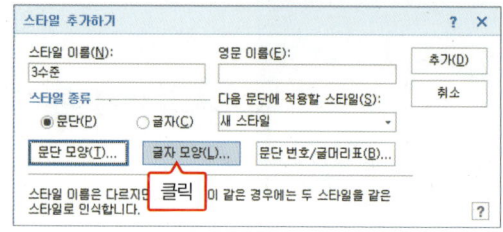

[글자 모양] 대화상자가 나타납니다.

05 글꼴 스타일 편집하기

❶ [글자 모양] 대화상자의 [기본] 탭−[기준
크기]에 10을 입력하고 ❷ [글꼴]을 [굴림체]로
선택합니다. ❸ [설정]을 클릭하여 [글자 모양]
대화상자를 닫습니다.

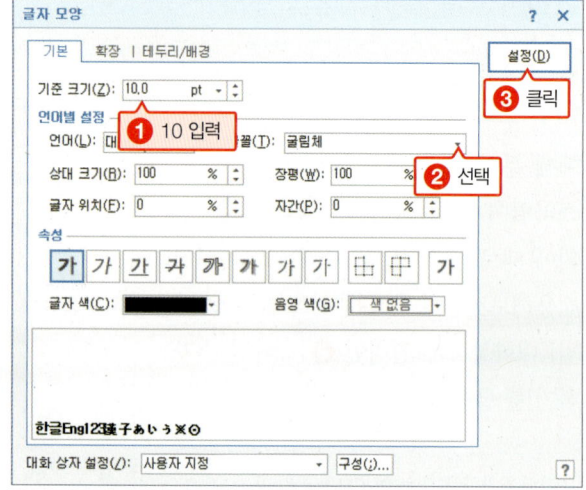

06 글머리표 붙이기

[스타일 추가하기] 대화상자로 돌아오면 [문단 번호/글
머리표]를 클릭합니다.

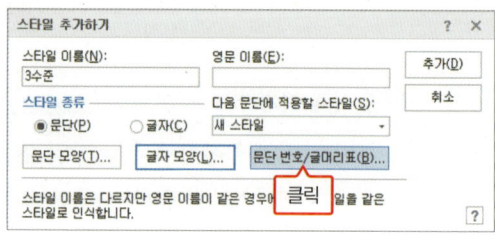

[문단 번호/글머리표] 대화상자가 나타납니다.

07 글머리표 선택하기

❶ [문단 번호/글머리표] 대화상자의 [그림 글
머리표] 탭을 클릭하고 ❷ 스크롤바를 맨 아래
로 내려 그림과 같은 글머리표를 선택합니다.
❸ [설정]을 클릭합니다.

[3수준] 스타일의 문단 및 글꼴 모양 등의 설정이 완료됩니다.

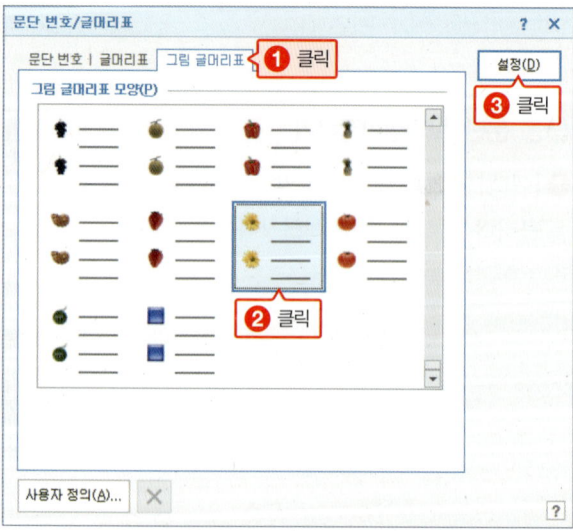

08 설정한 스타일 추가하기

[스타일 추가하기] 대화상자로 돌아와 [추가]를 클릭합니다.

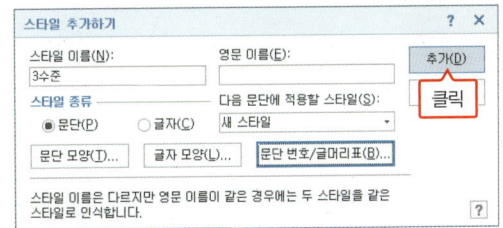

지금까지 설정한 [3수준] 스타일이 스타일 목록에 추가됩니다.

09 스타일 단축키 변경하기

[3수준] 스타일의 단축키를 변경해보겠습니다. ❶ [스타일 목록]에서 [3수준] 스타일을 선택하고 ❷ [3수준] 스타일이 선택된 상태에서 [한 칸 아래로 이동하기]를 클릭합니다. [3수준] 스타일이 한 행 아래로 이동하면서 단축키가 Ctrl + 3 으로 변경됩니다. ❸ [취소]를 클릭해서 본문으로 돌아옵니다.

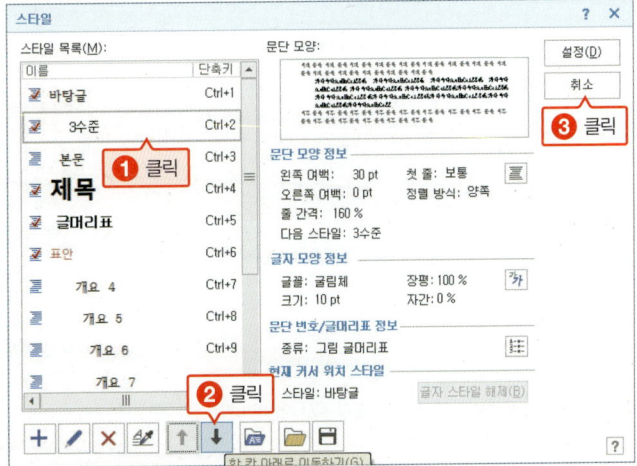

바로 통하는 TIP [스타일] 대화상자에서 [설정]을 클릭하면 본문의 현재 커서 위치에 선택한 스타일이 적용됩니다. 여기에서는 스타일을 적용하지 않기 위해서 [취소]를 클릭했습니다.

10

'해고대상자통보'의 하위 항목에 앞서 추가한 [3수준] 스타일을 적용해보겠습니다. ❶ '일시~통보예정'을 드래그하고 ❷ [3수준] 스타일의 단축키인 Ctrl + 3 을 누릅니다.

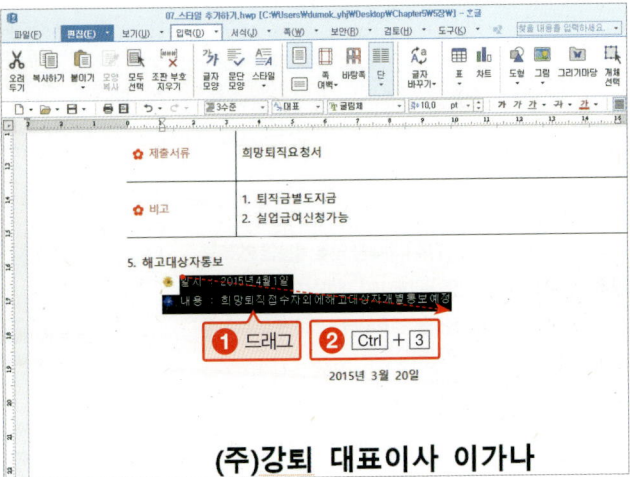

선택한 본문에 스타일이 적용됩니다.

개요/문단 번호의 시작 번호 수정하기

문서에 개요/문단 번호를 스타일로 적용하면 상위 항목이 바뀌어도 번호가 ①부터 시작하지 않고 연번으로 설정됩니다. 예제 문서의 제4조 원 번호가 ①부터 다시 시작하도록 수정해보겠습니다.

실습 파일 | 한글\4장\개요 문단 번호의 시작 번호 수정하기.hwp　　**완성 파일** | 한글\4장\개요 문단 번호의 시작 번호 수정하기_완성.hwp

01 제2조의 원 번호 '②'에 이어서 '③'으로 표시된 제4조 하위 항목의 원 번호를 '①'로 수정해보겠습니다. ① 제4조의 하위 항목 '③' 뒤를 클릭합니다. ② [서식] 메뉴를 클릭하고 ③ [문단 번호 새로 시작]을 클릭합니다(단축키 Alt + shift + insert).

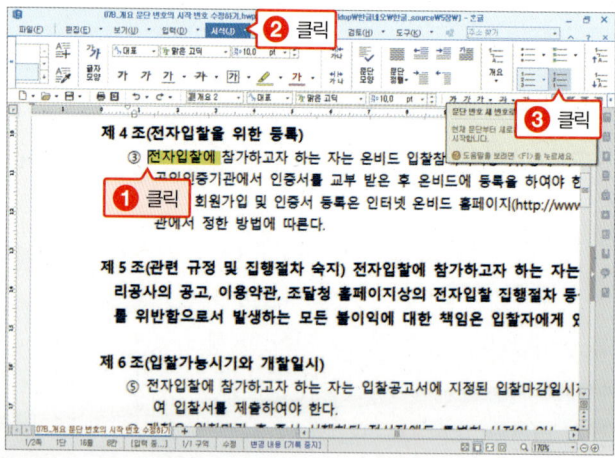

02 제4조의 원 번호가 '①'부터 시작하는지 확인합니다.

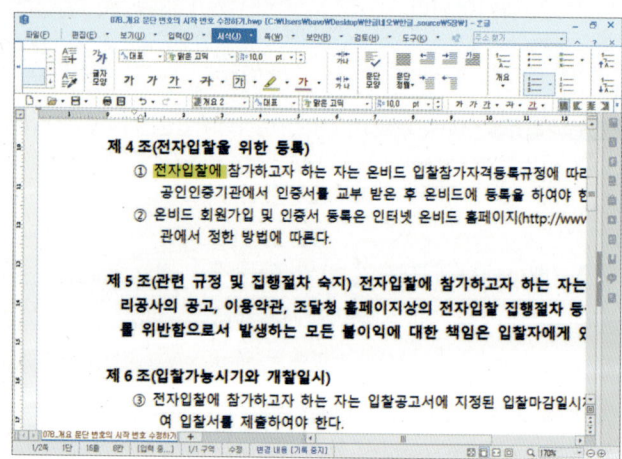

03 [서식] 메뉴-[문단 번호]의 내림 단추-[문단 번호 모양]을 선택하고 [문단 번호/글머리표] 대화상자에서 [1수준 시작 번호]를 변경하면 원하는 번호부터 시작하도록 수정할 수 있습니다.

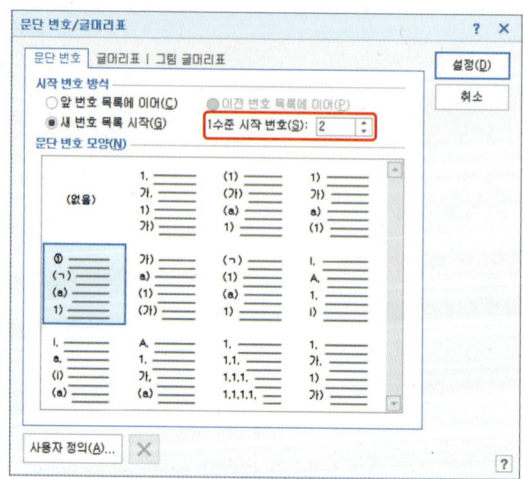

024 찾기 및 찾아 바꾸기

찾기 기능을 이용하면 단어나 문장, 서식 등을 간단히 찾을 수 있을 뿐 아니라 찾아 바꾸기 기능을 이용해 찾은 내용을 다른 내용으로 간편하게 교체할 수 있습니다. 이때 한글을 한자로, 한자를 한글로 바꾸는 것도 가능합니다.

실습 파일 | 한글\4장\찾기 및 찾아 바꾸기.hwp   완성 파일 | 한글\4장\찾기 및 찾아 바꾸기_완성.hwp

01 여러 단어 찾기/한글로 한자 찾기 (단축키 Ctrl + F)

예제 문서에서 공급, 담보 등의 단어가 어느 조항에 포함되는지 찾아보려고 합니다. 계약서에서는 같은 단어라도 한자를 혼용하는 경우가 많으므로 한자로 표시된 '供給(공급)', '擔保(담보)'까지 함께 찾아보겠습니다. ❶ [편집] 메뉴를 클릭하고 ❷ [찾기]의 내림 단추를 클릭한 후 ❸ [찾기]를 선택합니다.

[찾기] 대화상자가 나타납니다.

02 ❶ [찾기] 대화상자의 [찾을 내용]에 공급;담보를 입력합니다. ❷ [선택 사항] 항목의 [여러 단어 찾기], [한글로 한자 찾기]에 체크 표시하고 ❸ [다음 찾기]를 클릭합니다.

문서에서 해당 낱말이 포함되어 있는 첫 번째 위치가 나타납니다.

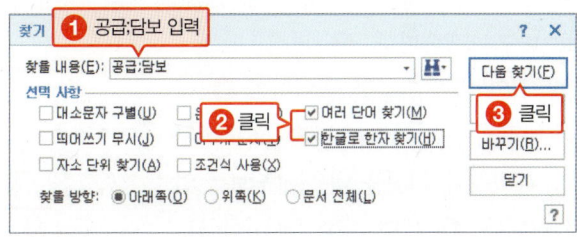

바로 통하는 TIP 여러 단어를 한 번에 찾을 때는 각 낱말을 ','나 ';'으로 구분해서 입력한 후 [선택 사항] 항목에서 [여러 단어 찾기]에 체크 표시합니다. [한글로 한자 찾기]는 문서 내에서 음이 같은 한자어를 함께 찾아주는 기능입니다.

03 문서에 포함된 단어 모두 찾기(단축키 Ctrl + F)

문서에서 찾고자 하는 단어를 하나씩 찾지 않고 전체를 한 번에 찾아 표시할 수도 있습니다. ❶ 단축키 Ctrl + F 를 누르고 ❷ [찾기] 대화상자의 [찾을 내용]에 **공급;담보**를 입력합니다. ❸ [모두 찾기]를 클릭하고 ❹ 문서의 처음부터 계속 찾을지 묻는 메시지가 표시되면 [찾음]을 클릭합니다.

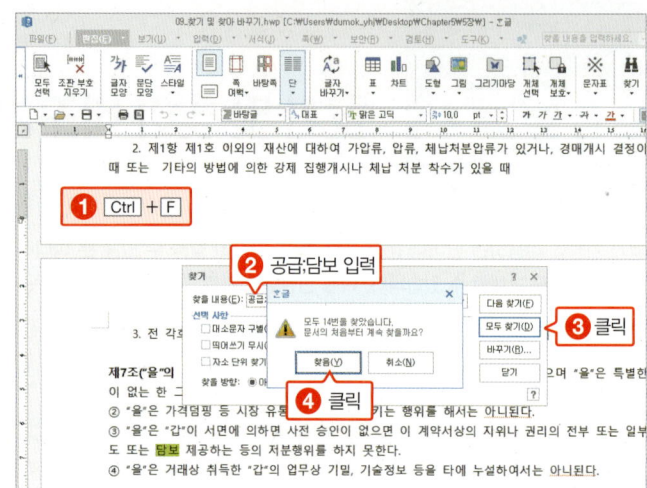

문서 전체를 대상으로 단어가 검색됩니다.

04

몇 건의 단어를 찾았는지 표시되면 [확인]을 클릭합니다. [모두 찾기] 작업이 마무리되면 찾은 단어는 문서에서 형광색으로 나타납니다. [찾기] 대화상자가 열려 있는 상태이므로 찾은 단어를 클릭해 내용을 수정하거나 위치를 확인할 수 있습니다.

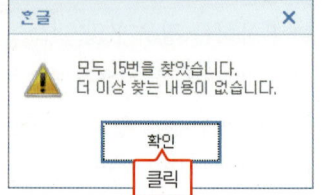

05 문서에서 원하는 내용 찾아 바꾸기 (단축키 Ctrl + F2)

계약서에서 '담보'를 찾아 한자 '擔保'로 바꿔보겠습니다. ❶ [편집] 메뉴 - [찾기]의 내림 단추를 클릭하여 ❷ [찾아 바꾸기]를 선택합니다. ❸ [찾아 바꾸기] 대화상자의 [찾을 내용]에 **담보**를 입력합니다. ❹ [선택 사항]에서 [한글로 한자 찾기]의 체크 표시를 해제하고 ❺ [바꿀 내용]에 **담보**를 입력한 후 한자 를 누릅니다.

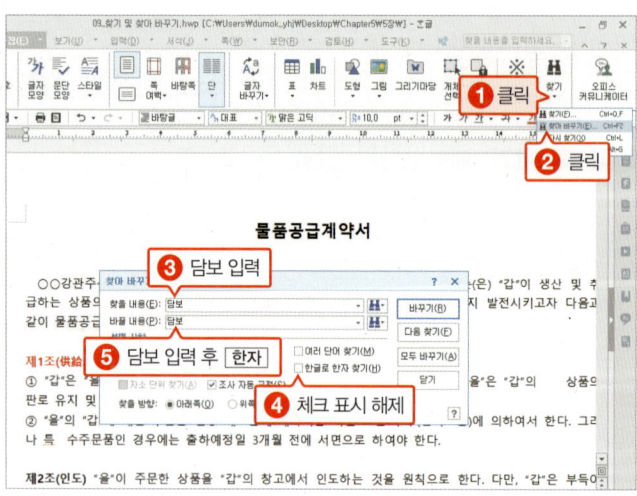

[한자로 바꾸기] 대화상자가 나타납니다.

06 바꾸기 대상 한자 입력하기

❶ [한자로 바꾸기] 대화상자에서 [擔保]
를 선택하고 ❷ [바꾸기]를 클릭합니다.

[찾아 바꾸기] 대화상자의 [바꿀 내용]에 '擔保'가 입
력됩니다.

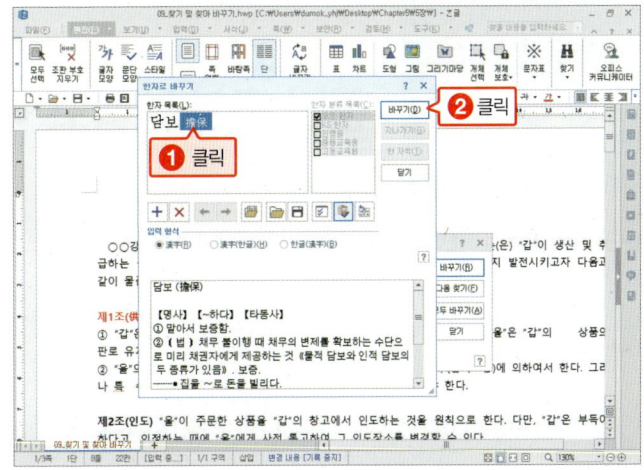

07 바꾸기 적용하기

[찾아 바꾸기] 대화상자에서 [바꾸기]를
클릭할 때마다 한글 '담보'를 하나씩 찾
아서 '擔保'로 변경합니다.

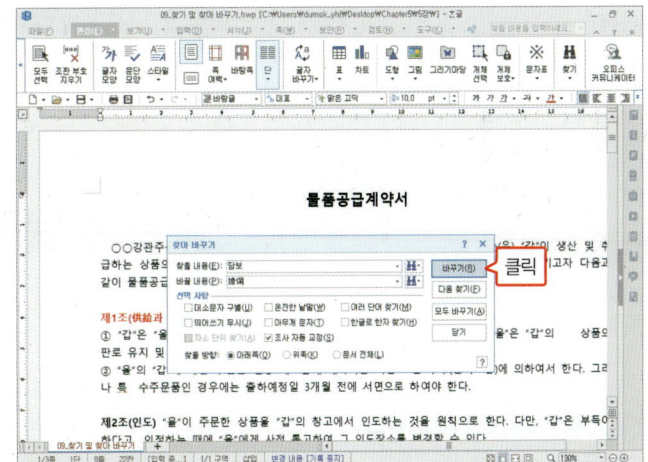

쉽고 빠른
한글
NOTE

[모두 바꾸기]를 이용해 한 번에 찾아 바꾸기

[찾아 바꾸기] 대화상자에서 [찾을 내용]과 [바꿀 내용]
을 입력한 후 [모두 바꾸기]를 클릭하면 문서 안의 모
든 단어가 한 번에 바뀝니다.

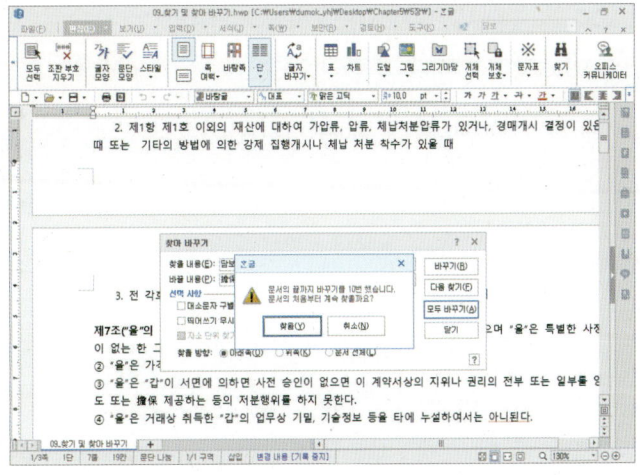

문단 구분선 넣고 색 변경하기

문단 구분이 명확히 표현되어야 할 경우 간단하게 문단 구분선을 넣을 수 있습니다. 문단 구분선을 삽입하고 스타일을 변경하는 방법을 알아보겠습니다.

실습 파일 | 한글\4장\문단 구분선 넣고 색 변경하기.hwp **완성 파일** | 한글\4장\문단 구분선 넣고 색 변경하기_완성.hwp

01 문단 구분선 넣기

❶ 문단 구분선을 넣을 본문 위치를 클릭합니다. ❷ ---를 입력하고 [Enter]를 누릅니다.

문단 구분선이 추가됩니다.

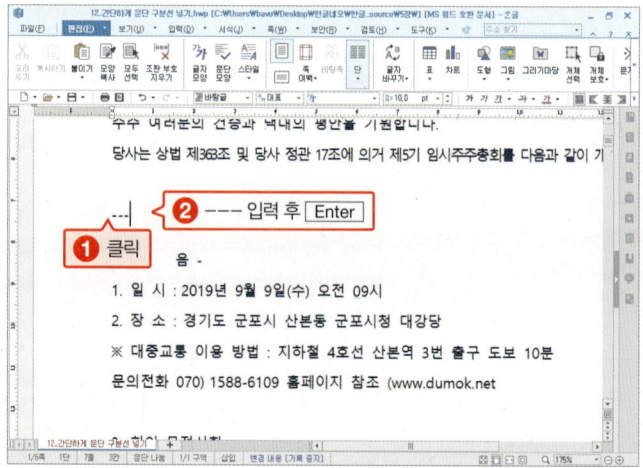

02 문단 구분선 색 변경하기

❶ 문단 구분선을 클릭하고 ❷ [도형] 탭-[선 색]의 내림 단추를 클릭한 후 ❸ [진달래색]을 선택합니다.

문단 구분선 색이 진달래색으로 변경됩니다.

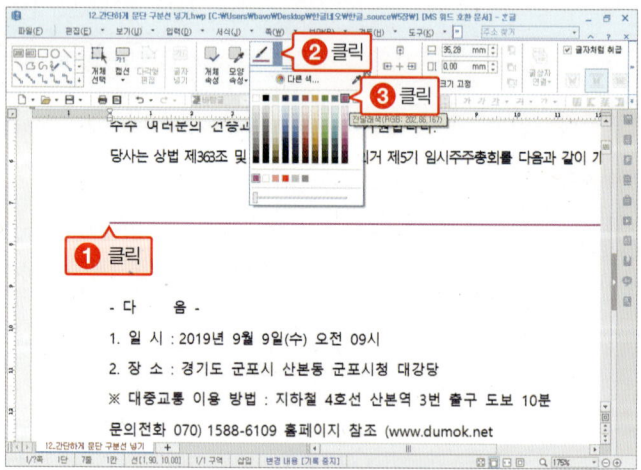

03 문단 구분선 모양 변경하기

❶ 문단 구분선을 클릭하고 ❷ [도형] 탭-[선 스타일]을 클릭한 후 ❸ [선 종류]-[원형 점선]을 선택합니다.

문단 구분선이 원형 점선으로 변경되었습니다.

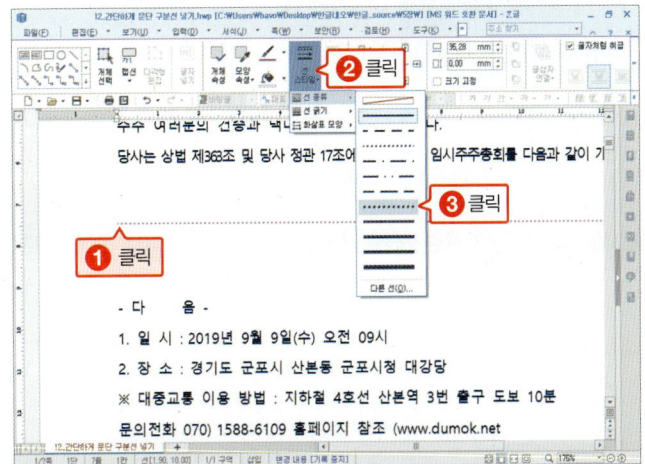

04 문단 구분선 굵기 변경하기

❶ 문단 구분선을 클릭하고 ❷ [도형] 탭-[선 스타일]을 클릭한 후 ❸ [선 굵기]-[0.5mm]를 선택합니다.

문단 구분선의 선 굵기가 0.5m로 변경되었습니다.

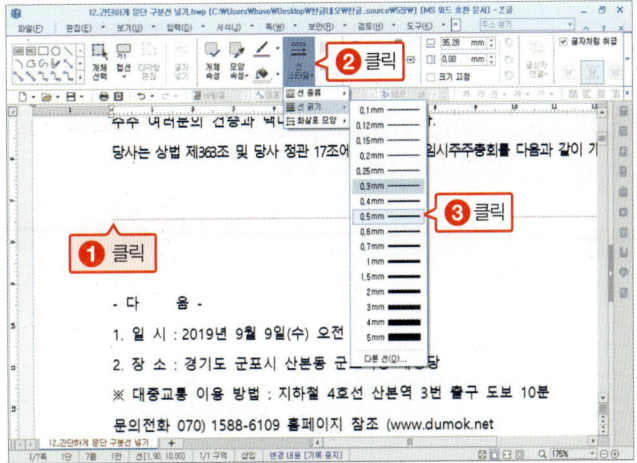

문단 배경과 테두리 꾸미기

문서를 작성하다 보면 특정 문단을 강조하고 싶을 때가 있습니다. 문단에 배경이나 테두리를 적용해 문단을 꾸며보겠습니다.

실습 파일 | 한글\4장\문단 배경과 테두리 꾸미기.hwp **완성 파일** | 한글\4장\문단 배경과 테두리 꾸미기_완성.hwp

O1 문단 배경 꾸미기

❶ 배경색을 적용할 문단을 드래그합니다. ❷ [서식] 탭을 클릭하고 ❸ [문단 모양]을 클릭합니다. ❹ [문단 모양] 대화 상자에서 [테두리/배경] 탭을 클릭하고 ❺ [배경]–[면 색]을 클릭하여 [검정(RGB|0,0,0) 80%, 밝게]를 선택합니다. ❻ [설정]을 클릭합니다.

문단 배경색이 적용되었습니다.

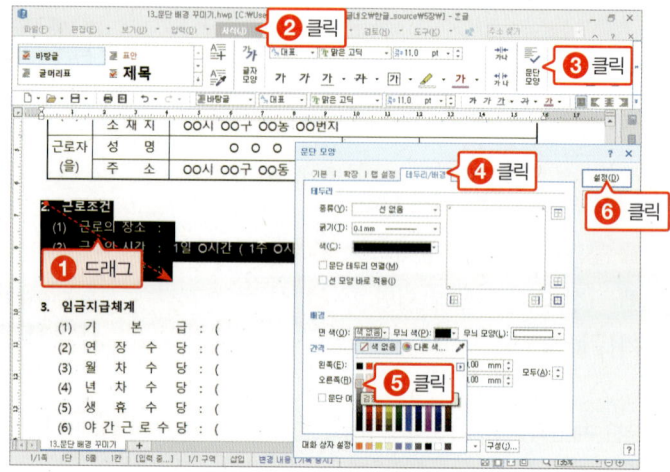

O2 문단 배경과 테두리 꾸미기

❶ 배경과 테두리를 꾸밀 문단을 드래그합니다. ❷ [서식] 탭-[문단 모양]을 클릭하고 ❸ [테두리]–[종류], [굵기], [색]을 알맞게 변경합니다. ❹ [문단 테두리 연결]에 체크 표시하고 ❺ 테두리 [모두]를 클릭합니다. ❻ 임의의 배경색으로 변경하고 ❼ [설정]을 클릭합니다.

바로 통하는 TIP [문단 테두리 연결]에 체크 표시하지 않으면 문단의 각 줄마다 구분선이 나타납니다.

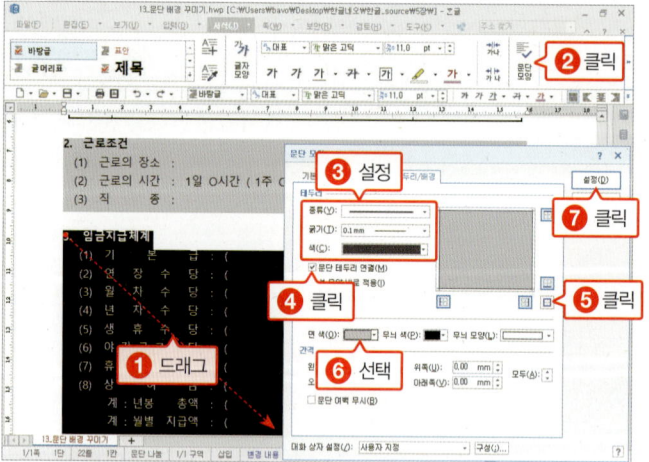

O3 문단에 배경, 테두리가 잘 적용되었는지 확인합니다.

쪽 꾸미기

문서를 편집하다 보면 새로운 문서를 끼워 넣거나 문서 중간에서 쪽을 나누고 쪽별로 다른 쪽 번호나 머리글, 바닥글 등을 설정해야 하는 경우가 많습니다. 문서 전체를 좀 더 쉽고 체계적으로 관리할 수 있도록 쪽 번호를 삽입하고 번호 서식을 변경하거나 다단을 나눠 편집하고 구역을 나누어 용지 방향을 지정하는 방법 등에 대해서 알아보겠습니다.

핵심기능실습 027

편집 용지 설정하기

작성한 문서를 출력하려면 여백이나 제본 영역, 또는 출력 용지의 방향과 사이즈 등을 미리 설정해야 합니다. 그렇지 않으면 출력했을 때 문서 내용이 잘릴 수 있습니다. 편집 용지는 보통 A4를 기준으로 삼지만 문서에 따라 크기를 변경할 수 있습니다.

실습 파일 | 한글\5장\편집 용지 설정하기.hwp **완성 파일** | 한글\5장\편집 용지 설정하기_완성.hwp

---

01 용지 종류 및 여백 변경하기(단축키 F7)

예제 문서의 용지 종류는 B5로, 편집 용지보다 문서 내용이 크게 작성되어 화면에서 표가 잘려 보입니다. 작성된 문서 내용에 맞게 용지 종류와 여백을 재설정해보겠습니다. ❶ [쪽] 메뉴를 클릭하고 ❷ [편집 용지]를 클릭합니다(단축키 F7).

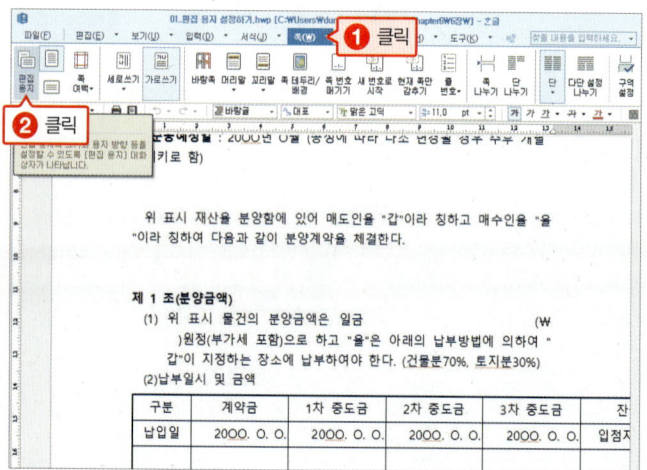

[편집 용지] 대화상자가 나타납니다.

---

02 편집 용지 설정하기

❶ [편집 용지] 대화상자의 [기본] 탭에서 [용지 종류]-[종류]를 [A4(국배판)]으로 설정합니다. ❷ [용지 여백]-[왼쪽]에 20을 입력하고, ❸ [용지 여백]-[오른쪽]도 20을 입력한 후 ❹ [설정]을 클릭합니다.

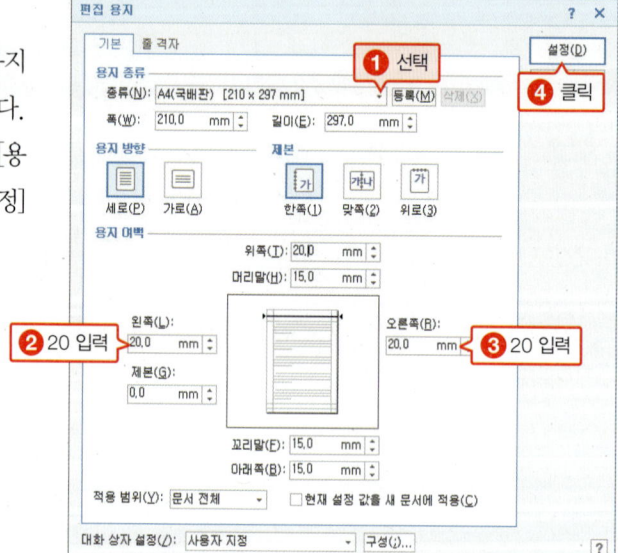

03 편집 용지가 A4로 변경되면서 잘 렸던 표의 오른쪽 부분이 화면에 모두 나타납니다.

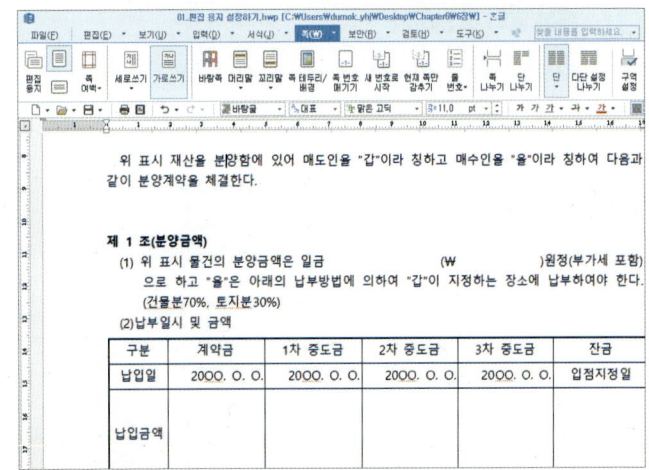

04 제본 영역 만들기

문서를 출력해 제본하면 제본되는 부분이 잘 보이지 않을 수 있습니다. 본문이 가려지지 않도록 제본하려면 추가 여백이 필요하므로 제본할 위치에 여백을 설정해보겠습니다. [쪽] 메뉴-[편집 용지]를 클릭합니다(단축키 F7).

[편집 용지] 대화상자가 나타납니다.

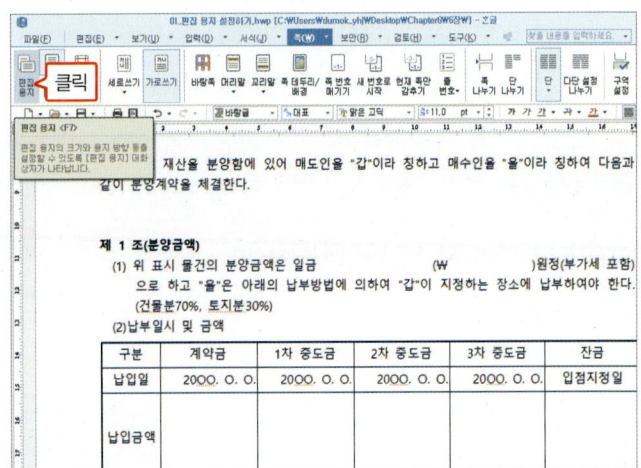

05 맞쪽, 제본 영역 설정하기

❶ [편집 용지] 대화상자에서 [제본]-[맞쪽]을 클릭합니다. ❷ [용지 여백]-[제본]에 **10**을 입력하고 ❸ [설정]을 클릭합니다.

제본 영역에 10mm 여백이 설정됩니다.

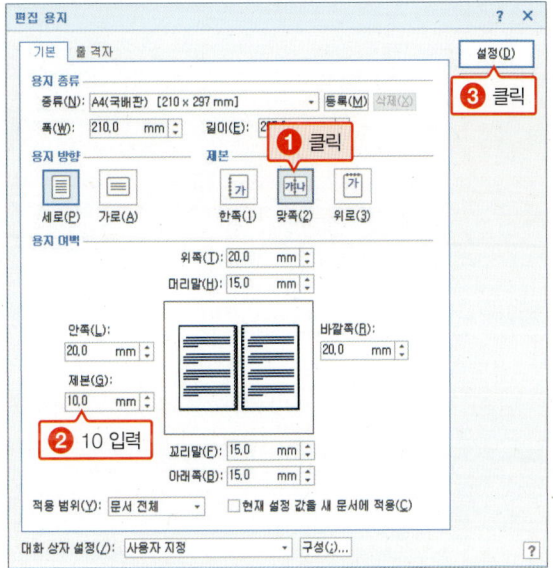

06 제본 영역 확인하기

❶ 작업 상황선에서 [확대/축소]를 클릭합니다. ❷ [화면 확대/축소] 대화상자에서 [비율] – [폭 맞춤]을 선택하고 ❸ [쪽 모양] – [맞쪽]을 선택한 후 ❹ [설정]을 클릭합니다.

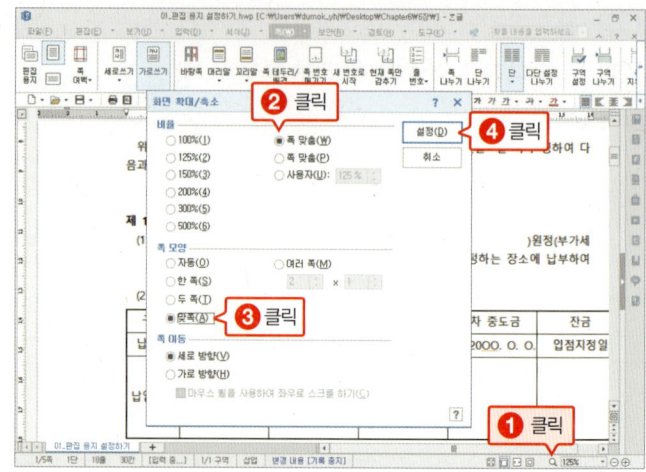

07 맞쪽 부분에 좀 더 여백이 생겨 제본 영역이 확보되었음을 확인할 수 있습니다.

바로 통하는TIP [제본] – [맞쪽] 옵션으로 문서를 출력해 제본할 경우 문서를 양면으로 인쇄해 묶게 되므로 홀수 쪽은 문서의 왼쪽에, 짝수 쪽은 문서의 오른쪽에 여백이 추가됩니다.

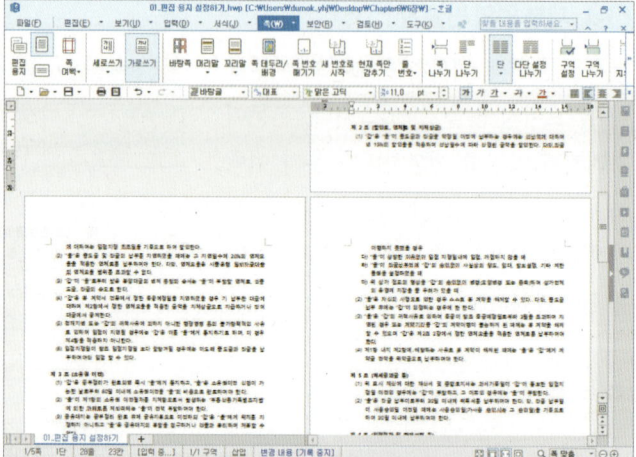

028 머리말/꼬리말 적용하기

인쇄물의 위쪽에는 머리말을, 아래쪽에는 꼬리말을 적용할 수 있습니다. 머리말과 꼬리말은 전체 쪽에 반복해서 표시할 수 있으므로 출력물을 만들 때 문서 제목이나 작성자, 쪽 번호를 표시하는 등 다양하게 응용할 수 있습니다.

실습 파일 | 한글\5장\머리말 꼬리말 적용하기.hwp 완성 파일 | 한글\5장\머리말 꼬리말 적용하기_완성.hwp

01 머리말 추가하기

예제 문서의 결재란을 머리글 영역으로 옮겨 모든 쪽에서 나타나도록 설정해보겠습니다. ❶ '담당자/확인자 결재란'을 클릭합니다. ❷ 단축키 Ctrl + X 를 눌러 표를 잘라냅니다. ❸ [쪽] 메뉴를 클릭하고 ❹ [머리말]을 클릭한 후 ❺ [위쪽] – [모양 없음]을 선택합니다.

머리말 영역이 활성화됩니다.

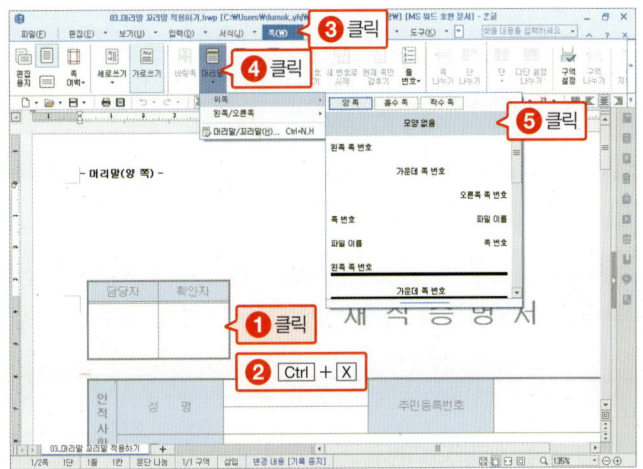

02 표 오려 붙이기

❶ 단축키 Ctrl + V 를 눌러 표를 붙여 넣습니다. ❷ [머리말/꼬리말] 탭에서 [머리말/꼬리말 닫기]를 클릭합니다.

머리말 영역에서 빠져나옵니다.

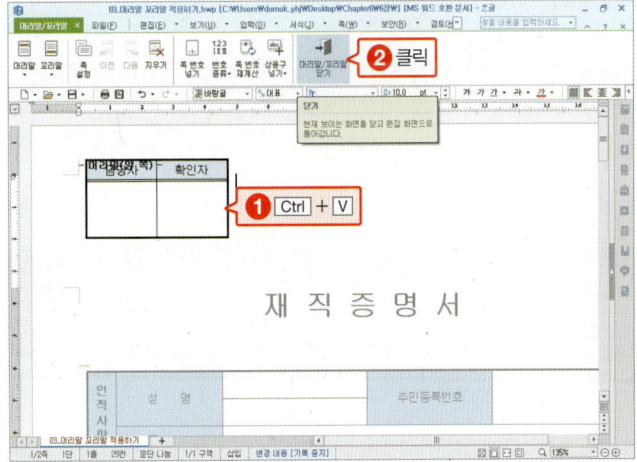

03 머리말 지우기

삽입했던 머리말은 필요에 따라 삭제할 수 있습니다. ❶ [머리말/꼬리말] 편집 상태로 전환하기 위해 머리말 영역을 더블클릭합니다. ❷ [머리말/꼬리말] 탭 - [지우기]를 클릭합니다. ❸ 현재 머리말을 지울지 물어보면 [지움]을 클릭합니다.

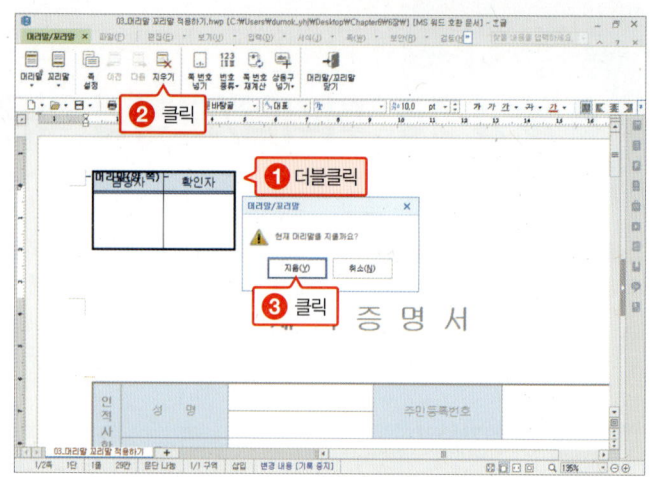

머리말이 지워지면서 자동으로 머리말 영역에서 빠져나옵니다. 결재란을 머리말에 다시 추가하기 위해 단축키 Ctrl + Z 를 눌러 지우기를 취소합니다.

04 꼬리말 추가하기

재직증명서 첫 번째 쪽 아래에 표시된 한빛미디어 이미지가 홀수 쪽에 모두 나타나도록 꼬리말을 삽입해보겠습니다. ❶ 한빛미디어 이미지를 클릭하고 ❷ 단축키 Ctrl + X 를 눌러 이미지를 잘라냅니다. ❸ [쪽] 메뉴 - [꼬리말]을 클릭하고 ❹ [머리말/꼬리말]을 선택합니다.

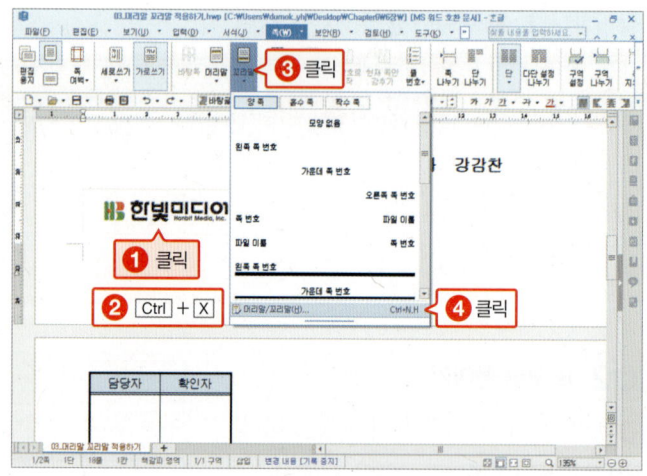

05 ❶ [머리말/꼬리말] 대화상자에서 [종류] - [꼬리말], ❷ [위치] - [홀수 쪽]을 선택합니다. ❸ [머리말/꼬리말마당] - [없음]을 선택하고 ❹ [만들기]를 클릭합니다.

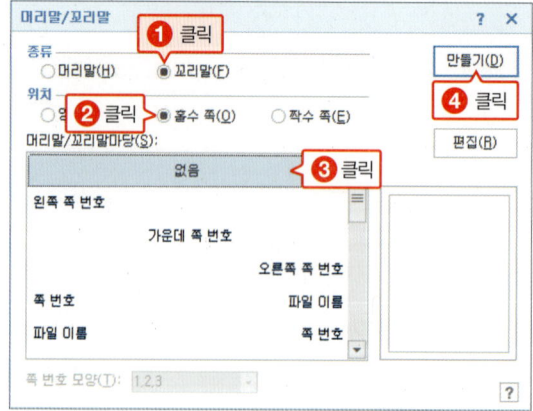

06 ❶ 꼬리말 영역에서 단축키 Ctrl +V를 눌러 이미지를 붙여 넣습니다. ❷ 이미지를 꼬리말 영역의 오른쪽으로 배치하기 위해 서식 도구 상자에서 [오른쪽 정렬]을 클릭합니다. ❸ [머리말/꼬리말] 탭-[머리말/꼬리말 닫기]를 클릭합니다.

꼬리말 영역에서 빠져나옵니다.

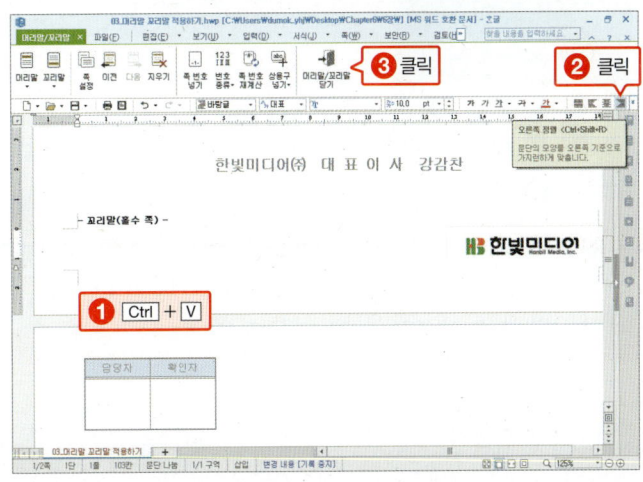

07 홀수 쪽의 오른쪽에만 이미지가 표시된 것을 확인할 수 있습니다.

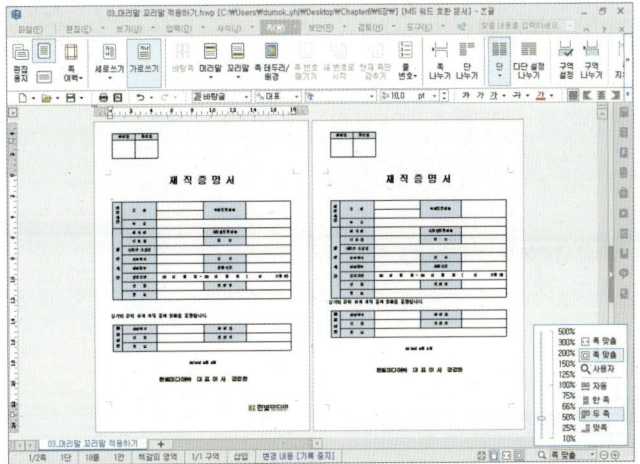

029

쪽 번호 넣기

문서를 편집할 때 쪽 번호가 자동으로 삽입되도록 설정할 수 있습니다. 쪽 번호와 문서 내용이 겹치지 않도록 머리말이나 꼬리말 영역을 활용해 쪽 번호를 배치하고, 일반적인 숫자 외의 다른 형태로 쪽 번호 모양을 변경해보겠습니다.

실습 파일 | 한글\5장\쪽 번호 넣기.hwp   **완성 파일** | 한글\5장\쪽 번호 넣기_완성.hwp

01 쪽 번호 넣기

개인 정보의 처리에 관한 규정이 들어 있는 4쪽짜리 문서에 쪽 번호를 삽입해 보겠습니다. ❶ [쪽] 메뉴를 클릭하고 ❷ [머리말]을 클릭합니다. ❸ [위쪽]에서 스크롤바를 내려 배경색이 포함되어 있는 [왼쪽 쪽 번호]를 선택합니다.

머리말 영역에 쪽 번호가 나타납니다.

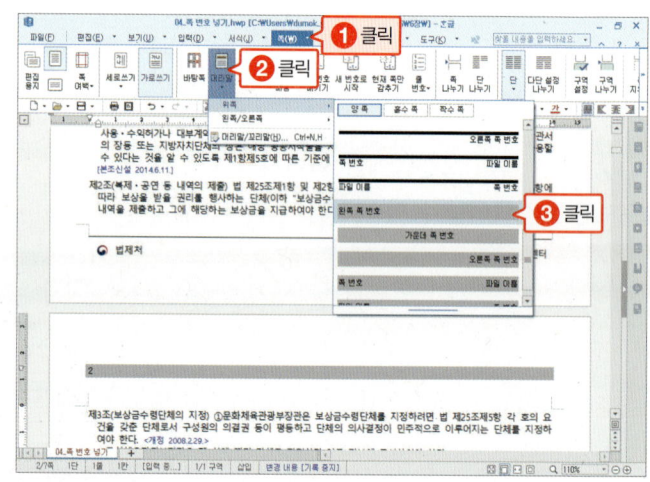

02 쪽 번호 모양 변경하기

쪽 번호의 배경을 다른 색으로 바꾸고 번호 모양은 원 번호 형태로 수정해보겠 습니다. ❶ [머리말/꼬리말] 편집 상태 로 전환하기 위해 머리말 영역을 더블클 릭합니다. ❷ Delete 를 눌러 현재 쪽 번 호를 삭제하고 ❸ [머리말/꼬리말] 탭- [번호 종류]를 클릭한 후 ❹ [①,②,③]을 선택합니다. ❺ 단축키 Alt + T 를 누릅 니다.

[문단 모양] 대화상자가 나타납니다.

03 문단 모양 수정하기

❶ [문단 모양] 대화상자의 [테두리/배경] 탭을 클릭합니다. ❷ [배경] – [면 색]을 클릭하고 ❸ [진달래색 60% 밝게]를 선택한 후 ❹ [설정]을 클릭합니다.

[머리말/꼬리말 닫기]를 클릭해 머리말 영역에서 빠져나옵니다.

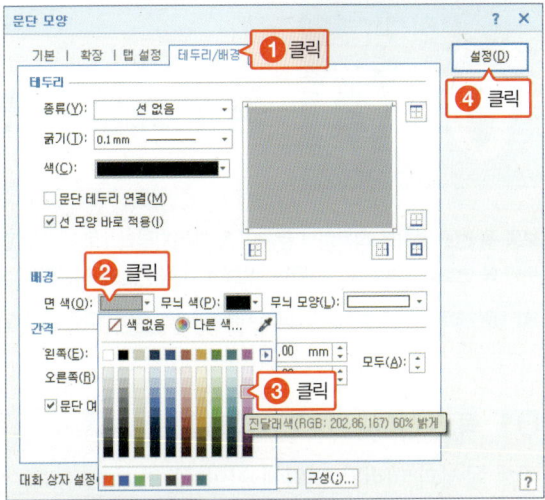

바로 통하는 TIP [진달래색 60% 밝게]는 [기본] 테마에 포함되어 있습니다. 현재 테마가 [기본] 테마가 아닌 경우에는 색 목록에서 [색상 테마]를 클릭한 후 테마를 변경합니다.

04 쪽 번호의 모양이 원 번호 형태로 바뀌고 문단 배경색이 진달래색으로 변경되었습니다.

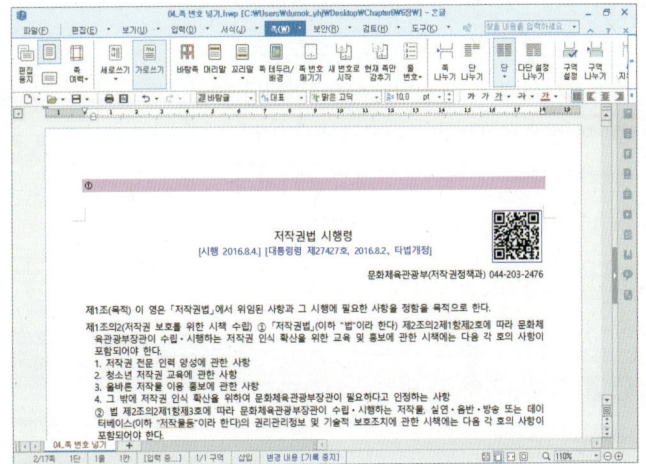

030 쪽 번호를 새 번호로 시작하기

보통 쪽 번호 넣기를 적용하면 문서의 첫 페이지부터 1쪽이 시작됩니다. 1쪽이 아닌 다른 번호부터 시작하게 하거나 문서의 중간부터 쪽 번호를 적용하고 싶다면 새 번호로 시작 기능을 이용합니다.

실습 파일 | 한글\5장\쪽 번호를 새 번호로 시작하기.hwp   **완성 파일** | 한글\5장\쪽 번호를 새 번호로 시작하기_완성.hwp

01 쪽 번호를 새 번호로 시작하기

예제 문서의 머리말 영역에 이미 쪽 번호가 적용되어 있습니다. 문서의 3쪽에서부터 쪽 번호가 시작되도록 설정해보겠습니다. 우선 스크롤바를 내리거나 Page down 을 눌러 3쪽으로 이동해 커서를 위치시킵니다. ❶ [쪽] 메뉴를 클릭하고 ❷ [새 번호로 시작]을 클릭합니다. ❸ [새 번호로 시작] 대화상자에서 [번호 종류]-[쪽 번호]를 클릭하고 ❹ [시작 번호]에 1을 입력한 후 ❺ [넣기]를 클릭합니다.

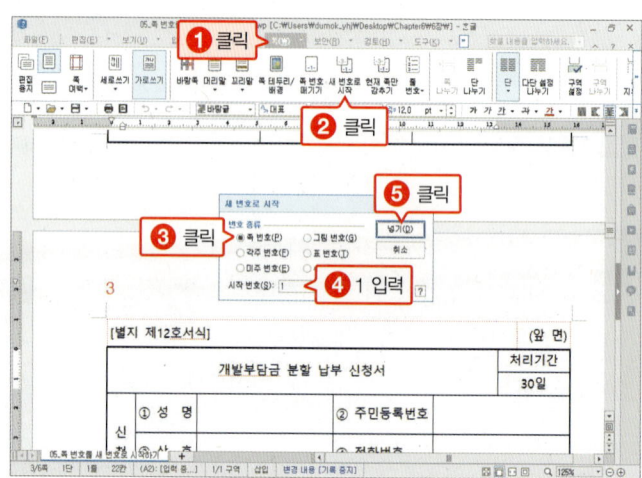

02 실제 3쪽의 쪽 번호가 1로 변경되어 시작합니다.

바로 통하는 TIP 삽입한 쪽 번호를 특정 쪽에서 보이지 않도록 설정하려면 [쪽] 메뉴-[현재 쪽만 감추기]를 클릭한 후 [감추기] 대화상자에서 쪽 번호가 표시된 [머리말] 혹은 [꼬리말]에 체크 표시합니다. [설정]을 클릭하면 해당 쪽의 쪽 번호가 감춰집니다.

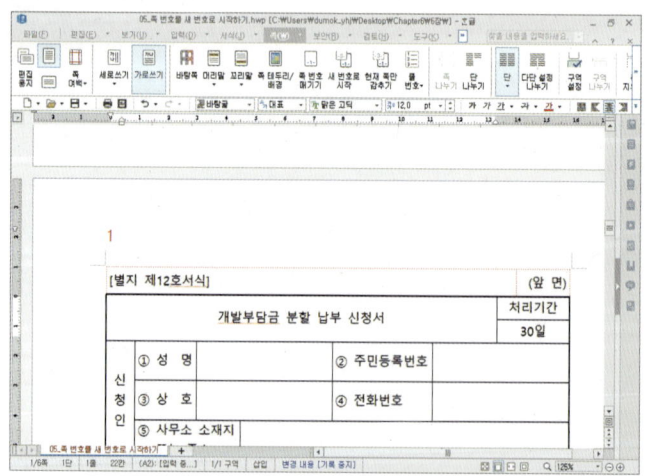

핵심기능실습 031 조판 부호 보기를 이용해 쪽 번호 지우기

쪽 번호를 추가하면 쪽 번호가 문서에 표시되지만 사실은 본문에 조판 부호인 머리말로 존재합니다. 조판 부호는 문장 수정에 사용되는 일종의 코드입니다. 조판 부호를 나타내 잘못된 쪽 번호를 삭제해보겠습니다.

실습 파일 | 한글\5장\조판 부호 보기를 이용해 쪽 번호 지우기.hwp   완성 파일 | 한글\5장\조판 부호 보기를 이용해 쪽 번호 지우기_완성.hwp

01 조판 부호 표시하고 새 쪽 번호 삭제하기

실제 9쪽으로 이루어진 예제 문서의 2쪽을 살펴보면 쪽 번호가 '6'으로 표시되어 있습니다. 잘못 매겨진 쪽 번호를 지워 바르게 수정해보겠습니다. ❶ [보기] 메뉴를 클릭하고 ❷ [조판 부호]에 체크 표시합니다(단축키 Ctrl+G, C). ❸ 조판 부호인 [새 쪽 번호]가 두 개 표시되면 [새 쪽 번호] 앞을 클릭한 후 Delete를 누릅니다. ❹ 새 번호를 지울지 물어보면 [지움]을 클릭합니다.

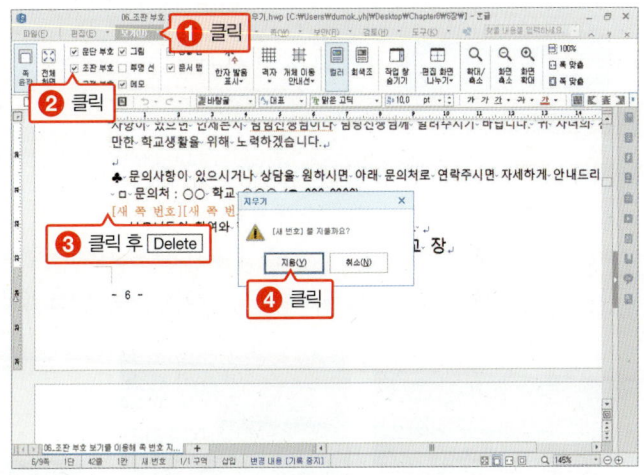

[새 쪽 번호] 조판 부호가 지워집니다. 같은 방식으로 남아 있는 [새 쪽 번호] 조판 부호도 지웁니다.

02 문서 중간에 [새 쪽 번호] 조판 부호가 존재하여 쪽 번호가 정리되지 않았는데, [새 쪽 번호] 조판 부호를 지우자 쪽 번호가 '2'로 표시되었습니다.

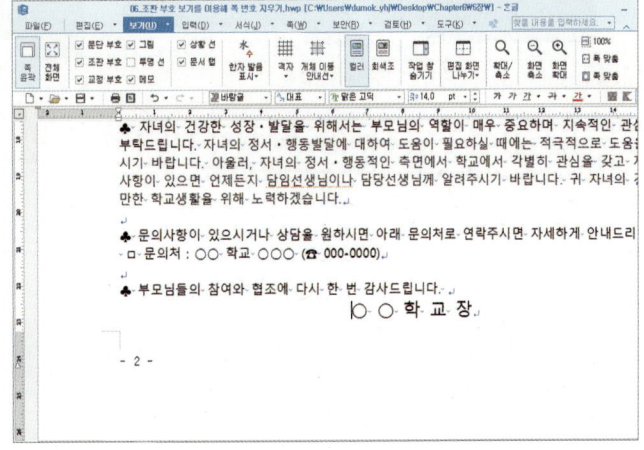

핵심기능실습

032 다단으로 문단 꾸미기

다단은 신문처럼 한 면을 여러 단으로 분리하여 표시하는 것을 의미합니다. 일정 범위 안에 있는 문단에 다단을 적용하고 단 구분선도 넣어보겠습니다.

실습 파일 | 한글\5장\다단으로 문단 꾸미기.hwp   완성 파일 | 한글\5장\다단으로 문단 꾸미기_완성.hwp

 한눈에 보기   **다단의 형식 알아보기**

한글 NEO 버전에서 제공하는 다단의 형식은 일반, 배분, 평행 다단 세 가지입니다. 일반 다단은 가장 많이 사용하는 형식으로 한 단씩 차례로 내용이 채워지며 한 단이 가득 차야 다음 단으로 내용이 넘어갑니다. 배분 다단은 마지막 줄에서 각 단의 높이가 가능한 같아지도록 각 단에 포함되는 내용의 양을 자동으로 조절합니다. 평행 다단은 한 단의 내용이 다 채워지지 않더라도 [쪽] 메뉴-[단 나누기]를 클릭해 다른 단으로 이동할 수 있습니다. 일반적으로 사전 형식의 용어 설명집처럼 제목과 설명이 번갈아 나열되는 형식의 문서에서 주로 사용됩니다.

▲ 일반 다단 : 한 단에 내용이 모두 채워지면 다음 단으로 커서 이동

▲ 배분 다단 : 각 단의 높이가 유사하도록 내용 배분

▲ 평행 다단 : 커서를 옆단으로 옮기려면 [쪽] 메뉴-[단 나누기] 클릭

01 문단 둘로 나눠 다단 만들기

한 문단을 둘로 나눠 다단으로 표시해보겠습니다. ❶ 다단을 설정할 범위인 '국내 사이버 ~ 예측된다고 한다.'를 드래그하고 ❷ [쪽] 메뉴의 펼침 단추를 클릭하고 ❸ [다단 설정]을 선택합니다.

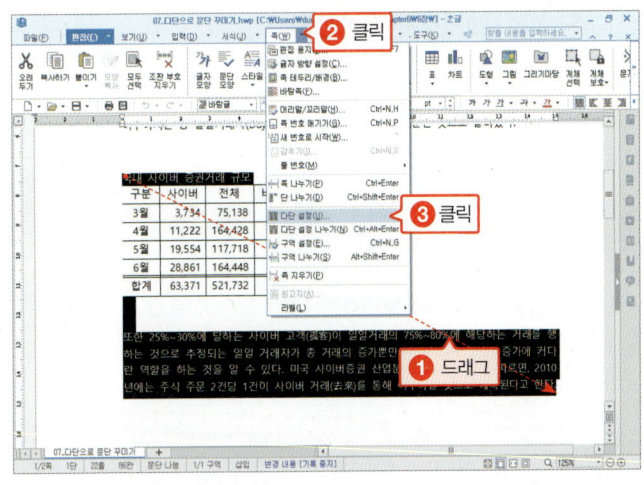

[단 설정] 대화상자가 나타납니다.

02

❶ [단 설정] 대화상자에서 [단 종류]-[일반 다단]을 클릭하고 ❷ [자주 쓰이는 모양]-[둘]을 클릭합니다. ❸ [구분선 넣기]-[종류]-[점선]으로 선택하고 ❹ [단 너비 동일하게]의 체크 표시를 해제합니다. ❺ [너비 및 간격]-[단 번호]-[1]의 [너비]를 [72.5mm], [간격]을 [5mm]로 설정하고 ❻ [설정]을 클릭합니다.

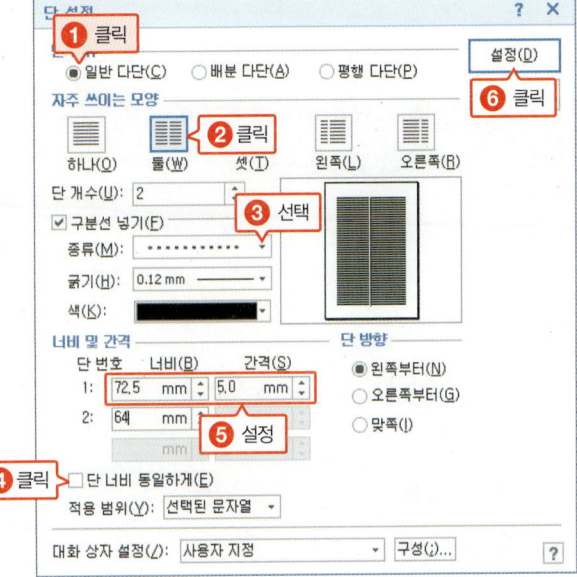

다단이 적용되어 해당 문단이 2단 구조로 변경됩니다.

03 다단 설정 나누기(단축키 Ctrl + Alt + Enter)

문서의 2쪽에 포함된 내용을 일반 다단으로 분리한 후 단의 특정 부분을 다음 단으로 분리할 때 사용하는 다단 설정 나누기를 적용해보겠습니다. ❶ 다단을 설정할 범위를 드래그하고 ❷ [쪽] 메뉴-[단]을 클릭합니다.

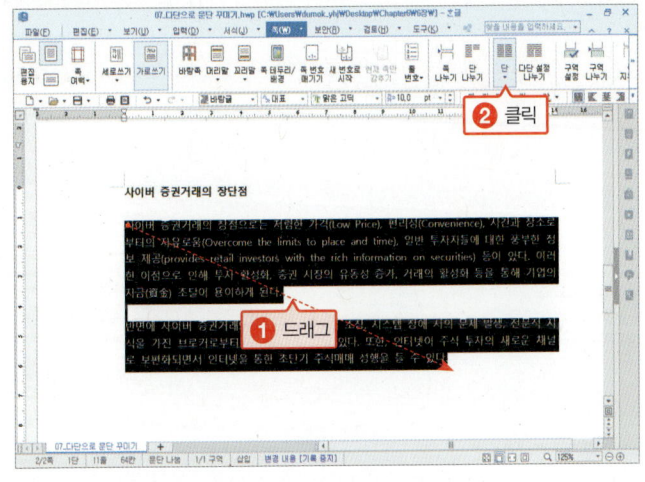

[단 설정] 대화상자가 나타납니다.

04 단 설정 대화상자로 구분선 넣기

❶ [단 설정] 대화상자에서 [자주 쓰이는 모양] – [둘]을 클릭하고 ❷ [단 종류] – [일반 다단]을 선택합니다. ❸ [구분선 넣기]에 체크 표시하고 ❹ [설정]을 클릭합니다.

구분선의 종류, 굵기, 단의 너비 및 간격 등은 자동으로 설정된 값입니다. 다단이 적용되어 해당 문단이 2단 구조로 변경됩니다.

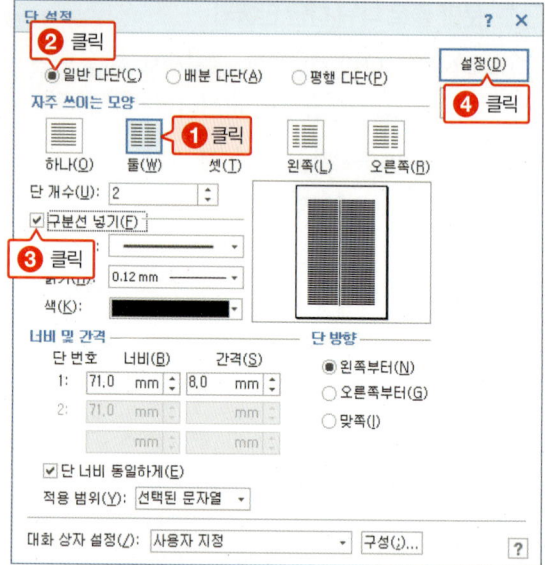

05 두 번째 단의 '반면에' 앞을 클릭합니다.

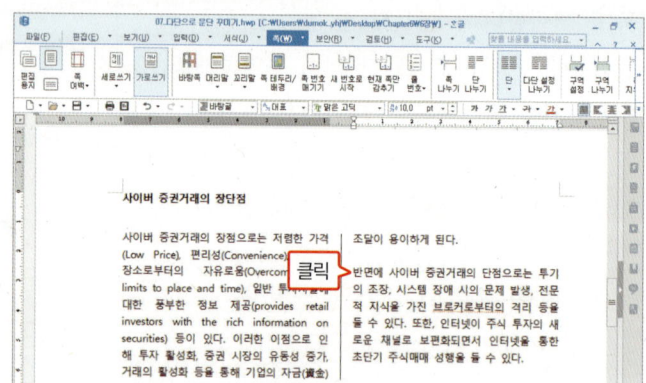

06 ❶ [쪽] 메뉴의 펼침 단추를 클릭하고 ❷ [다단 설정 나누기]를 선택합니다.

다단이 분리되었음을 확인할 수 있습니다.

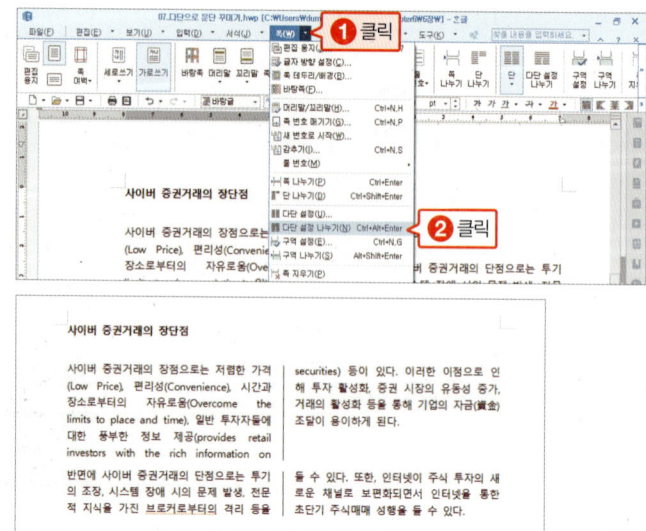

033

페이지 구역 나누고
구역별로 용지 방향 변경하기

문서 내에서 구역을 나누어 적용하면 각 구역별로 머리글/바닥글, 다단, 배경, 용지 방향 등을 다르게 적용할 수 있습니다. 문서의
구역을 나누고 각 구역별로 용지 방향을 다르게 지정해보겠습니다.

실습 파일 | 한글\5장\페이지 구역 나누고 구역별로 용지 방향 변경하기.hwp
완성 파일 | 한글\5장\페이지 구역 나누고 구역별로 용지 방향 변경하기_완성.hwp

01 구역을 나누지 않고 용지 방향 변경하기

구역 나누기를 하지 않은 문서에서 세로, 가로 방향을 혼용할 수는 없습니다. 이해를 돕기 위해 구역 나누기 적용 전에 용지 방향을 바꾸면 어떤 결과가 나타나는지 확인해보겠습니다. 1쪽에는 세로 모양의 표가, 2쪽에는 가로 모양의 표가 삽입되어 있습니다. ❶ 용지 방향을 변경할 2쪽의 '물품구매내역' 앞을 클릭하고 ❷ [쪽] 메뉴를 클릭한 후 ❸ [가로]를 클릭합니다.

문서 용지가 가로 방향으로 변경됩니다.

02 1쪽과 2쪽의 표 모양이 한 쪽에 다 들어가지 않아 오히려 어색하게 보입니다. 한 문서 내에서 구역을 나누지 않으면 세로, 가로 방향 문서를 혼용할 수 없음을 확인했습니다. 서식 도구 상자에서 [되돌리기]를 클릭해 문서를 이전 상태로 되돌립니다(단축키 Ctrl + Z).

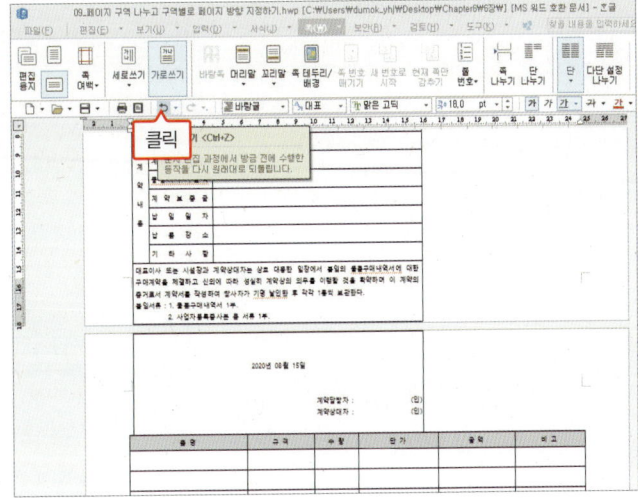

03 구역 나누고 쪽 방향 변경하기

1쪽과 2쪽 사이에 구역을 나누고 1쪽은 세로 방향, 2쪽은 가로 방향으로 표시해 보겠습니다. ❶ 1쪽 아래를 클릭하고 ❷ [쪽] 메뉴-[구역 나누기]를 클릭합니다.

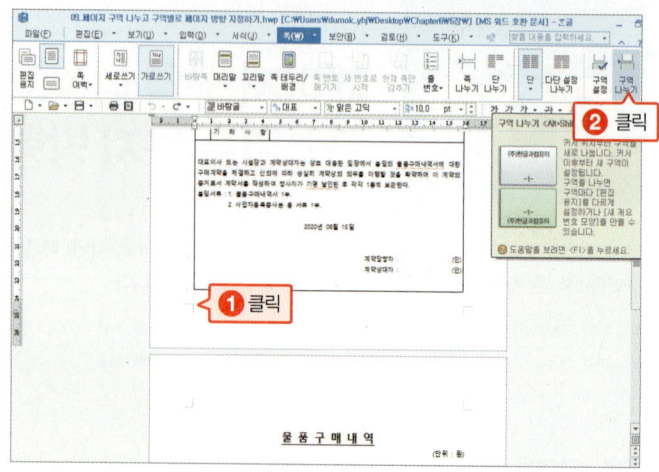

04 용지 방향 변경하기

❶ 2쪽 '물품구매내역' 앞을 클릭하고 ❷ [쪽] 메뉴-[가로]를 클릭합니다.

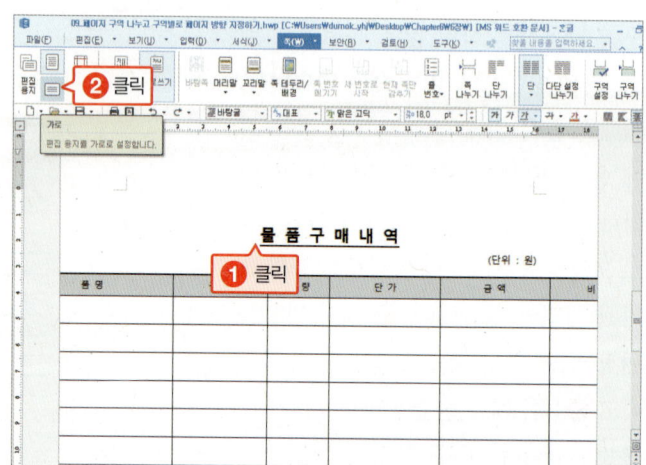

05 세로 방향 문서와 가로 방향 문서가 한 문서 내에 함께 나타납니다.

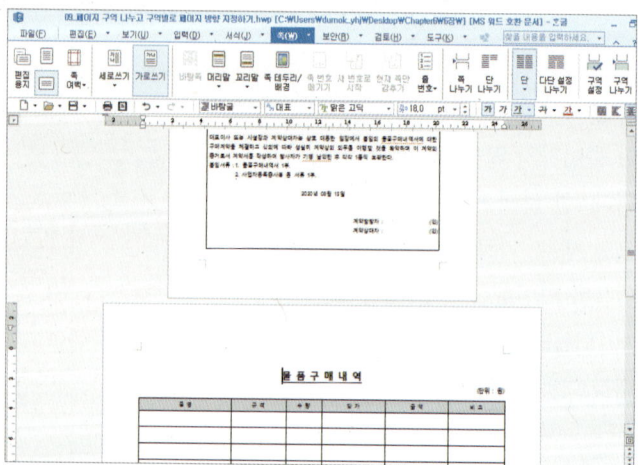

034 각주/미주로 부연 설명 작성하기

문서 작성 시 본문에 부연 설명이나 풀이, 또는 인용 내용의 출처 등을 덧붙여야 하는 경우가 있습니다. 이때 해당 부분에 번호를 붙인 후 따로 모아서 표시할 수 있습니다. 해당 쪽의 하단에 표기하는 것을 각주, 문서 끝에 모아놓는 것을 미주라고 합니다.

실습 파일 | 한글\5장\각주 미주로 부연 설명 작성하기.hwp **완성 파일** | 한글\5장\각주 미주로 부연 설명 작성하기_완성.hwp

01 각주 작성하기(단축키 Ctrl + N, N)

예제 문서에서 부연 설명이 필요한 단어에 각주를 삽입해 쪽 하단에 표시해보겠습니다. ❶ 1쪽에서 '채권자'를 드래그하고 ❷ [입력] 메뉴를 클릭한 후 ❸ [각주]를 클릭합니다.

페이지 하단에 각주 편집 창이 활성화됩니다.

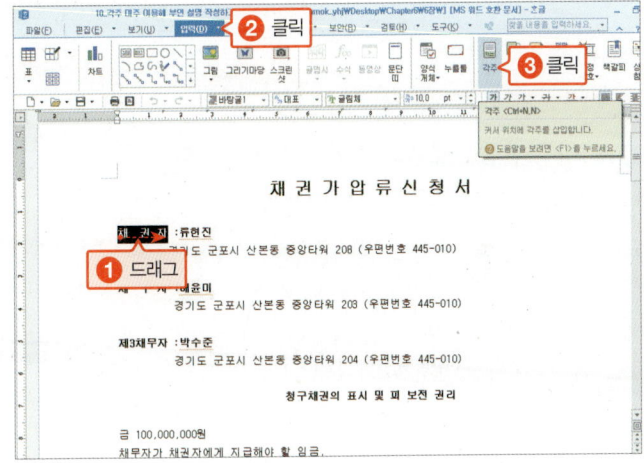

02 각주 편집 창을 클릭하면 부연 설명을 작성할 수 있습니다. **채무자에게 일정한 행위(급부)를 할 것을 청구할 수 있는 권리를 가진 사람**을 입력합니다.

각주가 지정된 본문 뒤에는 각주 번호가 나타납니다.

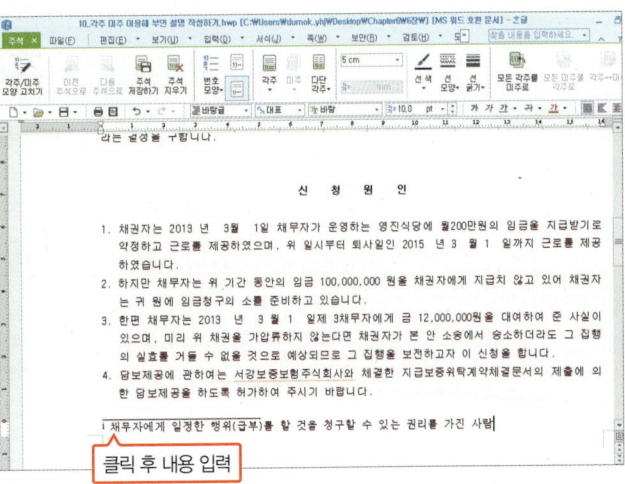

03 미주 작성하기(단축키 Ctrl + N, E)

미주를 삽입해 문서의 맨 마지막 쪽 하단에 표시해보겠습니다. ❶ '채무자'를 드래그하고 ❷ [입력] 메뉴-[미주]를 클릭합니다.

마지막 쪽 하단에 미주 편집 창이 활성화됩니다.

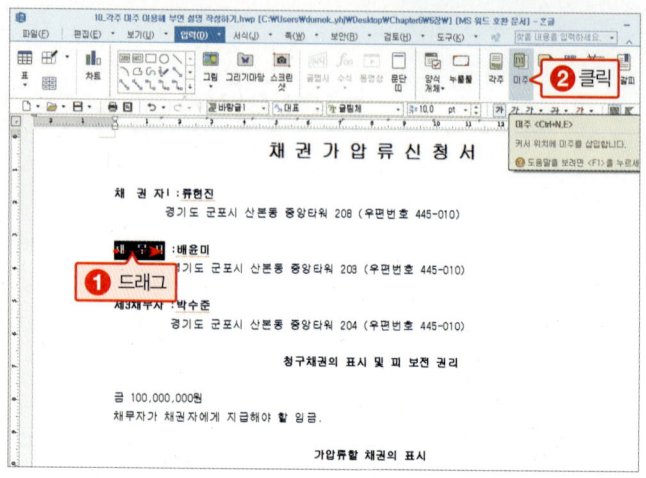

04 미주 편집 창을 클릭하면 부연 설명을 작성할 수 있습니다. **채권자에게 빚을 갚아야 할 의무가 있는 사람**을 입력합니다.

[주석] 탭의 [닫기]를 클릭해 편집 창을 닫습니다. 미주가 지정된 단어 뒤에는 미주 번호가 나타납니다.

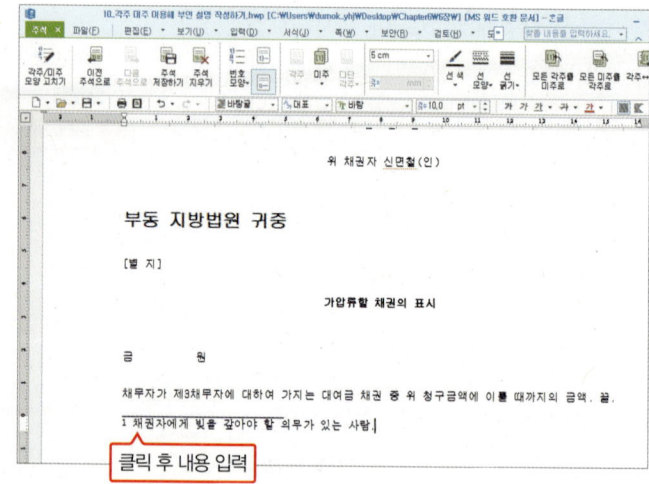

바로 통하는 TIP 각주와 미주가 있는 단어는 다음과 같이 나타납니다.

채 권 자 : 류현진
    각주 도 군포시 산본동 중앙타워 208 (우편

채 무 자 : 배윤미
    미주 기 도 군포시 산본동 중앙타워 203 (우편

제3채무자 : 박수준
    경기도 군포시 산본동 중앙타워 204 (우편

05 각주 모양 변경하기

입력한 각주의 모양을 변경할 수 있습니다. 각주를 표시하는 숫자의 앞뒤에 괄호를 넣어 변경해보겠습니다. ❶ 쪽 하단의 각주를 클릭하고 ❷ [주석] 탭-[각주/미주 모양 고치기]를 클릭합니다.

[주석 모양] 대화상자가 나타납니다.

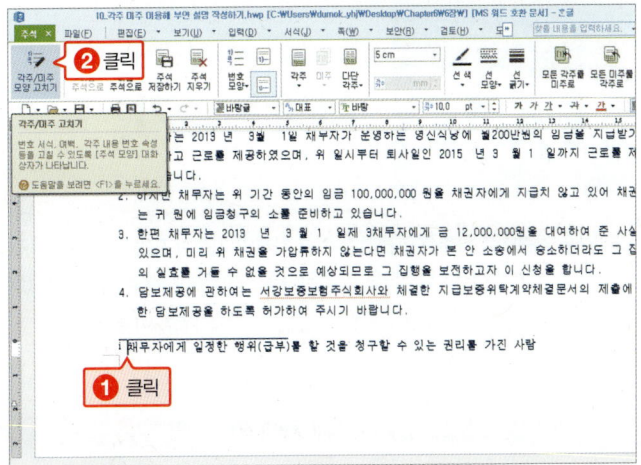

06

❶ [주석 모양] 대화상자에서 [번호 모양]-[1,2,3]을 선택하고 ❷ [앞 장식 문자]에 (, [뒤 장식 문자]에)를 입력합니다. ❸ [구분선 넣기]에 체크 표시하고 ❹ [색]-[진달래 색]으로 선택한 후 ❺ [설정]을 클릭합니다.

바로 통하는 TIP 미주도 같은 방식으로 모양을 변경할 수 있습니다.

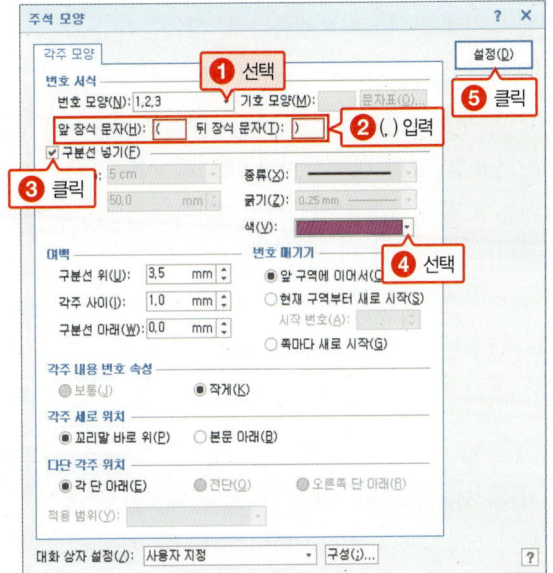

07

각주를 표시하는 번호 모양과 구분선의 색이 변경됩니다.

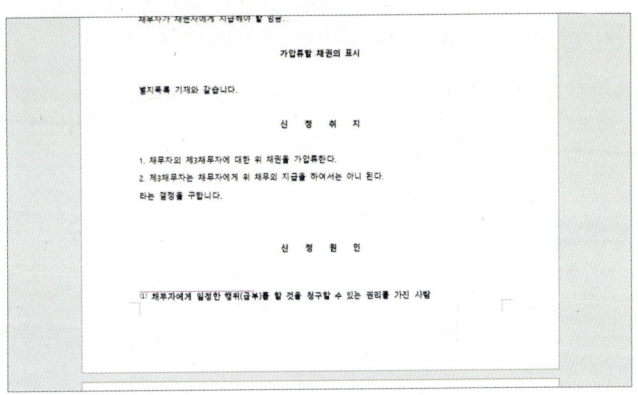

핵심기능실습 035

차례 만들기

스타일을 기준으로 차례를 만들려면 먼저 차례의 기준이 되는 스타일이 적용되어 있어야 합니다. 예제 문서에는 [제목], [제목2] 스타일이 미리 적용되어 있으므로 이 스타일을 기준으로 차례를 만들어보겠습니다.

실습 파일 | 한글\5장\차례만들기.hwp　**완성 파일** | 한글\5장\차례만들기_완성.hwp

01 스타일로 모으기를 이용해 차례 만들기

예제 문서의 장과 조에 해당하는 제목을 묶어 차례를 만들어보겠습니다. 장에는 [제목1] 스타일이, 조에는 [제목2] 스타일이 적용되어 있습니다. ❶ '구매업무 처리규정' 앞을 클릭합니다. ❷ [도구] 메뉴의 펼침 단추를 클릭하고 ❸ [차례/색인]-[차례 만들기]를 선택합니다.

[차례 만들기] 대화상자가 나타납니다.

02 ❶ [차례 만들기] 대화상자에서 [스타일로 모으기]에 체크 표시하고 ❷ 스타일 목록에서 [제목1], [제목2] 스타일에 체크 표시합니다. ❸ [표 차례], [그림 차례], [수식 차례]의 체크 표시는 해제합니다. ❹ [탭 모양]-[오른쪽 탭]을 선택하고 ❺ [채울 모양]-[이점쇄선], ❻ [만들 위치]-[현재 문서의 새 구역]을 선택한 후 ❼ [만들기]를 클릭합니다.

커서 위치에 새 구역이 추가되고 차례가 삽입됩니다.

바로 통하는 TIP 표, 그림, 수식의 차례도 포함하고 싶다면 해당 항목에 체크 표시합니다.

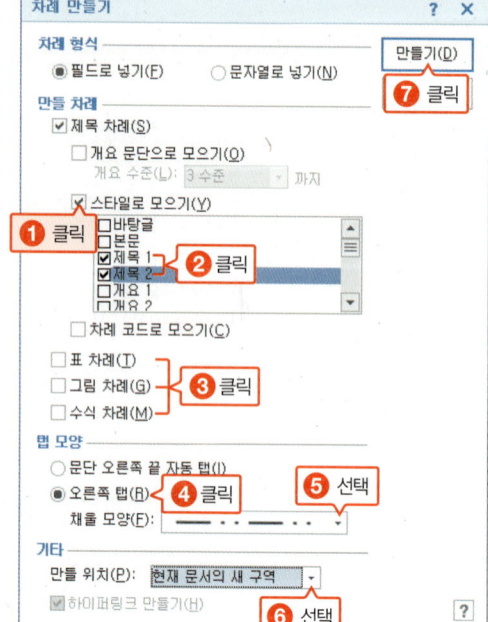

036

편집 화면 회색조로 보기

다양한 색으로 편집한 문서를 단색으로 출력해야 할 때 결과를 미리 볼 수 있는 기능입니다. 한글 NEO 버전에서 새롭게 선보이는 기능입니다.

실습 파일 | 한글\5장\ 편집 화면 회색조로 보기.hwp   **완성 파일** | 한글\5장\ 편집 화면 회색조로 보기_완성.hwp

01 컬러 문서를 회색조로 보기

❶ [보기] 메뉴를 클릭하고 ❷ [회색조]를 클릭합니다.

문서가 회색조 보기로 전환됩니다.

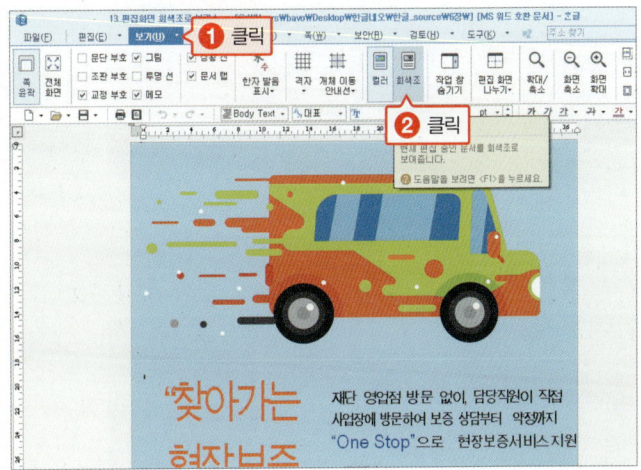

02 회색조 문서를 컬러 문서로 전환하기

❶ [보기] 메뉴를 클릭하고 ❷ [컬러]를 클릭합니다.

문서가 컬러 보기로 전환됩니다.

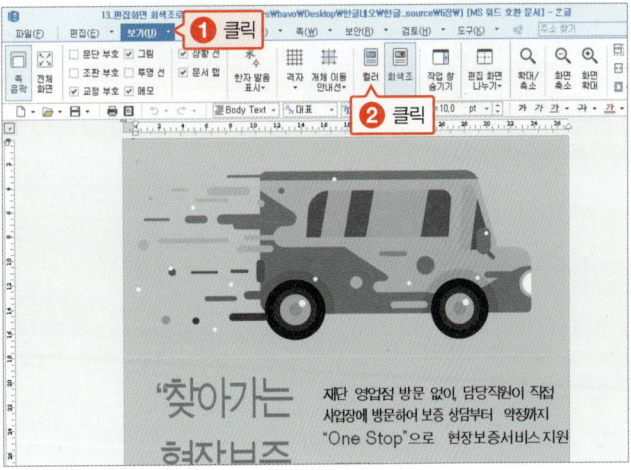

쉽고 빠른
한글
NOTE

인쇄 미리 보기에서 색조 변경 미리 보기

서식 도구 모음에서 [인쇄 미리 보기]를 클릭하면 인쇄 미리 보기 화면으로 전환됩니다. 인쇄 미리 보기 화면에서도 [컬러], [회색조], [연한 회색조] 등으로 미리 보기를 변경해 볼 수 있습니다.

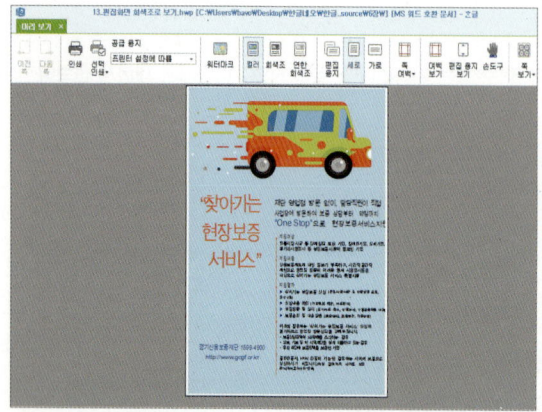

▲ 컬러

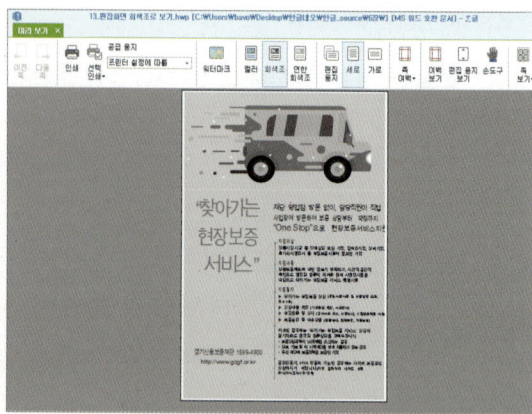

▲ 회색조

▲ 연한 회색조

도형 및 개체 활용하기

문서를 작성할 때 문자뿐만 아니라 그림과 도형, 클립아트 등을 삽입하여 적절히 편집하면 눈에 띄고 다채로운 문서로 꾸밀 수 있습니다. 문서에 그림이나 도형을 삽입하고 다양한 효과를 적용하는 방법 등에 대해서 알아보겠습니다.

037

그림에 캡션 삽입하기

캡션은 그림, 표, 차트 등의 이름이나 번호를 입력하는 기능으로 다른 요소나 본문에 섞이지 않고 개체와 한 몸처럼 동작합니다. 개체와 함께 이동하므로 관리하기가 편리하며, 차례 만들기 기능을 이용해 각 개체의 차례를 별도로 작성할 수도 있습니다.

실습 파일 | 한글\6장\그림에 캡션 삽입하기.hwp   **완성 파일** | 한글\6장\그림에 캡션 삽입하기_완성.hwp

01 그림에 캡션 삽입하기

그림의 위, 아래, 혹은 왼쪽, 오른쪽의 위치에 캡션을 삽입할 수 있습니다. 그림의 아래에 캡션을 넣고 이름을 수정해보겠습니다. ❶ 캡션을 삽입할 그림을 클릭합니다. ❷ [그림] 메뉴를 클릭하고 ❸ [캡션]의 내림 단추를 클릭한 후 ❹ [아래]를 선택합니다. 그림 아래에 '그림 3'이 입력됩니다.

입력된 그림 번호는 문서에 포함된 그림의 개수에 따라서 달라집니다.

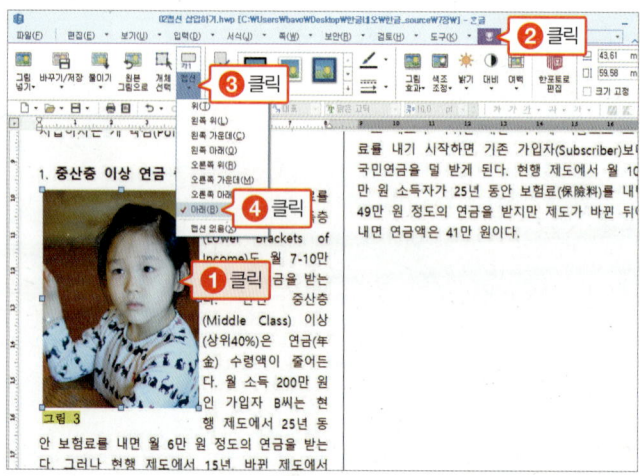

02 캡션 이름 변경하기

'그림 3'을 클릭한 뒤 〈샘플 이미지〉를 입력합니다.

03 그림과 캡션의 간격 수정하기

❶ 그림을 클릭하고 ❷ [그림] 메뉴-[개체 속성]을 클릭합니다. ❸ [개체 속성] 대화상자에서 [여백/캡션] 탭을 클릭하고 ❹ [개체와의 간격]에 **1**을 입력합니다. ❺ [설정]을 클릭합니다.

개체와 캡션의 간격이 3mm에서 1mm로 가까워집니다.

바로 통하는TIP [개체 속성] 대화상자는 그림을 더블클릭해도 표시됩니다.

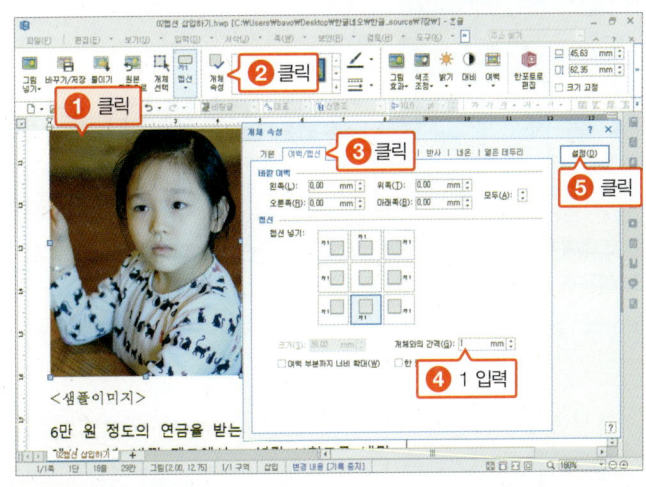

04 표에 캡션 삽입하기(단축키 Ctrl + N, C)

❶ 표 테두리를 마우스 오른쪽 버튼으로 클릭합니다. ❷ 단축 메뉴에서 [캡션 넣기]를 선택합니다.

표의 아래쪽에 '표1' 캡션이 삽입됩니다.

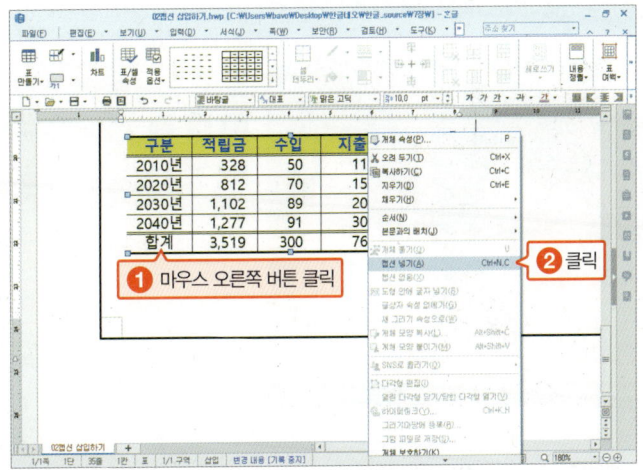

05 캡션 위치 변경하기

❶ 표 테두리를 더블클릭합니다. ❷ [표/셀 속성] 대화상자의 [여백/캡션] 탭을 클릭합니다. ❸ [캡션]-[캡션 넣기]-[위]를 클릭하고 ❹ [설정]을 클릭합니다.

캡션의 위치가 위쪽으로 변경됩니다. 표 캡션 이름은 '02 그림 캡션 이름 변경하기'와 같은 방법으로 수정할 수 있습니다.

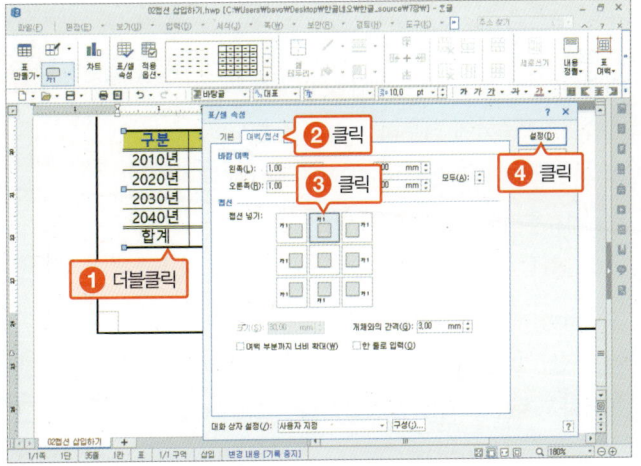

핵심기능실습

038 그림 삽입하고 위치 설정하기

문서 내에 텍스트와 그림을 함께 배치할 때가 있습니다. 이때 텍스트와 그림을 잘 어울리게 배치하려면 [그림] 메뉴의 다양한 옵션을 활용해 그림 크기, 위치, 여백 등을 조정합니다.

실습 파일 | 한글\6장\그림 삽입하고 위치 설정하기.hwp   **완성 파일** | 한글\6장\그림 삽입하고 위치 설정하기_완성.hwp

 **한눈에 보기**   **한포토 이용하여 사진 보정하기**

한글 NEO 버전에 내장된 한포토를 이용하면 보정 전후을 시각적으로 확인하면서 사진을 밝게, 어둡게, 선명하게 보정할 수 있습니다. 그림을 클릭한 후 [그림] 메뉴−[한포토로 편집]을 클릭하여 사용합니다.

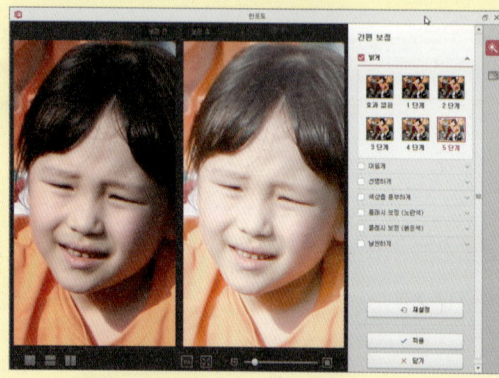
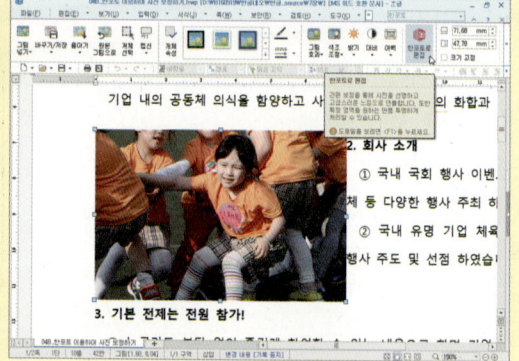

01 그림 삽입하기(단축키 Ctrl + N, I)

예제 문서와 어울리는 그림을 삽입해보 겠습니다. 문서에 첨부하는 그림은 별도 의 파일을 불러와서 사용합니다. ❶ [입 력] 메뉴를 클릭하고 ❷ [그림]을 클릭합 니다. ❸ [그림 넣기] 대화상자에서 [03_ 사진.jpg] 파일을 선택합니다. ❹ [문서 에 포함], [마우스로 크기 지정]에 체크 표시하고 ❺ [넣기]를 클릭합니다.

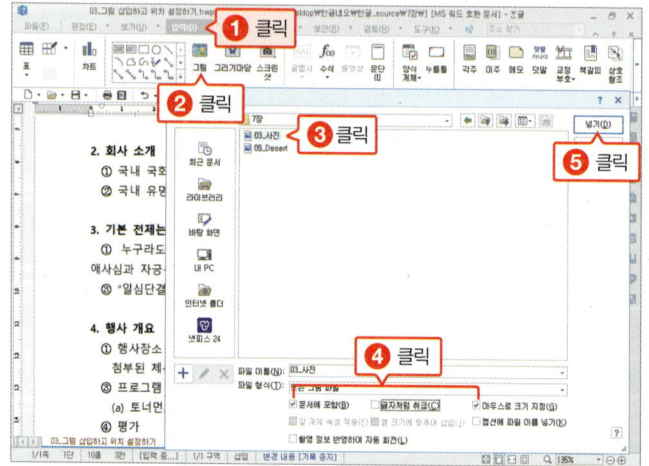

마우스 포인터가 + 모양으로 변경됩니다.

바로 통하는 TIP [글자처럼 취급]에 체크 표시가 되어 있다면 이를 해제해야 [마우스 크기 지정]에 체크 표시를 할 수 있습니다.

02 본문에 그림 삽입하기

그림을 삽입할 위치인 '2. 회사 소개' 아래를 드래그하여 그림을 삽입합니다.

드래그한 크기에 맞게 그림이 삽입됩니다. 그림을 배치하는 방법은 아직 설정하지 않았으므로 텍스트와 그림이 배치된 모양은 저마다 다를 수 있습니다.

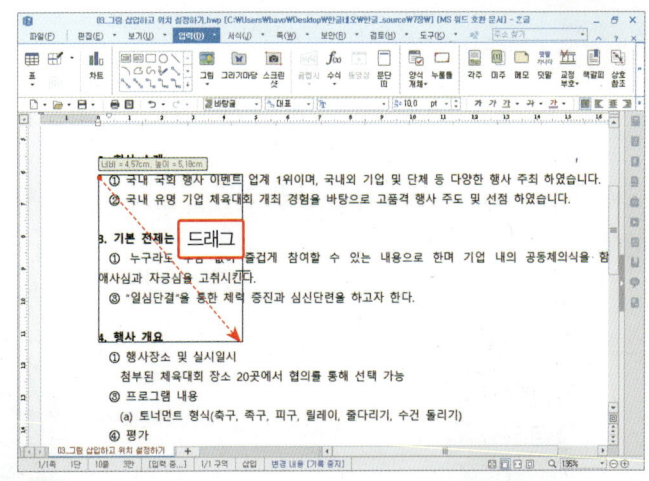

03 그림 위치 설정하기

문서에 그림을 배치하는 방법은 다양합니다. 텍스트와 그림이 나란히 배치되도록 설정해보겠습니다. ❶ 그림을 클릭하고 ❷ [그림] 메뉴-[배치]를 클릭한 후 ❸ [어울림]을 선택합니다.

그림이 왼쪽에 위치해 있으므로 글 내용은 그림의 오른쪽에 흐르듯 배치됩니다.

바로 통하는 TIP 그림의 기본 값이 [어울림]으로 설정되어 삽입됩니다.

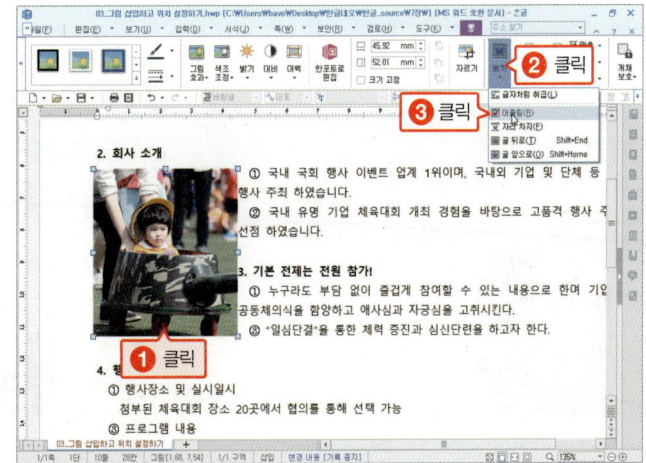

04 그림 여백 설정하기

그림과 글 사이에 여백이 없어 답답해 보입니다. 여백을 설정해보겠습니다. ❶ 그림을 더블클릭합니다. ❷ [개체 속성] 대화상자의 [여백/캡션] 탭을 클릭하고 ❸ [바깥 여백]-[오른쪽]에 **2**를 입력한 후 ❹ [설정]을 클릭합니다.

그림의 바깥 오른쪽 여백이 2mm로 변경됩니다.

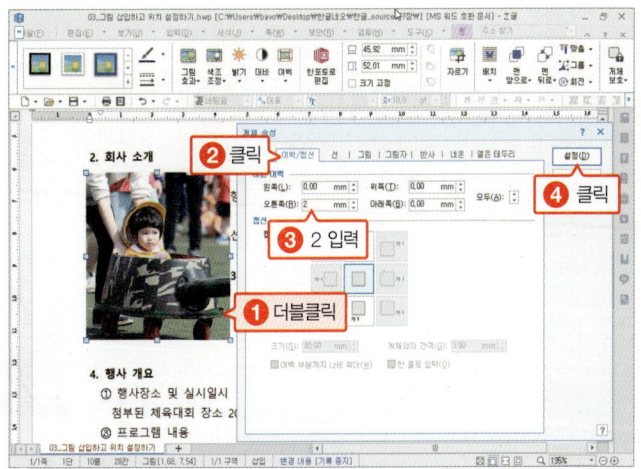

그림 위치 설정하기

문서에 그림을 배치하는 방식에는 [어울림] 옵션 외에 [글자처럼 취급], [자리 차지], [글 앞으로], [글 뒤로] 등이 있습니다. 각 옵션별로 글과 그림의 배치는 다음과 같습니다.

① **글자처럼 취급** : 그림을 글자와 동일하게 취급합니다.

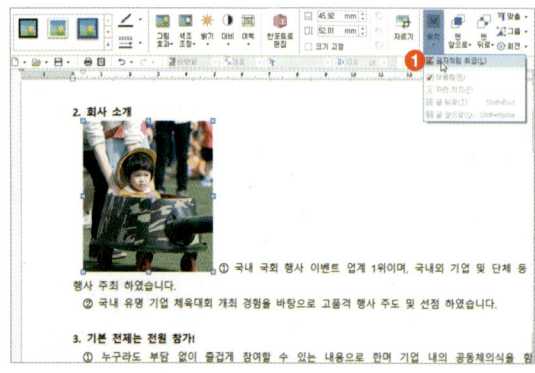

② **자리 차지** : 그림 높이만큼 줄을 차지합니다.

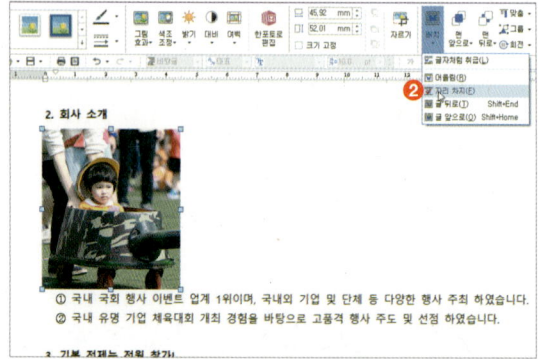

③ **글 뒤로** : 그림이 본문보다 뒤에 배치됩니다.

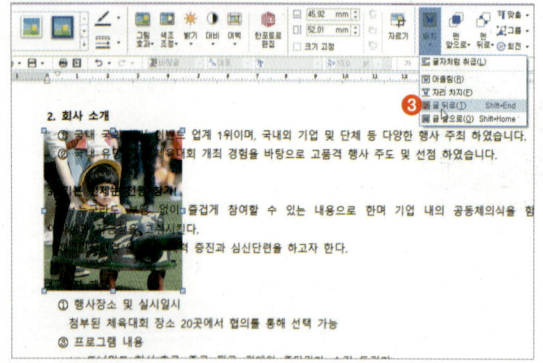

④ **글 앞으로** : 그림이 본문보다 앞에 배치됩니다.

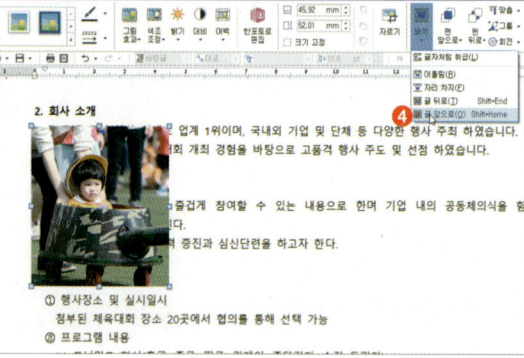

문서에 삽입한 그림을 선택할 수 없을 때

그림 위치를 [글 뒤로]로 설정하면 그림 위로 글이 올라오기 때문에 마우스로 클릭해도 그림이 선택되지 않을 수 있습니다. 이때는 [편집] 메뉴-[개체 선택]을 클릭한 후 그림을 클릭하면 그림이 쉽게 선택됩니다.

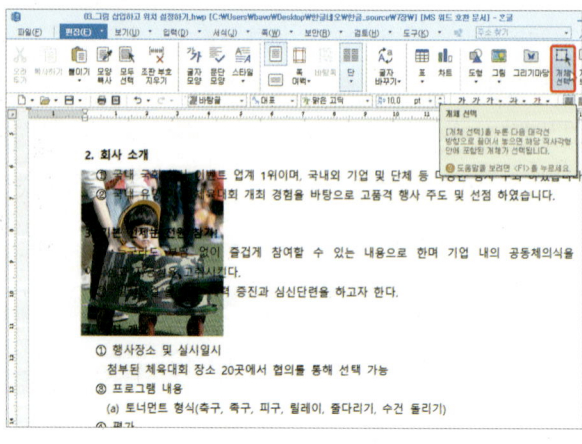

05 그림과 글 사이에 여백이 설정됩니다.

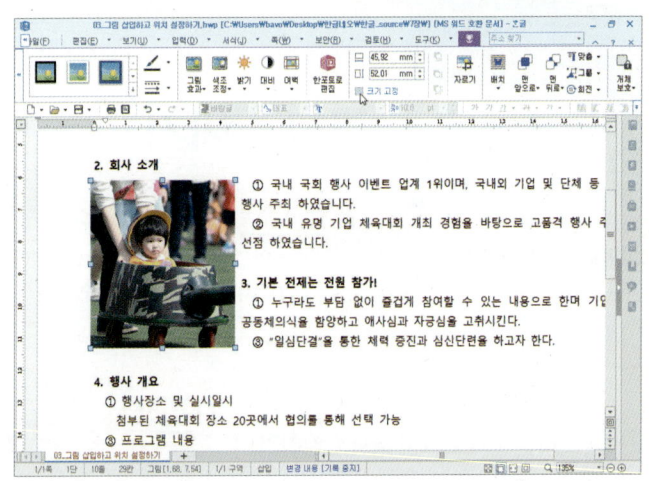

06 도장 그림 속성 변경하기

문서 하단의 도장 이미지를 '대표이사' 문구 위에 배치해보겠습니다. 마치 문서에 도장을 찍은 것처럼 도장 이미지 아래로 '인'이라는 글자가 보이도록 설정합니다. ❶ 도장 이미지를 더블클릭합니다. ❷ [개체 속성] 대화상자의 [기본]탭-[글자처럼 취급]의 체크 표시를 해제하고 ❸ [글 뒤로]를 클릭합니다. ❹ [설정]을 클릭하여 개체 속성을 변경합니다.

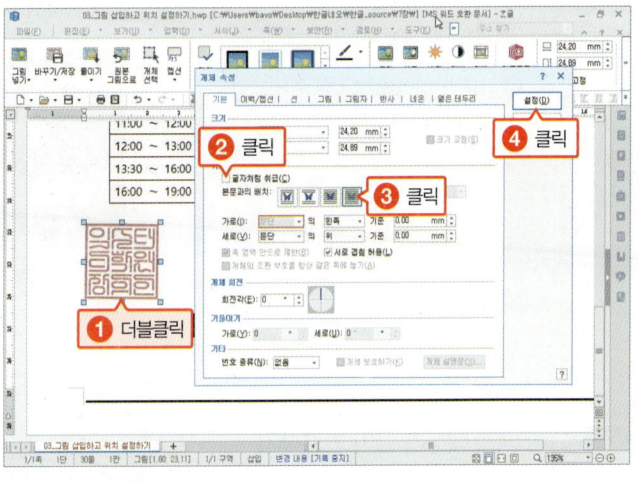

07 도장 그림 배치하기

도장 그림을 마우스로 드래그하여 '인' 위에 배치합니다.

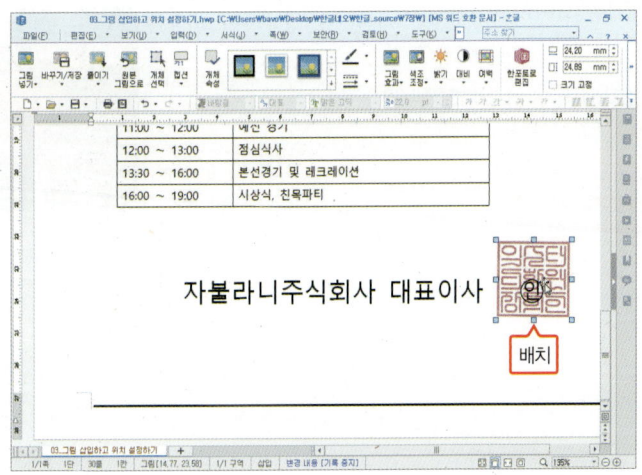

039 그림 꾸미기

그림에 테두리를 넣거나 그림자를 표시하는 등의 그림 꾸미기 방법을 활용하면 문서를 다채롭게 꾸밀 수 있습니다. 그림 꾸미기는 간단한 방법으로 보기 좋은 문서를 꾸밀 때 쉽게 사용할 수 있는 방법입니다.

실습 파일 | 한글\6장\그림 꾸미기.hwp   완성 파일 | 한글\6장\그림 꾸미기_완성.hwp

01 스타일 효과로 그림 액자 설정하기

예제 문서에 삽입된 그림에 액자 테두리를 두른 듯한 효과를 설정해보겠습니다. ❶ 그림을 클릭하고 ❷ [그림] 메뉴를 클릭한 후 ❸ [회색 아래쪽 그림자]를 선택합니다.

그림에 액자 테두리를 두른 것처럼 옅은 그림자 효과가 적용됩니다.

02 그림 액자 테두리 굵기 변경하기

❶ 그림을 선택한 상태에서 [그림] 메뉴-[선 스타일]을 클릭하고 ❷ [선 굵기]-[1mm]를 선택합니다.

액자 테두리의 굵기가 변경됩니다.

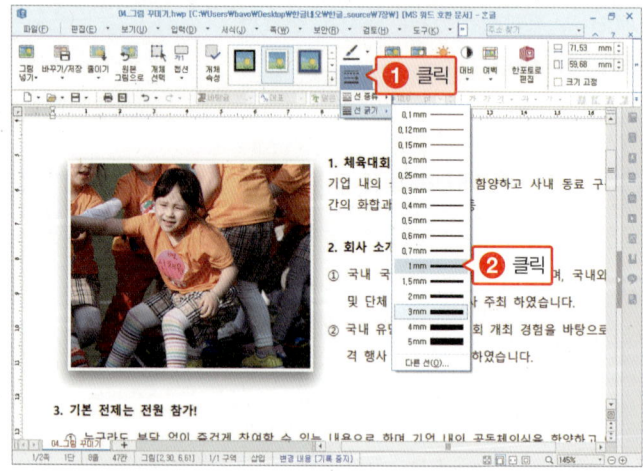

03 그림 액자 테두리 색 변경하기

그림 테두리의 색도 변경할 수 있습니다. ❶ 그림을 선택한 상태에서 [그림] 메뉴-[선 색]의 내림 단추를 클릭하고 ❷ [빨강 60% 밝게]를 선택합니다.

액자 테두리의 색이 변경됩니다.

바로 통하는 TIP [빨강 60% 밝게] 색은 [오피스] 색상 테마에 있습니다.

04 그림 액자 테두리 그림자 변경하기

그림자의 색, 투명도, 거리, 각도 등을 세밀하게 변경할 수 있습니다. ❶ 그림을 더블클릭합니다. ❷ [개체 속성] 대화상자에서 [그림자] 탭을 클릭합니다. ❸ [색]을 [파랑 50%], [투명도]를 [40%], [흐리게]를 [3pt], [거리]를 [3pt], [각도]를 [45°]로 변경하고 ❹ [설정]을 클릭합니다.

그림자 스타일이 변경됩니다.

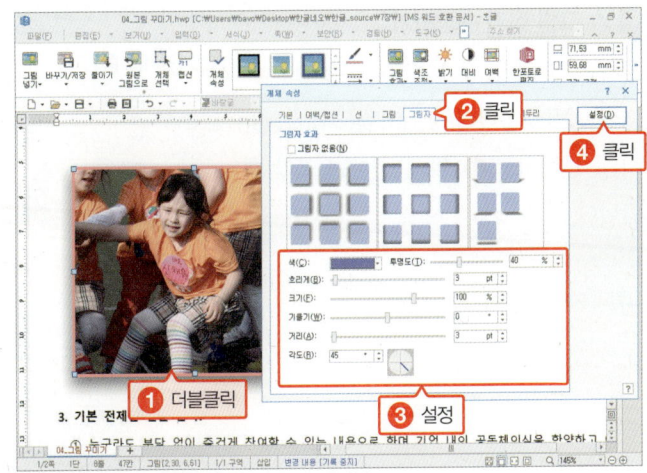

05 그림자 속성 제거하기

❶ 그림을 클릭하고 ❷ [그림] 메뉴-[그림 효과]를 클릭한 후 ❸ [그림자]-[그림자 없음]을 선택합니다.

그림자 속성이 제거됩니다.

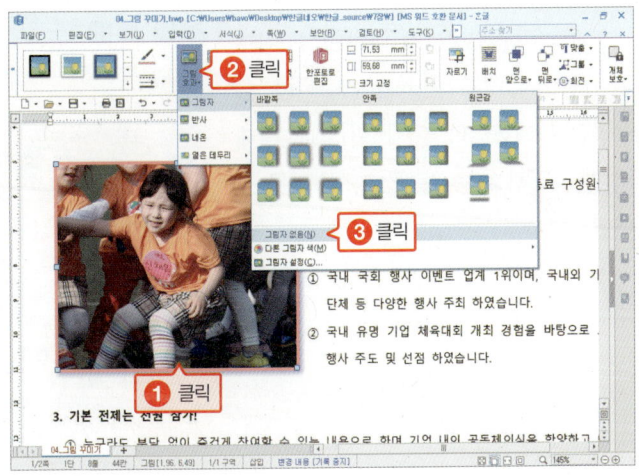

06 그림에 옅은 테두리 지정하기

❶ 그림을 클릭합니다. ❷ [그림] 메뉴 - [그림 효과]를 클릭합니다. ❸ [옅은 테두리] - [5pt]를 선택합니다.

그림에 옅은 테두리가 적용됩니다.

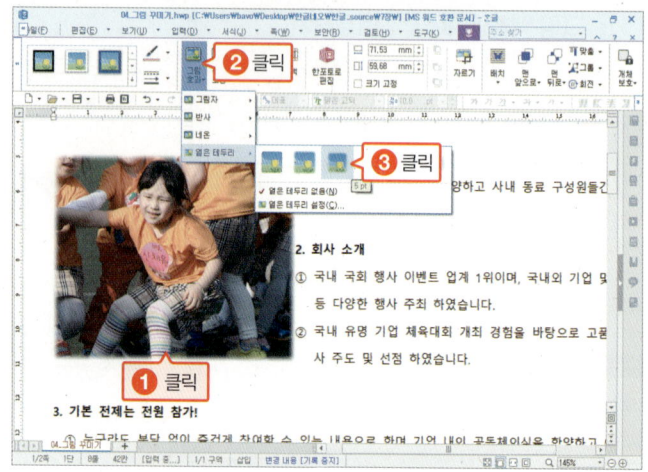

07 그림 밝기 수정하기

그림을 좀 더 밝게 수정해보겠습니다. ❶ 그림을 클릭합니다. ❷ [그림] 메뉴 - [밝기]를 클릭하고 ❸ [밝게] - [+5%]를 선택합니다.

그림이 밝아집니다.

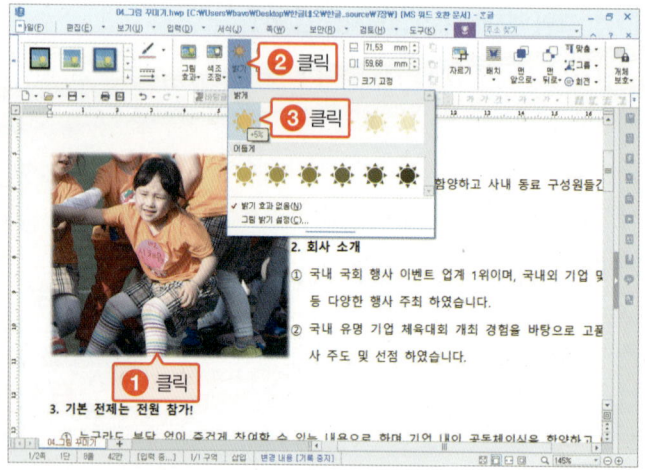

08 그림의 대비 수정하기

그림을 좀 더 선명하게 나타낼 수 있도록 그림의 대비를 수정해보겠습니다. ❶ 그림을 클릭합니다. ❷ [그림] 메뉴 - [대비]를 클릭하고 ❸ [높게] - [+40%]를 선택합니다.

그림의 대비가 변경되어 선명해집니다.

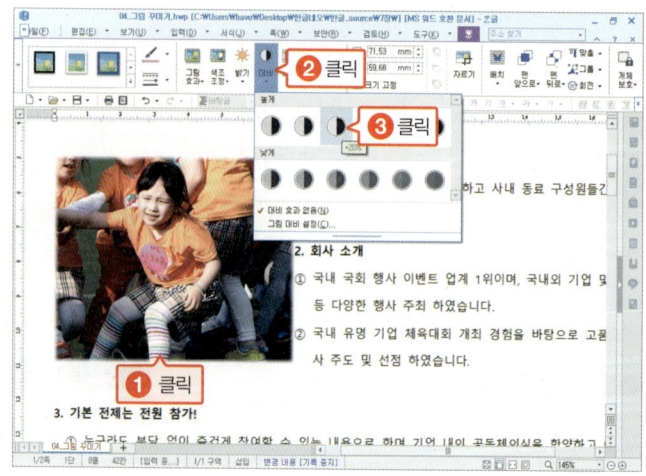

040 클립아트 삽입하기

클립아트는 조각 그림이라는 의미로, 문서에 간단한 이미지를 추가할 때 유용합니다. 그리기마당에 등록된 다양한 클립아트를 이용해 활동적인 문서를 완성해보겠습니다. 이를 사용하려면 한글 NEO 설치 시에 공유 클립아트를 설치해야 합니다.

실습 파일 | 한글\6장\클립아트 삽입하기.hwp　**완성 파일** | 한글\6장\클립아트 삽입하기_완성.hwp

---

📣 한눈에 보기 　 그리기 조각 개체 풀기

클립아트가 완성된 형태의 이미지라면 한글 NEO에서 기본으로 함께 제공하는 그리기 조각은 여러 도형이 묶여 하나의 형태를 이루는 개체입니다. [그리기마당] 대화상자의 [그리기 조각] 탭에서 원하는 모양을 선택해 삽입할 수 있습니다. 그리기 조각을 선택하고 마우스 오른쪽 버튼을 클릭한 후 단축 메뉴에서 [개체 풀기]를 선택하면 그리기 조각을 도형별로 분리할 수 있습니다. 조각의 형태를 다른 모양으로 변경하거나 필요 없는 부분을 삭제하여 원하는 모양으로 사용합니다.

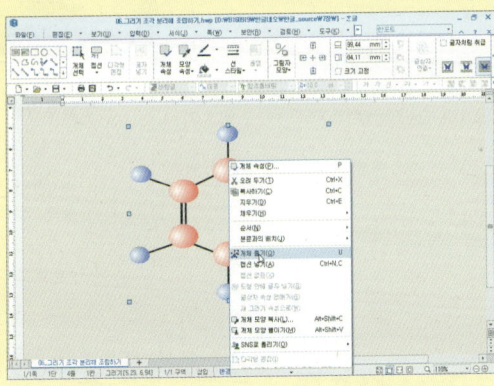 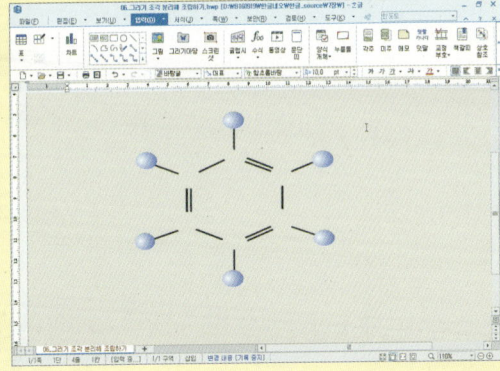

---

01 클립아트 삽입하기

예제 문서에 어울리는 클립아트를 삽입해 문서를 꾸며보겠습니다. ❶ [입력] 메뉴를 클릭하고 ❷ [그리기마당]을 클릭합니다.

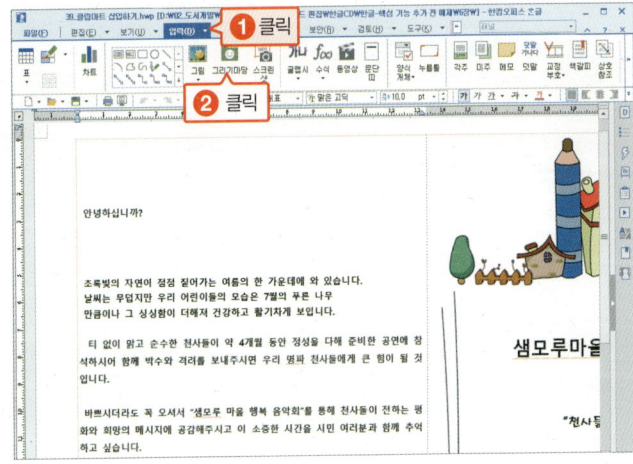

02 클립아트 선택하기

❶ [그리기마당] 대화상자의 [공유 클립아트] 탭을 클릭하고 ❷ [선택할 꾸러미] - [학교]를 선택합니다. ❸ [개체 목록]-[신학기07]을 선택하고 ❹ [넣기]를 클릭합니다.

마우스 커서가 그림 입력 상태인 + 모양으로 변경됩니다.

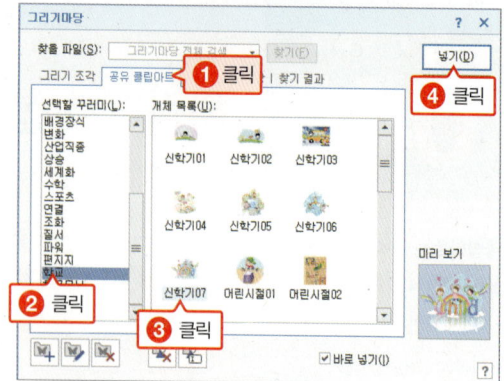

03 클립아트 문서에 삽입하기

마우스를 드래그하여 문서 폭에 맞게 클립아트를 삽입합니다.

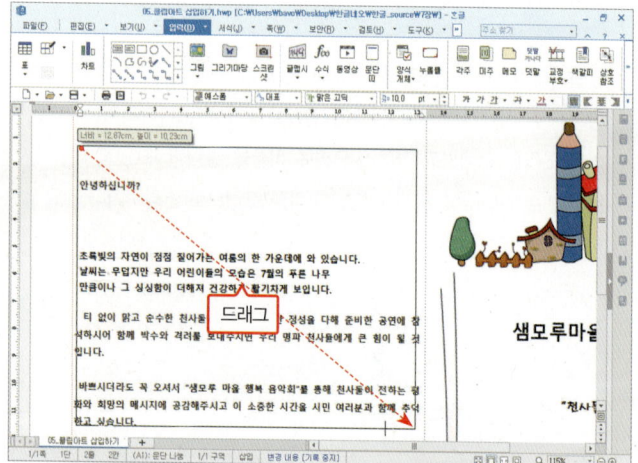

04 클립아트가 삽입되었습니다.

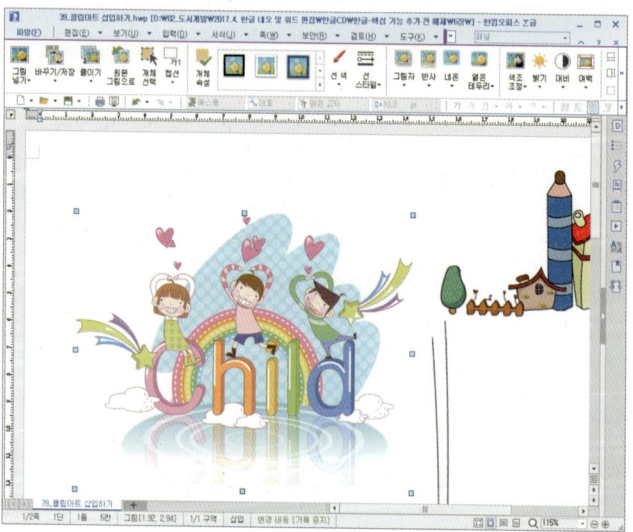

핵심기능실습
041
도형 꾸미고 모양 복사하기

문서에 다양한 도형을 삽입한 후 서식을 지정할 수 있습니다. 한 번 지정한 서식은 복사해 다른 도형에 적용할 수 있습니다.

실습 파일 | 한글\6장\도형 꾸미고 모양 복사하기.hwp **완성 파일** | 한글\6장\도형 꾸미고 모양 복사하기_완성.hwp

01 도형 그리기

도형을 삽입한 후 문서에 어울리는 서식을 지정해보겠습니다. ❶ [입력] 메뉴를 클릭하고 ❷ [그리기 개체]-[직사각형]을 선택합니다. ❸ 첫 번째 도형의 아래를 드래그하여 직사각형을 그립니다.

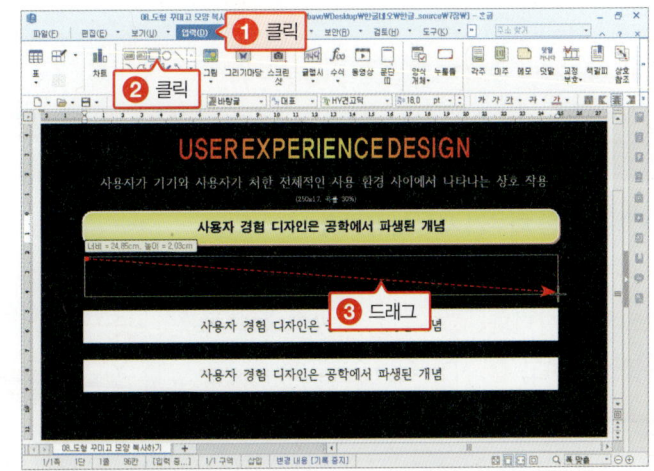

02 도형 크기 설정하기

❶ 그려 넣은 직사각형의 테두리를 더블클릭합니다. ❷ [개체 속성] 대화상자의 [기본] 탭에서 [너비]에 250, [높이]에 17을 입력하고 ❸ [설정]을 클릭합니다.

도형의 크기가 250×17mm로 변경됩니다.

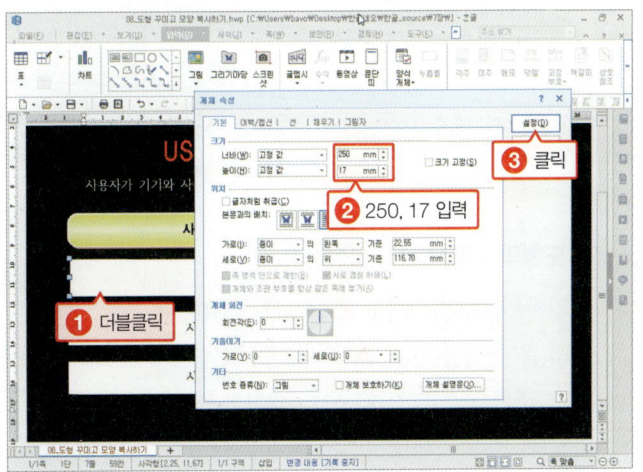

바로 통하는 TIP [개체 속성] 대화상자를 표시하려면 도형의 테두리를 더블클릭합니다. 도형만 삽입되어 있다면 도형을 더블클릭하면 되지만, 도형 안에 텍스트가 입력되어 있다면 반드시 테두리를 더블클릭해야 합니다. 도형의 테두리를 클릭한 후 단축키 P 를 눌러도 [개체 속성] 대화상자를 표시할 수 있습니다.

03 선 서식 변경하기

도형의 선 서식을 설정해보겠습니다. ❶ 도형이 선택된 상태에서 단축키 P를 눌러 [개체 속성] 대화상자를 표시합니다. ❷ [선] 탭을 클릭하고 ❸ [선]-[색]-[흰색]을 선택한 후 ❹ [굵기]에 0.7을 입력합니다. ❺ [사각형 모서리 곡률]-[곡률 지정]을 클릭하고 30을 입력합니다.

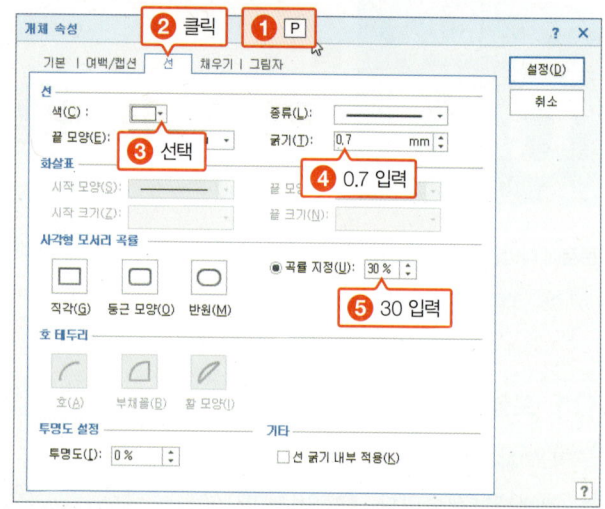

04 도형 채우기 서식 변경하기

❶ [채우기] 탭을 클릭하고 ❷ [그러데이션]을 선택합니다. ❸ [유형]-[가운데에서]를 선택하고 ❹ [시작 색]-[노랑 80%], [끝 색]-[노랑]으로 설정합니다.

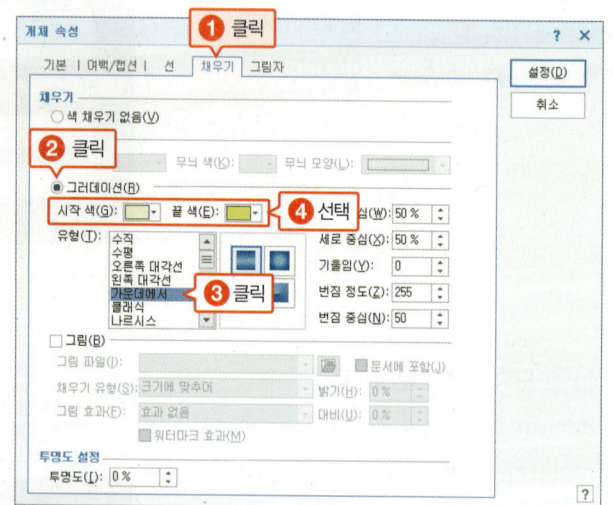

05 도형의 그림자 서식 설정하기

❶ [그림자] 탭을 클릭하고 ❷ [종류]-[오른쪽 아래]를 클릭합니다. ❸ [그림자]-[그림자 색]-[주황 40%]로 선택하고 ❹ [가로 방향 이동]에 -1.0, [세로 방향 이동]에 -1.0를 입력합니다. ❺ [투명도]에 11을 입력하고 ❻ [설정]을 클릭합니다.

도형에 선, 채우기, 그림자 서식이 적용됩니다.

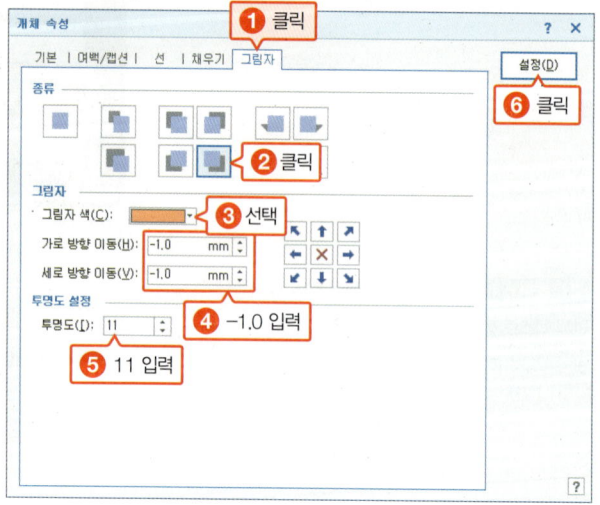

06 개체 모양 복사하기(단축키 Alt + Shift + C)

앞서 설정한 도형의 서식을 복사해 다른 도형에 적용해보겠습니다. ❶ 앞서 그려 넣은 도형을 클릭하고 ❷ [도형] 메뉴 – [모양 속성]을 클릭한 후 ❸ [개체 모양 복사]를 선택합니다. ❹ [개체 모양 복사] 대화상자에서 모든 항목에 체크 표시하고 ❺ [복사]를 클릭합니다.

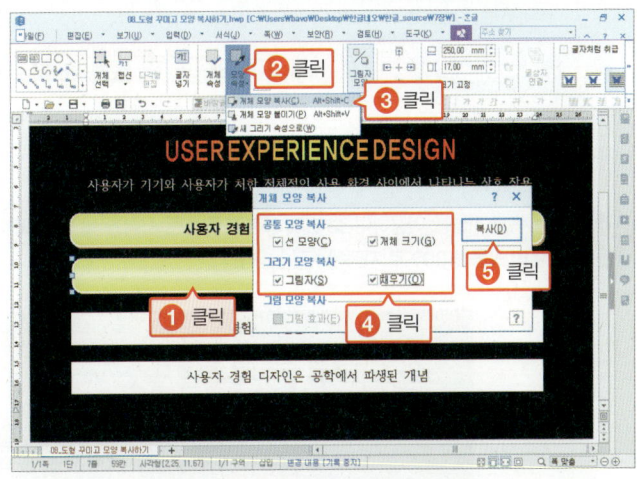

개체 모양이 복사됩니다.

07 개체 모양 붙여넣기(단축키 Alt + Shift + V)

❶ 복사한 서식을 붙여넣기 위해 세 번째 도형의 테두리를 클릭합니다. ❷ [도형] 메뉴 – [모양 속성]을 클릭하고 ❸ [개체 모양 붙이기]를 선택합니다.

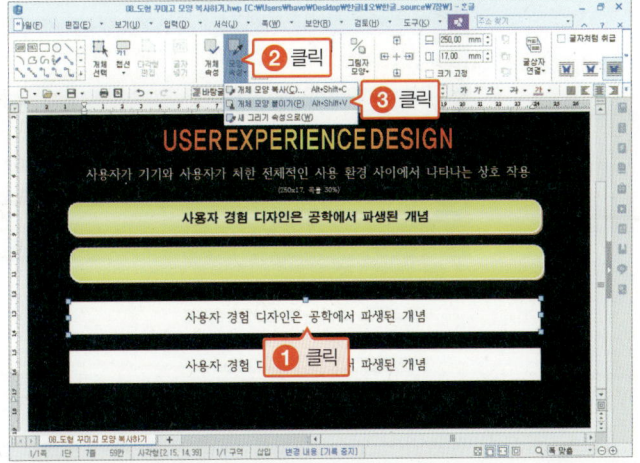

개체 모양이 붙여넣기됩니다. 단, 사각형 모서리 곡률은 붙여넣기되지 않습니다.

바로 통하는 TIP 세 번째 도형에 개체 모양이 붙여넣기 됩니다. 아쉽게도 테두리 모양은 붙여넣기가 되지 않습니다.

실습 파일 | 한글\6장\서식이 적용되어 있는 도형 복사하기.hwp **완성 파일** | 한글\6장\서식이 적용되어 있는 도형 복사하기_완성.hwp

개체 모양 복사 기능을 이용하여 첫 번째 도형에 적용된 서식을 네 번째 도형에 붙여보겠습니다. 세 번째와 네 번째 직사각형에는 선 테두리 곡률을 30%로 지정해보겠습니다.

▲ 완성 파일

01 개체 모양 복사하기 단축키는 Alt + Shift + C, 개체 모양 붙이기 단축키는 Alt + Shift + V 입니다. 서식이 적용되어 있는 도형을 클릭한 후 개체 모양 복사하기 단축키를 눌러 개체 모양을 복사합니다. 같은 서식을 적용할 도형을 클릭한 후 개체 모양 붙이기 단축키를 누릅니다.

02 도형의 테두리를 더블클릭해 [개체 속성] 대화상자를 표시한 후 [선] 탭에서 [사각형 모서리 곡률]−[곡률 지정]을 30%로 설정합니다.

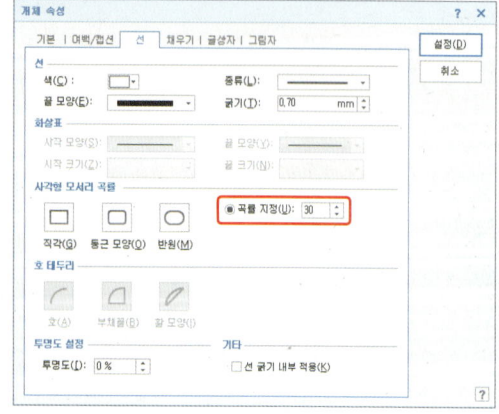

표 꾸미기

여러 종류의 데이터를 문서에 삽입해야 할 때 표를 이용하면 가독성 있게 표현할 수 있으며 좀 더 체계적으로 정돈된 문서를 만들 수 있습니다. 표를 만드는 방법, 줄/칸을 삽입하고 삭제하는 기능, 표 안의 문자열을 정렬하고 셀에 테두리와 음영을 적용하여 스타일을 변경하는 기능 등에 대해서 알아보겠습니다. 또 간단한 차트를 문서에 추가하여 내용을 더욱 풍성하게 만드는 방법도 소개합니다.

핵심기능실습 042

표 삽입, 크기 조절, 이동하기

문서에 포함된 복잡한 내용이나 수치 자료 등을 한눈에 확인하려면 표를 활용하는 것이 좋습니다. 표를 삽입하고 크기를 조절하며 이동하고 삭제하는 등 표를 편집하는 방법부터 표를 본문과 어울리게 배치하는 방법까지 알아보겠습니다.

실습 파일 | 한글\7장\표 삽입, 크기 조절, 이동하기.hwp **완성 파일** | 한글\7장\표 삽입, 크기 조절, 이동하기_완성.hwp

01 [표 만들기] 대화상자에서 표 그리기(단축키 Ctrl + N , T)

예제 문서에서 3줄×4칸의 표를 추가해 보겠습니다. ❶ [입력] 메뉴를 클릭하고 ❷ [표]를 클릭합니다.

[표 만들기] 대화상자가 나타납니다.

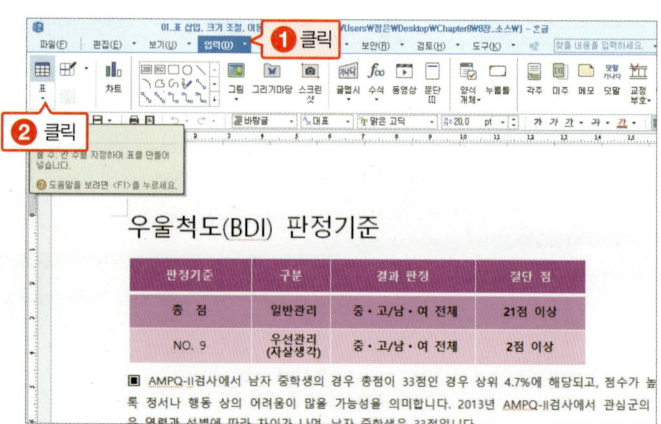

02

❶ [표 만들기] 대화상자에서 [줄/칸] – [줄 수]에 3, [칸 수]에 4를 입력합니다. ❷ [마우스 끌기로 만들기]에 체크 표시하고 ❸ [표마당]을 클릭합니다.

[표마당] 대화상자가 나타납니다.

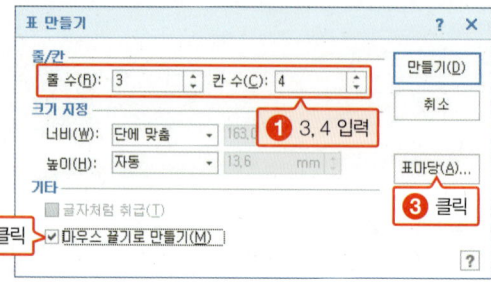

03 표마당 선택하기

❶ [표마당] 대화상자에서 [표마당 목록] – [기본 스타일 1 – 분홍 색조]를 선택하고 ❷ [설정]을 클릭합니다.

[표 만들기] 대화상자가 다시 나타나면 [만들기]를 클릭합니다. 마우스 포인터가 표 그리기 모양으로 변경됩니다.

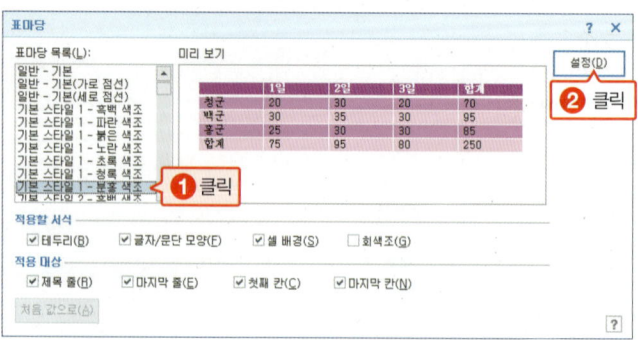

04 표가 시작될 위치를 기준으로 드래그하여 적당한 크기의 표를 그립니다.

표가 본문에 삽입됩니다.

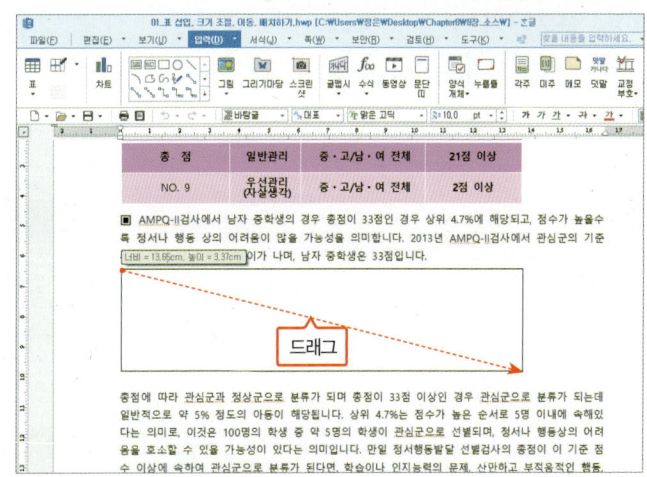

05 표 그리기 도구로 그리기

❶ [입력] 메뉴를 클릭하고 ❷ [표]의 내림 단추를 클릭합니다. ❸ 3줄×4칸만큼 드래그한 후 클릭합니다.

마우스 포인터가 표 그리기 모양으로 변경됩니다.

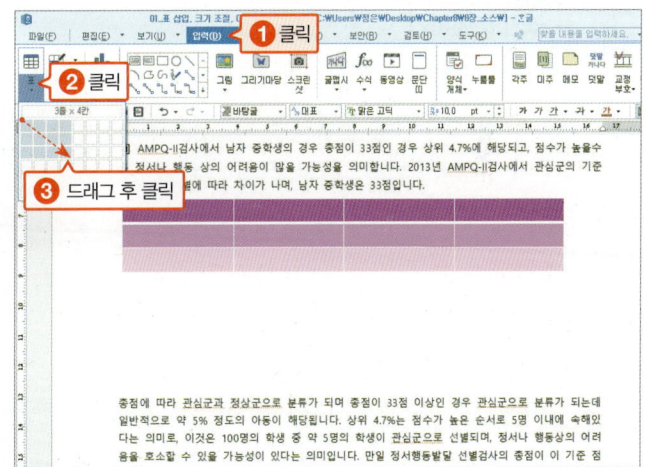

06 표가 시작될 위치를 기준으로 드래그하여 적당한 크기의 표를 그립니다.

표가 본문에 삽입됩니다.

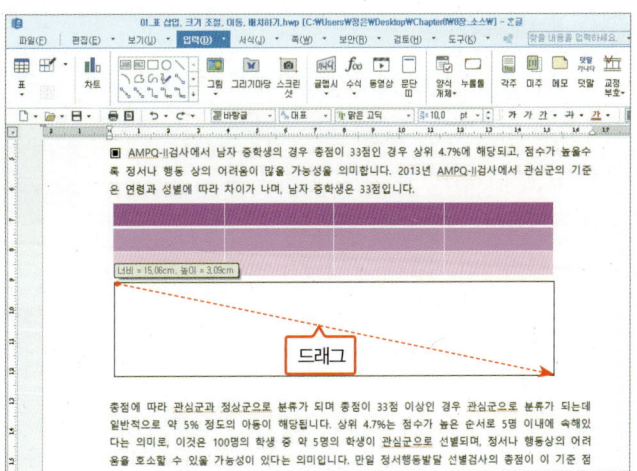

07 표 지우기

삽입한 표를 삭제해보겠습니다. 표 테두리를 클릭하고 Delete 를 누릅니다.

표가 지워집니다.

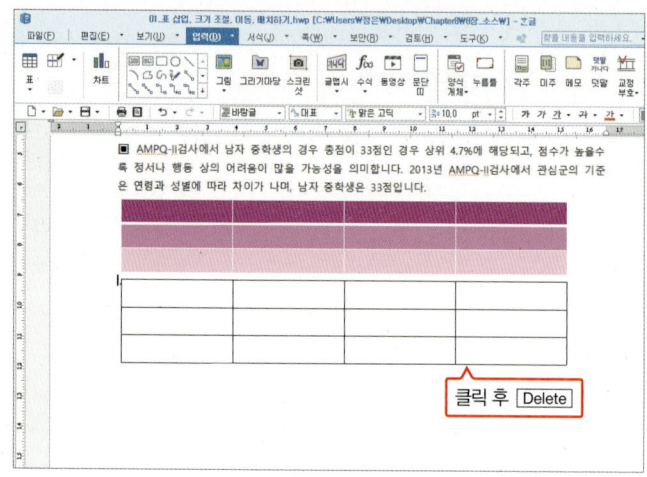

08 표 크기 조절하기

이미 삽입한 표의 전체 크기를 변경해보겠습니다. ❶ 표 테두리를 클릭하면 크기 조절점이 활성화됩니다. ❷ 표 크기 조절점을 드래그하여 적당한 크기로 변경합니다.

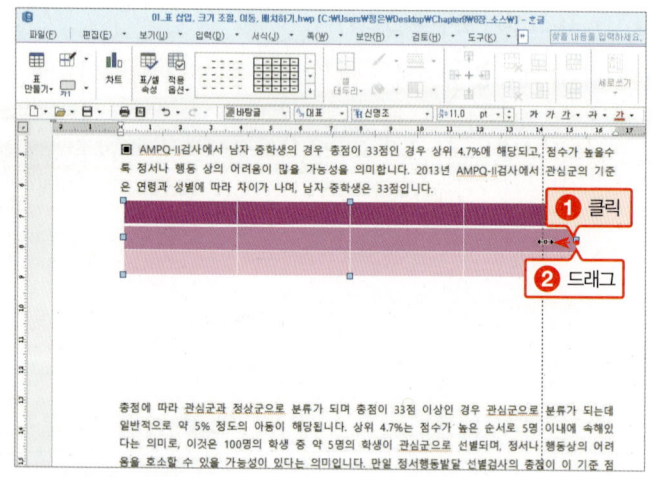

09 표 이동하기

그림이나 클립아트와 마찬가지로 표도 자유롭게 이동할 수 있습니다. 이때는 표 속성에서 [글자처럼 취급]에 체크 표시가 되어 있지 않아야 합니다. ❶ 표 테두리를 클릭하면 마우스 포인터가 이동하기 모양으로 변경됩니다. ❷ 표를 클릭한 채 원하는 위치로 드래그합니다.

표가 이동됩니다.

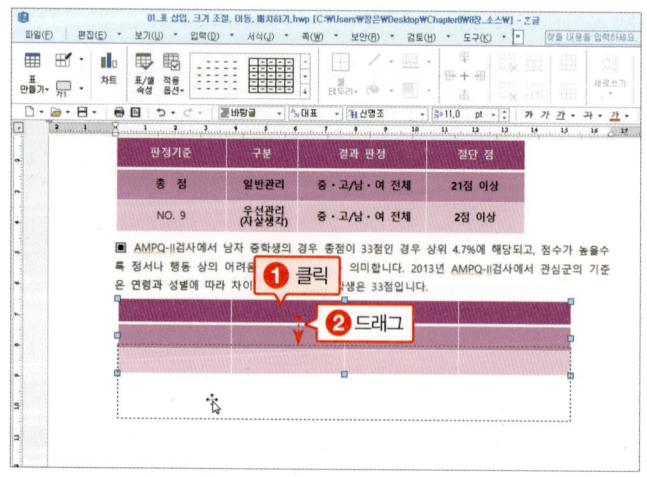

핵심기능실습 043

줄/칸 삽입 및 삭제하기

이미 만들어둔 표에 줄/칸을 추가해 편집하거나 불필요한 줄/칸을 삭제해야 하는 경우가 있습니다. 표에 줄과 칸을 삽입하고 삭제하는 방법을 알아보겠습니다.

실습 파일 | 한글\7장\줄 칸 삽입 및 삭제하기.hwp 완성 파일 | 한글\7장\줄 칸 삽입 및 삭제하기_완성.hwp

01 줄 삽입하기

표에서 배경이 노란색인 줄 아래에 한 줄을 추가해보겠습니다. ❶ 노란색 줄에서 임의의 셀을 클릭합니다. ❷ [표] 메뉴를 클릭하고 ❸ [아래에 줄 추가하기]를 클릭합니다.

노란색 줄의 아래에 한 줄이 추가됩니다. 셀 서식이 동일하게 적용되었음을 알 수 있습니다.

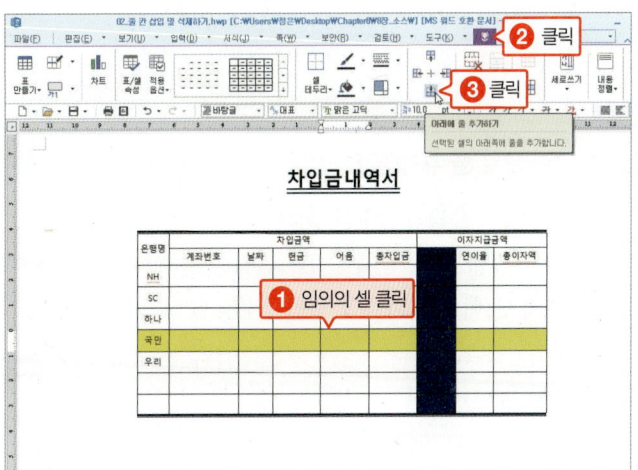

02 칸 삭제하기

표에서 배경색이 남색으로 표시된 칸을 삭제해보겠습니다. ❶ 삭제할 칸 중 임의의 셀을 클릭합니다. ❷ [표] 메뉴-[칸 지우기]를 클릭합니다.

'지급일자'에 해당하는 칸이 삭제됩니다.

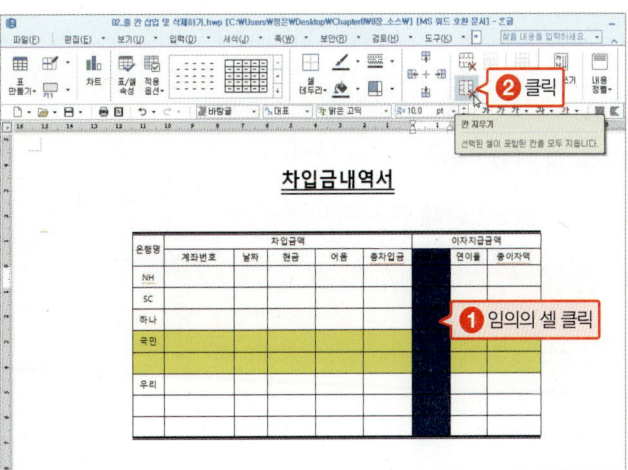

03 줄 삭제하기

새로 추가한 줄을 단축키로 삭제해보겠습니다. ① 삭제하고자 하는 줄에서 임의의 셀을 클릭하고 ② 단축키 [Alt]+[Delete]를 누릅니다. ③ [줄/칸 지우기] 대화상자에서 [지우기]-[줄 지우기]를 클릭하고 ④ [지우기]를 클릭합니다.

현재 커서가 있는 줄이 삭제됩니다.

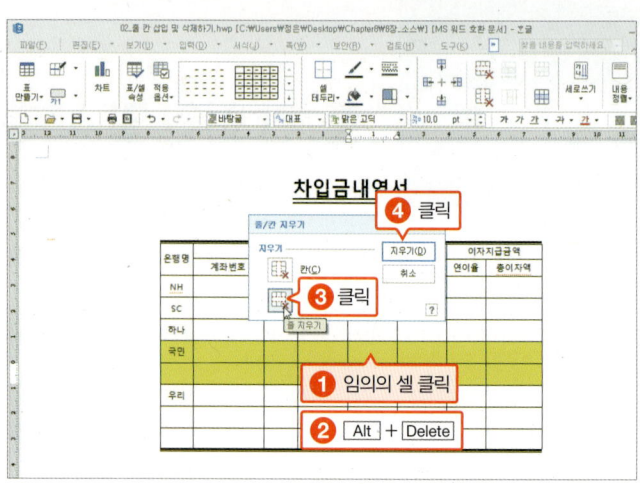

04 [Tab]으로 줄 추가하기

표의 맨 아래에 줄을 추가해보겠습니다. 이때는 마지막 셀을 이용해야 편리합니다. ① 표의 맨 아랫줄 마지막 셀을 클릭하고 ② [Tab]을 누릅니다.

표의 맨 아래에 한 줄이 추가됩니다.

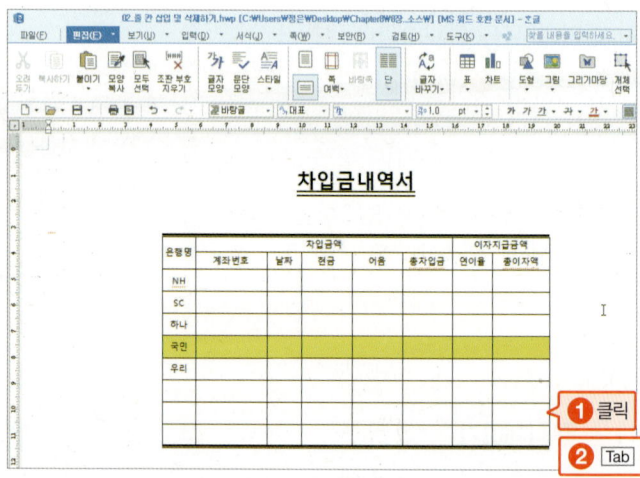

05 줄 더 추가하기

① 새로 추가된 줄의 맨 마지막 셀을 클릭하고 ② [Tab]을 누릅니다.

표의 맨 아래에 한 줄이 더 추가됩니다.

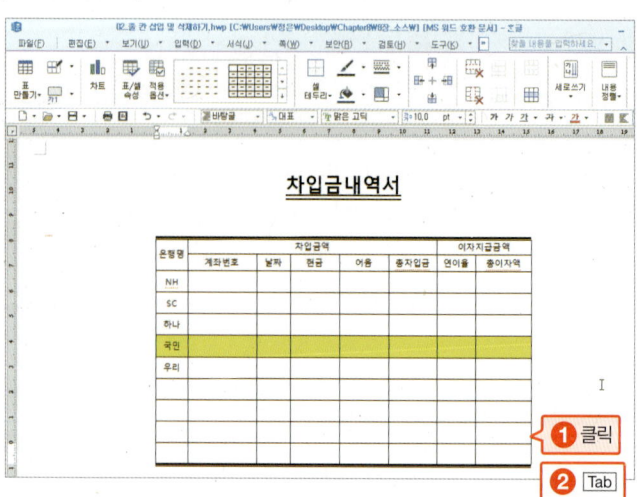

044

셀 합치고 나누기

셀 합치기는 두 개 이상의 셀을 하나로 합치는 기능이고, 셀 나누기는 하나의 셀을 두 개 이상의 셀로 나누는 기능입니다. 셀을 합치고 나누는 방법에 대해서 알아보겠습니다.

실습 파일 | 한글\7장\셀 합치고 나누기.hwp   **완성 파일** | 한글\7장\셀 합치고 나누기_완성.hwp

01 셀 합치기

예제 문서의 표에서 항목별로 분리되어 있는 '요인' 셀을 하나로 합쳐보겠습니다. ❶ 합칠 셀 범위를 드래그하고 ❷ [표] 메뉴-[셀 합치기]를 클릭합니다.

네 개의 셀이 하나로 합쳐집니다.

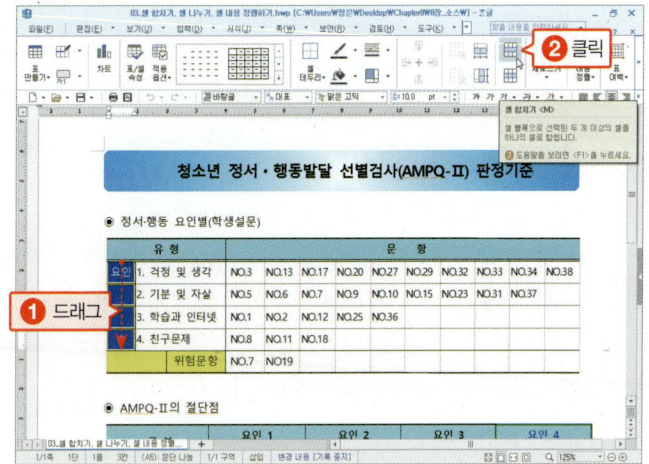

02 단축키 M 으로 셀 합치기

'위험문항' 셀 역시 왼쪽에 있는 앞 셀과 분리되어 있습니다. 한 셀로 합쳐보겠습니다. ❶ 합칠 셀 범위를 드래그하고 ❷ M 을 누릅니다.

두 셀이 하나로 합쳐집니다.

유 형		NO.3	NO.13	NO.17	NO.20
요인	1. 걱정 및 생각	NO.3	NO.13	NO.17	NO.20
	2. 기분 및 자살	NO.5	NO.6	NO.7	NO.9
	3. 학습과 인터넷	NO.1	NO.2	NO.12	NO.25
	4. 친구문제	NO.8	NO.11	NO.18	
	위험문항	NO.7	NO19		

❶ 드래그   ❷ M

03 표 지우개를 이용해 셀 합치기

① 표에서 임의의 셀을 클릭하고 **②** [표] 메뉴 – [표 그리기]를 클릭한 후 **③** [표 지우개]를 선택합니다.

마우스 포인터가 표 지우개 ✐ 모양으로 변경됩니다.

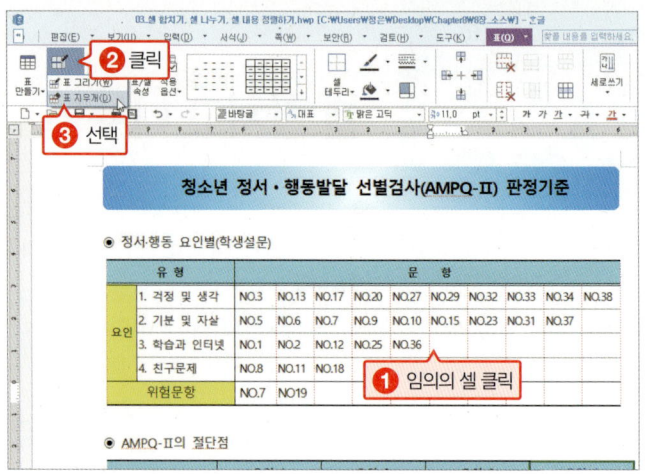

04 경계선 지우개로 지우기

① 지우려는 셀의 경계선을 클릭한 상태에서 **②** 셀 경계 부분을 드래그합니다. 마우스 포인터를 조금씩 움직여보면 삭제할 셀의 경계선이 분홍색으로 표시되는데, 이때 마우스 왼쪽 버튼을 놓습니다.

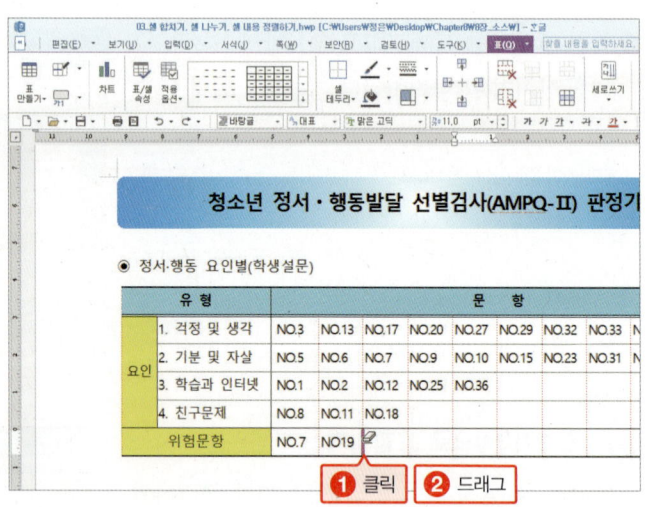

05 셀 경계선이 삭제되어 셀이 합쳐집니다.

유 형					
요인	1. 걱정 및 생각	NO.3	NO.13	NO.17	NO.20
	2. 기분 및 자살	NO.5	NO.6	NO.7	NO.9
	3. 학습과 인터넷	NO.1	NO.2	NO.12	NO.25
	4. 친구문제	NO.8	NO.11	NO.18	
위험문항		NO.7	NO19	✐	

바로 통하는 TIP 표 지우개 상태에서는 셀 경계선을 계속 삭제할 수 있습니다. 표 지우개 상태를 해제하려면 표의 바깥을 클릭하거나 ESC 를 누릅니다.

06 셀 나누기

두 번째 표에서 '중학생' 셀의 오른쪽에 있는 노란색 셀을 두 개로 나눠보겠습니다. ❶ 두 개로 나눌 셀을 클릭하고 ❷ [표] 메뉴-[셀 나누기]를 클릭합니다.

[셀 나누기] 대화상자가 나타납니다.

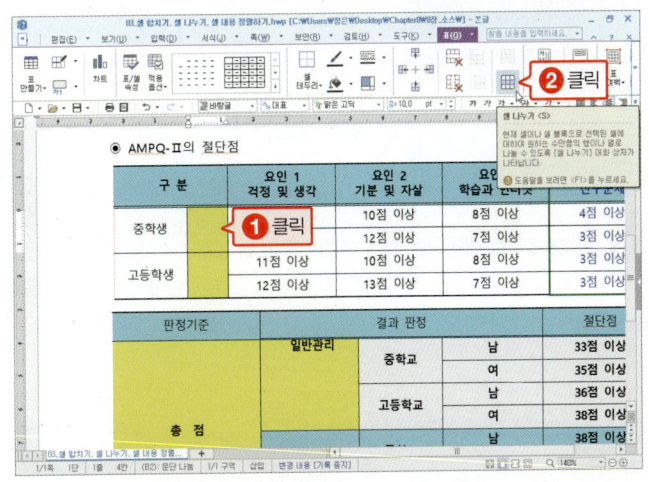

07 [셀 나누기] 대화상자에서 셀 나누기

❶ [셀 나누기] 대화상자의 [줄/칸 나누기]-[줄 수]에 **2**를 입력하고 ❷ [선택 사항]의 [줄 높이를 같게 나누기]에 체크 표시한 후 ❸ [나누기]를 클릭합니다.

셀이 두 칸으로 나눠집니다.

바로 통하는 TIP 나눌 셀을 클릭하고 F5 를 눌러 셀을 선택한 후 단축키 S 를 눌러도 [셀 나누기] 대화상자를 표시할 수 있습니다.

08 표 그리기로 셀 나누기

두 번째 표에서 '고등학생' 셀의 오른쪽 노란색 셀 가운데에 선을 그어 셀을 두 개로 나눠보겠습니다. 이웃한 셀의 선을 기준선으로 삼아 연장해 그립니다. ❶ [표] 메뉴-[표 그리기]를 클릭하고 ❷ [표 그리기]를 선택합니다. 마우스 포인터가 펜 🖊 모양으로 변경됩니다. ❸ 노란색 셀과 이웃 셀의 가로선이 만나는 부분을 클릭하고 왼쪽으로 드래그하여 연장합니다.

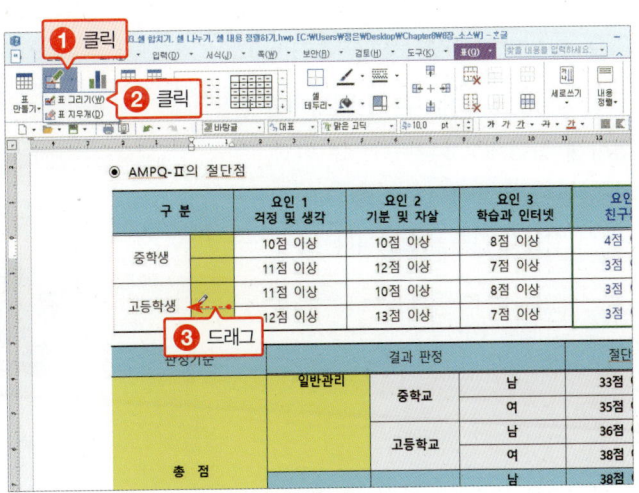

셀이 두 칸으로 나눠집니다.

핵심기능실습

045

셀 높이와 폭 같게 설정하기

표에 내용을 입력해보면 어떤 칸은 내용이 많이 들어가고, 어떤 칸은 적게 들어가는 경우가 있습니다. 표 작업을 마무리할 때 표 내용의 길이에 상관없이 각 칸의 높이나 너비를 일정하게 설정해 보기 좋고 깔끔한 표를 만들어보겠습니다.

실습 파일 | 한글\7장\셀 높이와 폭 같게 설정하기.hwp **완성 파일** | 한글\7장\셀 높이와 폭 같게 설정하기_완성.hwp

01 셀 높이 같게 설정하기(단축키 H)

예제 문서의 표에서 텍스트의 양에 상관없이 셀 높이를 일정하게 설정해보겠습니다. ❶ 제목 행을 제외한 표 전체 범위를 드래그하고 ❷ [표] 메뉴를 클릭한 후 ❸ [셀 높이 같게]를 클릭합니다.

선택한 모든 셀의 높이가 똑같게 맞춰집니다.

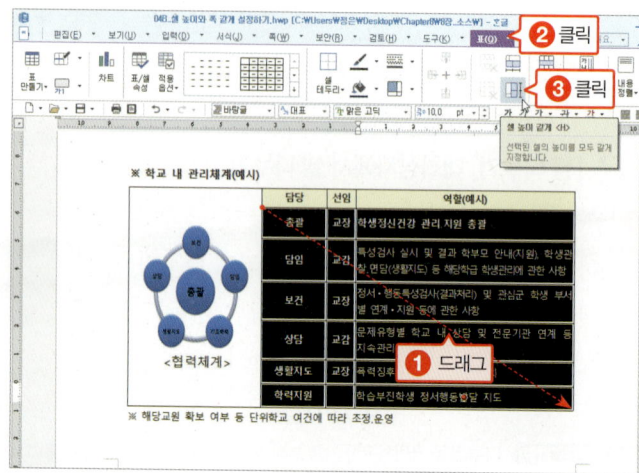

02 셀 너비 같게 설정하기(단축키 W)

'담당' 및 '선임'에 해당하는 셀 너비를 일정하게 설정해보겠습니다. ❶ '담당' 열과 '선임' 열을 드래그하고 ❷ [표] 메뉴-[셀 너비를 같게]를 클릭합니다.

선택한 모든 열의 너비가 똑같게 맞춰집니다.

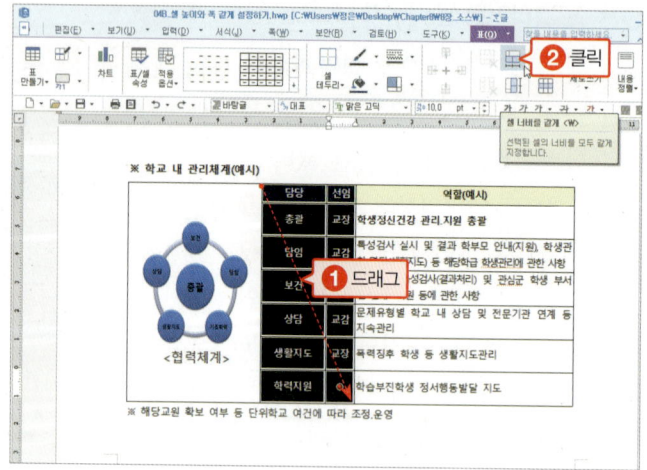

핵심기능실습 046

표 나누기, 붙이기, 여러 쪽 지원 기능 이용하기

표 작업을 하다 보면 내용이 길어져 다음 쪽으로 넘어가는 경우가 있습니다. 이때 표를 나눠서 다음 쪽에 배치하거나 반대로 앞 장에 이어 붙이는 등 표를 좀 더 보기 좋게 배치하는 방법을 알아보겠습니다.

실습 파일 | 한글\7장\표 나누기, 붙이기, 여러 쪽 지원 기능 이용하기.hwp　　**완성 파일** | 한글\7장\표 나누기, 붙이기, 여러 쪽 지원 기능 이용하기_완성.hwp

01　표 나누기(단축키 Ctrl + N , A)

예제 문서의 표가 길어서 마지막 칸의 일부가 다음 쪽으로 넘어갔습니다. 수요 일과 토요일에 해당하는 줄을 기본 표에 서 분리해 다음 쪽에 배치해보겠습니다. ❶ '(수)', '(토)'가 표시된 줄에서 임의의 셀을 클릭하고 ❷ [표] 메뉴를 클릭한 후 ❸ [표 나누기]를 클릭합니다.

표가 나누어집니다.

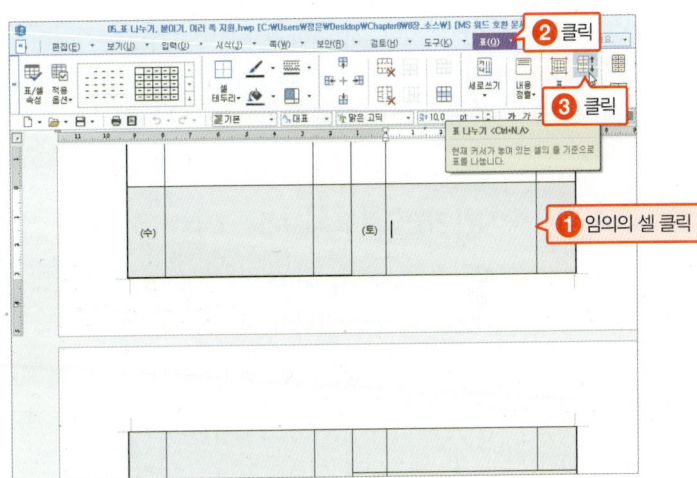

**02　**표 앞을 클릭하고 단축키 Ctrl + Enter 를 눌러 분리된 표를 다음 쪽으로 넘깁니다.

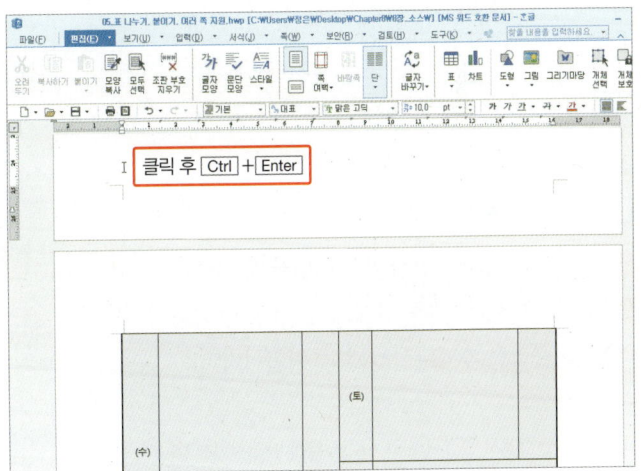

03 표 붙이기(단축키 Ctrl + N, Z)

두 개의 표를 하나로 붙여 연결해보겠습니다. ❶ '(화)', '(금)'이 표시된 줄에서 임의의 셀을 클릭하고 ❷ [표] 메뉴 – [표 붙이기]를 클릭합니다.

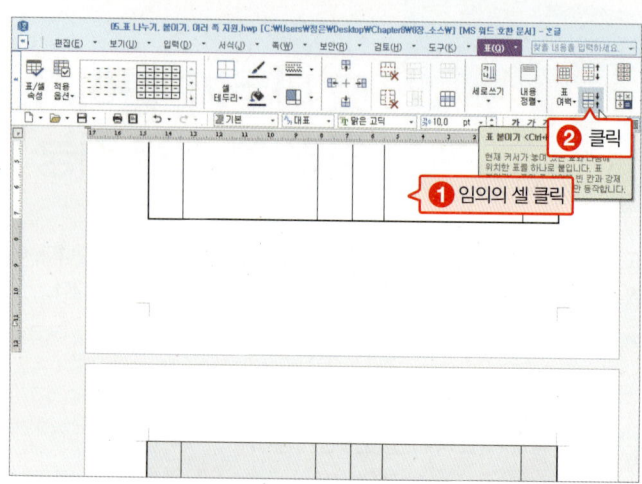

아래쪽으로 분리되었던 표가 위쪽 표에 다시 붙습니다.

바로 통하는 TIP 표 붙이기를 할 때는 서로 붙일 두 표의 칸 수가 동일해야만 합니다. 또한 붙이려면 나눠진 표가 아니라 붙여 넣을 표에서 임의의 셀을 클릭해야 합니다.

04 여러 쪽 지원 기능으로 표 나누기

표가 여러 쪽에 걸쳐 표시되는 경우 직접 표를 나누지 않고도 표가 잘리지 않게 여러 쪽에 표시하는 기능이 있습니다. 여러 쪽 지원 기능을 이용해 표를 배치해보겠습니다. 표 테두리를 더블클릭합니다.

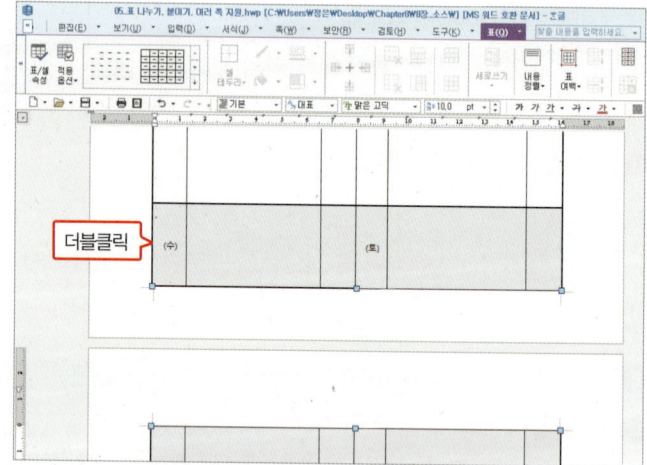

[표/셀 속성] 대화상자가 나타납니다.

05 셀 단위로 나누기

❶ [표/셀 속성] 대화상자의 [표] 탭을 클릭하고 ❷ [여러 쪽 지원] – [쪽 경계에서] – [셀 단위로 나눔]을 클릭한 후 ❸ [설정]을 클릭합니다.

표의 셀이 중간에서 잘리지 않고 자연스럽게 나눠지면서 여러 쪽에 걸쳐 나타납니다.

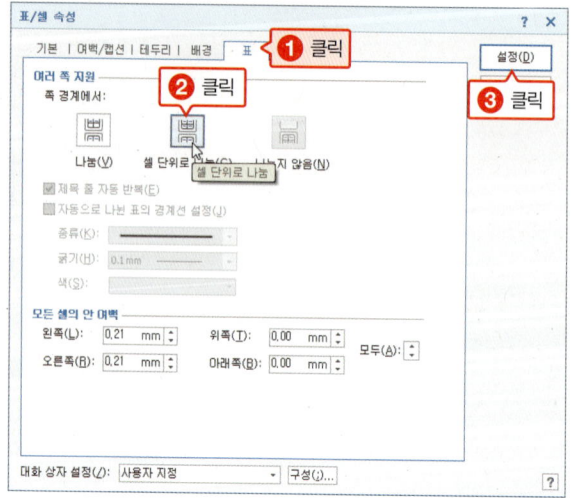

047 표 셀 속성 지정하기

표의 특정 부분을 눈에 띄게 강조해야 할 때가 있습니다. 기본 서식 이외의 테두리를 적용하거나 배경색을 변경해 보기 좋게 꾸밀 수 있습니다. 표의 테두리와 배경색을 지정하는 방법을 알아보겠습니다.

실습 파일 | 한글\7장\표 셀 속성 지정하기.hwp **완성 파일** | 한글\7장\표 셀 속성 지정하기_완성.hwp

01 모든 셀 안쪽에 여백 설정하기

1쪽에 수록된 설문 관련 표 모양을 변경해보겠습니다. 우선 표 테두리와 텍스트 사이에 일정한 여백이 표시되도록 설정해야 합니다. 표 테두리를 더블클릭합니다. 또는 표 테두리를 클릭하고 [표] 메뉴-[표/셀 속성]을 클릭해도 됩니다.

[표/셀 속성] 대화상자가 나타납니다.

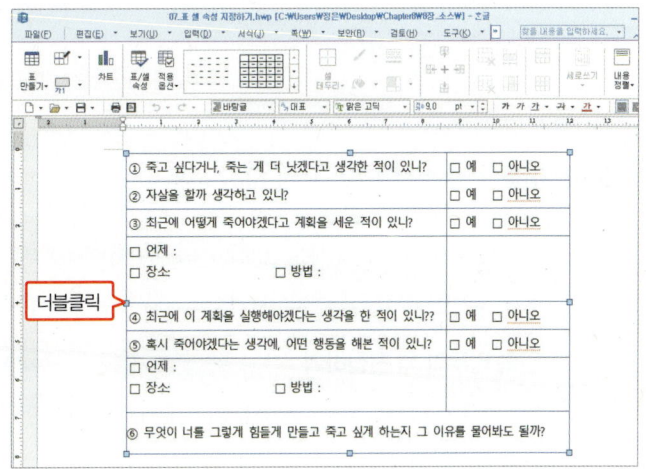

02 ❶ [표/셀 속성] 대화상자의 [표] 탭을 클릭하고 ❷ [모든 셀의 안 여백]-[모두]의 △를 두 번 클릭해 모든 셀의 안 여백을 2mm로 변경한 후 ❸ [설정]을 클릭합니다.

모든 셀의 안 여백이 2mm로 변경됩니다.

바로 통하는 TIP 표 선택을 취소하려면 ESC를 누르거나 문서의 다른 위치를 클릭합니다.

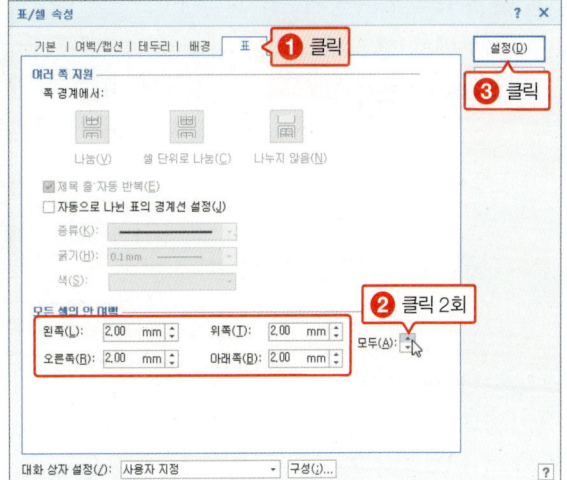

03 셀 배경색 채우기

표의 제목 셀이나 특이 사항이 있는 셀 등을 돋보이게 표시하고 싶다면 배경색을 채우는 방법이 유용합니다. 설문에 대한 답을 표시하는 셀에 배경색을 채워 보겠습니다. ❶ 배경색을 채울 비연속 셀들을 Ctrl 을 누른 상태에서 모두 클릭합니다. ❷ [표] 메뉴-[셀 배경색]의 내림 단추를 클릭하고 ❸ [진달래색 60% 밝게]를 선택합니다.

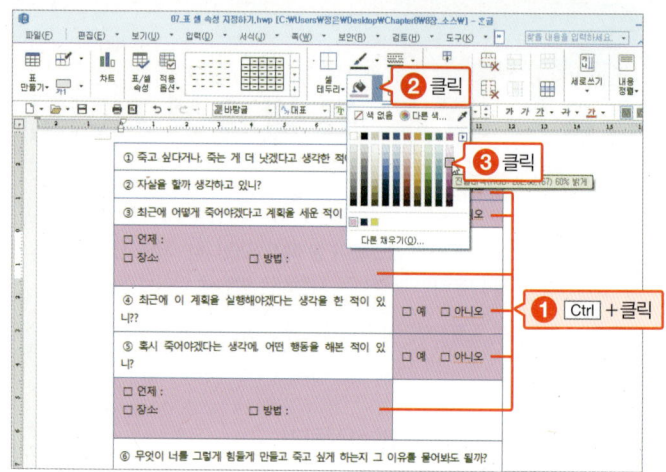

셀 배경색이 적용됩니다.

바로 통하는 TIP 셀 배경색을 채우는 방식에는 [표] 도구 상자에서 바로 적용하는 방법과 [셀/테두리 배경] 대화상자에서 변경하는 방법이 있습니다. 선 테두리를 적용할 때도 이 두 가지 방법을 동일하게 사용할 수 있습니다. [셀 테두리/배경] 대화상자를 이용하려면 Ctrl 을 누른 상태에서 배경색을 적용할 셀을 모두 클릭하고 마우스 오른쪽 버튼을 클릭하여 바로 가기 메뉴에서 [셀 테두리/배경]-[각 셀마다 적용]을 선택합니다.

04 표 안쪽 테두리 색 편집하기

[셀/테두리 배경] 대화상자에서 셀 테두리를 변경해보겠습니다. ❶ 셀 테두리 색을 변경할 표 전체 범위를 드래그합니다. ❷ 마우스 오른쪽 버튼을 클릭하고 단축 메뉴에서 [셀 테두리/배경]-[각 셀마다 적용]을 선택합니다.

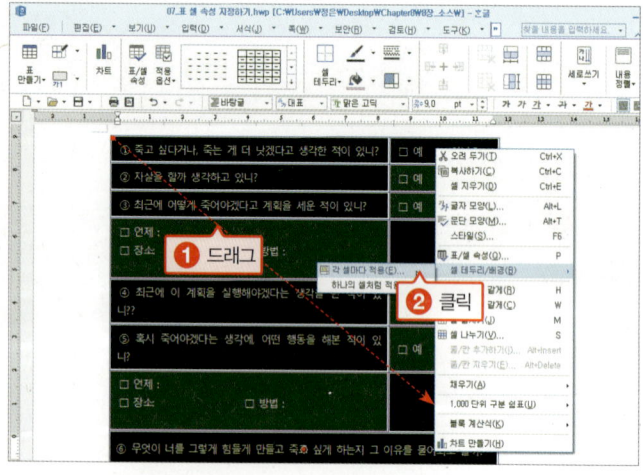

[셀 테두리/배경] 대화상자가 나타납니다.

05 ❶ [셀 테두리/배경] 대화상자의 [테두리] 탭에서 [테두리]-[종류]-[점선]을 선택합니다. ❷ [굵기]는 [0.3mm], [색]은 [진달래색]을 선택하고 ❸ [안쪽 모두]를 클릭한 후 ❹ [설정]을 클릭합니다.

표의 안쪽 테두리가 설정한 모양으로 바뀝니다.

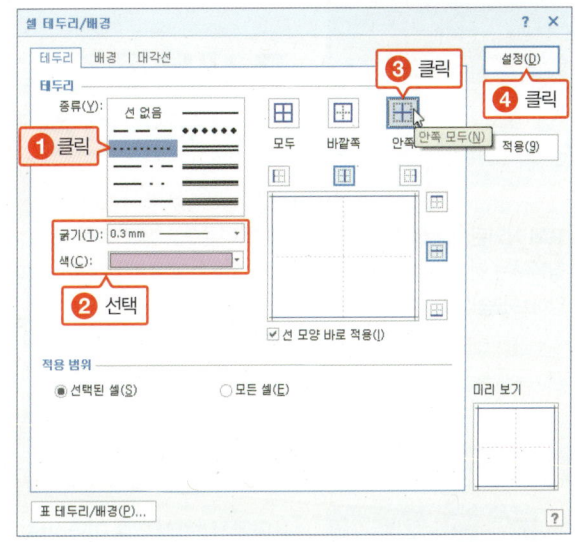

06 표 바깥쪽 셀 테두리 색 편집하기

표의 바깥쪽 테두리에 색을 지정해보겠습니다. ❶ 셀 테두리 색을 변경할 표 전체 범위를 드래그합니다. ❷ [표] 메뉴-[셀 테두리 색]의 내림 단추를 클릭하고 ❸ [진달래색]을 선택합니다

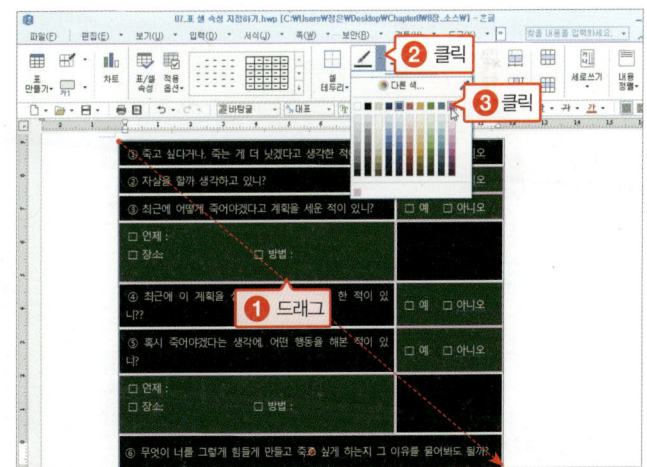

07 ❶ [표] 메뉴-[셀 테두리]의 내림 단추를 클릭하고 ❷ [바깥쪽 모두]를 선택합니다.

선택 범위 바깥쪽 테두리 선 색이 설정한 색으로 변경되었습니다.

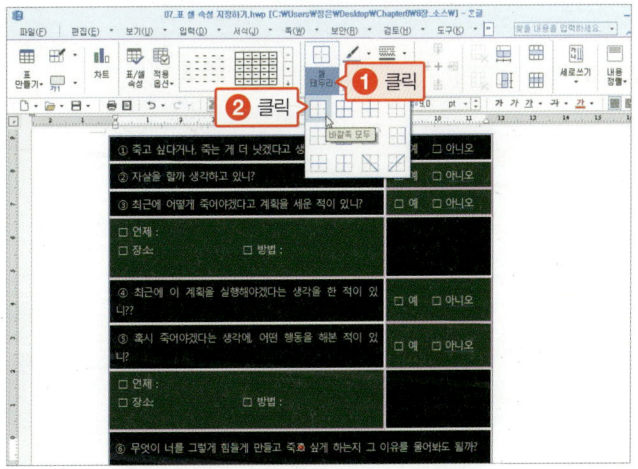

핵심기능실습
048

표 내용을 오름차순이나
내림차순으로 정렬하기

표에 삽입된 내용을 가, 나, 다 순서나 그 역순으로 정리할 수 있습니다. 숫자의 경우 작은 값이 위에 오도록 정렬하거나 그 반대로 정렬하는 것이 가능합니다. 정렬 기능을 이용하여 표의 내용을 기준에 맞게 오름차순, 혹은 내림차순으로 정리하는 방법에 대해서 알아보겠습니다.

실습 파일 | 한글\7장\표 내용을 오름차순이나 내림차순으로 정렬하기.hwp
완성 파일 | 한글\7장\표 내용을 오름차순이나 내림차순으로 정렬하기_완성.hwp

 **한눈에 보기**　**[표마당] 대화상자를 이용하여 표 스타일 변경하기**

[표마당] 대화상자를 이용하여 간단하게 표 서식을 적용할 수 있습니다. 표를 선택한 후 [표] 메뉴-[표마당]을 클릭합니다. [표마당] 대화상자에서 다양한 [표마당 목록]을 확인할 수 있으며 셀 배경, 테두리 색과 스타일 등을 변경할 수 있습니다. [적용할 서식]이나 [적용 대상] 옵션을 설정하여 서식을 적용할 대상을 선택합니다.

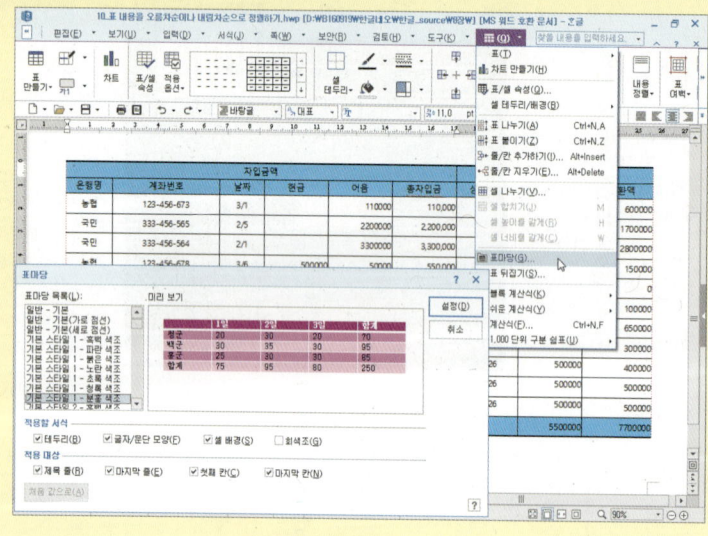

01 표 내용 정렬하기

예제 문서의 표 내용을 차입한 은행명, 미상환액에 따라 정렬해보겠습니다. '은행명(필드1)'은 오름차순으로 정렬하고, 은행 이름이 동일한 경우 '미상환액(필드9)'을 기준으로 큰 금액부터 표시되도록 내림차순으로 정렬하겠습니다. ❶ 표에서 은행명 행부터 미상환액 행까지 드래그하고 ❷ [도구] 메뉴를 클릭한 후 ❸ [정렬]을 클릭합니다.

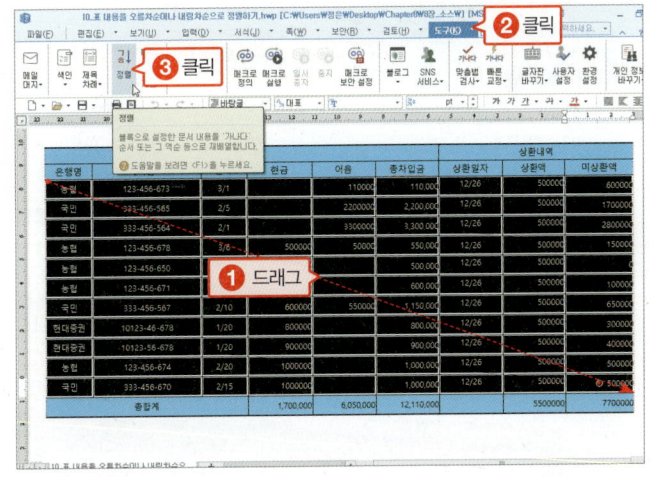

[정렬] 대화상자가 나타납니다.

바로 동하는 TIP 표를 정렬하기 위해 블록을 선택할 때는 실제 정렬해야 할 행만 선택합니다. 예제 문서에서는 항목명, 총합계 등은 선택하지 않습니다.

02 정렬 기준 선택하기

❶ [정렬] 대화상자의 [정렬 기준]에서 [기준 1]의 [위치]는 [필드1], [형식]은 [글자(가나다)]로 설정합니다. ❷ [기준 2]의 [위치]는 [필드9], [형식]은 [숫자(987)]로 설정하고 ❸ [실행]을 클릭합니다.

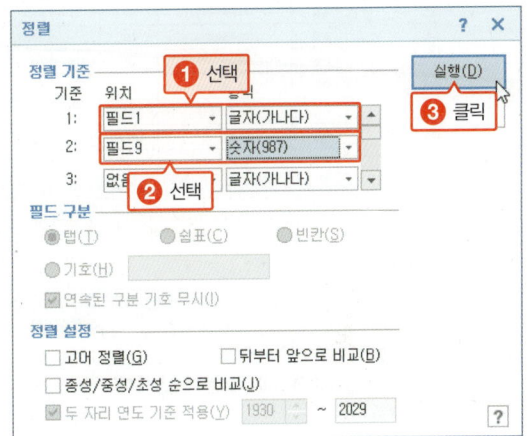

은행명이 우선 기준으로 적용되어 가나다 순서로 정렬됩니다. 은행명이 동일한 경우에는 미상환액이 큰 내역부터 위쪽으로 정렬됩니다.

03
은행명이 우선 기준으로 적용되어 가나다 순서로 정렬됩니다. 은행명이 동일한 경우에는 미상환액이 큰 내역부터 위쪽으로 정렬됩니다.

실습 파일 | 한글\7장\표 정렬하기.hwp   완성 파일 | 한글\7장\표 정렬하기_완성.hwp

차입금 내역표의 내용을 차입한 은행명, 총 차입금액에 따라 정렬해보겠습니다. 은행명을 기준으로 내림차순 정렬하고, 은행명이 동일한 경우에는 총 차입금액을 기준으로 내림차순 정렬해보겠습니다.

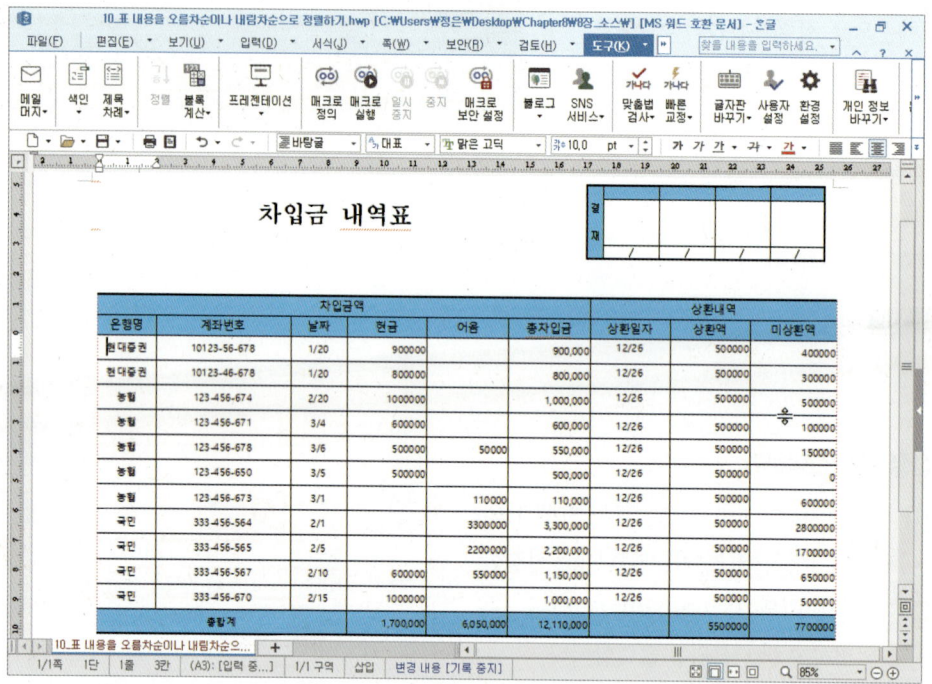

▲ 완성 파일

01 표에서 은행명 행부터 미상환액 행까지 드래그하고 [도구] 메뉴를 클릭한 후 [정렬]을 클릭합니다.

02 [정렬] 대화상자의 [정렬 기준]-[기준1]의 [위치]는 [필드1], [형식]은 [글자(하파타)]로 설정합니다. [기준2]의 [위치]는 [필드6], [형식]은 [숫자(987)]로 설정합니다.

03 [실행]을 클릭합니다.

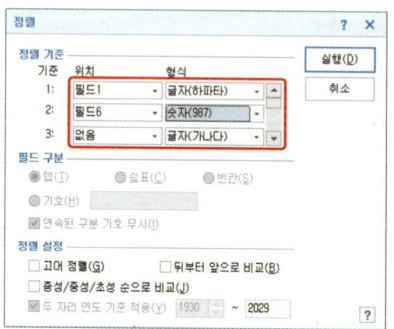

표 뒤집기와 키보드로 셀 크기 변경하기

이미 만들어둔 표의 줄, 칸을 뒤집거나 표 내용을 회전하여 배치할 때 표 뒤집기 기능을 사용할 수 있습니다. 일일이 표의 데이터를 옮겨 적지 않아도 한 번에 표 배치를 다시 할 수 있어 편리합니다.

실습 파일 | 한글\7장\표 뒤집기와 키보드로 셀 크기 변경하기.hwp   완성 파일 | 한글\7장\표 뒤집기와 키보드로 셀 크기 변경하기_완성.hwp

01 표 뒤집기

예제 문서의 표에서 후원 연도는 줄로, 후원자는 칸으로 표시되어 있습니다. 이 표의 줄과 칸을 뒤집어 후원 연도를 칸으로, 후원자를 줄로 표시해보겠습니다. ❶ 표에서 임의의 셀을 클릭합니다. ❷ [표] 메뉴의 펼침 단추를 클릭하고 ❸ [표 뒤집기]를 선택합니다.

[표 뒤집기] 대화상자가 나타납니다.

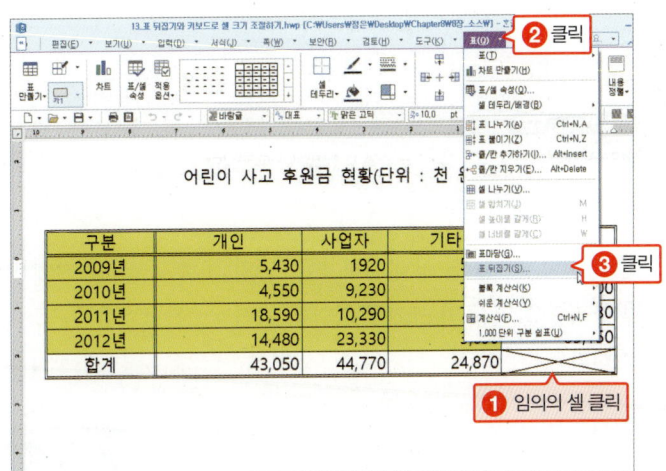

02 표 뒤집기 방법 선택하기

❶ [표 뒤집기] 대화상자에서 [대칭]–[줄/칸 뒤집기]를 클릭하고 ❷ [뒤집기]를 클릭합니다.

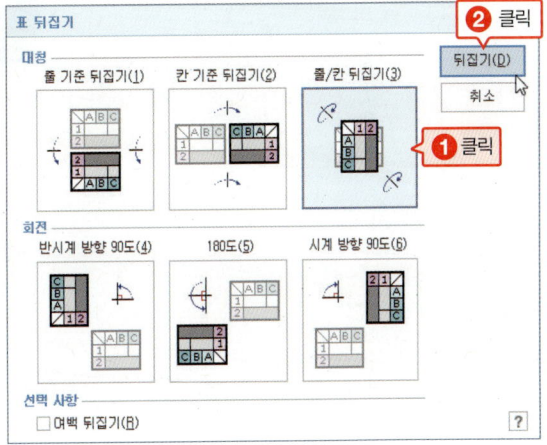

03 키보드를 이용하여 셀 크기 조절 하기

표 모양이 정돈되지 않아 어색하게 보입니다. 줄, 칸의 크기와 너비를 조절해보겠습니다. ❶ 줄/칸 바꾸기가 완료된 표에서 임의의 셀을 클릭합니다. ❷ F5를 세 번 눌러 표 전체를 선택합니다.

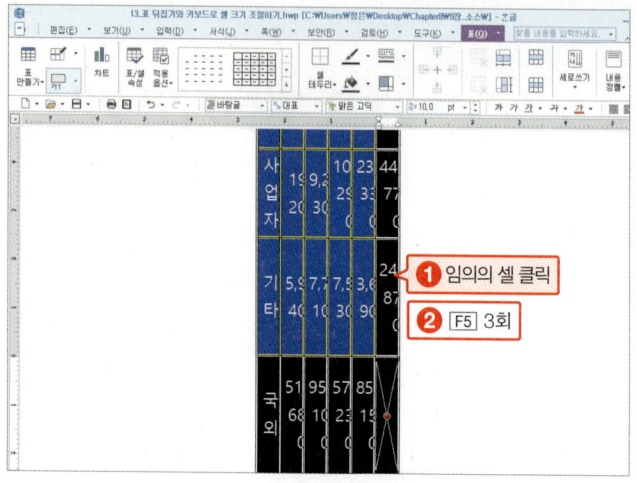

바로 통하는 TIP F5를 한 번 누르면 표에서 커서가 위치한 해당 셀이 선택됩니다. 두 번 누르면 선택한 셀을 기준으로 키보드의 방향키를 눌러 표 범위를 선택할 수 있으며, 세 번 누르면 표 전체가 선택됩니다.

04

Ctrl을 누른 상태에서 키보드의 방향키를 눌러 표의 크기를 적당히 조절합니다.

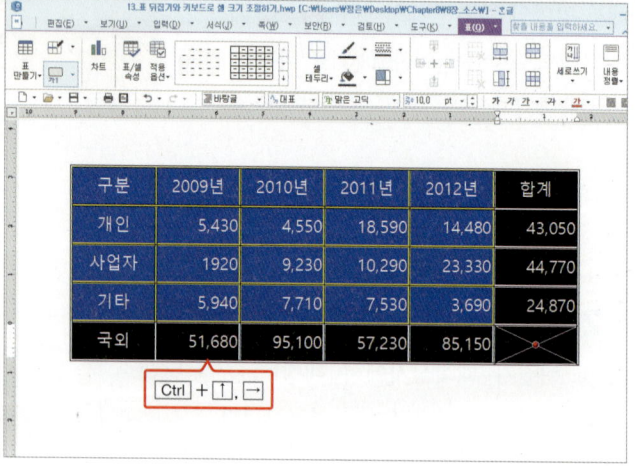

인덱스

회사에서 바로 통하는 실습 예제 다운로드하기

이 책에 사용된 모든 실습 및 완성 예제 파일은 한빛미디어 홈페이지(www.hanbit.co.kr/media)에서 다운로드할 수 있습니다. 예제 파일은 따라 하기를 진행할 때마다 사용되므로 컴퓨터에 복사해두고 활용합니다.

1 한빛미디어 홈페이지(www.hanbit.co.kr/media)로 접속합니다. 로그인 후 화면 오른쪽 아래에서 [자료실] 버튼을 클릭합니다.

2 자료실 도서 검색란에 도서명을 입력하고, 찾는 도서의 제목 부분을 클릭합니다.

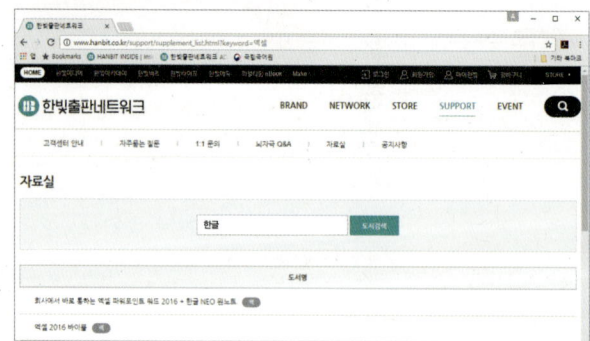

3 선택한 도서 정보가 표시되면 [다운로드] 아이콘을 클릭합니다.

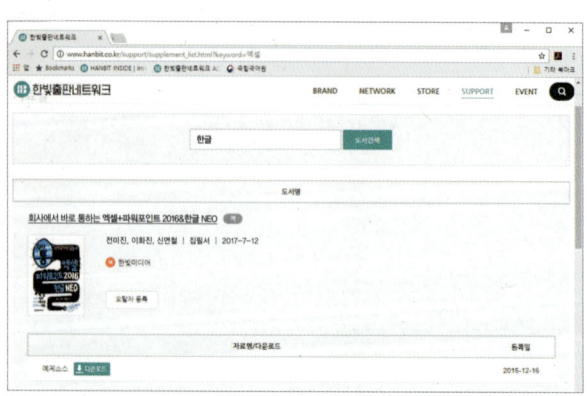

다운로드한 예제 파일은 일반적으로 [다운로드] 폴더에 저장되며, 사용하는 웹브라우저 설정에 따라 저장 위치가 달라질 수 있습니다.

독자 Q&A 학습하다 부딪히는 문제는 한빛미디어 홈페이지(www.hanbit.co.kr/media)에서 화면 왼쪽 아래에 있는 [지원] 버튼을 클릭해 문의하거나 저자 이메일로 보내 쉽게 해결할 수 있습니다.